BIBLIOTECONOMIA
NEGRA

DAS EPISTEMOLOGIAS NEGRO-AFRICANAS À TEORIA CRÍTICA RACIAL

Franciéle Carneiro Garcês-da-Silva

BIBLIOTECONOMIA NEGRA

DAS EPISTEMOLOGIAS NEGRO-AFRICANAS À TEORIA CRÍTICA RACIAL

Todos os direitos desta edição reservados à Editora Malê.
Direção: Francisco Jorge & Vagner Amaro

Biblioteconomia negra: das epistemologias negro-africanas à teoria crítica racial
ISBN 978-85-92736-94-1

Capa: Pedro Giovâni da Silva
Diagramação: Maristela Meneghetti
Editor: Vagner Amaro
Revisão: Pedro Giovâni da Silva

Coleção Leituras & Mediações
Conselho Editorial:
João Arlindo dos Santos Neto - Doutor em Ciência da Informação pela UNESP/FFC.
Patrícia Vargas Alencar - Doutora em Linguística pela UFRJ.
Fernanda Felisberto da Silva - Doutora em Literatura Comparada pela UERJ.
Alessandra Cristina M. de Magalhães - Doutora em Literatura Comparada pela UFF.
Coordenação: Vagner Amaro. Mestre em Biblioteconomia pela UNIRIO, Doutor em Letras pela PUC-RIO.

Texto revisado segundo o novo Acordo Ortográfico da Língua Portuguesa.

G215b   Garcês-da-Silva, Franciéle Carneiro
        Biblioteconomia Negra: das epistemologias negro-africanas à Teoria Crítica Racial / Franciéle Carneiro Garcês-da-Silva. – Rio de Janeiro: Malê, 2023 (v. 1).
        582 p.

        Inclui Bibliografia.
        ISBN 978-85-92736-94-1

        1. Biblioteconomia Negra. 2. Bibliografia Negra. 3. Epistemologia negra. 4. Racismo. 5. Raça. 6. Branquitude. 7. Reparação epistêmica. I. Silva, Franciéle Carneiro Garcês da. II. Garcês-da-Silva, Franciéle Carneiro. III. Título.

Proibida a reprodução, no todo, ou em parte, através de quaisquer meios.
Dados internacionais de catalogação na publicação (CIP)
Vagner Amaro CRB-7/5224

Como referenciar esta obra: GARCÊS-DA-SILVA, Franciéle Carneiro. **Biblioteconomia Negra**: das epistemologias negro-africanas à Teoria Crítica Racial. Rio de Janeiro: Malê, 2023.

Dedico este livro a

Iara Maria Carneiro Garcês, minha mãe-guerreira,
Eloi Vargas Garcês, meu pai-leão,
Dirnéle Carneiro Garcez, minha irmã-luz,
Pedro Giovâni da Silva, meu amor-companheiro.

Aos **meus ancestrais**,
Leoni Vargas Garcês,
Teonilo Vargas,
Jovelino Marques Carneiro,
Maria Conceição Gusmão Carneiro.

Às **Pessoas Bibliotecárias Negras**
e **Antirracistas**
do ontem,
do agora e
do amanhã.

Até que os leões contem a sua história, os contos de caça sempre glorificarão o caçador.

Chinua Achebe (1930-2013)

A gente não nasce negro, a gente se torna negro. É uma conquista dura, cruel e que se desenvolve pela vida da gente afora. Aí entra a questão da identidade que você vai construindo. Essa identidade negra não é uma coisa pronta, acabada. Então, para mim, uma pessoa negra que tem consciência de sua negritude está na luta contra o racismo. [...]

Lélia Gonzalez (1988)

O que muitas pessoas não percebem é que o racismo não é simplesmente um fanatismo aberto. O racismo é um sistema de vantagens que beneficia todos os brancos, quer eles o procurem ou não. [...] Eles ocupam a maior parte das posições de poder, possuem a maior parte da riqueza e estabelecem a maior parte das políticas da nação, e são, por todas essas razões, a norma.

Elonnie Junius Josey (2000)

SUMÁRIO

PREFÁCIO 1 13
REFLEXÕES SOBRE O USO DESTA OBRA NO ENSINO, PESQUISA, EXTENSÃO E PRÁTICA PROFISSIONAL NA ÁREA DE BIBLIOTECONOMIA E CIÊNCIA EM INFORMAÇÃO (BCI)
ANA PAULA MENESES ALVES

PREFÁCIO 2 27
PRAXIOLOGIA CRÍTICO-RACIAL PARA EXUAR A EPISTEMOLOGIA BIBLIOTECONÔMICO-INFORMACIONAL: UMA ESCOLA DE PENSAMENTO EM SUA MATRIZ REVOLUCIONÁRIA 60 ANOS APÓS A GRANDE MARCHA DE WASHINGTON OU, AINDA, CAFÉ COM JOSEPHINE BAKER E ELZA SOARES NA URCA
GUSTAVO SILVA SALDANHA

APRESENTAÇÃO 43
AI, PALAVRAS, AI, PALAVRAS, QUE ESTRANHA POTÊNCIA, A VOSSA! [...] SOIS O SONHO E SOIS A AUDÁCIA
FABRÍCIO JOSÉ NASCIMENTO DA SILVEIRA

INTRODUÇÃO EM PRIMEIRA PESSOA: UMA CAMINHADA EM BUSCA DE REFLEXÕES CRÍTICAS 49
PERCURSO METOLODÓGICO 60

CAPÍTULO 1 69
GENEALOGIA DAS AUSÊNCIAS: DO PRINCÍPIO DA AUSÊNCIA ÀS EPISTEMOLOGIAS NEGRO-AFRICANAS NO CAMPO BIBLIOTECONÔMICO-INFORMACIONAL
RACISMO E O PRINCÍPIO DA AUSÊNCIA NA BIBLIOTECONOMIA 70
APARTHEID EPISTÊMICO, (IN)JUSTIÇA EPISTÊMICA E O CONHECIMENTO NEGRO-AFRICANO 80
CONSIDERAÇÕES DO CAPÍTULO 84

CAPÍTULO 2 87
EPISTEMOLOGIAS NEGRO-AFRICANAS: UM CAMINHO PARA REPARAÇÃO EPISTÊMICA EM BCI

EPISTEMOLOGIA OCIDENTAL 87
EPISTEMOLOGIA AFRICANA 100
EPISTEMOLOGIA NEGRA 115
EPISTEMOLOGIA NEGRO-AFRICANA 125
CONSIDERAÇÕES DO CAPÍTULO 128

CAPÍTULO 3 131
TEORIA CRÍTICA RACIAL COMO LENTE TEÓRICA PARA OS ESTUDOS BIBLIOTECONÔMICO-INFORMACIONAIS

UM OLHAR PARA A TEORIA CRÍTICA 132
DOS ESTUDOS JURÍDICOS CRÍTICOS À TEORIA CRÍTICA RACIAL: ANTECENDENTES E GENEALOGIA 136
PRINCÍPIOS DA TEORIA CRÍTICA RACIAL 141
DIMENSÕES DA TEORIA CRÍTICA RACIAL CONTEMPORÂNEA 145
    Critical Race Feminism *146*
    Black Critical Theory *149*
    Latino Critical Race Studies *151*
    Asian American Critical Race Studies *153*
    Tribal Critical Race Theory *157*
    Queer Critical Theory *159*
    Jewish Critical Studies *162*
    Disability Critical Race Theory *165*
    Critical Whiteness Studies *172*
    Quantitative Critical Race Theory *177*
TEORIA CRÍTICA RACIAL EM BIBLIOTECONOMIA E CIÊNCIA DA INFORMAÇÃO 180
CONSIDERAÇÕES DO CAPÍTULO 198

CAPÍTULO 4 201
PESSOAS BIBLIOTECÁRIAS NEGRAS ENQUANTO TEÓRICAS CRÍTICAS RACIAIS: EVOCANDO A CENTRALIDADE DA RAÇA E DO RACISMO EM BCI
"AFRICANO NÃO É NEGRO": A RAÇA COMO CONSTRUTORA DA BIBLIOTECONOMIA E CIÊNCIA DA INFORMAÇÃO OCIDENTAL...202
BRASIL: UM CAPÍTULO À PARTE DA HISTORIOGRAFIA RACIAL DA BIBLIOTECONOMIA 207
DA DIÁSPORA AFRICANA À LUTA POR DIREITOS CIVIS 211
BIBLIOTECONOMIA NEGRA AMERICANA: A HISTÓRIA NEGRA NÃO-CONTADA DA BIBLIOTECONOMIA ESTADUNIDENSE ..213
ELONNIE JUNIUS JOSEY (1924-2009): DA BIOBIBLIOGRAFIA À EPISTEMOLOGIA RACIAL DO "PAI DA BIBLIOTECONOMIA NEGRA"..225

   Black Causus of American Library Association e a luta pela diversidade nas associações e bibliotecas............................. 232

   Do ativismo à intelectualidade: fases do olhar epistemológico de E. J. Josey.. 240

   Influências teóricas em E. J. Josey 272

DOROTHY BURNETT PORTER WESLEY: BIBLIOGRAFIA NEGRA A PARTIR DAS MÃOS DE UMA MULHER NEGRA...............................278

   A criação de coleções negras em *Howard University*: o início de um longo caminho 282

   Atuação de Porter frente ao racismo na classificação: o sistema de classificação de Dewey em questão 285

   O olhar epistemológico em Dorothy B. Porter: Bibliografias Negras para reparação epistêmica 288

   Influências teóricas em Dorothy Porter 303

E. J. JOSEY E DOROTHY B. PORTER COMO TEÓRICOS CRÍTICOS RACIAIS EM BCI: UM OLHAR À LUZ DA TCR – CONSIDERAÇÕES DO CAPÍTULO 307

CAPÍTULO 5 313
O (DES)ENCONTRO DE DOIS MUNDOS: EPISTEMICÍDIO E PRINCÍPIO DA AUSÊNCIA APLICADO AOS ESTUDOS DE E. J. JOSEY E DOROTHY PORTER NO BRASIL

CONSIDERAÇÕES FINAIS 323

POSFÁCIO 329
REPARAÇÃO EPISTÊMICA E TEORIA CRÍTICA RACIAL: O REFORÇO À LUTA ANTIRRACISTA NA CIÊNCIA DA INFORMAÇÃO E BIBLIOTECONOMIA
MÁRCIO FERREIRA DA SILVA

SOBRE A AUTORA 335

REFERÊNCIAS 337

APÊNDICES 429

GLOSSÁRIO TEMÁTICO 429

BIOBIBLIOGRAFIA E BIBLIOGRAFIA DE ELONNIE JUNIUS JOSEY 443
BIBLIOGRAFIA E BIOBIBLIOGRAFIA DE DOROTHY PORTER WESLEY 469

NOTAS 483

PREFÁCIO 1

REFLEXÕES SOBRE O USO DESTA OBRA NO ENSINO, PESQUISA, EXTENSÃO E PRÁTICA PROFISSIONAL NA ÁREA DE BIBLIOTECONOMIA E CIÊNCIA EM INFORMAÇÃO (BCI)

Ana Paula Meneses Alves[1]

INTRODUÇÃO

Como uma obra que aborda a questão étnico-racial na área de Biblioteconomia e Ciência em Informação (BCI) pode ser efetivamente utilizada por esta mesma área? Esta foi a pergunta norteadora para que eu iniciasse as reflexões que delinearam este prefácio. Admito que não foi simples. Creio que por uma certa ansiedade dada a potência que o livro de Franciéle Garcês da Silva tem. É uma obra muito completa, que não poderia ser diferente, dada a trajetória e dedicação de sua autora, a qual eu posso dizer que tive a sorte e a grandeza de poder acompanhar de perto.

Durante a construção do trabalho tivemos muitas conversas e discussões, inclusive sobre como disseminar e dinamizar o aprendizado dos temas tratados neste livro. Sob meu ponto de vista é uma obra muito rica em conteúdo que permeia as questões étnico-raciais, as discussões epistemológicas e a teoria crítica, permitindo que estes pontos possam ser amplamente trabalhados no ensino, na pesquisa e na extensão em BCI, assim como auxiliar na prática profissional, dando uma abertura muito grande para que seus leitores exercitem sua criatividade e por meio desta junção, formada pelo conteúdo da obra e a

---

1 Doutora em Ciência da Informação, Professora Adjunta da Escola de Ciência da Informação da UFMG. Líder do Núcleo de Estudos e Pesquisas sobre Recursos, Serviços e Práxis Informacionais (NERSI-UFMG). Pesquisadora das temáticas: Recursos e Serviços de Informação, Competência em Informação, Uso ético da Informação, Informação e saúde, Informação e Emancipação Social, Informação e Justiça Social.

capacidade criativa do leitor, gerem inúmeros frutos na construção de objetos de aprendizagem e novos paradigmas para discussões teórico-práticas com a apresentação de novos conhecimentos.

A partir desta perspectiva e das diferentes formas que observo que esta obra pode ser explorada, tomei a liberdade de destacar a sua importância sob três eixos principais, perante o ensino, a pesquisa, a extensão e a prática profissional em BCI, a saber: 1) o método de organização e planejamento de pesquisa adotado pela autora; 2) a importância da obra para a efetivação do conceito de diversidade epistêmica na área; e 3) a adoção da obra como ferramenta para o Letramento Racial Crítico.

OLHARES PARA OS MÉTODOS

Como mencionei, tive a oportunidade de acompanhar o método de trabalho de Franciéle Garcês e ratificar que se existem pesquisadores natos, ela certamente foi uma das destinadas a nascer com este dom. E, se vou falar sobre possíveis aplicações desta obra no ensino, pesquisa, extensão e na prática profissional, gostaria de começar pelos métodos de organização e planejamento de pesquisa que a autora adotou, que certamente servirão como boas práticas em aulas de Metodologia Científica e/ou Competência em Informação (CoInfo) voltadas à pesquisa científica, com o diferencial de atrelar ao método científico o olhar decolonial, permitindo que o sustentáculo metodológico do trabalho correspondesse a um olhar não hegemônico, trazendo aportes metodológicos interculturais, ratificando a coerência da obra em seus diferentes aspectos.

Para tanto, a autora adotou um percurso da pesquisa em duas dimensões: uma de cunho epistemológico, baseada na metodologia decolonial, a qual evoca pensadoras e pensadores africanos para acolher perspectivas outras de fazer científico que não a hegemônica, ao mesmo tempo em que situa, de forma crítica, os contextos históricos, culturais e global para elaboração de métodos mistos de análise combinadas com dados quali e quantitativos. Tal dimensão, articulou a metodologia decolonial com os métodos mistos à biobibliografia – a qual entende que a biografia das pessoas é também fonte de informação –, e permitiu olhar para as pessoas bibliotecárias negras evidenciadas neste livro como sujeitos históricos e ativos de sua própria história. A biobibliografia possibilitou o entendimento de como as vivências em família, valores socialmente construídos, suas experiências profissionais e a influência do racismo em suas vidas impactou no pensamento e atuação crítica racialmente consciente em todos os espaços informacionais e nas reflexões teóricas produzidas. Veremos, mais à frente, que esta opção metodológica também pode ser um caminho adotado para se trabalhar com letramento racial crítico.

Por outro lado, a dimensão das técnicas e métodos que retrata as etapas e os procedimentos metodológicos adotados traz, em termos de estudiosos da área de Competência em Informação, processos que delineiam a busca, a localização e a organização da informação no contexto da pesquisa científica. Neste sentido, em primeira instância, é feita a apresentação de um quadro metodológico no qual se demonstra cada objetivo específico, a gama de termos de busca recuperados, as etapas da pesquisa, todas as bases de dados, periódicos, bibliotecas, sites e portais consultados. Por fim, este quadro também contribuiu para delinear a apresentação dos resultados da pesquisa.

Para as etapas de análise, interpretação e avaliação da informação, a autora elaborou uma ficha de análise de conteúdo como método para demonstrar de que forma cada um dos mais de dois mil recursos informacionais coletados foram lidos e sistematizados, destacando os trechos válidos para a etapa de uso da informação (construção do texto). Nesta etapa, as ideias do texto foram retiradas com vistas a retratar as pessoas bibliotecárias negras enquanto teóricas críticas raciais, conforme as dimensões e princípios da Teoria Crítica Racial. Para facilitar a organização e avaliação da informação foi usado como recurso o *software* gestor de referências EndNote Online[1] para gerenciar os recursos informacionais e permitir que fossem elaboradas as bibliografias de cada uma das pessoas bibliotecárias negras que a autora analisou, assim como o glossário temático explicando cada um dos temas adotados no estudo. Afinal, também é importante dizer que a autora realizou todas as etapas observando os aspectos éticos e a preservação dos dados da pesquisa.

INTEGRANDO A DIVERSIDADE EPISTÊMICA AO ÂMAGO DA ÁREA DE BIBLIOTECONOMIA E CIÊNCIA DA INFORMAÇÃO

Os estudos na área de Biblioteconomia e Ciência da Informação (BCI) no Brasil têm cada vez mais adentrado em questões sociais críticas da sociedade contemporânea. Me refiro a temas denominados por muitos como "sensíveis", assuntos que perpassam pela injustiça social, injustiça informacional, pelas diversas formas de vulnerabilidade, pelo racismo estrutural, pelo não reconhecimento das questões de gênero, pelos distintos modelos de exclusão, pelas atrozes formas de epistemicídio, pelo discurso de ódio, pela desinformação, pela falta de suporte para gerar resiliência após as díspares crises que a sociedade é assolada, pelo combate aos direitos humanos, dentre inúmeros outros exemplos.

Destaco o termo "sensível" com dois apartes aos quais devemos ponderar: 1) pela real sensibilidade dos temas, a dor que muitos fomentam sobre o manifesto cuidado de adentrar em uma área que perpassa vulnerabilidades, traumas, micro e macro agressões, apagamentos e toda uma gama de injustiças; 2) o "sensível" que remete ao intocável, ao não falado, ao invisibilizado, ao neutro; ao "sensível" advindo da sensibilidade moral que, nesta esfera, muitas vezes, é dúbia e transpassada de intolerâncias e concepções pré-concebidas.

Retomando, o aprofundamento em tais temas "sensíveis" ainda não acontece com a celeridade necessária para dar impulso a soluções práticas que estas questões suscitam, principalmente no âmbito da prática profissional, do ensino, da pesquisa e da extensão em BCI, assim como em outras áreas. Mas são e devem ser temáticas previstas pelos diferentes cursos das áreas por proverem uma formação de cunho mais crítica e reflexiva, com forte aporte humanístico, social e intercultural e que abarque o real conhecimento da sociedade – e das suas respectivas características e necessidades – na qual estamos imersos. As Diretrizes Curriculares para os cursos de Biblioteconomia, por exemplo, sugerem:

> Recomenda-se que os projetos acadêmicos acentuem a adoção de uma perspectiva humanística na formulação dos conteúdos, conferindo-lhes um sentido social e cultural que ultrapasse os aspectos utilitários mais imediatos sugeridos por determinados itens.[2]

Dentre estes itens a serem recomendados, posso afirmar que o conteúdo proposto pela obra escrita por Franciéle Garcês se enquadra com maestria. A discussão proposta pela autora, ao se debruçar sobre a Biblioteconomia Negra, sedimenta caminhos para trabalharmos os temas "sensíveis" no âmbito do ensino, da pesquisa, da extensão e da prática profissional em BCI. Neste ponto, também abandono a terminologia "sensíveis", que adotei para abarcar e exemplificar a multiplicidade de temas essenciais presentes na atualidade, e introduzo o conceito de diversidades epistêmicas, como uma terminologia que a meu ver é o ponto chave de interlocução da obra de Franciéle Garcês com o ensino, a pesquisa, a extensão e a prática profissional em BCI.

Por diversidade epistêmica compreendemos a "[...] interlocução de saberes e práticas diferentes – das populações indígenas, tradicionais, populares com os da academia – por meio do acolhimento dos sujeitos detentores e guardiãs desta 'sabedoria.'"[3] Neste sentido, se articulam saberes, concepções advindas da práxis e da teoria de grupos vulneráveis e historicamente marginalizados – no caso desta obra em específico, a população negra – se distanciando da perspectiva hegemônica da cosmovisão eurocêntrica, tida como normativa e universal.[4] Esta perspectiva também se articula aos preceitos de decolonização do ensino e das práticas em BCI, promovendo uma ressignificação destas ações, com um olhar crítico para compreender tanto os processos de dominação vigente – o poder eurocêntrico; a divisão entre desenvolvimento e subdesenvolvimento; a divisão entre o norte e o sul global –, resultante da colonialidade do poder, saber e ser[5]; quanto para compreender os ecossistemas e os regimes de informação vigentes em diferentes períodos de nossa história.

Trabalhar a perspectiva da diversidade epistêmica no ensino, na pesquisa, na extensão e na prática profissional em BCI é uma forma de reforçar, na área e fora dela, o valor do pensamento intercultural para alunos, docentes, pesquisadores, profissionais e usuários da informação. Aos diferentes níveis de formação, assim como os docentes formadores e aos pesquisadores, tem como vantagem possibilitar a reflexão crítica e a produção de novos conhecimentos que visem a discussão de valores morais, princípios éticos e padrões culturais normativos, bem como o combate a preconceitos e estereótipos a partir de questões chaves, que envolvam as relações sociais, culturais, econômicas, políticas e éticas que entremeiam nossa sociedade, com um aprofundamento nestas mesmas questões, a saber: raça, etnia, cultura, religião migração, língua, gênero, sexualidade, inclusão, sustentabilidade, justiça social, acesso à informação entre outras.

No âmbito do ensino – não excluindo a pesquisa, a extensão e a prática, que possivelmente também devem suscitar questões próximas –, suspeito que possam surgir questionamentos aos docentes ao trabalhar com esta obra e sua temática, seja pelo infeliz sustentáculo do racismo estrutural na sociedade brasileira, seja pela falta de letramento racial – tema que sustentarei um pouco mais a seguir –, seja pelo vagar que o processo de construção antirracista ocorra ao se deparar com tantos obstáculos para o aprendizado dos sujeitos. Questões como "O que são diversidades epistêmicas?" e "Desde quando a Biblioteconomia tem cor?", podem emergir neste processo. Dúvidas complementares como "Por que devemos estudar a cor dela?" ou "Vamos estudar a Biblioteconomia branca também?" também podem surgir.

Peço paciência aos que têm as respostas na ponta da língua, mas foco em acompanhar o didatismo do todo desta obra para explicar detalhadamente, dar subsídios e preparar quem precisar responder a estes questionamentos e, desta forma, não se sentir inseguro para tanto.

Em primeiro lugar, nunca tratar como simples e vazia uma pergunta como essa. Deve-se destacar que estas questões são reflexos de uma sociedade marcada e que reproduz o racismo estrutural em seus diferentes ambientes. Na sequência, explicar que não estamos tratando simplesmente de cores, mas de racialidade e que raça, assim como classe e gênero, estão sempre presentes na vida de qualquer pessoa e, desta maneira, na sociedade como um todo. Deste modo, não é possível conceber que nossa área do conhecimento, nossa profissão e nossa atuação profissional estariam desobrigadas a pensar criticamente estes pontos e estas conexões. E, vale lembrar, que falando das conexões, cruzamentos e interposições entre raça, gênero e classes, chegamos ao conceito de interseccionalidade, que também será explorado por Franciéle Garcês nesta obra.

Adentrar a obra de Franciéle Garcês é subir um degrau de cada vez da escada do aprendizado étnico-racial. Mas, do que adianta um caminho, se ele não tem destino? E é neste ponto que esta obra se desvela. O destino não é apenas o conhecimento sobre a Biblioteconomia Negra, mas os questionamentos que a obra fomenta aos seus leitores em todo o seu caminho, ao trazer a diversidade epistêmica para a linha de frente da discussão.

Criticamente, e em termos raciais, você já se questionou sobre quem são as pessoas que estão nas bibliografias de suas disciplinas? Quem são as pessoas descritas como percussores da área? Quem são as pessoas criadoras de instrumentos que adotamos como base para as nossas práticas? Quais regiões do planeta regem nossos estudos e a maioria das nossas referências? Quantos docentes negros/negras há no seu curso? Quantos colegas negros/negras existem na sua turma? Quantos autores/autoras negros/negras estão na bibliografia das disciplinas que você cursou neste semestre? Estes questionamentos, e suas possíveis respostas, podem ajudar a introduzir esta obra em atividades de ensino, pesquisa, extensão na área de BCI, ajudar a repensar e modificar práticas profissionais que acontecem de determinado modo, porque "sempre foram assim" e auxiliar a compreender a importância de se trabalhar a diversidade epistêmica em nossa área.

CAMINHOS PARA LETRAMENTO RACIAL EM BIBLIOTECONOMIA E CIÊNCIA DA INFORMAÇÃO

É importante reconhecer que tivemos mudanças e avanços importantes no decorrer dos anos, em relação a maior diversidade epistêmica na área. Estas mudanças e avanços são decorrentes da ação de pessoas bibliotecárias negras, as quais, com suas diferentes formas de atuação, fortaleceram a discussão sobre o viés racial na área no país. Tais aspectos podem ser aprofundados na dissertação de mestrado da própria Franciéle Carneiro Garcês da Silva[6] e também encontra eco nesta obra. Pela escrita de Franciéle Garcês, acompanhamos mudanças que estão acontecendo, que caminham pouco a pouco e, dessarte, enfrentam resistências, quando se trata de mudanças significativas na cultura arraigada da área. Mas a autora destaca a produção da área, os cursos, as associações de classe, as representações em ensino, pesquisa e extensão, boas práticas na atuação profissional que têm demonstrado que as temáticas "sensíveis" exemplificadas anteriormente precisam ser discutidas até como respostas às demandas da sociedade. E por meio das palavras da autora, também observamos lacunas e um longo caminho a ser percorrido, no qual ainda há muito a ser feito, muito a ser discutido e, principalmente, muito a ser aprendido, para que mudanças efetivas sejam feitas na área, assim como em outros seguimentos da sociedade.

Ao realizar este mergulho perscrutador nas Epistemologias Negras e na Teoria Crítica Racial, Franciéle Garcês e sua obra nos conduzem também pelos caminhos do Letramento Racial. Vale, neste ponto, mais um aporte didático, desta vez retirado de uma matéria do Boletim da UFMG, denominada "Educação e letramento racial", escrita pelo Doutor em Estudos Literários, Marcos Fabrício Lopes da Silva:[7]

> O letramento racial é uma forma de responder individualmente às tensões raciais. Ao lado de respostas coletivas, na forma de cotas e políticas públicas, ele busca reeducar o indivíduo em uma perspectiva antirracista. A ideia subjacente é a de que quase todo branco é racista, mesmo que não queira, porque o racismo é um dado estrutural de nossa formação social. Explica Schucman que o letramento racial é um conjunto de práticas, baseado em cinco fundamentos. O primeiro é o reconhecimento da branquitude. O indivíduo reconhece que a condição de branco lhe confere privilégios. O segundo é o entendimento de que o racismo é um problema atual, e não apenas um legado histórico. Esse legado histórico se legitima e se reproduz todos os dias e, se não for vigilante, o indivíduo

acabará contribuindo para essa legitimação e reprodução. O terceiro é o entendimento de que as identidades raciais são aprendidas. Elas são o resultado de práticas sociais. O quarto é se apropriar de uma gramática e de um vocabulário racial. O quinto é a capacidade de interpretar os códigos e práticas "racializadas".

Gosto muito de utilizar esta breve matéria feita por Marcos Fabrício Lopes da Silva,[8] por ela trazer, de maneira prática, direta e simples, conceitos complexos. Gosto do fato dele ter escolhido as colocações da especialista no conceito e nas questões que abarcam a Branquitude, a Profa. Dra. Lia Vainer Schucman, para sintetizar os fundamentos para o Letramento Racial. E como meu objetivo neste prefácio é pensar como esta obra pode ser trabalhada no ensino, na pesquisa, na extensão e na prática em BCI, acho importante observar e fazer um paralelo de como podemos encontrar na obra de Franciéle Garcês todos os fundamentos do Letramento Racial e trabalhá-los na realidade da BCI a partir da Genealogia das Ausências, das Epistemologias Negro-Africanas e das dimensões da Teoria Racial Crítica e das outras gamas de propostas teóricas indicadas na obra pela autora. De uma maneira muito superficial, se resumirmos os cinco fundamentos em cinco pontos-chaves, e num breve paralelo com a obra, teríamos algumas perspectivas, a saber:

1. O primeiro fundamento, que resumidamente trata de reconhecer que a branquitude concede privilégios, pode ser trabalhado a partir da dimensão da *Critical Whiteness Studies* (WhiteCrit ou CWS) ou Estudos Críticos da Branquitude (ECB);
2. O segundo fundamento, que reitera que racismo é um problema da atualidade, pode ser trabalhado a partir de todo o Capítulo 1, mas destaco a subseção denominada "Racismo e o princípio da ausência na Biblioteconomia";
3. Para o terceiro fundamento que destaca que a identidade racial é aprendida, destaco tanto a aprendizagem por meio da dimensão *Black Critical Theory* (BlackCrit) ou Teoria Crítica Negra, assim como todo o Capítulo 4, que traz o estudo em profundidade de pessoas bibliotecárias negras enquanto teóricas críticas raciais.

Mostrar exemplos de pessoas negras como expoentes da área demonstra representatividade e também protagonismo negro na área, contribuindo para a diversidade epistêmica em BCI;
4. O quarto fundamento retrata a importância de apropriar-se de um vocabulário racial. Na obra, temos um glossário temático que nos auxilia a compreender termos importantes da discussão étnico-racial;
5. O quinto fundamento destaca a importância de interpretar os códigos e práticas "racializadas" e deste fundamento já é possível fazer um paralelo com o próprio título – como dissemos no início da seção – "Biblioteconomia Negra" e trabalhar, por exemplo, com a seção que retrata a "Teoria crítica racial em Biblioteconomia e Ciência da Informação".

Estas, são apenas algumas sugestões de como este livro pode ser trabalhado para o Letramento Racial no contexto da BCI, mas considero que a abordagem da obra vai além do Letramento Racial mais abrangente e também deve ser situada, dada a abordagem epistemológica, nos estudos de Letramento Racial Crítico, vide a visão de Aparecida de Jesus Ferreira:[9]

> Letramento racial crítico reflete sobre raça e racismo. Possibilita-nos ver o nosso próprio entendimento de como raça e racismo são tratados no nosso dia a dia, e o quanto raça e racismo têm impacto em nossas identidades sociais e em nossas vidas, seja no trabalho, seja no ambiente escolar, universitário, seja em nossas famílias, seja nas nossas relações sociais.

Com base nestas considerações, todo o Capítulo 3 oferece uma gama de paralelos para discussões e aprofundamentos a respeito de Letramento Racial Crítico. Este paralelo pode trabalhar com a consciência de sua própria identidade racial; com a forma de como alunos, docentes, pesquisadores, profissionais e usuários se veem representados em diferentes contextos; a riqueza do trabalho com as biobibliografias, trazendo pessoas bibliotecárias negras como protagonistas e, por fim, adotar diferentes métodos para estas ações.

Obviamente, não poderia deixar de retomar as biobibliografias, citadas no trecho sobre os métodos, no início deste prefácio. As bibliografias permitem o resgate de informações sobre a vida pessoal, profissional e acadêmica de um sujeito, ou seja, englobando experiências pessoais e profissionais com a sua produção bibliográfica (escrita solo e em coautoria) e, por meio desta, estabelecendo sentido, a partir de sua história de vida, possibilitando conhecer a fundo o trabalho pessoal, profissional, acadêmico e epistêmico de um sujeito ao longo de sua vivência. No contexto étnico-racial, dentro de uma metodologia decolonial, vai destacar as suas experiências e vivências familiares, sociais, profissionais e contrastá-las com a influência do racismo em suas vidas e as ações e reflexões teóricas produzidas.

O método adotado por Aparecida de Jesus Ferreira, ao abordar o Letramento Racial Crítico, trata das narrativas autobiográficas, uma dica interessante para ser trabalhada junto ao livro de Franciéle Garcês como uma ferramenta decolonial. Quando perguntada sobre a importância deste método para o letramento racial crítico, Aparecida de Jesus Ferreira destacou:

> Eu adoro as narrativas autobiográficas porque, ao ler a experiência do outro e se colocar no lugar dela/e, você se sensibiliza. Elas fazem com que você experimente algo que não experimentou antes. Tanto uma pessoa sendo negro ou branco, ao ler uma narrativa de racismo, discriminação ou preconceito, as pessoas passam a ter uma noção de como é viver tal experiência. Algo que eu escuto muito é "eu nunca tinha pensado nessa questão". As narrativas colaboram em levar tais experiências de quem passa cotidianamente por isso às demais pessoas, tirando-as de seu lugar de conforto. As narrativas autobiográficas trazem reflexão e um impacto positivo, mesmo que o teor da narração seja de dor para gerar empatia.[10]

Como iniciamos falando dos métodos da autora, não poderíamos deixar de mencionar um método associado à temática, mas ressaltando que é apenas um entre diversos que podem ser concatenados ao Letramento Racial Crítico e a obra de Franciéle Garcês.

CONSIDERAÇÕES

A intenção deste prefácio foi de demonstrar as articulações da obra de Franciéle Garcês com o ensino, a pesquisa, a extensão e a prática profissional na área de Biblioteconomia e Ciência em Informação (BCI). Como observo que se trata de uma obra de grande vulto teórico/prático, tomei a liberdade de orientar a minha reflexão em três eixos: 1) o método de organização e planejamento de pesquisa adotado pela autora; 2) a importância da obra para a efetivação do conceito de diversidade epistêmica na área; e 3) a adoção da obra como ferramenta para o Letramento Racial Crítico.

No eixo 1, que trata do método de organização e planejamento de pesquisa adotado pela autora, apresentei a forma como a autora organizou a publicação, destacando etapas adotadas pelos estudos de CoInfo e, principalmente, o uso de uma metodologia decolonial associada a métodos que colocam o sujeito como protagonista e que permitem ressaltar vivências familiares, sociais, profissionais e contrastá-las com a influência do racismo – neste caso – em suas vidas e as ações e reflexões teóricas produzidas.

No eixo 2, destaquei a importância que a obra tem para a efetivação do conceito de diversidade epistêmica na área, trazendo as vozes não ouvidas, abrindo espaço para a interculturalidade e para saberes outros, fora da perspectiva hegemônica eurocêntrica, estabelecida como normativa e universal.

Sobre o eixo 3, demonstrei as relações dos fundamentos do Letramento Racial com as principais teorias trabalhadas na obra, ou seja, a Genealogia das Ausências, as Epistemologias Negro-Africanas e as dimensões da Teoria Racial Crítica. Por fim, também apresentei um adendo com relação ao Letramento Racial Crítico, foco importante para o trabalho devido as escolhas teóricas, resgatando alguns aportes metodológicos que podem ser associados ao trabalho com este tipo de letramento.

Por fim, só posso reiterar que o livro pode trazer e levantar ideias outras e muito mais criativas a partir de sua leitura e aplicação nas atividades de ensino, pesquisa, extensão e atuação em BCI. A sua estrutura crítica o permite ser trabalhado em diferentes disciplinas da graduação e da pós-graduação, desde àquelas que tenham um enfoque para epistemologias, mas também por disciplinas cujo enfoque seja incluir e diversificar conhecimentos, criar ferramentas e instrumentos mais inclusivos, trazer novos e bons exemplos nos quais diferentes sujeitos possam se mirar; estabelecendo protagonismo para usuários, alunos, profissionais, pensadores, pesquisadores, docentes e detentores de saberes populares e tradicionais e, principalmente, conseguir ouvir este sujeito em sua essência, compreender seu contexto, buscar sua representatividade e lhe dar "voz" como Franciéle Garcês o fez.

PREFÁCIO 2

PRAXIOLOGIA CRÍTICO-RACIAL PARA EXUAR A EPISTEMOLOGIA BIBLIOTECONÔMICO-INFORMACIONAL: UMA ESCOLA DE PENSAMENTO EM SUA MATRIZ REVOLUCIONÁRIA 60 ANOS APÓS A GRANDE MARCHA DE WASHINGTON OU, AINDA, CAFÉ COM JOSEPHINE BAKER E ELZA SOARES NA URCA

Gustavo Silva Saldanha[2]

Escrito ao som de Deus é Mulher, Elza Soares, 2018, sob o mensageiro Exu a comunicar o universo.

INTRODUÇÃO AO PLANETA DE ELZA SOARES: EXÓRDIO PARA CONHECER A EPISTEMOLOGIA DE FRANCIÉLE

> Mil nações
> Moldaram minha cara
> Minha voz
> Uso pra dizer o que se cala
> O meu país
> É meu lugar de fala
> (GERMANO, Douglas; Interpretação SOARES, Elza. Álbum Deus é Mulher, 2018)

Sessenta anos após a Grande Marcha de Washington tocamos esta obra. Estamos em 2023. De Nicolas Roubakine a Solange Mostafa e Maria Nélida González de Gómez, passando pela epistemologia social de Margaret Egan e

---

[2] Doutor em Ciência da Informação (PPGCI IBICT UFRJ - Brasil), Pesquisador titular (Instituto Brasileiro de Informação em Ciência e Tecnologia - IBICT MCTI - Brasil), Professor associado (Universidade Federal do Estado do Rio de Janeiro - Unirio MEC - Brasil).

Jesse Shera pela hermenêutica informacional de Rafael Capurro, a teoria do conhecimento em Biblioteconomia e Ciência da Informação é reconstituída à luz de sua compreensão intra e entre-mundos. A justiça social pelo olhar informacional como base epistemológica se funda aqui com a estrutura crítico-empírica faltosa na lacuna assombrosa do epistemicídio ocidental.

O curso de teoria antirracista para os estudos biblioteconômico-informacionais: eis o que a pessoa leitura encontra nessa obra. Como na práxis, vida e percurso são uma só construção em estágio de expansão, são os laços da vida da pesquisadora Dra. Franciéle Carneiro Garcês da Silva[3] com as aulas e a transformação pessoal de quem ora redige as palavras que aqui se inscrevem para a leitura do livro em mãos. Por isso, pessoas leitoras, as palavras deste prefácio se cofundem entre vivência, experiência e ação. O processo de redação do prefácio tem como método, pois, a própria aproximação à metodologia biobibliográfica da Dra. Franciéle Garcês, objetivamente esclarecida desde a Introdução da obra pela doutora:

> [...] o referido estudo está escrito em primeira pessoa do singular na introdução, haja vista que se trata de um caminhar e vivência individuais que – embora não solo –, constituiu-se no conhecimento que levou à construção do presente estudo. Nos outros capítulos, a escrita se dá em primeira pessoa do plural, nós, haja vista que a construção teórica e epistemológica foi feita em diálogo com intelectuais e pesquisadoras dos diversos campos do conhecimento.[11]

São, pois, os diálogos com Franciéle que me trazem a esta página, entre-nós. Era o verão de 2017 na cidade do Rio de Janeiro, Franciéle entrou em minha sala no Instituto Brasileiro de Informação em Ciência e Tecnologia (IBICT) e apresentou seu projeto de pesquisa. Eu, de imediato, expliquei não ter conhecimento e competência metodológica para a proposta – centralmente, eu não respondia por uma vivência dos conflitos epistemológicos em questão para tamanho desafio, compromisso e movimento. *Qual epistemologia – reflexão sobre o conhecimento e o conhecer – viria nos unir biobibliograficamente?*

---

3 A partir daqui, a chamarei de Franciéle Garcês, como é conhecida; exceto nas citações diretas.

BIOBIBLIOGRAFIAS ABRAÇADAS NOS LUGARES DE ELZA SOARES E JOSEPHINE BAKER

> A relevância das biobibliografias está em permitir conhecer a fundo o trabalho pessoal, profissional, acadêmico e epistêmico de um sujeito ao longo de sua vivência.[12]

Em 27 janeiro de 2017, Franciéle me escreve, pelo correio eletrônico, solicitando recomendações para matrícula nas disciplinas do primeiro semestre do curso de mestrado do Programa de Pós-Graduação em Ciência da Informação do acordo de cooperação entre o IBICT e a Universidade Federal do Rio de Janeiro (UFRJ), mais antiga formação *lato* e *stricto sensu* de América Latina no campo biblioteconômico-informacional. Ela já havia me convencido com sua sabedoria e certeza de mudança de mundo, incluindo a transformação de quem endereçava a mensagem eletrônica – nas suas palavras, encontradas na presente obra, "(Re)existir e não desistir em um mundo onde mulheres negras estão colocadas na base da sociedade brasileira é um desafio constante."[13] Eu não podia renunciar ao convite à luta que lançava à superfície da palavra as coragens reunidas de Elza e Josephine.

Como Elza Soares por encontrar Josephine Baker na Urca, na cidade do Rio de Janeiro, na síntese de uma longa marcha, Franciéle planta o lugar e estabelece a reconstrução da paragem da campanha, ali, a poucas quadras do antigo cassino da Urca, da antiga TV Tupi, onde ambas, Josephine e Elza pisaram. Epistemologia refundada, diz-nos a Dra. Franciéle Garcês:

> A luta é contra o sistema hegemônico, colonial, capitalista, patriarcal e racializado que está posto, o qual relegou (e ainda relega) o povo negro à narrativa falaciosa de ser constituído por 'seres sem conhecimento.'"[14]

Era como se a bibliotecária mulher negra Franciéle, entre e intra Josephine e Elza, respondesse à questão "De onde vem sua epistemologia" a uma banca de seleção para a pós-graduação *stricto sensu* em Latinoamérica: Da fome. Da fome de revolução, de justiça e de um saber anti-epistemicida. Basta!

Era, pois, como se Franciéle reconstituísse a atitude antirracista do manifesto de Elza Soares para Ary Barroso na Rádio Tupi, em 1953, há 70 anos, 10 anos antes da Grande Marcha de Washington liderada por Martin Luther King Jr., décadas após Josephine Baker pisar o mesmo palco no bairro onde Franciéle Silva estudou.

Em nosso diálogo, na fronteira entre Botafogo e Urca, na resposta, no mesmo dia 27 de janeiro de 2017, pergunto quando Franciéle, então graduada em Biblioteconomia pela Universidade do Estado de Santa Catarina (UDESC), chegará à cidade do Rio de Janeiro. Alerto, de todo modo, que, "Na relação pontual com seu objeto de estudo, não temos uma disciplina direta no momento. Deste modo, deixo em aberto [o processo de orientação e homologação da parceria acadêmica] para avaliação e diálogo." Nós poderíamos pensar uma epistemologia histórica a caminho de ser descortinada nos itinerários Mundo-Brasil e Brasil-Mundo, porém ainda sob enorme sombra, um vazio que vinha, por exemplo, de Conrad Gesner e Emanuele Tesauro ao movimento que levara à formação da *Association des bibliothèques prolétariennes* (ABP) de Georgette de Grolier e Eric de Grolier nos anos 1930. Bem, na verdade, em todo o país, digo, hoje, com este livro nas mãos, não havia nenhuma disciplina pontual para aquele objeto de estudo, seu audacioso e generoso plano pedagógico reconstrutor. Esta obra nos evidencia tal lacuna e a responde, com a coragem investigativa e a evidência epistemológica como dito na voz universal de Elza Soares:

> É dia de falar e de ouvir, também
> [...]
> Que a coragem é língua solta e solução
> É dia de encarar o tempo e os leões
> Se tudo é perigoso, solta o ar
> Escuta a maré, a lua, o rádio, a previsão
> Por nós, só nós, e o mundo inteiro pra gritar
> (Alice Coutinho; Romulo Froes. Interpretação SOARES, Elza. Álbum Deus é Mulher, 2018)

Como demonstra Silva,[15] a Teoria Crítica que coloca em relevo raça, racismo e pensamento racial no campo biblioteconômico-informacional desvela sua estrutura em currículos, ementas, projetos políticos pedagógicos, bibliografias básicas e complementares, ressignificando nossa epistemologia. Nesses micro depósitos de saber racializado, abre-se, à luz do pensamento da Dra. Franciéle Garcês, as estruturas de poder e de hierarquia racial que posicionaram e posicionam a biblioteca ainda como um "espaço branco", bem como o campo – a *episteme* sob a alcunha Biblioteconomia e Ciência da Informação – no território das pseudoneutralidades científico-profissionais. Eis o epistemicídio estampado na pele talhada.

A obra em mãos é reconstrução epistemológica e denúncia, insurgência e desobediência na apresentação dos flagrantes de massacre epistêmico da formação de nosso pensamento, assim como o fizeram destinos e artes de Josephine Baker e Elza Soares, encontradas nas entrelinhas da biobibliografia à flor da pele negra, metaexposição de revolução epistemológica, ou seja, o próprio tecido biobibliográfico de Franciéle Carneiro Garcês da Silva nas páginas a seguir tatuado.

Este livro, paragem da travessia em curso da vida e da obra de Franciéle, é uma redisciplina, uma re-educação em Biblioteconomia e Ciência da Informação na rota Brasil-mundo, uma re-epistemologia, ou seja, reconstrução de uma teoria do conhecimento costurada até o momento no campo biblioteconômico-informacional no Brasil, não vislumbrada em sua clareza, de Nicolas Roubakine, em 1922, aos cem anos que nos encontram agora. Talvez a síntese maior esteja na epistemologia legada por Elza Soares, que falecia no ano em que a redação deste livro se concluía, 2022... Talvez a raiz esteja nos anos 1960 e 1970... Ali Josephine Baker já era a mulher do século e Elza Soares estaria em turnê pelos Estados Unidos da América antes de definitivamente representar a mulher do milênio... E nesse mesmo período e no mesmo território, as bibliotecas segregavam o saber, manifestando o epistemicídio como método. Como revela Franciéle,

> [...] até os primeiros anos da década de 1970, diversas comunidades negras dos Estados Unidos não tinham acesso à biblioteca, nem aos serviços bibliotecários que suprissem suas necessidades de informação e transformação social. Ao longo das décadas de 1950 a 1970, a população lutou pelo acesso à biblioteca [...].[16]

A luta antirracista para formação epistemológico-histórica em Biblioteconomia e Ciência da Informação tem ali um dos mais rígidos movimentos intelectuais. Ciência e luta social não se separam: estão juntas em pulso e escrita. Eis um demonstrativo praxiológico da epistemologia biblioteconômico-informacional via *Black Librarianship* reiluminada *por* e reconstituída *pela* Dra. Franciéle Garcês com o movimento da Biblioteconomia Negra Brasileira, desdobramento científico-intelectual de sua trajetória em celerada transformação.

A TRAVESSIA DA LUTA ANTIRRACISTA: OU COMO REENCONTRAR O CONHECIMENTO DE JOSEPHINE BAKER NO UNIVERSO EPISTÊMICO DE ELZA SOARES

> A mulher vai sair
> E vai sair
> De dentro de quem for
> A mulher é você
> (Pedro Loureiro; Luciano Mello. Interpretação SOARES, Elza. Álbum Deus é Mulher, 2018)

A questão do primeiro diálogo com a futura Dra. Franciéle Garcês estava dada: o fenômeno revolucionário da *Black librarianship* – epistemologia como batalha contínua anti-epistemicida, base para o pensar e o agir em Biblioteconomia e Ciência da Informação na teoria crítica racial nos Estados Unidos da América. Talvez o conceito, uma primeira pista, uma simples expressão, revelasse a gigantesca fonte do movimento anti-epistemicida do campo biblioteconômico-informacional a partir das lutas do Norte. E ali, imerso na branquitude que me (con)formou nesse país racista, como nos lembra Sueli Carneiro (2005), podia eu observar o ponto de encontro de vidas – biobibliografias em metamorfose de miscigenação intelectiva, cor-coral da luta, do encontro, da justiça; a brancura, a negrura, a vermelhidão do combate, todas corresponsáveis pela mudança.

Na clareza do pensamento da pesquisadora Franciéle Garcês, a construção epistemológico-histórica do campo, através da epistemologia negra, pode então assim ser definida.

> Conceitualmente, a Biblioteconomia Negra se refere ao "movimento reflexivo que discute a formação na área, a atuação bibliotecária de profissionais negros e a produção científica realizada por bibliotecários negros e não-negros sobre questões étnico-raciais". Ademais, a Biblioteconomia Negra inclui esferas interligadas às questões sociais, econômicas, políticas e educacionais de populações de origem africana e da diáspora, via lentes teóricas, metodológicas e instrumentais oriundas da Biblioteconomia e Bibliografia.[17]

Eu li essas palavras acima da mestra Franciéle Garcês em meio a uma década conturbada. Era o final dos anos 2010. Eu estivera como espectador em duas das temporadas do espetáculo "Josephine Baker – A Vênus Negra", na cidade do Rio de Janeiro. A primeira, um ano antes de conhecer a bibliotecária Franciéle Garcês. A segunda, no ano seguinte ao início de seu mestrado no PPGCI IBICT UFRJ e no abraço de nossas biobibliografias. Nascida em 1906, Josephine será um dos nomes mais emblemáticos na Grande Marcha de Washington. Quando Martin Luther King Jr. conseguira reunir e mobilizar a luta antirracista nos Estudos Unidos da América, Josephine já era o discurso, em práxis e resistência, em todo o mundo, contra racistas e seu epistemicídio.

O espetáculo "Josephine Baker – A Vênus Negra", com a magistral e premiada atuação da atriz Aline Deluna, deixou-me impactado do início ao fim: mistura de dor, revolta, força, coragem, ação, alegria, êxtase. Eu precisava fazer algo. Eu precisava levar alguém para assistir novamente ao manifesto. Voltei ao teatro com minha mãe. Nunca esqueci das cenas, do texto, da expressão de dor e de alegria de Josephine no olhar de Aline.

Josephine Baker esteve no Brasil pela primeira vez em 1939, um ano antes do nascimento de Elza Soares. Bissexual, ativista e espiã antinazista, Josephine contracenou com Grande Otelo no Teatro do Cassino da Urca, na peça "Casamento de Preto", território a poucas quadras da sala de aula onde a Dra. Franciéle Garcês realizou seu mestrado, durante o qual denunciou a linguagem racista de docentes e iniciou a pesquisa sobre a profundidade da epistemologia da *Black Librarianship*, movimento oriundo da terra de Josephine Baker.

Josephine esteve na e enfrentou a Alemanha em formação nazista nos anos 1930. E retornou aos Estados Unidos da América onde vivera os resultados dos lastros de sangue da Ku Klux Klan. Justamente na década de 1930, como relata Franciéle Garcês,[18] encontramos um demarcador da construção epistemológico-histórica do campo biblioteconômico-informacional a partir da luta antirracista e contra o epistemicídio negro. Tratar-se-ia do caso de segregação explícita no encontro da *American Library Association* (ALA) nos Estados Unidos da América, em 1936, com separação interracial de quartos, de reuniões, de assentos. O fato leva, de um lado, à criação do Comitê de Discriminação Racial na ALA no mesmo ano, do outro lado, a realização da convenção política de pessoas bibliotecárias negras (*Caucus of Black Librarians*) liderada por E. J. Josey e outras, que funda uma das sólidas bases da epistemologia americana em Biblioteconomia e Ciência da Informação para o século XX.

A *Black Causus* é Josephine em sua expressão América-Mundo. Como sintetiza Tania Regina Pinto,[19] Josephine Baker é

> Sinônimo de poder sob todos os pontos de vista. [...] vive vários eu's: cantora, vedete, atriz de cinema, artista de rua, bailarina, pura sedução, jazzista, modelo, espiã, escritora, cantora, ativista, multiartista, mãe, esposa, amante de mulheres e de homens, carismática, reconhecida como vênus, pérola e deusa negra.[20]

Nascida um ano após a bibliotecária Dorothy Louise Burnett Porter

Wesley, biobibliografada neste livro por Franciéle Garcês, Josephine Baker, como Elza Soares, é forçada a se casar menina, antes dos 15 anos. Na década de 1950, quando já residia em Paris, na França, Josephine viaja aos Estados Unidos da América para participar do Movimento pelos Direitos Civis. No período, ela teve sua entrada recusada em mais de 30 hotéis em razão da segregação. Sua posição foi se manter no país, enquanto recebia ameaças de potenciais representantes da Ku Klux Klan, viajando por diferentes cidades, realizando palestras em universidades sobre a luta antirracista, recusando-se a se apresentar para públicos de regiões segregadas.[21] Nesse mesmo contexto, como nos revela a Dra. Franciéle Garcês neste livro, já distava um século na revisão de E. J. Josey a construção de um movimento negro biblioteconômico-informacional a partir dos Estados Unidos da América que mudaria nossa epistemologia.

A dinâmica da teoria do conhecimento em curso no processo histórico americano é pauta das prosas entre mim e Franciéle Garcês ali, nos fins da década de 2010. A denúncia da segregação está relacionada diretamente, sob o ponto de vista da formação do pensamento biblioteconômico-informacional, à questão do epistemicídio. E a mestranda Franciéle Garcês nos apresentará tal condição. A *Black Librarianship* representa o enorme movimento de constituição da epistemologia em Biblioteconomia e Ciência da Informação dos Estados Unidos da América. E a pergunta objetiva se dá: Mas que história é essa não contada ou apenas fundamentada via, por exemplo, Claude Shannon, Warren Weaver, Harold Borko? Eis o epistemicídio à superfície. A mestra Franciéle Garcês demonstrou, com sua pesquisa, como o epistemicídio partiu de pessoas bibliotecárias e suas instituições, sua teoria, seus métodos, suas técnicas, seus instrumentos pedagógicos. E nos legou, a dissertação defendida no PPGCI IBICT UFRJ, a avançada mudança provocada pela reconstituição da Biblioteconomia Negra Brasileira.

Quando Josephine Baker nascera, a teoria do conhecimento do campo biblioteconômico-informacional já era tecida sobre uma base crítico-racial, como demonstra a releitura de Franciéle Garcês via uma epistemologia histórica reconstituída através de E. J. Josey. A revolução epistemológica da obra da Dra. Franciéle Garcês é, pois, clara. Na figura "Enquadramento do epistemicídio no campo biblioteconômico-informacional", Silva[22] descortina o epistemicídio como cobertura das injustiças epistêmicas, categorizadas como injustiça testemunhal, injustiça hermenêutica, injustiça curricular e injustiça participativa. Tal crítica anti-epistemicida demonstra a condição do genocídio epistêmico em Biblioteconomia e Ciência da Informação em seus três eixos de barbárie: do campo para o próprio campo; do campo para os demais campos científicos; e do universo acadêmico-científico para o meio social. Em resumo: o extermínio do conhecimento negro via segregação nos espaços informacionais.

A prosa inicial com Franciéle no cenário atravessado por Josephine e Elza no Rio de Janeiro estava começando. Era a abertura para o caminho já em longa travessia, o árduo e sólido itinerário da teoria crítica racial em Biblioteconomia e Ciência da Informação. A mestranda Franciéle foi muito além: seguiu o percurso da revolução epistemológica lançado como força de transformação entre vida e obra que resulta neste livro a partir da tese de doutorado construída no Programa de Pós-Graduação em Ciência da Informação, da Escola de Ciência da Informação, da Universidade Federal de Minas Gerais (UFMG), sob orientação dos professores doutores Rubens Alves da Silva e Fabrício José Nascimento da Silveira:

> [...] a decisão de elaborar uma obra sobre a existência de epistemes e reflexões elaboradas por pessoas bibliotecárias negras e africanas em diáspora – sob a base da Teoria Crítica Racial – partiu de um desafio ainda existente que se apresentou a partir dos resultados advindos da dissertação: há um desconhecimento sobre a produção, reflexões teóricas, instrumentos e conhecimentos produzidos por esses atores dentro do campo biblioteconômico-informacional brasileiro. Dessa forma, entendo esse desafio como uma oportunidade de celebrar meus ancestrais do campo ao apresentar e interpretar as reflexões teóricas, epistemes e teorias críticas por eles elaboradas.[23]

Como Josephine Baker, quase 90 anos atrás, Franciéle desembarcou na cidade de Elza Soares, em 01 de março de 2017. No dia seguinte escreveu-me, registrando a chegada.

> Como o senhor está? Espero que bem...
> Entro em contato para informar-lhe que já estou no Rio de Janeiro.
> Estou à disposição caso queira conversar e nos apresentarmos pessoalmente.
> Desde já, desejo-lhe um feliz início de semestre e que tenhamos um ótimo caminho pela frente.[24]

Eu não tinha ideia do que estava em tal caminho em minha biobibliografia, em minha (trans)formação, assim como as vidas de E. J. Josey e Dorothy B. Porter biobibliografadas por Franciéle Garcês[25] nos inspiraram a repensar toda a construção epistemológica em Biblioteconomia e Ciência da Informação.

No dia 08 de março de 2017, às 13h, nós tivemos nosso primeiro diálogo formal de orientação de mestrado no PPGCI IBICT UFRJ. Ali a *Black Librarianship* foi pautada pela primeira vez. Era apenas uma semente: ínfima em sua expressão, gigante no solo da sabedoria da mulher negra bibliotecária Franciéle diante de mim, na sala 401 da unidade IBICT do Rio de Janeiro.

Antes, porém, a questão que (des)orientaria minha primeira co-entrevista à bibliotecária Franciéle Garcês era: meu percurso biobibliográfico e os meandros institucionais me levavam a orientar pesquisas epistemológicas e históricas. O diálogo estava, tradicionalmente, com pesquisas voltadas para tais temáticas. Como constituir o elo da aprendizagem mútua da orientação? Vivendo a teoria do conhecimento que nos faz resistir. A praxiologia dos diálogos nos territórios pisados por Elza Soares e Josephine Baker seria o ponto de encontro.

O livro nas mãos da pessoa leitura aponta para o gesto revolucionário desta co-aprendizagem praxiológica-biobibliográfica: ser como transformar em estado de convivência. Uma escola de pensamento: eis a leitura objetiva que se tem quando da relação vida-obra de Franciéle Carneiro Garcês da Silva via o texto que se abre. Uma escola que nos faz pensar a universidade na dança de Josephine Baker e na voz de Elza Soares, das salas de mestrado e doutorado à Escolinha Maria Felipa em Salvador, fundada pela Dra. Bárbara Carine Soares Pinheiro para uma educação antirracista, afrocentrada, afro-brasileira e decolonial.

A obra é continuidade praxiológica da posição crítica ao epistemicídio em Sueli Carneiro, ou seja,

> o epistemicídio é, para além da anulação e desqualificação do conhecimento dos povos subjugados, um processo persistente de produção da indigência cultural: pela negação ao acesso à educação, sobretudo de qualidade; pela produção da inferiorização intelectual; pelos diferentes mecanismos de deslegitimação do negro como portador e produtor de conhecimento e de rebaixamento da capacidade cognitiva pela carência material e/ou pelo comprometimento da autoestima pelos processos de discriminação correntes no processo educativo.[26]

Denunciando a discursividade do epistemicídio, o livro "Biblioteconomia negra, suas epistemologias negro-africanas e a teoria crítica racial" é radicalmente transformador como teoria do conhecimento, para passado, presente e futuro. Não é estranho (esta obra comprova as dinâmicas do massacre epistemicida atual) que a travessia da produção intelectual de Franciéle entre o mestrado e o doutorado atravesse ao massacre de Marielle Franco. Eu conhecera, como dito, no mesmo contexto do final da década de 2010, a vida e a obra de Josephine Baker via a atriz Aline Deluna. E em 14 de março de 2018, a vereadora do Partido Socialismo e Liberdade (PSOL) foi assassinada, junto do motorista Anderson Gomes. A urgência da teoria do conhecimento da Dra. Franciéle Garcês, em meio ao seu curso de mestrado, estava e está objetivamente vinculada à denúncia da violência do racismo e suas consequências, à defesa das minorias e das maiorias menorizadas constituídas pela colonialidade e suas ferramentas de extinção, percurso biobibliográfico de Marielle Franco até o fuzilamento de seu corpo na mesma terra de nascimento de Elza Soares.

Na madrugada seguinte ao assassinato, em diálogo de trocas intensas com amiga e mestre de minha vida, Franciéle, Fran, simplesmente Fran, iniciamos, no grupo de pesquisa "Ecce Liber: filosofia, linguagem e organização dos saberes", o estudo sobre as formas discursivas de massacre contínuo, para aquém e para além do corpo de Marielle. O vômito contra os racistas diante dos dados levantados na pesquisa era imediato, doloroso, corrosivo. Nas semanas que se seguiram, a mestranda Franciéle Garcês me leva ao mergulho nas fontes biobibliográficas da produção africana em epistemologia biblioteconômico-informacional. E os diálogos sobre a Biblioteconomia Negra Brasil-mundo e mundo-Brasil se intensificam. O quadro fabuloso desta obra que nos conduz pela epistemologia ocidental, pela epistemologia africana, pela epistemologia negra e pela epistemologia negro-africana até a raiz e os frutos da teoria crítica racial está, pois, constituído no remodelo educador apresentado pela Dra. Franciéle Garcês.

ELZA SOARES NOS ESTADOS UNIDOS: A BIBLIOTECONOMIA NEGRA BRASILEIRA NO MUNDO

> As mulheres negras e outras racializadas estão na base das sociedades ocidentais, sejam elas negras, africanas, afros, latinas, asiáticas e indígenas. Dentro dos Estados Unidos e no Brasil, por exemplo, tais mulheres ainda são ausentes nos locais de poder e tomadas de decisão nas esferas econômica, política, social, educacional e cultural.[27]

Não é estranho que esse prefácio seja redigido entre abril e maio do ano de 2023, ao barulho, necessário, de Vini Jr., atleta de futebol em atuação na Espanha, negro, em sua luta debaixo arenas inteiras de racistas vociferando contra um gigante antirracista, que os encara, tal gigante, não como um vingador ou mercenário de uma causa justa, mas como um educador, como Josephine, Elza, Marielle fizeram, como E. J. Josey e Dorothy B. Porter fizeram, como a Dra. Franciéle Garcês faz.

A força de Vini Jr. impressiona. Foi esse o sentimento que tive quando vi Marielle Franco pela primeira vez, na Avenida Rio Branco, no centro da cidade do Rio de Janeiro, em uma manifestação contra o golpe que levara ao impeachment da presidenta do Brasil, Dilma Roussef, poucos anos antes de conhecer Franciéle. Eu queria abraçar Marielle, estava a poucos centímetros dela, nós nos falamos, ela sorriu – que sorriso impressionante... que força... como o impacto da deusa Josephine, sinônimo de poder e revolução... Em seguida, Marielle me passou com sua mão esquerda o material impresso do movimento. Não consegui abraçá-la. Mas muitos abraços ainda viriam de outra Elza, outra Josephine, outra Dorothy, outra Marielle... Falo de Franciéle Carneiro Garcês da Silva, ou da Dra. Franciéle Garcês.

A virada epistemológica de longa duração é caminho árduo. A epistemologia histórica que esta obra nos apresenta demonstra métodos e técnicas, sob teorias consistentes e rigorosas, para tal processo. Sua base, nos remetendo a Paulo Freire, está na educação pela via dos laços entre biobibliografia, teoria crítica racial e epistemologia biblioteconômico-informacional:

> [...] o intento é conscientizar a comunidade acadêmica para as reflexões, produções e epistemes críticas que discutem a raça, o racismo, a branquitude e demais instrumentos de invisibilização utilizados pelo grupo dominante dentro da estrutura racial que constitui as sociedades, em especial, a brasileira.[28]

A educadora antirracista, Dra. Franciéle Garcês, nos ensina em teoria e práxis, via essa obra, através de sua vida.

EXUAR A EPISTEMOLOGIA EM BIBLIOTECONOMIA E CIÊNCIA DA INFORMAÇÃO: SER FRANCIÉLE GARCÊS ENTRE JOSEPHINE BAKER E ELZA SOARES

> Exú nas escolas
> E a prova do ano
> É tomar de volta
> Alcunha roubada
> De um deus iorubano
> (Edgar; Kiko Dinucci. Interpretação SOARES, Elza. Álbum Deus é Mulher, 2018)

Franciéle retornou à mesma sala para dialogarmos sobre o resultado dos processos seletivos para o curso de doutorado em janeiro de 2019. O agendamento pelo correio eletrônico foi tenso em minha análise. Se as palavras escritas não foram redigidas de modo nervoso, as palavras lidas estavam em desequilíbrio. Aprovada no PPGCI IBICT UFRJ, bem como no Programa de Pós-Graduação em Ciência da Informação da Escola de Ciência da Informação da Universidade Federal de Minas Gerais (PPGCI UFMG), a proposta era um diálogo sobre os horizontes abertos em sua vida, a vida de Franciéle Garcês, para as formações futuras. Tratar-se-ia da decisão do caminho a trilhar, da teoria crítica racial a uma recompreensão epistemológica em Biblioteconomia e Ciência da Informação, onde e quando.

Na entrada da sala 401 da sede do IBICT no Rio de Janeiro, pedi Franciéle para deixar a porta aberta. A vida a transformar ainda estava em suas primícias. Vai, Franciéle, continue a nos ensinar! E foi, como Exu destina, o orixá mensageiro.

> Exú é o começo
> Atravessa o avesso
> Exú é o travesso
> Que traça o final
>
> Exu é o pau
> No caule que sobe
> O caminho de além
> Do bem e do mal
> Dito pelo não dito
>
> [...]
>
> Estará onde quer que qualquer corpo for
> Pra todo o trabalho
> É o laço e o atalho
> É o braço e a mão
> Do falho e do justo

> Exu é o custo do movimento
> O tormento do ser
> (Eduardo Fernando Marques Mazarão. Interpretação de ASSUMP-
> ÇÃO, Serena)

Eis, nessa obra, parte da grandiosidade do pensamento sobre o ser no mundo social que a teoria do conhecimento da Dra. Franciéle Garcês nos lega. Assim como Martin Luther King Jr. convidou Josephine Baker, seu conhecimento, sua história, sua ousadia, para estar junto às pessoas negras e antirracistas em 1963 em Washington, década em que Elza Soares encantou os Estados Unidos da América, aqui temos mais uma partícipe da longa marcha de uma epistemologia revolucionária. Assim como Josephine Baker veio da terra da *Black Librarianship* para nos visitar um ano anos de Elza Soares, a mulher do milênio, nascer, a Dra. Franciéle Garcês segue agora suas regeografias de mutação educadora de tantas outras biobibliografias.

A obra denuncia uma epistemologia que se constituiu análoga ao conhecimento escravizado. O epistemicídio na gramatura de suas estruturas é escancarado. Metodologias anti-epistemicidas são apresentadas. Não é preciso ser (objeto concreto de qualquer epistemologia) epistemólogo. É preciso ser anti-epistemicida. Ser Exu na epistemologia. Ser Franciéle Garcês. Eis um recado final à pessoa leitora sobre o poder deste livro.

Gustavo Saldanha, aprendiz da Dra. Franciéle Garcês, verão, 2023.

APRESENTAÇÃO

AI, PALAVRAS, AI, PALAVRAS, QUE ESTRANHA POTÊNCIA, A VOSSA! [...] SOIS O SONHO E SOIS A AUDÁCIA[29]

Fabrício José Nascimento da Silveira[4]

> Pensar e escrever são fundamentalmente questões de resistência. [...] A tarefa ética do escritor [do pesquisador] moderno não é ser um criador, mas um destruidor – um destruidor da interiorização superficial, a ideia consoladora do universalmente humano, da criatividade diletantística e das frases vazias.[30]

Na primeira das seis conferências que Edward Said[31] proferiu em 1993 para os ouvintes da Rádio BBC de Londres consta que o intelectual deve ser compreendido como "um indivíduo com um papel público na sociedade, que não pode ser reduzido simplesmente a um profissional sem rosto, um membro competente de uma classe, que só quer cuidar de suas coisas e de seus interesses".[32] Recorro a essa definição como ponto de partida para apresentar aos leitores a obra de Franciéle Carneiro Garcês da Silva, cujo principal mérito é a coragem de caminhar em direção à elaboração de uma reflexão crítica sobre a *Biblioteconomia Negra*, tensionando, para tanto, o "princípio da ausência", o "racismo" e as "(in)justiças epistêmicas" que sistematicamente invisibilizam e negligenciam o reconhecimento das epistemologias negro-africanas no campo biblioteconômico-informacional.

De fato, Franciéle Carneiro Garcês da Silva está longe de ser uma "profissional sem rosto" na Biblioteconomia brasileira. Mulher negra, militante

---

4   Doutor em Ciência da Informação, Professor do curso de graduação em Biblioteconomia e do Programa de Pós-Graduação em Ciência da Informação da Escola de Ciência da Informação, da Universidade Federal de Minas Gerais.

engajada, pesquisadora de sólida formação e vasta bibliografia, ela ocupa hoje um lugar de destaque entre as vozes que, em consonância com a figura do intelectual traçada por Said,[33] "levanta publicamente questões embaraçosas, confronta ortodoxias e dogmas" que fazem girar os saberes constitutivos da Biblioteconomia e do pensamento informacional brasileiro e latino-americano.

Isso se evidencia, entre outros, por meio do projeto *Quilombo Intelectual*, cujo foco é produzir e comunicar estudos científicos realizados pela e sobre as populações negra, indígena, LGBTQIAPN+ com foco em direitos humanos e através do Selo Nyota, editoria independente centrada, também, em divulgar e visibilizar conhecimentos correlacionados a essas áreas. Há que se sublinhar, ainda, sua atuação na coordenação do Grupo de Trabalho "Relações Étnico-raciais e Decolonialidades" criado pela Federação Brasileira de Associações de Bibliotecários, Cientistas de Informação e Instituições (FEBAB), bem como sua profícua bibliografia, marcadamente questionadora, posto Franciéle Carneiro Garcês da Silva estabelecer contínuo diálogo com os/as teóricos(as) decoloniais e da teoria crítica sobre temas como ensino de Biblioteconomia e Ciência da Informação direcionado às questões étnico-raciais; Estudos Críticos da Branquitude em BCI; Relações Étnico-Raciais e Decolonialidades; e, Justiça social, racial e informacional em BCI.

É exatamente da confluência entre a *práxis* que confere sentido a todas essas ações e o exercício teórico-conceitual elaborado nas distintas instituições de ensino e pesquisa às quais esteve vinculada que nasce a obra que o leitor tem em mãos. Defendido originalmente como tese de doutoramento e rebatizado com o título de **Biblioteconomia negra: das epistemologias negro-africanas à teoria crítica racial**, o livro de Franciéle Carneiro Garcês da Silva coloca em relevo para um público mais amplo as razões pelas quais o pensamento crítico não é, em muitos aspectos, uma instância pacificadora ou produtora de consensos, posto recusar, como também acentua Said,[34] fórmulas fáceis, clichês pré-fabricados ou conclusões afáveis e conciliadoras da realidade.

Realidade que, nesta obra, diz respeito à problematização "das relações de poder dentro e fora da academia e os efeitos decorrentes da segregação intelectual de epistemes negro-africanas sobre e no campo biblioteconômico-informacional".[35] Inquietação de acentuada relevância sócio-política posto reposicionar o jogo de forças dos sistemas hegemônicos de organização e classificação dos saberes conferindo destaque às epistemologias negro-africanas, ou seja, ao conjunto de reflexões teórico-práticas produzidas por pessoas negras, pessoas africanas e da diáspora africana que são, como a própria autora diz, contranarrativas decoloniais uma vez que colocam a raça no centro do debate em BCI ao interpelar os instrumentos de poder a ela vinculados.

Como Franciéle Carneiro Garcês da Silva concretiza esse projeto, que, como dito acima, é a um só tempo epistêmico, político e histórico? Revisitando a Teoria Crítica Racial e entretecendo pontos de conexão epistemológica com a Biblioteconomia e a Ciência da Informação a partir do conhecimento concebido e agenciado por pessoas bibliotecárias negras. Em face disso, acreditamos que ao acompanharem a autora em suas reflexões, os leitores se farão mais conscientes sobre: i) o que sustenta o discurso acerca das ausências de epistemologias negro-africanas em BCI; ii) como se deu historicamente a formação dos estudos desenvolvidos pela Teoria Crítica Racial; iii) projetos e formulações epistemológicas negro-africanas elaborados por pessoas bibliotecárias negras; e iv) epistemologias negro-africanas associadas ao campo biblioteconômico-informacional.

Na esteira desses resultados, devemos realçar o "trabalho de escavação"[36] – tal como proposto por Walter Benjamin – que Franciéle Carneiro Garcês da Silva empreende para visibilizar as contribuições da "**Black Librarianship Americana**", movimento que buscou refletir sobre a formação bibliotecária e capacitar profissionais negros e não negos acerca das questões étnico-raciais e, ainda, dinamizar sua produção científica. Ao elencar o inventário de seus achados, dois bibliotecários emblemáticos são focalizados: Elonnie Junius Josey (1924-2009) e Dorothy Louise Burnett Porter Wesley (1905-1995).

Sobre E. J. Josey, a autora destaca sua atuação incansável para eliminar as injustiças e a segregação na Biblioteconomia e nas instituições bibliotecárias. Razão pela qual defendeu a importância de se fundar a *Black Caucus* da ALA, para que pessoas bibliotecárias negras pudessem mobilizar-se contra a discriminação no local de trabalho e fomentarem experiências de liderança entre elas. Protagonismo complementado por sua perseverança em recrutar pessoas negras e outras racializadas no contexto da profissionalização bibliotecária; pela luta em prol do fim da segregação das associações estaduais de bibliotecas no Sul; e, pela produção de mais de 200 materiais bibliográficos, nos quais figuram, entre outros, artigos, resenhas e livros.

No caso de Dorothy Porter Wesley, são ressaltadas suas importantes contribuições para o campo da Biblioteconomia e da Bibliografia Negra, em especial seus esforços para preservar e promover a história da população negra, africana e sua diáspora. Ao traçar sua bibliografia, a pesquisadora destaca que para enfrentar o racismo na sociedade estadunidense Dorothy Porter Wesley articulou a práxis bibliotecária com a elaboração de instrumentos para auxiliar na recuperação de informações relacionadas à questão étnico-racial negra em distintos acervos e coleções. Disso deriva a criação de uma disciplina que "pode ser definida como a reunião, produção, organização, representação e disponibilização de documentos que retratam a experiência e vida negra sob a ótica da e sobre a população africana, negra e da diáspora africana, via bibliografia".[37] Disciplina que serviu, conforme defendido por Franciéle Carneiro Garcês da Silva, como instrumento de denúncia das ausências negras na luta contra o apartheid epistêmico, possibilitado pela segregação intelectual de conhecimentos advindo das margens e de fora dos muros das universidades.

Por tudo isso, está claro que o livro **Biblioteconomia negra: das epistemologias negro-africanas à teoria crítica racial** não é fruto, conforme reivindicado por Said,[38] de um exercício intelectual pautado tão somente por "coisas e interesses pessoais". Embora todo ato de escritura revele muito sobre aquele que o executa – suas lutas internas, aspirações e modos de ver o mundo –, ao constituir-se em território de trânsito entre o pessoal e o discurso indireto que orienta a pesquisa acadêmico, a obra de Franciéle Carneiro Garcês da Silva lança luz sobre inúmeros pontos de tensão que modulam certas matrizes de compreensão epistêmicas e ontológicas do campo biblioteconômico-informacional brasileiro.

Por conseguinte, e por também considerar que vivemos em uma

sociedade permeada pelo racismo, a qual ainda hoje concebe inúmeros dispositivos de racialidade[39] para manter suas estruturas de poder, concordo com a afirmativa de Franciéle Carneiro Garcês da Silva de que seu estudo nos ajuda a melhor compreender

> [...] que as pessoas bibliotecárias negras são conscientes da raça e racismo nas experiências sociais, de trabalho e educacionais em suas vidas, como também expressam isso em suas produções científicas, ações antirracistas, inclusive propondo estratégias e novos olhares contra hegemônicos de como transformar as sociedades mais justas social e racialmente para todos.[40]

Consciência que, em maior ou em menor medida, já se reverbera no campo biblioteconômico-informacional, suscitando, e este livro, assim como a tese que o originou, são provas disso, um debate mais amplo a respeito da diversidade étnico-racial e sobre equidade, inclusão, justiça social e reparação epistêmica.

Caso quem tenha chegado até aqui ainda possua alguma dúvida em relação à importância de seguir com a leitura de **Biblioteconomia negra: das epistemologias negro-africanas à teoria crítica racial**, peço licença para lançar mão de uma razão biográfica. Conheci Franciéle Carneiro Garcês da Silva em 2018, posteriormente e em parceria com o Professor Rubens Alves da Silva, assumi a coorientação de sua pesquisa de doutoramento. Nesses anos de convivência, amizade e diálogo intelectual a Fran materializou, na teoria e na prática, aquilo que outras mulheres – incluindo minha mãe entre elas – já haviam me ensinado e que foi sintetizado na bela frase de bell hooks[41]: "Num contexto social capitalista de supremacia patriarcal branca como esta cultura nenhuma negra pode se tornar uma intelectual sem descolonizar a mente".

Mas o que significa descolonizar a mente? Se compreendi bem, consiste em aprender a nomear a norma, porque é nela e a partir dela que os privilégios se materializam; é não ceder à vontade de conservação das formas de existência; é não negociar o inegociável; é praticar a liberdade de pensamento em sua plena dimensão ética e política; é também, e sobretudo, não renunciar ao desejo de "falar a verdade ao poder [...] pesar cuidadosamente as alternativas, escolher a certa e então representá-la de maneira inteligente, onde possa fazer o maior bem e causar a mudança correta".[42] Oxalá que este livro inspire mais e mais pessoas a descolonizarem suas mentes e a resistirem aos discursos e dispositivos de dominação.

INTRODUÇÃO EM PRIMEIRA PESSOA: UMA CAMINHADA EM BUSCA DE REFLEXÕES CRÍTICAS

Não desiste negra, não desiste!
Ainda que tentem lhe calar,
Por mais que queiram esconder
Corre em tuas veias força yorubá,
Axé! Para que possa prosseguir!

Eles precisam saber, que a mulher negra quer
Casa pra morar
Água pra beber,
Terra pra se alimentar.

Que a mulher negra é
Ancestralidade,
Djembês e atabaques
Que ressoam dos pés.

Que a mulher negra,
tem suas convicções,
Suas imperfeições
Como qualquer outra mulher.

Vejo que nós, negras meninas
Temos olhos de estrelas,
Que por vezes se permitem constelar

O problema é que desde sempre nos tiraram a nobreza
Duvidaram das nossas ciências,
E quem antes atendia pelo pronome alteza
Hoje, pra sobreviver, lhe sobra o cargo de empregada da casa

É preciso lembrar da nossa raiz
semente negra de força matriz que brota em riste!
Mãos calejadas, corpos marcados sim
Mas de quem ainda resiste.

E não desiste negra, não desiste!
Mantenha sua fé onde lhe couber
Seja Espírita, Budista, do Candomblé.
É teu desejo de mudança,
A magia que traz na tua dança,
Que vai lhe manter de pé.

É você, mulher negra! Cujo tratamento majestade é digna!
Livre, que arma seus crespos contra o sistema,
Livre para andar na rua sem sofrer violência
E que se preciso for, levanta arma,
mas antes,
luta com poema.

E não desiste negra, não desiste!

Ainda que tentem lhe oprimir
E acredite, eles não vão parar tão cedo.
Quanto mais você se omitir,
Eles vão continuar a nossa história escrevendo!

Quando olhar para as suas irmãs, veja que todas somos o início:
Mulheres Negras!
Desde os primórdios, desde os princípios
África, mãe de todos!
Repare nos teus traços, indícios
É no teu colo onde tudo principia,
Somos as herdeiras da mudança de um novo ciclo!

E é por isso que eu digo:
Que não desisto!
Que não desisto!
Que não desisto!"

Não desiste Negra, Não desiste!, de Mel Duarte

Este poema de Mel Duarte é muito emblemático para mim! (Re)existir e não desistir em um mundo onde mulheres negras estão colocadas na base da sociedade brasileira é um desafio constante. A luta é contra o sistema hegemônico, colonial, capitalista, patriarcal e racializado que está posto, o qual relegou (e ainda relega) o povo negro à narrativa falaciosa de ser constituído por "seres sem conhecimento".

Meu entendimento é de que tal narrativa está presente em nossas relações pessoais, interpessoais, de trabalho e produção intelectual e científica, e a cada dia ganha mais força no atual contexto político[43] em que estamos inseridos: um contexto de negacionismo da ciência e da disseminação de notícias falsas. Isso me impele a pensar sobre quais caminhos podemos escolher para auxiliar nossa sociedade a ser comprometida com as justiças social, racial, de gênero, informacional e epistêmica[44] e a evidenciar saberes plurais e epistemes diversas, buscando reduzir as desigualdades e a promover oportunidades equitativas para todas as pessoas. Dentre os caminhos para transformação desse sistema, e na condição de ser uma mulher negra no mundo, escolhi a universidade como espaço de emancipação educacional-científica e atuação política em prol do meu povo.

A universidade foi um mundo desconhecido e inacessível até pouco tempo quando decidi ingressar no curso de Biblioteconomia, na Universidade do Estado de Santa Catarina (UDESC). Com 25 anos, fiz parte das estatísticas de ingresso tardio de pessoas negras na graduação, ao mesmo tempo em que me vi em um lugar de privilégio quando em comparação aos meus ancestrais, muitos dos quais sequer tiveram oportunidade de frequentar o ambiente escolar, terminar o ensino fundamental ou ingressar em uma universidade pública.

Minha percepção é de que realizei duas graduações ao longo de quatro anos, uma em Biblioteconomia e outra em Estudos Negros, Africanos e da Diáspora, no Núcleo de Estudos Afro-Brasileiros (NEAB-UDESC). No NEAB, compreendi o mundo a partir do olhar de Abdias Nascimento, Lélia Gonzalez, Milton Santos, Nilma Lino Gomes, Angela Davis, Frantz Fanon, W. E. Du Bois, Aimé Cesáire, Kwame Anthony Appiah, entre tantas outras pessoas. Suas contranarrativas se sobressaíam como uma opção decolonial[45] ao discurso hegemônico presente no meu ambiente de formação profissional e intelectual, ao mesmo tempo em que demonstravam que é possível uma pessoa negra ser reconhecida em sua intelectualidade, ser considerada uma autoridade epistêmica em determinado assunto.

Ademais, foi da leitura das obras desses estudiosos e estudiosas que meu olhar se voltou de forma crítica para a graduação em Biblioteconomia de minha universidade. Orientada pela Profa. Daniella Camara Pizarro, minha pesquisa de conclusão de curso apresentou o discurso docente sobre a inserção das questões étnico-raciais na formação bibliotecária daquela instituição.[46] Aliado às pesquisas de conclusão de curso realizadas pelas pessoas negras bolsistas do Núcleo que cursaram Biblioteconomia na UDESC, ao próprio trabalho desenvolvido pelo NEAB durante mais de 10 anos em prol da conscientização da diversidade étnico-racial e promoção da equidade no ambiente universitário, bem como do papel de docentes antirracistas do curso, essa pesquisa foi uma das responsáveis pela criação da disciplina obrigatória de *Relações Étnico-raciais* que hoje está presente na matriz curricular do referido curso.

Na dissertação de mestrado, dessa vez no Instituto Brasileiro de Informação em Ciência e Tecnologia (IBICT), convênio com a Universidade Federal do Rio de Janeiro (UFRJ) e sob orientação do Prof. Gustavo Saldanha, chego ao diagnóstico da inserção das culturas africana e afro-brasileira no ensino em Biblioteconomia brasileiro, a partir da percepção dos docentes e avaliação dos instrumentos normativos dos cursos de graduação presenciais.[47] Ainda no mestrado, descobri – por orientação de Prof. Gustavo – o mundo da Biblioteconomia Negra Americana e os referenciais para a defesa de uma

Biblioteconomia Negra Brasileira, as quais, neste livro, ambas receberão aprofundamento e adições quanto aos principais atores, aspectos históricos e epistemológicos no campo biblioteconômico-informacional, sob o olhar da Teoria Crítica Racial.

A elaboração do presente estudo – acolhido no Programa de Pós-Graduação em Ciência da Informação sob orientação dos professores Dr. Rubens Alves da Silva e Dr. Fabrício José Nascimento da Silveira – parte dos pensamentos que me inquietam há anos, os quais emergiram quando da minha caminhada enquanto mulher negra no campo biblioteconômico-informacional vinculada a uma ciência ativista de reconhecimento da intelectualidade do meu povo: o negro.

Ao longo de minha caminhada acadêmica foram muitas as pessoas intelectuais que me inspiraram a olhar a Biblioteconomia e a Ciência da Informação (BCI)[48] – em especial, para o ensino biblioteconômico e os estudos históricos e epistemológicos negros do campo – e sentir as *ausências presentes*. Dentre tais ausências, aquelas que serão evidenciadas por mim nesta pesquisa se referem às lacunas de conhecimentos negros e africanos na composição do que entendemos hoje como teoria do conhecimento – também conhecida como epistemologia – em BCI.

A busca pelo amplo entendimento do que é epistemologia tem direcionado pesquisas científicas dentro de diversas áreas. Não de hoje, os estudos do campo biblioteconômico-informacional têm evidenciado epistemologias e escolas de pensamento oriundas de homens, brancos,[49] europeus e/ou norte-americanos. O que entendemos como conhecimento historicamente parte de fazeres científicos que não são do povo negro, indígena e outros grupos colocados às margens, mas sim daqueles pertencentes a grupos hegemônicos construtores de narrativas, referenciais teóricos e discursivos que vigoram no meio acadêmico contemporâneo.

Entendo que em qualquer área do conhecimento o fazer científico está permeado pelas visões de mundo de quem realiza a pesquisa, das pessoas intelectuais que são lidas, do contexto no qual se está inserido(a), dentre outras facetas que compõem a nossa humanidade. Nesse sentido, compreendo que o fazer científico e a *práxis* em BCI são gerados a partir de escolhas políticas conscientes e inconscientes que são construídas ao longo de nossa existência.

No campo biblioteconômico-informacional não é diferente. Embasada em diversos intelectuais, tenho defendido que a colonialidade – dividida aqui em colonialidade do ser, do saber, do poder e da natureza[50] – assim como a omissão da raça dentro do campo são (alguns dos) elementos propulsores de uma formação e atuação de pessoas bibliotecárias distantes das Humanidades e cada vez mais próximas de um projeto de profissão que reforça a perspectiva colonial, mercantilista, tecnicista e neoliberal de atuação, ensino e epistemes.[51] Dessa forma, a profissão promove o epistemicídio[52] e memoricídio[53] de saberes pautados em perspectivas não-ocidentalizadas e os transformam a partir de uma narrativa unívoca de ser, estar e entender o mundo.

As contribuições de grupos étnico-raciais para a construção de epistemes negras e africanas em diáspora dentro do campo seriam frutíferas para apontar o quanto o colonial e o racial estão presentes na gênese, construção e desenvolvimento do fazer científico em BCI. Tal perspectiva colonial-racial é garantia de controle do pensamento cotidiano e da produção de conhecimentos científicos sob um enfoque racializado, que se esconde sob uma suposta neutralidade acadêmica, via uso de métodos de pesquisas excludores de saberes entendidos como não-universais.

A discussão a respeito das relações de poder dentro e fora da academia e os efeitos decorrentes da *segregação intelectual*[54] de epistemes negro-africanas *sobre* e *no* campo biblioteconômico-informacional, assim como no mundo social e político das sociedades, seriam importantes enfoques para análise e identificação críticas das instâncias do *apartheid epistêmico*[55] na história e construção da BCI. Ao mesmo tempo, permitiria entender os efeitos abrangentes das injustiças epistêmicas, raciais, sociais, econômicas e de gênero[56] na produção de conhecimento dentro do campo ao longo dos séculos.

Nesse sentido, parto em busca do que entendo – e definirei no Capítulo 4 deste livro – como epistemologias negro-africanas em BCI. Como conceituação inicial para direcionar a leitura deste estudo, estabeleço como epistemologias negro-africanas as reflexões teórico-práticas produzidas por pessoas negras, pessoas africanas e da diáspora africana no campo que são contranarrativas decoloniais às perspectivas hegemônicas, colonialistas e racializadas. Tais epistemologias colocam a raça no centro do debate em BCI e os instrumentos de poder a ela vinculados, como branquitude, racismo, mito da democracia racial, ideologia da supremacia branca, cegueira da cor, epistemicídio, memoricídio, dentre outros.

Da reflexão sobre a centralidade da raça no campo, essas epistemes de origem negro-africana estabeleceriam relações e intersecções entre os sujeitos de grupos étnico-raciais marginalizados e as injustiças sociais e informacionais, bem como as possíveis consequências das exclusões dos mesmos nas bibliotecas, no currículo e na formação profissional em BCI. Dessa forma, a partir do exposto, o problema de pesquisa que direciona o presente estudo indaga: **Quais as conexões epistemológicas entre a Biblioteconomia, Ciência da Informação e a Teoria Crítica Racial? Existem pessoas bibliotecárias negras teóricas críticas raciais em BCI?**

O presente estudo possui por objetivo geral investigar a Teoria Crítica Racial e suas interconexões epistemológicas com a Biblioteconomia e Ciência da Informação (BCI), a partir do conhecimento produzido por pessoas bibliotecárias negras. Delimitam-se como objetivos específicos: a) Contextualizar as ausências de epistemologias negro-africanas em BCI; b) Historicizar o processo de formação dos estudos da Teoria Crítica Racial – base teórica desta pesquisa –, suas concepções teórico-metodológicas, principais atores e suas interconexões com a BCI; c) Identificar as epistemologias negro-africanas elaboradas por pessoas bibliotecárias negras no campo biblioteconômico-informacional, sob a ótica da Teoria Crítica Racial; e d) Interpretar as epistemologias negro-africanas relacionadas com o campo biblioteconômico-informacional.

Este estudo se justifica em quatro aspectos: o primeiro está relacionado ao âmbito pessoal, haja vista que a defesa sobre a existência de epistemes negras e africanas dentro do campo biblioteconômico-informacional tem sido uma de minhas lutas político-acadêmicas enquanto mulher negra e pesquisadora da Biblioteconomia Negra Brasileira e Americana. A descoberta, ainda no período de mestrado, de movimentos pelos direitos civis, pelo direito de pessoas negras adentrarem aos espaços escolares e das bibliotecas e usarem as informações para modificar suas realidades sociais denotou o enfrentamento ao domínio hegemônico colonial. Enquanto uma mulher negra e bibliotecária, em meu processo de formação ouvi de outras pessoas pesquisadoras que os estudos étnico-raciais e teóricos elaborados por pessoas negras ainda eram ausentes no campo. Houve também a defesa de pessoas pesquisadoras e educadoras de que estudar sobre questões étnico-raciais em Biblioteconomia e Ciência da Informação não fazia parte do escopo do campo, haja vista o considerarem mais interligado à técnica, inovação e tecnologias da informação e da comunicação do que às Humanidades.

Ao me deparar com essa produção científica e ativismo político-profissional em prol da biblioteca, informação e direitos civis para populações colocadas às margens das sociedades, todas as colocações supracitadas foram suplantadas pelos estudos que encontrei ao longo deste período de caminhada acadêmica, os quais confirmaram a contribuição negra e afrodiaspórica na Biblioteconomia, no mínimo, desde o século XIX.

Por outro lado, a decisão de elaborar uma obra sobre a existência de epistemes e reflexões elaboradas por pessoas bibliotecárias negras e africanas em diáspora – sob a base da Teoria Crítica Racial – partiu de um desafio ainda existente que se apresentou a partir dos resultados advindos da dissertação: há um desconhecimento sobre a produção, reflexões teóricas, instrumentos e conhecimentos produzidos por esses atores dentro do campo biblioteconômico-informacional brasileiro. Dessa forma, entendo esse desafio como uma oportunidade de celebrar meus ancestrais do campo ao apresentar e interpretar as reflexões teóricas, epistemes e teorias críticas por eles elaboradas.

Por isso, em uma atitude de ciência posicionada, mais de 80% das pessoas autoras que fazem parte da construção teórico-conceitual deste estudo são pessoas pesquisadoras negras, africanas e da diáspora, assim como pessoas de outros pertencimentos étnico-raciais não-brancos (indígenas, asiáticos, árabes, indianos, latinos[57] etc.) e afetadas pelos contextos de dominação intelectual (mulheres, população LGBTQIA+ etc.) ao redor do mundo. Por ir ao encontro do objetivo do estudo, esta é uma das reparações epistêmicas possíveis às populações colocadas em lugares de subordinação intelectual na academia e ciência.

Como contribuição para a Ciência da Informação, a presente obra atinge duas esferas: a primeira se refere à limitada produção científica sobre a Teoria Crítica Racial como lente teórica para observar os fenômenos raciais e sociais dentro do campo biblioteconômico-informacional brasileiro. Existente desde os anos 1970 no âmbito internacional, apenas no ano de 2021 foi lançado por "bibliotecários de cor"[58] dos Estados Unidos o primeiro livro que relaciona explicitamente a Biblioteconomia e Ciência da Informação com a Teoria Crítica Racial, intitulado *Knowledge Justice: Disrupting Library and Information Studies through Critical Race Theory*,[59] o que indica a necessidade de aprofundamento da discussão em voga. Essa Teoria Crítica colabora para discutirmos a centralidade da raça, do racismo, da manutenção do pensamento racial dominante quando se analisa a produção científica do campo, assim como a elaboração de currículos, ementas, projetos políticos pedagógicos, bibliografias básicas e complementares, e demais elementos que compõem cursos de graduação em Biblioteconomia e pós-graduação em Ciência da Informação, em especial, em disciplinas sobre estudos epistemológicos, históricos e de fundamentos do campo.

Ademais, a presente pesquisa auxiliará na análise das estruturas de poder e de hierarquia racial que colocam a biblioteca ainda como um "espaço branco"[60] e a Biblioteconomia e Ciência da Informação como áreas que utilizam da (pseudo)neutralidade profissional e epistêmica, e do daltonismo racial[61] ou evasão da cor[62] para justificar a promoção da racialidade branca[63] dentro dos espaços informacionais e produções científicas.

Em terceiro lugar, entendo que a referida pesquisa contribui para denunciar a insurgência e desobediência epistêmicas[64] de povos colocados em lugares de subordinação dentro das sociedades por séculos. Ao promovermos o conhecimento de contranarrativas críticas e decolonizadoras oriundas de populações que foram historicamente excluídas do lugar de intelectuais para serem consideradas apenas "objetos de pesquisa"[65] podemos colaborar para o olhar crítico em busca de autorias negras, decoloniais e feministas dentro de projetos políticos pedagógicos, ementas e bibliografias de cursos de formação profissional bibliotecária. Dessa forma, o intento é conscientizar a comunidade acadêmica para as reflexões, produções e epistemes críticas que discutem a raça, o racismo, a branquitude e demais instrumentos de invisibilização utilizados pelo grupo dominante dentro da estrutura racial que constitui as sociedades, em especial, a brasileira.

Ainda, colaboro para o enfrentamento à perspectiva colonial de produção de saberes proposto pelas pautas de movimentos negros e civis, intelectuais e ativistas de movimentos decoloniais, LGBTQIA+, feministas, ribeirinhos, ameríndios, indígenas e tantos outros que se colocam em contraposição à dominação hegemônica, especialmente, dentro do contexto de formação acadêmica e profissional.

Em consonância com as demandas contemporâneas e ações em prol da equidade, este livro vai ao encontro dos objetivos evidenciados pela Década Internacional de Afrodescendentes promovida pela Organização das Nações Unidas (ONU),[66] que se dedica a reconhecer e promover a justiça social, racial e educacional, assim como desenvolver a população negra, africana e da diáspora nos diversos setores da sociedade.

Ademais, busca colaborar com o Grupo de Trabalho Relações Étnico-Raciais e Decolonialidades (GT RERAD),[67] vinculado à Federação Brasileira de Associações de Bibliotecários, Cientistas de Informação e Instituições (FEBAB), e suas ações direcionadas às discussões étnico-raciais e decoloniais no contexto brasileiro. Como atual coordenadora do GT RERAD (desde 2022), percebo o desafio de construção de cursos que possuam pessoas negras e bibliotecárias como autoridades epistêmicas dentro do campo e sensibilizem os profissionais para olharem as diversidades étnico-racial e de gênero.

Advindo da luta de pessoas pesquisadoras do ontem e do agora, no ano de 2021 foi criado junto à Associação de Pesquisa e Pós-Graduação em Ciência da Informação (ANCIB), o *GT 12 – Informação, Estudos Étnico-Raciais, Gênero e Diversidades*,[68] o qual abarca uma gama de pesquisas com foco nos debates étnico-raciais, gênero, diversidades e decolonialidades. Por fim, este livro contribui para a aplicação, no âmbito de pesquisa de Pós-Graduação em Ciência da Informação, das legislações e instrumentos normativos que colocam a história e cultura africana e afro-brasileira como aquelas obrigatórias nas diversas esferas do ensino, desde o básico até a formação profissional, para que se conscientizem sobre os diversos povos e seu contributo na constituição da sociedade brasileira, especialmente, na produção de conhecimento.

Esta obra está embasada sob duas hipóteses principais. A primeira é de que existem epistemologias negro-africanas nos estudos históricos e epistemológicos do campo biblioteconômico-informacional produzidos e teorizados por pessoas bibliotecárias negras e africanas em diáspora. Parto do pressuposto de que, devido à existência de movimentos mundiais pela justiça social e direitos civis, assim como a luta pelo acesso ao livro, biblioteca e informação ocorridos principalmente a partir do século XIX, surgiram reflexões teóricas, epistemes e conceitos produzidos por essas pesquisadoras e esses pesquisadores da Biblioteconomia e Ciência da Informação.

A partir da leitura e interpretação das principais intelectuais bibliotecárias e bibliotecários negros que produziram tais reflexões, teorias e epistemes, tenho como segunda hipótese de que há reflexões sobre a centralidade da raça e seus reflexos na biblioteca, currículo, *práxis* e epistemologias em BCI, o que os transformariam em teóricos críticos raciais do campo biblioteconômico-informacional. Essas reflexões promovem confrontos com os instrumentos de poder racial (ideologia da supremacia racial, branquitude, racismo, pensamento colonial)[69] e o *apartheid* epistêmico[70] presentes na construção de conhecimento dentro do campo. Além disso, evocam contranarrativas como a da diversidade epistêmica,[71] justiça informacional,[72] justiça racial,[73] justiça social,[74] justiça restaurativa[75] e justiça de gênero,[76] e da diversidade étnica como possibilidades de enfrentamento à branquitude, daltonismo racial,[77] negação do racismo[78] e epistemologias hegemônicas em BCI.

PERCURSO METOLODÓGICO

Abro esta seção para explicar aspectos metodológicos que direcionam este livro, o qual advém da tese intitulada "Epistemologias negro-africanas em Biblioteconomia e Ciência da Informação: um olhar a partir da Teoria Crítica Racial", defendida em 2023, no Programa de Pós-Graduação em Ciência da Informação, da Universidade Federal de Minas Gerais, sob orientação do Prof. Rubens Alves da Silva e coorientação do Prof. Fabrício José Nascimento da Silveira.

O percurso desta pesquisa engloba uma sequência de reflexões e etapas, as quais buscaram, ao final, a apresentação, discussão e interpretação de epistemologias negro-africanas presentes no campo biblioteconômico-informacional, oriundas de pessoas bibliotecárias negras e africanas em diáspora. Para tanto, este percurso do estudo foi estruturado seguindo duas dimensões principais que o caracterizam e fundamentam: a *dimensão epistemológica* e a *dimensão dos materiais, técnicas e métodos empregados*.

No que se refere à **dimensão epistemológica**, remontando o histórico da pesquisa científica, é possível analisar como essa embasou as piores atrocidades cometidas pelo colonialismo contra os povos colonizados do mundo.[79] Esse período histórico-colonial rememora as injustiças epistêmicas cometidas contra os povos indígenas quando sua capacidade de pensar foi medida "enchendo os crânios de nossos ancestrais com sementes de painço",[80] segundo as palavras da intelectual indígena Linda Tuhiwai Smith.[81]

A pesquisadora africana Bagele Chilisa[82] enfatiza que a tradição em pesquisa acadêmica que usamos nas universidades ocidentais é fruto da cultura, história e filosofias advindas do pensamento euro-ocidental. Dessa forma, são pesquisas nativas da academia e suas instituições ocidentais, as quais usam metodologias que excluem sistemas e produções de conhecimento advindos de povos colonizados, explorados, oprimidos e colocados à margem. Estes povos são representados pelo grupo dominante como *Outros* e enquadrados em categorias colonialistas como: terceiro mundo, subdesenvolvidos, não-ocidentais, dentre outras. Assim, cabe à pessoa pesquisadora o despertar da atenção para não aplicar a colonialidade por intermédio de metodologias ocidentais anuladoras do pensamento desses povos.

Com um olhar oriundo da África do Sul, o pesquisador Brendon Barnes[83] promove a reflexão entre o paradigma transformativo e o papel da pesquisa – especialmente de métodos mistos (integração de métodos quantitativos e qualitativos) – na pesquisa em justiça social. Ancorado em Duncan e Bowman,[84] De la Rey e Ipser[85] e Daniels,[86] Brendon Barnes infere que há um movimento destinado a orientar a pesquisa em direção à justiça social, haja vista o papel histórico da pesquisa científica no apoio às negligências sociais, violações de direitos humanos e olhar de neutralidade para as injustiças sociais. Ademais, o autor entende os métodos mistos transformativos como ferramentas auxiliares no trabalho da pessoa pesquisadora (evidenciada pelo autor como aquela com posição de privilégio na sociedade), que possui a obrigação de dedicar seu trabalho a grupos marginalizados, oprimidos e sem poder. Sobre os estudos do método, Brendon Barnes apresenta três lacunas existentes, a saber: a) os estudos de métodos mistos continuam a ser sub-representados na literatura das ciências sociais, os quais geralmente são utilizados de forma simplista, sem o devido uso da integração de métodos quantitativos e qualitativos; b) alguns estudos em ciências sociais se transformam em irrelevantes para as sociedades e podem, inclusive, reproduzirem injustiças sociais; c) a maioria dos textos metodológicos que possuem a explicação sobre como utilizar métodos de pesquisa geralmente é oriunda do norte global e apresenta abordagens deslocadas das realidades do sul global.[87]

Nesse sentido, esta obra adota tanto a postura oriunda das metodologias decoloniais, quanto usa métodos mistos no seu desenvolvimento. A metodologia de cunho decolonial e pós-colonial deve ser situada em um contexto histórico, cultural e global que possibilite o uso de materiais, métodos e análises específicas para explorar, de forma crítica, os paradigmas dominantes e os argumentos excluidores do conhecimento advindos de grupos hegemônicos, e, também, a sua reprodução por parte de povos que foram colonizados e colocados no lugar de inferioridade epistêmica.[88] Complementarmente, os métodos mistos usam combinações de análises quantitativas e qualitativas em um estudo visando responder aos objetivos da pesquisa.

No caso da pesquisa em questão, utilizamos dados quantitativos (a quantidade de fontes recuperadas por meio das palavras-chaves definidas para coleta de dados), sua análise e categorização para extrairmos dados qualitativos: a interpretação de epistemologias negro-africanas elaboradas por pessoas bibliotecárias negras teóricas críticas raciais em BCI.

Em continuidade a um movimento que visa trazer o conhecimento negro-africano da margem para o centro, a partir de tais metodologias, em um primeiro momento, descobriremos o estado da arte sobre esse enfoque; posteriormente, voltaremos o olhar para quem produziu as epistemologias a serem contextualizadas e interpretadas ao final do estudo, assumindo-os como sujeitos cujas vidas são transpassadas pela raça, colonização, imperialismo e globalização.

Compreendemos, assim, que a manifestação de hierarquias racializadas do conhecimento e a evidência do uso de autoridades epistêmicas do norte global branco-colonial estarão presentes nas epistemes, teorias e conceitos encontrados na produção negro-africana. Entretanto, a despeito dessa consciência, buscamos epistemologias que denotem o enfrentamento à raça, racismo, epistemicídio e as contranarrativas à daltonismo racial em BCI, esta última, um dos elementos centrais das hierarquias raciais e injustiças no acesso à informação.

Ao final da pesquisa, para além da apresentação, descrição e interpretação das epistemologias negro-africanas em BCI sob a ótica dos princípios da Teoria Crítica Racial, apresentaremos a biobibliografia[89] com a história de vida (englobando experiências pessoais e profissionais) e produções científicas das pessoas bibliotecárias negro-africanas. Visamos delinear suas histórias no campo, influências pessoais, teóricas e escolas de pensamento que as influenciaram, sobretudo, no que se refere à consciência da raça e seu reflexo no campo biblioteconômico-informacional.

Com base nos aspectos acima indicados, entendemos que esta é uma pesquisa de *natureza exploratória*[90] e *quali-quantitativa de cunho bibliográfico e documental* embasada em fontes primárias e secundárias produzidas por pessoas bibliotecárias negras e africanas em diáspora recuperadas em diversas bases de dados nacionais e internacionais, sem recorte de tempo determinado.

Em um segundo momento, salientamos que o referida estudo está escrito em primeira pessoa do singular na introdução, haja vista que se trata de um caminhar e vivência individuais que – embora não solo –, constituiu-se no conhecimento que levou à construção do presente estudo. Nos demais capítulos, a escrita se dá em primeira pessoa do plural, nós, haja vista que a construção teórica e epistemológica foi feita em diálogo com intelectuais e pesquisadoras dos diversos campos do conhecimento.

A adoção desta postura se refere a uma pesquisa ativa, posicionada e decolonial, a qual busca confrontar a perspectiva de neutralidade epistêmica no fazer científico, pois reconhece que ele está imbuído de disputas epistêmicas e discursos que, em diversos momentos, retiram a responsabilidade dos autores pelas decisões tomadas.

Esta dimensão epistemológica, ancorada na metodologia decolonial, acionou os estudos da biobibliografia como ferramenta para aprofundar na vida, experiências e obras das pessoas bibliotecárias negras que são estudadas nessa obra, e evidenciar de forma mais acurada o pensamento teórico-crítico desses atores sobre a raça e racismo no seu contexto, área e epistemes.

O termo biografia advém de dois termos em grego: *bios*, sujo significado é vida, e *graphien*, que significa escrever.[91] Conceitualmente, a biografia é considerada uma fonte de informação que relata a vida, narrativas e experiências de um sujeito. Dentre os tipos de fontes de informação biográfica comumente encontradas estão as enciclopédias, dicionário biográfico, diretório, periódicos e entidades especializadas.[92]

A biografia pode ser um recurso para obtenção de uma miríade de informações. A busca por fontes biográficas está relacionada aos objetivos de quem busca informações sobre a pessoa biografada, quanto por descobrir os dados sobre datas importantes, formação, fatos, atuação, carreira, influência e demais informações relevantes que sejam passíveis de compreender sobre quem foi ou quem é a pessoa biografada.[93]

No texto *Metodología para realizar biobibliografías*, Luis Fernando Jaén García[94] define as biobibliografias como coleta de informações sobre a vida pessoal, profissional e acadêmica de um sujeito que, por sua trajetória profissional, obteve destaque em sua área de conhecimento. A biobibliografia contempla a produção bibliográfica (escrita solo e em coautoria), biografias publicadas em periódicos, livros e enciclopédias, artigos e comentários publicados em jornais. A relevância das biobibliografias está em permitir conhecer a fundo o trabalho pessoal, profissional, acadêmico e epistêmico de um sujeito ao longo de sua vivência. A biobibliografia divulga aspectos da vivência de um sujeito e identifica, localiza e torna acessível a sua produção bibliográfica publicada em várias fontes e suportes.[95]

Metodologicamente, para elaborar uma biobibliografia, é necessário seguir os seguintes passos: a) *escolher a pessoa biografada*: analisar quem será biografada considerando a significância de sua produção bibliográfica, seus destaques na carreira profissional, ser uma pessoa mais velha e, se possível, estar viva; b) *levantar informações sobre e elaboradas por ela*: analisar o currículo, desempenho profissional, pesquisas desenvolvidas e criação bibliográfica; c) *entrevistas*: realizar entrevistas e/ou consultar entrevistas da pessoa biografada, assim como outras fontes de informação como jornais, fotos, memórias, boletins, revistas e tudo que se refere à pessoa biografada; d) *biografias*: permitem conhecer aspectos gerais e específicos sobre uma pessoa, desde seu nascimento até sua morte. É recomendado obter informações sobre a vida familiar (local de nascimento, estado civil, cônjuge, filhos, aspectos relevantes e anedóticos da vida e seu ambiente em família), estudos (onde estudou, graus obtidos, cursos, seminários, workshops etc.), desempenho no trabalho (atividades, cargos e esferas de atuação), pesquisa (principais projetos de pesquisa que realizou), associações e distinções (associações, reconhecimentos e medalhas); e) *bibliografias*: ordenar o repertório bibliográfico de forma a facilitar o acesso às informações. Elaborar seguindo uma norma de normalização de referências (ABNT, APA, por exemplo) e seguindo critérios que garantam ser acessível e útil, podendo ser estruturada por produção bibliográfica (produzidas individualmente ou coautoria, por ordem cronológica, autoria, título etc.), artigos publicados (considerando cronologia, título, periódico etc.) e referências à biografia (publicações e jornais – nacionais e estrangeiras – ordenadas por ano, título e outras formas de padronização); e f) *realizar a apresentação formal da biobibliografia*: pode ser apresentada com capa, sumário, introdução, metodologia utilizada, entre outros elementos considerados importantes para apresentação da biobibliografia.[96] No caso deste livro, a biobibliografia das pessoas bibliotecárias negras será produzida com informações obtidas em periódicos, livros, enciclopédias e outras fontes de informação.

No que se refere à **dimensão dos métodos e técnicas**, com o intuito de detalhar esta pesquisa, apresentamos os procedimentos metodológicos contemplados no Quadro 1, os quais visaram concretizar os objetivos geral e específicos delineados nesta introdução.

Com relação à técnica de pesquisa adotada, este estudo é caracterizado como *pesquisa bibliográfica e documental* que utiliza de levantamento de dados úteis à sua construção teórico-conceitual com o intuito de compreender e ampliar o conhecimento sobre o campo de interesse, assim como orientar na busca de outras fontes de informação sobre o enfoque pesquisado.[97]

A *pesquisa bibliográfica* tem por função possibilitar o acesso pela pessoa pesquisadora a toda bibliografia (artigos científicos, livros, capítulos, teses, boletins, revistas, jornais, gravações, programas de televisão etc.) já publicada em relação ao tema de estudos. Enquanto isso, o enfoque da *pesquisa documental* são os documentos – escritos ou não – assumidos como dados de fontes primárias que auxiliam na compreensão do universo do estudo.[98]

Em algumas etapas da pesquisa, como as descritas no Quadro 1, utilizamos fontes caracterizadas como *primárias* e *secundárias*, tais como, entrevistas (obtidas em *sites*, periódicos e livros), relatórios (como aqueles entregues pelos profissionais bibliotecários), autobiografias, dentre outros, que colaborem para a exaustividade da pesquisa.[99] Como instrumento de *análise documental*, utilizamos a ficha de conteúdo[100] (Figura 1).

Figura 1 - Exemplo de ficha de conteúdo usada para análise de textos da pesquisa.

FICHA DE ANÁLISE DE ARTIGO/CAPÍTULO/LIVRO

Título					
Transformative mixed methods research in South Africa: Contributions to social justice					
Autoria	**Brendon R. Barnes**				
Tipo de documento	**Capítulo de livro**				
Área	**African American Studies**				
Periódico:	-				
Páginas	**303-316**				
Volume:	-	**Nº**	-	**Ano**	**2019**

Sistema de cores			**Citação direta**		**Reescrito com meu entendimento**

Referência ABNT:

BARNES, Brendon R. Transformative mixed methods research in South Africa: Contributions to social justice. In: LAHER, Sumaya; FYNN, Angelo; KRAMER, Sherianne. **Transforming Research Methods in the Social Sciences**: Case Studies from South Africa. South Africa: Wits University Press, 2019. p. 303-316

Principais ideias do texto

Com um olhar advindo da África do Sul, o pesquisador Brendon Barnes (2019) promove o entendimento do paradigma transformativo e o papel da pesquisa de métodos mistos transformativos (integração de métodos quantitativos e qualitativos) na pesquisa de justiça social. Para o autor, os estudos de métodos mistos transformativos podem ser úteis enquanto ferramentas para enquadrar a pesquisa de justiça social. Ancorado em Duncan e Bowman (2010), De la Rey e Ipser (2004) e Daniels(2001), infere que há um movimento que se destina a orientar a pesquisa em direção à justiça social, haja vista o papel histórico da pesquisa "científica" no apoio às violações de direitos humanos, negligencia e olhar de neutralidade para as injustiças sociais, assim como a discussão sobre o trabalho da pessoa pesquisadora (evidenciada pelo autor como aquelas que possuem posições de privilégio) e a sua obrigação de dedicar seu trabalho a grupos marginalizados, oprimidos e sem poder. Apresenta três lacunas que o levaram a construir o capítulo aqui estudado, a saber:a) os estudos de métodos mistos continuam a ser sub-representados na literatura das ciências sociais, os quais geralmente são utilizados de forma simplista, sem o devido uso da integração de métodos quantitativos e qualitativos; b) alguns estudos em ciências sociais se transformam em irrelevantes para as sociedades sul-africanas e podem, inclusive, reproduzir injustiças sociais; c) a maioria dos textos metodológicos que possuem a explicação sobre como utilizar métodos de pesquisa geralmente são oriundos do norte global e apresentam abordagens deslocadas das realidades do sul global.

Fonte: Elaborado pela autora com base em Marconi e Lakatos (2017).

A análise documental pode ser entendida como uma sequência de operações que permite representar o conteúdo de uma fonte documental com o intuito futura consulta, citação e referenciação.[101] No caso desta pesquisa, após a leitura de cada texto, a ficha de conteúdo foi preenchida com os dados referenciais (título do material, autor, ano de publicação, local, editora etc.) da fonte de informação analisada e foram interpretadas as principais ideias expressas no material.

Quadro 1 - Objetivos e procedimentos metodológicos adotados para atingir os objetivos da pesquisa.

OBJETIVOS	PROCEDIMENTOS E MÉTODOS ADOTADOS	BASE DE DADOS/ PORTAL OU BIBLIOTECA DE COLETA	RESULTADOS	APRESENTADO EM
Contextualizar as ausências de epistemologias negro-africanas em BCI	1ª etapa: Levantamento e pesquisa bibliográfica 2ª etapa: Leitura dos textos e extração de conceitos que denotem as ausências, injustiças e os efeitos do racismo dentro da universidade, biblioteca e formação bibliotecária	- *Journal Storage* (JSTOR) - Livros da área da Biblioteconomia, Ciência da Informação, Sociologia, Filosofia, Educação e Estudos Negros e da Diáspora	Interpretar o racismo como elemento influenciador das ausências de reflexões de populações negro-africanas na pesquisa, nos acervos e na atuação profissional. Dialogar os conceitos de epistemicídio, *apartheid* epistêmico, (in)justiças sociais em prol da reparação epistêmica promovidas pelas epistemologias negro-africanas	**Capítulo 1 - Genealogia das ausências: do Princípio da Ausência às Epistemologias Negro-Africanas no campo Biblioteconômico-Informacional** **Capítulo 2 - Epistemologias negro-africanas: um caminho para reparação**
Historicizar o processo de formação dos estudos da Teoria Crítica Racial – base teórica desta pesquisa –, suas concepções teórico-metodológicas, principais atores e suas interconexões com a BCI	1ª etapa: Levantamento e pesquisa bibliográfica Termos de busca: "*Critical race theory*" "*Race theory*" "*Critical theory*" *AND* "*race*" 2ª etapa: Extração, por intermédio da ficha de análise, dos conceitos, autores, métodos de análise da Teoria Crítica Racial e principais referenciais teóricos e ideias dos textos recuperados	- *Journal Storage* (JSTOR) - *Web of Science* (WoS) - *Scopus* - *Library, Information Science & Technology Abstracts with Full Text* (EBSCO) - *Library of Congress* (LC) - *Base de Dados Referenciais de Artigos de Periódicos em Ciência da Informação* (BRAPCI)	Obter objetos informacionais, especialmente livros, capítulos de livros e artigos, que elucidem o processo de criação, desenvolvimento, atores e características da Teoria Crítica Racial e sua ligação com a Biblioteconomia e Ciência da Informação	**Capítulo 3 - Teoria crítica racial como lente teórica para os estudos biblioteconômico-informacionais**

Objetivo	Etapas e procedimentos metodológicos	Fontes de pesquisa	Resultados esperados	Capítulos
Identificar as epistemologias negro-africanas elaboradas por pessoas bibliotecárias negras no campo biblioteconômico-informacional, sob a ótica da Teoria Crítica Racial	1ª etapa: Levantamento e Pesquisa bibliográfica Termos de busca: *"Black librarianship"* *"Black librarian"* *"Black epistemology and Library"* *"Black epistemology and Information Science"* *"Ethnic and Race Relations and library"* *"Ethnic and Race Relations and Information Science"* *"Black Library and Information Science"* *"Ethnic-racial relations and library"* *"Ethnic-racial relations and Information Science"* 2ª etapa: Extrair os principais autores e autoras que sejam pessoas bibliotecárias negras que tenham produzido estudos em BCI	**Periódicos** - *The Library Quartely* - *Knowledge Organization* - *The Negro Education* - *Journal of Negro History* **Sites** - Black Caucus da American Library Association - American Library Association **Bibliotecas** - Biblioteca Nacional do Brasil (acervo digital) - Biblioteca Profª Etelvina Lima da Escola de Ciência da Informação da UFMG - American Library Association - Core Biblioteca - Internet Archive.org **Bases de dados** - *Journal Storage* (JSTOR) - *Web of Science* (WoS) - *Library, Information Science & Technology Abstracts with Full Text* (EBSCO) - *Library of Congress* (LC) - Scopus - Base de Dados Referenciais de Artigos de Periódicos em Ciência da Informação (BRAPCI) - *Emerald Inside* - *African Journals Online* - Internet Archive.org	Obter as reflexões negro-epistêmicas de pessoas bibliotecárias negras que produziram no campo biblioteconômico-informacional problematizando, denunciando e/ou evidenciando as influências da raça e racismo nas esferas da biblioteca, profissão e universidade. Apresentar a interpretação e discussão teórica das principais epistemologias negro-africanas em BCI. Glossário temático	**Capítulo 4 - Pessoas bibliotecárias negras enquanto teóricas críticas raciais: evocando a centralidade da raça e do racismo em BCI** **Capítulo 5 - O (des)encontro de dois mundos: epistemicídio e princípio da ausência aplicado aos estudos de E. J. Josey e Dorothy Porter no Brasil**
Interpretar as epistemologias negro-africanas relacionadas com o campo biblioteconômico-informacional	1ª etapa: Biobibliografia: Discorrer sobre a vida e obra das pessoas bibliotecárias negras selecionadas 2ª etapa: Leitura e descrição da produção (livro, artigos, capítulo de livro, entrevista, bibliografia) produzida pelas pessoas bibliotecárias negras selecionadas 3ª etapa: Interpretar e discutir a contribuição bibliográfica, sob o olhar da Teoria Crítica Racial, pontuando as suas colaborações para o campo epistêmico em BCI			

Fonte: Elaborado pela autora.

CAPÍTULO 1

GENEALOGIA DAS AUSÊNCIAS: DO PRINCÍPIO DA AUSÊNCIA ÀS EPISTEMOLOGIAS NEGRO-AFRICANAS NO CAMPO BIBLIOTECONÔMICO-INFORMACIONAL

Ao longo dos anos, teóricos dos campos de estudos étnico-raciais e estudos biblioteconômico-informacionais têm problematizado a invisibilidade da raça e o racismo em universidades, bibliotecas e outras unidades de informação. Ao relatar a história de como encontrou Frantz Fanon durante sua trajetória acadêmica e sobre a ausência da obra *Pele Negra, Máscaras Brancas* nas bibliotecas de Lisboa nos anos 1990, Grada Kilomba promove a discussão sobre o princípio da ausência. Este princípio se apresenta quando "algo que *existe* é tornado ausente [...], e por isso, deixa de ter uma existência real", conforme assevera a autora.[102]

Kilomba postula o princípio da ausência como um dos fundamentos do racismo, uma vez que a produção intelectual de pensadores, pesquisadores e intelectuais negros e negras é frequentemente tornada *ausente* nos ambientes acadêmicos e bibliotecas, resultando na disseminação de um pensamento branco-eurocentrado considerado universal. A autora ainda complementa seu entendimento ao afirmar que o princípio da ausência é uma forma de censura e proibição que oculta e nega a existência de algo que não é reconhecido no mundo da *branquitude*. Ela ilustra sua reflexão com sua própria experiência ao tentar encontrar a obra de Frantz Fanon nas bibliotecas de Lisboa, afirmando que, naquele contexto, Fanon não existia e, por consequência, ela própria também não.[103] Dessa forma, o princípio da ausência torna os espaços brancos e a branquitude é assumida como norma universal. A branquitude se refere à "identidade racial branca, [...] se constrói e reconstrói histórica e socialmente ao receber influência do cenário local e global", conforme infere Lourenço

Cardoso.[104] Tal norma e normalidade brancas concretizam os lugares de enunciação,[105] os quais indicam quem pode representar e abordar sobre seu lugar de sujeito e quem é considerado humano nas sociedades racializadas.[106]

A partir desta reflexão, este capítulo tem como objetivo debater sobre o princípio da ausência[107] aplicado em bibliotecas e unidades de informação e sua consequência: o *apartheid* epistêmico[108] e o epistemicídio[109] do conhecimento de pessoas negras e da diáspora africana nesses espaços. Metodologicamente, trata-se de um texto teórico, de cunho qualitativo, sem recorte temporal, advindo da literatura científica (livros, artigos, capítulos de livros) do campo biblioteconômico-informacional, Educação, Ciências Sociais, Antropologia e Estudos Étnico-raciais e Decoloniais.

Para tanto, a referida reflexão está estruturada com uma seção que discute o racismo e o princípio da ausência, de Grada Kilomba, dentro da Biblioteconomia, especificamente debatendo sobre três esferas: a universidade, a biblioteca e a formação bibliotecária, as quais colaboram para a ausência de reflexões negras e de outras populações subordinadas às margens na pesquisa, nos acervos e na atuação profissional. A reflexão se amplia com o debate sobre o *apartheid* epistêmico, de Reiland Rabaka[110] e a injustiça epistêmica, de Miranda Fricker.[111] Por fim, advogamos pela reparação epistêmica (embasados em Melissa Adler) nas esferas supracitadas por intermédio das epistemologias negro-africanas – que nesta obra serão aprofundadas no Capítulo 2 – no campo biblioteconômico-informacional.

RACISMO E O PRINCÍPIO DA AUSÊNCIA NA BIBLIOTECONOMIA

A conduta perversa de enxergar aqueles que parecem diferentes como estranhos gera e reforça identidades e especificidades raciais que nos distinguem e nos separam. Isso acontece a partir de um padrão ideológico dominante europeu ou norte-americano, que se camufla como puro para criar (ou recriar) "monstros" em diversas formas de racismo. Os "monstros" surgem em um cruzamento de caminhos e se materializam em uma cultura marcada por relações de poder, por uma época, por um sentimento de superioridade e por uma identidade que legitima e racionaliza uma certa visão de mundo, submetendo os outros à dominação. Esses "monstros" são fertilizados no imaginário social e se transformam em micro agressões raciais presentes no cotidiano de pessoas negras e racializadas, no racismo manifestado numa ação individual de uma pessoa contra outra até chegar ao racismo estrutural que interfere em todas as esferas da vida de um sujeito social.[112]

O racismo é entendido pelos teóricos críticos da raça como algo normal e não uma exceção dentro das sociedades, dentre as quais podemos citar a brasileira e norte-americana. Mirian Aquino[113] conceitua o racismo como uma doutrina que sustenta uma pretensa superioridade étnico-racial utilizada como elemento de poder e domínio sobre outros grupos étnico-raciais. Tal fictícia superioridade está ancorada na valorização de diferenças biológicas e de ordem política, educacional, econômica, linguística, cultural, moral e comportamental do grupo étnico-racial branco sobre os "outros".

Complementarmente a esse conceito, Robert Miles e Michael Brown[114] nos trazem a concepção de que o racismo é uma ideologia que "afirma ou assume a existência de 'raças' separadas e discretas e atribui uma avaliação negativa de uma ou algumas dessas supostas 'raças'". Richard Delgado e Jean Stefancic[115] entendem que o racismo "é a regra e não a exceção – é a 'ciência normal', a maneira habitual por meio da qual a sociedade opera". Enquanto isso, na *Encyclopedia of Race, Ethnicity, and Society*,[116] o racismo é entendido como a crença de que o comportamento de uma pessoa é determinado por características herdadas e estáveis derivadas de diferentes linhagens raciais separadas. Cada uma dessas características distintas é avaliada em relação a ideias de superioridade e inferioridade, o que implica que existe uma construção social em que certos grupos étnico-raciais são considerados superiores a outros. Essa construção social é o resultado de fatores sociais, econômicos e políticos que conferem poder a alguns grupos, enquanto deixam outros impotentes.[117]

A ideia de raça propagada nos séculos anteriores foi elemento propulsor do imaginário social que atribui suposta superioridade racial branca e inferioridade racial de grupos étnico-raciais não-brancos, como negros e indígenas.[118] Em muitos contextos, o racismo e a branquitude – entendida aqui como identidade étnico-racial de pessoas brancas e os privilégios atribuídos a esse grupo racial[119] – estruturam relações interpessoais, de trabalho, políticas, educacionais, dentre outras. Dentre esses contextos, podemos citar a universidade e a biblioteca, sobretudo por (i) suas construções históricas, (ii) as relações de poder estabelecidas – em especial, institucionais e epistêmicas –, (iii) por reproduzirem as formações discursivas dominantes e (iv) por serem reflexos das sociedades nas quais se inserem.

No contexto internacional, Todd Honma[120] questionou o porquê ainda existem acadêmicos e estudantes que não abordam de forma aberta e honesta as questões de raça e racismo no campo biblioteconômico-informacional. O autor entende que ao não debater raça e racismo, o campo acaba por limitar o discurso ao "multiculturalismo" e à "diversidade", ao invés de assumir o quanto a Biblioteconomia e Ciência da Informação (BCI) são flagrantemente brancas e que existe urgência em discutir branquitude e privilégio racial branco nos espaços formativos e de atuação de pessoas bibliotecárias para que se mude esse cenário.

Para Honma, o campo biblioteconômico-informacional ainda não acompanhou as discussões teóricas e debates sobre raça e racismo, o que traz como consequência o estabelecimento de um daltonismo racial,[121] a qual ignora os impactos desses elementos raciais na formação de profissionais e na construção de acervos plurais em bibliotecas e unidades de informação. Desse contexto, parte a necessidade de compreensão de preconceitos históricos, culturais, sociais e raciais que moldaram e construíram as bibliotecas e a BCI ao longo do tempo, e acabaram por ocultar que as bibliotecas são espaços de normatividade racial branca.[122]

Sam Popowich[123] infere haver uma ideia de que as bibliotecas são instituições inerentemente democráticas, haja vista a concepção de uma tradição liberal dentro da Biblioteconomia que a percebe como uma área neutra, pragmática e independente de preocupações sociais, econômicas ou políticas. É essa perspectiva que envolve a biblioteca e a área em uma "aura sacra", e que precisa ser desmantelada para que a profissão se desenvolva.

Do ponto de vista político, tal ideia permite ignorar os problemas reais nas sociedades, tais como racismo, sexismo, intolerância, alienação, ódio, violência e manipulação política. Ao afirmar que as sociedades são verdadeiramente democráticas, tais problemas serão considerados anomalias, falhas ou erros em vez de elementos estruturais fundamentais de uma sociedade baseada na opressão, exclusão e dominação. Ademais, está se permitindo acreditar que esses problemas podem ser facilmente resolvidos sem mudar fundamentalmente a natureza das sociedades. Nesse sentido, se as bibliotecas são essenciais para sociedades democráticas, então elas estão fundamentalmente fazendo as coisas certas e quaisquer problemas dentro da profissão, como a falta de diversidade, racismo e sexismo, podem ser ignorados em nome do "bem maior" da missão democrática da biblioteca. Como alguém se sente em relação à quantidade e ao tipo de mudança social necessária para mudar essa estrutura dependerá do privilégio social e racial que essa pessoa possui. No entanto, a realidade social obscurecida pelo privilégio é difícil, senão impossível, de mudar.[124] Nesse sentido, Popowich[125] adota uma abordagem marxista para estabelecer conexões entre a história da biblioteca e do desenvolvimento de sociedades capitalistas. Em seu entendimento, a interrelação entre a biblioteca e capitalismo é mais forte do que a tradição democrática em Biblioteconomia, o que resulta na propagação de opressões arraigadas na profissão devido ao papel da biblioteca na reprodução de valores do capitalismo.

Assim como Popowich, Anastasia Chiu, Fobazi M. Ettarh e Jennifer A. Ferretti[126] complementam a crítica ao campo refletindo sobre a crença de que a biblioteca é compreendida como "templo", "lugar sagrado" e "santuário". Dentro da biblioteca e na literatura científica do campo se solidificou a ideia de que, ao existirem, as bibliotecas criam naturalmente a democracia, aprendizado e civilização, e o trabalho bibliotecário assumiria essa posição. Dessa forma, a narrativa é de que tudo que é feito por pessoas bibliotecárias é bom, porque as bibliotecas são tidas como lugares sagrados e bons, sem erros. A esse contexto, as autoras denominaram *admiração vocacional*. No entanto, tal narrativa não contribui para o pensamento e exercício profissional críticos. A ideia que se tem das bibliotecas como lugares inerentemente bons e justos, e as pessoas bibliotecárias como inerentemente boas, acaba por agregar à admiração vocacional os valores da neutralidade profissional, ao mesmo tempo em que contribui para retirar a responsabilidade social da pessoa bibliotecária.[127] Ou seja, neutralidade profissional – definida por Chiu, Ettarh e Ferretti[128] como "o estado de não apoiar ou ajudar nenhum dos lados em um conflito, desacordo ou guerra" – significaria, neste contexto, que o exercício profissional e a biblioteca não "tomam partido" em nenhum dos lados, mas sim que englobaria automaticamente toda a pluralidade de conhecimentos, pois é considerada naturalmente diversa. Nesse sentido, tanto a admiração vocacional quanto a neutralidade profissional são consideradas valores da Biblioteconomia, mas não são desafiadas dentro da literatura científica do campo. Sobretudo, não se desafia os laços historicamente hegemônicos que transformam a biblioteca e a Biblioteconomia como instrumentos de promoção da ideologia da supremacia racial branca.[129]

Considerando que a cultura da Supremacia Branca é fundamental para a formação da Biblioteconomia, e que a admiração vocacional e a neutralidade são dois dos seus pilares mais importantes, as premissas, crenças e políticas que derivam dessas concepções são amplamente aceitas como a norma, sem serem questionadas ou transformadas.[130]

Dessa forma, a injustiça epistêmica[131] se apresenta, especialmente, na dominância do pensamento hegemônico branco na literatura do campo e acaba por promover o princípio da ausência[132] de outras lentes teóricas de sujeitos colocados às margens, notadamente o conhecimento de pessoas negras, indígenas, mulheres e população LGBTQIA+. Ademais, exclui outros campos de estudos com os quais a BCI poderia aprender e consolidar diálogos que combatam tais ausências epistêmicas, como Estudos Étnico-raciais, Estudos Decoloniais e Pós-Coloniais, Estudos de Gênero e Mulheristas etc. Entretanto, devido à predominância do pensamento hegemônico, assume-se a inexistência desses outros saberes e contranarrativas, tornadas ausentes mesmo quando existentes. Para que haja uma mudança desse contexto, a Biblioteconomia precisaria evoluir para ser um campo que apoia as pessoas que trabalham nas bibliotecas, mas também capacita e transforma comunidades colocadas à margem e, sobretudo, promovendo valores democráticos e de justiça social.[133]

Ao voltarmos nosso olhar para o Brasil, historicamente o país descende de processos históricos de colonização e escravidão que deixaram traumas históricos, políticos, psicossociais, educacionais e coloniais nas populações de origem africana e indígena.[134] Com uma elite dominante e predominantemente branca, a sociedade brasileira usa de dispositivos de racialidade[135] que restringem as populações não-brancas de espaços de poder e decisão, ao mesmo tempo em que privilegia dentro da estrutura social quem é "lido" como uma pessoa branca e quais conhecimentos serão adotados como autoridades epistêmicas nas áreas do conhecimento.

Ao repetir o padrão ocidental de hierarquia racial e epistêmica, o princípio da ausência passa a integrar diversos setores do ambiente universitário, indo desde o ensino, passando pelas epistemologias evidenciadas até chegar à *práxis* exercida pelos profissionais. Nosso entendimento é de que a universidade brasileira exerce esse princípio da ausência, pois *deriva de* e *representa uma* sociedade colonial e racializada que foi estruturada nas bases de teorias eugenistas,[136] as quais estabeleceram o racismo e a raça como elementos de solidificação do imaginário social brasileiro sobre populações não-brancas.

Os privilégios raciais, quais sejam simbólicos, materiais e/ou imateriais,[137] permitem o desenvolvimento e ascensão do grupo racial branco (dominante) propagando seu discurso nas esferas do currículo, ensino, pesquisa, extensão e atuação profissional, assumindo a universalidade da intelectualidade branca, ao mesmo tempo que exerce a abstração dos conhecimentos de outros grupos étnico-raciais que foram dominados e colonizados. Nesse sentido, refletiremos sobre as três categorias supracitadas: a *universidade* onde os conhecimentos científicos são validados; a *biblioteca* na qual os recursos informacionais são organizados, mediados e disseminados; e, por fim, a *formação profissional*, onde a consciência para as questões étnico-raciais e pluralidade de saberes inseridos no conteúdo formativo incentivará ou não a atuação para a promoção da luta antirracista e reparação epistêmica de populações historicamente marginalizadas na produção do conhecimento na academia e nas bibliotecas.

Pensando na primeira esfera, conforme José Jorge de Carvalho,[138] o histórico da universidade brasileira denuncia que essa instituição funciona sob um estado de exceção epistêmica, haja vista que exclui diversos saberes de povos não-europeus sem pensar na possibilidade de novas pedagogias e educação interculturais.[139] Para Carvalho,[140] a universidade requer uma reconstrução radical que promova a luta contra o racismo e contra as injustiças social e cognitiva – e, aqui, indicamos também: contra a injustiça informacional[141] e injustiça epistêmica.[142]

A orientação para o (re)conhecimento da pluralidade de saberes parte de promovermos os:

> [...] sujeitos e conhecimentos que buscam, interpretam, indagam, produzem e fazem a disputa por outras narrativas. Narrativas negras. Narrativas diaspóricas. Narrativas que compõem a diversidade epistêmica no campo do conhecimento científico eivadas de aprendizados construídos na história e nas práticas e experiências culturais, políticas e sociais, que fazem parte dos processos de pluralidade interna e externa da ciência.[143]

Essa promoção do debate racial e contranarrativas insurgentes se apresenta na literatura científica do campo a partir de pessoas pesquisadoras e profissionais brasileiras que refletem (dentre outros enfoques) sobre as ações desenvolvidas com vistas à aplicação da Lei n.º 10.639/2003 pelas bibliotecas escolares,[144] biblioteca pública e identidade étnico-racial negra e quilombola,[145] a formação da pessoa arquivista e a inserção da Lei n.º 10.639/2003,[146] a formação bibliotecária e as práticas docentes em Biblioteconomia e Ciência da Informação para questões étnico-raciais,[147] responsabilidade social e ética bibliotecária para com a população negra,[148] bibliotecas como possibilidade de espaços culturais e informacionais,[149] inclusão de pessoas negras na Sociedade da Informação,[150] a produção científica sobre as pessoas negras,[151] construção de acervos voltados para a questão étnico-racial,[152] filosofia africana e o pensamento ético-político,[153] informação étnico-racial,[154] epistemicídio,[155] epistemologia da ignorância e racismo[156] etc.

Apesar dessa gama de debates científicos no campo abarcar o desafio político-epistêmico de confrontar as narrativas hegemônicas, o contexto acadêmico permanece como palco do epistemicídio do conhecimento negro e outros grupos étnico-raciais. O epistemicídio é conceitualmente definido como dispositivo de racialidade que atua enquanto instrumento operacional de solidificação hierárquica racial legitimador do conhecimento produzido pelo grupo racial dominante e deslegitimador do conhecimento oriundo de grupos colonizados e suas contranarrativas ao padrão colonial-imperialista-capitalista-patriarcal de mundo.[157]

As marcas do epistemicídio dentro do contexto acadêmico se apresentam: a) no silenciamento forçado sobre a discussão racial e sobre colonialismo na ciência, pesquisa e esferas acadêmicas em BCI; b) apagamento e/ou exclusão de autorias negras, mulheres, indígenas e LGBTQIA+ na construção de acervos e currículos de cursos; c) violência intelectual e epistêmica contra pessoas negras e indígenas, via inferiorização do conhecimento por elas produzido; d) dependência epistêmica da produção intelectual criada pela ciência e grupo racial dominante do norte global para validação de conhecimentos produzidos no sul global; e, por fim, e) a utilização da (pseudo)neutralidade acadêmica e profissional para retirada de responsabilidade social de docentes e profissionais de Biblioteconomia do compromisso ético-político para com a justiça social e informacional de povos em vulnerabilidades informacionais, sociais, educacionais, históricas e econômicas.[158]

Partindo para a segunda esfera, as bibliotecas podem ser compreendidas como espaços de propagação de ideologias tecno-capitalistas, nas quais os discursos da tecnologia da informação são usados para perpetuar noções modernistas de informação e lógicas capitalistas de consumo.[159] Tal fato demanda da pessoa bibliotecária um exame crítico de sua atuação e da sua área, de forma a buscar alternativas que enfrentem ideologias que visem estabelecer uma percepção acrítica de atuação profissional com o foco para mercado e para o uso de novas tecnologias, em detrimento do real entendimento do porquê as bibliotecas existem: para as pessoas.

Quando afunilamos o debate para o debate racial nas bibliotecas, em especial, na biblioteca pública, há difusão e representação de conflitos socioculturais e ideológicos que fomentam o racismo e a estrutura de exclusão dos sujeitos negros, suas epistemes, reflexões e conhecimentos, conforme infere Francilene Cardoso.[160] Nesse sentido, a biblioteca pública é entendida como um palco que sustenta as estruturas racializadas, tornando ausentes a memória de populações negras e indígenas via exiguidade de recursos informacionais e materiais bibliográficos com conhecimentos sobre a história memória e as contribuições de povos historicamente invisibilizados na produção intelectual e científica no país.[161] Tais ausências de informações sobre aspectos econômicos, sociais, educacionais, informacionais, sociabilidades e demais esferas do cotidiano dessas populações, contribuem para "matar o conhecimento" – leia-se epistemicídio[162] – dos povos negros e consolidar as hierarquias raciais por intermédio da legitimação de conhecimentos produzidos por grupos dominantes e seus sujeitos.[163]

Na biblioteca, o epistemicídio – para além das interferências que fazem parte do contexto acadêmico –, unido ao imaginário social sobre as populações negras e marginalizadas, interferem na construção de acervos que promovam a diversidade epistêmica[164] nesses espaços. Apesar de sermos conscientes dos entraves diuturnamente vivenciados por pessoas bibliotecárias atuantes em bibliotecas para obtenção de recursos informacionais via compra, doação ou permuta visando compor os acervos das bibliotecas brasileiras, estudos revelam que o debate étnico-racial se encontra escamoteado ou excluído dos acervos, formação e atuação profissional no campo.

Em pesquisa voltada para análise da literatura afro-brasileira em acervos de bibliotecas públicas, Gustavo Tanus e Gabrielle Francinne Tanus encontraram 981 títulos, nos quais predominou a produção de conhecimentos de autoria masculina e branca. As pessoas autoras inferem que a biblioteca pública é um espelho que reflete o silenciamento, preconceito e racismo da sociedade em prol de manter a branquitude como dominante. A ausência das produções intelectuais, científicas e literárias de pessoas negras em bibliotecas restringe a representatividade dessas pessoas em acervos, assim como compromete as ações bibliotecárias de mediação e formação de leitores.[165] Gabrielle F. Tanus e colaboradores refletem sobre as bibliotecas públicas do estado da Bahia e como estas ainda estão apartadas da comunidade, haja vista que não enfocam em fornecer recursos informacionais para seu público potencial via tecnologias da informação e comunicação, somente disponibilizando para aquelas pessoas frequentadoras dos espaços da biblioteca. Com relação aos acervos, as pessoas autoras relatam a ausência de livros de literatura afro-brasileira nas referidas bibliotecas públicas, o que compromete a representatividade da população negra, assim como o interesse pela biblioteca pública como um espaço de transformação social e aquisição de conhecimentos plurais.[166]

Em complemento a essa perspectiva, Ana Carine de Jesus, Iara Moraes e Lais Hellen Macedo advogam sobre a importância da inserção de obras de literatura de autoria de mulheres negras nos acervos das bibliotecas públicas do estado de São Paulo. Ao analisarem nove bibliotecas municipais do referido estado, identificaram a ausência do debate racial na construção da política de desenvolvimento de coleções das bibliotecas, assim como na representação de autoras negras em obras do acervo. Para além da construção de um acervo que promova a visibilidade das autorias de mulheres negras, as autoras supracitadas indicam atividades culturais (contação de histórias, clube de leitura, *slam*, saraus etc.) para estimular o conhecimento e leitura das obras de autoras como Maria Carolina de Jesus, Cidinha da Silva, Jarid Arraes, entre outras.[167]

Além das ações citadas por Jesus, Moraes e Macedo,[168] a biblioteca requer que a pessoa bibliotecária tenha ferramentas para o trabalho com o debate étnico-racial. Sandra Fontes e Lourival Martins Filho sugerem práticas pedagógicas no exercício profissional bibliotecário que priorizem o contato com a diversidade cultural e étnico-racial e incentivo ao processo dialógico entre pessoa bibliotecária e pessoa receptora das práticas educacionais. Para isso, as pessoas autoras propõem a realização de projetos educacionais no contexto escolar que pautem o debate étnico-racial visando dirimir desigualdades, valorizar culturas diversas e proporcionar o aprendizado dos estudantes.[169] Ainda no ambiente escolar, Quedma Silva e Erinaldo Valério elucidam que as relações raciais devem ser pautadas com crianças negras a partir de livros e recursos que proporcionem a valorização da identidade étnico-racial negra.

Como desafio, apresentam, como resultado, a falta de preparo das pessoas atuantes em bibliotecas para trabalhar com as questões étnico-raciais, assim como elencam lacunas nas ações das bibliotecas que debatam as relações étnico-raciais de forma apropriada. Para tanto, incentivam o olhar crítico bibliotecário para os recursos informacionais, ações e brincadeiras que estão dentro do contexto educacional, de forma a retirar quaisquer elementos que excluam o protagonismo social positivo da comunidade negra.[170]

Por fim, apontamos a terceira esfera que se refere à ausência das questões étnico-raciais na formação das pessoas bibliotecárias em cursos de Biblioteconomia brasileiros, conforme elencado nos estudos de Silva,[171] Silva, Pizarro e Saldanha,[172] Santos e Valério,[173] Silva e Saldanha,[174] Valério e Campos[175] e Valério e Santos.[176] Tais estudos demonstram que o ensino em Biblioteconomia nos mais diversos estados brasileiros se encontra aquém do necessário para a formação bibliotecária antirracista consciente dos aspectos históricos, culturais, sociais e informacionais das populações negras, assim como das consequências do racismo e do legado de desigualdades sociais e raciais propagadas desde o período escravista para essas populações. Ademais, a falta de preparo docente e profissional para atuar com as questões étnico-raciais se apresenta como desafio para que se construa uma *práxis* bibliotecária antirracista e comprometida com a justiça social. Dessa forma, para além do epistemicídio e da execução do princípio da ausência, tanto as universidades quanto as bibliotecas realizam o *apartheid* epistêmico, reflexão que pautaremos na seção a seguir.

APARTHEID EPISTÊMICO, (IN)JUSTIÇA EPISTÊMICA E O CONHECIMENTO NEGRO-AFRICANO

Ao analisar as características éticas da operação de poder social nas interações epistêmicas, a filósofa Miranda Fricker teoriza a injustiça epistêmica considerando-a como um "mal feito a alguém especificamente em sua capacidade de conhecedor".[177] Nesse sentido, as relações epistêmicas podem se vincular a uma incoercível conexão com o poder e, sobretudo, como a desvantagem social – e complementaríamos: a desvantagem racial – pode promover desvantagens epistêmicas injustas.[178] Os bens epistêmicos – sobretudo, a educação e informação – e sua distribuição injusta podem estar ou não ligados a algum tipo de ação discriminatória, o que a autora denomina de *injustiça epistêmica discriminatória*. Tal ramo da injustiça epistêmica é subdividido em duas categorias: injustiça testemunhal e injustiça hermenêutica. A primeira, *injustiça testemunhal*, ocorre quando uma pessoa que fala recebe um *déficit* de credibilidade devido ao preconceito de julgamento de quem a ouve. Como exemplo, a autora cita uma pessoa negra estar dirigindo um carro e ser parada pela polícia para revista. A revista a uma pessoa negra pode ter sido determinada pelo preconceito racial do policial, haja vista o baixo nível de credibilidade ao atribuir que a pessoa negra pode ser proprietária do veículo. Essa acreditação vai ter diversos níveis, a depender de quem é o orador e qual contexto o mesmo se encontra, o que garantirá ou não, a sua validação ou rejeição.[179]

A segunda categoria, *injustiça hermenêutica*, ocorre antes da atividade da comunicação. Ela acontece quando um sujeito hermeneuticamente marginalizado – ou seja, pertencente a um grupo que não possui o mesmo acesso na construção de significados sociais – é prejudicado de maneira injusta na atribuição de sentido a uma área significativa de sua experiência social.[180]

Nesse sentido, seguindo ainda nos caminhos da Epistemologia Social,[181] a injustiça epistêmica discriminatória se vincula ao *apartheid* epistêmico, que se refere à segregação intelectual de conhecimentos oriundos de grupos étnico-raciais historicamente excluídos, especialmente aqueles situados fora dos muros das universidades, conforme aponta Reiland Rabaka.[182] O *apartheid* epistêmico é composto da união entre o racismo institucional, a colonização racial e as fronteiras disciplinares (questões de gênero, racial, religião, orientação sexual, classe social) que podem colaborar para que um conhecimento ganhe visibilidade ou seja excluído (epistemicídio) a partir de quem o produz. Essa teoria é oriunda dos Estudos Étnico-raciais e busca promover a consciência crítica sobre quais as tendências epistêmicas que encontram abertura para serem desenvolvidas no campo acadêmico, a partir de quais comunidades discursivas e concretizadas por quais relações de poder.[183]

Em nossa reflexão, consideramos que *apartheid* epistêmico na Biblioteconomia – especificamente no ensino, atuação bibliotecária e nas bibliotecas – se constitui a partir das relações de poder que fazem parte do sentido político de ser uma pessoa bibliotecária. Primeiramente, quando pensamos numa pessoa bibliotecária que é docente de um curso de Biblioteconomia, entendemos que o conteúdo formativo inserido no currículo depende de diversos fatores: a) a ementa estabelecida no projeto político pedagógico; b) o pertencimento étnico-racial, classe social e experiência de vida da pessoa docente; c) o *lócus* epistêmico[184] da pessoa docente frente a seus pares; d) a consciência da pessoa docente para a justiça social, direitos de informação, contexto sócio-histórico e representatividade de povos historicamente marginalizados, em especial negros e indígenas; e) o arcabouço teórico e influências teóricas nacionais e internacionais da pessoa docente ministrante da disciplina que fizeram parte ao longo de sua carreira acadêmica; e f) a assimilação de ideologias raciais propagadas no contexto social, bem como ideais de meritocracia, democracia racial e hierarquia racial entre povos de diferentes origens étnico-raciais.[185]

Quanto ao *apartheid* epistêmico dentro da biblioteca, este pode ser produzido a partir de alguns elementos, conforme elencados a seguir: a) a lacuna de aprendizado sobre diversidade étnico-racial de populações que compõem o Brasil durante a graduação; b) o desconhecimento sobre a comunidade que a biblioteca presta serviços e oferece recursos informacionais, bem como os grupos étnico-raciais e sociais que a compõem; c) a compreensão sobre aspectos históricos, sociais, educacionais e informacionais de populações que fazem parte da base social brasileira; d) conhecimento da produção científica, literária e intelectual de povos negros e indígenas e comunidades minoritárias; e) conhecimento sobre política de desenvolvimento de coleções para a justiça social e reparação epistêmica de povos excluídos dos espaços das bibliotecas; f) o arcabouço teórico e influências teóricas nacionais e internacionais da pessoa bibliotecária que fizeram parte ao longo de sua carreira acadêmica e/ou profissional; e g) a assimilação de ideologias raciais propagadas no contexto social, bem como ideais de meritocracia, democracia racial e hierarquia racial entre povos de diferentes origens étnico-raciais.[186]

No nosso entendimento, esses elementos não precisam necessariamente ser interligados entre si ou seguir uma linearidade. Podem agir de forma independente, a partir do contexto em que a pessoa docente se encontra e propagar o *apartheid* epistêmico no exercício docente de formação profissional bibliotecária. Podemos citar como exemplo do caso docente, o item *a* (ementa da disciplina) reproduzir uma falha ao deixar de sugerir a introdução de conteúdo ou autorias na disciplina que promovam conhecimentos negros, indígenas, de mulheres ou de população LGBTQIA+. Essa lacuna somada ao fato de a pessoa docente não ter influências e arcabouço teórico (item *e*) que direcionem sua consciência para reparação epistêmica desses grupos na disciplina do curso poderá trazer como consequência um contexto de ausência (princípio da ausência), epistemicídio, injustiça epistêmica e *apartheid* do conhecimento produzido por pessoas negras. Este último se dará, especificamente, pelas relações de poder e o poder que a pessoa docente possui ao decidir a partir de quais autoridades epistêmicas, vertentes e lentes teóricas irá conduzir a disciplina. Temos consciência, no entanto, de que o currículo oculto[187] faz parte do contexto de formação bibliotecária, mas entendemos que o planejamento da inserção de conteúdos que promovam contranarrativas de tais grupos pode ser mais bem explorado no contexto de práticas educativas do que somente a citação ou indicação do material para estudos em sala de aula.

Aqui, podemos apontar um exemplo de cenário em bibliotecas onde uma pessoa bibliotecária que acredita na democracia racial entre povos e grupos étnico-raciais, assim como na meritocracia como base para desenvolvimento econômico e social, irá se ausentar de introduzir recursos informacionais para as populações negras, pois entende que assim privilegiará este referido grupo. Esse elemento é propagador do *apartheid* epistêmico, pois deixa de olhar criticamente para o histórico das bibliotecas e da Biblioteconomia como propagadora do pensamento racial branco[188] para exercer o poder de excluir conhecimentos não-europeus, a partir de ideais criadas por grupos raciais dominantes. Nesse sentido, a falta de informação disponibilizada em caráter de equidade entre diferentes grupos sociais e raciais se reflete nos processos de decisão, modo de agir, acesso a direitos, bens e serviços afetando o bem-estar e qualidade de vida desses sujeitos vulnerabilizados.[189] Para que se consiga atender às necessidades informacionais de forma equitativa, a conduta adotada é aquela direcionada para a justiça epistêmica[190] e reparação epistêmica, tendo como base as justiças social, racial e informacional,[191] todos campos de estudos da Biblioteconomia e Ciência da Informação.

Inspirados na concepção de reparação taxonômica de Melissa Adler,[192] estabelecemos o conceito de *reparação epistêmica* como a recuperação, organização, disponibilização e acesso de conhecimentos científicos e literários oriundos de grupos étnico-raciais negros, indígenas e outros colocados em lugares de subordinação epistêmica dentro das sociedades. Nesse diálogo, entendemos que a justiça social vai além de oportunidades iguais para todas as pessoas, pois ela se concretiza na luta pelo desenvolvimento pleno das pessoas a partir de estruturas, políticas e sistemas que possibilitem ações, serviços, produtos mais justos para o exercício cidadão. Dessa forma, a justiça social possibilita aos sujeitos que consigam aprender, criar, inovar e compartilhar conhecimentos uns com os outros com o intuito de transformar as sociedades que fazem parte.[193] Enquanto isso, a justiça racial é compreendida como aquela que visa a eliminação de preconceitos de raça que colocam os grupos racializados como negros, indígenas e outros grupos étnico-raciais em lugares de marginalização, privação e exploração,[194] enquanto a justiça informacional atua na distribuição e tratamento justos de informações, considerando as pessoas e as comunidades como fontes de informação e sujeitos de informação.[195] Nesse sentido, para que comecemos a instituir a reparação epistêmica e justiça social – em conjunto com suas facetas: a justiça racial, informacional – precisamos, inicialmente desconstruir o que compreendemos como conhecimento dentro da Biblioteconomia e Ciência da Informação.

CONSIDERAÇÕES DO CAPÍTULO

Neste capítulo, iniciamos por diagnosticar algumas das ausências pelas quais o conhecimento negro-africano passa. Argumentamos como o racismo, o princípio da ausência, *apartheid* epistêmico e injustiça epistêmica se unem para consolidar as formas de epistemicídio deste conhecimento. O primeiro se caracteriza pela sua normalidade em sociedades cuja existência do conceito de raça atua socialmente para promover o poder da hegemonia branca e promover a subjugação de povos caracterizados por essa hegemonia como racialmente inferiores e incapazes de produzir conhecimentos. As estruturas de poder são estabelecidas seguindo a ordem hierárquica racial, a qual irá estabelecer o que deve ou não ser conhecimento em espaços de formação intelectual como é o caso da biblioteca, a universidade e a formação profissional.

Como o próprio nome sugere, o *princípio da ausência* serve de suporte à propagação da supremacia racial branca na dominância do seu pensamento como universal na literatura e nas produções científicas, tornando assim, ausentes outras lentes teóricas de sujeitos colocados às margens, como é o caso das populações de origem africana. Recorremos à Miranda Fricker para pautar sobre a *injustiça epistêmica*, que atinge o *status* de conhecedor de uma pessoa por meio do poder e desvantagens epistêmicas injustas. A injustiça epistêmica se articula com o *apartheid* epistêmico – que se refere à segregação intelectual de conhecimentos oriundos de grupos étnico-raciais historicamente excluídos – para promover lacunas sobre seus aspectos sociais, simbólicos, imateriais e sociabilidades dentro e fora dos muros das bibliotecas, currículos e universidades.

Em continuidade, no próximo capítulo iremos refletir sobre o início da jornada – a Epistemologia –, onde passaremos pela Epistemologia ocidental, Filosofia e Epistemologia Africana, Epistemologia negra e, por fim, Epistemologia negro-africana.

CAPÍTULO 2

EPISTEMOLOGIAS NEGRO-AFRICANAS: UM CAMINHO PARA REPARAÇÃO EPISTÊMICA EM BCI

Nosso percurso até este capítulo buscou contextualizar sobre como conhecimentos e saberes oriundos de pessoas negras foram tornados invisíveis, "mortos" e apartados dos diversos ambientes das sociedades, dentre eles, os de transformação social e disputa discursiva e epistêmica como a biblioteca, a universidade e a formação profissional. Dado que o enfoque deste estudo está na epistemologia negro-africana, evitaremos discorrer com profundidade sobre a epistemologia ocidental, haja vista a gama[196] de estudos existentes sobre esse assunto.

A título de contextualização, abordaremos sobre epistemologia, conhecimento e saber, a partir de alguns representantes da filosofia e epistemologia ocidentais, como Platão, Aristóteles, Santo Anselmo de Cantuária, São Tomás de Aquino e Descartes. Na sequência, apresentaremos a filosofia e epistemologia africana, com base em filósofos como Kwanne Antonhy Appiah, Achille Mbembe, Joseph I. Omoregbe, Paulin Jidenu Hountondji, Cheikh Anta Diop e Henry Odera Oruka. Em continuidade, apontamos o que caracteriza e conceitua a epistemologia negra, tendo como base Lélia Gonzalez, Abdias do Nascimento e Sueli Carneiro. Por fim, a partir da contextualização das três epistemologias acima citadas, conceituamos as epistemologias negro-africanas e apontamos o que distancia a epistemologia ocidental das epistemologias africana, negra e negro-africana de forma a contextualizá-las para a compreensão de quem lê este livro.

EPISTEMOLOGIA OCIDENTAL

As filosofias ocidentais (filosofia antiga, medieval e moderna) possuem dentre seus representantes intelectuais Platão,[197] Aristóteles,[198] René Descartes,[199]

John Locke, David Hume, Thomas Hobbes, Roderick M. Chishohm, Linda Zagzebski, Alfred Jules Ayer, Jonathan Dancy, Laurence Bonjour, John Greco, Alvin Goldman e Matthias Steup. Um dos aspectos mais importantes da filosofia é a epistemologia, concebida como "estudo do conhecimento e da crença justificada".[200] E, por isso, ao estudarmos o conhecimento, buscamos compreender as suas condições, as fontes, estruturas e limites. No que se refere ao termo "epistemologia", o mesmo deriva de duas palavras gregas *epistēmē*, cujo significado é "conhecimento" ou "compreensão", e *logos*, que pode ser entendimento como "estudo ou ciência de", "argumento" ou "razão".[201]

Apesar do termo existir há poucos séculos, o campo da epistemologia é tão antigo quanto a própria filosofia, conforme inferem Steup e Neta.[202] Em algumas pesquisas, Platão é considerado como aquele que deu início à epistemologia ocidental, pois – dentre outras contribuições – foi o primeiro filósofo a refletir, propor e explorar uma definição inicial de conhecimento como crença verdadeira e justificada.[203] Descartes,[204] Locke[205] e Hume[206] são os pioneiros do racionalismo e empirismo, haja vista que suas reflexões e discussões sobre a epistemologia promovem as visões de conhecimento tanto racionalistas, quanto empiristas. Ademais, Chishohm,[207] Ayer,[208] Dancy[209] e Zagzebski[210] são contribuidores da discussão sobre a crença verdadeira e justificada. Goldman,[211] Bonjour,[212] Steup[213] e Greco[214] advogaram em prol do debate do internalismo e do externalismo.[215]

De forma resumida, na Filosofia Antiga, o foco central dos filósofos pré-Socráticos era de que não havia explicação lógica para movimento e mudança. Os principais filósofos gregos entendiam que o conhecimento não seria mutável em nenhum aspecto. Dessa forma, por exemplo, Parmênides (século V AEC)[216] sustentou que o pensamento é idêntico ao "ser": existem e são imutáveis e, portanto, seria impossível pensar em "não-ser" ou "tornar-se" em qualquer forma.[217]

Seguindo essa linha de pensamento, o aristocrata ateniense Platão (428-348 AEC) (Figura 2a) advogou que a experiência sensorial não poderia ser considerada fonte de conhecimento, sobretudo porque o que se aprende por intermédio da experiência está sujeito à mudança. Os sujeitos transcendem a experiência sensorial a partir do momento que adquirem mais conhecimento e exercitam a razão.[218] O conhecimento para Platão:

> [...] é um sistema de argumentação racional que é [...] (1) perspicaz, (2) consistente e (3) completamente holístico. (1) O conhecimento real não pode coexistir com a ignorância de como o sucesso epistêmico difere do fracasso epistêmico. (2) O conhecimento real não pode coexistir com a inconsistência lógica, ou com o tipo diferente de inconsistência que está envolvido em mudar constantemente de opinião sobre o que é verdadeiro ou falso. (3) O conhecimento real não pode ser conhecimento isolado: o conhecimento verdadeiro é sistemático, de fato, o verdadeiro sistema de conhecimento deve ser de sistematicidade lógica maximamente integrada.[219]

No entendimento de Stroll e Martinich,[220] a teoria platônica teria duas esferas: a primeira se refere à natureza dos objetos imutáveis, e a segunda é de que os objetos podem ser conhecidos por intermédio da razão. Por meio da alegoria,[221] Platão exemplificou sua teoria que leva à compreensão sobre o processo intelectual e aquisição de conhecimentos. Assim, o paradigma platônico poderia ser resumido entendendo que: a) "perceber é receber na alma os objetos sensíveis através do corpo"; b) "apreendemos as qualidades sensíveis enquanto impressões incognoscíveis que serão conhecidas pelo intelecto somente"; e c) "a função da percepção não é senão fornecer material para estimular o intelecto encontrar o ser das coisas, isso ocorre quando o mesmo se depara com [...] objetos que [...] nos conduzem a reflexões contrárias".[222] Em resumo, a epistemologia de Platão buscou compreender o que era o saber, a diferença entre conhecimento e opinião, e como o conhecimento trazia benefícios ao conhecedor.[223]

Por sua vez, o discípulo de Platão, Aristóteles (384-322 AEC) (Figura 2b), entendia o conhecimento como parte da *alma* humana, compreendendo a *alma* ou *psique* como algo que nos torna vivos. A alma é um objeto de investigação, e Aristóteles parte do princípio que o saber é "uma das coisas belas e inestimáveis, e que alguns saberes são superiores a outros quer pelo seu rigor, quer por se tratarem de objectos mais nobres e admiráveis"[224]. Nesse caso, tanto a alma como o intelecto – descrito como parte ou aspecto da alma humana – seriam termos científicos para o filósofo.[225]

Aristóteles possui amplo escopo sobre o que entendia ser conhecimento, abordando sobre: a) objetos potenciais do conhecimento; b) os diversos ramos do conhecimento e a sua organização hierárquica; c) os processos cognitivos que levam os sujeitos a alcançarem o conhecimento; d) a natureza das capacidades cognitivas; e) o tipo de raciocínio que nos permite expandir nosso conhecimento e produzir novos conhecimentos; e f) as várias compreensões ou explicações e o lugar do conhecimento na vida humana.[226] No entanto, conhecimento não é idêntico à sensação, haja vista que

> isso implicaria alguns paradoxos, como identificar qualidade sensível e o que aparece para o sujeito, identificar ser e perceber e defender que odos os enunciados são verdadeiros, e, portanto, gerar contradição de que um enunciado poder ser verdadeiramente negado e afirmado.[227]

A sensação é a capacidade de receber e determinar o objeto sensível e cognoscível, e o corpo é o instrumento da alma que permite perceber e sentir, haja vista que sua matéria permite que a alma exerça suas funções.[228]

Há distinção de dois tipos amplos de conhecimento, a partir de seus objetos e assuntos, que dão origem às categorias tradicionais de conhecimento teórico, prático e produtivo:

a) conhecimento do que é necessário;
b) conhecimento do que *não* é necessário. Este se subdivide em coisas que podemos influenciar pela ação e os produtos do ofício.[229]

Nessa toada, o ramo do conhecimento teórico de Aristóteles incorporaria as ciências naturais, matemáticas, elementos naturais como os seres vivos, terra, ar, fogo e água; coisas existentes em objetos particulares e que são estudadas nesses corpos, como as entidades matemáticas; e os princípios metafísicos e teológicos. Seu entendimento era de que a ciência é composta por conjunto de "primeiros princípios" (*archai*) e verdades. Os primeiros são necessariamente verdadeiros e cognoscíveis; as segundas são derivadas e explicadas logicamente por esses princípios.[230]

Por intermédio de silogismos (deduções científicas), premissas e justificação, uma verdade científica é demonstrada.[231] Como esses princípios baseiam a estrutura axiomática de cada ramo do conhecimento, as outras verdades da ciência podem ser exibidas na forma de deduções derivadas dos primeiros princípios. Nesse sentido, a ciência busca a compreensão científica de porque as coisas são como são. Essa compreensão científica é um "estado demonstrativo" e conhecer uma verdade demonstrável é apenas uma demonstração dela.[232]

Na maior parte da Idade Média, a teologia foi separada da ciência (*scientia*), sendo que a primeira era concebida como o conhecimento que recebia seus princípios a partir de uma fonte de todos os princípios (Deus[233]); a segunda era um conhecimento deduzido de princípios acessíveis aos sujeitos via meios naturais (sensação e inteligência).[234]

Figura 2 - a) Platão – busto de mármore, de um original do século IV AEC, nos Museus Capitolinos, em Roma. b) Aristóteles – detalhe de uma cópia romana (século II AEC) de um busto grego de alabastro de Aristóteles (*ca.* 325 AEC), na coleção do Museo Nazionale Romano, Roma.

Fonte: Figura 2a: DeAgostini/SuperStock (2021). Disponível em: https://cdn.britannica.com/88/149188-050-DC34842F/Plato-portrait-bust-original-Capitoline-Museums-Rome.jpg. Acesso em: 23 jan. 2021; Figura 2b: A. Dagli Orti/©De Agostini Editore/age fotostock (2021). Disponível em: https://cdn.britannica.com/84/87984-050-7C5547FE/Detail-Roman-copy-portrait-bust-Aristotle-Greek.jpg. Acesso em: 23 jan. 2021.

A filosofia medieval foi demarcada por filósofos que também eram teólogos, tais como Santo Anselmo de Cantuária (*ca.* 1033-1109) (Figura 3a), São Tomás de Aquino (1225-1274) (Figura 3b) e John Duns Scotus (*ca.* 1266-1308). Nesse período, a busca pelo conhecimento continha Deus como parte essencial das possíveis respostas a todos os problemas. O conhecimento seria obtido por intermédio dos sentidos, onde a sensação seria a base que nos permitiria conhecer algo.[235]

São Tomás de Aquino reforçou a epistemologia platônica reconhecendo a existência de diversos tipos de conhecimento. O conhecimento sensorial advém da percepção de coisas particulares, mas é uma forma de conhecimento inferior ao conhecimento científico. Para este filósofo, o conhecimento dos objetos físicos é mais adequado às capacidades humanas, embora entenda que o conhecimento de Deus seria o maior nível que um ser humano pudesse alcançar. A obtenção de conhecimento parte da abstração dos sentidos pelo intelecto. No que se refere à ciência, esta busca saber o que é comum a objetos de um determinado tipo, não conhecer um objeto em particular.[236]

Figura 3 - a) Santo Anselmo de Cantuária (centro), retábulo de terracota de Luca della Robbia, no Museo Diocesano, Empoli, Itália. b) São Tomás de Aquino.

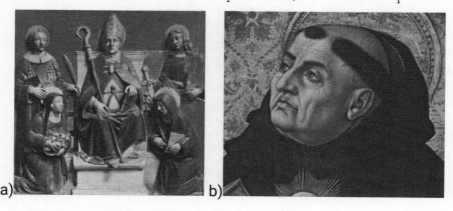

Fonte: Figura 3a: Alinari/Art Resource, Nova York. Disponível em: https://cdn.britannica.com/31/13431-004-ACAB49DA/St-Anselm-terra-cotta-altarpiece-Luca-Della-Robbia.jpg?s=1500x700&q=85. Acesso em: 20 ago. 2021.
Figura 3b: Blog Catolicismo Romano. Disponível em: https://www.catolicismoromano.com.br/wp-content/uploads/2020/01/Tomasaquino 22.jpg. Acesso em: 20 ago. 2021.

Com o desenvolvimento da ciência a partir do século XVI, o prestígio da teologia despencou – embora essa não fosse desconsiderada – e os pensadores modernos se voltaram a buscar respostas a partir da razão e da experiência. O conhecimento também fez parte do cerne das reflexões dos filósofos da filosofia moderna. John Locke (Figura 4b), por exemplo, buscou a compreensão das operações do entendimento humano, enquanto Kant tentou compreender as condições do entendimento humano.[237]

Em seu livro *Meditações*,[238] René Descartes (Figura 4a) distingue a filosofia como "estudo da sabedoria", e refere-se à sabedoria como um "conhecimento perfeito" de todas as coisas que a humanidade pode saber, desde a forma de conduzir sua vida, cuidar da sua saúde até inventar as artes. Para que se obtenha o conhecimento é preciso deduzi-lo dos princípios, o que deve ser feito por intermédio da investigação dos mesmos. Tais princípios devem obedecer a duas condições: a) "que sejam tão claros e evidentes que o espírito humano não possa duvidar da sua verdade desde que se aplique a considerá-los com atenção"; e b) "que o conhecimento das outras coisas depende deles, de maneira que possam ser conhecidos sem elas, mas não o inverso".[239] Dessa forma, a partir desses princípios seria possível ir deduzindo o conhecimento das coisas que dele dependem até que seja possível que tudo seja conhecimento.

Figura 4 - a) René Descartes. b) John Locke.

a)   b)

Fonte: Figura 4a: Biblioteca Nacional de Medicina, Bethesda, Maryland. Disponível em: https://cdn.britannica.com/62/176962-050-4BC9F588/Rene-Descartes.jpg. Acesso em: 22 ago. 2021.
Figura 4b: Everett Historical/Shutterstock.com. Disponível em: https://cdn.britannica.com/03/188503-050-E5FC6E5C/John-Locke.jpg. Acesso em: 20 ago. 2021.

Vimos, então, que o estudo do conhecimento é parte fundamental da investigação filosófica. Quando alegamos conhecimento sobre algo devemos avaliar se, de fato, isso significa ter conhecimento sobre o fenômeno, objeto ou assunto citado. Entretanto, existem múltiplos sentidos do que é "conhecimento", e por isso, há distinções entre eles. Na epistemologia ocidental, existe o *conhecimento procedimental* (conhecido como saber-fazer ou competência), o conhecimento ou *familiaridade* e o *conhecimento proposicional*, este último geralmente enfocado pelos epistemólogos.[240]

O conhecimento proposicional parte de uma proposta expressa em forma de uma declaração, a qual descreve um fato, fenômeno ou estado de coisas. Por isso, tal conhecimento abrange uma amplitude de assuntos como, por exemplo, conhecimento científico, conhecimento matemático, autoconhecimento, conhecimento geográfico, dentre outros tipos em diversas áreas de estudo. A epistemologia ocidental tem como um de seus objetivos determinar os critérios para avaliar o conhecimento visando saber o que é ou não conhecido, ou seja, estudar epistemologia implica estudar a meta-epistemologia – o que sabemos ou saberemos sobre o próprio conhecimento.[241]

Resumidamente, a presente seção contextualizou a epistemologia ocidental, cuja busca pelo conhecimento se dá pelo entendimento de como os graus de confiança se restringem racionalmente por conta das evidências, e quais as formas das evidências e restrições são racionalmente afetadas pelos interesses dos sujeitos.[242] Nesse sentido, tal epistemologia promove (ou tenta promover) a compreensão de um tipo de *sucesso cognitivo*,[243] buscando examinar as variedades e os esforços para entender o sucesso cognitivo.[244]

Ao longo deste livro, as fotografias de alguns filósofos foram apresentadas, e isso não foi em vão. Embora esses filósofos tenham inegável contribuição histórica para a epistemologia contemporânea, consideramos salutar os situar enquanto figuras masculinas (contexto patriarcal), de contexto geopolítico hegemônico (eurocentrismo) e de pertencimento étnico-racial branco[245] (pelo menos quando lidos pelas estruturas racialmente hierárquicas do Brasil). Tais teóricos – e muitos outros – fundamentam debates teóricos nas diversas áreas do conhecimento, incluindo na Biblioteconomia e Ciência da Informação.

As noções de filosofia, conhecimento (especialmente o científico) e de epistemologia evidenciadas por esses intelectuais podem ser ou servir de base para apartar, excluir e matar conhecimentos de outros povos que não aqueles que lhes são semelhantes, haja vista que as disputas discursivas, ontológicas e epistêmicas se refletem em poder e dominação daqueles "Outros".

O filósofo israelense, Benjamin Isaac,[246] em seu livro *The Invention of Racism in Classical Antiquity*,[247] refutou os discursos de que os antigos gregos e romanos não possuíam preconceito racial, mas sim um preconceito "étnico e cultural". O autor traçou uma análise sistemática das origens do racismo na Antiguidade clássica, a qual denominou de "proto-racismo". O "proto-racismo" se refere a protótipos raciais presentes nas atitudes societárias da Antiguidade que carregam as marcas dos padrões, estereótipos e preconceitos do que compreendemos como racismo na modernidade.[248]

Em um texto específico sobre proto-racismo na Antiguidade, o autor delineia como houve protótipos de racismo no pensamento grego e romano.[249] Entende o racismo como uma "forma de racionalizar e justificar sistematicamente várias formas de preconceito, processo conceitual que fez parte do desenvolvimento intelectual grego".[250] Assim, o proto-racismo obteve diferentes formas daquelas implementadas a partir do século XX, as quais não resultaram em perseguição sistemática dos povos ou grupos étnicos ou racializados por outro. No entanto, influenciaram de maneira profunda o período do Iluminismo e posteriores.[251]

Primeiramente, Isaac entende que na Antiguidade clássica, o racismo não existia na forma de **determinismo biológico**, mas sim, formas específicas de racionalização dos preconceitos baseadas em pensamento sistemático e abstrato de senso de superioridade de alguns povos (gregos, por exemplo) e afirmação de inferioridade de outros (etíopes, por exemplo). Tais formas e pensamento foram desenvolvidos na Antiguidade e, posteriormente, adotados pela Europa moderna, na qual o racismo se desenvolveu enquanto ideologia.[252]

Discutindo sobre os mecanismos conceituais do **determinismo ambiental**, a **crença na herança de características adquiridas**, **autoctonia** e **linhagem pura**, e suas combinações, o autor aborda os protótipos do racismo em obras como o Tratado *Airs, Waters and Places*, da segunda metade do século V, na qual a visão do determinismo ambiental determinava que:

> [...] as características coletivas de grupos de pessoas são permanentemente determinadas pelo clima e pela geografia. A implicação é que as características essenciais do corpo e da mente vêm de fora e não são o resultado da evolução genética, ambiente social ou escolha consciente. A individualidade e a mudança individual são assim ignoradas e até mesmo excluídas. Isso está definitivamente relacionado a atitudes racistas como aqui definidas.[253]

Isaac identifica na obra de Aristóteles[254] a presença do determinismo ambiental, que se tornou uma ferramenta do imperialismo para justificar a sua expansão, especificamente, a dominação dos gregos sobre os outros povos por eles considerados inferiores. Assim, Aristóteles se tornou o primeiro a buscar tal expansão embasado na "racionalização da superioridade de seu povo, distinta de uma superioridade dada por Deus ou superioridade evidente."[255] Estrangeiros em território grego, os etíopes eram chamados pelos gregos de negros[256] e denominados por autores como Homero como "os mais distantes dos homens" e "irrepreensíveis"; exemplo ideal de "bons bárbaros", por Heródoto; e vistos por outros autores como "representantes de povos que vivem perto da borda do mundo."[257]

Outro mecanismo conceitual abordado por Isaac se refere à **crença na herança das características adquiridas** amplamente aceita como natural pelos autores da antiguidade greco-romana. No tratado supramencionado, o *Airs, Waters and Places* e outros tratados técnicos, assim como na obra de Aristóteles, assumia-se que as cicatrizes, feridas ou tatuagens eram herdadas dos pais. Estrabão e Plínio, citados por Isaac,[258] acreditavam que a cor da pele e a textura capital dos etíopes se devia à queimadura do sol, atribuindo essas características como herdadas dos pais desde o ventre. Alguns autores como Lívio e Florus combinam o determinismo ambiental com a crença de características adquiridas, que levavam à suposição de "que características adquiridas por meio de influências externas de alguma forma são passadas para a próxima geração e se tornam uniformes e constantes".[259] Como resultado, essa combinação gerou incentivo a atitudes discriminatórias, via preconceito étnico antigo transformador de influências externas variáveis (ambiente) em algo fixo e permanente (características fenotípicas como a cor da pele), e isso também é entendido como proto-racismo.[260]

A **autoctonia** e **linhagem pura** são elencadas como outros tipos de proto-racismo, haja vista que em Atenas era atribuída importância à falácia de que os atenienses viveram em sua terra desde os primórdios dos tempos, sendo, portanto, um povo de linhagem pura, pois jamais a abandonara. Essas duas falácias foram usadas pelos atenienses como argumento para que somente eles detivessem a posse de seu território, assim como se consideravam um povo puro por não ter mistura com outros grupos, tornando-se, assim, superiores. Autores do século IV replicaram essa falácia de pura descendência, concordando sobre a pureza na origem dos atenienses e superioridade a outros povos. Dessa perspectiva, resultou a negação ao casamento entre pessoas de grupos diferentes na Grécia e Roma, e, também, fomentou preconceito às pessoas lidas como 'mestiças', consideradas "ruins e propícias à degeneração", primeiro porque se mudavam para outros ambientes; e segundo, por serem um povo 'mestiço', considerado de menor qualidade. Essa crença contra o casamento com estranhos engendrou as sociedades de Grécia e Roma, assim como o conceito de linhagem pura está presente nas obras de autores romanos como Públio Cornélio Tácito. Esses últimos conceitos abordados são os mais aproximados do racismo na modernidade, pois há o estabelecimento de hierarquização entre povos tendo como base uma suposta pureza de linhagem.[261]

Com relação ao período do Iluminismo, estudos como do filósofo Immanuel Kant foram esmiuçadamente analisados pelo filósofo Pedro Augusto Pereira Gonçalves, buscando a coexistência entre o racismo explícito de Kant e uma pretensa "moral universal" direcionada por um "princípio racional universal". No entendimento de Gonçalves, Kant reforça o racismo como um regime epistemológico e demonstra como a filosofia ocidental – e, consequentemente, a epistemologia ocidental – pode ser um lugar de segregação e exclusão de outras epistemes. Ademais, conforme o autor, intelectuais como Kant ajudaram a constituir um *"corpus* do racismo científico e epistêmico – até mesmo lançando suas bases".[262]

Para elucidar sobre o racismo em Kant,[263] apontamos a seguinte passagem no livro *Observações sobre o sentimento do belo e do sublime*:

> *Os negros da África não possuem, por natureza, nenhum sentimento que se eleve acima do ridículo.* O senhor *Hume* desafia qualquer um a citar um único exemplo em que um negro tenha demonstrado talentos, e afirma: dentre os milhões de pretos que foram deportados de seus países, não obstante muitos deles terem sido postos em liberdade, não se encontrou um único sequer que apresentasse algo grandioso na arte ou na ciência, ou em qualquer outra aptidão; já entre brancos, constantemente arrojam-se aqueles que, saídos da plebe mais baixa, adquirem no mundo certo prestígio, por força de dons excelentes. Tão essencial é a diferença entre essas duas raças humanas, que parece ser tão grande em relação às capacidades mentais quanto à diferença de cores. A religião do fetiche, tão difundida entre eles, talvez seja uma espécie de idolatria, que se aprofunda tanto no ridículo quanto parece possível à natureza humana. A pluma de um pássaro, o chifre de uma vaca, uma concha, ou qualquer outra coisa ordinária, tão logo seja consagrada por algumas palavras, tornam-se objeto de adoração e invocação nos esconjuros. Os negros são muito vaidosos, mas à sua própria maneira, e tão matraqueadores, que se deve *dispersá-los a pauladas*.[264]

No trecho acima, amparado por Hume, Kant reforça o racismo antinegro ao conectar o povo negro à desumanização, assim como ridiculariza seus aspectos culturais e sociais. Usa da violência física e simbólica para defender que os brancos seriam melhores que os negros, negando, inclusive, as contribuições científicas e artísticas de povos de origem africana às sociedades.

No ensaio *Of the Different Races of Man*,[265] publicado originalmente em 1775, Kant declara existirem diferentes variações da espécie humana, cada uma com uma "disposição natural" específica. O autor argumentou que apenas os europeus brancos detinham a capacidade de dominar as artes e as ciências, pois, em seu entendimento, "os negros e, em geral, todas as outras espécies de homens (pois existem quatro ou cinco tipos diferentes) são *naturalmente inferiores aos brancos*".[266] Em outra passagem, o autor rejeitou um argumento sob a justificativa de que "em suma, *esse sujeito era completamente negro da cabeça aos pés, uma prova clara de que o que ele disse era estúpido*".[267] Além disso, instruiu sobre o espancamento de servos negros utilizando uma bengala rachada em vez de um chicote, justificando o uso devido à "pele grossa" de pessoas negras.[268]

Junto a Kant, unem-se Buffon, Helvétius e Voltaire, cujos estudos promoveram e desenvolveram o racismo antinegro.[269] Em passagem da obra *Essai sur les moeurs et l'esprit des nations*, de Voltaire, podemos elencar, pelo menos, duas inferências do filósofo que denotem seu racismo. A primeira se dá quando o mesmo infere que "os negros são apenas os instrumentos dos europeus".[270] Mais adiante, ao contar sobre as minas peruanas de Potosí tomadas por espanhóis colonialistas visando mineração da prata, aponta que "negros foram adicionados a esses escravos [povo peruano], comprados na África e transportados para o Peru como *animais destinados ao serviço dos homens*".[271] Em ambos os trechos, há demonstração do pensamento deste filósofo promovendo uma suposta superioridade do povo europeu ao assumir que o povo negro seria somente um "instrumento" para o primeiro. Ao mesmo tempo, reforçando o racismo como um elemento de poder avigora a suposta inferioridade racial do povo negro ao uni-lo ao animalesco, subordinado e escravizado. Para o autor, os negros devem "servir aos homens" – entendendo aqui o reforço do mito da superioridade racial branca, haja vista que não precisou classificar esse grupo e dizer que "os homens" a que se refere são homens brancos europeus.

Dentro da contextualização apresentada, questionamos como a epistemologia se fortalece em lógicas racistas e epistemicidas para apartar o conhecimento negro-africano? Nesse sentido, continuando pela via da reparação epistêmica, a seguir, reconstruiremos o "outro lado da história" apontando os principais filósofos e filósofas que construíram a epistemologia africana.

EPISTEMOLOGIA AFRICANA

> Podemos reconhecer que a verdade não é propriedade de nenhuma cultura; devemos apoderar-nos das verdades de que precisamos onde quer que as encontremos. Mas, para que as verdades se transformem na base da política nacional e, em termos mais amplos, da vida nacional, há que se acreditar nelas; e saber se as verdades que retiramos do Ocidente serão ou não dignas de crédito depende, em grande medida, de como consigamos administrar as relações entre nossa herança conceitual e as idéias que correm a nosso encontro, vindas de outros mundos.[272]

Em seu livro *Na casa do meu pai: a África na filosofia da cultura*, Kwanne Antonhy Appiah estabelece diálogo entre culturas africana, europeia e afro-americana. Dialogando a partir de sua própria vivência, o autor direciona seu enfoque para a África, o movimento pan-africanista, a noção de raça e a experiência africana quando em contato com os europeus, colonialismo e suas guerras. Enquanto filósofo, Appiah nos lembra sobre a dificuldade de as pessoas de hoje analisarem outras culturas e tradições sem serem influenciadas por suas próprias perspectivas culturais e tradicionais.[273]

Dentre tantos pontos de reflexão, Appiah constrói o argumento de que os povos africanos mantiveram suas culturas e valorização de suas tradições, mesmo com processos de colonialismo europeu. Em seu entendimento, foi a partir do século XIX que os filósofos e intelectuais de origem africana investiram em subverter a imagem e discurso criados pelos europeus sobre o continente e significado de *ser africano*. Os avanços sobre África advêm, principalmente, a partir da História Oral.[274]

Sobre o significado de ser africano, Achille Mbembe, em seu texto *As formas africanas de auto-inscrição*, aborda sobre as diferentes formas de construção e representação da identidade africana. As conexões entre as metanarrativas das formas africanas de escrever o próprio "eu" e a filosofia moderna do sujeito se vinculam à busca pela compreensão sobre as condições que levam as pessoas africanas a adquirirem sua subjetividade e consciência de si. Entretanto, duas formas de historicismo são obstáculo à essa descoberta da consciência de si das pessoas africanas, sendo a primeira o que Mbembe denomina de *economicismo*, e a segunda se refere à *metafísica da diferença*, as quais possuem mais de uma teoria para refletir sobre a identidade, política ou cultura.[275]

A corrente de pensamento do *economicismo*, cujo discurso se coloca como democrático, radical e progressista, se embasa nas categorias marxistas e nacionalistas para influenciar o imaginário cultural e político. Utiliza de discursos que evocam a autonomia, resistência e emancipação para determinar o que seria considerado um discurso "legítimo" africano. A corrente da *metafísica da diferença* atua advogando em prol da ideia de uma só identidade africana, identidade esta cuja existência depende do pertencimento ao grupo negro-africano. Ambas as correntes de pensamento advêm dos processos históricos da escravidão, colonialismo e *apartheid*, cuja produção de significados dominantes desenvolveram e sedimentaram o que pensamos sobre a identidade africana na contemporaneidade.[276]

O primeiro significado consiste na ideia de que o resultado de tais processos históricos influenciaram na alienação do *eu africano* (divisão do *self*) e perda de familiaridade que o torna um estranho para si mesmo. Dessa forma, o africano não se reconhece e não seria reconhecido pelo *Outro*. Outro significado estabelecido pelo discurso hegemônico esteve na concepção de propriedade, a qual indica que a escravidão, colonialismo e *apartheid* expropriaram os africanos de bens materiais, condicionando-os à ideia de sujeição ao colonizador. Tal sujeição está diretamente vinculada ao que Mbembe denomina de "falsificação da história da África pelo Outro", pois o discurso violento da falsificação singularizou e reduziu a história africana aos processos históricos supracitados. Por fim, a *degradação histórica* é outro significado que Mbembe elucida. Esses três processos históricos foram usados para propagar o imaginário de *não-ser* e *morte social* atribuídas aos africanos, sobretudo pela ideia de que *ser africano* envolve a perpétua humilhação, desenraizamento, sofrimento, negação da dignidade e exílio. Em suma, o autor entende a identidade africana como constituída de várias formas e práticas do "eu", e não pode ser reduzida à biologia ou à tradição, ou à busca essencialista ou sacrificial de ser africano.[277]

Logo, esses significados hegemônicos sobre *ser africano* influenciaram negativamente não só o contexto africano, mas também o conhecimento sobre as filosofia e epistemologia africanas. Especialmente no contexto sul global, a filosofia africana e a epistemologia africana ainda não tomaram seus lugares de (re)conhecimento epistêmico. No que concerne ao Brasil, apesar da intrínseca relação com o continente, as civilizações e povos em África ainda são desconhecidos de grande parte da população brasileira[278] e, como consequência, seus filósofos e epistemologias. Concordamos com Mbembe ao pensarmos sobre África e a redução de suas diversas formas de ver, ser e estar no mundo aos processos colonialistas, escravistas, *apartheid* e de globalização. Dessa forma, com o intuito de retirar as filosofia e epistemologia africanas do lugar de invisibilização, iremos abordar nas próximas subseções sobre ambas, as principais autorias e concepções de conhecimento de seus teóricos.

Iniciando pela compreensão da filosofia africana, em *African Philosophy: Yesterday and Today*,[279] Joseph I. Omoregbe aborda sobre a filosofia e o filosofar, entendendo a primeira como uma atividade reflexiva e a segunda como a reflexão sobre a experiência humana no mundo. Tal experiência pode ser da pessoa com ela mesma (subjetividade), ou dela com o mundo (objetividade). Ancorado em Platão e Aristóteles, sublinha que a atividade filosófica tem como ponto de partida o "espanto" quando a pessoa reflete buscando compreender a si ou ao mundo que a cerca e, por isso, surgem os questionamentos que irão guiá-la na busca por respostas.[280]

No exercício de diferenciar a filosofia ocidental da filosofia africana, Omoregbe compreende que os filósofos gregos iniciaram seu movimento filosófico pelo mundo físico (a ideia de tempo, imensidão do espaço e do universo, entre outros), o qual combinava a unidade com diversidade e continuidade com mudanças, sendo esse mundo o objeto de investigação dos primeiros filósofos ocidentais. Daí a primeira diferença entre a filosofia ocidental e a filosofia africana: refletir sobre a realidade, buscar explicações ou respostas para suas questões, ou seja, *o filosofar*, pode partir de reflexões sobre o existir e a natureza da condição humana.[281]

Nesse sentido, todas as civilizações possuem pessoas que buscaram refletir sobre as complexidades do mundo físico e do ser humano. Por isso,

Omoregbe confronta o discurso hegemônico ao assinalar que "não é necessário empregar os princípios aristotélicos ou russelianos na atividade reflexiva para que ela possa ser considerada filosófica" e nem seguir os parâmetros elaborados por filósofos ocidentais.[282] O autor interpreta o raciocínio lógico e coerente como inerente à racionalidade humana, e, portanto, entende como falsa a afirmativa sobre povos que não sabem empregar a razão de forma coerente ou pensar de forma lógica.

Retomando teóricos do ocidente e sua afirmativa de que não existe filosofia no pensamento oriental,[283] Omoregbe traz alguns elementos da tradição filosófica africana: a filosofia possui como cerne a *reflexão*, não o argumento; há diversas maneiras de transmitir e preservar as reflexões filosóficas, mas a *escrita* é a melhor maneira por permitir transmitir o pensamento, ideias e pontos de vista originais do autor. Nesse último ponto, reconhece a vantagem da filosofia ocidental por ter se beneficiado da escrita desde a antiguidade e conseguiu preservar as reflexões de seus filósofos para a posteridade.[284]

O filósofo beninense Paulin Jidenu Hountondji, em seu livro *Sur la "philosophie africaine"*,[285] conceituou a filosofia africana como "um conjunto de textos [...] escritos por africanos e qualificados por seus próprios autores como 'filosóficos'".[286] Embora seja um conceito simples, o autor indica que essa afirmação não assume qualquer petição de princípio, haja vista que para considerar um texto como filosófico, bastaria a intenção filosófica dos autores ao escrevê-lo.[287]

O pensamento dos filósofos africanos foi preservado por intermédio de registros escritos, como os provérbios tradicionais, contos, máximas de sabedoria, religião e mitos.[288] Entretanto, além dos textos escritos, o conhecimento de um povo pode ser preservado pela sua organização político-social. Dessa forma, as reflexões e perspectivas desses filósofos chegam às populações em África, que as preserva e as transmite de forma sistemática. Tais reflexões, ideias, visões de mundo são, então, inseridas no modo de vida africano por intermédio da cultura e patrimônio. Embora não se possa nomear os filósofos que inicialmente as criaram, as reflexões filosóficas africanas se tornam parte dos povos africanos, e assim, um *pensamento de comunidade*[289] com herança cultural e epistêmica.

Apesar de não sabermos quem inicialmente as criou, iremos refletir sobre as concepções de filosofia africana e conhecimento, a partir de três filósofos protagonistas da epistemologia africana: Cheikh Anta Diop, Henry Odera Oruka e Paulin Jidenu Hountondji. Comecemos por Cheikh Anta Diop (1923-1986) (Figura 5), um filósofo senegalês com inegável contributo para reconstrução do passado africano em contraponto ao discurso propagado pelos discursos ocidentais, sobretudo considerando a filosofia e epistemologia.

Figura 5 - Cheikh Anta Diop (1923-1986).

Fonte: Casa África.[290]

Utilizando de rigorosa aplicação de métodos e técnicas de pesquisa, Diop solidificou fatos até então escamoteados e invisibilizados pelos africanistas e egiptólogos europeus no que se refere: a) ao nascimento da humanidade em África; b) da contribuição e protagonismo negro-africano na construção das civilizações que influenciaram a concepção de civilização ocidental; e c) o racismo científico que apagou o Egito antigo enquanto civilização negra.

Formado em Física, Filosofia, Química, Linguística, Economia, Sociologia, História, Egiptologia e Antropologia, em seu livro *The African Origin of Civilization: mith or reality?*,[291] Diop utilizou da argumentação para versar sobre a presença negra no Egito. Na defesa desse fato, cita uma passagem do filósofo grego Heródoto, onde este diz "Quanto a mim, eu julgo os Cólquidas [Colchians] como sendo uma colônia de Egípcios, porque, assim como eles, são Pretos, com cabelos lanosos [crespos]...".[292] Em outra passagem traz um excerto do filósofo francês Constantin Volney[293] para explicitar o racismo antinegro e reforçar a existência negra no Egito, conforme apontamos abaixo:

> Todos têm um rosto inchado, olhos inchados, nariz achatado, lábios grossos; em uma palavra, o verdadeiro rosto de um *mulato*. [...] Mas voltando ao Egito, a lição que ela ensina para a história contém muitas reflexões para a filosofia. Mas que assunto para meditação! ver a atual barbárie e ignorância dos Coptas, descendentes da aliança entre o profundo gênio dos Egípcios e a mente brilhante dos Gregos! *Só de pensar que essa raça de homens pretos, hoje nossos escravos e o objeto de nosso desprezo, é a própria raça à qual devemos as nossas artes, ciências e até mesmo o uso da fala!* Imaginem, finalmente, que é do meio de povos que se dizem os maiores amigos da liberdade e da humanidade que se aprovou a mais bárbara escravidão e questionou-se se os homens pretos têm o mesmo tipo de inteligência que os Brancos![294]

À época, sua obra recebeu diversas críticas dos teóricos europeus, haja vista o enfrentamento ao discurso hegemônico sobre o Egito e África. Tais críticas denotam o racismo científico desses teóricos para com a produção científica de Diop, mesmo quando seguindo métodos reconhecidamente utilizados pela tradição filosófica ocidental. Ademais, a teoria de contribuição negro-africana de Diop mostrou o desenvolvimento das civilizações africanas da antiguidade desde o período pré-colonial – desenvolvimento este documentado por autores como, por exemplo, o historiador Elikia M'Bokolo em seu livro *África Negra: história e civilizações*[295] – confrontando as perspectivas (pseudo)científicas da época sobre os povos africanos e seus conhecimentos, assim como as pretensas superioridade racial branca europeia e a inferioridade racial negro-africana.

Em continuidade à nossa explanação, passamos para Henry Odera Oruka (1944-1995) (Figura 6), filósofo queniano que compõe o seleto quadro de filósofos africanos devido sua contribuição epistêmica e ativa na defesa sobre a existência e a natureza da filosofia africana.[296]

Figura 6 - Henry Odera Oruka (1944-1995).

Fonte: Taylor (2018, s.p.).[297]

Em seu texto *Four trends in current African Philosophy*[298] publicado em 2002, o filósofo analisou os dois sentidos existentes para o termo "filosofia africana". O primeiro se refere à definição de filosofia africana como opositora da filosofia ocidental. Nessa primeira concepção, entende-se que há pensamento e conceitos exclusivamente africanos que se distinguem radicalmente do europeu. Assim, a filosofia africana seria conceituada como "um corpo de pensamento e crenças produzidos por essa maneira única de pensar".[299] Existe, nesse ponto, uma dicotomia entre o que é filosofia ocidental e filosofia africana, a qual pode ser sintetizada a partir da citação de Leópold Senghor: "O raciocínio europeu é analítico, discursivo pela utilização; O raciocínio negro-africano é intuitivo pela participação".[300] Em outras palavras, a primeira se manifestaria pela análise crítica e rigorosa, via explicação lógica e sintética, enquanto a filosofia africana seria compreendida como "ingênua" sobre esses aspectos, sobretudo por ser vista como mística, intuitiva e extra racional.[301]

A filosofia como uma disciplina ou atividade universal é o que demarca o outro sentido elencado por Oruka. Tal concepção assume a filosofia como uma disciplina que usa o método investigativo crítico, reflexivo e lógico sem se deixar influenciar por limites e especificidades culturais, raciais e regionais. Dessa forma, a filosofia africana seguiria tal significado de filosofia. Essa perspectiva convenientemente ignoraria o pensamento africano no fazer filosófico, assumindo que a filosofia africana seria elaborada a partir da apropriação de ideias e *corpus* filosóficos autênticos já consolidados.[302]

Outra crítica do autor está na ação acrítica sobre o monopólio da Europa ou da raça europeia branca ao assumir que a filosofia é uma disciplina que emprega metodologia reflexiva, analítica e racional.[303] Ainda nesse texto, Oruka aborda quatro tendências delineadoras do significado e existência da filosofia, a saber:

a) **Etnofilosofia**: parte do pressuposto de que as concepções e contribuições africanas em filosofia se defrontam em dois aspectos daquela elaborada no contexto europeu: a lógica e individualidade. Embasado em Léopold Senghor, Oruka argumenta que a lógica está vinculada aos gregos, enquanto a emoção aos africanos. A filosofia ocidental parte de uma premissa individual, na qual os pensamentos filosóficos advêm de pensadores individuais; enquanto isso, a filosofia africana assume a comunidade em contraponto à individualidade. Essas bases da filosofia africana, a emoção e a comunidade, seriam demonstradas via costumes, religiões, danças e outros elementos tradicionais ou comunitários dos povos africanos. Assume-se, portanto, que a comunidade poderia filosofar como um grande grupo, o que contrapõe o entendimento platônico de que a multidão não poderia ser filosófica.[304] Hountondji[305] entende o pensamento coletivo como uma "etnofilosofia", pois os costumes e conhecimentos africanos tradicionais apresentados como filosofia necessitavam de "estruturas de argumentação e debate sem os quais a ciência é impossível".[306] Oruka aponta como ponto negativo da etnofilosofia o fato dessa derivar "da parte acrítica da tradição africana". A tradição ou cultura é composta por elementos críticos e acríticos, dentre os quais o pensamento e obras de intelectuais seriam a parte crítica, e crenças e atividades religiosas, lendas, superstições, mitos, entre outros seriam a parte acrítica, que geralmente se interconecta com o emotivo, o mítico e não lógico;[307]

b) **Filosofia da Sagacidade ou Filosofia Sábia (*Sage Philosophy*)**: estabelecida por Henry Oruka, filósofo que definiu a Filosofia Sábia como o corpo de pensamentos expressos por pessoas sábias em qualquer comunidade. Busca explicar e pensar o mundo considerando: a) *sabedoria popular* ou *sagacidade popular ou folclórica*: muitas vezes conformista, caracteriza-se por aforismos e verdades estabelecidas pelo senso comum; b) *sabedoria didática* ou *sagacidade didática ou filosófica* (crítica da configuração comunal e da sabedoria popular): sabedoria exposta e um pensamento racional de indivíduos em uma comunidade.[308] Para Oruka, existem dois grupos de pessoas sábias: i) *sábios populares*: caracterizados por serem versados na sabedoria popular, cultura e crenças de seu povo sendo capaz de recitá-las fielmente. Tais sábios refletem as sabedorias e tradições de sua comunidade, são essencialmente conformistas e glorificadores da configuração comunal e se vinculam à primeira ordem da filosofia sábia: a sabedoria popular; ii) enquanto isso, operando em nível de segunda ordem, os *sábios filosóficos* buscam fundamentos racionais e avaliam criticamente as crenças culturais comuns, tornando-se aquele que foi além do folclore ou da mera sagacidade e alcançou uma capacidade filosófica. Frederick Ochieng'-Odhiambo ressalta que a sagacidade filosófica pode ser entendida como uma reavaliação reflexiva crítica das crenças, culturas e tradições de uma comunidade ou sociedade e suas crenças subjacentes.[309] Pius Mosima afirmou que os sábios filosóficos são capazes de oferecer respostas equilibradas sobre diversas questões, como a natureza do Ser Supremo, a morte, o tempo, a pessoa, a liberdade e igualdade, educação, entre outros, quando entrevistados por um filósofo profissional. Apesar de alguns deles serem incapazes de ler ou escrever, Oruka os compara aos filósofos ocidentais. Ele rejeita a etnofilosofia como uma abordagem coletiva da filosofia e apoia o sábio individual como uma forma válida de filosofar. De acordo com Oruka, essa é a forma padrão de sabedoria tradicional africana que prevalece no contexto africano.[310]

Em síntese, os sábios filósofos possuem a capacidade de transcender as crenças comunitárias de suas sociedades tomando uma distância crítica e racional.[311]

c) **Filosofia nacionalista-ideológica**: parte do princípio de que para existir uma filosofia africana, esta precisa ser concebida com base em uma teoria social para independência e criação de uma ordem social humanista. O colonialismo foi construído a partir do comunalismo,[312] princípio ético do humanismo africano tradicional. Nesse sentido, a teoria social precisa ter o comunalismo como princípio fundamental de sua construção. Conceitualmente, o comunalismo parte de obrigações do indivíduo e sociedade de forma igualitária, na qual para que o sujeito seja uma pessoa rica, a sociedade também deve ser. Se distingue em duas facetas: primeiramente, a filosofia nacionalista-ideológica é elaborada principalmente por políticos e estadistas, e não assume as diferenças entre os pensamentos africano e europeu; em segundo, por motivos individuais de quem a produz, a filosofia exposta é assumida como sendo de toda comunidade africana, mas não de um só indivíduo; e, por fim, trata-se de uma filosofia prática que busca resolver problemas explícitos nas sociedades africanas, como por exemplo, a liberdade nacional e individual;

d) **Filosofia profissional**: se refere a produções e debates de professores ou estudantes de filosofia em África. Tendo como ponto principal a rejeição da etnofilosofia por sua grande maioria, a filosofia é entendida como uma disciplina que não depende somente do pertencimento étnico-racial negro-africano ou de aspectos regionais. Entendida por seu estrito senso, a investigação filosófica é realizada de maneira crítica, reflexiva e lógica, embora assuma a existência de diferença radical entre a filosofia africana e a filosofia ocidental. Essas diferenças são basicamente por meio de aspectos culturais, as quais podem mudar o método filosófico, mas não muda a natureza ou significado que assume a filosofia enquanto uma disciplina do conhecimento. Advoga que toda a obra produzida por pensador africano, seja de epistemologia moderna, metafísica ou lógica, é parte da filosofia africana.

Em seu texto *Conhecimento de África, conhecimento de Africanos: Duas perspectivas sobre os Estudos Africanos*,[313] o filósofo e acadêmico beninense, Paulin Jidenu Hountondji (1942-) (Figura 7), explicita sua inquietação ao ler livros sobre "filosofia africana" quando escritos por pessoas extrínsecas ao continente africano, ou seja, os africanistas. Aponta que tais autorias tinham um princípio de que os africanos não eram conscientes de sua própria filosofia e, portanto, somente os teóricos ocidentais poderiam delinear sistematicamente sobre a sabedoria dos povos africanos.

Figura 7 - Paulin Jidenu Hountondji (1942-).

Fonte: APDiT.[314]

Ao citar passagens do belga Tempels[315] sobre o sistema ontológico africano, assim como Oruka,[316] critica a assunção do ocidente sobre uma pretensa inconsciência africana a respeito de sua própria filosofia, sobretudo porque defende a existência a *filosofia da consciência*, considerada uma tradição filosófica em África. Tal tradição foi desenvolvida nos contextos platônico ao husserliano, até Descartes e Kant, todos esses parte da filosofia e epistemologia ocidentais.[317]

Apesar dessa tradição filosófica em África, Hountondji criticou os teóricos africanos que se dedicaram a descrever ou buscar reconstruir em suas pesquisas a *mundivisão* da ancestralidade africana ou conhecimentos coletivos de povos e comunidades africanas, como os Yoruba, Fula, Wolof, Fon, entre outros. Embora essas teses, dissertações e toda sorte de produção científica e intelectual façam parte da filosofia africana, para o autor, o que os teóricos estavam realizando era uma etnofilosofia, e não a filosofia em si. Na sua concepção, a filosofia africana é uma filosofia feita por africanos, mas discorda de ser uma filosofia entendida como uma *mundivisão* intrínseca e partilhada de forma inconsciente pelos africanos.

Em sua obra *African Philosophy, Myth and Reality*,[318] Hountondji defendeu a literatura filosófica africana e, consequentemente, trouxe um novo conceito de filosofia africana, o qual distinguiu os africanistas (externos a África) e os africanos (internos a África) na filosofia. Tal diferenciação permitiu aos africanos assumirem suas próprias formas de investigação africana, bem como analisar a concepção ocidental sobre as mundivisões africanas. Para além desses dois pontos, a filosofia africana também inclui não só as obras críticas à etnofilosofia como aquelas que a defendem. Ou seja, a multiplicidade de pensamentos, debates e contradições – oriundos de africanos e suas influências tradicionais ou ocidentais – sobre o que é filosofia africana também são contemplados dentro desse conceito do autor. As interpretações da filosofia ocidental (Hegel, Marx, Descartes, Escola de Frankfurt) e outras tradições filosóficas (filosofias chinesa e indiana) também são pensadas e repensadas por filósofos africanos, e compõe o que entende como filosofia africana.[319]

Contudo, considera que os teóricos africanos ainda precisam desenvolver "um processo autónomo e autoconfiante de produção de conhecimento e de capitalização que nos permita responder às nossas próprias questões e ir ao encontro das necessidades tanto intelectuais como materiais das sociedades africanas".[320] Para tanto, o primeiro passo é o desenvolvimento de uma tradição própria de conhecimento nas disciplinas nas mais diversas áreas a partir de uma agenda investigativa criada das demandas determinadas pelas sociedades em África. Em um segundo momento, promover a justiça epistêmica do conhecimento africano acumulado no continente, a partir de uma apropriação crítica e ética de tais conhecimentos.[321]

Partindo das perspectivas supra contextualizadas de identidade do "eu africano" e filosofia africana com suas características, partimos para a compreensão da epistemologia africana. Os primeiros escritos que apontam a existência da epistemologia africana são de Kemet,[322] especialmente na definição do filósofo da inscrição Antef (2000-1768 AEC), a Instrução de Ptah Hotep[323] (século XXV AEC), a Instrução de Nebmare-Nakt (século XII AEC), a Instrução anônima registrada em papiro por Chester Beatty IV (século XII AEC) e o ensino ético de Amenemope.[324] Tais textos denotam a trajetória africana para o conhecimento, expressa em obras como, por exemplo, *Hatäta*,[325] do filósofo etíope Zära Yaqob, a atual epistemologia Bwino da filosofia Bantu e a epistemologia Ofamfa-Matemasie dos Akan.[326]

Didier N. Kaphagawani e Jeanette G. Malherbe, em seu texto *African epistemology*,[327] compreendem a epistemologia africana como um subconjunto da filosofia africana. Esta última compreende diversas formas e tipos de filosofar, e possui as quatro concepções explicitadas acima pelo filósofo Henry Odera Oruka.[328] Conceitualmente, a epistemologia é entendida por esses autores como "o estudo de teorias sobre a natureza e escopo do conhecimento, a avaliação dos pressupostos e bases do conhecimento e o estudo minucioso do que o conhecimento afirma."[329]

Para Ovett Kodilinye Nwosimiri, a epistemologia africana abrange a visão africana sobre a natureza do conhecimento, os métodos para adquiri-lo, os critérios para justificar ou validar afirmações de conhecimento, bem como o papel que o conhecimento desempenha na vida humana.[330] Como ramo da filosofia, analisa e avalia as declarações sobre o conhecimento, assumindo que todos os sujeitos possuem capacidade de conhecer, independentemente de seus valores culturais, tradições, pertencimento étnico-racial e espaço geográfico. No entanto, Kaphagawani e Malherbe defendem que as formas como as pessoas chegam ao conhecimento ou constroem a afirmação do conhecer alguma coisa advêm de diferentes experiências e bases sócio construídas, a depender da cultura em que estão inseridas. Assim, as formas pelas quais adquirimos conhecimento são dinâmicas e modificam de acordo com os contextos.[331]

Para ser considerada epistemologia africana, esta necessitaria partir da (i) *articulação africana* e (ii) *formulação do conhecimento*. Na agnição de Godfrey Okechukwu Ozumba, conhecimento é "o ato de estar ciente da existência de um fato".[332] Como parte fundamental da investigação filosófica, o conhecimento passa por criteriosa avaliação para verificar se, de fato, a afirmação de sua existência é verdadeira ou falsa.[333]

A tradição oral é a base para aprendizado da abordagem africana do conhecimento, sobretudo advinda de sabedoria contida nos contos populares, provérbios, mitos de criação. Se manifesta ainda nos modos de busca pela verdade dentro das instituições sociais, políticas e religiosas, nos sistemas judiciais, no trabalho dos curandeiros, as formas de resolução de conflitos familiares e sociais.[334]

Tanto a linguagem (estrutura, significados, hábitos linguísticos etc.) quanto a convenção social (p. ex.: formas de educar, usar o conhecimento e resolver problemas) são aspectos culturais africanos que auxiliam a entender sobre as características genéricas do conhecimento no continente. Existem, portanto, duas vertentes que devem ser consideradas quando pensamos em conhecimento: a universalista e a relativista. Na vertente universalista, a compreensão de "conhecimento" é universal e verdadeira para qualquer pessoa, lugar e momento. Nesse sentido, os universalistas partem da perspectiva de que existe *uma mesma epistemologia*, mesmo que sejam estudos feitos em continentes, países e contextos diferentes. Sendo assim, nessa vertente, a epistemologia africana não existiria. Em contrapartida, na vertente relativista se considera a existência de um conhecimento para cada grupo étnico-racial, o que torna seus conhecimentos e epistemologias igualmente únicos. Dessa forma, não se poderia aplicar a epistemologia com seus conceitos e termos externamente à comunidade para a qual foi criada. Ao contrário da universalista, a vertente relativista entende que o termo *epistemologia africana* é esvaziado de significado.[335]

Por isso, Kaphagawani e Malherbe utilizam o meio termo entre ambas as vertentes ao considerar que na epistemologia africana existe alguma universalidade quando se trata do conhecimento, contudo é dotada de variações a depender dos contextos em que foram criadas. Os autores dialogam com a epistemologia ocidental ao entender que o estudo epistemológico considera a racionalidade, a qual agrupa diversos elementos como o conhecimento, a justificação, verdade, crença, teoria, intenções, entre outros.[336]

Intrinsecamente ligada ao conhecimento, a racionalidade requer um esforço para alcançar um pensamento via critérios que permitem medir coisas intelectuais como sendo verdadeiras e confiáveis ou falsas. A racionalidade epistêmica visa, portanto, atingir a verdade a partir do conhecimento. A ideia de justificação fundamenta a racionalidade, pois apontamos as razões ou justificativas do porquê consideramos uma crença, ação ou afirmação como verdadeira. A assunção de verdade sobre uma crença parte de acreditarmos que ela seja verdadeira, embora tenhamos formas de descobrir se essa crença é verdadeira ou falsa.[337]

Como parte da epistemologia social, a epistemologia africana permite ao filósofo aplicar a racionalidade à sociedade africana, sempre sendo direcionado por uma consciência crítica das tradições (intelectuais e cognitivas) da sua sociedade e de outras existentes. Tal consciência crítica permitirá construir identidades epistêmicas fortalecidas com base em valorização cultural que moldará o contexto atual, assim como preparará as gerações futuras. Nesse sentido, o epistemólogo estará preocupado com práticas racionais, valorativas e institucionais de uma cultura, considerando essas tessituras relacionadas: a) às crenças gerais, conceitos e teorias produzidas por uma pessoa em diversas áreas do conhecimento; b) às maneiras institucionalizadas de adquirir novos conhecimentos (p. ex.: ciência); c) à transmissão de saberes para as futuras gerações na forma de provérbios, tradições, contos populares e mitos; d) à linguagem enquanto um repertório basilar de conhecimento das sociedades; e) aos costumes e práticas vinculadas ao sagrado (religiosidades) e à justiça; e) às autoridades intelectuais, institucionais ou escritas aceitas como conhecimento e crença.[338]

Encerrando esta seção, podemos sintetizá-la a partir da distinção entre a teoria científica e o pensamento tradicional africano, na qual a primeira invoca objetos não pessoais e inanimados exemplificados em entidades teóricas como átomos e moléculas em sua explicação de fenômenos; na segunda, a explicação da realidade acontece por intermédio de agências pessoais e humanas tipificadas em seres humanos, deuses e espíritos.[339]

EPISTEMOLOGIA NEGRA

> *Racismo? No Brasil? Quem foi que disse? Isso é coisa de americano. Aqui não tem diferença porque todo mundo é brasileiro acima de tudo, graças a Deus. Preto aqui é bem tratado, tem o mesmo direito que a gente tem. Tanto é que, quando se esforça, ele sobe na vida como qualquer um. Conheço um que é médico; educadíssimo, culto, elegante e com umas feições tão finas... Nem parece preto.*
>
> Lélia Gonzalez.[340]

Retomamos a discussão sobre o cenário nacional nos voltando para a supremacia branca à brasileira promovida pelas classes dominantes que aliam o capitalismo, o racismo, o neoliberalismo e a hierarquização racial para acionar mecanismos ideológicos asseguradores do poder social e epistêmico aos brancos.[341] Segundo a crítica presente no excerto do texto da filósofa Lélia Gonzalez no início desta seção, o racismo e ideologias do mérito e da democracia racial são profusamente difundidas em nosso território e servem para monopólio branco do aparato social, político, econômico e epistêmico nesse contexto. A herança histórica da escravidão e violências coloniais perpassam gerações de descendentes de africanos e africanas e se reflete nas subjetividades de *ser pessoa negra* na sociedade brasileira.[342] Aliado a isso, há o controle de pessoas não-brancas via o simbólico, o saber, o contexto e a construção de identidades, que interfere no grau de consciência sobre a sua identidade étnico-racial e opressões sofridas.[343]

Embora muitas pessoas acreditem que as opressões raciais já foram superadas, a realidade é que a estrutura racista da sociedade continua a desempenhar um papel decisivo na recusa de muitas pessoas, incluindo as negras, em abraçar a agenda antirracista e buscar por reparações em relação ao passado de escravidão. Essas pessoas, sem uma análise crítica, consideram que a raça e o racismo não são mais elementos presentes na sociedade atual, o que as impede de questionar as relações e as hierarquias sociais que legitimam grupos racialmente hierarquizados. É a ocultação dos efeitos nefastos do tráfico transatlântico de africanos, fomentado pela persistente agência colonial que regula as relações sociais.[344]

Assim, racismo, ideologia do branqueamento, mito da democracia racial, falácia da meritocracia, branquitude, micro agressões raciais e outros instrumentos de poder racial elaborados pela elite branca brasileira desde o pós-abolição – e sedimentados na contemporaneidade – são mantidos enquanto dispositivos de desigualdades, exclusão racial e injustiças, inclusive em espaços de transformação social como a biblioteca e a escola.

Em seu livro *A branquitude na educação infantil*,[345] a educadora Cintia Cardoso aborda como a branquitude se apresenta no cotidiano da educação escolar privilegiando material e simbolicamente a representação da criança branca em detrimento daquelas de outros pertencimentos étnico-raciais, como negros e indígenas. A discussão sobre racismo é omitida nessa dinâmica, que privilegia a hegemonia racial branca na linguagem e discurso docentes, na estrutura física e imagética dos espaços da escola, bem como na representação em brinquedos e instrumentos didáticos utilizados na prática educativa. Nesse sentido, a construção de identidade étnico-racial de uma pessoa negra sofre interferências pelas dinâmicas de poder desde a infância até a vida adulta. Essa estrutura racista se expande para diferentes esferas da vivência dos sujeitos negros, os quais encontram dificuldades materiais, simbólicas e imateriais de serem pessoas negras em sociedades racializadas.

Compreendendo essa complexa estrutura, intelectuais de diversas áreas do conhecimento têm analisado e denunciado a organização desse sistema colonial-racial-capitalista. Sobretudo, pesquisadores e pesquisadoras têm buscado estabelecer estratégias, projetos, bem como laços com as epistemologias ancestrais africanas de modo a reabilitar os valores civilizatórios e epistêmicos que reforçam as experiências de ser pessoa negra e de ter uma identidade negra no Brasil e na diáspora africana.[346] Cientes da influência de ambas as epistemologias abordadas nas seções anteriores, a ocidental e africana, descortinaremos neste espaço, o que se entende como epistemologias negras no contexto brasileiro.

É importante demarcar que as epistemologias negras – embora, muitas vezes, sem receberem esse nome – advêm inicialmente de uma gama de pessoas ativistas do Movimento Negro Unificado fortalecido na década de 1970, que produziram reflexões teóricas e filosóficas sobre a raça e o racismo, e as dinâmicas colonialistas de manutenção de poder e desigualdades no contexto brasileiro. Por outro lado, tais epistemologias negras são oriundas de pessoas filósofas de formação, cujas discussões teóricas e conceitos têm permitido confrontar o racismo epistêmico no campo filosófico. Isso denota, em nosso entendimento, a diversidade epistêmica negra que a despeito do lugar epistêmico desses atores, examina e promove diálogos sobre o poder, raça e a teoria do conhecimento negro em nosso país. Dentre os atores que são/foram ativistas do movimento negro e pessoas filósofas e epistemólogas negras, destacamos Lélia Gonzalez, Abdias Nascimento e Sueli Carneiro.

Empreenderemos pelo pensamento da ativista do movimento negro, filósofa e historiadora mineira, Lélia Gonzalez (1935-1994) (Figura 8). A trajetória e o pensamento de Lélia Gonzalez se entrelaçam com as lutas antirracistas e feministas no Brasil e na América Latina. Foi por intermédio do exercício docente no curso "Cultura Negra no Brasil" ministrado em 1976 que foi evocada a "virada antropológica" de Lélia Gonzalez, que a direcionou para produzir cientificamente sobre questões étnico-raciais.[347]

Figura 8 - Filósofa e historiadora Lélia Gonzalez (1935-1994).

Fonte: Página do Facebook Lélia Gonzalez Vive.[348]

Enquanto pesquisadora e intelectual, sua perspectiva teórica era democrática, plural e anticolonial, interconectada à importância de se articular as dimensões de classe, raça e gênero na luta contra a opressão e a hierarquização social.[349] Consciente das injustiças epistêmicas, Gonzalez inferiu sobre a existência de obstáculos epistemológicos e discursivos que restringem o desenvolvimento da intelectualidade negra ativista no Brasil. Em seu entendimento, o processo histórico advindo após a abolição da escravidão unido a outros mecanismos de opressão, não apenas operam uma discriminação real contra o povo negro, mas também um racismo cultural que é reforçado e reproduzido de diversas maneiras por meio de representações mentais sociais. Esse racismo cultural faz com que tanto os agressores quanto as vítimas considerem natural que pessoas negras e mulheres em geral (e mulheres negras em particular) ocupem papéis sociais desvalorizados em termos de atividade econômica. Tal fenômeno contribuiu para a construção de um imaginário social sobre pessoas negras e mulheres negras que as enxerga como fora do lugar de conhecedoras e autoridades epistêmicas.[350]

Em sua produção teórica, para além da extensa contribuição nos estudos sobre feminismo afro-latino-americano, a filósofa elucidou sobre a existência da categoria *Amefricanidade*, a qual

> [...] incorpora todo um processo histórico de intensa dinâmica cultural (adaptação, resistência, reinterpretação e criação de novas formas) que é afrocentrada, isto é, referenciada em modelos como: a Jamaica e o akan, seu modelo dominante; o Brasil e seus modelos iorubá, banto e ewe-fon. Em consequência, ela nos encaminha no sentido da construção de toda uma identidade étnica. Desnecessário dizer que a categoria de amefricanidade está intimamente relacionada àquelas de *pan-africanismo, négritude, afrocentricity* etc.[351]

Em seu texto *A categoria político-cultural de Amefricanidade*, refletindo pela via da linguagem, Gonzalez[352] exemplifica como o "pretuguês", advindo da mistura de línguas e dialetos de povos africanos, modificou o idioma do colonizador e, consequentemente, o vocabulário falado pelas colônias. Ademais, Gonzalez critica a posição imperialista dos Estados Unidos que se assume como "A América", enquanto separa os outros continentes em um discurso do "nós" e "eles". A chamada "América Latina" recebeu esse nome pelo colonizador, enquanto para os ameríndios e amefricanos[353] – termo cunhado por Gonzalez para se referir aos africanos em diáspora nas Américas – assim como para teóricos decoloniais, esse continente é visto como Abya Yala.[354,355]

Ainda referente à perspectiva teórica da Amefricanidade, a inspiração de Gonzalez para o seu estabelecimento partiu do entendimento da *Améfrica* como um sistema *etnogeográfico de referência*, cuja base se forja a partir de modelos africanos para evidenciar a experiência histórica comum com o racismo desses amefricanos e amefricanas na diáspora.[356]

Para Lélia Gonzalez, o racismo nascido como ciência da superioridade eurocristã direcionou também as produções acadêmicas ocidentais. A construção de uma África sem história e de "não-lugar"[357] pelos epistemólogos ocidentais, além da atribuição da razão somente aos brancos dada a sua pretensa superioridade também são evocados por Gonzalez, e sua crítica vai ao encontro dos teóricos da epistemologia africana. A explicação sobre a racionalidade branca e a redução do conhecimento de povos colonizados a simples manifestações culturais de "selvagens", sedimentou o caminho para internalização da superioridade racial branca. Como consequência, regimes de separação racial de grupos étnico-raciais foram realizados de formas explícitas – tal qual nos Estados Unidos e África do Sul – e implícitas – como apresentado no Brasil, país que utiliza da raça e racismo para separar pessoas brancas e negras, mas nega sua existência enquanto fenômeno social.[358]

Enquanto isso, a ideologia do branqueamento propagada por aparelhos ideológicos do Estado (força policial que persegue e mata pessoas negras periféricas, encarceramento em massa, sistema penal vinculado à construção da pessoa negra como criminosa etc.), assim como pela reprodução da branquitude nos meios de comunicação em massa e produção acadêmica, fomentam a morte da identidade do "Outro" de origem africana para buscar assumir a normatividade e identidade racial brancas.[359]

Sobre essa morte simbólica e epistêmica, Gonzalez[360] situa sobre a existência de uma "identificação do dominado com o dominador", reflexão realizada, inclusive, por teóricos como Frantz Fanon[361] ao analisar os mecanismos psicológicos que influenciaram os colonizados fazendo-os assimilar práticas neocoloniais do sistema francês (colonizador).

Sobre as categorias epistemológicas de *negritude, pan-africanismo, afrocentricidade* citadas por Gonzalez, essas têm seus lugares de reflexão no contexto brasileiro. Diva Damato,[362] Zilá Bernd,[363] Kabengele Munanga[364] e Petrônio Domingues[365] são algumas das referências que se dedicaram a produzir reflexões sobre o movimento histórico da *negritude*, seu enfoque como instrumento de libertação política, assim como suas relações com a raça, racismo e identidade étnico-racial.

Desta categoria epistemológica *negritude*, podemos analisar que – dados os contextos de ausência, invisibilização e morte dos conhecimentos negros e africanos já apontados nesta seção – nem todas as pessoas negras possuem consciência do seu pertencimento étnico-racial, assim como podem passar suas vidas sem identificarem a estrutura hierárquica racial criada para colocá-la em lugares de subordinação ao grupo racial branco. Ademais, as pessoas negras sem identificação com sua negritude[366] podem ainda replicar atitudes e pensamentos racistas e coloniais, haja vista fazerem parte de uma sociedade que as impele a odiar e excluir os seus.

Enquanto isso, cunhada pelo filósofo Molefi Kete Asante[367] na década de 1970, a *Afrocentricidade* e sua abordagem epistemológica e disciplinar teve seu desenvolvimento com o pensamento afrocentrado, assumido em contraponto ao pensamento hegemônico em contexto brasileiro. A tradução dos textos de Asante para o português possibilitou a quebra de barreiras idiomáticas e trouxe o entendimento da herança africana nos Estudos Negros e Afrodiaspóricos, algo que não se tinha conceitualmente demarcado até então. Nesse contexto, houve ainda a articulação de intelectuais que se assumiam como afrocentristas e se dedicavam a refletir filosoficamente sobre as civilizações clássicas africanas, como Kemet, Núbia e Cush, além de confrontar os discursos historiográficos hegemônicos sobre povos antigos e indígenas em África.

Na contemporaneidade, a reflexão crítica da Afrocentricidade chegou à biblioteca articulando sua relação com o debate étnico-racial, conforme aborda o texto da bibliotecária Elisângela Gomes.[368] Nele, embasada em Asante,[369] a autora sintetiza as cinco características do método afrocêntrico, a saber:

> 1) Interesse pela localização psicológica, 2) compromisso com a descoberta do lugar da (o) africana (o) como sujeito; 3) defesa dos elementos culturais africanos; 4) compromisso com o refinamento léxico; 5) compromisso com uma nova narrativa da história da África.[370]

Advogando pela Afrocentricidade na biblioteca, a pesquisadora interliga instrumentos normativos que tratam da obrigatoriedade da história e cultura africana e afro-brasileira na rede de ensino ao agenciamento da representatividade negra sob uma visão afrocentrada na formação bibliotecária e do espaço de atuação bibliotecária.[371] Ainda no recorte da Afrocentricidade, mas agora restringindo o enfoque para a biblioteca universitária, Eva Dayane Santos e colaboradores[372] evocam as atividades afrocentradas como contribuidoras do debate sobre a diversidade cultural, étnico-racial e de gênero nas ações desenvolvidas na biblioteca da Universidade Federal da Bahia. Enquanto conceito nuclear para o trabalho antirracista e decolonial, a teoria de Asante colabora para o estímulo à consciência racial crítica e às perspectivas afrocentradas de ser, conhecer e entender o mundo.

Por último, o pan-africanismo[373] – outro movimento inspirador da *Amefricanidade* – também possui seus representantes intelectuais brasileiros, sobretudo o professor, político e ativista do movimento negro, Abdias Nascimento (1914-2011) (Figura 9).

Figura 9 - Abdias Nascimento (1914-2011).

Fonte: Assembleia Legislativa de Sergipe (2022). Disponível em: https://al.se.leg.br/wp-content/uploads/2015/11/ABDIAS-nascimento1.jpg. Acesso em: 20 mar. 2022.

Abdias Nascimento (1914-2011) já foi descrito como o mais completo intelectual e homem de cultura do mundo africano do século XX. Professor Emérito da Universidade do Estado de Nova York, ele foi deputado federal, senador da República e secretário do governo do Estado do Rio de Janeiro. Poeta, escritor, dramaturgo, artista visual e ativista pan-africanista, ele fundou o Teatro Experimental do Negro e o projeto Museu de Arte Negra. Suas pinturas, largamente exibidas dentro e fora do Brasil, exploram o legado cultural africano no contexto do combate ao racismo e discriminação. Abdias Nascimento esteve presente em vários eventos relacionados ao mundo africano, bem como em outros organizados por entidades afro-americanas nos Estados Unidos. Desse modo, ele apresentou a população negra do Brasil ao cenário da história africana global.[374]

Fundador do Teatro Experimental do Negro, entidade que buscava a luta pelos direitos humanos e justiça racial e social para o povo negro, aliada à recuperação da herança cultural africana, Abdias Nascimento adotou valores do movimento pan-africanista após seu período de autoexílio nos Estados Unidos. Dessa influência, duas obras seminais do pensamento africanista no Brasil foram geradas pelo professor:

a) O *genocídio do negro brasileiro: processo de um racismo mascarado*:[375] nessa obra, Abdias denuncia o racismo estrutural e as dinâmicas da democracia racial utilizadas para negação desse racismo no contexto do nosso país. Entende que o racismo no Brasil é uma opressão mutável, única e polivalente, para a qual a luta antirracista e anti-genocida deve ser acionada para que o objetivo principal do racismo não seja alcançado: o de exterminar a população negra. O autor critica o discurso da *morenidade* e *metarraça* propagados por autores como Gilberto Freyre ao mesmo tempo em que em suas obras usam de lógicas paternalistas, neocoloniais e racistas para promover a farsa da democracia racial, assim como escamotear a necropolítica, o alterocídio,[376] o genocídio e os traumas coloniais presentes no cotidiano e experiência dos sujeitos e coletivos negros no Brasil;

b) O *quilombismo: documentos de uma militância pan-africanista*:[377] promove também o pensamento africanista de Abdias Nascimento, o qual fomenta a crítica à história e estrutura do Brasil, vistas por ele como uma versão concebida *por, para* e *pelos* brancos. O autor denuncia a criação da imagem e discursos de uma branquitude colonial benevolente que atuou em solo brasileiro via uma "escravidão humanizada, benemérita e com certa liberdade" aos escravizados. Entretanto, o principal enfoque da obra está na tessitura sobre a persistência negra em manter sua memória, ancestralidade, integridade cultural, cosmovisão e racionalidade africana apesar das circunstâncias históricas e dinâmicas de poder que acabam por invisibilizar as construções de saberes e lutas individuais e coletivas dos povos negros e africanos.

Das duas contribuições de Abdias aqui sintetizadas, parte a denúncia das facetas do racismo, o trauma colonial, mas, sobretudo, as marcas evidentes da presença africana e negra na construção histórica e cultural da América Latina, em especial de países como o Brasil. Desses discursos e teorias racistas, pelas mãos do colonizador nasceu a criação da categoria "Outro" atribuída ao africano, indígena, negro e demais sujeitos de pertencimentos étnico-raciais não-brancos. No que concerne a essa categoria, a ativista do movimento negro e filósofa Sueli Carneiro (1950-) (Figura 10), em sua tese *A Construção do Outro como Não-Ser como fundamento do Ser*[378] – publicada em forma livro sob o título *Dispositivo de racialidade: a construção do outro como não ser como fundamento do ser*[379] –, apresenta o "paradigma do Outro", elaborado pela teórica Roseli Fischmann, que demarca quem é o "Eu" e quem é o "Outro" dentro das relações sociais entre negros e brancos.

A pessoa negra, por sua negritude e/ou por carregar a marca da cor,[380] se encontra na dimensão do não-ser do humano, e, portanto, sofre com o epistemicídio[381] e o alterocídio.[382] Os saberes de povos negros e daqueles considerados "Outros" são desqualificados com base no seu grupo étnico-racial e nas matrizes teóricas e filosóficas que os constroem. Nesse sentido, a raça e a cultura são categorias estruturais que estabelecem hierarquias que somente podem ser completamente justificadas se forem capazes de criar e naturalizar, através da repetição sistemática e internalização de certos paradigmas (dos quais derivam as teorias racistas), uma consciência de superioridade em alguns e uma consciência de inferioridade em outros.[383] Por conta da identidade negativa atribuída ao "Outro", o sujeito negro sofre com as injustiças epistêmicas por ser considerado incapaz de portar e produzir conhecimentos relevantes e validados pelo Ocidente. Tais estigma e imagem negativos são, então, internalizados pelos sujeitos de forma que eles acabam por serem submetidos à cultura dominante.[384] Contudo, existem diversas formas de resistência representadas pelos quilombos, movimento negro e intelectualidade negra que agenciam uma educação afrocentrada e antirracista, reverberante na construção de identidade negra positivada e na valorização da história, memória, cultura e sociabilidades negras, sobretudo via produção de conhecimento.

Figura 10 - Sueli Carneiro (1950-).

Fonte: *Latin American Studies Association* (2021). Disponível em: https://lasaweb.org/uploads/sueli-carneiro_002.jpg. Acesso em: 20 ago. 2021.

Em síntese, as epistemologias negras estão voltadas para a valorização do pensamento negro e africano, especialmente no contexto brasileiro onde os instrumentos de poder atuam como dispositivos de racialidade,[385] e partem para afrocentrar o pensamento e resgatar valores e perspectivas de África no contexto da diáspora africana.

EPISTEMOLOGIA NEGRO-AFRICANA

No entendimento da filósofa Frances Cress Welsing,[386] a ciência assume que os fenômenos observáveis podem ser explicados ou se constituem em insumo para a investigação, análise e compreensão pela mente humana. Por um lado, buscamos a reparação epistêmica do conhecimento negro-africano produzido pelas pessoas africanas, negras e africanas na diáspora no campo biblioteconômico-informacional. Por outro, entendemos as influências de diferentes vertentes teóricas – especialmente as construídas por grupos hegemônicos do norte global – no conhecimento produzido por pessoas negras do campo biblioteconômico-informacional ao redor do globo. Temos consciência ainda que as pessoas negro-africanas, a depender de sua cultura, valores e percepções de mundo, terão dificuldades de entender a influência da raça e do racismo em suas experiências como sujeitos de direitos e como profissionais do campo. Nesse sentido, nem todas poderão refletir criticamente sobre raça e racismo nas três esferas que elencamos no Capítulo 3.

Retomando nosso diálogo inicial, estabelecemos o conceito de epistemologias negro-africanas como as reflexões teórico-práticas produzidas por pessoas negras, africanas e da diáspora africana – nesta obra, em BCI –, as quais são contranarrativas decoloniais às perspectivas hegemônicas, colonialistas e racializadoras. Essas epistemologias são produzidas por pessoas negras, africanas e da diáspora que colocam a raça no centro do debate no campo e discutem, pesquisam e dialogam sobre os fenômenos a ela vinculados, como racismo, branquitude, mito da democracia racial, ideologia da supremacia racial branca, branquitude, daltonismo racial, epistemicídio, *apartheid* epistêmico, diversidade étnico-racial, dentre outros.

Em face desse entendimento, indicamos resumidamente os caminhos que nos levaram à construção desse conceito e a empreender por essa busca específica. Nossa compreensão de epistemologia negro-africana contempla as perspectivas das epistemologias ocidental, africana e negra. Com relação à primeira, sua influência está desde o processo de colonização, escravização e construção da epistemologia como conhecemos. Embora víssemos, com base nos exemplos apresentados na seção "Epistemologia ocidental", que o racismo científico está intrínseco à essa epistemologia, não se pode negar suas contribuições teóricas tanto para a epistemologia africana, quanto negra – especialmente no que se refere à justificação, verdade e validação do conhecimento.

No que se refere à epistemologia africana, esta possui uma base filosófica e epistêmica datada antes mesmo da chegada dos europeus ao Continente Africano. A concepção de *ser africano*, da África como o berço da humanidade, a defesa da contribuição das civilizações africanas antigas na construção do que entendemos como civilização, a adoção de uma identidade africana dotada de pensamento crítico e ancestral em contraponto ao discurso hegemônico que retira os africanos do lugar de seres pensantes e racionais, a compreensão da raça como ideologia racista, os entendimentos sobre o conhecimento e sua construção a partir das vivências, tradições, experiências e cosmovisão dos povos africanos são alguns elementos abordados dialogicamente para evidenciar a diferença entre a epistemologia ocidental e a africana, apesar das semelhanças. Dessa forma, diferentemente do entendimento platônico do que é conhecimento, o conhecimento africano usa das emoções e experiências do sujeito para acreditar, justificar e validar conhecimento. Os autores que utilizamos nos permitiram perceber o quanto ainda há um discurso hegemônico sobre África e os filósofos africanos, o que requer desses últimos, a constante afirmativa da existência de filosofia e epistemologia africanas. Por fim, ainda sobre o contexto africano, abordamos a existência de, pelo menos, quatro tendências filosóficas (Etnofilosofia, Filosofia Sábia, Filosofia nacionalista-ideológica e Filosofia profissional) que direcionam o olhar para epistemologia e filosofia africanas, assim como demonstram diferentes construções, inclusive externas a África para determinar a existência de tal teoria do conhecimento.

Por fim, demarcados por um contexto singular, o Brasil possui pelo menos duas concepções de ser pessoa de origem africana: uma que aceita a categoria *afrodescendente* ou *afro-brasileiro* apresentada pelo projeto político de embranquecimento forçado no país, enquanto outra parcela da população de origem africana assume uma identidade política de ser negro num país racializado. No entanto, com base em autorias do campo das relações raciais, advogamos que há influências da epistemologia ocidental branca na construção do conhecimento produzido pela população negra, assim como, em menor medida, da epistemologia africana quando nos voltamos para analisar os usos de conceitos como, por exemplo, de Afrocentricidade,[387] criada por Molefi Asante e propagada por outras pessoas autoras.

Para darmos mais um passo em direção à (re)construção do campo sob um olhar que busque a reparação epistêmica de povos negro-africanos, nosso enfoque estará nos Estudos Históricos e Epistemológicos do campo biblioteconômico-informacional. Especificamente, sob a ótica da Teoria Crítica Racial, nossos resultados apresentam biobibliografias e epistemologias negro-africanas de pessoas bibliotecárias negras.

Partindo da contextualização dos elementos que nos levam à construção de uma obra que evoca a epistemes negro-africanas em BCI, iremos agora seguir o caminho e adentrar ao campo dos estudos da Teoria Crítica Racial.

CONSIDERAÇÕES DO CAPÍTULO

Este capítulo se ocupou em contextualizar a epistemologia ocidental, a partir de filósofos como Platão, Aristóteles, São Tomás de Aquino, René Descartes e John Locke para elucidar sobre a busca pelo conhecimento e como, para ser considerado conhecimento, é preciso analisar os graus de confiança restritos racionalmente às evidências, e quais as formas das evidências e restrições são racionalmente afetadas pelos interesses dos sujeitos. Deslocando um pouco mais nosso olhar, refletimos sobre a origem do racismo na Antiguidade Clássica, especialmente nos adentrando ao conceito e facetas do proto-racismo, um protótipo de racismo existente à época. Discutimos como as concepções de raça e racismo estão intrínsecas em perspectivas de alguns filósofos como Immanuel Kant e Voltaire, entendendo, assim, que a epistemologia ocidental também carrega em seu cerne as marcas do racismo promovido pela supremacia racial branca europeia desde seu início. Com esse entendimento, partimos para contextualizar a filosofia e epistemologia africanas, a partir de filósofos africanos, como Kwanne Antonhy Appiah, Achille Mbembe, Henry Odera Oruka, Paulin J. Hountondji, Léopold S. Senghor, Cheikh Anta Diop, dentre outros. Contextualizamos a filosofia africana e a epistemologia africana, assim como suas distinções: a etnofilosofia, filosofia da sagacidade, filosofia política-ideológica e filosofia profissional. Trouxemos ainda, o entendimento de que tradição oral é a base para aprendizado da abordagem africana do conhecimento, sobretudo os modos de ser, viver e estar no mundo dos africanos com suas concepções de natureza e do papel do conhecimento em sua existência e para sua comunidade.

No contexto brasileiro, evidenciamos a construção teórica de pessoas negras intelectuais e filósofas que agenciaram conceitos dos contextos africano e afro-americano para dialogar sobre a produção do racismo, das exclusões e da promoção de dispositivos de poder utilizados pela branquitude, inclusive na produção de conhecimento. Nessa construção, foram elucidados o pensamento de três teóricos contemporâneos do movimento negro e do campo epistêmico negro: Lélia Gonzalez e a Amefricanidade, Abdias Nascimento e o Pan-Africanismo e Sueli Carneiro e a construção da pessoa negra como "Outro". Ao final, reforçamos o conceito de epistemologia negro-africana para esta pesquisa, sintetizando as contribuições e influências das três epistemologias anteriormente contextualizadas.

CAPÍTULO 3

TEORIA CRÍTICA RACIAL COMO LENTE TEÓRICA PARA OS ESTUDOS BIBLIOTECONÔMICO-INFORMACIONAIS

Este capítulo apresenta a trajetória dos estudos da Teoria Crítica Racial (TCR) com as principais influências teóricas, princípios e dimensões, apontando o diálogo e abordagens na Biblioteconomia e Ciência da Informação. Para tanto, nos embasaremos nos sentidos lato[388] e estrito[389] da TCR para apresentar, em um primeiro momento, a história desse movimento intelectual sedimentado na década de 1980 nos Estados Unidos da América, suas características, atores e ramificações epistemológicas. Em um segundo momento, seguiremos no sentido mais amplo do entendimento da TCR contemporânea para articulá-la dentro dos estudos biblioteconômico-informacionais.

Considerando a interdisciplinaridade da Ciência da Informação como um de seus fundamentos epistemológicos[390] e que ela é uma área que busca promover relações com diferentes disciplinas e áreas do conhecimento, esta dialoga – para além da própria TCR – com áreas como o Direito, Educação, Biblioteconomia, Ciência da Informação, Ciências Sociais e campos como Estudos Étnicos, Estudos Feministas, Estudos Decoloniais, Estudos Latinos e Estudos Críticos da Branquitude. Nesta reflexão, entendemos a raça enquanto uma construção social que está presente nas relações afetivas e profissionais, e como esta se concretiza por intermédio dessas relações. Ademais, considerando os pontos já apresentados nos capítulos anteriores desta obra, compreendemos o racismo como endêmico nas sociedades que serve como um instrumento de manutenção do poder pelos grupos hegemônicos, o qual está embasado na concepção de raça para produzir hierarquias raciais entre os sujeitos a partir de elementos, como, por exemplo, a cor de pele, fenótipo, entre outros.

Assim, este capítulo está estruturado com uma seção abordando o movimento da Teoria Crítica da Escola de Frankfurt como majoritariamente de teóricos brancos, cujo resultado promoveu a invisibilidade e apagamento do debate racial em obras e reflexões. Optamos, portanto, pela TCR por ser um movimento criado e pensado por teóricos críticos raciais negros e outros não-brancos. Seguimos para a próxima seção abordando os Estudos Jurídicos Críticos e sua influência na TCR contemporânea. Evocamos teóricos críticos raciais pioneiros como Derrick Bell e sua análise sobre as influências da raça e do racismo nas decisões jurídicas e movimento civil negro no período segregacionista. Continuamos o nosso caminho abordando os princípios básicos da TCR e suas nove dimensões, encerrando com o diálogo entre a TCR e o campo biblioteconômico-informacional elucidando a presença ou ausência das dimensões no debate do campo.

UM OLHAR PARA A TEORIA CRÍTICA

Antes de ingressarmos nos aspectos históricos, sociais e epistêmicos da TCR, entendemos como educativo agenciarmos as origens da Teoria Crítica que nos levam a esse movimento. Quando nos referimos à Teoria Crítica comumente associamos à Escola de Frankfurt, em especial, à vida e contribuições teóricas de intelectuais como Theodor Adorno, Walter Benjamin, Erich Fromm, Jurgen Habermas, Max Horkheimer e Herbert Marcuse.[391]

Na perspectiva ocidental, a expressão *Teoria Crítica* foi citada pela primeira vez em 1937 no texto de Max Horkheimer intitulado *Teoria Tradicional e Teoria Crítica*, publicado na revista *Zeitschrift für Soziaforschung* (Revista de Pesquisa Social). A revista era editada pelo próprio Horkheimer e vinculada ao *Institut für Sozialforchung*,[392] fundado em 1923 na cidade alemã Frankfurt am Main, a partir da iniciativa do cientista social Felix Weil. Como objetivo principal, o Instituto buscava realizar e promover investigações científicas da obra de Karl Marx e seu método. Por intermédio de um trabalho interdisciplinar e coletivo, Horkheimer buscou positivar o aprofundamento em disciplinas das ciências humanas, como a economia, ciência política e psicologia. Junto a ele, somaram-se pesquisadores com diversas especialidades que trabalharam em regime interdisciplinar sob a base teórica da tradição marxista. Dentre esses pesquisadores, para além dos já citados no início dessa subseção, fizeram parte do círculo frankfurtiano, Friedrich Pollock, Henryk Grossmann, Arkadij Gurland, Franz Neumann e Otto Kirchheimer e Leo Löwebthal.[393]

No que concerne à Teoria Crítica, esta designa três esferas: "um campo teórico, um grupo específico de intelectuais filiados a esse campo teórico e inicialmente reunidos em torno de uma instituição determinada (o Instituto de Pesquisa Social) e a Escola de Frankfurt".[394] É comum nos referirmos a esse movimento do Instituto de Pesquisa Social como *Escola de Frankfurt*. A ideia de *escola* promoveria o entendimento de que os teóricos partilhavam de uma doutrina em comum. Contudo, esse não seria o caso, haja vista que ter Marx como referência comum não significaria partilhar igualmente de opiniões e diagnósticos. Apesar do Instituto possuir enfoque no trabalho interdisciplinar, haviam divergências entre os teóricos que o integravam, sobretudo nas diversas interpretações da obra de Marx.[395]

No entanto, como síntese, podemos compreender que a Escola de Frankfurt, do Instituto de Pesquisa Social aplicou a orientação marxista na filosofia social e política. Os teóricos críticos compreendiam que a filosofia possui como objetivo primário entender as estruturas sociais promotoras de opressão e dominação dos sujeitos para, então, superá-las por intermédio do conhecimento obtido nesse processo. Existem três tópicos principais que influenciaram as análises e críticas frankfurtianas, a saber: a) dialética da razão iluminista e a crítica à ciência; b) a dupla face a cultura e a Indústria Cultural; e c) Estado e suas formas de legitimação.[396] Para essa vertente, a ciência e o conhecimento científico podem ser usados pelas forças hegemônicas para a manutenção das opressões e exclusões. Dessa forma, o conhecimento deve ser perseguido com vistas à emancipação humana, não apenas como um fim em si mesmo. Por isso, o intuito dos intelectuais da Escola de Frankfurt era desenvolver uma teoria social sob as bases do marxismo e da filosofia hegeliana – com algumas contribuições da psicanálise, filosofia existencial, sociologia e outras área do conhecimento – que os permitissem analisar as relações sociais dentro dos sistemas econômicos capitalistas.[397]

O período histórico de criação e ascensão da Teria Crítica foi demarcado pelo nazismo (1933 a 1945), stalinismo (1924 a 1953) e pela Segunda Guerra Mundial (1939 a 1945). Durante a ascensão de Hitler na década de 1930, acadêmicos da Escola de Frankfurt foram obrigados a se refugiar em diversos países, dentre eles, França, Suíça, Holanda e Estados Unidos, com os quais parcerias intelectuais e institucionais foram estabelecidas. Após o final da Segunda Guerra Mundial, alguns teóricos (Horkheimer e Adorno, por exemplo) retornaram a Frankfurt e consolidaram o que chamamos de *Escola de Frankfurt*, fortalecendo debates e intervenções na sociedade alemã daquele período. Embora com algumas divergências sobre o marxismo ortodoxo, as críticas ao capitalismo permaneceram, inclusive com a busca da compreensão sobre o controle do capitalismo na vida social dos sujeitos, novas formas de produção industrial no campo cultural e artístico, métodos quantitativos de pesquisa social, papel da ciência e da técnica, dentre outros.[398]

Apesar da produção teórica tecida por membros da Teoria Crítica não seja ordenada e homogênea, alguns pontos de confluência podem ser encontrados, tais como, a "desobediência à tradição" e "a descentralização do saber naturalizado como única possibilidade de dar conta do real e que se apresenta como única possibilidade de constituí-lo".[399] Com a influência das análises de Marx, assim como de sua crítica à economia política burguesa, a Teoria Crítica oriunda de Frankfurt promoveu uma nova visão dos conceitos econômicos dominantes, dos quais "a livre troca passa a ser aumento da desigualdade social; a economia livre transforma-se em monopólio; o trabalho produtivo, nas condições que sufocam a produção; a reprodução da vida social, na pauperização de nações inteiras".[400]

Com a influência da Teoria Crítica em diversas áreas[401] do conhecimento, os pesquisadores passaram a enfocar os aspectos sociais em detrimento do debate da raça interseccionada com a classe e o gênero. Entendemos que o debate social se aplicou mais aos europeus do que as perspectivas étnico-raciais dado o contexto geopolítico e o lugar de pertencimento étnico-racial branco dos intelectuais (embora diversos desses intelectuais tivessem origem judaica[402] e viveram no período do holocausto e a concepção de raça era utilizada) que gestaram a teoria crítica frankfurtiana. Não esquecemos, no entanto, que as concepções de raça historicamente embasaram processos empreendidos pelos europeus de colonização e dominação de povos e civilizações consideradas "incivilizadas" ou "atrasadas", sobretudo sob justificativas religiosas e pseudocientíficas da época. Concordamos com a compreensão de Reiland Rabaka de que os "paradigmas e pontos de partida para teóricos críticos variam dependendo da raça, gênero, orientação sexual, filiação religiosa, nacionalidade, interesses intelectuais e convicções políticas".[403] Nesse sentido, recorrer a autores como Hegel, Marx, Freud ou à Escola de Frankfurt, por exemplo, promove a relação com o pensamento expresso por esses teóricos para abordar o mundo da vida e as experiências do mundo moderno,[404] embora não abarque a vivência e experiência racializadas de grupos não-brancos nesses contextos.

No mundo contemporâneo, a Teoria Crítica tem amplo espectro de pesquisas e influenciou, inclusive, na defesa feita por alguns acadêmicos de que se a pobreza e demais formas de vulnerabilidades sociais fossem exterminadas, as pessoas passariam a ter melhores condições de viverem nas sociedades capitalistas. Nesse ponto, por exemplo, os teóricos críticos se abstêm de enfocar como o racismo e o capitalismo racial[405] são essenciais para a manutenção das sociedades capitalistas que vivemos. Outra consequência desse pensamento propagado pela vertente frankfurtiana está na ausência do olhar e produção científica *a partir de* e *sobre* teóricos críticos negro-africanos[406] sobre as sociedades e seus processos estruturais de manutenção de poder e produção de discursos, produção essa que se encontra aquém quando em comparação àquela dos teóricos europeus brancos.[407]

Teóricos críticos do norte global do início do século XIX ao século XXI expressam, em grande medida, o pensamento europeu (muitas vezes, um pensamento supremacista branco) que negligencia – do seu lugar de privilégio e discurso teórico clássico e contemporâneo – outros olhares que não aqueles hegemônicos e parabeniza-se por contornar as discussões sobre racismo e colonialismo dentro de seus discursos, conhecimentos e produções científicas.[408]

Esse epistemicídio do conhecimento de teóricos críticos raciais negrosafricanos nos separa da conexão com pensamentos e textos de intelectuais cujas perspectivas e pontos de partida buscariam a solução para as lutas da vida e realidades sociais de populações negras e outras à margem considerando a raça, classe, gênero e suas interseccionalidades como ponto inicial para a busca de soluções locais e globais.[409]

Considerando o legado da Teoria Crítica da Escola de Frankfurt e sua influência, escolhemos utilizar como lente teórica a Teoria Crítica Racial oriunda de teóricos críticos raciais negros e africanos em diáspora, a qual possui como cerne do debate a raça, o racismo e suas influências nas sociedades contemporâneas, produção de conhecimento, teoria e práxis profissional. A seguir, nos debruçaremos nesse movimento.

DOS ESTUDOS JURÍDICOS CRÍTICOS À TEORIA CRÍTICA RACIAL: ANTECENDENTES E GENEALOGIA

A discussão sobre raça e racismo nas ciências sociais, ciências humanas e ciências sociais aplicadas tem longa tradição de pesquisa. No início do século XX, o sociólogo W. E. B. Du Bois inferiu em seu livro "As almas do povo preto", que o problema daquele século era o "problema da linha de cor", quando se referiu à discriminação racial sofrida por pessoas de origem africana desde o século XIX no contexto dos Estados Unidos.[410]

Mais de um século se passou desde sua afirmativa, o racismo se tornou um problema social de consequências reais em diversas sociedades, como a americana e a brasileira. O regime racial se desenvolveu estabelecendo um racismo "sutil" que usa do daltonismo racial[411] para propagar a ideologia racial dominante em diversas esferas da vida cotidiana e níveis das relações sociais. A busca por ferramentas que auxiliem na análise e enfrentem os impactos da raça e do racismo nas sociedades é uma das preocupações de pessoas pesquisadoras e profissionais de diversas áreas do conhecimento.[412]

O cenário estadunidense foi palco inicial para a crítica às teorias liberais e o estabelecimento de uma crítica do Direito, que colocou o racismo no cerne das relações de poder e aplicação do Direito. O racismo estrutural inserido nas regras jurídicas foi assumido no discurso do grupo dominante e impedia o desenvolvimento e transformação social das vidas de pessoas negras.[413]

No século XX, a centralidade da raça e do racismo passou a ser analisada em debates científicos. A principal corrente teórica que busca desvendá-la é a TCR, movimento descendente do *Critical Legal Studies* (CLS) – cujo nascimento data da década 1970 pelas mãos do pioneiro jurista negro, Derrick Bell – e do feminismo radical.

Os *Critical Legal Studies* (CLS) ou Estudos Jurídicos Críticos se referem a um conjunto de ações iniciadas quando um grupo de ativistas, advogados, acadêmicos do Direito compreendeu a paralisação e reversão ocorridas nas conquistas promovidas pelo movimento de luta por direitos civis. Nesses estudos, o enfoque estava em analisar de forma crítica a interseção de raça e lei, compreender como a lei afetava sujeitos e grupos de contextos culturais e sociais específicos, além de buscar identificar como o litígio do movimento pelos direitos civis não conseguiu alcançar melhorias raciais significativas na sociedade. Dessa forma, elaboraram novas teorias e estratégias de combate ao racismo em suas diversas facetas. Entretanto, uma das críticas principais aos estudos jurídicos esteve no fato de ser um campo de estudos predominantemente branco, enquanto as pessoas negras e de outros pertencimentos étnico-raciais do campo do Direito necessitavam de perspectivas de justiça social e justiça racial para suas próprias lentes.[414]

Nesse ponto, com relação à origem da TCR, esta é única. Pessoas advogadas, ativistas e acadêmicas do movimento da TCR começaram a questionar criticamente as pretensões intelectuais da supremacia branca na lei, desafiando formas ortodoxas, normas jurídicas, questionamentos e premissas do liberalismo e debatendo outros saberes.[415] Tal movimento da TCR é compreendido como "uma coleção de ativistas e acadêmicos engajados em estudar e transformar a relação entre raça, racismo e poder."[416] Apesar de ser originada no campo jurídico, rapidamente a TCR passou a ser aplicada às Ciências Sociais, Educação, Estudos Feministas e Mulheristas e Sociologia.[417]

Nos Estados Unidos da América, teóricos críticos de raça, dos quais podemos citar Derrick Bell, Patricia Williams, Kimberlé Crenshaw, Jane

Addams, James B. Stuart, Eduardo Bonilla-Silva, Oliver Cox, James Blackwell e W. E. B. Du Bois, foram alguns daqueles que promoveram interpretações da centralidade da raça e racismo no sistema jurídico, organizações e instituições, desigualdades humanas, realidades sociais e coloniais.[418] No Brasil, podemos considerar teóricos raciais intelectuais como Kabengele Munanga, Lélia Gonzalez, Milton Santos, Abdias Nascimento, Nilma Lino Gomes, só para citarmos alguns.

    De forma semelhante aos *Critical Legal Studies*, a TCR tem como intuito eliminar e transformar leis injustas e as injustiças sociais, educacionais, econômicas, raciais, de gênero etc.[419] Assim, alguns fatores foram essenciais para forjar a agenda da TCR no contexto estadunidense. Primeiro, porque os ativistas perceberam a estagnação do movimento pelos direitos civis desenvolvido na década de 1960, assim como o retrocesso daquilo que haviam conquistado na luta por seus direitos. Em um segundo momento, pela união entre docentes e estudantes de Direito da Universidade de Harvard, que concentraram seus esforços na busca pela justiça racial e no debate, reflexão e produção para confronto às forças dominantes que promoviam o racismo em instituições e sociedade. Em terceiro lugar, destacamos o ano de 1989 quando foi realizado um retiro na Universidade de Wisconsin com o grupo constituído com as pessoas que participaram dos seminários em Harvard. Esse foi um momento decisivo para a TCR em que foi possível realizar a interseção dos CLS e as questões étnico-raciais, haja vista que até aquele momento os CLS – que eram compostos por uma maioria de estudiosos progressistas brancos – não havia vinculado diretamente os estudos jurídicos à particularidade da raça e do racismo.[420]

    O jurista Derrick Bell passou a segunda metade de sua carreira visando entender como as decisões em casos históricos (como *Brown v Board Education*,[421] *Hudson v. Leake County School Board*,[422] *Browder v. Gayle*,[423] *Sweatt v. Painter*,[424] entre outros) pela busca de direitos civis possuíram um impacto prático que era limitado sobretudo porque o racismo está intrínseco na sociedade estadunidense.[425]

    Em seu ensaio intitulado *Who's Afraid of Critical Race Theory?*[426] originalmente apresentado no Memorial David C. Baum, Derrick Bell refletiu sobre o *que é* e o *que deveria ser* a TCR. Conforme o autor, a TCR "reconhece que revolucionar uma cultura começa com a avaliação radical dela. A avaliação radical pode incluir ilustração, anedota, alegoria e imaginação, bem como a análise da doutrina e autoridades aplicáveis [...]".[427]

Sobre os adeptos da TCR, Bell entende que a maioria dos teóricos críticos da raça estão comprometidos com um programa de resistência acadêmica com vistas ao estabelecimento de bases para uma resistência em larga escala. Reitera que as preocupações são orientadas em torno da raça com vistas a atacar um sistema legal que desempodera pessoas negras, latinas e outras não-brancas.[428]

Tanto a escrita em primeira pessoa, como a narrativa e alegorias são frequentes na TCR, assim como o tratamento interdisciplinar da lei e o uso sem remorso da criatividade. O compromisso com o antirracismo vai além da luta por direitos civis, integração, ações afirmativas e outras medidas liberais. A agenda e métodos liberais são olhados com desconfiança pelos teóricos críticos raciais, que não é totalmente descartado, mas, retirado somente os ideais igualitários existentes apesar do liberalismo.[429]

Em 1973, Derrick Bell publicou o livro *Race, Racism & American Law*[430] considerada a primeira obra no ensino do Direito que promoveu a discussão sobre a lei e a influência direta e indireta da raça nela. Esse livro também trazia uma das ideias que se tornaria um demarcador para as outras reflexões: o progresso das pautas e pessoas negras e outras racializadas ocorreu quando se alinhou aos interesses do grupo hegemônico branco. Dentre as análises feitas, Bell[431] voltou seu olhar para discussão de temas como: a) o racismo americano, a injustiça racial e sistema judicial, tribunais e leis; b) raça e a história americana; c) materiais educacionais, dessegregação escolar e diversidade racial nas escolas; d) leis do trabalho e as disparidades raciais; e) discriminação na aplicação da justiça; f) direitos ao voto e o voto de grupos marginalizados; e g) barreiras de obtenção de habitação, relações interraciais e identificação racial, dentre outros.[432]

Dentro dessa agenda intelectual, Derrick Bell se tornou um dos principais atores para que a consciência da TCR se desenvolvesse. Foi o primeiro professor afro-americano na Universidade de Harvard, e durante sua atuação ministrou o curso *Race, Racism and American Law*,⁴³³ que pode ser considerado o passo inicial para o movimento da TCR dentro do Direito. Enquanto ativista e docente, Bell pressionou para que a Instituição aumentasse o número de docentes negras no seu corpo efetivo de funcionários. Quando a Universidade de Harvard não acatou sua solicitação, o jurista se desligou e assumiu como reitor da Faculdade de Direito, na Universidade de Oregon.⁴³⁴

Como protesto à saída do docente, estudantes da Faculdade de Direito organizaram um curso alternativo ao ministrado por Bell com palestrantes de diversos pertencimentos étnico-raciais e grupos minoritários no contexto dos Estados Unidos, para conduzirem as reflexões e discussões trazidas pelo livro publicado por Bell. Dentre as pessoas organizadoras e palestrantes estavam Kimberlé Crenshaw, Mari Matsuda, Richard Delgado e Charles Lawrence – seus descendentes intelectuais e promotores da TCR como conhecemos. Foi esse o curso que engajou coletivamente as pessoas em um discurso que visava analisar criticamente a construção e influência da raça e racismo nos estudos jurídicos e no país. Somados a esse curso, houve seminários, grupos de estudos, conferências e debates em universidades de Direito dos Estados Unidos.⁴³⁵

Posteriormente, além dos atores anteriormente citados, na década de 1980, a TCR se fortaleceu e expandiu pelas mãos de Patricia Williams, Jane Addams, James B. Stuart, Eduardo Bonilla-Silva, Oliver Cox, James Blackwell, W. E. B. Du Bois, Howard Winant, dentre outros pertencentes ao movimento que trouxeram interpretações da raça, racismo e poder nos sistemas jurídico, educacional, político, nas realidades sociais, nos países colonizados etc.⁴³⁶

No primeiro *workshop* realizado no ano de 1989 em St. Benedict Center, em Winsconsin, que o movimento da TCR começou a ganhar amplitude.⁴³⁷ Naquela oportunidade, os *Crits*, apelido atribuído às pessoas teóricas críticas raciais estabeleceram uma metodologia para TCR: "Nós significaríamos a localização política e intelectual específica do projeto por meio de 'crítica', o foco substantivo por meio de 'raça' e o desejo de desenvolver um relato coerente de raça e lei através do termo 'teoria'".⁴³⁸

Na atualidade, como uma teoria há mais de 30 anos, a TCR ampliou as ferramentas de análise racial e de poder em diversas áreas do conhecimento, como as ciências sociais e educação, por exemplo. Nas Ciências Sociais, os antecedentes da TCR já estavam presentes muito antes do movimento intelectual elaborado no Direito. Grupos negros e de origem africana já tinham uma tradição crítica antes mesmo da criação das ciências sociais. Tukufu Zuberi destaca os escritos pela busca de libertação de escravizados e as solicitações de populações de origem africana libertas como exemplos da referida tradição crítica quando essas escreveram contra a supremacia branca e a escravização de suas populações.[439]

Na Educação, historicamente, práticas educacionais e políticas eurocêntricas e etnocêntricas demarcaram as pessoas estudantes de baixa renda e pessoas negras sob o ponto de vista do déficit, enquanto promoviam o conhecimento flagrantemente branco, hegemônico e pseudouniversal em currículos escolares, projetos e planos pedagógicos desde a educação básica até a academia.[440]

O debate sobre a segregação racial nas escolas estadunidenses demarcou o início dos discursos acadêmicos na Educação vinculados à TCR. Inicialmente concentrados em discutir o caso *Brown v. Board of Education*,[441] posteriormente passaram a examinar o papel da lei e da raça no processo de racialização e na promoção de desigualdades raciais. As narrativas e experiências de sujeitos e comunidades racializadas colocadas em espaços de subordinação, as micro agressões raciais[442] em espaços educacionais, dentre outros enfoques, foram analisados sob a lente da TCR e os resultados reverberados nos espaços educacionais e nas produções científicas ao longo dos anos.[443]

Como um suspiro de esperança emancipatória, a TCR se caracteriza por dimensões que refletem aspectos-chaves da TCR, conforme as especificidades de cada contexto e grupo. A seguir, iremos aprofundar nosso entendimento sobre as dimensões e os princípios que fazem parte da TCR.

PRINCÍPIOS DA TEORIA CRÍTICA RACIAL

A TCR se embasa nas particularidades dos sujeitos e suas realidades sociais, sendo definida por experiências individuais e coletivas, assim como experiências históricas da comunidade. Interdisciplinar e eclética, a TCR trabalha com o objetivo de eliminar a opressão racial como parte de um objetivo mais amplo de acabar com todas as formas de opressão.[444]

Embora não haja uma só interpretação sobre o que é TCR, dentre alguns dos princípios centrais que a concretizam enquanto movimento podemos citar: a) racismo como normal; b) construção social de raça; c) interseccionalidade; d) crítica ao liberalismo; e) desafio ao historicismo; f) teoria da convergência de interesses; g) ideia de contar histórias e contranarrativas; h) a mudança na posição de grupos às margens; e i) noção de voz das minorias políticas (Figura 11). O *racismo* possui um papel central por estar enraizado, ser endêmico e normalizado nas sociedades. Apesar dos esforços de afirmar o contrário, o racismo é estrutural e estruturante das relações nas sociedades racializadas. O *ethos* geral da cultura brancocêntrica promove noções de daltonismo racial e meritocracia, as quais são interligadas e usadas para colocar nas margens as pessoas negras. Tanto o daltonismo racial, quanto a retórica meritocrática possuem duas funções principais: a) fortalecer o *daltonismo racial*, que legitima a necessidade do racismo de um "Outro" para florescer e manter sua influência no tecido social. Nessa perspectiva, o racismo e a supremacia racial branca não seriam vistas como violentas e opressoras, pois os opressores usam do *status quo* para explorar os "Outros" visando manter o controle sobre seus corpos, mentes e vontades enquanto se afirmam como neutros; b) a *meritocracia* permite que as elites dominantes mantenham o *status quo* e a "consciência limpa" diante das desigualdades, pobreza e violências sofridas pelos povos racializados. Nessa dinâmica, as elites dominantes retêm o poder e só renunciam a partes dele quando não têm nada a perder; além disso, eles recebem banalidades e elogios quando decidem distribuir porções de seu poder. Por isso, a crítica ao liberalismo vê com ceticismo as noções de meritocracia, neutralidade, objetividade e daltonismo racial, por serem utilizadas como camuflagem para retirar a responsabilidade dos sujeitos na luta pelas justiças social e racial, e possibilitarem a continuação das desigualdades sócio raciais. A *construção social da raça* se refere ao fato de que biologicamente a raça não existe entre humanos. No entanto, ela continua ser considerada socialmente para hierarquizar e excluir grupos étnico-raciais do acesso a direitos humanos e justiça social.[445]

Enquanto isso, o *historicismo* é desafiado pelos teóricos e teóricas críticas raciais, pois devemos analisar contextual e historicamente como o racismo contribuiu para a atual conjuntura de vantagens para alguns grupos étnico-raciais e desvantagens para outros, estes últimos oriundos de processos de colonização, escravidão e genocídio. Com relação à *interseccionalidade*, esta se refere à análise da raça, gênero, orientação sexual, raça, classe, origem, pertencimento religioso, habilidade, e como essas categorias se combinam numa gama de contextos diversos. Essa combinação pode promover diversas exclusões e desvantagens aos sujeitos por conta da intersecção entre fatores de opressão, os quais devem ser analisados de forma individual e cumulativa. A interseccionalidade pode ser um esforço de capturar a complexidade da experiência negra, para mulheres negras, antes de tudo, e também para homens negros.[446]

Considerada um componente crítico da TCR, a *teoria de convergência de interesses* de Bell[447] – também chamada de determinismo material – entende que as crenças do senso comum são formuladas pelas elites dominantes, as quais oprimem os grupos racializados. Assim, tal convergência de interesses assume que pessoas brancas só irão permitir e apoiar a justiça racial quando algo de benefício ou positivo for dado a elas, ou que haja uma confluência de interesses do grupo étnico-racial branco e outros grupos étnico-raciais.[448]

A *mudança de posição* de grupos e sujeitos marginalizados é o compromisso central da TCR, haja vista a luta para que os saberes e conhecimentos existentes em comunidades negras, indígenas, latinas e outras seja reconhecido. A *ideia de contar histórias e contranarrativas (storytelling)* se refere à sua capacidade persuasiva e explicativa de se desaprender crenças comumente tidas como verdadeira. A TCR chama de "narrativa" e "contranarrativa", o uso de histórias orais e narrativas subversivas servem de subsídios para interpretar o conhecimento e as experiências dessas populações. Há encorajamento do movimento da TCR para que pessoas escritoras negras, indígenas, latinas e asiáticas narrem suas experiências com o racismo em diversos setores das sociedades. O intuito das contranarrativas está em analisar a teoria da convergência de interesses, que permite ou restringe os direitos civis desses povos colocados à margem das sociedades, conforme o interesse do grupo racial dominante. Por fim, a *noção de voz das minorias políticas*, promove a tese de que a voz de que, por conta de suas histórias diversas e experiências opressivas, as pessoas escritoras negras, indígenas, asiáticas e latinas são competentes sobre raça e racismo, sendo, portanto, capazes de comunicar questões que seus interlocutores brancos não conhecem.[449]

Ao longo dos anos, a TCR foi sofrendo modificações, ampliou seu escopo de abordagem para diversas áreas do conhecimento e os teóricos que a utilizam passaram a encabeçar diversos movimentos em prol de mudanças nas sociedades racializadas. A seguir, serão contextualizadas as dimensões existentes da TCR a partir da reflexão de quem as investiga, apontando seus enfoques, características e princípios.

Figura 11 - Princípios da Teoria Crítica Racial.

Fonte: Elaborado pela autora no programa LucidSpark (2023).

DIMENSÕES DA TEORIA CRÍTICA RACIAL CONTEMPORÂNEA

A Teoria Crítica Racial cresceu em seu movimento, e com isso surgiram ramificações que levam em consideração várias outras questões. Nesse sentido, a TCR inclui algumas dimensões na contemporaneidade, as quais podem atuar de forma independente ou em conjunto: *Critical Race Feminism* (CRF ou FemCrit), *Latino Critical Race Studies* (LatCrit), *Asian American Critical Race Studies* (AsianCrit), *Tribal Critical Race Theory* (TribalCrit), *Critical Whiteness Studies* (WhiteCrit), *Queer Critical Theory* (QueerCrit), *Jewish Critical Studies* (HebCrit), *Disability Critical Race Theory* (DisCrit), *Black Critical Theory* (BlackCrit), opressão linguística e da imigração etc. Embora esta lista não seja exaustiva, ela fala pela necessidade de estudos críticos e mais pesquisa êmica e crítica, conforme aborda Nicholas Daniel Hartlep (2009). De forma breve, nas próximas subseções, iremos abordar essas dimensões e a que esfera e princípios se vinculam (Figura 12).

Figura 12 - Dimensões da Teoria Crítica Racial.

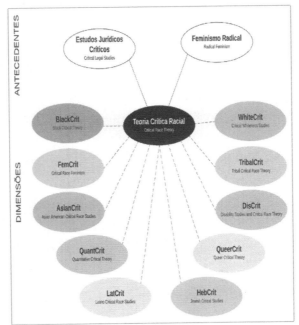

Fonte: Elaborado pela autora no programa LucidsPark (2023).

Critical Race Feminism

As mulheres negras e outras racializadas estão na base das sociedades ocidentais, sejam elas negras, africanas, afros, latinas, asiáticas e indígenas. Dentro dos Estados Unidos e no Brasil, por exemplo, tais mulheres ainda são ausentes nos locais de poder e tomadas de decisão nas esferas econômica, política, social, educacional e cultural. Nessas sociedades, as mulheres são vistas pelas lentes socialmente construídas por intermédio de diversos estereótipos, que as adjetiva como incompetentes, impotentes, invisíveis, inferiores, preguiçosas, sem voz, sexualmente submissas, sexualmente descaradas, irrelevantes, recatadas e do lar, mães inadequadas etc.[450] Tais estereótipos servem de instrumento do patriarcado para controle de corpos, mentes e comportamentos dessas mulheres.

Todavia, as mulheres negras e racializadas são uma força de trabalho maior que a de mulheres brancas, e no século XXI, essa diversidade étnico-racial será o futuro das sociedades. Apesar disso, ainda são priorizadas as preocupações de homens brancos, pseudo heterossexuais, letrados e ricos com base em expressões de normalidade, racionalidade, neutralidade, objetividade e verdade,[451] o oposto ao que é atribuído às mulheres negras.

A mulher negra e racializada seria o "Outro", a representação mental do que a pessoa branca receia em reconhecer sobre si mesma.[452] Esse "Outro", quando fala, se tenta calá-lo; quando denuncia, se busca invalidá-lo; quando aponta o racismo, o acusam de usar a "cartada racial". Tudo isso para que seja retirada a responsabilidade do grupo étnico-racial branco enquanto propagador e maior benificiário do racismo e da aplicação social da raça, e os homens e mulheres brancas como opressoras de mulheres negras e racializadas.

Um dos textos que abordam sobre a CRF é *Demarginalizing the Intersection of Race and Sex: A Black Feminist Critique of Antidiscrimination Doctrine, Feminist Theory, and Antiracist Politics*,[453] em que Kimberlé Williams Crenshaw desenvolve uma crítica feminista expondo as consequências de tratar raça e gênero como categorias exclusivas de experiência e análise. Estrutura sua análise centrando as mulheres negras e as múltiplas dimensões de experiência delas, entendendo que tais mulheres negras são teoricamente apagadas por limitações teóricas dominantes que minam seus esforços para ampliar as análises feministas e antirracistas.[454]

É evidente para a autora que as concepções dominantes de discriminação condicionam as pessoas a pensarem a subordinação como desvantagem que ocorre ao longo de uma única categoria *ou* raça *ou* gênero. Sugere ainda que a estrutura desse eixo único categórico apaga mulheres negras em identificar, conceituar e denunciar a discriminação racial e sexual, a qual limita a investigação sobre esse fenômeno às experiências de outros membros do grupo étnico-racial negro que são privilegiados (por exemplo, nas sociedades racializadas, os homens negros são considerados privilegiados quando em comparação às mulheres negras). O enfoque nos membros privilegiados do grupo étnico-racial negro marginaliza ainda mais aqueles sujeitos que são sobrecarregados pelos efeitos das discriminações de forma a obscurecer reinvindicações oriundas de pessoas que sofrem com fontes distintas de discriminação (raça, gênero, classe, religiosidade, nível educacional etc.).[455]

Crenshaw entende que o enfoque por parte do grupo hegemônico em membros de grupos étnico-raciais que são privilegiados econômica, educacional e socialmente cria uma análise distorcida do racismo e do sexismo, haja vista que as concepções operacionais de raça e sexo se fundamentam em experiências representantes apenas de uma parte de um fenômeno maior e mais complexo. Defende que a teoria feminista e o discurso político antirracista só irão abranger as experiências e inquietações de mulheres negras quando a estrutura utilizada para traduzir tais experiências forem reformuladas, repensadas e transformadas em políticas concretas.[456]

A interseccionalidade entre discriminação racial e de gênero é elucidada por Crenshaw entendendo que as mulheres negras não podem ser enquadradas de forma separada em uma dessas categorias. A interseccionalidade pode ser ponte entre instituições e eventos e questões de raça e gênero nos discursos sobre direitos humanos. O projeto da interseccionalidade visa a inclusão de questões étnico-raciais nos debates sobre gênero e direitos humanos, e de gênero nas questões de raça e direitos humanos. É necessário, então, identificar os instrumentos que garantam nas organizações, instituições e eventos não só o trabalho contra discriminação racial que afeta mulheres negras, mas também a discriminação de gênero que também as afeta de forma mútua. Caso contrário, a lacuna que torna as pessoas incapazes de compreenderem a importância das experiências interseccionais das mulheres negras em diversas esferas da sociedade (tribunais, universidade etc.) serão mantidas como promotoras de uma situação única de opressão que elas vivem.[457]

Com base nessas e outras inquietações, o *Critical Race Feminism* (CRF ou FemCrit) ou Feminismo Racial Crítico foi criado na academia jurídica no final do século XX para elucidar as preocupações legais de grupos de mulheres, pessoas pobres e outras pertencentes às minorias políticas étnico-raciais. Questionamentos sobre como a lei não atua de forma justa em termos de raça e gênero, assim como as legislações de discriminação racial e de gênero não protegem pessoas negras, especialmente as mulheres, são algumas das ênfases dessa dimensão. A literatura em CRF une aspectos relacionados aos estudos críticos jurídicos, a Teoria Crítica Racial e a jurisprudência feminista. A CRF também se alia a outras dimensões como a QueerRaceCrit, cuja discussão é promovida por pessoas LGBTQIA+ negras e racializadas; LatCrit, que promove as preocupações de populações latinas, e a AsianCrit, que se refere às populações asiáticas, para ilustrar como a raça e o racismo não podem serem reduzidos ao binarismo branco-preto.

A CRF busca a compreensão sobre como a sociedade está organizada em torno das interseções de raça, gênero, classe e as demais formas de hierarquias sociais. A contranarrativa é utilizada como metodologia que possibilita a legitimação de vozes de mulheres negras e outras racializadas ao se expressarem sobre a opressão social. Assim, a CRF se constitui em uma intervenção racial no discurso feminista, pois enfatiza o feminismo na opressão de gênero dentro de um sistema patriarcal. No entanto, a CRF não faz parte do movimento feminista dominante, haja vista que nem todas as mulheres foram incluídas nesse movimento quando houve sua criação. Ademais, mulheres negras possuem diferentes experiências de opressão quando comparadas às experiências de mulheres brancas de classe média. Historicamente, o feminismo dominante não observou ao papel da supremacia branca (aplicada por homens e mulheres brancas) na opressão de mulheres negras e outras racializadas.[458]

Apesar de não integrar os estudos feministas dominantes, as noções de igualdade formal, dominância/desigualdade, socialismo, feminismo hedônico, feminismo pragmático, feminismo radical, feminismo liberal, feminismo comunitário, feminismo decolonial, feminismo negro, feminismo mulherista são usadas por algumas pessoas estudiosas da CRF, assim como o trabalho de autoras como bell hooks, Audre Lorde, Patricia Hill Collins, Toni Morrison, Kimberlé Williams Crenshaw e Alice Walker são evidenciadas na produção científica dentro dessa dimensão.[459]

Black Critical Theory

Black Critical Theory (BlackCrit) ou Teoria Crítica Negra é uma dimensão da TCR que possui autores como W. E. B. Du Bois e Carter G. Woodson como precursores das análises que utilizam a raça como lente teórica para entender e explicar as desigualdades sociais e injustiças raciais. O primeiro, Du Bois, foi um sociólogo, ativista e estudioso panafricanista cujas reflexões sobre comunidades negras e experiência negra foram destacadas nas obras *The Philadelphia Negro*[460] (1899) e *The Souls of Black Folk*[461] (1903). Carter Woodson é mais conhecido por realizar um estudo da história negra e explorar a crítica da educação negra como uma *deseducação* de populações afro-americanas nos EUA, com suas obras *The education of the Negro prior to 1861*[462] (1919) e *The miseducation of the Negro*[463] (1933). Ladgson-Billings e Tate[464] se voltam para refletir sobre como a educação se torna um local de exclusão negra, pois os brancos exercem seu direito absoluto de poder excluir esses sujeitos. Assim, a opressão antinegra exige uma atitude defensiva em que pessoas negras se comprometam com a análise da raça antes de qualquer coisa e em qualquer parte do mundo.[465]

A busca por uma resposta ao racismo institucional que é vívido e cotidiano na vida de pessoas negras é possibilitada pela TCR, que pode ser considerada inerentemente uma Teoria Crítica Negra. No entanto, embora essa premissa seja verdadeira, a TCR não é a teorização da negritude ou mesmo da condição negra. Ela é uma teoria da raça e do racismo que baseia sua análise na aplicação de leis, políticas, projetos e outros instrumentos de subjugo às pessoas negras nos Estados Unidos e no mundo. Imbuída da preocupação de como a psique e a condição material dos sujeitos negros são afetadas pelo racismo, a TCR critica a supremacia branca e os limites do multiculturalismo e diversidade liberais hegemônica.[466]

Por isso, visando criar uma distinção entre uma teoria do racismo e uma teoria da negritude em um mundo antinegro, Dumas e Ross[467] introduzem aspectos que delineiam a BlackCrit ou Teoria Crítica Negra. O primeiro aspecto se refere ao fato de que a teoria do racismo pode invocar exemplos negros e até mesmo confiar na experiência negra do racismo na formação desses princípios, mas, somente a teoria crítica da negritude poderá confrontar a especificidade da antinegritude ou do racismo antinegro como uma construção social que é experienciada nos corpos negros e causam sofrimento e resistência social. Há nessa experiência um antagonismo no qual a pessoa negra é uma "coisa em si desprezada (mas não uma pessoa)" em oposição a tudo que é puro, humano e branco.[468]

Embora tenham sido criadas dimensões para analisar e teorizar as experiências de outros grupos étnico-raciais não-negros, a experiência negra foi desviada e descentralizada da TCR. Por isso, a necessidade de criação da BlackCrit, cuja intenção é teorizar de forma mais detalhada, historicizada e incorporada as condições raciais vividas por pessoas negras sob formações de opressão racial diversas. Portanto, a BlackCrit visa expandir aquilo que a TCR, como uma teoria geral do racismo e da raça não consegue, especialmente na capacidade de interrogar as especificidades de ser uma pessoa negra em sociedades racializadas. As reflexões se voltam para pensar como a antinegritude, diferentemente da supremacia racial branca, informa e facilita a ideologia racista e a prática institucional. Ademais, a BlackCrit se volta para capturar como a linguagem da antinegritude constrói sujeitos negros e os posiciona *dentro* e *contra* a lei, política, cotidiano, trabalho e educação. Dos princípios da TCR, a BlackCrit assume que a antinegritude é endêmica e central para como nós entendemos as dimensões sociais, econômicas, históricas e culturais da vida humana; a negritude existe na tensão com a imaginação multicultural neoliberal; ajuda identificar como a permanência do racismo e da branquitude como propriedade, assim como a explicar como os corpos negros se tornam marginalizados, desconsiderados e desdenhados, mesmo em seu lugar visível de autoridade epistêmica sobre raça e diversidade. Por fim, a BlackCrit pode nos auxiliar a perceber como políticas educacionais, sociais e informacionais podem ser informadas pelo antinegrismo e fomentam formas de violência antinegra, sobretudo criando um espaço para insurgência libertadora negra e resistência a uma história revisionada que apoia histórias hegemônicas brancas que desaparecem com a história de dominação racial, mutilação, brutalidade, pilhagem e assassinatos negros.[469]

Latino Critical Race Studies

Historicamente, pessoas de ascendência não-branca sofrem com a hegemonia branca em diversos setores de poder na sociedade, que acaba por definir, inclusive, sobre suas vidas. Em muitos casos, pessoas latinas,[470] e outras não-brancas racializadas têm suas identidades étnico-raciais desconsideradas e deslegitimadas e os preconceitos e injustiças que sofrem são invalidadas como injustiças de ordem racial.

Ademais, historicamente, o paradigma racial da binaridade branco/negro apresentou uma história linear da luta negra pelos direitos civis, omitindo a contribuição da população mexicano-americana pela desagregação dos espaços sociais naquele período. Essa omissão da contribuição mexicano-americana na história dos direitos civis é prejudicial, pois distorce a história e contribui para a marginalização de pessoas racializadas não-negras.[471]

No texto *Race, Ethnicity, Erasure: The Salience of Race to LatCrit Theory*,[472] Ian F. Haney-López[473] aborda sobre a legislação americana e o racismo existente contra pessoas mexicanas e latinas no contexto dos Estados Unidos. Dentro da hierarquização racial utilizada para separar as pessoas estadunidenses, as pessoas americanas brancas são vistas como desagregadas das pessoas americanas de origem mexicana, por exemplo. Isso surtiu efeitos não só na exclusão de pessoas mexicanas e latinas do acesso a emprego, moradia e educação, como também tais sujeitos foram injustiçados por uma história de discriminação em que pessoas de ascendência mexicana e latina são tratadas como uma "terceira classe" que se encontra num degrau acima do grupo étnico-racial negro, mas vários degraus abaixo da população branca. Há, portanto, uma segregação que abarca diversos setores da sociedade estadunidense, tais como escolas, serviços públicos, círculos sociais e de negócios, no uso de banheiros separados,[474] entre outros. Tudo isso demarca a discriminação racial ao mesmo tempo em que o paradoxo da raça se constitui: mexicanos não são racialmente lidos como brancos nos Estados Unidos, mas latinos são desconsiderados como um grupo étnico-racial que sofre com a influência da raça em suas vidas. Nos tribunais de justiça estadunidense, diversas decisões judiciais contra pessoas mexicanas não continham pessoas do júri de ascendência mexicana e latina, e a condenação de pessoas rés mexicanas foram, na percepção de Haney-López,[475] embasadas na leitura racial desses sujeitos. Ao mesmo tempo em que se nega a existência do racismo contra pessoas mexicanas e latinas, negam também que a discriminação sofrida por elas seja informada pela concepção contemporânea de raça. O uso da linguagem e lente teórica da TCR obriga os estudiosos a observarem os efeitos da influência da raça e racismo contra comunidades mexicanas e latinas nos Estados Unidos. Os danos causados são de ordem social, educacional, jurídica e psicológica para essas comunidades, que acabam por sofrer danos em seu senso de pertencimento e valorização enquanto sujeitos de direitos.

Como extensão da TCR, a *Latino Critical Race Studies* (LatCrit) ou Estudos Raciais Críticos Latinos é uma teoria criada em 1996 que engloba estudos jurídicos críticos, teoria jurídica feminista, teoria racial crítica, feminismo racial crítico, estudos jurídicos asiático-americanos e teoria *queer*.[476] Parte do esforço coletivo contínuo no ambiente acadêmico por teóricos latinos e simpatizantes unindo o latino com a TCR como "teoria, práxis e comunidade que representa compromissos individuais e coletivos para a reivindicação dos direitos civis e humanos globalmente".[477] Um de seus propósitos está em examinar criticamente as estruturas que perpetuam a posição subordinada das pessoas latinas, e enfatizar a identidade latina revelando as maneiras como pessoas latinas vivenciam a raça, classe, gênero, sexualidade e deficiência, ao mesmo tempo em que reconhece suas experiências com imigração, língua, cultura e etnia.[478] O nascimento dessa dimensão nasceu das conversas iniciadas em um colóquio em que pessoas latinas pesquisadoras debateram a relação com a TCR. Chegaram à conclusão sobre a necessidade de representação e representatividade do povo latino, sua identidade étnico-racial, a construção de conhecimentos e visão de mundo em diversas esferas da sociedade.[479]

Enquanto um movimento acadêmico, a LatCrit visa reparar a invisibilidade e marginalidade histórica atribuída a pessoas latinas na lei, teoria, política e sociedade.[480] Ela centraliza a identidade latina na lei e na política sem, no entanto, essencializar a diversidade étnico-racial que abrange os aspectos étnico-raciais, idioma, orientação sexual, identidade de gênero, *status* imigratório, nacionalidade, entre outros. Há, dentro da LatCrit, diversas análises sobre quem realmente é a pessoa latina enfocada por essa dimensão, haja vista a existência de uma variedade de atribuição do termo latino a pessoas de origem indígena, negra, mexicana, que acabam por invisibilizar identidades étnico-raciais autoatribuídas.[481]

A LatCrit é orientada para a busca de um *corpus* teórico que reflita as experiências e a cognição de pessoas não-brancas, exponha o racismo, a intolerância e os usos do poder racial para controle e exploração de populações colocadas às margens. Com base nesse entendimento, essa dimensão possibilita às pessoas investigadoras examinarem as formas únicas de opressão que as pessoas latinas e não-brancas sofrem. Ademais, engloba em sua agenda, a interseccionalidade da raça, racismo, nativismo racista,[482] aspectos linguísticos e questões relacionadas ao processo imigratório de pessoas latinas sem documentos.[483]

Asian American Critical Race Studies

As políticas segregacionistas das leis Jim Crow nos Estados Unidos – criadas visando proteger as demandas das pessoas brancas nas esferas culturais, econômicas e políticas – contribuíram para que o preconceito antiasiático se estendesse para além do sul do país. A era Jim Crow aconteceu concomitantemente com a exclusão do Pacífico Asiático e limitou ou tornou proibida a entrada de imigrantes da Ásia e do Pacífico no contexto estadunidense durante o período de 1880 a 1930. Além disso, criaram a Lei de Imigração de 1882, conhecida como *Lei de Exclusão Chinesa*, para excluir imigrantes com base no pertencimento étnico-racial e nacionalidade.[484]

Desde esse período, a raça e o racismo fazem parte das experiências de pessoas asiáticas em diversos ambientes (escola, universidade, política, economia etc.) com impacto direto sobre a vivência desses sujeitos que representam mais de 48 grupos étnicos asiáticos diferentes nos EUA. As pessoas de origem asiática sofrem com ações opressivas do grupo étnico-racial hegemônico branco que busca deslegitimar suas heranças culturais, impelindo-as a abandonarem suas alianças sociais, língua e heranças culturais para se enquadrarem em uma ideologia monolinguista inglesa.[485]

Unindo a TCR e a ideologia da linguagem padrão, Coloma[486] advoga por um projeto intelectual e político de *desorientação – disorienting* em inglês – das bases educacionais como um trabalho dinâmico e contínuo que nega, interrompe e contesta o conhecimento dominante e normalizado visando transformar discursos e estruturas que influenciam na vivência de grupos colocados às margens. O intuito é trazer o conhecimento dos estudos asiáticos-americanos e da educação para abordar tópicos como diversidade e interseções, currículo e instrução, ativismo e política, entre outros tópicos.

Em seu artigo *Love on the Front Lines: Asian American Motherscholars Resisting Dehumanizing Contexts through Humanizing Collectivity*,[487] Betina Hsieh, Judy Yu, Cathery Yeh e Ruchi Agarwal-Rangnath[488] abordam sobre a resistência coletiva e o compromisso solidário por intermédio de amor radical entre mulheres, mães e acadêmicas asiáticas-americanas. Com a COVID-19, crianças, adultos e jovens asiáticos-americanos foram ameaçados nas ruas e escolas. Diversas violências e micro agressões com falas como "volta para China", a culpa atribuída a esses sujeitos por "trazer o vírus" aos Estados Unidos etc., expressaram o preconceito antiasiático, xenofobia, discriminação e racismo contra essa população.[489] Ainda, há uma predisposição das pessoas estadunidenses em perceberem pessoas asiáticas-americanas como educacionalmente bem-sucedidas, super-representadas no ensino superior e geralmente considerada uma "minoria modelo".[490]

Ademais, existem evidências de que a supremacia racial branca continua a influenciar na formação dos sistemas educacionais e experiências de pessoas asiáticas-americanas. Essa supremacia alimenta processos de racialização que acabam por agrupar as diferentes comunidades asiáticas e sua diversidade étnica como uma só categoria de grupo étnico-racial monolítico inferiorizado e subjugado pelo grupo étnico-racial hegemônico.[491] Isso promove várias micro agressões raciais e de gênero sofridas por tais pessoas asiáticas-americanas que as enfrentam tanto na educação, como no cotidiano, nas universidades, nas salas de aula, nos currículos, nas relações interpessoais e de trabalho, entre outras esferas.[492]

Com essas (e outras) demandas em mente, a dimensão da *Asian American Critical Race Studies* (AsianCrit) – uma das dimensões da TCR – foi criada para abordar fundamentos históricos do racismo contra as comunidades asiático-americanas. Como a TCR examina a supremacia branca e o racismo enquanto moduladores da vida das pessoas negras, asiáticas, latinas e outras não-brancas, os estudiosos da experiência asiática em sociedades racializadas criaram a AsianCrit tendo como base os princípios básicos orientadores da TCR. Conceitualmente, a AsianCrit é um ramo teórico que une a TCR e os Estudos Jurídicos Críticos para (re)pensar estruturas analíticas teóricas e metodológicas examinando a supremacia racial branca, o racismo e suas ramificações na vida de pessoas e comunidades de origem asiática nos Estados Unidos.[493]

O início dessa teoria se deu em forma de análise dos estudos jurídicos asiático-americanos que foram publicados na década de 1990, quando havia um profundo sentimento antiasiático. Posteriormente, foi estabelecido um quadro teórico crítico asiático visando a compreensão da supremacia branca dentro dos espaços educativos.[494] A partir disso, foram definidos alguns dos

princípios da AsianCrit, os quais tanto se referem a demandas específicas da comunidade asiática quanto dos princípios oriundos da própria TCR:
- a) *Asianização*: o racismo contra o povo asiático no contexto dos Estados Unidos historicamente se apresenta nas mais diversas formas (individual, institucional, estrutural etc.) assim como com uso de termos para expressar esses preconceitos contrassujeitos e comunidades asiático-americanas, as quais são geralmente agrupadas num grupo monolítico e racializadas como minoria modelo ou estrangeiros perpétuos. Os homens asiáticos-americanos são racializados pela sociedade como seres emasculados e as mulheres como objetos hiper sexualizados e submissos. Além disso, houve aprofundamento no sentimento antiasiático incitado pelos discursos políticos do governo Trump sobre a COVID-19, aumento das micro agressões e racismo em diversos espaços, inclusive nas universidades e ambientes escolares. A Asianização racial se torna um mecanismo de opressão social e racial das pessoas de origem asiática, operando na (re)modelação de leis e políticas que afetam esse grupo e influenciando na construção de suas identidades e experiências;[495]
- b) *Contextos transnacionais/nacionais*: há uma ideia de contexto transnacional em que nos Estados Unidos não são consideradas as diversas experiências do ontem e do hoje que irão influenciar nas vivências dos asiáticos-americanos;[496]
- c) *Interseccionalidade*: o racismo e outras formas de opressão se unem para transformar experiências e condicionar a vivência de asiáticos-americanos;[497]
- d) *Contação de histórias*: existe uma sub-representação e silenciamento de vozes asiáticas no contexto dos Estados Unidos;[498]
- e) *Justiça social*: a AsianCrit tem a funcionalidade de apoiar iniciativas de justiça social e vozes asiáticas-americanas visando o combate de sistemas de opressão e de racismo;[499]
- f) *(Anti)essencialismo estratégico*: a união de grupos étnico-raciais é

benéfica para a justiça social, no entanto, é preciso que estudos busquem entender cada grupo étnico-racial específico;[500]

g) *História reconstrutiva*: ressalta a importância de contar a história pelas próprias pessoas asiáticas-americanas para que se repare as omissões e distorções que o grupo racial branco realizou contra as populações de origem asiática. Defende a transcendência da invisibilidade histórica de vozes asiáticas na história com a inclusão das contribuições dessas comunidades nos Estados Unidos, para que haja o desenvolvimento de identidades e consciências pan-étnicas coletivas.[501]

Embora seja relativamente nova, a AsianCrit pode ser explorada como uma ferramenta útil para a compreensão das condições, experiências raciais asiático-americanas em diversas esferas.

Tribal Critical Race Theory

Desenvolvida pelo professor Bryan McKinley Jones Brayboy, a *Tribal Critical Race Theory* (TribalCrit) se refere a uma teoria que auxilia no exame das experiências e vivências dos povos indígenas nos Estados Unidos. Emergida da TCR, a TribalCrit se enraíza nas epistemologias e ontologias múltiplas, nuançadas e localizadas histórica e geograficamente nas comunidades indígenas. Apesar das comunidades indígenas diferirem em tempo, espaço, lugar, nação indígena e indivíduo, suas ontologias e epistemologias são em muito semelhantes. A TribalCrit está enraizada nessas semelhanças, e concomitantemente, reconhece o alcance e a variação que existe *dentro* e *entre* comunidades e sujeitos.[502]

A emergência de sua criação está atrelada ao fato de que conhecimentos e habilidades obtidas nos espaços de educação como escola e universidade nem sempre correspondem às necessidades educacionais e culturais que as comunidades indígenas carecem. Por isso, os modos indígenas de entender, viver e ser no mundo precisam ser combinados com a aprendizagem escolar para refundar novas percepções e conexões com o conhecimento.[503]

Na TribalCrit, as narrativas e histórias indígenas são consideradas teorias de soberania, autoeducação e autodeterminação, pois para os estudiosos indígenas, a teoria não é vista simplesmente como uma ideia abstrata ou um pensamento que visa explicar estruturas da sociedade, mas sim são roteiros e lembretes para a responsabilidade individual e coletiva sobre a sobrevivência das comunidades.[504]

Brayboy[505] construiu a TribalCrit para abordar a relação entre indígenas americanos e o governo federal estadunidense visando a compreensão da liminaridade dos indígenas americanos, como grupos e indivíduos raciais, jurídicos e políticos. No contexto estadunidense, mesmo que os povos indígenas possuam reconhecimento federal de sua soberania promulgados na Constituição, práticas políticas e de negociação de tratados e jurisprudências da Suprema Corte e de legislações no Congresso continuam a ignorar e minar a soberania indígena. Os povos indígenas são posicionados como históricos ou minorias étnico-raciais ao invés de considerados como pessoas cidadãs de suas nações indígenas.[506]

Seguindo os princípios da TCR, a TribalCrit entende que o racismo e a colonização são endêmicos nas sociedades. Com base nesse entendimento, as experiências dos povos indígenas com a colonização e racismo são de interesse teórico e de reflexões críticas em diversos campos de estudos. No entendimento de Brayboy,[507] os praticantes da TribalCrit participam do processo de autodeterminação e de tornar as instituições de educação formal mais compreensíveis para pessoas indígenas e as pessoas indígenas mais compreensíveis para as instituições.

Enquanto direcionadores, a TribalCrit possui nove princípios que a direcionam: i) colonização é endêmica na sociedade; ii) políticas relacionadas aos indígenas estão enraizadas no imperialismo, supremacia branca e desejo de ganhos materiais; iii) povos indígenas possuem identidade étnico-racial e política; iv) povos indígenas buscam forjar e conseguir soberania, autonomia, autodeterminação e autoidentificação; v) conceitos de cultura, conhecimento e poder são percebidos e examinados pelas lentes indígenas de formas diferentes da visão ocidental. Nesse sentido, tanto os saberes e pensamento indígenas podem ser combinados com a educação ocidental; vi) políticas governamentais e educacionais direcionadas para os povos indígenas são ligadas à assimilação, sobretudo na educação, quando os valores indígenas são substituídos por princípios europeus; vii) filosofias, crenças, costumes, tradições e visões indígenas são fundamentos para compreender as realidades pelos povos indígenas e ilustrar as diversidades e adaptabilidade entre sujeitos e grupos; viii) histórias não estão separadas da teoria; histórias são fontes reais e legítimas de dados e modos de ser indígena; são orientadoras de modos de pensar, ser e viver no mundo; e ix) a teoria e a práticas estão profundamente conectadas de modo que as pesquisas devem buscar por mudança social, abordando e visando a resolução de problemas das comunidades.[508] Esses princípios dentro da TribalCrit são orientadores para compreender e explicar as experiências e problemas enfrentados pelos povos indígenas.

A partir desta perspectiva, percebemos a TribalCrit assentada em tradições, ideias, pensamentos e epistemologias que embasam histórias das nações e comunidades indígenas há muitos anos. É uma lente teórica e analítica promotora não somente do olhar para educação de pessoas indígenas, sua participação nos processos de construção do conhecimento e de sociedades, e revitalização da linguagem e alfabetização,[509] mas também para pensarmos as bibliotecas, a educação bibliotecária e a Biblioteconomia como um todo.

Queer Critical Theory

Principal teórico da *Queer Critical Theory* (QueerCrit), Mitsunori Misawa a define como uma perspectiva microteórica da Teoria Crítica da Raça composta por elementos da justiça social para raça e orientação sexual.[510] Tal perspectiva crítica *queer* nasceu dos estudos de teóricos críticos raciais do Direito que estavam interessados em ampliar o escopo de análise em justiça social para justiça racial e minorias sexuais.[511] Assim, essa microteoria foi desenvolvida visando a busca pelos direitos humanos e justiça social para pessoas negras e de outros pertencimentos étnico-raciais não-brancos que fazem parte da população LGBTQIA+, enfocando na interseccionalidade entre

raça e orientação sexual.[512] Há seis elementos que compõem a perspectiva da crítica *queer*:
a) centralidade da intersecção de raça e racismo com orientação sexual e homofobia;
b) desafio às ideologias dominantes;
c) confrontos com o a-historicismo;
d) centralidade do conhecimento experiencial;
e) aspectos multidisciplinares; e
f) perspectiva da justiça social.[513]

No primeiro item, a *centralidade interseccional entre raça e racismo com orientação sexual e homofobia*, se refere ao entendimento de que a raça importa em sociedades racializadas, como a estadunidense e brasileira. O daltonismo é usado para camuflar a discriminação com base no pertencimento étnico-racial das pessoas. Embora socialmente, a discriminação racial seja proibida, ela acontece de forma implícita em diversos espaços contra pessoas negras. Em uma sociedade com a dominância da perspectiva heterossexual, a homossexualidade é demarcada por preconceitos e estereótipos construídos por crenças religiosas cristãs e pela pseudociência de cada época, que a estabeleceu como uma doença. Tanto quanto a raça, a orientação sexual sofre repressão de sua abordagem nas escolas, estabelecimentos e no cotidiano das relações sociais e afetivas, enquanto a heterossexualidade é encorajada implícita e explicitamente. Assim como o racismo, a heterossexualidade recebe um rótulo de normalidade. Via ótica da QueerCrit, pessoas pesquisadoras entendem que a opressão e a marginalização de pessoas LGBTQIA+ ocorrem em dois aspectos: o primeiro se refere à discriminação racial, e o segundo à violência homofóbica, ambas experenciadas por pessoas lésbicas e gays de forma sistemática e diária.[514]

O segundo item, *desafio às ideologias dominantes*, assume que as normas convencionais foram criadas pelo grupo racial branco e masculino com vistas à promoção de disparidades do poder, via o racismo e manutenção da supremacia racial branca. A QueerCrit permite criar o conhecimento *por* e *para* as pessoas negras e outras racializadas em sociedades racistas, de forma que possam examinar criticamente como a raça, racismo e supremacia racial as afetam. Ademais, essa dimensão crítica questiona se as normas e padrões convencionais criados e sustentados por homens brancos heterossexuais se aplicam às pessoas negras e outras racializadas. Esse desafio às ideologias dominantes fortalece as pessoas LGBTQIA+ não-brancas no letramento racial e no entendimento de estereótipos racistas e sexuais.[515]

No terceiro item está o *confronto com o a-historicismo*, no qual há um desafio às normas e conhecimentos convencionais disseminados pelo grupo hegemônico para sustentar posições sociais poderosas. A perspectiva *queer* também deve ser analisada pelo contexto histórico, de uma forma que haja uma reparação histórica às pessoas queer que nos anos 1980 foram estigmatizadas e estereotipadas pela sociedade. Nesse período, a noção de homossexualidade estava vinculada a doenças e como desviantes que se mantiveram no imaginário social contemporâneo e afeta as pessoas LGBTQIA+ e suas vivências. Ademais, é necessário enfocar em análise contextual/histórica de pessoas LGBTQIA+ negras relacionando suas experiências com a intersecção de racismo e homofobia.[516]

O quarto item, *centralidade do conhecimento experiencial*, se concentra no conhecimento experiencial de cada pessoa LGBTQIA+ para compreender suas realidades sociais. As narrativas pessoais são uma das formas das pessoas LGBTQIA+ negras compreenderem processos subjetivos de suas vivências, criarem seus próprios conhecimentos, e lutarem pelo combate ao racismo, LGBTQIAfobia e outras formas de opressão.[517]

Com relação ao quinto item, *aspectos multidisciplinares*, a QueerCrit examina as múltiplas posições e opressões experenciadas por pessoas negras LGBTQIA+, permitindo, assim, explicar os efeitos dessas múltiplas opressões sobre a vida de pessoas não-brancas que são LGBTQIA+. Essa explicação permite sensibilizar e conscientizar pessoas docentes, acadêmicas e sociedade para que desenvolvam uma compreensão de como supremacia racial branca, entendimento heterossexistas, LGBTQIAfobia afeta as subjetividades desses sujeitos LGBTBQIA+ e as suas posições socioculturais resultando no impedimento do desenvolvimento educacional e acesso à informação a todas as pessoas LGBTQIA+ negras e racializadas.[518]

O último item, perspectiva da justiça social está voltada à eliminação da opressão racial como forma de extermínio de todas as outras formas de opressão. A opressão racial está vinculada a um conjunto de opressões referentes a gênero, classe, orientação sexual, religiosidade etc. A QueerCrit examina a raça e a orientação sexual como fatores que impactam na vivência dos sujeitos, assim, para que a justiça social seja atingida é necessário que haja não só conscientização, mas um compromisso com o combate ao racismo e LGBTQIAfobia.[519]

Esses seis componentes da perspectiva QueerCrit podem ser utilizados em ambientes educacionais e informacionais para ajudar profissionais a promoverem a diversidade entre estudantes e criar ambientes de aprendizagem inclusivos onde raça e orientação sexual são igualmente trabalhadas e discutidas, em conjunto com outras identidades socioculturais.[520]

Jewish Critical Studies

Em seu texto *Hebcrit: a new dimension of critical race theory*[521] no livro *The Jewish Struggle in the 21st Century*[522], Daniel Ian Rubin identifica uma nova faceta da Teoria Racial Crítica que aborda de forma específica as necessidades do povo judeu. A Teoria Crítica Racial atua para entender como as estruturas sistêmicas promovem impactos discriminatórios contra grupos étnico-raciais colocados às margens, dentre eles, o povo judeu. Além disso, auxilia na análise de jurisprudências e evidências de discriminação, como *status* econômico, taxas de encarceramento e resultados médicos para examinar os efeitos das estruturas sistêmicas.[523]

Geralmente, esquecidos e ignorados em estudos multiculturais, de diversidade e étnico-raciais, os judeus continuam a enfrentar preocupações e obstáculos específicos nos Estados Unidos e em todo o mundo. Em seu artigo, o autor descreve a estrutura fundamental desta nova teoria crítica que investiga questões que afetam o povo judeu na sociedade americana. Enraizada na Teoria Crítica Racial, História, Psicologia Social, Educação e Estudos Judaicos, a *Jewish Critical Studies* (HebCrit) (pronunciada como *heeb*) ou Estudos Críticos Judaicos é uma nova estrutura teórica que permite pensar uma maneira de abordar a complicada posição que muitos judeus americanos convivem diariamente.[524]

Usando da contação de histórias, Rubin[525] inicia contextualizando sua experiência e de seu filho no Alabama, em que certo dia esse lhe disse se sentir mal consigo mesmo por ser uma criança judia. Em busca do bem-estar e felicidade de seu filho, nunca tinham discutido sobre questões de autoestima e orgulho etnorreligioso com ele. Entretanto, tinha consciência da exposição privilegiada à fé cristã nos ambientes escolares, rádios locais e da presença de falas religiosas em reuniões da universidade. Enquanto isso, o contato com a fé judaica era limitado, não só pelas oportunidades restritas de abordar sobre o assunto na escola, mas também pelas poucas oportunidades de celebrações judaicas e visitas à sinagoga, esta última distante devido sua localização. Quando soube das atividades comemorativas do Natal na escola primária de seu filho, se preocupou com a invisibilidade dada a outros pertencimentos religiosos na escola. Por isso, entrou em contato com a Superintendência do Distrito Escolar e buscou discutir sobre ter a oportunidade de educar seu filho e os seus colegas de turma sobre a cultura e tradições judaicas. Sua decisão foi tomada especialmente após ter contatado a diretoria da escola de seu filho e ter sido informado sobre a impossibilidade de falar sobre a fé judaica em sala de aula. Com sua ação, foi criada uma decisão na Suprema Corte resguardando os direitos de se discutir sobre o *Hanukkah*, e outros aspectos do povo judeu em sala de aula. Esse, no entanto, foi um dos casos de intolerância que o autor afirma ter vivido. Existem tentativas de manter as demandas e cultura do povo judeu na invisibilidade no contexto estadunidense, inclusive quando se pensa a pesquisa educacional, a abordagem de judeus e o multiculturalismo, a diversidade universitária e abordagens multiculturais em sala de atual, especialmente quando se refere ao antissemitismo e a opressão judaica.[526]

Na perspectiva de Rubin, a ausência de estudos sobre o povo judeu e antissemitismo é presente de várias maneiras, especialmente quando existe a dificuldade de conseguir materiais de ensino-aprendizagem com temática judaica para se trabalhar em sala de aula, assim como essa ausência é presente nas pesquisas sobre multiculturalismo e diversidades utilizadas nas universidades.[527] Umas das facetas presentes quando se aborda o povo judeu se refere ao estereótipo construído de ser uma "minoria modelo", que não sofre com opressão econômica e educacional, assim como não é percebida no imaginário social como pertencente a grupos infratores, diferentemente do imaginário construído sobre as populações negras.[528]

Entre as concepções sobre o porquê dos povos judeus serem tratados de forma negligente, são postuladas algumas hipóteses, tais como: a) quando não se colocam como judeus,[529] os pertencentes a esse grupo são lidos como brancos, assim acabam por serem inseridos na estrutura que privilegia as pessoas brancas; b) são considerados como um grupo de sucesso financeiro, político e educacional; c) estão representados na política, economia, artes e ciências; d) não são lidos como um grupo cultural, mas, sim um grupo religioso; e) são negligenciados ainda por conta do olhar negativo para o sionismo e as tensões entre israelenses e palestinos.[530]

Outros obstáculos são encontrados por pessoas judias, especialmente no que se refere ao *status* legal e cultural dos imigrantes judeus em países como os Estados Unidos, e no tratamento discriminatório recebido em processos criminais. Mia Brett,[531] em sua pesquisa intitulada *The Murdered Jewess: Jewish Immigration and the Problem of Citizenship in the Courtroom in Late Nineteenth Century New York*,[532] usa a Teoria Crítica Racial, os Estudos Críticos da Branquitude,[533] a historiografia judaica americana e os estudos de cidadania legal para evidenciar como a discriminação legal contra pessoas judias imigrantes foi desenvolvida tendo como base os estereótipos e a criminalização da comunidade judaica.

Entre os séculos XIX e XX, com o grande fluxo de pessoas judias imigrantes para Nova York, houve o aumento do nativismo e criminalização, representados pelo fanatismo antijudaico no sistema de justiça criminal de Nova York. Com a chegada em larga escala desse grupo étnico, policiais, juízes, promotores e investigadores passaram a responsabilizar e associar os judeus a crimes específicos, tais como escravidão branca,[534] batedores de carteira e bigamia.[535]

Com a expansão da imigração para outros lugares dos Estados Unidos e o aumento da familiaridade social com o povo judeu, a prostituição e bigamia foram utilizadas para invalidar o caráter dessa comunidade de forma criminalizante, sobretudo pelas acusações de cometerem a "escravidão branca", com um discurso criado sobre uma vítima pura, branca e cristã e um outro discurso sobre o perpetrador como criminoso racializado[536] (comumente associado ao imigrante judeu). Esse discurso promoveu a criminalização do povo judeu, assim como fomentou o policiamento de relações interraciais e passou a racializar aqueles desse povo que se envolveram em algum crime. Por isso, os tribunais se tornaram espaços de discriminação legal implícita, via promoção de estereótipos antijudaicos e da influência de uma imprensa antissemita, que negava um julgamento justo e perpetuavam narrativas de criminalidade inata na comunidade judaica. Dessa forma, esse povo passou a sofrer com a negação de exercício de plena cidadania e exclusão cultural no século XX.[537]

Dada essa breve contextualização, entendemos essa dimensão como aquela que evidencia a necessidade de se refletir criticamente sobre como a raça, racismo e preconceito influenciam a população judaica, assim como, a importância da TCR como lente teórica para essa tarefa.

Disability Critical Race Theory

Entre o início do século XX e o século XXI novas formas de refletir e entender as variações humanas[538] consideradas como deficiências emergiram com um campo de estudos chamado de *Critical disability studies* ou Estudos Críticos da Deficiência (ECD). Os ECD podem ser definidos como um campo acadêmico interdisciplinar que compreende a deficiência sob a ótica dos direitos civis e humanos, da identidade minoritária, da formação sociológica, de uma comunidade história e da diversidade grupal, e como uma categoria de análise crítica na cultura e nas artes, sempre sob a perspectiva ampla das ciências da saúde.[539]

A depender do tempo e do espaço geográfico, o que é entendido como deficiência irá abranger uma amplitude de "condições físicas, motoras, mentais, sensoriais, comportamentais, médicas e de aparência que restringem a função, limitam a participação e são entendidas como formas estigmatizadas de inferioridade".[540] Tendo como base esse conceito, pesquisas das áreas das humanidades, ciências sociais, artes e educação no contexto estadunidense buscaram reparar as injustiças epistêmicas, sociais e de saúde promovidas nas ciências da saúde, as quais enquadravam a deficiência na prática clínica, pesquisa médica e construção do conhecimento como um "modelo de déficit" ou um problema médico que requeria uma solução médica para ser resolvido ou eliminado.[541]

Antes da década de 1970, havia invisibilização e negação da construção social de raça, gênero e sexualidades e com os debates sobre deficiência não era diferente. Como a deficiência era considerada majoritariamente uma questão médica ou de área de treinamento especializado, os estudos sobre deficiência em humanidades eram vistos como periféricos e desvinculados de uma busca teórica da construção social da deficiência. A ascensão do movimento da deficiência nas últimas décadas do século XX e a demanda por currículos relevantes por pessoas com deficiência e seus aliados legitimaram os ECD como uma disciplina. Na década de 1980, dentro do campo de estudos interdisciplinares, a deficiência passou a ser entendida como uma construção social – assim como a raça é um construto social – somada a produtos culturais (a busca pela normalidade) e um grupo excluído (pessoas com deficiência) reconhecido pela lógica dos direitos civis e igualdade política. Tais pesquisas e estudiosos elucidaram sobre os direitos civis, justiça social, equidade e a construção positiva de identidades de grupos historicamente oprimidos dentro e fora da academia.[542]

As abordagens nos ECD entendem que as transformações são inerentes à mente humana, ao corpo e aos sentidos, por isso, refutam a compreensão negativa e dominante sobre a deficiência criada pelas ciências da saúde ao longo do tempo. Assim, essa perspectiva crítica entende a deficiência "não como um defeito físico inerente aos corpos – assim como o gênero não é simplesmente uma questão de órgãos genitais, nem a raça uma questão de pigmentação da pele – mas sim como uma forma de interpretar a variação humana".[543]

Como objeto de estudos, a deficiência traz sua materialidade distinta que configura o corpo e o mundo, além de nos permitir olhar as variações humanas pensadas como deficiência e como esta última molda os ambientes sociais e a forma com as quais os ambientes moldam os corpos.[544] Dentro desses estudos, há também uma análise crítica sobre o que é considerado conhecimento, quem o produz, quem o lê e como ele transforma as sociedades, instituições e seus espaços físicos, além de analisar quem está sendo incluído ou excluídos nos ECD. Existe também uma vertente nos estudos sobre deficiência que busca compreender a justiça social da deficiência na busca por entender o impacto do capacitismo na vida de pessoas com deficiência, articulada à busca pelo acesso justo aos espaços de direito, poder e representatividade nas sociedades; ao mesmo tempo visa fortalecer a autoconsciência política, expor a violência da representação de corpos com deficiência e epistemologias produzidas *por* e *sobre* pessoas com deficiência, revelar as opressões e discriminações sofridas e desvelar as formas de resistência e subversão pela via da antinormatividade.[545]

Dentro das várias linhas teóricas que fazem parte dos ECB, existe uma vertente teórica interseccional que integra os estudos sobre a deficiência e a TCR chamada *Disability Critical Race Theory* (DisCrit) ou Teoria Crítica Racial da Deficiência, que é uma estrutura teórica interseccional ancorada em sete princípios, os quais auxiliam no exame de como as construções sociais de raça e habilidade sustentam noções de normalidade ou desenvolvimento típico em crianças, jovens, adultos e idosos nas sociedades. As bases da DisCrit são a TCR e os Estudos da Deficiência (*Disability Studies*) que se unem para investigar como a raça e a habilidade são co-construções que recebem significação, e as formas pelas quais o racismo e o capacitismo são sustentados de modo interdependentes, via noções de normalidade por intermédio de processos e discursos institucionais.[546]

A DisCrit permite a análise dos limites e possibilidades da pesquisa com enfoque na educação – Biblioteconomia e Ciência da Informação e outras áreas do conhecimento –, pois promove a análise simultânea dos níveis macro – quando analisamos o contexto social, institucional – e micro – quando analisamos o contexto de cada sujeito – de exclusões e injustiças. Além disso, possibilita a reflexão crítica e o exame aprofundado de programas, ações e políticas que historicamente buscaram rotular, classificar e "consertar" sujeitos com deficiência marginalizados com base em normas brancas elitizadas, diluindo oportunidades de uma ação e educação inclusiva ao mesmo tempo em que reforçam as desigualdades. Por fim, evidencia o funcionamento de sistemas de opressão e como eles se interligam e se manifestam em forma de padrões e processos presentes no cotidiano, permitindo que se vislumbre práticas inovadoras que busquem criar caminhos para colaboração e promoção de uma educação e prática inclusive para a justiça da deficiência.[547]

A DisCrit nasceu de uma indignação coletiva, desespero e urgência em compreender o que se pode fazer para mudar o racismo institucional e capacitismo manifestados em crescentes números de violência contra pessoas racializadas e pessoas com deficiência tanto pela polícia como por instituições governamentais, espaços acadêmicos e outros cotidianos que compartilham legados históricos de opressões compartilhadas e sobrepostas.[548]

Em seu texto *Cultivating and expanding disability critical race theory*,[549] Subini Annamma, Beth A. Ferri e David J. Connor argumentam sobre a lente interseccional da TCR permitir o desmantelamento de desigualdades sistêmicas, pois a interseccionalidade – um conceito enraizado no feminismo negro e cunhado por Kimberlé Crenshaw no final dos anos 1980 – permite o exercício do pensamento crítico e estabelece compromissos direcionadores aos estudos sobre deficiência e ativismo político. A interseccionalidade está no centro da DisCrit para fomentar a reflexão sobre como o racismo e capacitismo se unem sistemicamente – junto com outros instrumentos de opressão – para punir corpos e mentes não normativos nas sociedades quanto para corrigir os erros cometidos pelos estudos sobre deficiência nas ciências da saúde.[550] Ademais, a DisCrit expõe como os corpos são racialmente caracterizados como "Outros" e "marcados como fisicamente, psicologicamente ou moralmente deficientes, um status posteriormente codificado pelo racismo científico".[551]

No artigo *"Just Like Me, Just Like You": Narrative Erasure as Disability*

Normalization in Children's Picture Books,[552] Tanja Aho e Grit Alter analisaram as representações sobre deficiência em livros ilustrados infantis e textos pedagógicos, e encontraram o apagamento narrativo e a individualização da deficiência. No entanto, em um dos livros analisados, as autoras se defrontaram com o encorajamento da DisCrit nos livros ilustrados para justapor "leituras individualizadas da deficiência com narrativas sobre estruturas sociais incapacitantes que não evitam retratar a realidade vivida da deficiência".[553]

Em seu texto *Pursuing Justice-Driven Inclusive Education Research: Disability Critical Race Theory (DisCrit) in Early Childhood*,[554] Hailey R. Love e Margaret R. Beneke inferem que a prática de educação inclusiva na primeira infância está intrinsicamente ligada à raça e ao capacitismo que minam a promoção da justiça da deficiência para crianças pequenas. Crianças negras com deficiência e marcadores adicionais de marginalização (pobres, gordas etc.) possuem maior probabilidade de serem rotuladas por avaliações normatizadoras que buscam remediação e intervenção em seus corpos e mentes. As autoras defendem que tanto o racismo quanto o capacitismo se entrecruzam na educação infantil, e as noções racistas e capacitistas de habilidade (a capacidade das crianças de pensar, aprender e se comportar) estão presentes nos julgamentos cotidianos da corporalidade e mentalidade dessas crianças.[555]

Na DisCrit existem sete princípios direcionadores e representantes desta lente teórica interseccional, a saber:

a) *Princípio 1 – Racismo e capacitismo são interdependentes e operam de forma defenderem noções de normalidade*: se refere ao fato de que a sociedade se baseia em expectativas, valores e perspectivas de comunidades brancas para pensar pessoas com deficiência. Dessa forma, há uma intersecção entre capacitismo e racismo que vai afetar de maneira singular as experiências e oportunidades de pessoas negras com deficiência. A DisCrit visa pensar a influência dessas práticas e pensamentos dominantes em grupos marginalizados;[556]

b) *Princípio 2 – As identidades dos sujeitos se apresentam em diversas dimensões (raça, classe, gênero, sexualidade, deficiência, religião, localização espacial, grau de alfabetização, por exemplo) que se interseccionam e não podemos atribuir uma única dimensão*. A redução a uma única dimensão invisibiliza e busca invalidar as experiências dos sujeitos marginalizados. A promoção da justiça interseccional na DisCrit perpassa por examinar as múltiplas dimensões das identidades dos sujeitos marginalizados, as múltiplas formas de opressão e injustiças (como as epistêmicas, educacionais, sociais, raciais e de gênero) que incidem sobre elas;[557]

c) *Princípio 3 – A raça e a deficiência trazem consequências materiais para os colocados à margem, mesmo ambas sendo construções sociais.* A deficiência unida à rotulagem de pessoas negras por intermédio de estereótipos criados ao longo do tempo por conta da ideia de raça e as expectativas de desenvolvimento nessa rotulagem acaba por restringir as experiências de aprendizagens dos sujeitos. Isso pode acontecer devido às pessoas docentes, por exemplo, adotarem práticas enfocadas no rótulo da deficiência e racialização da pessoa, em vez de buscar potencializar o espaço de aprendizado sem realizar segregações capacitadoras;[558]

d) *Princípio 4 – Populações marginalizadas devem ser ouvidas, consideradas e receberem o devido reconhecimento como especialistas em suas próprias experiências e geração de conhecimento.* Apesar da ciência ser um espaço ainda majoritariamente branco que utiliza as pessoas negras e outras marginalizadas como "objetos de estudos", a "virada de chave" deve acontecer a partir dos próprios sujeitos serem aqueles que não só são ouvidos e considerados, mas que executem pesquisas posicionadas considerando, inclusive, suas experiências e as de seus semelhantes;[559]

e) *Princípio 5 – É imperativo o aprendizado sobre aspectos legais e históricos de raça e deficiência, visando compreender como são usados para negação de direitos*: a) o histórico da construção de raça para hierarquização entre povos, o seu uso para processos de dominação e controle; b) a deficiência, sua medicalização e exclusão dos sujeitos; c) o acesso reduzido à informação, educação e outros direitos humanos delimitados pela pertença étnico-racial e outros demarcadores sociais de marginalização são heranças de séculos de desigualdades e negação de direitos que operam para manter o controle e a exclusão de povos negros, indígenas, pessoas com deficiência, população LGBTQIA+ e outras não hegemônicas;[560]

f) *Princípio 6 – Os ganhos em direitos recebidos por pessoas negras e outras racializadas e pelas pessoas com deficiência se deve à convergência de interesse de cidadãos brancos; a branquitude e capacidade são propriedades brancas.* Harris[561] nos lembra sobre a propriedade se referir a objetos físicos como algo que tenha valor atribuído. Tanto a branquitude quanto a capacidade são concebidas como propriedades socialmente valorizadas e das quais se pode obter vantagem e se beneficiar. Pessoas brancas são as que mais se beneficiam do sistema educacional, financeiro, político e penal dentro das sociedades racializadas por possuírem como propriedade a identidade étnico-racial branca. Por isso, haverá discursos, atitudes, comportamentos, recursos informacionais etc. que parecerão encorajar mensagens positivas de "somos todos iguais", "não vemos cor", entre outras manobras defensivas que buscam preservar sua autoimagem do grupo étnico-racial branco como não-racista e não-capacitista ao mesmo tempo em que silencia sobre a influência da raça, da branquitude e das noções de normalidade nas pessoas racialmente oprimidas. Por outro lado, quanto mais os indivíduos se aproximam do ideal de brancura, noções de normalidade e comportamento dominante maior será seu acesso a oportunidades, privilégios, capital financeiro, informacional e cultural;[562]

g) *Princípio 7 – Para que a justiça social e a equidade sejam alcançadas são necessários o ativismo e outras formas de resistência.* Os comportamentos de sujeitos que são considerados "desafiadores" devem ser percebidos como formas intencionais de sua participação em uma sociedade que os exclui e marginaliza. Em grande medida, tais comportamentos afrontam as normas da branquitude, rótulos de deficiência e as noções dominantes de normalidade. A DisCrit reconhece tais comportamentos como atos de defesa e resistência, os quais são respostas dos sujeitos aos níveis micro e macro de opressões. Por isso, devem ser conhecidos e examinados visando descobrir estratégias de enfrentamento às faces da marginalização e incentivar a busca pela justiça interseccional.[563]

Critical Whiteness Studies

Do século XIX até o século XX, a doutrina da supremacia racial branca foi disseminada em diversos países e continentes do norte e sul global, dentre eles, a Europa, Estados Unidos e América do Sul. Arthur de Gobineau, Rudyard Kipling, Charles Kinsgley, Thomas Carlyle, Voltaire e Immanuel Kant foram alguns dos cientistas, políticos e poderosos que defendiam a superioridade racial de pessoas brancas sobre povos não-brancos. Com o apoio de institutos de pesquisa e cientistas da época, essa doutrina foi ampliada por intermédio da opressão, violência e dominação que visavam reafirmar a pretensa superioridade do grupo étnico-racial branco sobre os não-brancos, inclusive, com o uso de testes de inteligência modificados para aumentar o *ranking* dos primeiros e diminuir a atribuição de inteligência dos segundos.[564]

Layla Saad[565] definiu a supremacia branca como uma ideologia racista baseada na crença de que há superioridade racial, psicológica, física e moral do grupo étnico-racial branco sobre outros grupos étnico-raciais. Pode ser compreendida ainda como um sistema de dominação e exploração racial em que tanto o poder quanto os recursos são distribuídos injustamente de forma a privilegiar pessoas brancas e oprimir pessoas não-brancas.[566]

Para Barbara J. Flagg, a supremacia branca é mantida sempre que são impostas normas brancas sem reconhecer a brancura. A autora aborda sobre a tendência das pessoas brancas em focar a atenção em questões raciais de pessoas não-brancas como uma forma de manter a supremacia branca. Por isso, enfatiza a necessidade de um reexame completo de consciência racial vinculada à autopercepção racial de ser uma pessoa branca.[567]

Em *The invention of White race*,[568] obra lançada em dois volumes nos anos 1990, Theodore W. Allen contextualizou sobre como a categoria de "raça branca" foi criada pelas classes dominantes da América do Norte visando promover o domínio e controle social dos diversos grupos étnico-raciais e sociais. Com a criação dessa categoria, vieram os privilégios raciais, simbólicos e materiais atribuídos a pessoas brancas os quais reforçaram o imaginário social sobre a pretensa superioridade racial. Desde essa época, a centralidade da categoria "raça branca" tem proporcionado a manutenção dos privilégios do grupo étnico-racial branco pertencente às classes dominantes sobre as comunidades, povos e grupos de outros pertencimentos étnico-raciais.[569]

Sobre os privilégios raciais, Peggy McIntosh escreveu o texto *White Privilege: Unpacking the Invisible Knapsack*,[570] no qual trouxe uma intensa discussão sobre como o grupo étnico-racial branco – assim como os homens – insiste em negar *sobre* e proteger os privilégios raciais colhidos nas sociedades racializadas simplesmente por serem pessoas brancas. A autora entende que o privilégio branco é um "pacote invisível de ativos não ganhos" ou como uma "mochila leve e invisível com provisões especiais, mapas, passaportes, livros de códigos, vistos, roupas, ferramentas e cheques em branco" que as pessoas brancas recebem sem merecer.[571]

Analisando sua própria existência, começa a perceber e se conscientizar sobre os privilégios imerecidos desfrutados por conta da cor da sua pele, e que tais privilégios geram vantagens para ela, enquanto traziam desvantagens para outras pessoas não-brancas. Refletiu sobre sua infância e o condicionamento que passou para esquecer sobre sua existência, pois a sociedade determina a existência branca como algo "normal" nas sociedades. Consciente, começou, então, a identificar os efeitos diários do privilégio branco na sua vida, a partir da intersecção entre classe, religião, pertencimento étnico-racial, localização geográfica, e outros fatores que podem atuar de forma independente ou interdependente entre si. Assim, resumiu que seus privilégios permitiam: a) estar quase exclusivamente na companhia de outras pessoas brancas; b) poder alugar e comprar uma casa em qualquer lugar que desejar morar e puder pagar; c) no caso anterior, saber com certeza que seus vizinhos irão trata-la bem; d) pode frequentar ambientes e realizar compras sem ser seguida ou assediada por seguranças; e) quando for comentado sobre herança nacional ou o processo civilizatório, dirão que foi realizado por pessoas como ela; f) pode encontrar representação de seu pertencimento étnico-racial branco na música, nas tradições culturais e na estética, por exemplo; g) conta com seu pertencimento étnico-racial como influenciador da sua confiabilidade financeira; h) seu comportamento, vestimenta e estética não irão ser atribuídos ao seu pertencimento étnico-racial; i) ao falar com um grupo dominante, seu pertencimento étnico-racial não será julgado; entre outros pontos evocados pela autora. Para ela, existe uma matriz de privilégio branco, um padrão que promove opressões interligadas a outros grupos étnico-raciais.[572]

Na atualidade, as sociedades racializadas, como as dos Estados Unidos e do Brasil, estão estruturadas com supremacia racial aliada do pensamento hegemônico capitalista. Nessa estrutura, populações negras e outras não-brancas são colocadas em lugares de exclusão, subalternidade, opressão e exploração em prol do capitalismo, o que se caracteriza como *capitalismo racial*,[573] no qual a raça e o capitalismo são usados como instrumentos de poder para manter tais grupos étnico-raciais em lugares de subordinação e opressão.[574]

Diante do contexto e estruturas das sociedades racializadas, *Critical Whiteness Studies* (CWS ou WhiteCrit) – conhecidos como Estudos Críticos da Branquitude (ECB) – compõe um campo de estudos que coloca a identidade étnico-racial branca sob investigação em diversas esferas das sociedades, buscando revelar as estruturas e os instrumentos reprodutores do privilégio racial branco e da supremacia branca, tendo como compromisso o rompimento do racismo e suas ramificações. Embora desde o início do século XX teóricos como W. E. B. Du Bois, Ralph Ellison, James Baldwin, Franz Fanon, entre outros, tenham discutido sobre a branquitude e os problemas do racismo, foi na década de 1990 que a WhiteCrit ganhou evidência.[575] A WhiteCrit permite examinar a branquitude, definida por Lourenço Cardoso como

> [...] como o lugar mais elevado da hierarquia racial, um poder de classificar os outros como não-brancos, dessa forma, significa ser menos do que ele. Ser branco se expressa na corporeidade, isto é, a *brancura*, a expressão do ser, e vai além do fenótipo. Ser branco

consiste em ser proprietário de privilégios raciais simbólicos e imateriais. Ser branco significa mais do que ocupar os espaços de poder. Significa a própria geografia existencial do poder.[576]

Nesse entendimento, a identidade étnico-racial branca é construída com base em privilégios, invisibilidade racial das pessoas brancas e vantagens atribuídas pelo pacto narcísico entre pessoas brancas.[577]

Dentro da agenda em WhiteCrit, se destacam como áreas-chaves de pesquisa: a) *formação racial branca*: branquitude foi construída ao longo da história, em populações imigrantes europeias inicialmente eram consideradas como outras pelo grupo étnico-racial branco dominante, embora ao longo do tempo tenham sido aceitas ao mudarem suas próprias tradições linguísticas, religiosas e culturais, e sobretudo, por adotarem o racismo antinegro e a oposição à abolição da escravidão engendrado pelo grupo dominante;[578] b) *identidade étnico-racial branca*: nas sociedades contemporâneas, pessoas brancas constantemente se conceituam como pessoas "sem raça". O que poderia ser entendido como ser "normal", se torna uma parte fundamental da identidade étnico-racial branca, pois só não se percebe como racializado aquele que se vê representado em todos os espaços e lido como o ideal a ser seguido. A construção da branquitude perpassa pelo medo do "outro", que geralmente são pessoas de grupos étnico-raciais não-brancos, assim como do pavor de sofrerem discriminação reversa, o famigerado "racismo reverso". Aqui, vale destacar a percepção sobre ações afirmativas raciais e outras iniciativas de reparação serem percebidas como privilégio por muitas das pessoas brancas, as quais, inclusive, utilizam de fraude como meio de ingressar por essas políticas, mesmo quando existem ações afirmativas que incluiriam o grupo étnico-racial branco. O que esse grupo étnico-racial branco ignora ou finge não perceber é a dívida histórica da escravidão com as populações de origem africana e com os povos indígenas. Quando as pessoas brancas são confrontadas em sua identidade étnico-racial ficam na defensiva e expressam emoções negativas, o que Robin DiAngelo[579] chama de "fragilidade branca". Ademais, quando são denunciadas como racistas, utilizam de micro agressões e micro invalidação como forma de negar o racismo por se perceberem como pessoas moralmente boas;[580] c) *aprendizagem da branquitude*: existe um ciclo de socialização para a formação da identidade étnico-racial branca, que acontece desde a educação familiar, passando pela comunidade em que se está inserido até chegar aos espaços da sociedade que se frequenta. Esse ciclo mantém a supremacia branca, o racismo e preconceitos em diversos contextos sociais e organizacionais por intermédio de recompensas (privilégios) para quem se mantém cúmplice do *status quo* da branquitude. Dessa forma, mesmo quando se tornam conscientes do grau de cumplicidade com a branquitude (pacto narcísico, como indica Cida Bento)[581] e o racismo, as pessoas brancas não questionam e nem confrontam o *status quo* racial para não se tornarem exiladas raciais de seu próprio grupo e comunidade;[582] d) *daltonismo racial, neutralidade e transparência*: o daltonismo racial ou evasão da cor se referem à insistência de negarem o pertencimento étnico-racial de si e dos outros, por entender que a raça não influencia na vivência e experiência das pessoas. A neutralidade e transparência da branquitude se refere aos padrões brancos serem considerados normais, e que, portanto, devem ser seguidos e assimilados pelos outros grupos étnico-raciais. Muitas das pessoas brancas optam por não pensar em si mesmas em termos raciais, justamente para que possam se entender como neutras e atribuírem a raça somente a outros grupos étnico-raciais não-brancos;[583] e) *racismo aversivo e inconsciente*: o termo "racismo aversivo" se refere a pessoas brancas que afirmam se opor ao racismo, mas não internalizam sentimentos de igualdade racial. Alguns estudiosos da TCR e da WhiteCrit advogam pela existência do racismo aversivo e inconsciente para explicar a manifestação de comportamento racista em pessoas que acreditam na igualdade racial. Embora algumas pessoas brancas defendam ideias e discursos que promovam a equidade entre os diversos povos, suas ações acabam por divergir desse pensamento, muitas vezes, por meio de atitudes racistas, micro agressões raciais (e suas esferas como micro insultos, micro ataques micro invalidações) e atribuição de viés positivo a outras brancas;[584] f) *pedagogia do privilégio racial branco*: se refere às vantagens sistêmicas imerecidas fornecidas aos sujeitos brancos, as quais podem ser desde a herança resultante do processo de escravidão até a representatividade branca nos referenciais que estudamos na escola e universidade. A raça, orientação sexual, gênero e classe funcionam em conjunto para adicionar privilégios para pessoas brancas, as quais, em sua maioria, não reconhece esses privilégios recebidos. Muitas vezes, esses privilégios são justificados pela falácia da meritocracia dentro do sistema capitalista que estimula a competitividade entre os sujeitos;[585] g) *racismo à moda antiga*: tanto o "racismo à moda antiga" como o "novo racismo" se referem à evolução do racismo dentro das sociedades ocidentais.[586] Na contemporaneidade, o racismo à moda antiga se apresenta com violência e comportamentos racistas individuais e coletivos unidos a declarações de supremacia racial branca dos adeptos de grupos supremacistas e células neonazistas. Nessa configuração, a agenda racial branca transforma os ambientes de trabalho em hostis e cria padrões de contratação desigual entre pessoas negras, asiáticas, indígenas e latinas quando comparadas com pessoas brancas;[587] h) *antirracismo branco*: pesquisas em WhiteCrit sugerem as maneiras pelas quais pessoas brancas podem mover a si e a sociedade em direção à justiça racial. Para tanto, o grupo étnico-racial branco pode começar (i) reconhecendo o privilégio racial, fragilidade branca e sistemas de opressão que beneficiam pessoas brancas; (ii) pelo enfrentamento dos preconceitos internalizados; (iii) pela descentralização do branco do *status* de modelo e norma; (iv) negando a neutralidade e desafiar as estruturas racistas; e (v) buscando uma atuação e práxis antirracista.[588]

Como brevemente apresentado, a WhiteCrit permite o enfoque no grupo étnico-racial branco, seus privilégios e as dinâmicas racistas que o coloca como dominante em sociedades baseadas na raça. Há caminhos para reconfigurar as estruturas que, na atualidade, promovem a identidade a étnico-racial branca, daltonismo racial ou evasão da cor, privilégio branco e o ódio racial em diversas esferas. Para que isso aconteça, é necessário do grupo racial branco a reflexão crítica sobre o que é ser uma pessoa branca e como ela pode se orientar para a ação antirracista e justiça racial.

Quantitative Critical Race Theory

A *Quantitative Critical Race Theory* (QuantCrit) ou Teoria Racial

Crítica Quantitativa é um campo de estudos recente fundamentado na TCR. No texto *QuantCrit: education, policy, 'Big Data' and principles for a critical race theory of statistics*,[589] Gillborn, Warmington e Demack relacionam o uso da TCR com métodos quantitativos. Os autores criticam o fato de as pesquisas estatísticas serem frequentemente consideradas objetivas e factuais, enquanto as qualitativas são identificadas como subjetivas e abstratas. Entendem que, por serem resultado do trabalho humano, os computadores refletem os preconceitos humanos, estereótipos racistas, e podem aprofundar as injustiças raciais no ambiente *web*.

Sobre o método estatístico, geralmente, os métodos quantitativos são criticados por sua incapacidade de captar a experiência humana. No entanto, Gillborn, Warmington e Demack defendem que tais métodos podem mapear estruturas mais amplas nas quais os sujeitos vivem experiências cotidianas e evidenciar as estruturas promotoras de desigualdades a grupos racializados. Conscientes de que as estatísticas podem ser usadas para camuflar, ofuscar e legitimar desigualdades raciais, os autores estabelecem princípios para a QuantCrit baseados, mas não restritos, na TCR: (a) centralidade do racismo; (b) números não são neutros; (c) categorias não são naturais e nem dadas: para "raça" leia-se "racismo"; (d) voz e visão: os dados não podem "falar por si mesmos"; (e) uso de números para justiça social.[590]

No que se refere à *centralidade do racismo*, a QuantCrit reconhece que o racismo é "uma característica complexa, fluida e mutável de uma sociedade que não é automática nem obviamente passível de investigação estatística".[591] Sem uma perspectiva crítica consciente da raça, as análises quantitativas legitimarão as desigualdades raciais existentes. Assim, um ponto de partida é interrogar a coleta, análise e representação do material estatística visando encontrar prováveis vieses raciais.[592]

Com relação ao fato de os *números não serem neutros*, a QuantCrit expõe os interesses, suposições e percepções das elites brancas presentes na coleta e análise de dados quantitativos. Ideais da supremacia branca, a propagação das teorias de déficit, o racismo e daltonismo racial no uso de ferramentas, modelos e técnicas são algumas das formas em que a pesquisa quantitativa serviu à manutenção de desigualdades raciais e ideias eurocêntricas. Refutar ideais de neutralidade da tecnologia e de normalização da desigualdade racial apresentada via pesquisas estatísticas nos diversos setores da sociedade é uma das maneiras de confrontar esse *status* racial.[593]

Sobre o princípio *categorias/grupos não são 'naturais' nem dados: para 'raça' leia 'racismo'*, a QuantCrit questiona a natureza e as consequências de categorias utilizadas na pesquisa quantitativa. Entende, portanto, que não é a raça que causa a desigualdade racial, mas, sim, o seu resultado: o racismo. Nesse sentido, a ausência da variável *pertencimento étnico-racial* em uma coleta de dados pode influenciar um estudo estatístico e invisibilizar as discussões raciais, haja vista não ter sido considerada para fins de análise.[594]

No que se refere ao princípio *voz e percepção: os dados não podem 'falar por si'*, a QuantCrit considera que os dados podem obter inúmeras interpretações, por isso essa dimensão examina a experiência e vivência de pessoas negras e outras colocadas às margens. Entendendo que os "números são construções sociais e provavelmente incorporam as suposições dominantes (racistas) que moldam a sociedade contemporânea",[595] a QuantCrit advoga que os números em diversas oportunidades irão representar interesses raciais brancos, e promover estereótipos racistas e entendimentos acríticos dos dados. Em dados quantitativos, não se pode esquecer que o racismo opera em conjunto com fatores que demarcam renda, educação, histórico do grupo étnico-racial, entre outros fatores.

O princípio da *orientação para justiça/equidade social* se refere à rejeição pela QuantCrit das noções falaciosas de que a pesquisa estatística é isenta de valores e politicamente neutra. A QuantCrit trabalha *com* e *contra* números ao se envolver com estatísticas como um aspecto totalmente social de como raça e racismo são constantemente reconfigurados e legitimados nas sociedades ocidentais.[596]

Embora seja uma abordagem relativamente nova, a QuantCrit oferece possibilidades de repensar os números, dados e estatísticas sem que se deixe de lado as influências raciais na vida de sujeitos não-brancos nas sociedades ocidentais. A seguir, nos moveremos para analisar a presença da TCR em BCI, assim como suas dimensões.

TEORIA CRÍTICA RACIAL EM BIBLIOTECONOMIA E CIÊNCIA DA INFORMAÇÃO

O debate sobre raça e racismo em bibliotecas e na Biblioteconomia não são novos, embora entendamos que os instrumentos de poder racial aprofundaram historicamente as injustiças epistêmicas para com as populações negras e outras racializadas retirando-as do lugar de autoridade epistêmica para colocá-las como subordinadas ao pensamento e epistemologias hegemônicos.

Como já abordamos na fundamentação teórica desta obra, o epistemicídio, memoricídio, daltonismo racial, princípio da ausência e *apartheid* epistêmico (com cada uma de suas especificidades) são barreiras para que as vozes e epistemes negras tenham o devido reconhecimento dentro do campo biblioteconômico-informacional. Pensando nisso, com o intuito de tecer as relações entre as dimensões da TCR e a BCI, promovemos a análise do *corpus* teórico coletado pela busca dos termos de pesquisa apresentados no Quadro 1, visando elucidar como tais dimensões estão presentes na BCI contemporânea. Ao todo, foram coletados 2.041 recursos informacionais distribuídos entre livros, capítulos, artigos e resenhas. Os dados foram transportados para o gerenciador EndNote, onde iniciamos pela retirada de duplicatas, exclusão das resenhas e dos estudos referentes a outras áreas do conhecimento como educação, direito e ciências sociais, e refinamento para estudos pertencentes à BCI e áreas correlacionadas (como Arquivologia, Gestão da Informação, por exemplo). Assim, o *corpus* total foi de 85 recursos informacionais, os quais foram traduzidos na ficha de análise (Figura 1), lidos na íntegra e interpretados para compor esta seção.

Retomando o que abordamos nas seções anteriores, elucidamos que a TCR entende o racismo como normalizado e endêmico, e a raça como construção social utilizada convenientemente para hierarquizar os diversos grupos étnico-raciais nas sociedades racializadas. Ademais, a raça e racismo estão no centro da TCR, e esses são analisados enquanto construções interseccionadas com outros demarcadores de opressão, tais como gênero, classe, raça, deficiência. Dessa forma, a TCR está inexoravelmente comprometida com a justiça social, concentrando seu debate sobre o local de subordinação destinado a sujeitos com base em suas identidades étnico-raciais, classe social, orientação sexual, pertencimento religioso e habilidade, e as formas de mudar essas estruturas. Na TCR, as experiências de pessoas negras são reconhecidas como formas de construção do conhecimento fomentadoras da compreensão e ensino da relação com a subordinação racial. Por fim, a TCR incentiva a perspectiva interdisciplinar buscando evocar diálogos que evoquem contranarrativas à cultura hegemônica.[597]

No que se refere às dimensões da TCR, na **TribalCrit**, tanto as histórias e orações, quanto as canções, palavras e nomes informam o conhecimento compartilhado das comunidades indígenas.[598] O acesso às informações de interesse dos povos indígenas em bibliotecas é essencial para o atendimento do direito básico de saber. Essas informações devem ser precisas (especialmente por conta das informações erradas sobre povos indígenas criadas pelo grupo dominante), criadas, compartilhadas e apropriadas pelos próprios povos indígenas que delas necessitam. O compartilhamento deve respeitar questões de sigilo de tradições indígenas e costumes, e a documentação de vozes, perspectivas, histórias e culturas sobre tais povos pode ser feita por intermédio de escritos, mas também de outras formas, como canções, obras de arte e cerâmica etc. Para além disso, o acesso a essas informações precisa ser realizado de forma respeitosa e de acordo com a epistemologia de cada povo.[599]

O método das contranarrativas ou contra-histórias é uma ferramenta da TribalCrit usada para contar as histórias desses povos por suas próprias vozes, reforçando sentimentos de soberania e autodeterminação ao mesmo tempo em que adapta a produção de informações sobre eles a partir de suas próprias realidades.[600]

Em nossa pesquisa, apesar de termos recuperado investigações sobre a TribalCrit, ainda existem lacunas na crítica em BCI vinculada às formas de saber indígena. As investigações encontradas abordam temas como educação bibliotecária e as questões indígenas,[601] sistemas indígenas de organização da informação e do conhecimento,[602] colonialismo na Organização do Conhecimento,[603] saberes indígenas, espaços formais e informais de aprendizado e conhecimento e a organização do conhecimento,[604] povo Zuni e acesso à informação indígena[605] e catalogação crítica e a TCR.[606] Esperamos que a TribalCrit seja usada para auxiliar pessoas bibliotecárias e outras profissionais de informação indígenas a se emanciparem das epistemes e *práxis* coloniais, ao mesmo tempo em que consigam defender o valor e a força de suas práticas locais para colegas não-indígenas. Esses últimos, por intermédio dessa dimensão, aprenderão a entender e respeitar as formas indígenas de conhecer e trabalhar para tornar essas instituições culturais mais reflexivas dos valores indígenas.[607]

Enquanto isso, na dimensão da **AsianCrit** se destaca uma literatura que articula o campo biblioteconômico-informacional, a TCR e os povos asiáticos. A pesquisa de Chen,[608] por exemplo, utiliza a TCR como estrutura metodológica para examinar as representações arquivísticas de pessoas chinesas nos EUA em coleções datadas do período anterior e durante a Era da Exclusão Chinesa (1860); em outro estudo a experiência de arquivista sino-americano, a discussão sobre noções pré-concebidas (institucionais e autoimpostas) e estereótipos sobre ser arquivista trabalhando em coleções afros e feministas são evidenciadas.[609]

Relacionado à **CRF** ou **FemCrit**, o texto de Kellee E. Warren,[610] por exemplo, conecta o debate sobre mulheres negras escravizadas de origem das Antilhas francesas em arquivos e a falta de representatividade de mulheres negras na profissão arquivística. Em sua discussão, reflete sobre como a falta de representatividade positiva de mulheres negras e a construção do imaginário social sobre elas estão vinculados ao baixo índice de recrutamento e retenção dessas profissionais arquivistas negras. Para consolidar esse pensamento, evoca os estudos feministas negros, a TCR e a justiça cognitiva como lentes visando discutir essa sub-representação, assim como as contranarrativas para preencher os silêncios presentes nas narrativas dos arquivos oficiais e as micro agressões materializadas nas formas sutis, intencionais ou não e de viés preconceituoso presente em esquemas descritivos utilizados em arquivos e nas profissões da informação.[611]

No que se refere à dimensão da **HebCrit** na BCI, a qual se refere ao povo judeu, em nossa pesquisa encontramos artigos com temas como lei judaica e o bibliotecário jurídico,[612] Biblioteconomia e bibliotecas em Israel,[613] construção de esquemas de classificação para bibliotecas e bibliografias judaicas[614] e organização de bibliotecas judaicas.[615] Entretanto, a articulação entre a dimensão da HebCrit, BCI e o povo judeu não foi recuperada.

Essa lacuna pode ser preenchida por intermédio de uma agenda de pesquisa que englobe a teoria da HebCrit e o campo biblioteconômico-informacional. A começar, esta agenda pode: a) examinar as experiências de pessoas judias no acesso à informação, no uso de produtos e serviços informacionais; b) investigar a vivência como pessoas bibliotecárias judias e as violências e micro agressões raciais sofridas por serem pessoas de origem judaica; c) avaliar a presença e/ou ausência das identidades, histórias, culturas, sociabilidades e contribuições do povo judeu em coleções e acervos de bibliotecas e demais unidades de informação; d) mapear as teorias, conceitos e epistemologias criadas por intelectuais judeus dentro do campo biblioteconômico-informacional; e) vincular estudos da justiça social e justiça informacional com a análise das influências da raça e racismo antijudeu na vivência de pessoas judias em conjunto com outros demarcadores sociais de opressão; f) explorar as contranarrativas de pessoas judias como reparação ao discurso hegemônico sobre o povo judeu; g) elaborar ações de enfrentamento aos preconceitos antissemitas nos contextos diversos. Aqui, pontuamos somente algumas das possíveis aplicações para uma agenda que se coloque a evidenciar a HebCrit no contexto dos estudos em informação.

No que concerne à **BlackCrit**, nós recuperamos experiências vividas por pessoas negras e pessoas bibliotecárias negras e outras racializadas em bibliotecas[616] e com a diversidade,[617] as quais são consideradas legítimas, apropriadas e críticas para o entendimento, análise e desafio às estruturas dominantes, práticas e discursos de opressão.[618] Por intermédio da TCR, as pessoas estudiosas centralizam as contranarrativas das pessoas de comunidades historicamente marginalizadas para refutar a ideologia dominante e apoiar o empoderamento social desses sujeitos que descobrem não estarem sozinhos e que há resistência ao racismo e às esferas de opressão racializadas.[619]

Sobre a Teoria Crítica e o debate racial, referências que articulam a história da biblioteca, Teoria Crítica e as questões de raça e racismo também foram encontradas, tais como Dawson,[620] Fultz,[621] Graham,[622] Knott,[623] La Peña Mccook,[624] Velez e Villa-Nicholas,[625] Tucker[626] e Wiegand.[627] Algumas pesquisas evocaram debates sobre justiça social, educação bibliotecária e currículo em BCI;[628] justiça racial, comunidade e Biblioteconomia e Ciência da Informação Antirracista;[629] dessegregação em bibliotecas estadunidenses;[630] justiça global, conhecimento e o desafio às desigualdades;[631] pedagogia crítica, interseccionalidade e justiça social;[632] micro agressões raciais e desafios psicológicos para pessoas bibliotecárias negras e racializadas;[633] epistemicídio, injustiça epistêmica e equidade da informação;[634] discursos de ódio, representação racista e disseminação de informação na internet;[635] diversidade em bibliotecas e pessoas bibliotecárias.[636]

Desses, destacamos o estudo de Beth Patin e colaboradores com sua definição de epistemicídio embasada em Boaventura de Sousa Santos. O epistemicídio é conceituado como silenciamento, aniquilação, desvalorização, expropriação de um sistema de conhecimento. Ele ocorre com a soma de diversas injustiças epistêmicas, as quais refletem as estruturas de opressão sistemática de conhecimentos. Para as autoras, com o discurso de uma pretensa unicidade do conhecimento hegemônico-branco-masculino-patriarcal-eurocêntrico-colonial, o campo biblioteconômico-informacional executou sistematicamente a "morte" das agências epistêmicas de membros de diversos grupos étnico-raciais e sociais.[637]

Figura 13 - Enquadramento do epistemicídio no campo biblioteconômico-informacional.

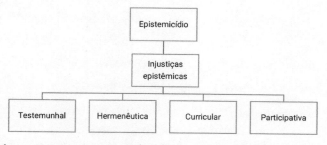

Fonte: Patin, Sebastian, Yeon, Bertolini e Grimm (2021); Silva, Garcez e Silva (2022).

A partir de um modelo teórico-conceitual (Figura 13), Patin e colaboradores[638] representaram como o epistemicídio é aplicado em BCI via injustiças epistêmicas,[639] as quais podem ser categorizadas como injustiça testemunhal, hermenêutica, curricular e participativa.

Relembrando sinteticamente, as injustiças epistêmicas se desdobram em: *injustiça testemunhal* se vincula ao baixo nível de credibilidade atribuído por quem recebe a informação a uma pessoa denunciante de um preconceito, assédio ou violência; a *injustiça hermenêutica* se refere à lacuna de recursos que impossibilitam uma pessoa interpretar as experiências sociais vividas, inclusive quando sofre alguma violência, restrição de direitos etc.; a *injustiça curricular* é experienciada por quem não obtém os recursos físicos que fomentem seu desenvolvimento epistêmico e de suas comunidades; por fim, a *injustiça participativa* trata da exclusão das pessoas e comunidades do seu próprio processo de desenvolvimento epistêmico.[640]

Com relação à dimensão da **LatCrit** em BCI, restringindo a análise para a comunidade latina e pessoas falantes de espanhol, os estudos analisados demonstraram que os esforços pela representatividade latina no campo se iniciaram nas décadas de 1960 e 1970 durante a insurgência dos movimentos civis. Na década de 1960 foi criado o *Committee to Recruit Mexican American Librarians*,[641] e, posteriormente, surgiu a REFORMA: *The National Association to Promote Library and Information Services to Latinos and the Spanish-Speaking*[642] enfocando o recrutamento e treinamento de pessoas bibliotecárias latinas bilíngues para atuar em bibliotecas e unidades de informação.[643]

Güereña e Erazo[644] abordam sobre a escassez de literatura contemplando a história de serviços bibliotecários para pessoas latinas em bibliotecas dos EUA, especialmente antes de 1970. Com a elaboração da REFORMA e o avanço no engajamento de profissionais da informação latinos, programas e serviços bibliotecários para pessoas latinas e falantes de espanhol se tornaram conhecidos no campo, dentre eles o *Bibliotecas para la Raza* com programas de extensão de literatura infantil para mexicanos; e *Bibliotecas para la Gente*, uma organização bibliotecária formada em 1975 vinculada à REFORMA com o objetivo de oferecer oficinas de treinamento e emitir bibliografias para o desenvolvimento de coleções em bibliotecas que servem comunidades latinas e falantes de espanhol.

Isabel Espinal, em seu texto *Wanted: Latino Librarians*,[645] critica a ausência de pessoas bibliotecárias bilíngues de diversos pertencimentos étnico-raciais nas bibliotecas estadunidenses. Utilizando da contranarrativa, aborda sobre a falta de representatividade latina e a realidade de quem frequenta as bibliotecas e não possui suas necessidades informacionais atendidas por falta de comunicação. Essa última, resultante da ausência de pessoas bibliotecárias bilíngues com preparação para interagir com diferentes sujeitos, mesmo com um número expressivo de comunidades latinas e caribenhas nos EUA.

Para esse contexto, Espinal[646] entende que a solução está no recrutamento de pessoas bibliotecárias latinas, haja vista que as comunidades latinas possuem menos chance de encontrar uma pessoa bibliotecária de sua própria cultura em bibliotecas estadunidenses do que pessoas brancas. Como resultado, as comunidades latinas são sub-representadas na profissão, acervos e coleções, e não utilizam a biblioteca como instrumento de transformação de suas realidades sociais.

Espinal,[647] Adkins e Hussey[648] e Long[649] atribuem à Biblioteconomia esse cenário de ausência de diversidade entre pessoas bibliotecárias pelo fato dela ser uma profissão branca com valores culturais da hegemonia – aqui vemos influência da TCR nas reflexões das pessoas autoras, as quais, embora não citem a LatCrit, promovem uma articulação entre essa com a WhiteCrit. Isso relega a segundo plano o debate sobre raça, racismo e branquitude nas discussões sobre recrutamento, educação bibliotecária e atuação profissional em bibliotecas e unidades de informação.

Para além das barreiras estruturais, a ausência de pessoas bibliotecárias latinas e o baixo financiamento destinado a bibliotecas que atendem comunidades negras e latinas, um dos sintomas da branquitude na biblioteca é o preconceito contra latinos e o idioma espanhol. Isso porque pessoas nativas da língua espanhola com sotaque ao falarem inglês são consideradas inábeis linguisticamente, enquanto pessoas nativas do inglês que falam espanhol com sotaque são enaltecidas por seus esforços em buscar uma diversidade linguística. O reduzido número de pessoas bibliotecárias que frequentam a universidade de Biblioteconomia também é outro sintoma, pois as pessoas de origem latina são as que mais evadem dos bancos escolares e somente algumas delas realmente ingressar na universidade. Quando chegam ao ensino superior, muitas bibliotecas não enfocam nas necessidades informacionais de acadêmicas latinas, além de negligenciarem a representatividade de suas identidades culturais e étnico-raciais naquele ambiente culturalmente hegemônico.[650]

Em *The Diversity Mandate*,[651] Adkins e Espinal pautam a importância da diversidade para a mudança positiva da profissão, sobretudo porque a falta de pessoas bibliotecárias de grupos étnico-raciais diversos afasta pessoas não-brancas das bibliotecas e da profissão. As autoras identificam que uma das chaves para a diversidade está no recrutamento de estudantes negras, hispânicas, latinas, asiáticas-americanas e indígenas a partir de programas de diversidade em universidades para que as pessoas de grupos étnico-raciais possam receber uma educação culturalmente diversa que se reverta em profissionais criadores de projetos e serviços relevantes às suas comunidades. Relembram sobre a Biblioteconomia ser uma profissão impulsionada pela língua e cultura, cujo enfoque está nas pessoas frequentadoras das bibliotecas. Os recursos informacionais que compõem os acervos e coleções – sejam eles impressos, audiovisuais ou digitais – possuem origem nas línguas e culturas específicas que compõem as sociedades. Por isso, pessoas bibliotecárias dessas mesmas comunidades que conhecem essas culturas e especificidades informacionais é quem vai contribuir para transformar o campo.

Colaborando para o debate sobre a diversidade, David J. Hudson[652] aponta a construção das desigualdades de informação como um elemento-chave para o discurso racializado em BCI. Corrobora com Hall,[653] Honma,[654] Hussey,[655] Pawley[656] e Peterson[657] de que convenientemente a escrita e discussão sobre raça e racismo foram invisibilizados e escamoteados no campo biblioteconômico-informacional. Quando se debate sobre raça, os discursos se baseiam na diversidade e utilizam termos como "multiculturalismo" e "inclusão" para examinar as dinâmicas sociais, culturais e históricas dos povos colocados às margens e do poder racial que incide sobre eles.[658] Complementando essa discussão, Todd Honma[659] infere que os discursos de "diversidade", "etnicidade" e "multiculturalismo" contemporâneos são incapazes de representar as discrepâncias raciais no campo, haja vista que o foco nesses conceitos elimina a menção à raça, e separa os termos das relações de poder de seus significados racializados.

Em outra oportunidade, Hudson[660] havia criticado a linguagem corporativa de diversidade, equidade e inclusão, cujo intuito é dominar o discurso público sobre raça e poder, invisibilizar o debate racial e arrefecer os movimentos que confrontam diretamente a persistência de subjugação racial em BCI. Há uma dificuldade do campo e de teóricos em nomear o racismo e suas manifestações, pois o discurso que nega está fortemente imbricado no liberalismo racial militante carregado de um vínculo moral que retira a responsabilidade das organizações, universidades e sujeitos sobre as formas de violência racializada aplicada aos povos não-brancos. Isso significa dizer que o discurso da diversidade se encontra esvaziado por conta de ações fundamentadas no liberalismo racial, em que as organizações assimilam terminologias da luta antirracista com o intuito de obter lucro e extrair recursos por meio do capitalismo racial, ao mesmo tempo em que colabora para a promoção e manutenção do racismo estrutural.[661]

Além desse debate, a pesquisa de Cass Mabbott[662] usou da lente da TCR para discutir as ações de pessoas bibliotecárias e profissionais da informação visando impulsionar a campanha *We need diverse books*[663] criada em 2014 com enfoque na diversidade étnico-racial na literatura infantil. Em nossa pesquisa, os estudos abordam também serviços bibliotecários e recursos informacionais para comunidades latinas e falantes de espanhol em bibliotecas públicas;[664] comportamento informacional, uso de bibliotecas e internet por pessoas latinas e falantes de espanhol;[665] *gatekeepers* etnolinguísticos e a busca por informação;[666] acesso à informação em saúde por hispânicos;[667] bibliotecas universitárias, serviços e estudantes latinos;[668] e fontes de informação para pessoas latinas imigrantes.[669] Embora tais investigações não tenham informado sobre o uso da LatCrit como lente teórica, percebemos influência da TCR no debate étnico-racial e enfoque em comunidades latinas diversas, sem deixar de se preocupar com as especificidades de cada grupo no acesso e uso da informação em bibliotecas e ambientes de interação social.

Com relação à dimensão da **DisCrit**, estudamos nas seções anteriores que essa teoria examina processos, impactos, materiais e práticas consideradas antirracistas e anticapacitistas em diversas esferas da sociedade. Um dos interesses da DisCrit, de acordo com os princípios elencados, está em compreender como a convergência de interesses está presente nas estruturas sociais reforçando a branquitude a sujeitos racializados e a impondo a normalidade a corpos multiplamente marginalizados.[670]

Pensando o campo biblioteconômico-informacional, poderíamos refletir com base na DisCrit, por exemplo, como as bibliotecas agem para as pessoas com deficiência participarem das atividades culturais e outros serviços e produtos e serviços promovidos pelas bibliotecas, e se existe um nível de pertencimento ao espaço e ambiente por parte desses sujeitos e resultados equitativos. Há um obscurantismo das discussões sobre raça, deficiência e injustiças que se reflete na negação do debate sobre capacitismo e racismo na sala de aula, na falta de referenciais teóricos que debatam o tema, na deturpação da história e retenção de conhecimentos que debatam sobre injustiça racial, ou minimizem ou neguem incidentes raciais e evitem conversas sobre deficiência e raça nos ambientes informacionais e educacionais. No campo científico, a pesquisa em BCI pode minimizar ou negar os efeitos do racismo quando não se considera o fator raça como influente nas relações sociais e experiências dos sujeitos com deficiência.[671]

A deficiência precisaria ser analisada em conjunto com outras ideologias de opressão (capacitismo, sexismo, racismo, colonialismo) e instrumentos de poder racial (raça, racismo, branquitude, ideologia da meritocracia, injustiça epistêmica, micro agressões raciais, entre outros) buscando compreender como essas se interconectam para influenciar nas práticas de profissionais de educadores, bibliotecários e outros profissionais que excluem ou incluem povos colocados às margens.[672]

Dentro do campo biblioteconômico-informacional, há diversas interconexões entre estudos sobre deficiência e informação, tais como *makerspace* e ambientes de aprendizagem em igualitários e inclusivos em bibliotecas,[673] bibliotecas em ambientes digitais e pessoas com deficiência,[674] pessoas com deficiência e a busca por informação em bibliotecas públicas,[675] pobreza em informação e pais de pessoas com deficiência,[676] crianças e jovens com deficiência e o acesso à informação,[677] recuperação de informações, pessoas com deficiência e as orientações em páginas web,[678] elaboração de cursos acessíveis,[679] classificação textual, comunidades de saúde *online* e pessoas com deficiência auditiva e surdas,[680] *Cyberscape*, acessibilidade e exclusão digital,[681] princípios de acessibilidade na *web*,[682] acessibilidade em bibliotecas e centros de informação,[683] influência das deficiências na busca de informação,[684] serviços de informação e pessoas com deficiência,[685] entre outros.

No entanto, apesar do notável avanço, a vertente da DisCrit com os estudos interseccionais entre a raça, racismo, pessoas com deficiência em bibliotecas e ambientes informacionais ainda são incipientes. Em nosso entendimento, a DisCrit permitirá uma pesquisa em BCI orientada para a justiça que incorpore as múltiplas vozes de sujeitos e comunidades marginalizadas. Dessa forma, promove o desafio às hierarquias raciais e de habilidades estabelecidas, assim como considera a participação desses sujeitos ao longo do processo de planejamento, escolha de métodos e aplicação das pesquisas no campo;[686] o contrário disso seria cometer o que Miranda Fricker[687] e Beth Patin e Melinda Sebastian[688] chamam de *injustiça participativa*, pois exclui ou invalida as vozes e a participação dos sujeitos que sofrem múltiplas marginalizações.

Apesar das possibilidades, e embora as questões de identidade, inclusão e acessibilidade tenham ganho enfoque maior nos últimos anos dentro do campo, a literatura científica ainda se atém às reflexões sobre como atender as pessoas com deficiência e quais os problemas relacionados à acessibilidade necessitam ser resolvidos nas unidades de informação.[689] Com a DisCrit, a BCI pode pensar a pesquisa, a educação profissional e prática bibliotecária orientadas para a justiça racial e da deficiência tendo como base as experiências de pessoas racializadas com deficiência, além de procurar os padrões que evidenciem as injustiças no oferecimento de produtos e serviços de informação em unidades de informação, em sala de aula e oportunidades de desenvolvimento.[690]

Entretanto, em nossa percepção, o campo invisibiliza as injustiças informacionais e epistêmicas promovidas pela influência da raça e do racismo nas subjetividades e nas ações da pessoa bibliotecária, na criação e no oferecimento de produtos e serviços informacionais. Futuramente, uma agenda de pesquisas que enfoque o desenvolvimento da DisCrit nos permitirá refletir sobre as experiências de pessoas bibliotecárias negras ou racializadas atuantes em bibliotecas; a influência da concepção de neutralidade na inclusão de recursos informacionais produzidos por pessoas negras com deficiência; o tratamento dispensado a pessoas com deficiência e a influência da raça nessa ação; a injustiça interseccional e as micro agressões raciais sofridas por pessoas com deficiência negras e racializadas em bibliotecas e espaços informacionais, entre outros debates de pesquisa.

À medida que a DisCrit é enfocada em BCI são evidenciados tais aspectos históricos, instrumentos de poder e opressão, e ferramentas legais fomentadoras de desigualdades, pesquisa e prática profissional. Dessa maneira, consciente da influência desses processos, a pessoa bibliotecária buscará caminhos para justiça com sujeitos e comunidades que são atingidas por múltiplas marginalizações dentro dos espaços informacionais e na educação bibliotecária.[691]

Referente à dimensão da **WhiteCrit** dentro da BCI, as reflexões destacam como a biblioteca ainda é um *espaço branco e a Biblioteconomia propagadora da supremacia racial e do discurso dominante*. Para além da branquitude, o cerne está na discussão do racismo como normalizado e as maneiras pelas quais o racismo passou a estruturar o campo biblioteconômico-informacional.[692]

Historicamente, dentro da WhiteCrit em BCI, o termo branquitude foi usado pela primeira vez no artigo *A New Vocabulary for Inclusive Librarianship: Applying Whiteness Theory to our profession*,[693] escrito por Isabel Espinal,[694] uma das pioneiras nessa reflexão. Nessa oportunidade, a autora evocou a consciência para a branquitude dizendo que: "a menos que abordemos a branquitude, a menos que a identifiquemos e nomeemos, muitos dos problemas que nos atormentam coletivamente e individualmente como bibliotecários de cor continuarão."[695] Para a autora, há uma lacuna nas pesquisas com olhar crítico para a identidade étnico-racial branca e seus privilégios dentro das bibliotecas e Biblioteconomia. Isso acontece, pois a maioria das discussões estão voltadas para os grupos étnico-raciais que a branquitude classifica como "outros", enquanto se esquece de olhar para si mesma.[696]

Para Espinal,[697] "a cultura dominante norte-americana - branca - não está acostumada a olhar para a branquitude ou reconhecer sua própria existência". Por isso, é "imperativo derrubar a dominação racial dos brancos na Biblioteconomia, aplicando antropologicamente a Teoria da Branquitude à profissão".[698] Em sua análise, a linguagem presente na WhiteCrit pode servir de instrumento para letramento racial crítico na formação bibliotecária. Ademais, a contratação de profissionais diversos nos ambientes das bibliotecas e em cursos de formação profissional é uma das alternativas apontadas por ela para enfrentamento à homogeneidade racial branca na profissão bibliotecária.[699]

Assim, como Espinal, Jody Nyasha Warner é outra pioneira no debate da branquitude no campo. Em seu artigo *Moving Beyond Whiteness in North American Academic Libraries,*[700] Warner[701] analisa a branquitude na cultura universitária. Na biblioteca universitária, a branquitude é aplicada no tratamento desigual de viés racializado e na manutenção do estereótipo sobre pessoas negras. Como representantes de sua "raça" é esperado que elas confirmem os preconceitos construídos no imaginário social sobre seu grupo étnico-racial.[702]

John Berry[703] criou uma versão adaptada do texto de Peggy McIntosh para abordar sobre o privilégio branco em bibliotecas, e assim levar pessoas bibliotecárias brancas a interrogarem sua branquitude. Abaixo, reproduzimos tais privilégios raciais, conforme o autor:

1. Posso, se desejar, estar na companhia profissional de pessoas da minha raça a maior parte do tempo.
2. Se eu precisar mudar de emprego, posso ter certeza de que trabalharei em meu cargo de biblioteca em uma biblioteca com

funcionários profissionais, principalmente, se não exclusivamente, de pessoas da minha raça.
3. Posso ter certeza de que meus colegas em tal local serão neutros ou agradáveis comigo.
4. Posso aceitar um emprego com um empregador de ação afirmativa sem que meus colegas de trabalho suspeitem que consegui por causa da raça.
5. Posso ter certeza de que o responsável por uma biblioteca será uma pessoa da minha raça.
6. Posso ignorar a linguagem e os costumes das pessoas de cor que constituem a maioria do mundo sem sentir em minha cultura qualquer penalidade por tal esquecimento.
7. Posso examinar a maioria dos materiais em minha biblioteca, impressão ou mídia e ver as pessoas da minha raça amplamente representadas.
8. Ao conduzir o desenvolvimento de uma coleção, consigo encontrar facilmente materiais com pessoas da minha raça.
9. Quando pesquiso a história nacional ou "civilização", descubro que as pessoas da minha cor fizeram dela o que é.
10. Posso criticar minha biblioteca ou minha profissão e falar sobre o quanto temo suas políticas e comportamento sem ser visto como um estranho.
11. Posso ir para casa depois da maioria das reuniões ou conferências profissionais sentindo-me um tanto preso, em vez de isolado, deslocado em menor número, desconhecido, mantido à distância ou temido.
12. Se meu dia, semana ou ano de trabalho está indo mal, não preciso me perguntar sobre cada episódio ou situação negativa se há implicações raciais.[704]

Recordamos que as concepções de daltonismo racial e mérito funcionam como retórica do poder racial em instituições presumivelmente neutras quanto à raça.[705] O combate ao daltonismo racial, ao discurso da pseudoneutralidade profissional e o questionar das epistemologias brancas/ocidentais a partir de vozes e epistemologias de pessoas negras, africanas, indígenas e outras não-brancas são fundamentais para o extermínio do racismo e reconhecimento das desigualdades e injustiças.[706] Tanto pessoas bibliotecárias, docentes, pesquisadoras e profissionais brancas quanto negras, indígenas e outras racializadas necessitam ser instrumentalizadas em letramento racial crítico.[707] Isso permitirá compreenderem suas identidades étnico-raciais, serem conscientes da supremacia racial branca e dos privilégios simbólicos, materiais e raciais atribuídos ao grupo étnico-racial branco nas sociedades cuja centralidade da raça e racismo (à moda antiga e novo racismo) permanecem, e como isso influencia a vivência e experiência de grupos étnico-raciais não-brancos.[708]

Outro destaque na produção científica da WhiteCrit é o primeiro livro sobre branquitude em BCI intitulado *Topographies of Whiteness: Mapping Whiteness in Library and Information Science*,[709] editado por Gina Schlesselman-Tarango. Apesar de haver literatura científica sobre branquitude em diversos espaços (periódicos, *sites* etc.), esse livro é pioneiro por refletir sobre o impacto da branquitude no campo e na profissão bibliotecária. Com capítulos diversos, aborda temas como análise da branquitude em instituições predominantemente brancas,[710] feminismo branco e bibliotecas universitárias,[711] branquitude no currículo em BCI,[712] branquitude e serviço de referência,[713] entre outras abordagens de temas.

Adicionar a WhiteCrit à educação bibliotecária por intermédio do currículo dos cursos de graduação, fornecer treinamentos para diversidade para pessoas já formadas e exercícios de reavaliação das políticas de desenvolvimento de coleções fomentará o pensamento crítico e a conscientização das pessoas bibliotecárias sobre a permanência da branquitude, a urgência do antirracismo, anticapacitismo, antiLGBTQIAfobia e do confronto às injustiças e outras formas de opressão direcionadas às populações colocadas às margens, as quais historicamente tiveram o acesso à informação e à biblioteca negados por muito tempo.[714] Políticas antirracistas formais e procedimentos disciplinares são necessários para deter e debater formas abertas de racismo (insultos raciais, calúnia, símbolos de ódio) e micro agressões contra pessoas negras em ambientes informacionais e educacionais. Desenvolver o comprometimento com a justiça social entre pessoas bibliotecárias e educadoras, incentivar uma cultura antirracista pode impedir que o racismo se expresse, assim como facilitará a identificação de líderes dessas violências contra pessoas negras dentro desses ambientes.[715] Por fim, a construção de estratégias com o uso de ferramentas críticas como a WhiteCrit de forma independente ou em conjunto com as outras dimensões que se fizerem necessárias permitirá desestruturar opressões e discursos excluidores dentro das bibliotecas, da educação bibliotecária e da prática docente.

Sobre a **QueerCrit** e **QuantCrit**, embora não tenhamos encontrado estudos específicos com as teorias dentro do campo, algumas pesquisas merecem destaque por interrelacionarem algumas dessas dimensões. Uma das primeiras é a reflexão de Todd Honma, pesquisador que interrelacionou QueerCrit com a WhiteCrit, FemCrit e LatCrit para apresentar uma crítica multiperspectiva do discurso racial em BCI. Unindo diversos pontos de vista de grupos colocados às margens e reconhecendo a interseccionalidade entre privilégio e opressão, o autor critica a visão propagada da biblioteca como uma instituição igualitária de acesso à informação a todas as pessoas. Entende essas visões idealizadas de benevolência mítica sobre a biblioteca como uma forma de ser conivente com a reprodução e perpetuação de estruturas sociais racistas.[716]

Para o autor, a biblioteca – sobretudo a pública – possui uma história de racialização alinhada à lógica multiculturalista liberal. Embasado em David Roediger e George Lipsitz, enfoca a história da identidade étnico-racial branca e sua presença como elementos-chaves para compreendermos a manutenção de opressões e criar estratégias de enfrentamento a elas. Critica alguns autores como John Budd,[717] um estudioso considerado por Honma com uma visão limitada da biblioteca, pois deixa de fora uma compreensão mais complexa dessa instituição e o meio sociopolítico específico em que ela se encontra. Para Honma,[718] essa visão limitada perpetua o discurso de aparente neutralidade das bibliotecas e as estruturas ocultas de exclusão racial, e falha em reconhecer que as bibliotecas são ideologicamente construídas por forças sociais e como elas são utilizadas em projetos raciais historicamente situados.

Ao longo da história, as bibliotecas mantiveram motivo racial (intencional ou não) que as tornou cúmplice dos interesses e do privilégio racial do grupo branco. Esse motivo precisa ser investigado com vistas a responder o papel da biblioteca na formação de uma cidadania racial branca e da invisibilidade racial branca nas sociedades.[719] Como estratégia, o autor infere que ouvir as pessoas de grupos não-hegemônicos permitirá que se analise como a branquitude foi operacionalizada no campo da Biblioteconomia. Sobretudo, devemos interrogar a posicionalidade branca e as formações ideológicas que resultam em privilégios materiais, simbólicos para o grupo étnico-racial branco em bibliotecas e prática bibliotecária.[720]

Em outro texto escrito como introdução no primeiro livro específico sobre a TCR em BCI intitulado *Knowledge Justice: Disrupting Library and Information Studies throuht Critical Race Theory*,[721] Honma[722] defende a TCR como um kit de ferramentas metodológicas que permite expor e desmontar o sistema e as atuais estruturas de dominação racial. O autor relembra que o racismo visa assegurar a manutenção do capitalismo e da supremacia racial, e na medida em que o sistema racista se desenvolve, desmantela outras possibilidades de onto-epistemologias, hierarquiza e oprime sujeitos e comunidades racializadas. Assim, o trabalho de pesquisa racial crítica em BCI necessita estar vinculado às noções de recuperar, iluminar, teorizar, revisionar e decretar outras possibilidades para uma biblioteconomia liberadora e justa.[723]

Sobre o livro, este possui enfoques na branquitude e supremacia branca em BCI e bibliotecas,[724] epistemologias supremacistas,[725] contranarrativas aos discursos brancos em espaços informacionais,[726] descentralização da branquitude na BCI,[727] entre outros temas.

Dente eles, destacamos o estudo de Vázquez,[728] o qual relaciona a TCR e a biblioteca pública com acervo destinado ao público infantil. Como outros autores da WhiteCrit **já indicaram, em** ambientes como a biblioteca, a branquitude e narrativas da supremacia racial são examinadas e desafiadas visando expor e desconstruir o domínio racial branco em BCI. É esse o compromisso que Vázquez[729] tem ao discutir o racismo como permanente, estruturador e estruturante das hierarquias racistas e dos tecidos sociais. Tais estruturas hierárquicas orientam domínios políticos, econômicos e sociais. Esses domínios são estruturais, disciplinares, culturais e estão presentes nas bibliotecas. O domínio estrutural, por exemplo, se refere ao domínio do poder por meio do qual as desigualdades raciais são organizadas via instituições sociais (escolas, hospitais, agências do governo). Nesse domínio, o racismo se desenvolve como sistema de poder estabelecido e organizado com vistas à manutenção racial da branquitude.[730]

Enquanto isso, o domínio disciplinar é um domínio de poder criado para defender a hierarquia racial (ou desafiá-la) por meio das regras, instrumentos de poder racial e regulamentos sociais cotidianos. Se manifesta via práticas bibliotecárias como o uso de políticas e diretrizes da biblioteca, que no entendimento de Vázquez, são projetadas e implementadas com o objetivo de controlar e regular o acesso e o uso da biblioteca, assim como acesso à informação, coleções e serviços por ela oferecidos.[731]

O domínio cultural é o terceiro domínio do poder, cujo propósito é fabricar e replicar ideias e visões para justificar as desigualdades e injustiças raciais. Por intermédio da mídia, por exemplo, são construídas representações, ideias e histórias sobre raça e racismo enquanto um sistema de poder. Para além dela, o domínio cultural também pode ser aplicado por meio de textos, ilustrações, filmes, TV, música, brinquedos e memorabilia. Nesse contexto, crianças são expostas a artefatos culturais problemáticos e ideologias racistas desde o nascimento, e o currículo escolar e os materiais da biblioteca não estão isentos dessas representações desiguais. Nas bibliotecas, as coleções mimetizam esse domínio cultural e os processos de desenvolvimento de coleções desempenham um papel na defesa ou questionamento das desigualdades raciais nos materiais disponíveis.[732]

Concluindo esta seção, observamos que a TCR analisa o papel do racismo na promoção e manutenção das injustiças, desigualdades e opressões raciais e suas intersecções com outros demarcadores na sociedade. Apesar de seu potencial para reflexão crítica e atuação consciente da função da raça e do racismo na profissão e subjetividades das pessoas bibliotecárias, a TCR como ferramenta de análise e categorização, assim como algumas das dimensões aqui abordadas, ainda necessitam ser devidamente investigadas na academia e discutidas nos cursos, currículos e bibliotecas. Principalmente porque a recusa em nomear a branquitude e o uso do termo privilégio branco centraliza a discussão sobre discriminação racial como um problema de pessoas negras, indígenas e outros grupos étnico-raciais em vez de ser um problema a ser resolvido pelo grupo racial branco. Por isso, é necessário descentralizar a branquitude e promover a diversidade étnico-racial nas bibliotecas e espaços formativos.

CONSIDERAÇÕES DO CAPÍTULO

Este capítulo apresentou a Teoria Crítica Racial (TCR) iniciada na década de 1970 visando discutir o racismo, as injustiças sociais e opressões contra povos racializados. Realizamos a contextualização das dimensões (LatCrit, BlackCrit, HebCrit, QuantCrit, AsianCrit, WhiteCrit, DisCrit, QueerCrit, TribalCrit) criadas e fundamentadas a partir da TCR e dos seus princípios, e fornecemos as múltiplas perspectivas que abordam o racismo e as populações colocadas às margens.[733] As figuras fundadoras como Derrick Bell, Kimberlé Crenshaw, Cheryl Harris, Daniel Solórzano, Richard Delgado, Jean Stefancic se constituíram em referenciais teóricos que promoveram o desenvolvimento da TCR e a tornaram conhecida para diversas áreas do conhecimento, como Educação, Ciências Sociais e Biblioteconomia e Ciência da Informação.

Os princípios básicos da TCR foram elucidados para compreendermos que o racismo é endêmico, a noção de raça é uma construção social, as histórias e narrativas são instrumentos poderosos de construir teorias, mudar mentalidades e possuem função importante dentro das comunidades, assim como a interseccionalidade nos permite perceber como os demarcadores sociais como raça, classe, gênero, sexualidade, religião, deficiência, localização geográfica se interseccionam e influenciam na vida de sujeitos negros e outros racializados.[734] As dimensões da TCR são ramificações voltadas a examinar as especificidades dos diversos grupos étnico-raciais e sociais e as suas experiências com o racismo.

Por fim, nós adentramos o campo biblioteconômico-informacional, buscando as abordagens contemporâneas da TCR e das suas dimensões. Percebemos lacunas que podem ser preenchidas no campo visando atender à justiça social. Essa agenda de pesquisa visa encorajar o confronto aos padrões, sistemas, políticas e práticas excluidoras, mas, sobretudo, evidenciar contranarrativas e conhecimentos de pessoas frequentadoras *de* e atuantes *em* bibliotecas e ambientes informacionais. Deve ser constante o questionamento à supremacia racial branca, ao subjugo racial e à influência do racismo na biblioteca, formação e atuação profissional para que o debate não se esvazie.

No percurso desta escrita, nos foi possível identificar que apesar dos estudos recuperados não enfocarem necessariamente na questão da raça, eles promovem a crítica aos saberes hegemônicos visando romper com as barreiras criadas pelas culturas dominantes, as quais impactam nas experiências de comunidades e culturas não-hegemônicas. O desafio às noções de neutralidade, a consciência sobre invisibilidade da raça nos debates do campo biblioteconômico-informacional, os impactos da branquitude nas bibliotecas e na produção do conhecimento, a percepção das disparidades existentes nos sistemas de classificação do conhecimento e o compromisso com a justiça social nos sugerem a influência da TCR nas reflexões desses teóricos da BCI. Vimos ainda a possibilidade de intersecção entre estudos que englobam em seu escopo mais de uma dimensão, como por exemplo, TribalCrit com QuantCrit, WhiteCrit com LatCrit, e assim por diante.

Com base nesse entendimento, partimos para o próximo capítulo, cujo enfoque é interpretarmos as reflexões e teorias de pessoas bibliotecárias negras e estabelecermos a conexão com a TCR.

CAPÍTULO 4

PESSOAS BIBLIOTECÁRIAS NEGRAS ENQUANTO TEÓRICAS CRÍTICAS RACIAIS: EVOCANDO A CENTRALIDADE DA RAÇA E DO RACISMO EM BCI

Este capítulo apresenta os resultados da nossa pesquisa, via interpretação de epistemologias negro-africanas elaboradas por pessoas negras bibliotecárias que debateram sobre raça e racismo no campo biblioteconômico-informacional. Para este recorte de pesquisa, e considerando a análise sob a ótica da Teoria Crítica Racial (TCR), foram selecionadas duas das pessoas bibliotecárias negras que produziram no campo biblioteconômico-informacional, colocando em evidência a raça, racismo e seus elementos complementares de opressão e exclusão do conhecimento e grupo negro, especialmente, referentes às três esferas enfocadas nesta pesquisa: formação bibliotecária, biblioteca e atuação profissional.

Retomando as dimensões metodológicas, lembramos que este é um estudo qualitativo, exploratório e descritivo que utiliza da biobibliografia e da metodologia decolonial para considerar as experiências de vida, momentos históricos, sociais e profissionais que forjaram essas pessoas bibliotecárias como teóricas críticas raciais em Biblioteconomia e Ciência da Informação (BCI). Conforme apresentado no Quadro 1, a busca por recursos informacionais foi realizada em bases de dados, periódicos científicos, *sites*, livros e capítulos de livros, com o intuito de compilar a produção intelectual desses atores.

Com o auxílio do EndNote, foram retiradas as duplicatas, organizados os metadados (título, autoria, ano, local de publicação, paginação, PDF do documento, quando possível) e selecionadas as pessoas intelectuais a serem evidenciadas neste capítulo tendo como base alguns critérios pré-estabelecidos, a saber: a) período histórico de sua atuação no século XX; b) localização geográfica onde iniciou a discussão sobre raça e racismo na BCI, conforme os dados encontrados; c) o protagonismo na profissão; d) sua contribuição teórica e profissional; e d) promoção do debate racial na sua atuação profissional e nas reflexões publicadas em forma de artigos, livros, capítulos, ensaios e outros.

Essas pessoas intelectuais tiveram suas experiências, reflexões teóricas e obras analisadas e contextualizadas nas seções a seguir criadas para abordar sobre as suas biobibliografias, experiências profissionais e ativistas, e influências teóricas em suas produções. Ao final, analisamos as reflexões encontradas sob o olhar da TCR com o intuito de estabelecer conexões entre a TCR e o campo biblioteconômico-informacional, assim como descrever esses bibliotecários negros como teóricos críticos raciais.

Nesse sentido, pela via da historiografia da Biblioteconomia e Ciência da Informação Negras, iniciamos pelo exame minucioso da vida e obra de duas pessoas bibliotecárias negras estadunidenses: Elonnie Jullius Josey, mais conhecido como E. J. Josey e Dorothy B. Porter Wesley. Enquanto estrutura, este capítulo contém esta breve introdução, seguida pela discussão sobre a ausência da raça, racismo e TCR na produção científica africana em BCI, ausência para a qual assumimos ser por conta de que a raça é uma construção ocidental, o que distancia dos modos de ser e viver africanos e, portanto, de produzir BCI naquele continente. Posteriormente, cada uma das pessoas bibliotecárias selecionadas teve suas biobibliografias contextualizadas, haja vista que a metodologia decolonial assume as experiências vividas por cada sujeito como influenciadoras dos modos de ser, estar e ver o mundo.

"AFRICANO NÃO É NEGRO":[735] A RAÇA COMO CONSTRUTORA DA BIBLIOTECONOMIA E CIÊNCIA DA INFORMAÇÃO OCIDENTAL

Retomando o objetivo "Interpretar as epistemologias negro-africanas relacionadas com o campo biblioteconômico-informacional", buscamos a produção científica de pessoas bibliotecárias negras, africanas e africanas em diáspora em BCI, e se tais profissionais discutiam a centralidade da raça e do racismo no campo. De forma atenta ao conceito de epistemologias negro-africanas definido no Capítulo 2, nosso interesse esteve em (re)conhecer pessoas negras bibliotecárias que refletiram criticamente sobre as influências da raça e do racismo na profissão, área e unidades de informação registradas em suas produções teóricas, científicas e relatos de atuação profissional.

Para o contexto africano, tivemos como fontes principais para recuperar essas informações a *African Journal Online* (AJOL), base de dados africana na qual 20 periódicos africanos indexados se referem à BCI. Como fonte de informação adicional, utilizamos a lista de teóricos africanos recuperados na pesquisa de pós-doutorado de Gustavo Saldanha intitulada *Passage de Frontières: chemins épistémologiques des Sciences de l'information et de la communication a partir de la trajectoire de Jean Meyriat et de Robert Estivals dans le contexte de la Revue de Bibliologie: schéma et schématisation (1968-2016)*.[736]

Na ocasião, o autor recuperou 119 artigos publicados por pessoas de países africanos no período de 1984 a 2015 na *Revue de Bibliologie: schéma et schématisation*.[737] Na lista de Saldanha, não encontramos nos títulos dos textos mapeados a referência ao debate racial em BCI Africana, mas sim, algumas discussões referentes ao período colonial em África, tais como *Les bibliothèques algériennes sous la domination colonialle française: analyse et interprétation selon la théorie de la bibliologie politique*[738], de Arab Abdelhamid, *Réflexions bibliologiques sur les bibliothèques à l'époque coloniale belge*[739] (1885 à 1960), de Jean-Pierre Manuana-Nseka, *La bibliographie coloniale française de Madagascar*,[740] de Martin Ranivo. Com relação aos temas de pesquisa, estiveram estudos sobre Epistemologia, Ensino e História da Bibliologia, Bibliografia, Epistemologia da Bibliologia política, Biblioteconomia, Comunicação Científica na África Negra Francófona, Epistemologia da Ciência da Comunicação, entre outros.[741]

Em posse desse primeiro *corpus* de intelectuais africanos, nos direcionamos aos periódicos de BCI pertencentes à AJOL, buscando pelas autorias africanas encontradas por Saldanha[742] e recuperamos trabalhos publicados por Rabah Allahoum,[743] Madjid Dahmane,[744] Abdelkrim Abdoun,[745] Abdelhamid Arab[746] e Mehenni Akbal,[747] sem, no entanto, tratarem da questão racial e utilizarem a TCR em seus debates.

Ao buscarmos por tais produções científicas de pessoas bibliotecárias africanas com os termos de busca delineados no Quadro 1, percebemos uma lacuna do debate racial (raça, racismo, especificamente) em BCI no contexto de bibliotecas, educação e atuação profissional bibliotecária em países de África. Em periódicos africanos, não identificamos textos que abordassem a lente da TCR,[748] a centralidade da raça e do racismo em BCI. Apesar de não termos esse debate específico, encontramos pesquisas sobre a preservação e promoção de línguas indígenas em bibliotecas,[749] currículo e africanização,[750] diversidade, inclusão e equidade na educação e bibliotecas,[751] recursos *Africana* em bibliotecas universitárias nigerianas,[752] entre outros temas.

Mas qual fator levaria a uma baixa incidência sobre estudos com debate racial e aplicação da TCR em África? Em nossa compreensão, um dos fatores é que pessoas africanas não se veem como negras, mas sim, africanas ou vinculadas ao seu país de origem: nigeriana, congolesa, argelina e assim por diante. Dessa forma, não discutem raça como elemento central das relações africanas, pois a raça como construção social é majoritariamente utilizada em contextos ocidentais.[753]

A razão de entendermos africanos como negros deriva da criação histórica de discursos ocidentais de raça aplicados ao continente africano, da marginalização política e religiosa de países das elites ocidentais como os Estados Unidos, Grã-Bretanha, França etc., e os vários epistemicídios e assassinatos políticos que acontecem em África devido às maneiras pelas quais o Ocidente/Estados Unidos se intrometem nos assuntos de outros países e continentes.[754]

Sobre o debate de africano não ser negro, Kwesi Tsri[755] argumenta sobre o uso dos termos "negro"[756] e "branco" para categorizar a diversidade humana. Este autor entende que a semântica negativa do conceito "negro" se entrelaça nas culturas europeias de língua inglesa, tanto quando se analisa escritos antigos e cristãos, quanto para mostrar a lógica da negritude na literatura inglesa em obras como Otelo, de Shakespeare, por exemplo.

Para o autor, o uso simbólico dos termos negro e branco traz uma conotação de inferioridade às pessoas africanas, haja vista que esses, historicamente, possuem um conjunto de relações conceituais ligadas a traços ruins (negro) e bons (branco). O autor argumenta que o termo "negro", simbolicamente, é utilizado para evocar o mal, medo e inferioridade, quanto para descrever pessoas e coisas. Sobretudo, é usado para categorizar pessoas, grupos e comunidades que não são brancas.[757]

Nesse sentido, a dualidade do termo estabelece uma associação entre o grupo de pessoas categorizadas como negras e as qualidades negativas associadas ao uso simbólico do termo. Pessoas teóricas antirracistas usam o termo negro desafiando esse uso simbólico, com uma narrativa que positiva as conotações antes negativas do termo – como no Brasil, por exemplo, onde o termo negro foi positivado pelo Movimento negro na década de 1970. O argumento de Tsri é que o termo, historicamente, possui sua gênese e evolução de seu uso simbólico como algo negativo, portanto, deveríamos pensar outra categoria para descrever pessoas africanas. Tsri postula que o termo negro pode ser transformado, positivado e mantido como um descritor de identidade legítimo; entretanto, argumenta que deve ser abandonado como descrição e categoria para africanos, haja vista que quando se analisa o seu uso simbólico, historicamente, o termo sustenta e desempenha um importante papel no racismo antiafricano.[758]

Na gênese e evolução representacional de africanos como negros, Tsri contextualiza que desde a antiguidade clássica o termo "negro" era utilizado visando simbolizar atos sombrios, tristeza, mal, morte, submundo, divindades que eram maus caráteres, maus presságios, para personificar a deusa da morte, Kip, e o deus do submundo como negro.[759]

Evidências históricas contextualizadas pelo autor demonstram ainda que os antigos gregos usavam os termos *etíope* e *negro* de forma a substituir o termo africano. Terminologicamente, o termo "etíope" significa "um rosto queimado" ou "rosto queimado de sol", cujo registro Tsri encontrou na literatura grega atribuída a Homero. Ptolomeu e Xenófanes se referem a africanos pelo termo "etíope", os descrevendo como "negros e puros", fenotipicamente identificados por narizes achatados e cabelos lanosos.[760]

No século V AEC, a literatura grega demonstra que tanto os gregos antigos quanto romanos identificavam os africanos com base na cor percebida de sua pele e outras características físicas, não com base em suas identidades, língua e cultura. Tendo essa descrição com base na cor de pele e características físicas, foi criada uma imagem particular de africanos como negros dentro do conhecimento greco-romano. Posteriormente, esses termos e seus conceitos estabeleceram uma estrutura que concebia e representava os povos africanos como negros com consequências negativas para esses povos a partir desse período. Manilius e Aristóteles, por exemplo, relacionavam a cor da pele dos africanos à sua identidade e natureza, sempre atribuindo a esses últimos características negativas. Assim, o termo negro descrevia africanos como selvagens, tendenciosos ao mal, prenúncio de má sorte, representados como luxuriosos, sombriamente misteriosos, sexualmente atraentes e bárbaros.[761]

Nesse sentido, o racismo europeu considera o papel do simbolismo das cores preta e branca para sustentar o suposto discurso de superioridade branca sobre os categorizados como pessoas negras, mas não reflete se alguém *deveria ser* ou *quer ser* descrito e categorizado como negro em primeiro lugar.[762] Inclusive, Tsri entende que há exportação do racismo antiafricano para África através da tradução da Bíblia para línguas africanas como a *Ewe* de Gana. Assim, demonstra como pessoas africanas são ensinadas através da literatura cristã a se perceberem inferiores aos europeus.[763]

Em síntese, o autor infere que a representação dos negros como africanos se originou na Europa; que os africanos quando analisados como um coletivo não são literalmente da cor preta e simbolicamente negros; que a cor preta está profundamente vinculada a valores morais negativos com longa história que antecedeu seu uso para os africanos; e, por fim, que é praticamente impossível isolar africanos e seus descendentes das antigas conotações negativas da negritude. Portanto, africanos não apenas herdaram as desigualdades econômicas, educacionais e políticas causadas pelos países do norte global, mas também a desigualdade de reconhecimento em termos dos sistemas conceituais e semânticos que foram impostos pelo colonizador para conceituar, retratar e categorizar pessoas africanas e suas descendentes.[764]

De posse desse entendimento que seria uma forma de explicar a ausência da produção sobre raça, racismo e TCR em BCI em África, seguimos nosso caminho para a discussão sobre raça como uma problemática do ocidente.

BRASIL: UM CAPÍTULO À PARTE DA HISTORIOGRAFIA RACIAL DA BIBLIOTECONOMIA

Como um dos países constituídos dentro do processo de formação racial ocidental e com influência da diáspora africana, o Brasil é um país demarcado pelo racismo (e suas facetas) que alimenta profundos níveis de desigualdades e injustiças. Talvez, por conta disso, nosso estudo não tenha recuperado pesquisas vinculadas à TCR, ao debate da raça e do racismo na BCI, bibliotecas, educação profissional e atuação bibliotecária brasileira durante os séculos XIX e XX, seguindo os termos de busca determinados no Quadro 1 da presente pesquisa. Entretanto, isso não significa dizer que inexiste a discussão crítica sobre a centralidade da raça e do racismo no país durante esse período, apenas que nossos dados não permitiram evidenciar tal debate. A construção da história das bibliotecas, dos cursos de Biblioteconomia e pós-graduação em Ciência da Informação no Brasil está inexoravelmente ligada aos contextos históricos e sociais vividos durante os séculos XIX e XX em todo o mundo, sobretudo nos Estados Unidos e França.

Um dos fatores que podem ser termômetro para a ausência da discussão racial crítica é a influência da colonização portuguesa na construção histórica das bibliotecas e da Biblioteconomia brasileira. Antes do século XX, o Brasil teve uma produção cultural limitada pelos canais formais de comunicação. Uma das possíveis explicações para isso está na herança da tradição portuguesa, que por vários séculos não se dedicou à produção de conhecimentos técnicos e científicos, mantendo uma cultura predominantemente poética e teológica. Isso resultou em uma forte intervenção da tradição religiosa e poética no Estado, o que acabou retardando o desenvolvimento de esforços científicos e a tecitura da tecnologia industrial no país. Existe ainda a relação entre a escassa produção literária e atividade tipográfica da Imprensa Régia de Portugal entre os séculos XVI e XIX, que influenciou nas atividades de formação leitora e produção tipográfica no Brasil colônia.⁷⁶⁵ Ademais, outro fator importante é o caráter elitista da formação de leitores, haja vista que somente um certo público tinha acesso aos gabinetes de leitura no país durante aquele período.⁷⁶⁶ Sendo, assim, se para as pessoas brancas o acesso à biblioteca, ao livro e à leitura já era restrito, imaginemos as populações negras que estavam sob controle de um regime escravocrata e longe do acesso aos bens epistêmicos de emancipação social.

Passando ao surgimento dos cursos de Biblioteconomia, historicamente, a Biblioteca Nacional foi pioneira no oferecimento da formação bibliotecária pelo curso criado em 1911. Após, decorreram outros marcos da área como o desenvolvimento das Escolas de Biblioteconomia no país, a regulamentação da profissão bibliotecária, a criação de órgãos de classe, a elaboração de um código de ética profissional, construção de canais de comunicação científica formais e informais, o aumento da produção científica, criação do primeiro curso de mestrado em Ciência da Informação e as diferenças e semelhanças com a Biblioteconomia, entre outros demarcadores.⁷⁶⁷

Nesse período, embora existissem forças hegemônicas, teorias racistas, instrumentos de poder racial e narrativas coloniais que influenciaram no possível afastamento do debate sobre raça e racismo no campo biblioteconômico-informacional brasileiro, é inquestionável a contribuição e a intelectualidade negra nas diversas esferas sociais e áreas do conhecimento, incluindo na Biblioteconomia e na Ciência da Informação. Podemos elencar como exemplo dessa presença negra, a fundação do Teatro Experimental do Negro (1944), a realização da Convenção Nacional do Negro (1945-1946), Conferência Nacional do Negro (1949), 1º Congresso do Negro Brasileiro (1950), fundação do IPEAFRO – Instituto de Pesquisas e Estudos Afro-Brasileiros (1981), todos sob o ativismo e atuação de Abdias Nascimento; fundação do Movimento Negro Unificado contra a Discriminação Racial (MNUCDR, conhecido como MNU) (1978) por Lélia González e outros ativistas negros; criação do Geledés - Instituto da Mulher Negra (1988), por Sueli Carneiro e outras intelectuais e ativistas negras; lançamento do documentário Ôrí, por Beatriz Nascimento, dentre outros marcos do protagonismo negro. Para além desses e dessas intelectuais anteriormente citados, outros como Alberto

Torres, Manoel Bomfim, Kabengele Munanga, Oracy Nogueira, Petrônio Domingues, promoveram discussões sobre a questão racial[768] e produziram obras que fomentam os debates raciais até hoje, e que integram a base teórica dos Estudos Negros, Africanos e Afrodiaspóricos no contexto brasileiro.

Entretanto, é necessária uma ressalva, sobretudo para a BCI. Embora para esta pesquisa estejamos na busca por teóricas e teóricos críticos raciais do campo biblioteconômico-informacional por uma ótica determinada pela TCR, nem todas as pessoas negras acionaram em sua ação profissional e reflexão teórica o debate étnico-racial. O fato de serem pessoas negras não significa trabalhar e produzir sobre questões étnico-raciais na BCI. A depender de sua época, contexto de atuação e reflexão elucidada, pessoas negras bibliotecárias utilizaram termos mais amplos (multiculturalismo, diversidade, protagonismo social, direitos humanos etc.) como forma de acionar o debate étnico-racial ao campo biblioteconômico-informacional. Tais termos, para além de serem oriundos de escolas de pensamento e correntes teóricas diversas, serviram como estratégia de sobrevivência às opressões sofridas em seus ambientes de atuação profissional, produção científica, ensino e outras esferas nas quais as pessoas negras estavam inseridas.

Ao longo dos anos de desenvolvimento da BCI no país, a corporeidade negra serviu de contraponto à branquitude demarcada pelo privilégio, bem como sua atuação trouxe representatividade epistêmico-acadêmica à população negra. Em sua pesquisa de mestrado, Silva[769] abordou a Biblioteconomia Negra Brasileira e sua constituição via cronologia com eventos considerados demarcadores das agências epistêmicas negras e antirracistas, bem como pontuou a presença de pessoas negras que colaboraram para o fortalecimento da área no país. Embora não tenhamos pretensão de fazer uma lista extensa, citamos algumas pessoas negras que colaboraram para a BCI brasileira, a saber: a) Regina Santos Silva Tonini e seus mais de 40 anos dedicados à implementação, desenvolvimento, coordenação da Biblioteca e Setor de Documentação da Divisão de Processamento de Dados da Petrobrás; b) Julieta Carteado e a atuação que consolidou a Biblioteca Central da Universidade Estadual de Feira de Santana, Bahia; c) Ana Virginia Teixeira da Paz Pinheiro e os estudos sobre Biblioteconomia de Livros Raros e Raridade Bibliográfica, e sua atuação como bibliotecária por 38 anos na Biblioteca Nacional e como Professora da Escola de Biblioteconomia da Universidade Federal do Estado do Rio de Janeiro; c) Mirian de Albuquerque Aquino e sua docência no curso de Biblioteconomia da Universidade Federal da Paraíba, com orientação de pessoas negras bibliotecárias sobre os temas étnico-raciais; d) Joselina da Silva e a herança do debate étnico-racial na Biblioteconomia da Universidade Federal do Ceará; e) Iara Conceição Bitencourt Neves e seus estudos sobre a biblioteca escolar, leitura e pessoas leitoras; f) Maria Aparecida Moura, primeira bibliotecária negra Professora Titular da Escola de Ciência da Informação, da Universidade Federal de Minas Gerais, que em sua carreira destacam-se fatos como ter atuado como Diretora da Universidade de Direitos Humanos, ser Coordenadora adjunta do GT 12 ANCIB - Informação, Estudos Étnico-Raciais, Gênero e Diversidades e Bolsista de Produtividade em Pesquisa do CNPq - Nível 1D; dentre tantas outras pessoas.

Como podemos perceber, há diversas lacunas nos estudos da Biblioteconomia Negra Brasileira – e na discussão da raça e racismo, em particular – que evocam extensas pesquisas compromissadas com a (re)construção da memorabilia e historiografia da presença negra e a epistemologia racial crítica no campo – **a qual não daremos prosseguimento neste livro devido à ausência de registros informacionais recuperados no recorte desta obra**.

Um projeto futuro para colaboração com essa reconstrução memorabílica e historiográfica da Biblioteconomia Negra Brasileira está na aplicação de entrevistas com diversas pessoas bibliotecárias negras do passado e do presente, visando evidenciar as várias vozes, narrativas, contextos e atores que contribuíram (e contribuem) para essa presença e (re)existência negra na área. Entendemos que essa é uma responsabilidade, inclusive, com esses agentes ancestrais e com a própria BCI para que a história negra não fique somente nas memórias individuais ou coletivas de quem colaborou para o surgimento, desenvolvimento e transformação da Biblioteconomia Negra no país.

Sobre isso, concordamos com Porter[770] quando ela nos lembra que a maneira de reivindicarmos as conquistas, memórias, histórias e ações do povo negro é registrando-as para que sejam preservadas, recuperadas, acessadas e interpretadas pelas gerações futuras. Entendemos que essa é uma das maneiras de combatermos a ausência de pessoas bibliotecárias negras brasileiras da história da área, a invisibilidade de suas narrativas, ações e esforços, assim como a constante aplicação do epistemicídio, memoricídio, *apartheid* epistêmico e racismo epistêmico em suas contribuições, reflexões e vivências.

DA DIÁSPORA AFRICANA À LUTA POR DIREITOS CIVIS

O processo de diáspora africana ou dispersão de povos africanos aconteceu por diversos continentes, mas aqueles que receberam maior número de pessoas africanas foram países da Europa, Ásia e América via tráfico internacional de pessoas ocorrido entre os séculos XV e XIX.[771] O termo *diáspora* foi usado inicialmente para se referir à dispersão de judeus de Israel pelo mundo dentro do Antigo Testamento. Após a década de 1990, dentro das discussões sobre globalização, identidade, nacionalismo e multiculturalismo, a diáspora passou a ser ferramenta de um projeto político-acadêmico questionador de ideias de pureza racial, território, identidade e cultura racial. Na atualidade, nos referimos como diáspora africana aos movimentos de deslocamento (forçado ou não) para ingresso ou saída de povos africanos de África.[772]

Como Omi e Winant[773] afirmam, a formação racial é "um processo de projetos historicamente situados em que corpos humanos e estruturas sociais são representados e organizados [...] a formação racial [está ligada] à evolução da hegemonia, a forma como a sociedade está organizada e governada". Assim, o significado co-construído de raça e categorias raciais é influenciado pelo ambiente sociopolítico em que o tema é examinado.[774]

Com a transformação populacional causada pelos processos de colonização e escravidão via diáspora, a Europa passou a adotar o conceito de raça oriundo do francês François Bernier, o qual aplicou visando categorizar e classificar grupos de pessoas diversos por semelhanças baseadas em fenótipos e cor da pele. A partir dos séculos XVI e XVII, o termo raça passou a ser empregado para distinguir nobreza e plebe, classificando a primeira como "superior" e a segunda como "inferior" com base em suas origens, suposições de aptidão e habilidades. No século XVII, via Teologia e Escrituras, a religião foi a base para explicar a separação entre povos de diferentes origens. Posteriormente, no século XVIII, passou-se a adotar o conceito de raça das ciências naturais daquele tempo para operacionalizar e classificar os grupos e povos entre "raças superiores" e "raças inferiores", tendo como critérios de separação a cor da pele e o nível de melanina. A esse critério, nos séculos seguintes, foram adicionados aspectos morfológicos, cognitivos e os sanguíneos como demarcadores raciais de cada grupo étnico-racial, visando, assim, hierarquizá-los. Resumidamente, dessa forma se deu o processo da formação racial ocidental básica que perdura até hoje.[775]

Direcionando o olhar para os Estados Unidos, seu histórico remete à colonização pelos ingleses, à recepção de parte da população africana oriunda da diáspora forçada pelo processo escravista e à ideologia da raça com importante papel na sua formação social. Após o período escravista[776] – no qual o Sul dos Estados Unidos foi um dos últimos a adotar a abolição da escravidão –, alguns marcos históricos foram demarcadores da história da população afro-americana. Dentre esses momentos, podemos sintetizar a tentativa falha de Reconstrução Radical,[777] o fim da Segunda Guerra Mundial, a perda de direitos e retrocessos na luta pela integração racial complementada pelo medo causado pelo avanço da violência racial difundida pelas Leis Jim Crow, fortalecimento de organizações racistas como *Ku Klux Klan* e *Knights of the White Camellia* e a luta por direitos civis. Com a segregação da população afro-americana em espaços públicos, os ambientes destinados para esse grupo étnico-racial tinham infraestrutura extremamente desigual e precária em relação aos locais destinados ao grupo racial branco.[778]

Embora geralmente conhecida via narrativas autobiográficas de ativistas do movimento pelos direitos civis, a historiografia retrata esse movimento como a coalização de sujeitos, coletivos e organizações nacionais pressionando o governo dos Estados Unidos a corrigir as injustiças raciais ao longo da história do país.[779]

A injustiça racial no mundo e nos Estados Unidos foi acompanhada pela preocupação dos ativistas negros como Martin Luther King Jr. com a ligação entre discriminação e pobreza, haja vista que a segregação se estabelecia com base em ideologias supremacistas que atacavam pessoas não-brancas e pobres. Dentro da agenda dos direitos civis, há uma interconexão entre o legado do radicalismo negro, os esforços pela libertação negra e o enfrentamento à supremacia racial, ideologias racistas, neocolonialismo e outras opressões vividas pelas populações negras.[780] Nos aprofundaremos mais dentro dessa construção, na seção a seguir.

BIBLIOTECONOMIA NEGRA AMERICANA: A HISTÓRIA NEGRA NÃO-CONTADA DA BIBLIOTECONOMIA ESTADUNIDENSE

Historicamente, a primeira conferência[781] de pessoas bibliotecárias em qualquer lugar do mundo foi realizada em 1853. Antes dessa data, o afro-americano William Howard Day já tinha atuado como bibliotecário da Biblioteca Pública de Cleveland após se graduar no *Oberlin College* em 1847. Ele iniciou o projeto chamado *The Alien American* visando desenvolver a discussão sobre as severas consequências da escravidão. Profissional ativo, amante de livros e estudioso, Day se preocupava com a situação das pessoas negras daquele período. Entre 1845 e 1852, foi procurado pelos cidadãos negros para ser orador nos palanques de defesa dos direitos negros em vários estados. Atuou incansavelmente pela revogação das "Leis Negras" de Ohio, cuja anulação permitiu que o sistema escolar do estado incluísse crianças negras que até aquele momento estavam sem acesso à educação escolar.[782]

Na perspectiva de Josey,[783] Day é um dos primeiros bibliotecários negros que atuou pelos direitos civis para pessoas negras. Além dele, Richard T. Greener foi outro ator político importante da Biblioteconomia Negra, pois atuou na *University of South Carolina*[784] um ano antes da *American Library Association* (ALA) ser fundada em 1876. Sua contribuição como educador da universidade esteve vinculada aos Departamentos de Direito e Grego, e ministrou disciplinas sobre Direito Internacional e Constitucional dos Estados Unidos. Trabalhou como bibliotecário na referida universidade em 1875 realizando a organização do acervo e preparando catálogos. Além disso, foi escritor de uma monografia sobre livros raros que a biblioteca possuía, a qual foi lida perante a *American Philological Association* em 1877. Sua contribuição esteve vinculada à Biblioteconomia e ao ativismo dos direitos civis de pessoas negras por intermédio de sua atuação como advogado. Representando pessoas negras, Greener ganhou muitos casos nos tribunais distritais, algo que era inédito para aquele período.[785]

Daniel Alexander Payne Murray foi outro profissional que Josey citou como o terceiro bibliotecário negro pioneiro da Biblioteconomia Negra. Educado nas escolas públicas de Baltimore, Maryland, frequentou o Seminário e se tornou membro da equipe da Biblioteca do Congresso em 1871, inicialmente como assistente do Bibliotecário do Congresso, Ainsworth R. Spofford, posteriormente contratado permanentemente. Em 1900, foi convidado a elaborar a *Preliminary List of Books and Pamphlets by Negro Authors: for Paris Exposition and Library of Congress*,[786] considerada a primeira bibliografia de referência da literatura afro-americana da *Library of Congress*.[787] A compilação de Murray consistia em uma lista de títulos, incluindo obras de Frederick Douglass, W. E. B. Du Bois, Paul L. Dunbar, Sojourner Truth, Booker T. Washington, Phyllis Wheatley e muitos outros, cobrindo tópicos que vão desde a história africana, a população africana, a história dos negros na América, narrativas de escravizados, sermões, a história da igreja negra e poesia. Além de escrever sobre a história, vida e realizações literárias da população negra americana, Murray atuou politicamente – junto a líderes como W. E. B. Du Bois – contra as teorias eugenistas propagadas à época, as quais defendiam a suposta inferioridade racial negra e alegavam que pessoas negras não haviam realizado contribuições para a ciência. Pensando em confrontar tal narrativa e colaborar para o conhecimento produzido por negros, Murray se concentrou na elaboração da sua principal contribuição: a *Murray's Historical and Biographical Encyclopedia of the Colored Race Throughout the World*,[788] que continha 250 retratos biográficos, panfletos, sinopses de romances e composições musicais distribuídos em 153 páginas. Apesar de todos seus esforços, não conseguiu apoio financeiro e nem editorial para publicar sua enciclopédia multivolumes, e até hoje poucas pessoas conhecem sua realização como bibliógrafo de uma das principais bibliografias da história negra e afro-americana não publicadas.[789] Esses bibliotecários negros pioneiros seguiam tradições de outros bibliotecários como Justin Winsor e Melvil Dewey, os quais eram bibliotecários, embora não tenham recebido educação formal no campo biblioteconômico-informacional para tal.[790]

Enfocando nas pessoas que receberam formação em escolas de Biblioteconomia nos Estados Unidos, podemos considerar como primeiro bibliotecário negro formado, o bibliotecário-chefe do *Aldelbert College* e professor da *Library School of Western Reserve University*,[791] Edward Christopher Williams. Além de atuar como bibliotecário, Williams ministrou disciplinas sobre Uso de Livros de Referência, Bibliografia e Crítica e Seleção de Livros. Graduado pela *New York State Library School*[792] em 1900, ele trabalhou na *Western Reserve University*[793] por 30 anos auxiliando na construção da Biblioteconomia americana. Após criar a Associação de Bibliotecas de Ohio e fortalecer a Escola de Biblioteconomia da Universidade que pertencia, Williams se desligou da Instituição para atuar como docente na *Dunbar High School* por sete anos. Posteriormente, em 1916, se tornou Diretor de Bibliotecas da *Howard University* até seu falecimento em 1929.[794]

Se Williams é o primeiro homem, historicamente, Virginia Proctor Powell Florence foi a primeira mulher afro-americana a completar um programa profissional em Biblioteconomia estadunidense na *Carnegie Library School* em *Pittsburg*.[795] Após se graduar em Letras, seguiu sua vocação para trabalhar com crianças e livros e decidiu ser bibliotecária. Apesar do desafio para ser aceita por uma universidade branca, Florence conseguiu ingressar no curso em 1922. Contudo, o racismo e a discriminação eram uma constante em sua vida universitária e fora dela. Concluído o programa, enviou seu currículo para diversas bibliotecas e foi contratada pela Biblioteca Pública de Nova York até 1927. Tendo logrado a aprovação no exame de bibliotecário da *New York High School*, foi nomeada para trabalhar como bibliotecária na *Seward Park*

High School. Com diversas mudanças após seu casamento, acabou por se tornar bibliotecária na *Cordoza High School* até o ano de 1945. Seu último emprego foi como bibliotecária do sistema escolar da *Maggie L. Walker Senior High School*.[796]

No que se refere à biblioteca para comunidades negras e outras desfavorecidas em sociedades racializadas, existem pessoas bibliotecárias que não mediram esforços para levar o acesso à biblioteca, ao livro e leitura a esses grupos. Uma dessas, foi Susan Dart Butler nascida em 1888. Após perdas familiares, dedicou-se com paixão a desenvolver atividades voltadas para sua comunidade. Em certa ocasião, no prédio construído por seu pai visando oferecer educação para crianças negras de Charleston, Butler criou uma biblioteca e disponibilizou a coleção para essas crianças durantes três dias por semana. Embora sem formação formal para atuar como bibliotecária, estabeleceu horários de contação de histórias, permitiu o uso da biblioteca por crianças do ensino médio e manteve a biblioteca com custos pagos de seu próprio bolso. Dentro de sua comunidade, arrecadou livros e fundos para o projeto em igrejas e grupos sociais, inclusive, obtendo recursos do *Julius Rosenwald Fund*[797] destinados à promoção de serviços bibliotecários para pessoas negras do Sul dos Estados Unidos. Além dele, com o tempo, Butler obteve auxílio de outras organizações, o que levou à construção e permanência da biblioteca pública para comunidades negras daquele condado.[798]

Desses pioneiros elencados, Virginia Proctor Powell Florence e Edward Christopher Williams obtiveram seus graus em Biblioteconomia por intermédio de instituições predominantemente brancas de ensino superior. Mas, na história da Biblioteconomia, a primeira Escola de Biblioteconomia a ser criada para educar pessoas bibliotecárias negras foi a *Hampton Institute Library School*,[799] na Virgínia, fundada em setembro de 1925, por investimento da *Carnegie Corporation*. A referida Escola foi criada devido recomendação de três setores: *American Library Association*, do *General Education Board*[800] e do *Julius Rosenwald Fund*. Quando da sua criação, havia somente a *Emory University Library* em Atlanta, Geórgia, que oferecia essa formação. Credenciada, a Hampton operou por 14 anos e graduou 183 pessoas bibliotecárias negras durante esse período. Dessas pessoas, algumas trouxeram importantes contribuições para o desenvolvimento da Biblioteconomia, educação bibliotecária, criação de bibliotecas e serviços bibliotecários. Podemos destacar, E. J. Josey, Spencer Shaw, Virginia Lacy Jones, Carrie Robinson e tantas outras pessoas. Infelizmente, em 1939, a *Hampton School* encerrou suas atividades devido à falta de investimento financeiro necessário à manutenção do programa. Essa breve introdução serve para demonstrar que pessoas negras bibliotecárias (formalmente graduadas ou não) sempre fizeram parte da Biblioteconomia Americana, especialmente quando relacionamos aos direitos civis de acesso à biblioteca, livro e informação.[801]

Quando afunilamos o enfoque para o histórico de bibliotecas para a comunidade negra nesse período, percebemos que, historicamente, as bibliotecas foram negadas à população afro-americana de forma sistemática nas décadas anteriores à revolução pelos direitos civis. Isso acabou por afetar os serviços bibliotecários para essa população, pois dela era exigido que usassem somente as "bibliotecas para negros", especialmente no Sul dos Estados Unidos. As bibliotecas públicas destinadas a pessoas negras do Sul dos Estados Unidos não foram construídas até a primeira década do século XX, com cerca de quase 50 anos de atraso entre a criação da escola pública e o oferecimento de serviços de biblioteca pública para comunidades negras. Foi a partir da década 1860 que iniciou a escola pública no Sul e, apesar de algumas exceções, somente em 1890 as bibliotecas públicas para brancos do Sul começaram a surgir. Com a expansão dessas últimas, embora não tenha sido concretizado um movimento de bibliotecas que atendesse aos anseios educacionais do Sul dos Estados Unidos nas primeiras décadas do século XX, as bibliotecas públicas para brancos tomaram impulsos devido ao investimento de progressistas urbanos daquele contexto. Inicialmente, as bibliotecas eram acessadas por assinaturas, via sala de leitura e coleções particulares destinadas à elite branca, estimuladas por financiamentos da *Carnegie*. Foi também com apoio da *Carnegie* que as bibliotecas públicas para pessoas afro-americanas foram criadas, embora inicialmente com baixa infraestrutura e coleções menores e menos atualizadas quando comparadas com as bibliotecas para brancos.[802]

A dessegregação em bibliotecas estadunidenses interconecta fatores em que, por um lado, a integração das bibliotecas envolveu muitas das mesmas características do movimento mais amplo dos direitos civis com protestos, espancamentos, superação da resistência branca do Sul expressa de formas hegemônicas e mesquinhas; por outro lado, a tal integração das bibliotecas, de uma forma geral, ocorreu com maior rapidez do que o movimento para desagregar outras instituições públicas do Sul, especialmente escolas e seus professores, indicando um lugar único para bibliotecas no imaginário social do Sul.[803]

A comunidade negra esteve engajada na linha de frente das batalhas pelos direitos civis em bibliotecas públicas segregadas no Sul, assim como em todo país. No entanto, essas manifestações realizadas, principalmente por jovens negros, não recebiam tanta notoriedade quando comparadas aos episódios do boicote aos ônibus de Montgomery em 1955, das manifestações contra a lanchonete de Greensboro em 1960, os *Freedom Riders* em 1961 e a Marcha de 1963, em Washington.[804] As manifestações contra a segregação em bibliotecas públicas eram pouco noticiadas na imprensa, mesmo em jornais locais. As notícias que ganhavam mais destaques eram aquelas relacionadas aos movimentos com participação de líderes como Martin Luther King Jr. e Malcolm X, mas poucas vezes esses protestos aconteciam em bibliotecas públicas, universitárias e escolares, por exemplo.[805]

Virginia Lacy Jones observou em sua dissertação defendida em 1945, que não é possível considerar o serviço e problemas da biblioteca escolar sem considerar separadamente os programas e problemas da escola; por isso, é preciso entender como ambas operam. Dessa visão da autora parte o entendimento de que a institucionalização de bibliotecas escolares para pessoas negras do Sul não só era negligenciada, como havia um desconhecimento da história e o desenvolvimento da biblioteca negra dentro da sociedade estadunidense.[806]

Saunders relata que tais bibliotecas eram inadequadas para uso, pois não receberam recursos para contratação de pessoal, investimento em infraestrutura e composição de acervos adequados à comunidade. Nas outras regiões do país onde a segregação não era legal, havia obstáculos quanto ao acesso às bibliotecas pela comunidade negra devido as instalações serem localizadas em áreas brancas inacessíveis à população negra americana, resultando em falta de acesso à informação, ao livro e à biblioteca por essa última.[807]

Em seu livro *Not Free, Not for All: Public Libraries in the Age of Jim Crow*,[808] Cheryl Knott indicou que o acesso às bibliotecas públicas nascidas no início do século XX permitiu aos negros e negras o acesso ao livro, leitura e biblioteca no contexto de segregação racial estadunidense. O financiamento de bibliotecas destinadas ao público negro veio de Fundos como Julius Rosewald e de Andrew Carnegie, mas principalmente, das próprias comunidades negras que arrecadavam dinheiro entre si para construção de escolas e bibliotecas. Uma característica proeminente da classe média negra do início do século XX e de grupos profissionais no Sul e no Norte foi o esforço coletivo para construir infraestruturas comunitárias positivas para fins de elevação racial.[809]

Nos estados sulistas, em 1926, 11% das 720 bibliotecas públicas se destinavam a atender pessoas negras, e em 1947, passaram a 38% das bibliotecas. As limitações que restringiam o desenvolvimento de serviço de biblioteca para pessoas negras do Sul eram resultado da segregação, financiamento limitado e atitudes sociais dominantes. As bibliotecas eram os principais alvos simbólicos do movimento de direitos civis devido sua localização nas áreas centrais das cidades do Sul, embora a dessegregação das bibliotecas públicas não tenha sido uma grande prioridade dentro do movimento. Estrategicamente, os ativistas dos direitos civis parecem ter calculado que pessoas brancas eram menos preocupadas com a integração da biblioteca do que à integração de outras instituições públicas, e que nesse espaço era mais provável de se alcançar a dessegregação.[810]

Dado esse contexto, até os primeiros anos da década de 1970, diversas comunidades negras dos Estados Unidos não tinham acesso à biblioteca, nem aos serviços bibliotecários que suprissem suas necessidades de informação e transformação social. Ao longo das décadas de 1950 a 1970, a população lutou pelo acesso à biblioteca, e houve inclusive fundos criados por legislação visando fornecer auxílio financeiro para criação de bibliotecas e compra de recursos informacionais para coleções e acervo. A despeito de todos os confrontos e manifestações ocorridos entre 1955 e 1967, época marcada pelos esforços de integração das bibliotecas públicas por parte da população afro-americana, existem poucos relatos sobre ações realizadas por parte de pessoas bibliotecárias pela luta das integrações com o objetivo de estender e igualar serviços para afro-americanos em bibliotecas públicas.[811]

Donnell infere que pessoas bibliotecárias do sul, além de não serem unificadas enquanto classe, também eram moderadas e apolíticas sobre o debate racial. Sob um viés que se pensava ser neutro, se abstinham de declarar seu apoio e atuar nos movimentos pelos direitos civis. "As atitudes dos bibliotecários em relação aos negros eram tão variadas e tão difíceis de explicar quanto as complexas relações entre brancos moderados e negros na população em geral".[812] Da década de 1970 em diante, os programas federais e financiamentos específicos sofreram cortes e os serviços que foram desenvolvidos, em especial a partir de 1960, foram novamente prejudicados.[813]

Esse cenário segregacionista, institucionalizado ou não, mudou a partir do confronto com a centralidade da questão racial na profissão bibliotecária, a formação de pessoas negras em Biblioteconomia e a inclusão desse debate a partir de ações elaboradas por bibliotecárias e bibliotecários negros como E. J. Josey, Clara Stanton Jones, Dorothy Porter Wesley, Virgínia Lacey Jones, Albert P. Marshall, e outros.[814]

Foi dessa união de esforços, que a comunidade negra reivindicou a desagregação das bibliotecas públicas americanas e da própria ALA para torná-las genuinamente um espaço para todos os americanos. Apesar do movimento da época ter sido intensificado no Sul dos Estados Unidos – local onde o racismo e preconceito racial eram mais intensos –, essa luta se espalhou por todo território americano. Uma das primeiras ações políticas realizadas por pessoas bibliotecárias foi a conscientização da ALA, pois sua história está vinculada aos resquícios da segregação racial em bibliotecas e discriminação contra bibliotecárias e bibliotecários negros. A ALA foi uma das organizações que atuou ativa e passivamente na manutenção da segregação em bibliotecas públicas, e por consequência, na manutenção do discurso da supremacia racial branca. Dentre seu histórico de negligências, estiveram bibliotecas públicas segregadas aceitas como integrantes da ALA e casos de racismo em Conferências Anuais da Associação.[815]

Um dos momentos emblemáticos de racismo em conferências aconteceu em 1936, quando a ALA estava realizando sua reunião anual em Richmond, Virgínia. Era um anseio da Associação que pessoas bibliotecárias negras comparecessem em grande número. Devido à posição tradicional do Sul em relação a reuniões interraciais, a ALA achou aconselhável enviar uma carta "semioficial" de um bibliotecário local aos delegados e delegadas negras informando das condições que deveriam esperar caso fossem à reunião. Assim, podemos sintetizar as informações em três pontos: a) embora a ALA tenha combinado com os hotéis anfitriões que todos os delegados poderiam usar a mesma entrada, quartos de hotel e refeições eram proibidos para delegadas e delegados negros pelas leis da Virgínia; b) as reuniões que faziam parte das refeições não eram abertas aos delegados e delegadas negras, embora pudessem assistir às sessões seguidas das refeições, caso não participassem das refeições; c) os assentos na seção frontal direita das salas de reunião deveriam ser reservados para delegados e delegadas negras.[816] Por conta dessa situação, a ALA respondeu criando um Comitê de Discriminação Racial em 1936. Para além disso, existe lacuna documental no período de início do século XX sobre as discussões relacionadas à raça e bibliotecas nas conferências anuais da ALA, o que denota a ausência da discussão racial na profissão e nos espaços de atuação bibliotecária.[817]

Por parte da comunidade bibliotecária negra, a resposta a esse cenário da Associação e à sociedade estadunidense, foi a criação da principal convenção política de pessoas bibliotecárias negras (*Caucus of Black Librarians*) liderada por E. J. Josey e outras, cuja ação foi essencial na resolução dos problemas enfrentados quanto à formação em biblioteconomia, recrutamento, preconceito salarial e a discussão sobre integração do sul como uma eliminação do bibliotecário negro. As associações profissionais também tiveram papel na conscientização das discussões supracitadas e nas ações que denunciavam a discriminação contra negros em bibliotecas como a do Biblioteca do Congresso Americano e a Biblioteca Pública do Distrito de Columbia excluídos.[818]

O protesto de grupos negros também esteve em relação a quem construía as bibliotecas destinadas à comunidade. Em diversas cidades americanas, a construção de bibliotecas destinadas à população negra foi interrompida até que construtores negros fossem contratados para a realização dos projetos. Com a inclusão de pessoas negras e bibliotecárias negras dentro de conselhos, associações, diretorias, curadorias, as tomadas de decisão que influenciavam a comunidade negra e o serviço de bibliotecas para elas foram sofrendo mudanças que repercutiram no acesso e na qualidade dos serviços informacionais para grupos excluídos.[819]

Em outra frente, o ativismo negro no contexto estadunidense dos séculos XIX e XX também se intensificou na produção bibliográfica *sobre* e *por* pessoas negras bibliotecárias, colecionadoras, ativistas, bibliógrafas, bibliófilas e outras cujo intuito era (re)construir, organizar, preservar, divulgar e tornar acessível as histórias, memórias e experiências negras e africanas e da diáspora africana ao redor do globo.[820]

Com esse propósito, a literatura científica e bibliográfica em Biblioteconomia Negra cresceu nos últimos 100 anos, enriquecida por atores como Rosemary R. Du Mont, Arthur C. Gunn, E. J. Josey, Eric Moon, Annette L. Phinazee. Ann Allen Shockley, Benjamin F. Speller Jr., Dorothy Porter Wesley, Elisa Atkins Gleason, Virginia Lacy Jones e outros vários estudiosos e estudiosas que contribuíram para o desenvolvimento da Biblioteconomia Negra Estadunidense como hoje conhecemos. Além disso, a Biblioteconomia Negra foi potencializada por obras como *A Short History of the American Negro*,[821] de Benjamin Griffith Brawley; *The Negro*[822] e *Black Reconstruction in America, 1860-1880*,[823] de W. E. B. Du Bois; *The Southern Negro and the public library*,[824] de Eliza Atkins Gleason; *The Black Librarian in America*,[825] *The Black Librarian in America Revisited*,[826] *What Black Librarians are saying*,[827] editados E. J. Josey; *The Handbook of Black Librarianship*[828] ambos organizados por E. J. Josey em parceria com Ann Allen Shockley e Marva DeLoach; *Educating Black Librarians*,[829] de Benjamin F. Speller Jr.; *Untold stories: Civil Rights, libraries, and Black Librarianship*,[830] de John Mark Tucker; assim como as bibliografias elaboradas por pessoas negras, tais como

Negro Year Book: an annual encyclopedia of the Negro[831] e *A bibliography of the Negro in Africa and America*,[832] compiladas por W. E. B. Du Bois e sociólogo, Monroe N. Work, *Bibliography of Materials by and about Negro Americans for Young readers*,[833] editada pelo bibliotecário Miles M. Jackson, e anos mais tarde, *Early American Negro Writings: a bibliographical study*,[834] *The Negro in the United States*[835] e *Afro-Braziliana: a working bibliography*,[836] compiladas e editadas pela bibliotecária e bibliógrafa negra, Dorothy Porter Wesley, só para citarmos alguns trabalhos que foram responsáveis pela sua consolidação enquanto disciplina.[837]

Conceitualmente, a Biblioteconomia Negra se refere ao "movimento reflexivo que discute a formação na área, a atuação bibliotecária de profissionais negros e a produção científica realizada por bibliotecários negros e não-negros sobre questões étnico-raciais".[838] Ademais, a Biblioteconomia Negra inclui esferas interligadas às questões sociais, econômicas, políticas e educacionais de populações de origem africana e da diáspora, via lentes teóricas, metodológicas e instrumentais oriundas da Biblioteconomia e Bibliografia.[839] Este movimento se encontra vinculado à luta por direitos civis, pela justiça social,[840] justiça racial[841] e justiça informacional,[842] enfocando o tratamento justo e equitativo em quaisquer esferas da vida de um sujeito.[843] Ademais, entende os sujeitos como fontes de informação, sujeitos informacionais e buscadores de informação, assumindo que as pessoas precisam de oportunidades para participarem da construção do conhecimento e de sua promoção, do acesso à informação de forma justa e equitativa, assim como devem ser sentir justamente reconhecidas nas informações disponibilizadas.[844]

A *práxis* do movimento da Biblioteconomia Negra se ampara na bibliografia não só como instrumento de resistência, visibilidade e representatividade para a população negra e da diáspora africana, mas também como registro e preservação de memória, exposição do pensamento negro construtor de epistemes críticas dentro da área e direcionador da prática profissional bibliotecária.[845]

Enquanto um coletivo organizado de pessoas bibliotecárias negras, a Biblioteconomia Negra analisa a inadequação dos programas e serviços oferecidos pela biblioteca para a comunidade negra e, de posse das fragilidades e potencialidades, cria estratégias para fortalecê-los visando, assim, suprir as necessidades informacionais desses sujeitos. Nesse sentido, a Biblioteconomia Negra deve ser instrumental no fortalecimento da participação negra ativa tanto no governo e quanto na formulação das políticas e serviços da biblioteca.[846]

Apesar do início da produção científica em Biblioteconomia Negra ser datado nos anos 1800,[847] foi com a Segunda Reconstrução[848] dos EUA a partir dos anos 1950 que se intensificaram os registros escritos, coletados e organizados por pessoas negras que contribuíram para o conhecimento da história e experiência da população negra dos Estados Unidos da América e em outras partes do mundo. Essas obras e coleções foram basilares para a construção dos centros de pesquisa negros mundialmente conhecidos na contemporaneidade, tais como o *Moorland-Spingarn Research Center*,[849] *Ruby and Calvin Fletcher African American History Museum*,[850] *Black Resource Center* (BRC),[851] *Schomburg Center for Research in Black Culture*,[852] dentre outros.[853]

Para além dos aspectos supracitados, o movimento da Biblioteconomia Negra promoveu a insurgência pelo acesso às bibliotecas, à formação de grupos não-hegemônicos em Biblioteconomia e a preservação de recursos informacionais para as futuras gerações, bem como denunciou as ausências da intelectualidade negra na profissão bibliotecária.[854]

No século XXI, o movimento da Biblioteconomia Negra se expandiu para outros países, inclusive no Brasil, e com essa expansão, novas obras passaram a integrar este campo de estudos e acionar o fortalecimento epistêmico negro na Biblioteconomia. Dentre esses referenciais, destacamos: *The 21st-century Black Librarian in America: issues and challenges*,[855] editada por Andrew P. Jackson, Julius Jefferson e Akilah S Nosakhere; *Regina Anderson Andrews, Harlem Renaissance Librarian*,[856] de Ethelene Whitmire; *The Original Black Elite: Daniel Murray and the Story of a Forgotten Era*,[857] de Elizabeth Dowling Taylor; *Pushing the Margins: Women of Color and Intersectionality in LIS*,[858] editada por Rose L. Chou e Annie Pho; *Freedom Libraries: The Untold Story of Libraries for African Americans in the*

South,⁸⁵⁹ de Mike Shelby; *Planting Stories: The Life of Librarian and Storyteller Pura Belpre*,⁸⁶⁰ de Anika Denise; *O negro na biblioteca: mediação da informação para a construção da identidade negra*,⁸⁶¹ de Francilene Cardoso, e as coletâneas *Mulheres Negras na Biblioteconomia*,⁸⁶² *Epistemologias Negras: relações raciais na Biblioteconomia*,⁸⁶³ e os quatro volumes *Bibliotecári@s Negr@s: ação, pesquisa e atuação política*,⁸⁶⁴ *Bibliotecári@s Negr@s: Informação, educação, empoderamento e mediações*,⁸⁶⁵ *Bibliotecári@s Negr@s: pesquisas e aplicação da Lei 10.639/2003 na formação bibliotecária e bibliotecas*,⁸⁶⁶ *Bibliotecári@s Negr@s: perspectivas feministas, antirracistas e decoloniais em Biblioteconomia e Ciência da Informação*;⁸⁶⁷ *The Black Librarian in America: Reflections, Resistance, and Reawakening*,⁸⁶⁸ de Shauntee Bruns-Simpson, Nichelle M. Hayes, Ana Ndumu e Shaundra Walker; e *Antiracist Library and Information Science: racial justice and Community*,⁸⁶⁹ editado por Kimberly Black e Bharat Mehra, além do próximo volume do *The Handbook of Black Librarianship Third Edition*, editado por Andrew 'Sekou' Jackson, Marva L. DeLoach e Michele Fenton⁸⁷⁰ com previsão de lançamento para 2024, dentre outros.

Retomando nosso objetivo final, a interpretação de epistemologias negro-africanas elaboradas por pessoas negras bibliotecárias que debateram sobre raça e racismo no campo biblioteconômico-informacional, nas próximas seções, iremos promover o conhecimento sobre dois atores que atuaram nesse movimento da Biblioteconomia Negra e por direitos civis a pessoas negras, tanto profissionalmente quanto intelectualmente, os quais se destacam neste estudo por serem o *Pai da Biblioteconomia Negra* e a *Mãe da Bibliografia Negra*, mas, principalmente, teóricos críticos raciais em BCI.

ELONNIE JUNIUS JOSEY (1924-2009): DA BIOBIBLIOGRAFIA À EPISTEMOLOGIA RACIAL DO "PAI DA BIBLIOTECONOMIA NEGRA"

> *Nasci e cresci nos dias de segregação no tipo de sociedade que não apenas me desumanizou como afro-americano, mas também desumanizou minha família e todos os afro-americanos. Aqueles de nós que cresceram neste tipo*

de sociedade tiveram que lutar para serem reconhecidos, tiveram que lutar para não serem tão invisíveis.[871]

E. J. Josey, como é conhecido, nasceu em 20 de janeiro de 1924 em Norfolk, Virgínia, filho mais velho de cinco filhos de Willie Josey e Frances Bailey Josey. Divorciado, teve uma filha chamada Elaine Jacqueline (Figura 14). À época de seu nascimento, acontecia o mais amplo movimento de massas da história negra, o Renascimento do Harlem, que estava no auge de suas inovações culturais e ingresso de pessoas negras em espaços da sociedade estadunidense como docentes, escritores, diplomatas e bibliotecários.[872] Embora o acesso de pessoas negras às esferas da sociedade fosse mais abrangente, a desigualdade racial ainda era uma realidade, como nos lembra Josey[873] no início deste capítulo.

Figura 14 - E. J. Josey (1924-2009).

Fonte: American Libraries Magazine (2020). Disponível em: https://americanlibrariesmagazine.org/wp-content/uploads/2020/10/BCALA-josey-feat.jpg

Na infância, Josey frequentou uma escola segregada do sul dos EUA. Cresceu em *Port Smith*, Virgínia, com o desejo se tornar professor. Com seu interesse pela música, se graduou em órgão aos 16 anos pelo *Hampton Institute*.

Durante seu tempo livre, tocava órgão para igrejas até que foi convocado para o exército dos EUA para servir na Segunda Guerra Mundial, no período de 1943 a 1946.[874]

Com 19 anos, retornou da Segunda Guerra como veterano. Aproveitando oportunidades pós-guerra para ex-soldados, frequentou a Escola de Música da *Howard University*, em Washington, com tudo pago e se graduou em 1949. Seu professor foi Ernest G. Hayes, um dos primeiros afro-americanos a se tornar membro do *American Guild of Organists*. Tendo concluído seu bacharelado, ingressou na *Columbia University*, em Nova York, e obteve um mestrado em História visando ingressar no campo da educação, incluindo a tríade ensino, pesquisa e redação.[875]

Sem obtenção de sucesso como professor devido à ausência de oportunidades de emprego para pessoas negras pré-movimento dos direitos civis e pela desvantagem das barreiras raciais tradicionais, após se tornar mestre em 1950, conseguiu emprego como assistente de escritório nas bibliotecas da *Columbia University*. Nessa profissão, desenvolveu interesse por bibliotecas e decidiu realizar um mestrado em Biblioteconomia pela *State University of New York*, em Albany. Após a obtenção do título, foi atuar como paraprofissional nas bibliotecas da *Columbia University*, que se tornou essencial para ganhar experiência bibliotecária na área.[876]

Enquanto estava na escola de Biblioteconomia, Josey obteve uma segunda experiência paraprofissional atuando na Biblioteca do Estado de Nova York. O primeiro cargo de Josey foi como bibliotecário na Biblioteca Central da *Free Library of Philadelphia*[877] de 1953 a 1954. Entre muitas outras coisas que Josey passou nessa Biblioteca com relação a problemas com recursos e investimentos na referida unidade, um dos maiores era o racismo flagrante. Em 1954, Josey aceitou o cargo de professor como instrutor de história e ciências sociais no *Savannah State College*, em Savannah, Geórgia. No ano seguinte, ele voltou à Biblioteconomia como bibliotecário no *Delaware State College*,[878] em Dover, onde também foi professor assistente. Para Josey, tanto a experiência em Delaware como em Savannah foram importantes anos de formação pessoal e profissional que influenciaram na sua maneira como percebia a biblioteca e a

Biblioteconomia. Em 1959, Josey retornou ao *Savannah State College*[879] como bibliotecário-chefe e começou sua cruzada para erradicar a discriminação racial na profissão de bibliotecário.[880]

Houve casos de discriminação racial permitidos e, de certa forma incentivados, pela *American Library Association*[881] com a afiliação de associações estaduais de bibliotecas segregadas até 1954. Nessa oportunidade, a ALA aprovou uma resolução que promulgava a existência de uma única associação de bibliotecas afiliada a ela em cada estado dos EUA. Apesar disso, estados do Alabama, Geórgia, Louisiana e Mississippi continuaram com a exclusão de pessoas bibliotecárias negras e mantiveram a adesão apenas às brancas. Sob influência de Josey, a Resolução de 1964 foi instituída e adotada pela ALA. No documento, era declarada a obrigatoriedade da integração entre pessoas brancas e negras de bibliotecas para que se tornassem filiadas à Associação.

Em 1965, foi eleito como primeiro bibliotecário negro membro da *Georgia Library Association.*[882] Atuando como professor no *Savannah State College*, Josey participou ativamente na luta pelas liberdades civis e atividades intelectuais institucionais. Foi conselheiro do primeiro capítulo da *National Association for the Advancement of Colored People*[883] (NAACP), criado em uma faculdade mantida no Sul. Foi ainda, treinador de debates e líder do *Great Books Discussion Group*.[884] Sob sua liderança, a Faculdade também ganhou prêmios em 1962 e 1964 por seus projetos de relações públicas de bibliotecas.[885]

Em 1966, Josey deixou a sua posição no *Savannah State College* para aceitar uma posição no *Bureau of Academic and Research Libraries,*[886] da *New York State Library*, em Albany. Iniciando sua carreira na Divisão de Desenvolvimento de Bibliotecas, foi promovido a Chefe do Departamento em 1968. No caminho percorrido até aquele momento, Josey tinha obtido notável respeito e experiência nos assuntos bibliotecários daquele estado, o que lhe permitiu implementar novas abordagens na área. Seu excelente desempenho ao longo de seu mandato no estado de Nova York o estabeleceu como líder nacional no campo.[887]

Como reconhecimento por todo seu esforço, dedicação e competência, Josey sempre esteve em destaque nas mídias e revistas negras da época, assim como recebeu homenagens pela inspiradora carreira. Um exemplo é de quando Josey foi entrevistado pela *Ebony Magazine*,[888] para a reportagem *A man who goes by the books*,[889] da seção *Personalities* (Figura 15). Nessa oportunidade, a entrevista de Josey se referiu ao legado de sua atuação como presidente da ALA. Sua participação na ALA por mais de 30 anos à época trouxe diversos resultados positivos, derivados do compromisso de Josey em elevar os padrões da profissão, do seu trabalho como ativista dos direitos civis e defensor pela melhor qualidade de vida de pessoas negras dos EUA.[890] Como presidente, Josey incluiu representantes de grupos marginalizados e excluídos em comitês profissionais da ALA, angariou fundos e apoio para bibliotecas e Biblioteconomia, além de criticar e lutar contra cortes no orçamento destinado às bibliotecas e serviços bibliotecários realizados no governo Reagan.[891]

Figura 15 - Reportagem intitulada A man who goes by the books, publicada na Ebony Magazine, v. 40, n. 9, p. 126-130, July 1985.

Fonte: EBONY. Personalities. *A man who goes by the books*. v. 40, n. 9, p. 126-130, July 1985.

Ao longo dos anos, Josey foi descrito por alguns como "um homem dedicado e comprometido", uma espécie de guardião de centenas de pessoas negras que trabalhavam no campo da Biblioteconomia. Considerado o padrinho dos bibliotecários e bibliotecárias negras, Josey encorajou pessoas negras e de outros pertencimentos a ingressarem na profissão bibliotecária e buscou monitorar o progresso delas.[892]

Em outra oportunidade, agora na *JET Magazine*, Josey foi celebrado como o pioneiro da Biblioteconomia, quando do 25º aniversário da *Black Caucus* da ALA (BCALA) em Chicago (Figura 16). Na ocasião, Josey era professor emérito da Escola de Biblioteconomia e Ciência da Informação da *Pittsburgh University* e foi homenageado como fundador da BCALA e o pioneiro no ativismo pelos direitos humanos na Biblioteconomia. Josey era membro da ALA há mais de quatro décadas à época, e além de participar ativamente da organização havia escrito a resolução de 1964 que proibia os oficiais da Associação de participar de associações estaduais que negavam afiliação a pessoas bibliotecárias negras.[893]

Figura 16 - Celebração de homenagem a Josey na Ebony Magazine (1995).

Library Pioneer Dr. E.J. Josey Saluted During American Library Assn. Annual Confab

The celebration of the 25th anniversary of the Black Caucus of the American Library Association (BCALA) in Chicago recently was the perfect time to recognize the illustrious career of caucus founder Dr. E.J. Josey.

Dr. Josey, professor emeritus at the University of Pittsburgh School of Library and Information Science, recently was cited as a pioneer in the area of library science and human rights activism.

A member of the American Library Assn. (ALA) for more than four decades, Dr. Josey wrote the 1964 resolution forbidding ALA officers from participating in state associations that deny membership to Black librarians.

During his illustrious career and struggle for equality for Black librarians, Dr. Josey received the ALA Equality Award and the Martin Luther King, Jr. Award for Distinguished Community Leadership.

An outspoken advocate for the eradication of racial bias from library systems and professional organizations, Josey said there is a dire need for more people of color to enter the profession of library science. "As we move toward a multicultural society, we will not have enough librarians of color to serve groups which are becoming the majority in America," he stated.

Dr. Stanton F. Biddle, BCALA president, said the caucus hopes to increase the number of minorities in the field with the establishment of the E.J. Josey Scholarship, which was first awarded in 1994.

Fonte: JET Maganize. **Library Pioneer Dr. E. J. Josey saluted during American Library Assn. Annual Confab**, v. 88, n. 10, p. 33, 17 jul. 1995.

Como defensor pela erradicação do racismo nos sistemas de bibliotecas e organizações profissionais, na entrevista, Josey inferiu ser urgente o ingresso de pessoas negras e outras de pertencimentos étnico-raciais não hegemônicos na Biblioteconomia. Em suas palavras: "À medida que avançamos em direção a uma sociedade multicultural, não teremos bibliotecários negros suficientes para atender grupos que estão se tornando a maioria na América".[894]

Em 1986, Josey se aposentou de sua posição no estado de Nova York. No entanto, apesar de aposentado, seguiu por outros caminhos. Foi convidado a ingressar no corpo docente da Faculdade da Escola de Biblioteconomia e Ciência da Informação da Universidade de Pittsburgh como professor. Naquele momento, seu desejo mais antigo de se tornar professor foi cumprido ao atuar como um educador da Biblioteconomia. Nesse período, já estava envolvido em pesquisas e produções científicas valorosas à profissão e área, tendo publicado dez livros no campo da ciência da Biblioteconomia. O livro de Josey, *The Black Librarian in America*,[895] que ele editou em 1970 e revisou em 1994, recebeu elogios como o primeiro a examinar exclusivamente o assunto da Biblioteconomia Negra Americana.[896]

Na primavera de 1995, Josey se aposentou do cargo na referida Escola. Naquela ocasião, foi elogiado por amigos, colegas e pessoas bibliotecárias por suas quase quatro décadas dedicadas à defesa por direitos civis, à docência e da excelência profissional. Na década de 1980, esteve atento ao contexto da África do Sul e liderou a luta pela manutenção de sanções contra aquele país como protesto contra o sistema de segregação e desigualdades oficialmente formalizadas.[897]

Ao longo de sua carreira, Josey atuou de forma incansável para eliminar as injustiças e segregação na Biblioteconomia e bibliotecas, como se manifesta (a) por sua fundação da *Black Caucus da* ALA, para que pessoas bibliotecárias negras pudessem ser uma frente unida contra a discriminação no local de trabalho e promover a experiência de liderança entre eles, como servir em conselhos de biblioteca; (b) em ser um dos três únicos presidentes negros da *American Library Association* até aquele momento; (c) por sua cruzada pelo bem público; (d) por sua perseverança no recrutamento de pessoas negras e outras racializadas na profissão bibliotecária; e (e) pela busca do extermínio da segregação das associações estaduais de bibliotecas no Sul a partir da Resolução da ALA.[898] Até seu falecimento em 2009, E. J. Josey havia publicado mais de 200 materiais bibliográficos, dentre os quais, artigos, resenhas, livros e demais materiais, conforme a bibliografia de sua produção apresentada no Apêndice C deste livro.

Black Causus of American Library Association e a luta pela diversidade nas associações e bibliotecas

> Ao longo dos anos, minha afiliação com a ALA me deu a oportunidade de mostrar à profissão que, dada uma chance, o bibliotecário negro pode ser um trunfo para a organização e... pode dar uma contribuição para a profissão.[899]

Josey se tornou um grande líder na história da Biblioteconomia americana. Por quase 40 anos, participou das discussões referentes à profissão bibliotecária dentro da ALA em busca da eliminação de injustiças contra pessoas negras, LGBTQIA+, latinas e outras colocadas à margem em bibliotecas e na formação bibliotecária. Conforme Clara Stanton Jones,[900] Josey era um profissional dedicado e esforçado que realmente se importava com a profissão bibliotecária, a instituição biblioteca e as pessoas que eram atendidas por ela. Sua trajetória de ativismo associativo esteve vinculada à ALA desde seu ingresso em 1953, passando pela sua eleição para o Conselho em 1970, para o Conselho Executivo em 1979, e para Presidente da Associação em 1983.

Com sua capacidade de liderança, E. J. Josey persistiu intensamente em suas ideias e posições, mesmo quando essas causavam desconforto e descontentamento com seus pares. O fato de ser um líder que abria caminho para o diálogo entre diferentes posições, e isso trouxe apoiadores que sugeriram sua candidatura para o Conselho Executivo da ALA. No entanto, consciente da influência da raça e racismo em sua vida, embora considerasse favorável para o desenvolvimento de suas posições e ideias estar no Conselho da Associação, Josey também entendia que os membros do Conselho não estariam prontos para eleger um homem negro, independente, franco e controverso como ele. Dessa forma, decidiu ser mais sábio naquele momento, não almejar altos cargos dentro da Associação, mas ajudar outras pessoas os conquistarem. Enquanto isso, continuou assiduamente trabalhando na democratização da ALA para todas as pessoas enfatizando a participação de representantes de grupos não hegemônicos nos comitês e escritórios da Associação. Para tanto, intensificou o recrutamento de pessoas negras, pessoas latinas, indígenas e outras não-brancas no campo, oportunidades de trabalho e desenvolvimento e ascensão profissional, uma vez que estivessem contratadas.[901]

Em 1979, novamente seus apoiadores o persuadiram a se inscrever para se candidatar ao Conselho Executivo da ALA. Entendendo que naquele momento o clima a justiça social estava mais aflorado tanto no país quanto na própria Associação, Josey aceitou ser candidato e foi finalmente eleito como membro do Conselho Executivo.[902]

Em *E. J. Josey, the 101ˢᵗ President of the American Library Association*, Lucille Thomas[903] retrata que em junho de 1983, E. J. Josey foi recompensado pelo período de sua ativa participação na ALA, inclusive atuando como presidente de numerosos comitês e anos de Conselho Executivo: foi eleito presidente da ALA, uma das mais antigas e maiores do mundo. Os resultados da eleição marcaram a primeira vez que um homem[904] bibliotecário negro serviria à frente desta organização.

Os muitos anos de preparação acadêmica de Josey, experiência em posições de liderança e como ativista o prepararam para a presidência. Sua marca registrada foi o planejamento e execução imediata desses planos. Imediatamente após sua eleição, E. J. Josey convocou um comitê de planejamento e começou a descrever as atividades para seu ano presidencial. Com o tema *Forjando coalizões para o bem público*,[905] ele lançou um programa com estratégias descritas em conjunto com o Comitê de Planejamento da ALA cujo enfoque era o estabelecimento de coalizões duradouras com outras organizações que permitissem uma ação eficaz de reafirmação do conceito de bem público para promover o apoio do setor público de bibliotecas e suas instituições.[906]

Uma das principais atividades selecionadas para promover esse objetivo foi o Programa do Presidente (1985), cujo formato era de conferência. Autoridades líderes em Biblioteconomia e campos relacionados receberam comissão para escrever documentos que serviriam de direcionamento para discussão no Programa do Presidente, cujos tópicos incluíam: a) porque as coalizões são eficazes; b) porque as coalizões para o bem do público são críticas nos anos 1980; c) o papel das bibliotecas nas coalizões; d) questões na definição do bem público; e) Edifício da Coalizão, o modelo de Minnesota. Acreditando que outras organizações possuíam objetivos comuns pela ALA, Josey estendeu convite a organizações e agências para se juntar à ALA no trabalho pelo bem público.[907]

Diversas pessoas bibliotecárias atenderam ao convite e serviram como líderes e fomentadores de debate. Para tanto, todas participaram de treinamento conduzidos por consultor visando o entendimento do papel de cada liderança em incentivar os membros a participarem das discussões em grupo. Josey percebia que aquele era o momento de afirmar as bibliotecas são um bem público que opera em nome do bem-estar de todas as pessoas, e que elas são parte integrante e valiosa da estrutura educacional, informacional e cultural da nação.[908]

Visando aprofundar ainda mais a discussão, Josey nomeou uma comissão de apoio público às bibliotecas com o intuito de desenvolver metodologias e estratégias projetadas para o aumento do apoio público às bibliotecas. Entre as responsabilidades que ele atribuiu à Comissão, destacavam-se: a) fornecer um papel de liderança para a ALA na construção de coalizões com outros grupos e organizações preocupadas com o bem público; b) iniciar um plano para influenciar o desenvolvimento de uma base de apoio público para as bibliotecas; c) contribuir com uma evidente compreensão dos papéis, pontos fortes e limitações do financiamento público e privado; e d) desenvolver programas de conscientização pública demonstrando as maneiras pelas quais as bibliotecas contribuem para a saúde econômica e desenvolvimento do país.[909]

Em 1984, Josey foi proclamado presidente da ALA com um inigualável número de pessoas presentes na celebração ocorrida em Dallas, Texas. Em

1985, foi oferecida uma conferência com a apresentação do planejamento inovador que duraria para além de seu mandado, quando recomendou o estabelecimento de um Escritório de Desenvolvimento da ALA. No seu ano presidencial, Josey participou de diversas conferências e levou um discurso específico para cada evento incentivando as pessoas bibliotecárias a serem participantes ativas nas ações da ALA, como membros de comitê, oficiais ou conselheiros. Ele recompensou os membros que haviam sido especialmente ativos com nomeações para os comitês da ALA, o que resultou em pelo menos uma pessoa bibliotecária pertencente aos grupos étnico-raciais marginalizados em cada comitê da ALA.[910]

O reflexo dos anos em que esteve na presidência permaneceu nos círculos da Biblioteconomia mesmo após sua saída do cargo. Embora fora desse espaço, suas opiniões e avaliações continuavam a ser procuradas. Seu tema, "Forjando coalizões para o bem público", se tornou usado por seus sucessores. Depois de concluir seu mandato como presidente da ALA, Josey permaneceu no conselho executivo da ALA como ex-presidente imediato (1985-1986). Ele presidiu o subcomitê dos membros honorários e o subcomitê de revisão do Programa. Sob sua égide, o subcomitê avaliou os programas gerais da Associação e recomendou a criação de novas atividades e programas. Em uma dessas oportunidades, o Conselho Executivo da ALA solicitou ao subcomitê a revisão do relacionamento entre a *Freedom to Read Foundation* e a ALA. Com a assistência do Comitê, Josey realizou uma revisão minuciosa dos materiais e documentos, incluindo os debates e ações do Conselho Executivo relacionados ao estabelecimento da *Freedom to Read Foundation*. Na revisão da Fundação e da ALA, o subcomitê descobriu que havia amplo apoio ao trabalho da Fundação, e realizou recomendações, as quais foram instituídas naquela época.[911]

Uma das forças motrizes para permanência de Josey na Associação esteve no estabelecimento da *Black Caucus da ALA* (BCALA) criada formalmente em 1970. A *Black Caucus* pode ser considerada a primeira convenção étnico-racial criada para lidar com a segregação, discriminação e racismo contra pessoas negras (e outras racializadas) em bibliotecas, associações profissionais e formação bibliotecária. No contexto anterior ao movimento dos direitos civis, pessoas negras eram condicionadas a aceitar *status* inferior em seus espaços de trabalho, inclusive sofrendo discriminações quando solicitavam cargos de gestão e equiparação salarial. Com a insurgência desse movimento, pessoas negras começaram a criar organizações profissionais e associações independentes visando garantir direitos trabalhistas para a comunidade negra. Foi nesse momento que surgiram associações, conselhos e conferências para diversos tipos de profissionais negras e negros com o intuito de debater suas demandas e caminhos em suas profissões. Outra estratégia adotada, inclusive por pessoas bibliotecárias negras, esteve no ingresso dessas pessoas representantes de grupos marginalizados na estrutura institucional a fim de criar organizações afiliadas aos seus espaços de trabalho. Assumindo papeis de liderança, essas profissionais poderiam articular ações internas e externas de combate à discriminação nas organizações.[912]

A inspiração para a criação da BCALA veio da *Congressional Black Caucus*[913] criada no início dos anos 1970, quando o governo Nixon relutou em atender às necessidades das comunidades negras estadunidenses. Adotando essa premissa, a BCALA foi formada devido a ALA (assim como a Biblioteconomia) ter desempenhado papel político que colaborou para criação de políticas que afetaram pessoas negras e outras racializadas. Visando a justiça racial e por ser vinculada à Associação, a BCALA possibilita o trabalho antirracista e ações efetivas sobre injustiças praticadas contra profissionais da Biblioteconomia. Ademais, por intermédio dela, é possível recrutar pessoas bibliotecárias negras visando torná-las futuras líderes na ALA.[914]

Na história da BCALA, percebemos uma intrínseca ligação com as aspirações e valores do movimento dos direitos civis. Adotando a luta pela equidade de direitos, Josey liderou a delegação de pessoas bibliotecárias negras que formaram a *Black Caucus*. Tendo se conhecido nas conferências anuais, tais profissionais eram membros da ALA interessados em discutir suas preocupações sobre a falta de espaço e da ausência das vozes negras dentro da Associação. Em 1970, decidiram construir uma organização formal, e instigados por Josey, apoiaram o bibliotecário A. P. Marshall com o intuito de eleger um presidente negro para liderar a BCALA. Na ocasião da reunião de criação da BCALA, Josey evocou a necessidade de criá-la debatendo sobre o racismo na profissão, e a exigência de união entre pessoas negras bibliotecárias. Josey possuía a consciência de embora o país tivesse aprovado a lei de Direitos Civis em 1964, a qual "exterminou" de forma legal a discriminação com base na raça, no imaginário social a raça continuava a influenciar a vida de pessoas negras. Tanto é que a ALA era insensível em abordar questões de discriminação contínua sofridas e as injustiças enfrentadas por bibliotecárias e bibliotecários negros. Tudo isso resultou na busca por empoderamento da comunidade negra e autodeterminação em confrontar as estruturas racistas e excluídoras ao invés de aguardar uma mudança progressiva.[915]

Para isso, a BCALA tomou para si a tarefa de formular e implementar políticas que visassem as demandas e a voz de pessoas bibliotecárias negras sobre os assuntos raciais, emprego e equidade. Consciente dessa tarefa, o preâmbulo da Constituição da BCALA diz:

1. Considerando que existe um atraso crítico no desenvolvimento da biblioteconomia para os negros e;
2. Considerando que existem meios inadequados para os estudos e relatórios que lidam com questões relacionadas a cidadãos negros-americanos e;
3. Considerando que a profissão de biblioteca em geral e a American Library Association (ALA), em particular, demoraram a responder aos problemas dos negros;
4. Portanto, nós, membros negros da American Library Association, nos unimos para formar esta organização.[916]

Assim, a BCALA nasceu com a missão de erradicar a discriminação contra pessoas bibliotecárias negras nos espaços de atuação profissional e na Associação, influenciando politicamente na mudança do imaginário social construído sobre os profissionais, a profissão e a biblioteca.[917] Josey foi eleito o primeiro presidente da BCALA, e na reunião de 1970 foi entregue uma declaração que estabelecia sua criação:

> Como bibliotecários negros, estamos intensamente interessados no

desenvolvimento de nossa associação profissional e nossa profissão. Portanto, um comitê do Caucus dos Bibliotecários Negros foi acusado da responsabilidade de preparar um programa de ação. O Black Caucus continuará a se reunir nas conferências da American Library Association com o objetivo de avaliar o progresso feito pela Associação no cumprimento de suas responsabilidades sociais e profissionais com grupos minoritários nesta profissão e no país.[918]

Com seu objetivo descrito elucidando as preocupações das pessoas bibliotecárias negras à época, na atualidade o propósito geral da BCALA está em "promover o desenvolvimento de bibliotecas e serviços de informação para afro-americanos e outras pessoas de ascendência africana".[919] Esse se desdobra em objetivos específicos, a saber:

1. Chamar a atenção da American Library Association para a necessidade de responder positivamente em nome dos membros negros da profissão e as necessidades de informação da comunidade negra. A Caucus revisará, analisará, avaliará e recomendará ações sobre as necessidades dos bibliotecários negros que influenciarão seu status nas áreas de recrutamento, desenvolvimento, promoção e condições gerais de trabalho.
2. Revisar os registros e avaliar a posição dos candidatos para os vários cargos dentro da ALA para determinar seu impacto potencial sobre bibliotecários negros e serviços para a comunidade negra.
3. Participar ativamente das atividades das Divisões, Mesas Redondas e Comitês da *American Library Association*, participando ativamente desses grupos para garantir que eles atendam às necessidades dos bibliotecários negros.
4. Servir como um centro de informações para bibliotecários negros na promoção de uma participação mais ampla de bibliotecários negros em todos os níveis da profissão e da Associação.
5. Apoiar e promover esforços para alcançar comunicação significativa e representação equitativa nas associações estaduais de bibliotecas

e nos conselhos administrativos e consultivos das bibliotecas nos níveis estadual e local.
6. Facilitar o serviço de biblioteca que atenda às necessidades de informação dos negros.
7. Incentivar o desenvolvimento de recursos de informação confiáveis sobre pessoas negras e a disseminação dessas informações para a comunidade em geral.
8. Abrir canais de comunicação para e através de bibliotecários negros em todas as entidades da *American Library Association*.

Com base na missão e propósito, a BCALA visa apoiar pessoas bibliotecárias negras e outras racializadas, assim como lutar contra práticas de discriminação nas bibliotecas. Como reflexo de sua criação, outras coalizações e associações com o mesmo fim foram criadas visando atender necessidades específicas de grupos étnico-raciais, que até aquele momento, não haviam sido visibilizadas na ALA. Assim, a *REFORMA: The National Association to Promote Library and Information Services to Latinos and the Spanish-Speaking*[920] com enfoque em pessoas latinas e falantes de língua espanhola foi criada em 1971, a *Chinese American Librarians Association*[921] em 1973, a *American Indian Library Association*[922] em 1979, e a *Asian/Pacific Librarians Association*.[923]

Em 1992, um novo passo foi dado pela BCALA, que começou a criar suas próprias conferências nacionais bienalmente, além de se reunir na conferência anual da ALA. Como Josey foi um importante líder na sua construção e desenvolvimento, posteriormente, a BCALA passou a oferecer desde 1994 a *E. J. Josey Scholarship*, bolsa de estudos direcionadas a estudantes afro-americanos matriculados em cursos de BCI credenciados pela ALA.[924]

Ao longo dos anos, a BCALA atuou como defensora de seus membros em tribunal contra a discriminação racial, assim como construiu convênio com diversos grupos da ALA, incluindo o *Asian American Caucus*, a *Chicano Task Force of the Social Responsibilities Round Table* e a *National Association to Promote Library Services to the Spanish-Speaking* (REFORMA). Além disso, estabeleceu diálogos em comum com países de África, como o Quênia, por exemplo, visando debater sobre os problemas em comum.[925]

Como líder, Josey serviu de inspiração, ofereceu conselhos e treinou pessoas bibliotecárias étnico-raciais não-negras iniciarem e desenvolverem suas próprias convenções. Além disso, organizou e construiu coalizações na ALA, não só com as pessoas bibliotecárias negras, mas também parcerias com outros grupos racializados que integravam ou não a Associação. Josey também defendeu bibliotecas que enviavam materiais para a África do Sul por causa das políticas racistas de segregação. Como demonstrado nesta seção, a ascensão de Josey à liderança e ao ativismo na profissão começou com a resolução histórica,[926] chegou ao clímax quando foi eleito presidente da ALA em 1984-1985 e culminou quando se aposentou em 1995.[927]

DO ATIVISMO À INTELECTUALIDADE: FASES DO OLHAR EPISTEMOLÓGICO DE E. J. JOSEY

Como percebemos nas seções anteriores, Josey realizou diversas ações ao longo de sua carreira que contribuíram para o fortalecimento da Biblioteconomia, sobretudo na atuação junto à ALA e a criação da *Black Caucus*. Nesta seção terciária, nosso intuito é promover o conhecimento do pensamento de Josey, por intermédio da leitura e interpretação da sua produção científica, comentários e entrevistas.

Conforme indicado no percurso metodológico desta pesquisa, após a recuperação dos recursos informacionais, foi realizada a tradução dos textos que obtivemos acesso, a tradução para o português, assim como a leitura e interpretação de suas reflexões.

Em nossa análise, o olhar epistemológico de Josey se desdobra em três fases (Figura 17), conforme categorizamos a seguir:

a) **primeira fase** se refere ao contexto anterior ao seu ingresso na ALA, na qual o autor refletia sobre a biblioteca universitária e seu papel social;
b) **segunda fase** se destaca com o aparecimento de reflexões teóricas

sobre direitos civis e formação profissional, especialmente de bibliotecários e bibliotecárias negras;

c) **terceira fase** durante e após sua atuação na ALA, na qual o bibliotecário se pauta em refletir sobre raça, racismo e suas consequências.

Figura 17 - Fases epistemológicas de E. J. Josey.

Fonte: Elaborado pela autora (2022).

No intuito de elucidar o pensamento de Josey, iremos apresentar nas próximas seções, algumas reflexões presentes em cada fase epistemológica.

PRIMEIRA FASE: BIBLIOTECA UNIVERSITÁRIA E SEU PAPEL SOCIAL

Atuante em bibliotecas universitárias de faculdades historicamente negras, Josey produziu diversos artigos e reflexões que se referem a esse escopo. Em 1956, Josey era professor assistente de Biblioteconomia, do *Delaware State College*, em Dover, quando escreveu o texto A College Library's Cultural Series (1956)[928] (Figura 18), contando sobre sua experiência como bibliotecário daquela instituição.

Neste texto, Josey descreve como a instituição ingressou em uma fase de vínculo com as comunidades ao inaugurar a *Cultural Series* (Série Cultural), um projeto cuja função era possibilitar à biblioteca ser o centro das atividades culturais da Faculdade e, dessa forma, poder extrapolar o seu papel social. Na perspectiva do autor, a biblioteca universitária

[...] pode ser mais do que um depósito de livros; ela pode se transformar em um campo de batalha de ideias, oferecendo fóruns, palestras, debates, resenhas de livros etc. [...]. A biblioteca da faculdade pode servir a comunidade não universitária, convidando-os a compartilhar os recursos e atividades da biblioteca.[929]

Figura 18 - Texto A College Library's Cultural Series, de E. J. Josey, publicado no Wilson Library Bulletin, v. 30, n. 10, June 1956.

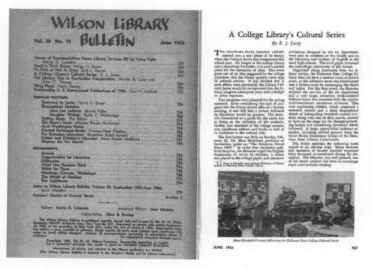

Fonte: JOSEY, E. J. A College Library's Cultural Series. **Wilson Library Bulletin**, New York, v. 30, n. 10, June 1956.

Nesse sentido, para dar início ao projeto, em conjunto com o departamento de artes, a Biblioteca conduziu duas atividades culturais concretizadas em forma de palestras com pessoas convidadas para apresentar e discutir romances de autoria americana. Em ambas as oportunidades, a comunidade estudantil, os familiares e docentes não só interagiram dialogando durante as palestras, como também emprestou os livros de literatura não-curricular para a leitura em suas residências.[930]

No texto *College Library Accreditation: Boom or Bust* (1957) (Figura 19), Josey continua sua análise sobre a biblioteca universitária para a comunidade, sobretudo destacando o papel da avaliação contínua da unidade de informação para melhoria de produtos e serviços de informação. Como nos Estados Unidos havia à época agências de avaliação e acreditação de bibliotecas acadêmicas de faculdades e escolas secundárias – parecido com a avaliação de bibliotecas efetuada pelo Ministério da Educação no Brasil –, o autor descreveu a importância da autoavaliação periódica dos objetivos, políticas e ações das bibliotecas visando atender as etapas do processo de acreditação dessas unidades de informação.[931]

O selo de acreditação era atribuído à biblioteca universitária via ação de um comitê independente que avaliava os objetivos, os gastos dos últimos cinco anos, a frequência de uso do seu acervo, as políticas relativas à criação e desenvolvimento das coleções; como se articulava o programa de aquisição de materiais dos acervos; e quais os serviços de referência e bibliográficos que a biblioteca oferecia a seu público. Destacou o papel da bibliotecária universitária no autoestudo das potencialidades e fraquezas de unidade de informação, assim como para conscientização da comunidade e da equipe gestora da Faculdade sobre como a biblioteca é o "coração da instituição" e uma agência de ensino para a comunidade.[932]

Figura 19 - Texto College Library Accreditation: Boom or Bust, de E. J. Josey, publicado no Wilson Library Bulletin, v. 32, n. 3, November 1957.

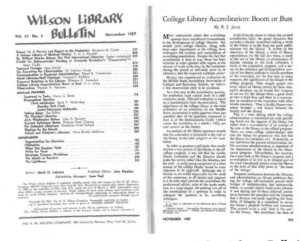

Fonte: JOSEY, E. J. College Library Accreditation: Boom or Bust. **Wilson Library Bulletin**, New York, v. 32, n. 3, November 1957.

Anos depois, como bibliotecário do *Savannah State College*, a primeira instituição pública de ensino superior para pessoas afro-americanas da Geórgia integrante das *Historically black colleges and universities* (HBCUs),[933] Josey publicou o texto *Savannah State* em que descreveu minuciosamente sobre a construção da biblioteca da Faculdade e sua estrutura física, acervo e de pessoal.[934]

Como diretor da biblioteca do *Savannah State College*, seu mandato incluiu o estabelecimento de vários programas que transformaram a instituição em um centro de vida intelectual para a comunidade do campus, e atraiu escritores e ativistas negros renomados. Além de atrair estudantes brancos para o campus do *Savannah*, algo que até esse período não havia ocorrido na história da instituição, Josey é creditado por persuadir não apenas a comunidade acadêmica negra a usar a biblioteca do *Savannah*, mas por ultrapassar as estruturas do campus e conseguir influenciar outras pessoas a valorizarem a biblioteca e sua função. Durante esse mesmo período, Josey se tornou um ativo defensor de grupos ativistas estudantis, os quais o deixaram impressionado com as manifestações ocorridas em Savannah, mas, sobretudo, foi incentivador para que as estudantes participassem. Foi nesse período que Josey inicia seus esforços para inspirar pessoas bibliotecárias a combaterem o racismo na profissão.[935]

Um ano depois, em *The Savannah State College Library: In Retrospect and Prospect*,[936] realizou uma análise sobre os fatores e influências que operam contra ou restringem o desenvolvimento de bibliotecas universitárias, em especial bibliotecas universitárias negras. Advogando sobre o papel significativo das bibliotecas universitárias para a construção das instituições de ensino superior, Josey destacou dois propósitos específicos do artigo, os quais eram analisar a construção histórica da Biblioteca do *Savannah College*, e refletir sobre o novo curso que essa biblioteca necessitaria realizar para o desenvolvimento de programas e serviços de informação articulados às necessidades das comunidades.[937]

Comparando o desenvolvimento histórico do *Savannah State College*[938] no período de 1920 a 1960, Josey reflete que a biblioteca desta instituição de ensino superior para pessoas negras não obteve grande importância nas primeiras décadas da faculdade. Dessa forma, enquanto a faculdade se desenvolvia rapidamente, negligenciava a biblioteca como elemento fundamental da instituição, especialmente quando a análise de Josey se volta para a construção do acervo bibliográfico, cuja falta de recursos para compra de materiais do acervo e o pouco uso dos livros indicados nos programas de ensino dos cursos da faculdade denotavam a inadequação das coleções e a ausência de integração da biblioteca aos departamentos dos cursos. O pouco uso dos livros do acervo estava vinculado à obsolescência e desmazelo das coleções para atender as necessidades básicas informacionais de estudantes negros universitários; além disso, poucos desses estudantes realmente possuíam habilidades desenvolvidas da leitura e escrita acadêmica.[939]

A presença de pessoas bibliotecárias negras como atuantes e gestoras da Biblioteca da *Savannah College* foi observada somente a partir da década de 1930, e das profissionais contratadas, somente uma havia realizado o treinamento formal de bibliotecária. Quarenta e quatro anos depois da criação da faculdade, a biblioteca universitária do *Savannah College* possuía quatro profissionais com formação bibliotecária, o que para Josey estava em consonância com a importância de uma equipe bibliotecária treinada para oferecer produtos e serviços à comunidade e estimular o uso da Biblioteca. A partir desse olhar histórico para a coleção, equipe profissional e estrutura física da Biblioteca, o autor traçou como caminhos para o futuro alguns pontos, como a articulação entre corpo docente e a biblioteca universitária, a atualização constante do acervo com materiais bibliográficos e coleção de periódicos úteis a estudantes, docentes e comunidade, e, por fim, com a adição de livros que promovam a herança civilizatória dos povos que contribuíram para o desenvolvimento das sociedades.[940]

Sobre a articulação entre corpo docente e a biblioteca universitária, em seu texto *College libraries are for professors too*[941] (Figura 20), Josey argumenta que o maior desafio dos anos 1960 era utilizar o conhecimento de forma eficaz, sobretudo por conta da "explosão de conhecimento" publicado nos últimos anos. Em sua percepção, uma biblioteca com recursos informacionais adequados e atualizados é fundamental no desenvolvimento dos programas educacionais oferecidos pelas instituições.[942] Todavia, uma biblioteca que não tem seus recursos explorados pelo corpo docente é "um sistema nervoso que ajudará a deteriorar o corpo principal do programa instrucional, não por exaustão como resultado do uso excessivo, mas por inatividade que é igualmente perigoso".[943]

Figura 20 - Texto College libraries are for professors too, de E. J. Josey, publicado no The Savannah State College Bulletin, Savannah, v. 15, n. 2, p. 5-9, December 1961.

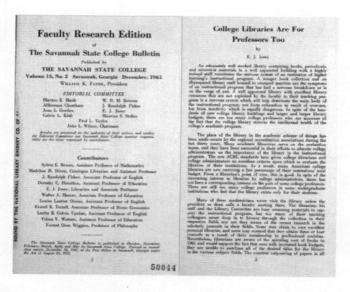

Fonte: JOSEY, E. J. College libraries are for professors too. **The Savannah State College Bulletin**, Savannah, v. 15, n. 2, p. 5-9, December 1961.

Para Josey, os docentes ainda desconhecem os potenciais das bibliotecas universitárias, e de como tais bibliotecas refletem a saúde intelectual dos programas acadêmicos das universidades. Relembrou o aumento da visibilidade da biblioteca universitária desde os anos 1930, e que ao longo desse período, os bibliotecários universitários passaram a atuar nas equipes de avaliação dos cursos e começaram a educar os administradores das organizações sobre a necessidade da biblioteca para os programas educacionais.[944]

No entanto, apesar dos administradores universitários terem sido despertados para olhar as bibliotecas de outra forma, os professores universitários ainda viam essas unidades de informação como destinadas exclusivamente às pessoas estudantes da instituição. Isso resultou na falta de uso da biblioteca por parte do corpo docente, exceto quando alguma reunião era realizada no espaço da biblioteca. Alguns professores sequer participavam da escolha de materiais especializados em suas áreas para compor as coleções, utilizavam três ou quatro materiais como referência, e muitos desconheciam pesquisas atualizadas em suas áreas do conhecimento. Como justificativas para sua ausência nos espaços da biblioteca, alguns desses docentes citavam possuir bibliotecas pessoais e/ou assinatura em periódicos de suas sociedades profissionais.[945]

O custo crescente dos livros na década de 1960 resultava no impedimento de se comprar todas as obras necessárias para o pleno exercício docente. Assim, a preferência pela biblioteca particular ao invés da biblioteca universitária poderia causar lacunas no aprendizado dos docentes. Com o aumento de pesquisas publicadas em periódicos científicos de várias áreas, se tornava impossível aos docentes selecionar os artigos e livros mais adequados à sua prática docente para leitura sem que a seleção tenha sido previamente realizada por pessoas bibliotecárias. Ainda, o desconhecimento de pesquisas atualizadas tinha como consequência a obsolescência do conteúdo ministrado em sala de aula. Para além desses pontos, a falta de articulação entre profissionais (docente e pessoa bibliotecária) e a ausência de comunicação com a biblioteca também causam muitos desencontros de informações, muitas vezes por desconhecimento do próprio docente sobre os procedimentos de catalogação, empréstimo, devolução, reserva, circulação e uso da própria biblioteca.[946]

A lacuna de comunicação entre docentes e pessoas bibliotecárias foi elucidada por Josey, especialmente quando se refere à reclamação dos docentes sobre as fragilidades de escrita e elaboração de trabalhos acadêmicos das pessoas estudantes ou na inabilidade delas no uso de ferramentas de busca e recuperação de materiais para compor tais trabalhos. Todavia, esses mesmos docentes que reclamavam não articulavam palestras e treinamentos especializados sobre uso de ferramentas fornecidos pelas pessoas bibliotecárias da instituição. Nesse sentido, tanto a pessoa estudante continua com um déficit em seu aprendizado, a pessoa docente continua reclamando sobre a sua inabilidade em realizar atividades acadêmicas e a pessoa bibliotecária desconhece onde pode atuar de forma a instrumentalizar e capacitar o alunado. Nesse ponto, Josey enfatiza a necessidade dessa articulação entre os três atores para que essas fragilidades sejam superadas em conjunto.[947]

Para Josey, as relações entre faculdade e biblioteca universitária devem ser aprimoradas e fortalecidas com a contribuição de cada integrante da equipe da biblioteca e do corpo docente. Isso implica, segundo ele, na sensibilização para as necessidades dos docentes e estudantes sempre lembrando que a biblioteca é o coração da instituição e uma agência de serviços de informação. Assim, é esperado que as pessoas profissionais que ali atuam sejam amigáveis, corteses e busquem uma maneira de ser útil a quem da informação necessita. Assim, a biblioteca deve atuar como relações públicas, de forma a contribuir para a academia, o corpo docente e estudantes seja para satisfazer suas necessidades de pesquisa ou para leitura recreativa.[948] Além disso, incentiva o intercâmbio de materiais bibliográficos entre bibliotecas universitárias como uma das formas de suprir as necessidades informacionais e de atualização de conteúdo para estudantes e docentes.[949]

Retomando o debate referente a recursos e a obsolescência dos acervos e coleções, no comentário intitulado *Neolithic Resources in Colleges* (Figura 21), Josey[950] aponta sobre a miríade de problemas enfrentados nas bibliotecas universitárias, e argumenta sobre a premente necessidade de fortalecimento dos recursos da biblioteca.

Figura 21 - Comentário Neolithic Resources in Colleges, de E. J. Josey, publicado no Library Journal, v. 88, n. 1, January 1963.

Fonte: JOSEY, E. J. Neolithic Resources in Colleges. **Library Journal**, New York, v. 88, n. 1, p. 48, 1963.

Considerando os padrões para manutenção de coleções em bibliotecas universitárias da época, entendia que 60% das coleções possuíam menos de 50 mil volumes em seu acervo, o que tornava uma tarefa hercúlea para pessoas bibliotecárias fornecer títulos atualizados publicados nos diversos campos do conhecimento ao mesmo tempo em que os recursos para compras eram reduzidos, o preço de compra dos livros aumentava e obras raras se tornavam cada vez mais difíceis de serem incluídas nas coleções por estarem esgotadas.

Pensando em fortalecer e melhorar a qualidade das coleções nas bibliotecas, Josey[951] entendia que as pessoas bibliotecárias acadêmicas quanto as associações profissionais bibliotecárias precisariam encorajar as administrações para aumentarem a alocação orçamentária para compra de livros sem qualquer medo de fazer *lobby* por apoio federal visando a obtenção de recursos. O objetivo maior seria garantir a atualização dos acervos, de forma que os "materiais educacionais neolíticos" fossem retirados do enfoque de estudantes universitários daquele tempo.

Durante seu tempo de trabalho no *Savanna College*, escreveu o artigo *The College Library and the Community*[952] (Figura 22), no qual discorre sobre os serviços oferecidos para as comunidades entorno às universidades e faculdades estadunidenses à época. Em sua reflexão, analisa que os serviços oferecidos servem não apenas à própria comunidade, como também para comprovar o investimento de impostos dos contribuintes nas bibliotecas. Por isso, os serviços de informação são atividades que devem refletir o comprometimento entre as instituições de ensino superior e as comunidades. Em sua percepção, a biblioteca universitária se encontra na posição de servir a comunidade de diversas formas, seja com produtos, serviços e instrumentos de informação. No entanto, naquele contexto, pessoas bibliotecárias estavam questionando: qual seria a função da biblioteca universitária em relação à comunidade não acadêmica? Havia uma preocupação com o investimento de mão de obra bibliotecária e destinação de produtos e serviços de informação em uma atividade considerada extracurricular, que resultaria em sobrecarregar as equipes as quais já contavam com menos pessoas bibliotecárias formadas para atuar com o público-alvo daquelas unidades de informação. Nesse sentido, pessoas bibliotecárias advogavam que essa comunidade seria melhor atendida pela biblioteca pública, ao invés da biblioteca universitária.[953]

Figura 22 - Artigo The College Library and the Community publicado no The Savannah State College, v. 16, n. 2, p. 61-66, December 1962.

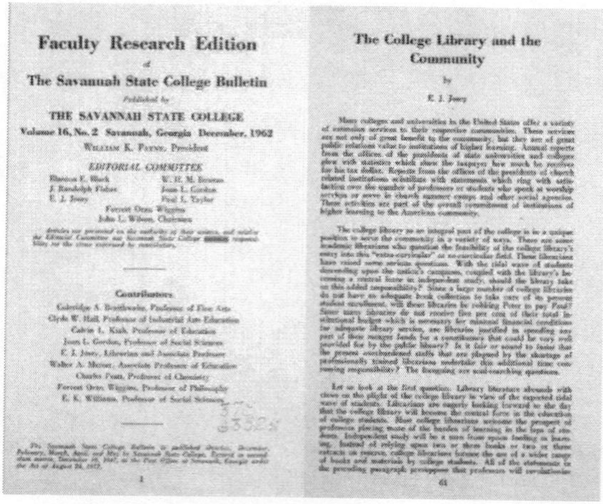
Faculty Research Edition

of

The Savannah State College Bulletin

Published by

THE SAVANNAH STATE COLLEGE

Volume 16, No. 2 Savannah, Georgia December, 1962

Contributors

The College Library and the Community

by

E. J. Josey

Fonte: JOSEY, E. J. The College Library and the Community. **The Savannah State College**, Savannah, v. 16, n. 2, p. 61-66, December 1962.

Refletindo sobre essas questões, Josey analisa o contexto de investimento, tanto por docentes quanto por pessoas bibliotecárias, na independência do alunado para construção do seu aprendizado, do qual se esperava propagar o uso de bibliotecas e suas coleções bem como eliminaria possíveis barreiras de acesso ao conhecimento. No entanto, essa *utopia da biblioteca universitária*, como o autor nomeia, não pode ser concretizada sem que o serviço comunitário também o seja. Ademais, se a biblioteca é parte integrante das relações públicas da instituição a qual faz parte, deve considerar o atendimento de necessidades da comunidade. Assim, advoga sobre o empréstimo e suas políticas, considerando o uso do acervo e a eventual retirada de materiais (salvaguardando o direito dos estudantes e docentes dos cursos) por membros da comunidade entorno à biblioteca universitária a partir do momento em que a biblioteca pública não consiga suprir essas necessidades. Considerar empréstimo noturno e realizar o informe à pessoa da comunidade que, em caso de necessidade urgente pela comunidade acadêmica para fins de pesquisa e instrução, a biblioteca se reserva o direito de solicitar a obra para devolução.[954]

Josey promove ainda a reflexão sobre a inadequação de coleções de livros pertencentes às bibliotecas universitárias estadunidenses no que concerne ao seu papel educacional na faculdade. Considerando o baixo número de circulação de obras do acervo, considera que o empréstimo à comunidade não prejudicaria a instrução oferecida pelas faculdades. Ao mesmo tempo, considerando a experiência na biblioteca do *Savannah State College*, identificou que ex-estudantes eram grande parte daquelas pessoas que emprestavam os livros da biblioteca. Critica sobre o fato de estudantes do ensino médio serem impedidos de emprestarem livros da biblioteca, com exceção quando informado pela bibliotecária de sua instituição a falta da obra no acervo. Para Josey, essa atitude é um impedimento que pode ainda refletir no público-alvo da própria faculdade, pois o aluno do ensino médio poderia considerar essa faculdade para realizar sua formação, mas talvez desconsidere essa opção após essa experiência desestimulante no ensino médio.[955]

Por fim, analisando a questão das finanças das bibliotecas universitárias e o baixo investimento destinado a elas pelas instituições, Josey entende não ser preciso retirar fundos para produzir ou oferecer serviços comunitários. Podem ser criados programas voltados para as pessoas da comunidade e da faculdade, de forma que não se retire recursos financeiros do orçamento desta última em prol da primeira. A ação cultural de contação de história pode ser realizada em um dia da semana para crianças, e servir para que as mesmas: a) visitem a biblioteca da faculdade em um dia específico para elas; b) fornecer a atividade destinada às crianças quando a biblioteca está muito longe ou não oferece esse serviço; c) gerar interesse por livros desde a infância e oportunizar o empréstimo de livros da coleção infantil a esse público; e d) introduzir as crianças ao mundo da leitura.[956]

Ademais, sugere que o oferecimento de serviços que unam docentes, comunidade, funcionários, estudantes em uma interação intelectual como clube de leitura ou série de palestras podem estimular as pessoas da comunidade a se engajarem na angariação de fundos e materiais do acervo para a biblioteca, além de promover a própria instituição. Na percepção de Josey, há uma "fome intelectual" da comunidade por tais tipos de atividades. Por fim, abordando sobre os funcionários e o sobrecarregamento de atividades dada a falta de profissionais, o autor considera essencial uma equipe dedicada e bem treinada para administração de recursos e oferecimento de bons serviços. Para atender a comunidade, considera que a equipe precisa estar empática à importância da ação, assim como fazer parte de seu planejamento, dinâmica de oferecimento e objetivos a serem alcançados. O envolvimento de diversos membros da equipe em um só propósito, ou seja, o serviço comunitário, garantirá êxito nesses serviços das bibliotecas. Incentiva ainda que os bibliotecários e bibliotecárias integrantes da equipe façam parte de projetos comunitários destinando suas habilidades em prol de serviços públicos, como palestras, cursos, revisões, reuniões, comitês de associações, credenciamentos, entre outros. Apesar de reforçar que nada de suas sugestões eram novas, entende que ainda as bibliotecas se confinam em "torres de marfim acadêmica" e perdem oportunidades de garantir futuras relações e parcerias.[957]

Como diretor da biblioteca e professor nas faculdades do Estado de Savannah e Delaware, Josey ministrou cursos relacionados à biblioteconomia ao corpo discente. Suas experiências profissionais e formativas o levaram a se destacar como bibliotecário, professor, pesquisador e escritor, cuja comunicação era sua forma de estabelecer relações, entender e compreender as necessidades das pessoas e lutar pela dignidade, bem-estar de todas as pessoas, independentemente das classificações étnico-raciais e barreiras impostas nas sociedades.[958]

SEGUNDA FASE: DIREITOS CIVIS E FORMAÇÃO PROFISSIONAL NEGRA

A segunda fase se destaca com o aparecimento de reflexões teóricas sobre direitos civis e formação profissional negra, especialmente de bibliotecários e bibliotecárias negras. Iniciando pelas crianças negras e o incentivo à leitura, *Giving disadvantaged negro children a reading start*[959] (Figura 23), E. J. Josey enfatiza sobre a leitura ser fundamental para o sucesso na escola. Entretanto, muitas das crianças negras acabam saindo da escola com insuficientes habilidades verbais para garantir seu sucesso. Como consequência, as crianças negras ficam com déficit de aprendizado que acaba se refletindo em suas vidas futuras.[960]

Figura 23 - Artigo Giving disadvantaged negro children a reading start publicado no Periódico Negro History Bulletin, v. 29, n. 7, p. 155-156, Apr. 1966.

Fonte: JOSEY, E. J. Giving disadvantaged negro children a reading start. **Negro History Bulletin**, [s.l.], v. 29, n. 7, p. 155-156, Apr. 1966.

Para o autor, pessoas bibliotecárias e pais de crianças negras devem iniciar pelo lema "começar a crescer através da leitura". Iniciando por examinar os processos de crescimento mental, Josey elucida a metáfora de que a construção do conhecimento é como uma escada com degraus em que as crianças vão subindo à medida que se desenvolvem, apesar de haver nesse caminho saltos e pausas. Os saltos se dão quando as capacidades se desenvolvem via amadurecimento e nutrição de experiências positivas e informações que permitam a criatividade e desenvolvimento cognitivo e sensorial das crianças. Por outro lado, as pausas advêm de uma restrição por fatores outros que acabam por cortar o aprendizado que estava em desenvolvimento, como ambientes violentos, por exemplo. Assim, os ambientes desempenham papel importante para o aprendizado das crianças.[961]

Especificamente no caso de crianças negras que vivem em lares com constante ausência dos pais e sem livros, periódicos e jornais atuam contra as crianças negras e seu desenvolvimento de habilidades verbais e hábitos de leitura. Nesse sentido, uma das alternativas de Josey é a criação de programas de educação pré-escolar para crianças negras em que a verbalização com a contação de história e a leitura será uma "terapia de substituição" para crianças negras. Assim, com a adoção desse tipo de abordagem com enfoque na leitura com as crianças é que se poderia educar crianças negras para o exercício cidadão.[962]

Continuando o debate sobre educação negra, em seu artigo *A Plea for Education Excellence*[963] (Figura 24), Josey reflete sobre a educação oferecida em faculdades negras a acadêmicos negros e negras. Entende que, para atingir a excelência acadêmica, as lacunas educacionais devem ser eliminadas.

Pessoas educadoras negras creem na necessidade de desenvolver valores morais, humanísticos, sociais e estéticos em paralelo à conquista do espaço sideral e da tecnologia. A crença na excelência da educação atrelada a afirmação de ambientes organizados, bonitos e arquitetônicos auxiliam no tom intelectual das faculdades. Assim, educadores acreditam que o ambiente (físico e intelectual) sustenta uma tradição intelectual e o aprendizado real em universidades negras.[964]

O treinamento recebido por pessoas jovens acadêmicas nas faculdades negras estadunidenses não seria para uma sociedade negra, mas para uma sociedade diversa sem que pertencimento étnico-racial, cor e credo sejam obstáculos ao sucesso. Pessoas negras são treinadas para serem cidadãs que não só alcancem o sucesso e desenvolvimento pessoal, mas que também pensem em grandes objetivos e metas para o agora. Entretanto, o desafio das faculdades negras é preparar pessoas para o além do exercício de uma profissão: para adquirir aprendizado ao longo de sua vida.[965]

Figura 24 - Artigo A Plea for Education Excellence, publicado no The Quarterly Review of Higher Education Among Negroes, v. 35, n. 3, p. 125-131, 1967.

Fonte: JOSEY, E. J. A Plea for Education Excellence. **The Quarterly Review of Higher Education Among Negroes**, v. 35, n. 3, p. 125-131, 1967a.

Apesar do compromisso em vencer esse desafio, Josey entende que a pessoa negra está fora do enfoque da educação e a taxa de evasão de estudantes negros é significativa e real. Ainda, poucas pessoas graduadas negras chegam até a pós-graduação. Consciente desse contexto, o autor argumenta sobre a necessidade de superar deficiências acadêmicas oriundas de uma formação escolar deficitária para focar em recuperar tais lacunas e aprimorar esses estudantes. Uma das estratégias está no oferecimento de diferentes disciplinas e cursos que complementem a formação acadêmica dessa pessoa ao mesmo tempo em que busque atender outras necessidades práticas de seu aprendizado.[966]

Enquanto docentes negros reconhecem as lacunas de aprendizado das pessoas negras acadêmicas, há a necessidade de elevar os padrões de ensino-aprendizagem visando atender graus de excelência de formação profissional. O contato estudantil com disciplinas das humanidades, ciências naturais e ciências sociais é o cerne de um aprendizado que busque tal excelência. A complementação do aprendizado em sala de aula parte de acesso a laboratórios, bibliotecas, artes, palestras e exposições com vistas a contribuir com o desenvolvimento estudantil para o exercício cidadão.[967]

Josey enfatiza que: "os alunos que observam seus professores ancorados no mundo dos livros são desafiados e estimulados intelectualmente".[968] Assim, docentes devem ser um exemplo positivo para estudantes, sobretudo quanto ao comportamento e atitudes dos primeiros com relação à biblioteca, o uso de seu acervo e o incentivo para que a utilizem. Por fim, o corpo docente dessas faculdades deve ser um retrato do que o curso e a faculdade desejam atingir em nível de excelência, de forma que seja inspiração para o alunado em diversos níveis.[969]

Por outro lado, a pessoa negra acadêmica deve ter responsabilidade na sua construção educacional. A excelência educacional pode ser atingida por essas pessoas universitárias dentro de um ambiente culturalmente diverso e incentivador de uma aprendizagem ampla. Inspirar essas acadêmicas a almejar a educação universitária e outras oportunidades que não seriam comumente consideradas como para pessoas negras também é um excelente motivador para sua busca pela excelência acadêmica. Além de compreender sobre suas lacunas de aprendizado e buscar ajuda via grupos de estudos e tutoria especializada, estudantes universitários negros também devem investir no estudo independente para que exercitem o pensamento crítico.[970]

Sobre isso, Josey possuía a convicção de que "o estudo independente cria uma mente independente, e as mentes independentes constituem o ingrediente da esperança que os alunos culturalmente desprovidos devem possuir para se destacarem educacionalmente". Além disso, entende sobre a centralidade da biblioteca para o desenvolvimento desses estudantes, sobretudo porque a leitura estimula o pensamento crítico, torna os conceitos compreensíveis e ajuda na construção de um amplo vocabulário.[971]

A biblioteca como uma fonte inesgotável de conhecimento e os livros como professores permitem a ampliação da capacidade mental dessas pessoas ao mesmo tempo em que as torna adaptáveis às mudanças. Nesse sentido, o aprendizado deve ser percebido como uma experiência, não como uma tarefa a ser concluída. Assim, a excelência negra se vinculada tanto com a preocupação com questões das comunidades e problemas sociais, quanto com a aquisição de conhecimento formal e informal acadêmico, a valores sociais e morais, cultura, erudição e experiência em atividades extracurriculares.[972]

Ainda sobre a educação, em *Feasibility of Establishing a Library College in Predominantly Negro Colleges*[973] (Figura 25), Josey discute sobre a lentidão da dessegregação de instituições de ensino superior e como, apesar dos avanços ocorridos após a luta por direitos civis, pessoas acadêmicas negras ainda enfocavam principalmente as universidades negras.

Figura 25 - Artigo Feasibility of Establishing a Library College in Predominantly Negro Colleges, publicado no periódico The Savannah State College Bulletin, v. 21, n. 2, p. 45-54, 1967b.

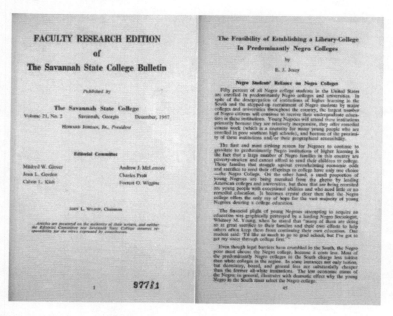

Fonte: JOSEY, E. J. Feasibility of Establishing a Library-College in Predominantly Negro Colleges. **The Savannah State College Bulletin**, v. 21, n. 2, p. 45-54, 1967b.

Elencando como possíveis motivos o fato de faculdades de ensino superior negras serem (i) financeiramente mais acessíveis do que as faculdades brancas, a (ii) baixa percentagem de pessoas estudantes negras matriculadas em faculdades integradas do Sul ser, em grande medida, devido à segregação institucional presente nas instituições de ensino superior daquela época, e a (iii) proximidade e localização geográfica das universidades negras, Josey questiona sobre como as faculdades negras estão preparadas para oferecer uma educação superior de excelência. O autor critica que o debate sobre biblioteca universitária desconsiderou as faculdades negras pobres e as faculdades localizadas em lugares marginalizados. Como possibilidade, discute a ideia de bibliotecas universitárias como locais de ensino-aprendizagem entendendo que as faculdades negras poderiam adotar os preceitos das escolas de

Biblioteconomia para resolver alguns obstáculos encontrados pelas faculdades negras e seu corpo estudantil.

TERCEIRA FASE: RAÇA, RACISMO E CONSEQUÊNCIAS NA SOCIEDADE E PROFISSÃO BIBLIOTECÁRIA

Buscando explorar os textos de Josey na terceira fase e interpretar seu pensamento, foi realizada uma busca dos termos e conceitos nas produções do autor que o caracterizassem, para além de um bibliotecário negro, um teórico crítico racial. Nosso intuito esteve em conhecer melhor esses demarcadores do pensamento de Josey para além daquilo que interpretamos via leitura dos textos elucidados nesta seção. Para tanto, dos materiais que obtivemos acesso na íntegra, selecionamos um *corpus* de 23 recursos informacionais distribuídos entre artigos, entrevistas, comentários e capítulos produzidos (Quadro 2) por Josey no período de 1970 e 2002.

Quadro 2 - Listagem dos recursos informacionais produzidos por E. J. Josey entre 1970 e 2002 analisados na pesquisa.

ID	Texto	Ano	Tipo de fonte
1	JOSEY, E. J. Introduction. *In*: JOSEY, E. J. **What black librarians are saying**. Metuchen: The Scarecrow Press, 1972a.	1972a	Capítulo
2	JOSEY, E. J. Racism Charge. **American Libraries**, v. 3, n. 2, p. 111, Feb. 1972b.	1972b	Comentário
3	JOSEY, E. J. Support Fauntroy's Bill. **American Libraries**, v. 3, n. 3, p. 221, Mar., 1972c.	1972c	Comentário
4	JOSEY, E. J. Lamkin Protest. **American Libraries**, v. 4, n. 3, p. 128, mar. 1973.	1973	Comentário
5	JOSEY, E. J. Scoring discrimination. **Library Journal**, v. 100, n. 1, p. 3, 1975a.	1975a	Comentário
6	JOSEY, E. J. Can library affirmative action succeed? **Library Journal**, v. 100, n. 1, p. 28-31, 1975b.	1975b	Artigo

ID	Texto	Ano	Tipo de fonte
7	JOSEY, E. J. Blue's "Colored Branch" a Grim Reminder. **American Libraries**, v. 7, n. 7, p. 441, jul./aug. 1976a.	1976a	Comentário
8	JOSEY, E. J. Down with Discrimination. **American Libraries**, v. 7, n. 9, p. 566, jul./aug. 1976b.	1976b	Comentário
9	JOSEY, E. J. New York State Academic and Research Libraries Receive Federal Grants under HEA Title II. **Bookmark**, v. 36, p. 26-7, 1976.	1976c	Comentário
10	JOSEY, E. J. The Future of the Black College Library. *In*: JOSEY, E. J.; SCHOCKLEY, Ann Allen. (ed.). **Handbook of black librarianship**. Littleton, Colorado: Libraries Unlimited, Inc., 1977. p. 127-132.	1977a	Capítulo
11	JOSEY, E. J.; PEEPLES JR., Kenneth. Introduction. *In*: JOSEY, E. J.; PEEPLES JR., Kenneth. (ed.). **Opportunities for minorities in librarianship**. Metuchen, N. J.: The Scarecrow Press, 1977. p. vii-ix.	1977	Capítulo
12	JOSEY, E. J. Resolution on Racism & Sexism Awareness revisited. **Wilson Library Bulletin**, v. 51, n. 9, p. 727-728, May 1977b.	1977b	Artigo
13	JOSEY, E. J. Library and Information Services for Cultural Minorities: A Commentary and Analysis of a Report to the National Commission on Libraries and Information Science. **Libri**, v. 35, n. 4, p. 320-332, 1985.	1985	Artigo
14	JOSEY, E. J. Introduction: Forging Coalitions for the Public Good. *In*: JOSEY, E. J. (ed.). **Libraries, coalitions & the public good**. New York; London: Neal-Schucman Publishers, 1987. p. 1-3.	1987	Capítulo
15	JOSEY, E. J. A foreword. *In*: SPELLER JR., Benjamin F. (ed.). **Educating Black Librarians**. Jefferson, North Carolina: McFarland & Company, 1991a. p. vii-xiv.	1991a	Capítulo
16	JOSEY, E. J. The Role of the Black Library and Information Professional in the Information Society: Myths and Realities. *In*: SPELLER JR., Benjamin F. (ed.). **Educating Black Librarians**. Jefferson, North Carolina: McFarland & Company, 1991b. p. 51-60.	1991b	Capítulo

ID	Texto	Ano	Tipo de fonte
17	JOSEY, E. J. The Challenges of Cultural Diversity in the Recruitment of Faculty and Students from Diverse Backgrounds. **Journal of Education for Library and Information Science**, v. 34, n. 4 p. 302-311, Fall 1993.	1993	Artigo
18	JOSEY, E. J. **The Black Librarian in America Revisited.** Metuchen: The Scarecrow Press, 1994.	1994	Livro
19	JOSEY, E. J. Diversity: political and societal barriers. **Journal of Library Administration**, v. 27, n. 1, p. 191-202, 1999.	1999	Artigo
20	JOSEY, E. J. Black Caucus of the American Library Association: the early years. *In*: JOSEY, E. J.; DELOACH, Marva L. (ed.). **Handbook of Black librarianship**. Lanham, Maryland, and London: The Scarecrow Press, Inc., 2000a. p. 83-98.	2000a	Capítulo
21	JOSEY, E. J. Statistical Facts Pertaining to Black Librarians and Libraries. *In*: JOSEY, E. J.; DELOACH, Marva L. (ed.). **Handbook of Black librarianship**. Lanham, Maryland, and London: The Scarecrow Press, Inc., 2000b. p. 207-212.	2000b	Capítulo
22	JOSEY, E. J. Interview. *In*: To Be Black and a Librarian: Talking with E. J. Josey. **American Libraries**, v. 31, n. 1, p. 80-82, Jan. 2000c.	2000c	Entrevista
23	JOSEY, E. J.; ABDULLAHI, Ismail. Why diversity in American libraries. **Library Management**, v. 23, n. 1/2, p. 10-16, 2002.	2002	Artigo

Fonte: Elaborado pela autora (2022).

Todos os textos do Quadro 2 foram convertidos para formato de texto em Microsoft Word (.docx) no idioma original inglês. Realizamos a leitura dos textos e realizamos a normalização manual para evitar quebras de página e separação de palavras após a conversão. Fizemos ainda a extração de dados irrelevantes para a pesquisa (representações gráficas, dados de identificação da autoria, periódico, livro, artigo ou capítulo, e tabelas com números).

Após, os textos foram salvos em um único arquivo e processados na ferramenta *Voyant Tools*,[974] criada para facilitar a leitura, visualização e práticas de interpretação de textos em ambiente digital. Inserimos o documento com 23 textos e um *corpus* total de 46.976 palavras na ferramenta para análise, a qual gerou a nuvem de palavras contendo termos e conceitos usados por Josey em seus textos. Na Figura 26, os mais frequentes são: *library* (547), *black* (482), *libraries* (263), *american* (231) e *librarians* (224). Para além desses, há ainda termos e conceitos que denotam a preocupação de Josey com o debate étnico-racial e outros grupos étnicos, a saber: *minorities* (200), *diversity* (155), *minority* (137), *racism* (66), *race* (45), *discrimination* (45), *negro* (19) e *racist* (14) (Tabela 1).

Figura 26 - Nuvem de palavras representando o corpus de 100 palavras frequentes na produção de Josey (1970-2002)

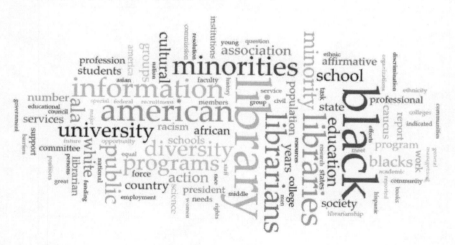

Fonte: Elaborado com dados da pesquisa, no *Voyant Tools* (2022).

Os debates sobre raça e racismo podem ser encontrados no texto *Lamkin Protest*[975] publicado como comentário na *American Libraries*. Nessa ocasião, Josey respondeu ao secretário assistente, Sidney P. Marland, do *Department of Health, Education and Welfare*,[976] expressando seu protesto sobre o afastamento devido a denúncias do bibliotecário negro Burton E. Lamkin,[977] à época

Comissário associado *do U. S. Office of Education's Bureau of Libraries and Learning Resources*.[978] Lamkin estava sob investigação e rapidamente foi atribuído pelo governo um comissário interino para ocupar o seu cargo sem que fosse comprovada a sua culpa nas acusações. Josey evidenciou sua preocupação de como havia "dois pesos, duas medidas" no tratamento dispensado a cidadãos negros nos Estados Unidos. Segundo sua análise, casos anteriores de denúncia contra gestores brancos já haviam acontecido e as pessoas não foram afastadas do cargo. Chama, então, a atenção para o fator racial envolvido na decisão: "Sr. Lamkin é um pouco menos igual a esses homens **porque é negro** e não deve permanecer em seu cargo até que a investigação seja concluída."[979]

Tabela 1 - Conceitos e termos presentes corpus analisado referente à produção de Josey no período de 1970 a 2002.

Termo[980]	**Quantidade**
Library	547
Black	482
Libraries	263
American	231
Librarians	224
Information	207
Minorities	200
Diversity	155
Minority	137
Racism	66
Race	47
Discrimination	45
Negro	19
Racist	15

Fonte: Elaborado com dados da pesquisa minerados na ferramenta *Voyant Tools* (2022).

Analisa que o tratamento dispensado a um funcionário branco do governo e um funcionário negro acusados de cometerem irregularidades são distintos, e entende que há injustiças no tratamento dispensado a Lamkin. Para Josey, Lamkin é, antes de tudo, "uma **vítima do racismo cancerígeno da América**..."[981] Por isso, convocou os colegas da ALA a respeitarem e apoiarem Lamkin da mesma maneira que fizeram com outros nomeados políticos que realizaram a implementação de programas de bibliotecas estabelecidos pelo Escritório de Bibliotecas dos Estados Unidos.

Por fim, convocou a comunidade bibliotecária para exigir audiência justa em seu processo, inclusive com acesso às cópias da queixa formal apresentada contra Lamkin, e finaliza: "Agora é a hora da profissão bibliotecária demonstrar, sem sombra de dúvidas, que acredita na liberdade intelectual. Agora é a hora do governo dos Estados Unidos parar de usar **dois pesos e duas medidas para os negros americanos**".[982]

Em *Racism Charge*,[983] Josey já era ex-presidente da *Black Caucus* e integrante do Conselho da ALA, e enviou uma carta-resposta a Jeith Doms, presidente da ALA à época, para ser publicada na *American Libraries*. O autor critica Doms por seus escassos esforços na função ocupada em auxiliar na aprovação da Lei Fautroy, uma legislação que era apoiadora de profissionais negros da Biblioteca do Congresso Americano que foram discriminados na promoção de cargos. Em seu entendimento, o comportamento do Comitê Legislativo da ALA é um exemplo de como as pessoas brancas ignoram as aspirações legítimas de pessoas negras. O autor chamou ainda de *desonestidade intelectual* e *desrespeito para com as pessoas negras bibliotecárias*, o fato de o Comitê Legislativo da ALA ter criado uma confusão proposital para justificar a recusa no fornecimento de informações sobre o funcionamento do Comitê, que quando consultado negou saber onde a reunião da própria ALA estava ocorrendo para não ser condicionado a discutir sobre a Lei Fautroy. O autor chamou de **racismo branco**[984] quando, para além as ações supracitadas, as pessoas do referido Comitê desconhecem ou fingem desconhecer a existência de tal projeto de Lei. Entende que o racismo deve ser erradicado da ALA, uma organização profissional considerada por ele como significativa para bibliotecários negros e negras.[985]

Noutra oportunidade, em *Down with Discrimination*[986] envia outra carta-resposta a uma publicação de George Toth, autor de um texto anteriormente publicado também na *American Libraries* em que sugeria emenda ou abolição de legislações de igualdade de oportunidades. No entendimento de Josey, essa sugestão era uma tentativa de atuar destruindo direitos econômicos e profissionais de mulheres e minorias políticas. Critica essa proposta de retrocesso as vinculando ao pensamento de homens brancos frustrados que querem acabar com políticas afirmativas. Josey reflete ainda que a ação afirmativa não proporcionou o ingresso de um número expressivo de mulheres e minorias políticas na Biblioteconomia, pois a área ainda possui diversas barreiras contra esses sujeitos. Por isso, o autor advoga que devemos nos livrar das políticas de emprego que excluem das bibliotecas mulheres e pessoas pertencentes a diversos grupos étnico-raciais não-hegemônicos.[987]

Na introdução do livro *What black librarians are saying*,[988] Josey relembra como a luta negra nos Estados Unidos se encontrava em uma encruzilhada histórica à época, haja vista o surgimento dos programas de integração racial e a tentativa das pessoas negras em participar ativamente da sociedade, mas serem restringidas em seus direitos civis por uma **sociedade branca racista**. Relembra sobre como a adoção do *slogan* "Black Power" advém da constatação de que as pessoas negras ainda enfrentavam constantes formas de discriminação e opressão racial, assim como indiferença, desinteresse e fanatismo absoluto do governo.

Por isso, o poder negro foi evocado devido ao desequilíbrio de poder e consciência entre grupos étnico-raciais negros e brancos, advindo da suposição generalizada de que pessoas brancas possuem justificativa para conseguirem tudo que desejam por meio do poder, mas as negras devem fazer apelos à consciência. O resultado disso é a deturpação do poder das pessoas brancas e da consciência das pessoas negras, pois as primeiras não encontram resistência significativa das segundas para impedi-las de se sentirem como "deusas"; enquanto as segundas não conseguem implementar as exigências da sua consciência e acabam por aplicar a auto renúncia.[989]

Assim, o autor questiona se há possibilidade de se desenvolver relacionamentos significativos entre pessoas negras e brancas enquanto esse desequilíbrio de poder existir. Consciente de que a situação da população negra não havia realmente mudado desde 1966, haja vista as decisões do presidente Nixon à época causadoras de problemas para essa população, Josey entende que os direitos civis do povo negro foram invalidados, inclusive no acesso à justiça, moradia digna, educação, direito ao voto, entre outros. Assim, infere que problemas da raça e do poder designavam às pessoas negras a *cidadania de segunda classe* dentro da sociedade estadunidense.[990]

No que se refere às pessoas bibliotecárias negras, para Josey, essas profissionais estão interligadas aos problemas que afetam a comunidade negra como um todo, haja vista que sofrem com humilhações, discriminação, perca de oportunidades de emprego, falta de promoção no trabalho devido seu pertencimento étnico-racial, negação de escolha de moradia digna, assim como todo o contexto que traduz o significado de ser uma pessoa negra em sociedade racista. Por outro lado, entende que os livros de história negaram as contribuições e reflexões negras ao longo do tempo. A escassez de reflexões desses profissionais acerca da Biblioteconomia e a sociedade demonstra a sua invisibilidade em posições de liderança e autoridades epistêmicas na área. Entende que a ausência da pessoa negra na história e nos espaços sociais se deve a estrutura racial branca que deixou de fora dos livros, os registros do povo negro. Conclui que se a história branca não evocou esses atores, é responsabilidade das pessoas negras, inclusive bibliotecárias, fazê-lo.[991]

No *Resolution on Racism e Awareness revisited*,[992] Josey analisa a *Resolution on Racism e Sexism Awareness*[993] da ALA em face da *Library Bill of Rights*.[994] À época, a primeira estava sob ataque por ser considerada como em conflito com a Declaração de Direitos, o que Josey critica: "Aqueles que veem na Resolução sobre Racismo e Conscientização do Sexismo um conflito com a Declaração de Direitos da Biblioteca me lembra alguns brancos no Sul durante o início dos anos 1950 e 1960 que viam a libertação dos negros como uma ameaça à sua própria liberdade".[995]

A criação de legislações que implementavam programas de ações afirmativas e de igualdade de emprego a partir da década de 1960 nos Estados Unidos foram medidas positivas elaboradas para acabar com as discriminações contra populações negras e outras racializadas. Na mesma medida em que tais políticas se desenvolviam, líderes de empresas contratavam especialistas em diversidade para fugirem de punições destinadas a quem não empregasse pessoas de grupos marginalizados como seus funcionários. Para essas organizações havia penalidades por rescisão de contratos e outras formas de descumprimento de programas com foco na diversidade.[996]

Refletindo sobre o racismo e as ações afirmativas abordadas no texto de Josey, evocamos Bonilla-Silva[997] quando este nos lembra da nova estrutura racial (ou novo racismo) implementada a partir da década de 1960 nos Estados Unidos para que a desigualdade racial persistisse até a contemporaneidade. Nascida do "medo branco"[998] à "ameaça" negra, essa estrutura foi aplicada em diversas esferas sociais, as quais englobam desde a manutenção da posição econômica das pessoas negras até a preservação do padrão de empregabilidade da era Jim Crow. Tal estrutura racial possui alguns elementos essenciais à sua continuação, a saber: a) a natureza do racismo ser menos evidente nos discursos e ações, tornando-se, assim, mais velada; b) a alegação das pessoas brancas sobre a existência de um "racismo reverso"[999] ao mesmo tempo em que invalidam o uso das terminologias étnico-raciais, negam ser racistas e a centralidade da raça e racismo nas sociedades; c) a criação de agendas raciais sem o protagonismo e representatividade do pensamento, ações e reflexões críticas de pessoas negras, o que concretiza o epistemicídio[1000] de suas teorias, conceitos e bases teóricas para construção de políticas de enfrentamento ao racismo; d) invisibilização dos mecanismos reprodutores das desigualdades étnico-raciais e a rearticulação de práticas raciais de períodos anteriores como o Jim Crow.[1001]

Com a estrutura acima delineada, na esfera política, as pessoas negras do Sul tinham seus direitos civis privados e havia um nível alto de dependência de políticos brancos do Norte. Enquanto isso, no Sul, o pagamento de impostos para poder votar, a aplicação de testes de capacidades de leitura e escrita para comunidades negras, assim como estratégias de coerção direta restringiam a população negra e outras racializadas. Políticos negros eram subordinados à aparelhagem branca política e não representavam efetivamente sua população. No que se refere à esfera social, o controle sobre as pessoas negras do sul era regulado por grupos brancos, tanto com organizações racistas e violentas como a *Ku Klux Kan* e a *Knights of the White Camellia*.[1002]

No âmbito governamental, esforços de presidentes como Reagan foram acionados para reduzir e até mesmo acabar com as ações afirmativas. Nos anos de 1988 a 1996, governos como Bush e Clinton reduziram os esforços para pensar as ações afirmativas e a diversidade, mesmo que em suas campanhas tenham elencado esse tema como uma de suas preocupações. Com o desincentivo realizado pelo governo do presidente Clinton, as políticas de consciência racial foram revisadas e isso reduziu ainda mais o poder das ações afirmativas.[1003]

Retomando sua análise da Resolução sobre Racismo e Conscientização do Sexismo em conflito com a Declaração de Direitos da Biblioteca, a noção de que se uma pessoa bibliotecária, ao identificar e debater os fenômenos do racismo e sexismo nos Estados Unidos, estaria minando os princípios da Declaração de Direitos da Biblioteca, trazia a ideia de que se promove a liberdade de um grupo retirando-a de outro. Os opositores à Resolução não conseguiam (ou não queriam) perceber que a ALA estava desenvolvendo um programa cujo objetivo era conscientizar as pessoas frequentadoras das bibliotecas para os problemas prementes do racismo e sexismo naquele e em outros ambientes. Josey conjectura que a percepção de ameaça causada pela Resolução estivesse vinculada às mesmas razões pelas quais os programas de ação afirmativa eram vistos por muitos como ameaça à igualdade de oportunidades: ignorar a história e seguir como se não tivesse havia um passado de desigualdades e dominação contra grupos étnico-raciais não-brancos.[1004]

Em sua percepção, quando uma pessoa bibliotecária se recusa a fomentar o conhecimento e conscientização sobre racismo e sexismo, ela está compactuando com as práticas anteriores e mantendo as injustiças hermenêuticas já postas. Ao não disponibilizar informações conscientizadoras desses fenômenos, as pessoas bibliotecárias estão ainda realizando censura, pois privam a pessoa frequentadora da biblioteca de poder agir ou não sobre o racismo, sexismo e suas práticas. Por isso, infere ser dever dessas profissionais colocar tais informações à disposição dos cidadãos para que entendam os dois insidiosos fenômenos sociais aplicados nas sociedades: racismo e sexismo.[1005]

No seu texto intitulado *Diversity: Political and Societal Barriers*,[1006] Josey discute as barreiras sociais e políticas necessárias para se alcançar a diversidade, enquanto em *Why diversity in American libraries*[1007] escrito com Ismail Abdullahi, apresenta uma perspectiva histórica da luta pela diversidade nas bibliotecas dos EUA, fornecendo uma definição de diversidade, e discutindo os problemas de implementação da diversidade nas bibliotecas e organizações. Nessas reflexões, considera que a raça, etnia e relações étnico-raciais são negligenciadas ou ignoradas nos espaços de trabalho. Para o autor, existe uma lacuna temática nas organizações, inclusive nas bibliotecas, quando nos referimos às questões de diversidade cultural.[1008]

A diversidade cultural é entendida como a participação igualitária de sujeitos, grupos e comunidades nas organizações sem que o pertencimento étnico-racial, gênero, classe e condição física intervenham nessa participação. Josey supôs haver duas explicações para essa ausência de debate sobre diversidade cultural: a) primeiro, por não se pensar no impacto da raça e etnia na organização, incluindo na biblioteca; b) segundo, entende que as pessoas integrantes da "cultura branca dominante" creem na erradicação do racismo e da discriminação no local de trabalho.[1009]

Para o caso dessas duas hipóteses levantadas, Josey[1010] argumenta que o fato de afro-americanos e pessoas não-brancas terem progredido após a Lei dos Direitos Civis de 1964, e apesar das barreiras discriminatórias implementadas, não significa que o racismo ainda não esteja presente na vida desses sujeitos e comunidades.

As discriminações raciais sutis – posteriormente conceituadas por Sue e colaboradores[1011] e Sue[1012] como micro agressões raciais – e formas mais sofisticadas e ocultas de racismo estão presentes na vida cotidiana dos sujeitos negros e racializados. Tais discriminações sutis institucionalizam as práticas de discriminação dentro das políticas e estruturas das organizações, mesmo quando parecem incentivar a igualdade e equidade nos sistemas formais e informais delas. O autor entende que as minorias atuantes em organizações são vistas como marginais e não são, de fato, participantes das tomadas de decisão internas da instituição – algo que se configura em uma injustiça epistêmica participativa, conforme nos indicam Miranda Fricker[1013] e Beth Patin e colaboradores.[1014]

Além disso, a negação da raça[1015] se manifesta quando esses problemas relacionados ao preconceito e práticas discriminatórias são geralmente negados por membros do grupo branco dominante. Tal negação tende a ser reforçada pela crença entre os brancos de que as políticas legislativas da *Equal Employment Opportunity Commission*[1016] (EEOC) e de *Affirmative Action legislative policies*[1017] abriram portas para os grupos étnico-raciais e outras minorias, apagando as práticas discriminatórias nessas organizações.

Raça e etnia são destacadas pelo autor porque são umas das maiores barreiras para o desenvolvimento de uma força de trabalho culturalmente diversa e de pessoas bibliotecárias negras na Biblioteconomia.[1018] No prefácio do livro *Educating Black Librarians*,[1019] Josey comentou que os afro-americanos tiveram uma história diferenciada na Biblioteconomia Americana. Essa história se iniciou em 1843 com a atuação de pessoas bibliotecárias negras sem formação em escolas de Biblioteconomia que contribuíram e atuaram na luta por direitos civis da população negra, pelo acesso à biblioteca e pela libertação das pessoas negras da escravidão. Posteriormente, mesmo enfrentando o racismo, pessoas negras começaram a se graduar em escolas de Biblioteconomia brancas e, por fim, na primeira escola de Biblioteconomia criada para graduar pessoas negras na área.[1020]

Um dos marcos para a expansão da Biblioteconomia Negra, esteve na edição dos livros *The Black Librarian in America*[1021] e *The Black Librarian in America Revisited*,[1022] nos quais Josey demarcou o período moderno da Biblioteconomia Negra Estadunidense evocando aspectos históricos, sociais e educacionais a partir do olhar de pessoas bibliotecárias negras. Através dessas obras, tornou pessoas bibliotecárias negras visíveis para a profissão bibliotecária – as quais até aquele momento eram ignoradas em suas demandas e presença –, debatendo o racismo normalizado nas estruturas sociais e nas bibliotecas, assim como sua influência na vida da comunidade afro-americana. Em seu entendimento, a raça e etnia são as maiores barreiras para o desenvolvimento de uma força de trabalho culturalmente diversa, mas **a maior barreira delas é o racismo**. Em sua percepção, o racismo permeia e está entremeado dentro das comunidades, moradias, oportunidades de trabalho, atendimento a necessidades básicas e outras esferas das sociedades. Uma das consequências visíveis do racismo é o pequeno número de pessoas pertencentes aos sujeitos negros e racializados ingressantes na profissão bibliotecária.[1023]

Em sistemas de bibliotecas universitárias, Josey observou que tais práticas racistas são perceptíveis quando se trata de conceder *status* profissional a pessoas não-brancas, pois há negação pelos membros do grupo étnico-racial branco dominante da influência da raça na enunciação de um preconceito e de práticas discriminatórias realizadas por eles. O grupo dominante supõe que as políticas legislativas e as ações afirmativas seriam o suficiente para inserir os grupos étnico-raciais negros e outros racializados e apagar qualquer racismo e preconceito sofrido por eles. Todavia, constroem obstáculos para a efetivação das políticas de ação afirmativa, lutam para diminuição das leis de direitos civis e outras que protegem grupos étnico-raciais e sociais colocados às margens. Não somente o grupo étnico-racial branco dominante, mas o próprio governo e outros setores das sociedades, influenciam política, financeira e educacionalmente na criação e desenvolvimento de barreiras sociais e raciais. Mesmo quando dizem mover-se em direção às mudanças nos cenários sociais para mudar o lugar atribuído de subordinação das minorias políticas e sub-representadas, os governos continuam sem realizar mudanças reais para essas populações.[1024]

No que se refere aos programas de diversidade nas bibliotecas, Josey entende que os programas de diversidade surgiram concomitantemente nas organizações e nas bibliotecas públicas e acadêmicas. Entretanto, a partir da descontinuidade da legislação sobre as políticas de ações afirmativas nas organizações, algumas bibliotecas congelaram seus programas de diversidade, enquanto outras contrataram sujeitos dos grupos étnico-raciais e sociais não hegemônicos para seu quadro de funcionários. Na percepção de Josey, com a destruição da política de ações afirmativas que estava sendo construída, não houve a real oportunidade de verificar as mudanças que teriam sido concretizadas ao longo do tempo em busca da reparação histórica do processo escravista e do *apartheid* racial, nem sequer foi possível perceber a mínima correção das desigualdades sociais, educacionais e políticas para povos não-brancos.[1025]

Josey[1026] nos sensibiliza para percebermos que para além da raça e racismo, as barreiras sociais são influenciadas pela política e há uma notável relutância do governo e da sociedade americana na construção de mudanças reais na vida de grupos negros e racializados. Cita a gestão do presidente Clinton e seus discursos realizados sobre a raça em algumas cidades do Norte e Sul dos Estados Unidos, e as consequências dessa narrativa: os casos de resistência à integração racial e os assassinatos de homens negros no sul. Reflete como o debate sobre raça e ação contra o racismo precisam estar articulados com medidas efetivas de transformação das comunidades e sociedades; caso contrário, as boas intenções prejudicam a ação e os discursos se desvanecem ao longo do tempo. A disputa discursiva gerou campos de batalha epistêmicos e literais que refletiram em violências contra a população negra e outras racializadas.

Influências teóricas em E. J. Josey

A partir da leitura dos materiais para criação da biobibliografia de Josey, assim como os artigos, ensaios, livros e capítulos por ele publicados, identificamos alguns teóricos que serviram como influência do pensamento do autor. De certa forma, percebemos a presença de bibliotecários contemporâneos de Josey, e teóricos abolicionistas e antirracistas que, entendemos, contribuíram para a construção crítica de Josey sobre o contexto racista, sexista e discriminatório que se encontrava dentro do século XX. Inclusive, entendemos que tais autorias influenciaram sua prática profissional, haja vista que alguns dos pares de Josey publicaram em seus livros e/ou estavam presentes no movimento associativo e antirracista da época. Embora não de forma exaustiva, iremos demarcar alguns dos nomes que apareceram em suas reflexões e produções teóricas (Figura 27).

Figura 27 - Na sequência, Frederick Douglass, A. P. Marshall, James Baldwin e Whitney M. Young Jr. como algumas das influências do pensamento joseyiano.

Fonte: Imagem Frederick Douglas: National Park Service (A Britannica Publishing Partner). Disponível em: https://www.britannica.com/biography/Frederick-Douglass#/media/1/170246/210858. Acesso em: 10 dez. 2022; Fonte Imagem A. P. Marshall: AP Marshall Oral History Archive. Disponível em: https://www.britannica.com/biography/Frederick-Douglass#/media/1/170246/2108 58. Acesso em: 10 dez. 2022; Fonte Imagem James Baldwin: James Baldwin Biography. Disponível em: https://www.biography.com/writer/james-baldwin. Acesso em: 10 dez. 2022. Fonte Imagem: Whitney Moore Young Jr. Disponível em: https://ulgm.org/wp-content/ uploads/2017/06/WMY.jpg. Acesso em: 10 jan. 2023.

Inspiração para Josey, **Frederick Douglass** foi um dos maiores líderes e oradores abolicionistas dos Estados Unidos. Nascido na condição de escravizado em 1818, conseguiu engendrar sua fuga em 1838 passando por muitas dificuldades até conseguir a liberdade. Foi um ferrenho defensor da luta antiescravista no século XIX, arriscando, inclusive, sua liberdade em prol do fim do regime escravocrata da sua época. Douglass escreveu diversos textos, dentre eles, um dos mais famosos da história intitulado *What to the Slave Is the Fourth* *of July?*[1027] (1952), um discurso proferido a convite da *Rochester Anti Slavery Sewing Society*[1028] na comemoração ao dia da independência estadunidense para uma plateia majoritariamente branca. Nele, Douglass criticava que essa celebração era um feriado de pessoas brancas, pois era a comemoração de um documento que, ao mesmo tempo em que visava a garantia de liberdade e igualdade de direitos para todas as pessoas, o país permitia a continuidade do sistema escravista, a negação de liberdade e direitos políticos às pessoas negras.[1029] Assim, respondeu:

> Pois o que é, para o escravo americano, o Quatro de Julho? Respondo: um dia que revela, mais do que os outros dias do ano, a injustiça flagrante e a crueldade das quais ele é a vítima constante. Para ele, vossa celebração é uma farsa; a liberdade que proclamam, uma licenciosidade profana; a grandeza nacional, uma vaidade insuflada. Os brados de alegria dos senhores são vazios e implacáveis; a denúncia que fazem dos tiranos não passa de atrevimento descarado; vossas proclamações de liberdade e igualdade são puro escárnio; vossas rezas e vossos hinos, vossos sermões e vossas ações de graça, com todos os cortejos e solenidades religiosas, são, para o escravo, mera pompa, fraude, embuste, inclemência e hipocrisia — um véu tênue para encobrir os crimes que desmoralizariam uma nação de selvagens. No presente momento, não há nação na face da terra culpada de práticas mais chocantes e mais sangrentas do que as do povo destes Estados Unidos.[1030]

Nesse discurso acurado de Douglass, a crítica à manutenção da escravidão negra e a visão antiescravista e abolicionista do autor é desvelada. Para além deste, Douglas é autor de textos como *American Prejudice Against Color: An Address Proferido em Cork*[1031] (1845), *The Heroic Slave*[1032] (1853), *The color line*[1033] (1881), entre outros que demarcaram o seu pensamento crítico e a busca incessante pela liberdade dos seus iguais.

Enquanto inspiração intelectual, percebemos a influência de Douglass especialmente quando da atuação de Josey no Conselho Executivo da ALA em apoio à *Equal Rights Amendment*.[1034] O apoio de Josey à Emenda ressoou o pensamento de Frederick Douglass de que os direitos das mulheres e a luta antiescravagista são princípios fundamentais no combate pelos direitos humanos. Não havia como esquecer que, apesar dos avanços no apoio à criação e desenvolvimento de Escolas de Biblioteconomia como a do Instituto Hampton, as heranças da escravidão, da segregação racial institucionalizada e da discriminação ainda permaneciam sendo utilizadas para exclusão racial de pessoas negras e outros grupos racializados, inclusive dentro da própria ALA.[1035]

Episódios históricos como a Conferência Anual da ALA de 1936 realizada em Richmond, em que pessoas delegadas negras foram impossibilitadas de participarem de certas sessões da Conferência devido às Leis de Segregação Racial gerou protestos irritados contra a expulsão de membros negros da Conferência e de seus hotéis anfitriões. Posteriormente, a ALA adotou uma política de não realizar conferências em cidades que houvesse segregação racial e as pessoas não fossem atendidas com equidade e com pleno exercício de seus direitos. Como consequência, a ALA ficou mais de 20 anos sem realizar conferências da Associação em estados do Sul dos Estados Unidos.[1036]

Entretanto, na década de 1960, permanecia uma resistência da ALA em penalizar as bibliotecas que cometiam a segregação racial somada à negação da influência da raça e cor na sociedade estadunidense, bem como seus impactos e a ausência de medidas imediatas e energéticas da ALA para garantir a integração em bibliotecas.[1037]

Continuando na crítica à ALA, outro influenciador do pensamento joseyiano foi conhecido como **A. P. Marshall**. Albert Prince Marshall foi um bibliotecário universitário e professor negro de Biblioteconomia da *Eastern Michigan University* nascido em 1914, em Texarkana, Texas. Conforme nossas leituras, sua influência em Josey está não só por atuarem na ALA e na *National Association for the Advancement of Colored People*[1038] (NAACP), mas também pela (a) crítica aos padrões tolerantes da ALA para com bibliotecas segregadas; (b) no estímulo aos bibliotecários negros pela luta de seus direitos; e (c) na busca por reparação histórica para o povo negro. Marshall criticava a invisibilidade dos negros na Biblioteconomia estadunidense, algo que hoje entendemos como a aplicação do princípio da ausência, elucidado por Grada Kilomba.[1039]

Uma das questões de Marshall esteve em que somente em 1972 a primeira pessoa negra foi nomeada para uma alta posição de diretoria executiva da ALA, e em 1976, Clara Stanton Jones foi eleita a primeira presidente mulher negra da Associação e presidiu a Conferência do Centenário dela. Escreveu obras como *Brown Chapel African Methodist Episcopal Church of Ypsilanti: A Brief History*[1040] (1979), *The "real McCoy" of Ypsilanti*[1041] (1989), *Unconquered souls: the history of the African American in Ypsilanti*[1042] (1993), *The legendary 4 horsemen of the African Methodist Episcopal Church (The Liberation Church)*[1043] (1995), todas vinculadas às comunidades negras da cidade de Ypsilanti, Michigan.

O ensaísta, dramaturgo, romancista e uma das vozes do movimento pelo direito civil nos Estados Unidos, **James Baldwin** foi outra referência encontrada na escrita de Josey, especialmente quando se referia ao racismo como onipresente e internalizado nas instituições, mídias e entidades da América. O excerto da obra *The Price of the Ticket*[1044], de Baldwin (1985), foi utilizado no texto *Diversity: political and societal barriers*, quando Josey argumenta sobre o ódio às pessoas negras e como os crimes que são cometidos contra elas são predominantemente manifestações do racismo.

> A vontade do povo, ou do Estado, é revelada pelas instituições do Estado. Não havia, então, nem há, agora, uma única instituição americana que não seja uma instituição racista. E as instituições racistas – os sindicatos, por exemplo, a Igreja, por outro, e o Exército – ou os militares – por outro ainda, servem para manter o negro em seu lugar.

Essas violências são imortalizadas pela mídia e entidades com a criação de uma narrativa de que as pessoas negras são sempre pobres e estão em bairros predominantemente habitados por comunidades negras. Para Josey[1045], todas as realizações econômicas e educacionais de pessoas negras sempre estão em risco por conta da cor de suas peles, um fator determinante de ascensão ou vulnerabilidades.

James Baldwin era um autor cuja paixão pelo debate racial em suas obras o tornou conhecido entre os 1950-1960 nos EUA, e posteriormente na Europa Ocidental. Foi um ativista da luta pelos direitos civis, e suas obras continham tons autobiográficos que evocavam questões raciais, amor e sexualidade, relações entre negros e brancos nos EUA, entre outros temas. Dentre suas principais obras, se destacam romances como *Giovanni's Room*[1046] (1956) e *Another Country*[1047] (1962), livros ensaísticos como *Nobody Knows My Name*[1048] (1961), peças de teatro como *Blues for Mister Charlie*[1049] (1964), dentre outras importantes contribuições para o debate racial da época.[1050] Em uma das oportunidades enquanto estava como diretor da Biblioteca do *Savannah State College* em 1959, Josey convidou James Baldwin para visitar a biblioteca e conversar com os alunos sobre suas obras literárias e experiências culturais.[1051]

Retomando a discussão sobre universidades negras, **Whitney M. Young Jr.** e sua obra *To be equal*,[1052] foram base para discussão acerca da realidade de estudantes negros em universidades negras. Citando Whitney Young Jr, Josey entende as faculdades negras daquela época estavam em situação de desvantagens quando comparadas com as universidades brancas. O baixo investimento na educação oferecida pelas escolas negras por programas de incentivo do governo federal, por instituições privadas e pessoas foi considerado um dos principais operadores dessas desigualdades. Nesse contexto de limitação financeira, o recrutamento de um quadro docente competente, a construção de currículos inovadores, e a criação de coleções que os ampare se tornam outros obstáculos enfrentados por essas instituições.[1053]

Registra, no entanto, que instituições negras como Howard, Fisk, Morehouse, Hampton, Clark, Lincoln, Dillard, Morris Brown, Morgan e Tuskegee contavam com programas comparáveis ou superiores aos programas de algumas instituições de ensino superior brancas. Ademais, faculdades negras são consideradas pelo autor como um oásis intelectual dentro de um deserto de ódio, segregação, medo e anti-intelectualismo.[1054]

Whitney M. Young Jr. foi um ativista dos direitos civis pela luta por igualdade de oportunidades para pessoas negras na indústria e serviço governamental dos EUA. Por dez anos foi o chefe da maior organização de direitos sociais e civis do mundo, a *National Urban League*.[1055] Com o trabalho desenvolvido nessa organização como diretor executivo, ganhou uma reputação como ativista negro e ajudou no diálogo entre líderes políticos e empresários brancos com os negros (frequentemente colaborou com personagens como Martin Luther King) e militantes pobres. Assistente social, atuou como reitor da Escola de Serviço Social da *Atlanta University*, e por intermédio desse cargo, buscou estabelecer relações entre a cidade e a universidade. Teve uma consolidada carreira como escritor e seu livro mais reconhecido foi o citado por Josey, o *To be Equal* (1964), e sua segunda obra foi *Beyond racism*, publicada em 1969.[1056]

Para além disso, ícones do Renascimento do Harlem, como Du Bois, Marcus Garvey, Alain Locke e Langston Hughes também serviram de modelo e inspiração para Josey.[1057] A partir dos quatro atores aqui evocados, podemos sugerir que Josey estava atento às discussões raciais na época, inclusive preocupado com os movimentos sociais, direitos civis e a luta negra para desenvolvimento de dispositivos de transformação social como faculdades e bibliotecas negras. Ademais, alguns desses intelectuais foram pessoas com quem Josey teve contato e estabeleceu diálogos, os quais entendemos podem ter influenciado na sua carreira como integrante de movimentos políticos, universidades negras e educador da classe bibliotecária.

DOROTHY BURNETT PORTER WESLEY: BIBLIOGRAFIA NEGRA A PARTIR DAS MÃOS DE UMA MULHER NEGRA

Dorothy Louise Burnett Porter Wesley[1058] nasceu em 25 de maio de 1905 em Warrenton, Virgínia, filha do médico Hayes Joseph Burnett Sr. e Bertha Ball Burnett, ex-tenista profissional (Figura 28). Filha mais velha de quatro irmãos, cresceu em Montclair, Nova Jersey, em um bairro católico irlandês de classe média. Além de ser membro fundador da *National Association for the Advancement of Colored People*[1059] (NAACP) em Montclair, seu pai Hayes foi o primeiro médico afro-americano a exercer medicina em Montclair após se formar na *Howard University School of Medicine*.[1060]

Em sua vida, o pai de Porter foi um ativo membro da sua comunidade que, enquanto homem negro, buscou evidenciar sua lealdade racial, autoconfiança negra e a busca pelo reconhecimento dos negros na sociedade segregada, inclusive concorreu a cargos considerados importantes à época como legista e comissário.[1061]

Enquanto isso, sua mãe nasceu como Roberta Ball, na Virgínia, e foi enviada para Boston visando obter uma educação melhor do que aquela que poderia ter no seu estado. Seu nome foi alterado para Bertha por uma docente em seus registros escolares, e com esse nome Bertha foi conhecida por toda a sua vida. Após se conhecerem e casarem em Nova York, Bertha se tornou mãe e dona de casa, e ensinava na escola dominical da Igreja Metodista de São Marcos. Provavelmente foi ela a inspiração de Porter para que se tornasse professora. Bertha foi uma jogadora de tênis em duplas e auxiliou na construção da *New Jersey Tennis Association*[1062] e organização do *Oriole Tennis Club*.[1063]

Figura 28 - Dorothy Louise Burnett Porter Wesley (1905-1995).

Fonte: BHAN, Esme. Dorothy Louise Burnett Porter Wesley 1905-1995. **Washington History**, [s.l.], v. 8, n. 1, p. 88-89, Spring/Summer, 1996. Photograph by Scurlock Studio.

Dorothy Porter cresceu em uma família negra de classe média e teve acesso a uma residência com jardins, árvores e flores, e passeios a cavalo e de charrete com seu pai em suas visitas a pacientes. Um dos destaques da história de Porter está no contato direto com os livros desde sua infância, o que se tornou uma paixão na vida adulta. Essa influência veio de seu pai, que comprava livros para ela e seus irmãos, e incentivava a filha na leitura de dicionários e enciclopédias em busca da definição e significado de cada palavra que ela não conhecia. Entre os livros da biblioteca particular de sua residência, estavam obras sobre literatura e história, inclusive da medicina, assim como dicionários e enciclopédias. Além da leitura, Porter também sabia jogar tênis, tocar piano, costurar, cozinhar e adorava a vida doméstica, tanto que recebeu de seu irmão o apelido de "Queenie" por isso. Apesar dessa gama de habilidades, seu *hobby* favorito era patinar no gelo.[1064]

Desde sua infância, Porter gostava dos estudos da natureza e de línguas, dentre eles, latim e espanhol. Apesar do seu contato com os livros, ela não teve acesso ao estudo da história negra na sua infância e adolescência. Inclusive, não tinha recordação de ter estudados livros *de* e *sobre* pessoas negras em sua residência, pois naquela época havia poucas obras de autoria negra publicadas. Seu contato com essas autorias se deu em raros momentos em que teve acesso à poesia, palestras e romances por meio de sua vivência com seus pais e comunidade.[1065]

Como meninas de sua classe, frequentou o jardim de infância em escola particular, e realizou seu ensino básico na *Spaulding Elementary School*. Na sétima série ingressou na *Hillside Junior High School*, e tocando piano participava como única estudante negra da orquestra. Nessa escola, Porter sofreu racismo por alguns de seus professores, os quais não só a desencorajavam de realizar cursos preparatórios visando a faculdade, como, em certa ocasião, a professora de francês dela inferiu que Porter não conseguiria falar o idioma, pois possuía "lábios grossos". Entretanto, essas violências racistas diárias não a desmotivaram de continuar com os seus objetivos. Mais tarde, ela frequentou a *Montclair High School*, onde foi uma das seis estudantes negras formadas.[1066]

Após o falecimento de seu pai, por indicação de uma amiga de sua mãe, em 1923, Porter se mudou para Washington, D.C. visando estudar na *Miner Normal School*,[1067] uma escola reconhecida pela educação de meninas negras no século XIX. Antes protegida por seus pais de parte das violências raciais da época, nesse período sua vivência no sul segregado aprofundou o contato com o racismo, sobretudo dentro da Instituição. Um dos impactos iniciais para Porter foi a proibição de pessoas negras de ler e se sentar nos espaços da Biblioteca Pública do Distrito de Columbia. Com seu amor e ávido interesse por livros, Porter decidiu, por incentivo de uma amiga bibliotecária, a seguir a carreira bibliotecária após obter seu diploma de professora. Durante o período de estudo na *Miner*, ela fez amizade com o bibliotecário da Instituição. Quando estava no último ano e esse bibliotecário ficou doente, Porter foi convidada a gerenciar a biblioteca.[1068] Conforme ela disse "esse foi meu primeiro emprego mal pago como bibliotecária, mas era maravilhoso".[1069]

Recebido seu diploma de professora em 1925, realizou um curso de verão de Biblioteconomia na *Columbia University*,[1070] Nesse período, mais uma vez o racismo se manifestou em sua vida com a negação de permissão para ficar no dormitório destinado aos pós-graduandos da Universidade, o que resultou em ela ir e voltar todos os dias de sua cidade. Seu trabalho nessa época era na *Division of Negro Literature, History and Prints*, que mais tarde seria conhecida como *Schomburg Center for Research in Black Culture*. Posteriormente, de posse de seus diplomas, se matriculou na *Howard University*, em busca de seu título de *Bachelor of Arts* ao mesmo tempo em que continuou realizando cursos de verão na Columbia visando conseguir seu grau em Biblioteconomia.[1071]

Em 1932, se tornou a primeira mulher negra a receber um Mestrado em Biblioteconomia pela *Columbia University*. Seu trabalho final de mestrado com enfoque em serviços bibliotecários se intitulou *Imprints by American Negro Writers, 1760-1835*,[1072] no qual buscou localizar pessoas escritoras negras americanas em bibliotecas e documentação bibliográfica. Posteriormente, em 1945, publicou seu trabalho final em forma de ensaio no *Papers of the Bibliographic Society of America*.[1073] Além de ser uma autora e bibliógrafa prolífica, foi um membro proeminente de muitas organizações profissionais, incluindo a *American Library Association*, a *Bibliographical Society of America*[1074] e a *Society of American Archivists*.[1075]

Dentre os principais êxitos da carreira dessa bibliógrafa, historiadora, bibliotecária, acadêmica e arquivista, está ter atuado por 43 anos como curadora da *Coleção Moorland-Spingarn*, na *Howard University*, mas, sobretudo, ter escrito e editado livros, biografias e bibliografias negras visando promover o acesso ao legado da história e experiência negra, africana e da diáspora. As bibliografias serão nosso enfoque nessa contextualização biobibliográfica e epistemológica, especialmente por serem instrumentos de reparação epistêmica da população negra em sociedades racializadas.[1076]

A criação de coleções negras em *Howard University*: o início de um longo caminho

Porter ingressou na *Howard University* no ano de 1926, momento em que a instituição se tornou um palco de mudanças históricas, a começar pela eleição do primeiro reitor negro da universidade, cujo mandato durou por trinta e quatro anos e trouxe mudanças significativas para o legado negro.[1077]

No início, Porter atuou como assistente de biblioteca na antiga *Carnegie Library*[1078] enquanto realizava seu mestrado em Biblioteconomia na Universidade de Columbia. A referida biblioteca foi criada em 1867 a partir de recursos oriundos de vários doadores, e passou aproximadamente vinte cinco anos sem uma pessoa bibliotecária como administradora, o que tornava a coleção subutilizada, sem nenhum sistema de catalogação e gerenciamento de empréstimos.[1079]

A partir de 1910, a biblioteca começou a receber mais investimentos tanto de profissionais, quanto de materiais para a coleção. No entanto, o olhar para a experiência negra ocorreu quando um professor da Howard sugeriu a criação de uma biblioteca e museu nacional negro. Embora sem boa recepção dos administradores, esse professor chamado Kelly Miller, influenciou seu amigo Jesse E. Moorland a doar sua coleção particular para a universidade com materiais produzidos *por* e *sobre* África, africanos em diáspora e afro-americanos. Agora chamada *Moorland Collection*, esta coleção – que era considerada por especialistas da época a mais completa sobre a experiência negra – era composta com mais de três mil materiais distribuídos entre livros, panfletos, fotos, manuscritos e outros. Em 1915, essa passou a ser chamada de *The Moorland Foundation: A Library of Negro Life*,[1080] e coleções foram adicionadas ao seu acervo, assim como panfletos, revistas e outros materiais espalhados pelo campus. Esse período marcou o início de uma das maiores coleções de materiais sobre a memorabilia e história da população africana e sua diáspora.[1081]

Em 1916, Edward Christopher Williams foi contratado como bibliotecário-chefe da Howard e como professor de alemão e línguas românicas. Williams é considerado o responsável por apresentar a Porter as obras de autoria negra, nos momentos em que era aluna dele nas aulas de italiano, auxiliava na construção do acervo do futuro *Schomburg Center* e atuava como assistente de biblioteca Carnegie. Sobre essa última experiência, Porter diz:

> Enquanto trabalhava como assistente estudantil na velha biblioteca Carnegie, mal sabia eu que teria a oportunidade de adquirir um conhecimento direto da herança de meu povo enquanto me dedicava ao trabalho sério de organizar, coletar, catalogar e fazer disponibilizar para estudo o pequeno acervo que passou de alguns milhares em 1930 para muitos, muitos milhares em 1973, quando me aposentei.[1082]

Quando foi nomeada para atuar no quadro de funcionários da biblioteca, Porter recorda que sabia pouco sobre a história e cultura negra, devido sua infância e parte da adolescência ter sido em um ambiente predominantemente branco. Além disso, ela relata a escassez de títulos sobre a experiência negra na época. Nesse espaço, Porter conseguiu construir também relações de amizade com teóricos negros, como Alain Locke, Sterling Brown e Benjamin Brawley; foi inclusive, aluna do primeiro na Howard. Em uma ocasião, Porter disse ter obtido um incentivo para estudar e coletar literatura negra para a biblioteca de Howard por ser inspirada pela obra *The New Negro*, de Alan Locke, e o evento no qual o lançamento do livro ocorreu.[1083]

Em 1928, ela concluiu seu bacharelado em Artes e foi convidada por Williams a trabalhar como bibliotecária catalogadora na Biblioteca da Carnegie, onde mais tarde se tornaria curadora da Coleção Africana da *Moorland Foundation*. Dois anos mais tarde, foi nomeada pelos curadores da Howard como a bibliotecária responsável pela Coleção Negra. No primeiro ano nesta tarefa, realizou a busca na biblioteca central da Universidade para extrair todos os livros *da* e *sobre* população negra para transferi-los à Coleção.[1084]

No período entre 1930 e 1940, Porter ensinou estudantes de pós-graduação em história e educação a como extrair o melhor que a Coleção tinha a oferecer. Para isso, ministrou palestras sobre a história daquela biblioteca, sobre como preparar uma bibliografia e a referência de livros, assim como recuperar materiais sobre a experiência negra na Coleção. Além de estudantes, Porter prestou suporte ao corpo docente da Howard, sobretudo nos esforços de pesquisa, pois o campo dos estudos negros estava em pleno desenvolvimento e era necessário fomento às reflexões e estudos por intermédio de materiais bibliográficos e instrumentos de recuperação da informação.[1085]

Por quarenta e três anos, de 1930 a 1973, Porter foi curadora da coleção Moorland-Spingarn da *Howard University*, sendo creditada como única responsável por transformar a biblioteca em um centro de pesquisa mundial relacionado à história e cultura das pessoas negras, africanas e da diáspora africana.[1086]

Ao longo de sua existência, elaborou dezenas de bibliografias para serem publicadas, inclusive teve intensa participação entre 1953 e 1963 na publicação de listas de materiais de autoria negra para os números do *The Journal of Negro Education*.[1087] Porter escreveu quase cem artigos e notas biográficas e editou coleções valiosas para a história, memória e escrita negra (ver Apêndice D deste estudo). Recebeu diversas homenagens, placas, medalhas e citações, além de um doutorado honorário do *Radcliffe College*, e um diploma honorário da *Syracuse University*. O *W.E.B. Du Bois Institute*, instituto do qual Porter foi pesquisadora sênior entre 1988-1989, anunciou em 1994 o estabelecimento do *Dorothy Porter e Charles Harris Wesley Fund* destinado à residência de um ano para candidatos a doutorado que pesquisasse algum tópico da história africana. No ano de 1989, outra honra foi concedida a Porter com a criação da *Dorothy Porter Wesley Lecture Series* na *Howard University*. Em 1995, ano de seu falecimento, Porter foi homenageada com o prêmio Charles Frankel do *National Endowment for the Humanities*, concedido à época pelo presidente Bill Clinton, por serviços como bibliotecária, bibliógrafa, pesquisadora e curadora negra americana (Figura 29).[1088]

Atuação de Porter frente ao racismo na classificação: o sistema de classificação de Dewey em questão

Com a inauguração formal da *Moorland Foundation* em 1932, Porter iniciou seus esforços para divulgar as coleções e a Organização. Assim, divulgou avisos sobre o funcionamento, elaborou listas com as aquisições, um livreto biográfico com informações sobre pessoas negras importantes, assim como pôsteres, cartazes e exposições.[1089]

Como havia interesse em coletar e preservar toda a produção possível produzida por pessoas negras, africanas e da diáspora, especialmente pela oferta de cursos sobre civilização africana e culturas africanas, a biblioteca da Fundação desenvolveu como meta a organização da Coleção especial Africana com o intuito de atender essas necessidades curriculares e particulares. Com a expansão do acervo, foi criada uma Sala de Leitura para que as pessoas interessadas conseguissem acessar materiais sobre história, literatura, experiência e arte negra, sem, no entanto, retirar as obras do espaço da Coleção.[1090]

Figura 29 - Dorothy Porter recebendo o prêmio Charles Frankel, em 1994, pelas mãos do presidente à época, Clinton; Porter (segunda da direita para esquerda) sentada entre as homenageadas na premiação daquele ano.

Fonte da imagem 1: JET. Belafonte Receives National Medal of Arts at White House. v. 87, n. 1, p. 32, november 7, 1994. Fonte da Imagem 2: National Endowment for the Humanities. Charles Frankel Awards Ceremony, 1994. Disponível em: http://hdl.handle.net/11215/3472

Como curadora-chefe da Coleção, o trabalho de Porter se vinculava a recuperar materiais, preservar, proteger, organizar, catalogar, adicionar à Coleção e disponibilizar todo o acervo para a comunidade da Howard consultar na Sala de Leitura. Os tipos de materiais coletados incluíram livros impressos, panfletos, periódicos e jornais, álbuns de recortes de jornais, partituras impressas e manuscritas, registros e cadernos, cartas, diários e documentos diversos e itens audiovisuais, tiras de filmes, fitas, gravações, fotografias, gravuras, artefatos e escultura. Para tanto, ela construiu redes colaborativas com livreiros, autores, colecionadores de livros, pessoas com coleções e bibliotecas pessoais, editores, sociedades e organizações negras, outras bibliotecas, entre outros. Nesse caminho, enfrentou diversos percalços para aumentar o acervo, conseguir doações, além de sofrer com o racismo e sexismo diários. Porter desenvolveu estratégias para burlar esses desafios e violências, dentre elas, oferecendo revisões de livros em troca da doação de exemplares para a Coleção.[1091]

Após se tornar especialista sobre a experiência e história negra, africana e da diáspora, Porter desenvolveu um olhar crítico acerca do sistema de classificação adotado pela maioria das bibliotecas à época, a Classificação Decimal de Dewey. Em sua percepção, este sistema era insuficiente para abarcar todo o conhecimento presente nos materiais que a Coleção possuía.[1092]

Na ocasião em que cedeu entrevista à Harriet Jackson Scarupa, Porter[1093] argumentou sobre a fragilidade do sistema, assim como sua resistência em utilizá-lo. Segundo ela, o sistema não tinha como acomodar todos os recursos informacionais sobre a história negra somente classificando-os na "325" e "326", categorias referentes à colonização e à escravidão, respectivamente. Assim, as lacunas do sistema não permitiam representar a constelação de conhecimentos e experiências negras. Por isso, ela encontrou uma forma de ludibriá-las realizando uma ação simples, conforme destaca:

> Eu apenas comecei a basear tudo sobre literatura e história negra onde quer que caísse na classificação decimal regular de Dewey - se fosse um livro sobre negros na Guerra Revolucionária, estaria abaixo do mesmo número que "Guerra Revolucionária", por exemplo. Era muito simples, vejam, muito simples.[1094]

Incomodada com essa falha, Porter buscou dialogar com a responsável[1095] pela atualização do sistema de classificação após a morte de Dewey propondo que incorporasse o esquema criado por ela intitulado *Tentative Supplementary Classification Scheme*[1096] ao referido sistema. No entanto, não obteve êxito com sua proposta, inclusive sendo informada de que poderia sofrer sanções em caso de alterar sem consentimento da responsável. Aqui é notável ainda que houve uma denúncia à ALA sobre a proposta de Porter, pois ela recebeu uma advertência da Associação avisando-a que não compartilhasse seu esquema com outras pessoas bibliotecárias sob pena de violar os direitos autorais da obra de Dewey.[1097]

Embora a justificativa para tal recusa tenha sido o receio de destruírem a padronização realizada por Dewey, em nossa percepção este fato se configurou por um caso explícito de racismo epistêmico e institucional em três esferas: a) negação de reparação epistêmica ao conhecimento negro dentro do sistema;

b) o racismo contra a própria Porter enquanto mulher negra bibliotecária que é autoridade epistêmica sobre o assunto que realizou a produção do *Tentative Suplementary*; e c) a ALA como uma apoiadora de racismo epistêmico contra a população negra e a bibliotecária negra em questão. No entanto, esses não seriam os únicos casos de racismo que Porter enfrentaria ao longo de sua carreira.

Demonstrando resiliência e persistência, Porter enfrentou esse caso em especial (e outros posteriores) realizando a publicação do sistema por ela criado para classificar a Coleção. Assim, publicou o *Tentative plans for the administration, reclassification and Cataloguing of the Moorland Foundation of Howard*,[1098] de 1932; o *Catalogue of Books in the Moorland Foundation*,[1099] publicado em 1939 e, por fim, *A catalogue of the African Collection in the Moorland Foundation Howard University Library*,[1100] editado por Porter Wesley e equipe de estudantes publicado em 1958. Esse último é a base utilizada até hoje para catalogar os materiais da coleção da Fundação, que atualmente é conhecida como Coleção Especial do *Moorland-Spingarn Research Center*.[1101]

O olhar epistemológico em Dorothy B. Porter: Bibliografias Negras para reparação epistêmica

Como já vimos nas seções anteriores a esta, o confronto à hegemonia branca levou pessoas negras a construírem organizações, universidades, bibliotecas e coleções para – além de preservar, organizar, classificar, disseminar o conhecimento negro e capacitar pessoas negras – reunir e disseminar toda a documentação do conhecimento produzido *por* e *sobre* por pessoas negras, africanas e afrodiaspóricas. Conscientes da relevância da educação e da biblioteca para transformação social do povo negro, as comunidades e sujeitos reivindicaram suas próprias narrativas e criaram movimentos pelos direitos civis de confronto à lógica hegemônica e de luta pelo acesso à biblioteca, livro, formação profissional, salários equitativos, antirracismo, antisexismo, e demais pautas relevantes a essa população.[1102]

Ao longo de sua carreira, Porter fez contribuições significativas para o campo da Biblioteconomia e Bibliografia Negra, e seus esforços foram fundamentais para preservar e promover a história da população negra, africana e sua diáspora. Pelo seu contato com o racismo a partir de sua adolescência no sul segregado, pelo ingresso em escolas e instituições de ensino negras e mistas, e principalmente, o seu interesse pela história negra lhe conduziram à responsabilidade de construir um centro de pesquisa *sobre* e *para* a população negra.

Pela sua biobibliografia, percebemos que seu enfrentamento ao racismo na sociedade estadunidense articulou a *práxis* bibliotecária com a criação de instrumentos para auxiliar na recuperação de informação étnico-racial negra nos acervos e coleções. Diferentemente de Josey – cujo enfoque esteve no papel social da biblioteca universitária, ativismo pelos direitos civis negros, debate do racismo e raça na profissão e área, e a construção de um campo teórico protagonizado por pessoas bibliotecárias negras –, Dorothy Porter apresenta uma única e consistente fase epistemológica vinculada à Bibliografia Negra, uma disciplina que pode ser definida como a reunião, produção, organização, representação e disponibilização de documentos que retratam a experiência e vida negra sob a ótica *da* e *sobre* a população africana, negra e da diáspora africana, via bibliografia. Ela serve como instrumento de denúncia das ausências negras na luta contra o *apartheid* epistêmico,[1103] possibilitado pela segregação intelectual de conhecimentos advindo das margens e de fora dos muros das universidades.

No contexto segregacionista estadunidense, a produção de uma bibliografia negra teve papel fundamental na constituição de acervos – que demonstra, sobretudo, o engajamento pela reparação epistêmica negra[1104] –, bem como os agenciamentos de pessoas bibliógrafas e bibliófilas negras que atuaram na evidência de memórias silenciadas e apagadas.[1105]

De posse desse entendimento, assim como em Josey, nós convertemos os textos de Dorothy Porter para o formato em word (.docx) no idioma original inglês. Da mesma forma, foi executada a leitura dos textos, normalização manual, separação de palavras após conversão e extração de dados irrelevantes à pesquisa. Feito isso, unificamos em um só arquivo e processamos via *Voyant Tools*.[1106]

O documento continha 10 textos e um *corpus* total de 42.705 palavras analisadas na ferramenta, cuja nuvem de palavras da Figura 30 contém termos e conceitos mais frequentes na produção de Dorothy Porter, as quais foram: *negro* (291), *society* (257), *library* (191), *collection* (163) e *books* (145). Nesses primeiros dados, diferentemente de Josey, Porter utiliza o termo negro na maioria das publicações analisadas. Isso já nos traz uma premissa de que a autora se volta a pensar as pessoas negras dentro do contexto estadunidense e, até mesmo, para além dele. Complementarmente, o debate étnico-racial pode ser identificado quando do uso dos termos: *slavery* (130), *africana* (85), *Negroes* (83), *black* (61), *white* (53), *abolition* (42), *abolitionist* (35) e *race* (25) (Tabela 2).

Figura 30 - Nuvem de palavras representando o corpus de 100 palavras frequentes na produção de Porter (1930-1995).

Fonte: Elaborado com dados da pesquisa, no *Voyant Tools* (2023).

Consciente da importância do acesso à história e experiência negra, Porter trouxe aportes à população negra na construção de acervos e coleções como instrumento de reparação epistêmica dentro da Biblioteconomia e da Bibliografia. O destaque principal de enfrentamento prático ao racismo, para além da sua atuação na construção da Coleção Africana, está na construção de bibliografias ao longo de sua atuação profissional. O intuito dessas bibliografias é apresentar contribuições negras nas mais diversas áreas do conhecimento, assim como permitir que as pessoas acessem os materiais que retratam essa experiência. Isso garante o exercício cidadão de acesso à informação, mas também demonstra a presença de reflexões, sociedades, irmandades, bibliotecas e personagens históricas negras e africanas ao longo dos tempos. Para além disso, a percepção de Porter é que a catalogação é a base para o trabalho bibliográfico, e na construção de bibliografias "funcionais", nenhuma delas é completa ou concluída.[1107]

Tabela 2 - Conceitos e termos presentes corpus analisado referente à produção de Porter no período de 1930 a 1995.

Termo[1108]	Quantidade
Negro	291
Society	257
Library	191
Collection	163
Books	145
Slavery	130
African	85
Negroes	83
Black	61
White	53
Abolition	42
Abolitionist	35
Race	25
Information	22

Fonte: Elaborado com dados da pesquisa minerados na ferramenta *Voyant Tools* (2023).

Sobre o uso do termo "negro", Porter[1109] o adota em todas suas produções que tratam de bibliografias negras, assim como em livros por ela escritos. Em sua concepção, esse termo se refere a pessoa de ascendência africana total ou parcial (afro-americanos, afro-brasileiros etc.).

Figura 31 - Texto A library on the Negro, de Porter (1938).

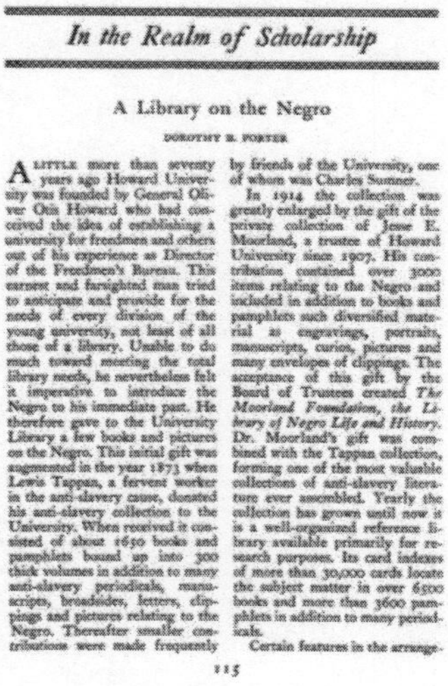
In the Realm of Scholarship

A Library on the Negro

DOROTHY B. PORTER

A LITTLE more than seventy years ago Howard University was founded by General Oliver Otis Howard who had conceived the idea of establishing a university for freedmen and others out of his experience as Director of the Freedmen's Bureau. This earnest and farsighted man tried to anticipate and provide for the needs of every division of the young university, not least of all those of a library. Unable to do much toward meeting the total library needs, he nevertheless felt it imperative to introduce the Negro to his immediate past. He therefore gave to the University Library a few books and pictures on the Negro. This initial gift was augmented in the year 1873 when Lewis Tappan, a fervent worker in the anti-slavery cause, donated his anti-slavery collection to the University. When received it consisted of about 1650 books and pamphlets bound up into 300 thick volumes in addition to many anti-slavery periodicals, manuscripts, broadsides, letters, clippings and pictures relating to the Negro. Thereafter smaller contributions were made frequently by friends of the University, one of whom was Charles Sumner.

In 1914 the collection was greatly enlarged by the gift of the private collection of Jesse E. Moorland, a trustee of Howard University since 1907. His contribution contained over 3000 items relating to the Negro and included in addition to books and pamphlets such diversified material as engravings, portraits, manuscripts, curios, pictures and many envelopes of clippings. The acceptance of this gift by the Board of Trustees created *The Moorland Foundation, the Library of Negro Life and History.* Dr. Moorland's gift was combined with the Tappan collection, forming one of the most valuable collections of anti-slavery literature ever assembled. Yearly the collection has grown until now it is a well-organized reference library available primarily for research purposes. Its card indexes of more than 30,000 cards locate the subject matter in over 6500 books and more than 3600 pamphlets in addition to many periodicals.

Certain features in the arrange-

115

Fonte: PORTER, Dorothy B. A Library on the Negro. **The American Scholar**, v. 7, n. 1, p. 115-117, 1938.

Referente ao acesso ao conhecimento negro, no artigo *A library on the Negro*[1110] (Figura 31), Porter relata sobre as experiências da *Howard University*, uma universidade negra dedicada a graduar a população negra no século XX. Dentro do texto, a autora comenta sobre a preocupação do fundador da Universidade, Oliver Otis Howard com a construção de uma biblioteca destinada a promover o conhecimento histórico, epistemológico, cultural, educacional, social e político sobre a história negra. Para o fundador, existia uma urgência de "apresentar o negro ao seu passado imediato", e assim, forneceu livros e fotografias da experiência negra de sua própria coleção para criar a Biblioteca da Instituição.[1111] Posteriormente, o acervo da Howard cresceu até se tornar um Centro de Referência da História Negra, complementado por doações de outros personagens, como Jesse E. Moorland e Arthur Spingarn, cujos nomes são atribuídos até hoje ao atual *Moorland-Spingarn Research Center.*[1112]

Como bibliotecária e curadora da Coleção, Porter realizou esforços em classificar os livros e outros materiais (panfletos, recortes de jornais e revistas etc.) sobre a história negra dentro da Coleção, cujo destaque iniciou pelas pessoas negras dos EUA, especialmente o período do movimento antiescravista. Naquela época, Porter já ansiava que a Biblioteca se tornasse "o maior centro de pesquisa para todas as fases da questão do Negro",[1113] o que, de fato, ocorreu com o passar dos anos.

Dentro desse escopo, existem bibliografias elaboradas por Porter, nas quais promoveu o conhecimento acerca do protagonismo negro na história. Uma das bibliografias encontradas foi *Selected References on the American Negro in World War I and World War II*[1114] (Figura 32a) publicada por Porter em 1943, contendo 186 materiais distribuídos em livros, capítulos, panfletos e artigos em periódicos, os quais abordavam a participação negra estadunidense no exército, educação, emprego, assim como a participação de mulheres negras e debates raciais durante a Primeira e Segunda Guerra Mundial.[1115]

Relembrou em certa ocasião, que pessoas escravizadas, libertas, políticas, pregadoras e cientistas negras americanas de meados do século XVIII registraram suas atividades, histórias pessoais e fatos que permitem reavaliar a história negra passada no contexto estadunidense e americano contemporâneo.[1116]

Em sua pesquisa de mestrado publicada sob o título de *Early American Negro Writings: A bibliographical study*[1117] (Figura 32b), Porter elaborou uma bibliografia de 292 primeiros escritos realizados por pessoas negras. Nela, a autora comenta sobre o fato de as primeiras impressões de escritos negros nos Estados Unidos serem apelos ou declarações pela liberdade negra. Apesar de anteriormente pessoas brancas terem escrito sobre as atividades negras, foram os livros, biografias e relatos escritos por pelas próprias pessoas negras que afirmavam uma linguagem legítima de desejo por liberdade, escritos em linguagem simples ou rebuscada, com planos de liberdade individual e política negra que se mantiveram e engajaram produções ao longo dos tempos.[1118]

Figura 32 - a) Selected References on the American Negro in World War I and World War II, publicado por Porter em 1943; b) Early American Negro Writings: A bibliographical study, oriundo da sua dissertação de mestrado publicado por Dorothy Porter em 1945.

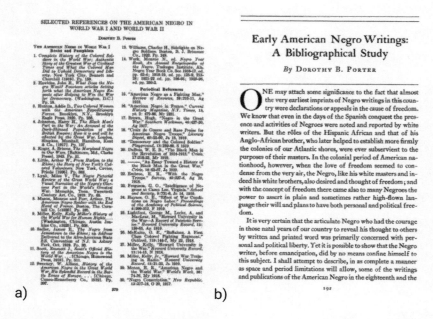

Fonte: a) PORTER, Dorothy B. Selected References on the American Negro in World War I and World War II. **The Journal of Negro Education**, v. 12, n. 3, p. 579-584, 1943a; b) PORTER, Dorothy B. **Early American Negro Writings**: A bibliographical study. **The Papers of the Bibliographical Society of America**, v. 39, n. 3, p. 192-268, 1945.

No entendimento de Porter,[1119] esses desejos de liberdade negra se revelavam no pensamento expresso pelas palavras escritas e impressas por escritores e escritoras negras. Adverte, no entanto, que antes da emancipação e após ela, as pessoas negras não se limitavam somente a esse escopo de reflexão e debate em seus textos.

No estudo, a autora descreve sobre os escritos e publicações de pessoas americanas negras no século XVIII até primeira metade do século XIX, incluindo materiais como livros, folhetos, escritos ou compilados por pessoas negras que viviam em colônias ou nos Estados Unidos antes de 1835. Registra a existência de problemas na identificação e classificações de alguns materiais. Nessa oportunidade, reflete sobre a natureza da bibliografia praticada, a qual não permitia entradas de catálogo pela cor ou pertencimento étnico-racial da pessoa autora. Com essa ausência, para compilar o aparato bibliográfico *de* e *sobre* população negra, Porter[1120] realizou a construção da bibliografia item por item, especialmente pelo processo de ter que enquadrar em cada lista quais obras eram de autoria negra, e, em seguida, pesquisar nos catálogos e coleções existentes cada obra de cada nome.

Sobre a construção dessa bibliografia negra, Porter indica as fontes que utilizou para obter a lista da autoria negra. Cita a bibliografia de *Solomon Bayley* publicada em 1820; o *Freedom's Journal*, primeiro jornal negro que em 1827 iniciou a impressão de biografias, sermões, orações e poesias feitas por pessoas negras creditadas como autoras no referido jornal; diretórios estaduais e municipais com a lista de pessoas negras e suas ocupações na seção africana; catálogos de vendas e leilões com uma lista básica de pessoas escritoras. Esses últimos sem identificação do pertencimento étnico-racial da pessoa autora, embora quando se acessasse a obra a cor da pessoa estivesse indicada na página de título do livro, prática adotada à época pela Biblioteca do Congresso. Na Biblioteca da *Howard University* e na coleção Schomburg da *135th Street Branch* da Biblioteca Pública de Nova York, o pertencimento étnico-racial era indicado em nota no cartão de autor de cada obra escrita por pessoas escritoras negras.[1121]

Uma estratégia adotada por Porter quando encontrava uma pessoa autora que não se sabia se era ou não negra era o exame exaustivo da obra na tentativa de determinar o pertencimento étnico-racial da autoria. Segundo ela, tal pertencimento poderia ser determinado por evidências contidas na parte interna da publicação, especialmente quando utilizavam apelos pela sua libertação e de seus irmãos na escravidão ou se continha uma narrativa da pessoa autora ter sido escravizada. Entretanto, essa última era motivo de preocupação para Porter, pois entre 1835 e 1860, pessoas abolicionistas brancas escreveram como se fossem escravizadas visando ganhar simpatia para a causa da abolição. Por isso, era difícil essa atribuição racial quando esses casos aconteciam.[1122]

Outro fator que dificultava a identificação das autorias negras era a lacuna de informação sobre local de origem, data de nascimento e morte dos escritores, as mudanças de nome após se tornarem ex-cativos, entre outras informações que poderiam resultar em inclusões duplicadas de uma mesma obra sob um mesmo autor em uma bibliografia.[1123]

Com relação às divisões dos materiais encontrados, Porter[1124] os separava por narrativas, poemas, sermões, almanaques, discursos (que poderiam ser orações, elogios e discursos), cartas, acusações maçônicas, petições, apelações, constituições e atas de sociedades negras, regras e regulamentos de sociedades, documentos históricos e hinos. Para além desses, para a construção de bibliografias, Porter[1125] considerava ainda documentos de outros tipos como mapas, gravuras, fotos, microfilmes, microimpressões, registros fonográficos, curiosidades, peças de museu e efêmeras de vários tipos.

Sobre as narrativas, elemento importante para a Teoria Crítica Racial, Porter encontrou várias delas, em que a mais antiga escrita por uma pessoa negra, datada em 1760, retrata os sofrimentos e a liberação de um homem negro escravizado. Um outro material encontrado por ela relata a existência de um homem negro que em 1815 construiu uma escola aberta depois que crianças negras foram recusadas na escola pública. Além disso, em 1780, esse mesmo homem havia escrito uma petição em que pedia isenção de impostos, haja vista que por ser negro não tinha voto e representação política.[1126]

Assim, a importância da recuperação dos registros negros se vinculava à "apreciação mais viva das contribuições que nosso povo tem feito para os seus próprios, bem como para a história do mundo".[1127] Para além de livros, panfletos e artigos, o passado racial negro pode ser valorizado por intermédio de registros familiares como cartas, diários, contas, certificados e outros documentos. No entanto, para que seja valorizado, **é preciso que os registros negros sejam preservados e interpretados. Para ela, não havia maneira de pessoas negras reivindicarem suas conquistas coletivas, a menos que as registrem em documentos**.[1128]

Em discurso proferido no *Morgan State College*, em 13 de fevereiro de 1957 por ocasião da comemoração da Semana da História Negra, publicado posteriormente no livro de Findlay, sob o título de *Of Men And Records in the history of the negro*[1129] (Figura 33), Porter recorda sobre a falácia de que os africanos careciam de todo o sentido da história, pois a história africana não estava registra na linguagem escrita. Com o árduo esforço de intelectuais, não somente essa falácia foi combatida, como provaram que africanos possuíam senso histórico manifestado pelas memórias treinadas, lendas, tradição oral e cosmovisão que os tornavam verdadeiros mantenedores da história africana.[1130]

Figura 33 - Texto/discurso intitulado Of Men and Records in the history of the negro, Porter ([1957] 2001).

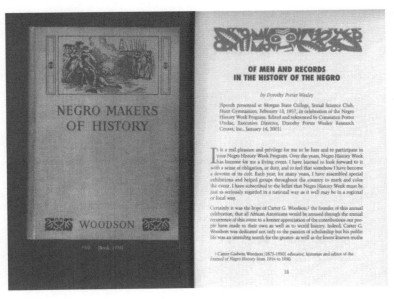

Fonte: PORTER, Dorothy B. Of me and records in the history of the Negro. *In*: FINDLAY, James A. **Dorothy Porter Wesley (1905-1995)**: Afro-American Librarian and Bibliophile. Ft. Lauderdale, Florida: Broward County Library, [1957] 2001. p. 13-29.

Considera, no entanto, que a organização de bibliotecas com coleções progressivas e sistemáticas com registros informacionais em diferentes formatos possibilita a preservação, recuperação e disponibilização de registros *de e sobre* África, africanos e descendentes em diáspora, sem invisibilizar a tradição oral e modos africanos de preservação dos conhecimentos. Tanto os líderes negros quanto abolicionistas brancos perceberam a importância da bibliografia e do acesso à informação para o atendimento às necessidades individuais e familiares e interesses nacionais diante da escravidão e das falhas de integração racial e privação de direitos negros. Por isso, eles persistiram em coletar dados, preservá-los e produzir novos materiais que auxiliassem na preservação do conhecimento negro ao longo do tempo.[1131]

As sociedades antiescravistas, organizações literárias negras, associações religiosas e sociedades históricas tiveram importante papel no estímulo ao colecionismo, assim como criação de coleções com livros e panfletos de autoria negra, tanto durante o período escravista quando após a abolição. Foram essas que encorajaram a publicação de títulos *sobre* e *pela* população negra reconhecendo a importância da literatura como um meio de desafiar os estereótipos negativos e equívocos sobre os negros e africanos que prevaleciam na sociedade da época. Essas organizações também desempenharam um papel crucial na promoção do movimento abolicionista, fornecendo uma plataforma para autores negros compartilharem suas experiências e perspectivas sobre a escravidão, bem como publicando e distribuindo literatura antiescravagista. Complementarmente, a necessidade de coleções africanas e negras está em permitir utilizar a linguagem do grupo dominante e produzir nessa linguagem a literatura histórica que demarca a experiência e a esperança de um povo.[1132]

Em *The Negro in the United States: A Selected Bibliography*[1133] (Figura 34), Porter comenta sobre o primeiro esforço da Biblioteca do Congresso em chamar a atenção para obras *de* e *sobre* pessoas negras. Bibliotecário negro naquela instituição, Daniel A. P. Murray foi solicitado a elaborar uma lista preliminar de obras escritas por pessoas negras para a Exposição de Paris de 1900. Na ocasião de entrega, Murray havia compilado 223 obras escritas por 152 pessoas, com o intuito de que posteriormente ela retornasse à Biblioteca do Congresso. Após o encerramento da exposição, Murray continuou na coleta de obras de autoria negra americana. Devido ao trabalho inicial para essa bibliografia, outras foram produzidas ao longo do tempo dentro da Biblioteca, incluindo materiais sobre o sufrágio negro, povo negro do sul estadunidense, assim como contribuições da população negra para a cultura americana.

Figura 34 - Bibliografia The Negro in the United States: A Selected Bibliography, publicada por Porter em 1970.

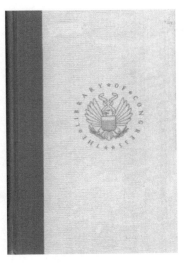

Fonte: PORTER, Dorothy. **The Negro in the United States**. Washington, D.C.: Library of Congress, 1970.

Porter[1134] entende que tais bibliografias e acervo sobre o povo negro da Biblioteca despertam a atenção e interesse pelas contribuições negras, especialmente com a insurgência do movimento pelos direitos civis e a introdução de conteúdos sobre a história e cultura negra nos cursos de escolas, faculdades e universidades, o que gerou uma demanda por listas de livros elaboradas para apoiar tais pesquisas.

Pensando nisso, Porter compilou a bibliografia *The Negro in the United States: A Selected Bibliography*[1135] (Figura 34), esperando que fosse suporte no atendimento às necessidades de estudantes, pessoas docentes, bibliotecárias e pesquisadoras, sobretudo o público geral cujo interesse estivesse em iniciar pelo estudo da população negra estadunidense. Uma das curiosidades dessa bibliografia é que não houve identificação de pessoas por pertencimento étnico-racial, com exceção da seção sobre ficção em que a lista é composta de romances e contos escritos por pessoas negras representativas daquela época.

No contexto latino-americano, vale destaque para a *Afro-Braziliana: a working bibliography*[1136] (Figura 35), cujo objetivo é promover o conhecimento de obras selecionadas por Porter que foram publicadas por afro-brasileiros e sua contribuição para a vida e a história do Brasil. Com mais de 5.000 títulos de estudos e publicações, ela apresenta uma lista de materiais referentes a obras encontradas em repositórios americanos, principalmente na *Library of Congress*, *The Columbus Memorial Library* na *Pan-American Union* e *Moorland-Spingarn Research Center*, todos em Washington, D.C. Logo na introdução, infere que não é um estudo exaustivo, mas, sim introdutório que contempla as principais contribuições de pessoas afro-brasileiras para a história e cultura do Brasil.

Figura 35 - Bibliografia Afro-Braziliana: a working bibliography, publicada em 1978.

Fonte: PORTER, Dorothy B. **Afro-Braziliana**: a working bibliography. Boston: G. K. Hall, 1978. Foto do miolo da cedida pelo pesquisador Rafael Trapp.

Especialmente nessa bibliografia, Porter adota o termo "afro-brasileiro" por estar consciente das "sensibilidades daqueles brasileiros que podem não querer ser referidos pelos termos [...] mulato, mestiço ou negro embora seja visível a mistura das três linhagens raciais portuguesa, indígena e africana em suas feições e cor de pele".[1137] Além disso, ela informa o uso do termo "afro-brasileiro" também para inclusão de pessoas descritas em obras como "homem de cor, mulato, negro, pardo, preta, filha e filho de escrav[izad]os e pessoas que dizem ter uma gota de sangue preto".[1138]

Conforme Rafael Trapp[1139] aborda na sua pesquisa sobre Porter na seção destinada à discussão da *Afro-Braziliana*, a autora estava consciente das classificações raciais, assim como das dificuldades de definir uma pessoa como afro-brasileira ou não, haja vista a flutuação de interpretações raciais referente a uma pessoa, a depender de quem a define racialmente.

Obviamente, Porter tinha contato com pessoas negras, afro-brasileiras e brancas e em duas oportunidades veio ao Brasil para obter fontes informacionais por compra e doação visando compor a coleção *Afro-Braziliana do Moorland-Spingarn Research Center*.[1140]

Constituída por livros, panfletos, folhetos, artigos de periódicos e artigos de jornais escritos *por* e *pela* população afro-brasileira, a estrutura desta bibliografia apresenta prefácio e introdução escritos por Porter, assim como duas partes em que a primeira aborda assuntos como: a relação de bibliografias, bibliografias da bibliografia, dicionários e enciclopédias bibliográficas; trabalhos gerais; história do processo de tráfico africano para o Brasil, processo de escravidão até a abolição; rebeliões de africanos escravizados até o Quilombo dos Palmares; movimento dos bandeirantes; outros aspectos adicionais da história negra brasileira; relações raciais e condições sociais; medicina e saúde; africanismos na língua portuguesa brasileira, arte e artistas, folclore, religião, literatura. Na segunda parte há escritos de 67 autores, dos quais aparecem Jorge Amado, Tobias Barreto, Augusto dos Anjos, Olavo Bilac, Cruz e Souza, Luiz Gonzaga Pinto da Gama, Antônio Gonçalves Dias, Raymundo Nina Rodrigues, Alberto Guerreiro Ramos, Solano Trindade e outros.[1141]

Uma curiosidade é não encontrarmos mulheres na lista de autores selecionados para a Bibliografia de Porter,[1142] bem como há uma lacuna de diversas autorias negras que poderiam ter sido contempladas, enquanto outras nem deveriam ter sido inseridas. Sobre isso, Abdias Nascimento publicou, após o lançamento da *Afro-Braziliana* e a pedido de Porter[1143] o artigo *Reflections of an Afro-Braziliano*[1144] em que traz aportes, lacunas e críticas à bibliografia compilada por Porter. Sob um olhar crítico, Nascimento inicia incitando estudiosos da bibliografia a revisarem alguns aspectos técnicos da *Afro-Braziliana*, e relata sobre as reflexões provocadas após ter analisado o material. Após a leitura, entendeu que a *Afro-Braziliana* de forma inconsciente (ou até mesmo ingênua) pode ter colaborado para promover elites brancas brasileiras e a supremacia intelectual branca. Na obra, Porter[1145] adicionou como critério o asterisco (*) para aqueles autores que eram considerados afro-brasileiros, e no caso de um crítico literário brasileiro definir uma pessoa autora inter-racial[1146] e outro crítico como branca, não havia indicação de pertencimento étnico-racial.[1147]

Por conta das dificuldades das relações étnico-raciais brasileiras, Porter acabou cometendo equívocos, os quais poderiam ser ajustados em trabalhos futuros ou novas edições como: a) considerar como afro-brasileiros autores que renegavam suas origens africanas e desdenhavam do uso do termo afro-brasileiro para se referir a pessoas negras à época; b) aglutinar nomes de duas pessoas como se fossem a mesma, como é caso de José da Silva Paranhos do Rio Branco, que na verdade são José da Silva Paranhos e Visconde do Rio Branco; c) atribuir a afro-brasilidade a pessoas autoras brancas – o que gerou críticas da branquitude elitista brasileira; e, por fim, d) desconsiderar pessoas que afirmavam sua negritude e se consideravam identitariamente como afro-brasileiras.[1148]

Apesar desses equívocos, Nascimento[1149] ressalta a competência de Porter[1150] e reforça que a bibliógrafa e bibliotecária realizou um trabalho abrangente e objetivo que o tornam único entre as fontes de informação que são confiáveis, raras e preciosas para as pessoas pesquisadoras estadunidenses e brasileiras. Entende ainda que a erudição negra receberá imenso suporte pelo trabalho da autora, e que as críticas e ajustes a realizar não alteram o esforço de reunir o conhecimento negro, africano e afrodiaspórico. Por fim, infere que com bibliografias dessa qualidade como instrumento referencial, o povo negro poderá reconstruir sua história e nação.[1151]

Para além dessas bibliografias, Porter editou *A Bibliographical Checklist of American Negro Writers about Africa*[1152] (1958), *North American Negro Poets: a bibliographical checklist of their writings, 1760-1944*[1153] (1945), *Bibliography and Research in African-American Scholarship*[1154] (1976), *Early negro Writing, 1760-1837*[1155] (1995), entre muitas outras, com o intuito de conhecer, preservar e disseminar o conhecimento negro e afrodiaspórico.

A construção de catálogos e instrumentos de classificação também fez parte de sua atuação bibliotecária, conforme explicitamos em seção anterior, sobretudo quando instigada pela lacuna deixada por Dewey na construção da Catalogação Decimal que leva seu nome.

Finalizamos esta seção relembrando o pensamento de Porter[1156] sobre as bibliografias, as quais promovem o acesso a "algo do passado pouco conhecido e pouco explorado", e retratam as primeiras aspirações individuais negras, suas narrativas e sonhos de liberdade. Assim, dentro da composição variada de registros permitida pela bibliografia negra, Porter[1157] demonstrou a existência de uma consciência comum de pessoas escritoras, editoras, bibliógrafas e colecionadoras negras das opressões raciais, do cerceamento das liberdades individuais e coletivas, mas sobretudo, da luta por liberdade e por esperança de dias futuros melhores para o povo negro.

Influências teóricas em Dorothy Porter

As influências em Dorothy Porter podem ser observadas via textos biográficos produzidos por ela ao longo de sua carreira sobre personagens da história negra. Um dos personagens que Porter admirava e a influenciava em suas reflexões e que foi citado em várias oportunidades na sua obra era *David Ruggles*, abolicionista e escritor negro (Figura 36).

Figura 36 - Na sequência, David Ruggles e Arthuro Alfonso Schomburg como algumas das influências do pensamento porteriano.

Fonte: Imagem David Ruggles: David Ruggles: Abolitionist and Entrepreneur. Disponível em: https://www.thoughtco.com/thmb/yDcQn9POILYzkPaBbPP1Lfo0_SI=/1500x0/filters:no_upscale():max_bytes(150000):strip_icc()/davidruggles3-5895bfb75f9b5874eeea71a4.jpg. Acesso em: 13 dez. 2022; Fonte Imagem Arthuro Alfonso Schomburg: Smith Collection/Gado/Getty Images. Disponível em: https://www.biography.com/.image/ar_1:1%2Cc_fill%2Ccs_srgb%2Cg_face%2Cq_auto:good%2Cw_300/MTgzODY1MTEyNTQ3ODI5MTM1/arturo-alfonso-schomburg-gettyimages-532290956_500x500.jpg. Acesso em: 10 jan. 2023.

Em sua homenagem, Porter publicou após muitos anos de pesquisa devido dificuldades em encontrar registros documentais de suas atuações, o artigo *David Ruggles, an Apostle of Human Rights*,[1158] no periódico *The Journal of Negro History*,[1159] em que nele relata a experiência Ruggles como homem negro nascido de pais livres em Connecticut, lugar no qual antes mesmo da aprovação legal da abolição, a comunidade de Norwich já havia exercido o direito de libertar quaisquer pessoas negras das amarras da escravidão, assim como repará-las por seus serviços.

Entende que foi Ruggles quem realizou o primeiro esforço em coletar e disponibilizar livros para o povo negro estadunidense. Em 1834, Ruggles abriu uma livraria na cidade de Nova York e iniciou a distribuição de publicações antiescravistas. Além disso, ele proveu uma sala de leitura para pessoas negras, uma vez que elas foram excluídas por seu pertencimento étnico-racial de instituições literárias, palestras e salas de leitura fornecidas principalmente para pessoas brancas. Ruggles estava convencido de que a sala de leitura provia as necessidades da população negra em adquirir conhecimento por intermédio da observação, leitura e reflexão. Dentre os serviços de informação oferecidos estava o acesso a jornais diários negros e antiescravistas. Em setembro de 1835, sua livraria foi incendiada por extremistas brancos.[1160]

Como abolicionista, Ruggles estava em constantemente na luta pela libertação de pessoas escravizadas e pela melhoria da condição moral, social e política delas. Ajudou na fuga de mais de seiscentas escravizados em três anos com seus próprios recursos. Considerado por Porter um defensor dos direitos humanos, Ruggles publicou comentários, editoriais, cartas, panfletos e outros materiais protestando contra a segregação, colonização e escravidão. Homem crítico das letras, aos 25 anos publicou ainda uma sátira em forma de panfleto intitulada *The "Extinguisher" Extinguished! or David M. Reese, M.D. "Used Up"*[1161] (1834) pela qual até hoje é conhecido, em que argumentava contra a colonização do povo negro. Ainda externando sua ojeriza à escravidão, publicou anonimamente outro panfleto em que atacava os hipócritas pró-escravidão que procuravam usar o prestígio da igreja para manter o povo negro em um *status quo* de escravizado. Ainda nessa oportunidade, denunciou a condições de mulheres negras escravizadas, as quais não podiam oferecer resistência aos ataques sexuais sofridos pelos senhores brancos.[1162]

Para além dessa ação, Ruggles publicou trimestralmente *The Mirror of Liberty*,[1163] primeira revista negra dedicada aos direitos de pessoas negras. Após perder a visão, fundou um estabelecimento de cura hidropáticas na cidade de Northampton, pelo qual foi um médico hidroterapeuta de reconhecido sucesso.[1164]

Outro personagem que se destaca nas obras de Porter é a referência a Arturo Alfonso Schomburg (Figura 36), bibliotecário, arquivista, bibliófilo e curador negro de origem espanhola e dinamarquesa, nascido em Mateo de Cangrejos, no Caribe, em 1874. Porter e Schomburg trabalharam juntos na compilação da *North American Negro Poets: A Bibliographical Checklist of Their Writings, 1760-1944*[1165] publicada em 1945, além de Porter ter atuado na organização da coleção Schomburg na *135th Street Branch* da Biblioteca Pública de Nova York. Entretanto, ambos se conheciam desde 1931, quando se encontraram para examinar prateleira a prateleira "cópias dos livros que ele tanto amava, e juntos, principalmente ele, conversamos sobre eles".[1166]

Schomburg adquiriu como prática coletar, colecionar, conservar e documentar artefatos através da influência de seu colega maçom, John Edward Bruce, ex-cativo liberto em 1856. Criou o primeiro arquivo transnacional da cultura negra – hoje conhecido como *Schomburg Center for Research in Black Culture*[1167] inicialmente na forma de sua biblioteca pessoal – com a intenção de nomear, enaltecer e dar visibilidade às contribuições de pessoas negras para a sociedade transamericana. Seu objetivo ao construir a coleção estava em reunir experiências e documentos que fossem de encontro às perspectivas de inferioridade epistêmica das populações negras propagadas pelo grupo hegemônico branco daquela época. Por isso, no início do século XX, uniu-se aos bibliófilos, bibliógrafos e colecionadores negros daquele período para defender, reunir e disseminar os aportes negros e africanos na construção da sociedade norte-americana, além de encorajar o orgulho racial na comunidade negra estadunidense.[1168]

Ao fazer isso, ele implementou uma forma de intervenção no

conhecimento historiográfico produzido à época. Schomburg desenvolveu uma abordagem realizada em três etapas, na qual a primeira etapa, a *recuperação histórica*, se referia à identificação e aquisição de livros e materiais da história negra internacional; a *segunda*, se dedicava a apresentar e tornar essas descobertas históricas relevantes e acessíveis ao público; e por fim, a *terceira e última etapa* de sua abordagem tratava da articulação de "uma teia conectada de pessoas de ascendência africana que podem desenhar umas sobre as outras em suas mentes ou por meio de suas ações em sua busca por mudança social".[1169] Schomburg acreditava que além de escrever e publicar artigos e panfletos, esses materiais deveriam chegar às mãos dos leitores, e essa seria a forma de tornar o conhecimento acessível para todos.[1170]

Posteriormente, através de doações da *Carnegie Corporation*, em 1926, a Biblioteca Pública de Nova York adquiriu a coleção particular de Arturo Schomburg para ser disponibilizada para a Biblioteca da *135th Street Branch* no Harlem, sob o nome de *Division of Negro Literature, History and Prints*, dando ao autor maior visibilidade em periódicos majoritariamente brancos, como por exemplo o *New York Times*. A biblioteca que então abrigava a coleção de Schomburg ofertava também um programa birracial de palestras com Schomburg e as demais personalidades da época como Du Bois, Carl Van Doren, R. R. Moton, por exemplo, e era vista como local de referência para as pessoas da Renascença do Harlem.[1171] O Centro Schomburg era composto por coleções que excediam a marca de dez milhões de itens armazenados em seus acervos, sendo estes livros raros, pinturas, fotografias, esculturas, manuscritos, correspondências, registros arquivados de instituições e organizações africanas, entre outros materiais referentes à cultura e experiência negras.[1172]

Tanto os trabalhos realizados como curador e escritor quanto a coleção de Arturo Schomburg "refutaram efetivamente a ideologia dominante da supremacia branca e as formas populares e oficiais de conhecimento historiográfico nas quais esse discurso estava inserido".[1173] Dessa forma, seu "contra-arquivo" pessoal se efetivou como a primeira grande coleção do mundo de obras africanas, transamericanas e transatlânticas, sendo reconhecido até os dias de hoje como o maior arquivo combinado da diáspora africana.[1174]

Para além desses atores mencionados, Porter também demonstrou ser influenciada em suas obras W. E. Du Bois, William C. Nell, William Carl Bolivar, John E. Bruce, John Wesley Cromwell, Arthur Schomburg, Harriet Beecher Stowe, Henry P. Slaughter, Charles Tuttle, Arthur B. Spingarn, E. C. Williams, Charles Heartman, C. L. R. James, George Padmore, Claude McKay, Robert M. Adge e muitos outras pessoas bibliófilas, bibliógrafas, colecionadoras e bibliotecárias negras e alguns brancos antirracistas.

E. J. JOSEY E DOROTHY B. PORTER COMO TEÓRICOS CRÍTICOS RACIAIS EM BCI: UM OLHAR À LUZ DA TCR – CONSIDERAÇÕES DO CAPÍTULO

Nosso caminho até aqui foi construído visando compreender se havia influência e consciência da raça e racismo na vida, ação e atuação profissional de pessoas bibliotecárias. À luz dos princípios da TCR, analisamos se E. J. Josey e Dorothy Porter eram teórico e teórica crítica da raça em BCI.

A começar pelo princípio sobre o *racismo como normalizado*, em diversas oportunidades, Josey identifica o fenômeno do racismo dentro das estruturas sociais, na profissão bibliotecária e na Biblioteconomia. Ele se refere ao racismo como "cancerígeno", "insidioso" e a "maior das barreiras" a ser enfrentada pelas sociedades. Para o autor, "a Jim Crow acabou, mas o racismo permanece", quando comentou sobre como é ser um bibliotecário negro na sociedade estadunidense.[1175] Em seu entendimento,

> *O que muitas pessoas não percebem é que o racismo não é simplesmente um fanatismo aberto. O racismo é um sistema de vantagens que beneficia todos os brancos, quer eles o procurem ou não. [...] Eles ocupam a maior parte das posições de poder, possuem a maior parte da riqueza e estabelecem a maior parte das políticas da nação, e são, por todas essas razões, a norma.*[1176]

Sua percepção era de que o racismo cerceia os direitos civis de pessoas negras, e sobretudo, permeia e se entremeia nas comunidades, moradias, oportunidades de trabalho, atendimento a necessidades básicas e outras esferas das sociedades. Além disso, o racismo é a maior barreira para que se alcance a diversidade na profissão bibliotecária.

Não na mesma medida, Porter demonstra a consciência e influência do racismo na sua vida quando se refere aos seus professores e o desencorajamento para que não frequentasse a universidade, as atitudes preconceituosas com o seu fenótipo, identidade étnico-racial e capacidade intelectual, além do impeditivo de poder acessar a biblioteca da faculdade e ficar no dormitório durante a pós-graduação. Sua experiência profissional na Howard, apesar de recompensadora, tornou evidente o racismo institucional de alguns de seus colegas e superiores com a intervenção em sua política de seleção, falta de aumento salarial e de ausência de reconhecimento profissional tanto dela quanto de seus colegas negros. Essa consciência se manifesta em enfrentamento ao racismo sem, no entanto, nomeá-lo como tal. Talvez a diferença de Porter para Josey, é o fato da primeira ter sido protegida na infância de práticas racistas, assim como ela só ter tido contato direto com o sul segregado a partir da adolescência.

Em nossa interpretação, o *princípio da construção social da raça* está presente quando Josey elucida que os problemas da raça e do poder designavam pessoas negras como seres de *segunda classe*. Sua consciência sobre a raça é perceptível na revolta contra o tratamento injusto despendido a pessoas bibliotecárias pelo fato de serem negras, como foi o caso de Lankim, por exemplo. Essa consciência emerge ainda quando Josey contextualiza o racismo de brancos contra negros e suas incontáveis ações de apoio à segregação racial em bibliotecas e na profissão e oposição a resoluções, reparações e declarações de equidade racial.

Em Porter, esse princípio está evidente, inclusive, nas notas biográficas que elaborou visando tornar visíveis pessoas negras abolicionistas, colecionadoras, bibliógrafas e bibliófilas negras conhecidas por seus feitos pela luta antirracista e no enfrentamento à escravidão. Embora não debata isso de forma direta, a escolha pelo termo "negro" em suas bibliografias também está ligada ao fator racial, exatamente porque tal termo era visto, por um lado, de afirmação do orgulho da ascendência negra; por outro, como pejorativo quando utilizado por brancos para se referir a negros, especialmente por conta do processo colonial que se deu no país.

Aliado a isso, em Josey entendemos a ligação entre esse último princípio com o *da convergência de interesses*, haja vista que os brancos só se manifestam sobre políticas de igualdade racial para justificar suas atitudes racistas negando a existência do racismo no trabalho, educação e relações sociais. Isso significa retirarem de si a responsabilidade sobre o racismo, assim como negarem serem privilegiados dentro de sociedades racializadas. Enquanto isso, não há menção em Porter sobre os interesses por detrás das ações abolicionistas engendradas por homens brancos. Um ponto de interesse, no entanto, esteve em haver um período em que homens brancos escreviam como homens negros escravizados. Isso foi um fator de reflexão, haja vista que seria o opressor fingindo ser o oprimido. Se a narrativa ganhasse evidência em vendas, seria um autor branco que receberia os créditos com a dor negra e, com eles, os lucros.

O *princípio da interseccionalidade* está presente em Josey, quando esse afirma a interconexão entre o racismo e sexismo, por exemplo, e comenta sobre outros grupos étnico-raciais não-hegemônicos sofrerem com a influência da raça e discriminação em sua existência e profissão. Em Porter, quando se conscientiza sobre sua condição de mulher, negra e de classe média, que não sofria somente com o racismo, mas com o sexismo também.

O *desafio ao historicismo* em Josey se manifestou quando produziu e editou diversos livros que colocassem as pessoas bibliotecárias em evidência, assim como seus pensamentos, experiências com o racismo e a luta pela construção de uma Biblioteconomia mais justa e equânime. Isso se coloca como um confronto à narrativa dominante branca da Biblioteconomia Americana para evocar a centralidade de outras vozes historicamente deixadas às margens da área. Nesse sentido, entendemos que os princípios de *mudança na posição às margens* e o de *noção de voz das minorias políticas* são complementares, sobretudo porque foi a partir do ativo trabalho de Josey na ALA, na construção de resoluções e da BCALA, que se buscou desestruturar o racismo e supremacia branca na profissão, ao mesmo tempo em que promovia os direitos civis e o protagonismo de grupos étnico-raciais não-hegemônicos na profissão e na sociedade. Por fim, o princípio da *contação de histórias e contranarrativas* esteve presente em cada livro, artigo, capítulo e ação que Josey realizou ao longo de sua existência visando o enfrentamento das opressões e epistemicídios sofridos por comunidades e sujeitos negros, especialmente, por pessoas bibliotecárias negras.

O princípio *desafio ao historicismo* pode ser verificado em Porter ao longo de toda sua obra, sobretudo por ter produzido bibliografias que serviram de instrumento contra o epistemicídio negro, sobretudo nos séculos XIX e XX, em que as teorias eugenistas e discursos supremacistas estavam a pleno vapor. Ainda, esse princípio é percebido quando enfrenta a responsável pelo sistema de organização do conhecimento utilizado à época, se nega a utilizá-lo daquela forma em que está constituído e denuncia as opressões raciais no campo epistêmico negro que ele propaga. Com relação ao princípio da *contação de histórias e contranarrativas*, isso está presente na dedicação de anos para elaboração de notas biográficas de pessoas negras desconhecidas do campo biblioteconômico e da história negra americana e mundial. Assim como em Josey, os princípios de *mudança na posição às margens* e a de *noção de voz das minorias políticas* são acionados em Porter na medida em que as vozes e narrativas de pessoas negras se tornam registros informacionais; e a reparação epistêmica do conhecimento negro é realizada *por* profissionais negros *para* população negra utilizando a criação de coleções, sociedades, bibliotecas, biografias e bibliografias como instrumentos para coleta, recuperação, reconhecimento, preservação e compartilhamento do conhecimento negro.

Assim, entendemos, com base na biobibliografia, experiências e produção científica e bibliográfica, que E. J. Josey foi um bibliotecário negro e teórico crítico racial da Biblioteconomia Negra, cujas reflexões críticas colaboraram para a consciência sobre raça e racismo na profissão, mas, sobretudo, atuou no combate à discriminação racial na Biblioteconomia, na elaboração de movimento para tornar a ALA mais diversa quanto às questões raciais e às necessidades de informação pela comunidade negra e outras marginalizadas, assim como pelo oferecimento de trabalho e salários justos para bibliotecários e bibliotecárias negras.

Da caminhada profissional, teórica e de vida da bibliotecária e bibliógrafa, Dorothy Porter, a consideramos uma teórica crítica racial da Bibliografia Negra devido à união de ações práticas antirracistas à base teórica sólida em Estudos Negros, Africanos e da Diáspora. Seu olhar crítico sobre a raça estava na elaboração de instrumentos de enfrentamento ao poderio racial branco, ao mesmo tempo em que enaltecia e organizava o legado negro-africano em coleções, centros de pesquisa e no fomento às contranarrativas negras.

Cada um, a sua maneira, escolheu com quais armas iria enfrentar o racismo: um o evidenciando em discursos e reflexões, outra utilizando as ferramentas do opressor para visibilizar o pensamento de seu povo.

CAPÍTULO 5

O (DES)ENCONTRO DE DOIS MUNDOS: EPISTEMICÍDIO E PRINCÍPIO DA AUSÊNCIA APLICADO AOS ESTUDOS DE E. J. JOSEY E DOROTHY PORTER NO BRASIL

A reflexão proposta por esta obra se direcionou por duas questões principais: quais as conexões epistemológicas entre a Biblioteconomia, Ciência da Informação e a Teoria Crítica Racial? Existem pessoas bibliotecárias negras teóricas críticas raciais em BCI? As respostas a essas perguntas podem ser sintetizadas da seguinte forma: a) ao longo da história, contribuições negras foram tornadas invisíveis na construção epistêmica das áreas do conhecimento, inclusive, no campo biblioteconômico-informacional; b) a raça e o racismo se tornaram propulsores do epistemicídio e *apartheid* epistêmico do conhecimento negro, sobretudo porque o campo adota uma pseudoneutralidade científica, epistêmica e profissional que relega a último plano o debate racial; c) como forma de reparação epistêmica ao conhecimento negro, advogamos pelas epistemologias negro-africanas, definidas como as reflexões teórico-práticas produzidas por pessoas negras, africanas e da diáspora africana – nesta obra, em Biblioteconomia e Ciência da Informação (BCI) –, as quais são contranarrativas decoloniais às perspectivas hegemônicas, colonialistas e racializadoras. Essas epistemologias são produzidas por pessoas negras, africanas e da diáspora que colocam a raça no centro do debate no campo e discutem, pesquisam e dialogam sobre os fenômenos a ela vinculados; d) evocamos a lente teórica da Teoria Crítica Racial (TCR), cujo histórico, princípios e dimensões promovem a conscientização de como a raça e racismo influenciam na vida de pessoas negras e grupos étnico-raciais e sociais em sociedades em que a raça atua na construção da mesma. Nesse contexto, ao reduzirmos o escopo para o campo biblioteconômico-informacional, percebemos que a TCR é aplicada, embora ainda de forma incipiente, na produção científica em BCI, especialmente vinculada às dimensões da WhiteCrit, BlackCrit, LatCrit e DisCrit. Assim, aqui respondemos a nossa primeira questão sobre como a TCR se vincula à BCI; e) com base nesse vínculo, afunilamos nosso estudo em busca das epistemologias produzidas por pessoas africanas e negras bibliotecárias no século XX, as quais debateram raça e racismo nas sociedades em que a presença negra era integrante.

Nosso primeiro resultado demonstrou a ausência do debate racial no campo biblioteconômico-informacional em África. Conjecturamos que tal ausência se dá pelo entendimento de que pessoas africanas não veem a si mesmas como negras ou racializadas, sobretudo porque raça é uma construção de sociedades ocidentais. Nossa consciência alerta, no entanto, que no país da África do Sul, a condição de sujeito africano racializado é uma realidade, mas até mesmo em periódicos africanos desse país nós não encontramos o vínculo entre o debate racial em bibliotecas, ensino bibliotecário e formação africana.

Em continuação, partimos para o ocidente, no qual a diáspora africana atuou de forma considerável na incidência de africanos no continente americano e no europeu. No que se refere ao Brasil, um dos países ocidentais em que a raça e racismo – junto a outros instrumentos de poder racial – são pilares do domínio hegemônico-colonialista não conseguimos comprovar a existência do debate da raça, racismo e aplicação da TCR nos estudos produzidos entre os séculos XIX e XX. Apesar dos esforços de pessoas negras para a construção e consolidação do campo biblioteconômico-informacional brasileiro, os registros recuperados não apontaram pessoas bibliotecárias teóricas críticas raciais naquele período. Elencamos como possíveis fatores que nos restringiram o acesso à discussão racial na Biblioteconomia brasileira, dentre os quais, estão a historicidade da própria área, período histórico-político do país, interesses hegemônicos, bem como as limitações do método e termos adotados.

Continuando nosso percurso no Ocidente, encontramos o início da contribuição e presença negra em Biblioteconomia no contexto estadunidense desde o século XIX, sobretudo na atuação por direitos civis e no oferecimento da informação, ao livro e bibliotecas para a população negra, bem como incentivo à formação em Biblioteconomia destinada a obter profissionais negros para suprir as necessidades dessa população. Em nossa caminhada, dois atores se sobressaíram como conscientes do poder racial na sociedade em que viviam e por suas atuações e reflexões críticas nesse movimento de direitos civis e justiça epistêmica à população negra. Por isso, E. J. Josey e Dorothy Burnett Porter Wesley são apresentados nas esferas de sua vivência pessoal, produção científica e bibliográfica e atuação profissional.

Ao longo desse caminho, identificamos ambos como teóricos críticos raciais, que apesar de estarem em contextos sociais idênticos, tomaram rumos diferentes para exterminar o racismo e a discriminação contra população negra em seu país e, principalmente, em diferentes maneiras de agir contra o racismo e a supremacia racial. Josey, por exemplo, escolheu o caminho da docência, da atuação como integrante e presidente da ALA, na criação da BCALA direcionada à população negra bibliotecária, elaboração de resoluções e análises das ações da Organização, mas, especialmente, na defesa do protagonismo epistêmico e profissional de pessoas bibliotecárias negras naquela sociedade. Enquanto isso, Porter atuou na construção de coleções, bibliotecas, bibliografias e instrumentos de organização do conhecimento, assim como a denúncia do racismo epistêmico contra povos negros nos referidos sistemas de organização bibliográfica. Utilizou da Bibliografia Negra como forma de combater o princípio da ausência de acesso à informação, história e memória *sobre* e *por* pessoas negras, africanas e afrodiaspóricas, inclusive, das oriundas do Brasil.

Após todo esse caminho, e com vistas a um trajeto contínuo de pesquisa que se direcione dos Estados Unidos ao Brasil e América Latina, algo restrito nesta obra por conta do seu enfoque inicial, nós nos perguntamos *se* e *como* esses dois pioneiros da Biblioteconomia estão sendo apropriados dentro do contexto brasileiro quando comparados a outros importantes teóricos contemporâneos?

Primeiramente, antes de serem bibliotecário e bibliotecária negra, ambos contribuíram para os campos do conhecimento da Biblioteconomia em geral, especialmente no oferecimento de livros, produtos e serviços em bibliotecas universitárias, construção de instrumentos para organização do conhecimento e recuperação da informação, além do debate teórico-prático na Organização do Conhecimento, Bibliografia, Gestão do Conhecimento e Estudos Históricos e Epistemológicos. Entendemos, portanto, que por essas expertises, esses autores seriam apropriados para estarem inseridos na formação, currículo e atuação profissional dentro da Biblioteconomia brasileira, haja vista que no nosso país há diversas bibliotecas universitárias, existe a preocupação com a forma de recuperação da informação e as reflexões epistêmicas do campo biblioteconômico-informacional são parte integrante do cotidiano profissional.

Com isso em mente, inicialmente, nossa busca se deu na Base de Dados Referenciais de Artigos de Periódicos em Ciência da Informação (BRAPCI), na Biblioteca Digital Brasileira de Teses e Dissertações (BDTD), e Catálogo de Teses e Dissertações da CAPES, entendendo que o campo biblioteconômico-informacional brasileiro se constitui e desenvolve especialmente de dissertações, teses e artigos científicos. Nossa busca, então, foi realizada pelos nomes de Josey e Porter, assim como algumas pessoas teóricas da BCI nos campos de busca das bases, sem recorte temporal. A pesquisa por Josey e Porter não retornou resultados pelo seu nome nas bases supracitadas.

Na BRAPCI, ao selecionarmos a opção "texto completo", encontramos 10 materiais em que Josey foi citado no período de 1972 e 2022, dos quais cinco foram descartadas; três por serem nomes de editora,[1177] uma por ser um capítulo compilado em levantamento bibliográfico sobre bibliotecas especializadas,[1178] outra por ser três artigos compilados em levantamento sobre bibliotecas universitárias.[1179] As outras cinco produções científicas que citaram Josey se referem a uma resenha[1180] do livro *The Information Society: issues and answers*,[1181] editado por Josey em 1978, cujo enfoque está no papel social da pessoa bibliotecária e os serviços bibliotecários; o artigo seguinte cita Josey como bibliotecário negro afro-americano e editor do livro *Libraries in the political process*[1182] e outro artigo referente ao livro *The Black Librarian in America*;[1183] o quarto traz uma citação de Josey e seus argumentos sobre o colonialismo e educação bibliotecária nos Estados Unidos;[1184] e o último aborda sobre Josey, parte de sua bibliografia e a sua influência na construção da Biblioteconomia Negra Americana e da BCALA.[1185] Sobre Dorothy Porter, um único trabalho retrata sua atuação como bibliógrafa e bibliotecária na coleção especial do *Moorland-Spingarn Research Center*.[1186]

No entanto, para autores contemporâneos de Dorothy Porter e E. J. Josey como Paul Otlet, Jesse Shera, Julius Kaiser, Tefko Saracevic, Mortimer Taube, F. W. Lancaster, e outros da lista apresentada na Figura 37, obtivemos retorno de tese e/ou dissertação e/ou artigos sobre eles. Consideramos que alguns exemplos dessa última afirmação são salutares para o que argumentaremos a seguir.

Iniciamos pelo teórico belga, Paul Otlet nascido em 1868, cuja contribuição, ideias e legado têm sido examinados dentro do campo biblioteconômico-informacional brasileiro sob diferentes olhares, que englobam desde Documentação, Organização do Conhecimento, Bibliografia até Bibliometria. Sua principal obra, *Tratado de Documentação*, publicada em 1834, e o ideário do *Mundaneum*, em parceria com Henri La Fontaine, também foram alvo de investigações publicadas em periódicos ao longo dos anos.[1187]

Na Organização da Informação, Bibliografia e Documentação, o bibliotecário alemão Julius Otto Kaiser também foi outro investigado na Ciência da Informação brasileira,[1188] junto a ele, F. W. Lancaster está presente em estudos brasileiros referentes à área de "representação e organização da informação, de sistemas de informação, de comunicação científica, estudos de usuários, bibliometria," com subtemas, que englobam desde "epistemologia, gestão de coleções, bibliotecas, terminologia, internet, obsolescência, cognição," etc., conforme resultados da pesquisa de Araújo e colaboradores.[1189]

O bibliotecário americano Jesse Shera e sua contribuição para o campo biblioteconômico-informacional[1190] foram investigados, sobretudo nas esferas do currículo da Biblioteconomia,[1191] contribuição para área no recorte temporal de 1950,[1192] em manchetes,[1193] as citações e a sua bibliografia,[1194] referente à epistemologia social,[1195] entre outros temas. Dessa breve explanação sobre o contexto da produção brasileira, percebemos o enfoque na contribuição de contemporâneos de Josey e Porter para o campo biblioteconômico-informacional. Entretanto, isso não ocorreu com os dois teóricos aqui

Figura 37 - Linha do tempo de autorias e seus trabalhos referenciados no Brasil em comparação com E. J. Josey e Dorothy B. Porter.

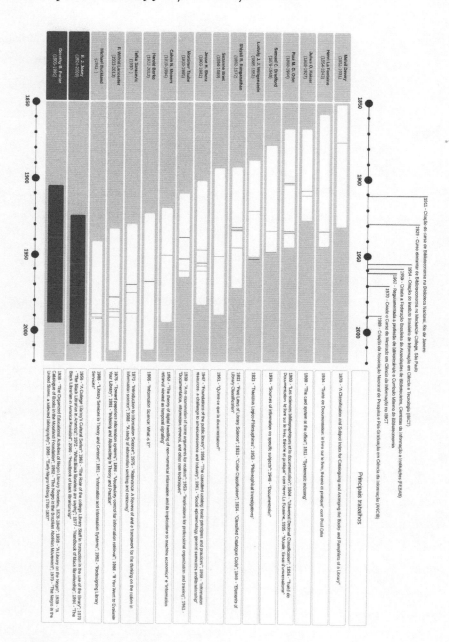

Fonte: Elaborado pela autora no programa LucidSpark (2023).

estudados, mesmo que eles tenham contribuído profissional e intelectualmente para a discussão de temas e disciplinas semelhantes de investigação no campo.

Refletindo sobre essa ausência de interesse na obra de Porter e Josey, nos perguntamos o que os autores evocados (Shera, Lancaster, Otlet, etc.) possuem em comum? Para nós, o privilégio racial de serem brancos em sociedades racializadas as quais priorizam a supremacia racial, inclusive e principalmente, na produção epistemológica e referencial de uma área do conhecimento. Em uma primeira reflexão, poderíamos pensar que o idioma inglês é uma barreira para a introdução dos conhecimentos e obras produzidas por Josey e Porter. Embora isso não seja uma mentira, os fatos demonstram que diversas obras de homens brancos europeus e estadunidenses da Biblioteconomia e Ciência da Informação foram traduzidas no Brasil entre os séculos XX e XXI. Dentre essas obras podemos citar o texto *Indexação e Resumos: teoria e prática, Avaliação de serviços de bibliotecas*; de F. W. Lancaster, *Serviço de referência: do presencial ao virtual*, de Jean-Philippe Accart; *Missão do Bibliotecário*, de José Ortega y Gasset; *A ciência da informação*, de Yves-François Le Coadic; *A prática do serviço de referência*, de Denis Grogan; *Tratado de Documentação: teoria e prática*, de Paul Otlet, só para citarmos alguns títulos de autoria estrangeira branca que são considerados referência no campo biblioteconômico-informacional brasileiro e foram publicados pela principal editora da época, a Briquet de Lemos.

Nossa reflexão se volta para os possíveis critérios estabelecidos para que essas obras fossem consideradas importantes para tradução e inclusão no currículo e formação bibliotecária, inclusive na cobrança em concursos públicos, quando obras do mesmo período e enfoques complementares como *New Dimensions for Academic Library Service*[1196] (1975), *A Century of Service*[1197] (1976), *The Information Society: issues and answers*[1198] (1978), *Libraries in the Political Process*[1199] (1980), *Libraries, coalitions & the public good*[1200] (1987) todas sem nenhuma abordagem racial, mas com debates relevantes para o desenvolvimento político, curricular e de serviços e produtos de informação na Biblioteconomia, não foram consideradas para serem traduzidas no território brasileiro. Obviamente, temos consciência de que é humanamente impossível conhecer todas as produções com variados assuntos e autorias que englobam o campo biblioteconômico-informacional.

Mas, considerando que alguns dos profissionais da Figura 37 foram contemporâneos de Josey e Porter, nos torna impossível pensar que o fator étnico-racial esteja ausente das escolhas políticas e teóricas para a Biblioteconomia e Ciência da Informação brasileira. Para além desses dois atores serem reconhecidos em seus países devido suas contribuições e atuação, em diversas oportunidades, a fotografia de Josey foi divulgada junto aos artigos por ele escritos e publicados em periódicos da área, bem como sua imagem esteve em revistas, entrevistas e outros espaços. Enquanto uma mulher negra atuante em uma reconhecida instituição estadunidense, Porter também foi registrada imageticamente em livros, reportagens, biografias e outros materiais. Ademais, a autora esteve no Brasil em duas oportunidades visando coletar recursos informacionais para compor suas bibliografias e a Coleção da qual era curadora, tendo, dessa forma, contatado diversos pesquisadores e intelectuais brasileiros.

Considerando esse contexto, nossa reflexão central é *de que a Biblioteconomia brasileira é intrinsicamente racista* por alguns fatores: a) a área, docentes e pesquisadores e pesquisadoras tornam ausentes os conhecimentos negros da Biblioteconomia americana, mesmo sendo os Estados Unidos uma das bases da criação de cursos, disciplinas ministradas e do fazer bibliotecário brasileiro; b) torna invisível o movimento da Biblioteconomia Negra, que demonstramos ter sido pioneiro no engajamento de pessoas bibliotecárias na luta política pelo acesso à informação, bibliotecas e livros para comunidades negras e outras marginalizadas e racializadas em sociedades comandadas pela construção social de raça, como é o caso do Brasil e dos Estados Unidos; c) via aplicação do *apartheid* epistêmico e racismo epistêmico segregam os conhecimentos elaborados *por* e *sobre* pessoas negras bibliotecárias nos contextos social, racial, educacional e político daqueles estudos epistemológicos e históricos brancos que compõem os fundamentos da Biblioteconomia e Ciência da Informação. Afinal, quantas pessoas bibliotecárias negras que debatem, refletem e publicam articulando os estudos epistemológicos e históricos em BCI, debates étnico-raciais, diversidade epistêmica e serviços de informação para pessoas negras não foram reduzidas a "epistemólogas dos negros" quando participaram de concursos públicos e processos seletivos mesmo quando sua produção e pesquisa estão articuladas ao campo? No entanto, quando brancos historicamente tomaram para si a produção do conhecimento sobre a população negra relegando-os ao *status* de subordinados científica e epistemologicamente aos brancos, esses não são separados de sua condição de pesquisadores do campo.

Há uma intenção por trás dessa separação entre conhecimento biblioteconômico-informacional assumido como "verdadeiro, racional e neutro", leia-se branco, e aquele que debate "os problemas dos negros e das minorias políticas" relegados ao *status* de pseudociência ou não pertinentes ao campo. Essa intenção se manifesta na promoção dos discursos e ações epistemicidas que se justificam como "neutras" na profissão, mas que apoiam essa pseudoneutralidade em instrumentos de poder racial como branquitude, privilégio racial, ideologia do branqueamento, falácia da meritocracia e mito da democracia racial.

Muitos poderão dizer que há pessoas negras estudadas na Biblioteconomia e Ciência da Informação brasileiras. Sim, mas há poucas e grande parte dos estudos são superficiais ou "técnicos" quando comparados aos realizados sobre atores brancos da BCI. Como exemplo, podemos citar como representante não-branco estrangeiro em BCI, o indiano Shiyali Ramamrita Ranganathan, "pai da Biblioteconomia indiana", cujo reconhecimento no Brasil se deve especialmente pela *Colon Classification* e *As cinco leis da Biblioteconomia*. Entretanto, poucas pesquisas se destinaram a avaliar as abordagens sobre sua vida, experiência e obras para além dessas duas já citadas.[1201]

Quando nos voltamos para a formação bibliotecária, pessoas autoras bibliotecárias negras do século XX não estão contempladas em planos de ensino dos cursos de Biblioteconomia presenciais brasileiros, conforme pesquisa realizada por Silva.[1202] Inclusive, os resultados do estudo realizado com docentes de cursos de Biblioteconomia presenciais brasileiros demonstraram um desconhecimento sobre as autorias negras e os seus aportes em BCI enquanto pessoas bibliotecárias e teóricas. Ao que parece, esse desconhecimento se mantém, pois não recuperamos outros contemporâneos bibliotecários e bibliotecárias negras de Josey e Porter como Eliza Atkins Gleason, Clara Stanton Jones, Albert P. Marshall, Virginia Lacy Jones sequer citados nos trabalhos e artigos buscados em breve pesquisa na BRAPCI, BDTD e Catálogo da CAPES.

Dadas essas breves elucubrações, entendemos que a Biblioteconomia brasileira, assim como a Estadunidense, classifica profissionais da Biblioteconomia e Ciência da Informação com base em seu pertencimento étnico-racial para considerá-lo ou não uma autoridade epistêmica no campo. Em nossa compreensão, Josey e Porter são pessoas bibliotecárias negras e teóricas críticas raciais em BCI que não sofreram somente com o racismo epistêmico e ação do princípio da ausência aplicados aos seus estudos e pessoa, como também com o epistemicídio de suas reflexões e produção científica no contexto brasileiro.

É de nosso interesse, no entanto, que o racismo e o *apartheid* epistêmico sejam excluídos da profissão, biblioteca e prática profissional, e para isso, **a raça e racismo precisam ser colocados no centro do debate em BCI**.

CONSIDERAÇÕES FINAIS

O caminho pessoal transcorrido na construção desta obra esteve vinculado, por um lado, em evidenciar a histórica presença negra na composição epistêmico-crítica e profissional do campo biblioteconômico-informacional, com o intuito de exterminar o pseudoineditismo no debate racial e os discursos rasos de uma colaboração negra recente ou mesmo inexistente no campo. Por outro lado, demonstrar que as experiências vividas, a reflexão crítica e a consciência dos operadores de exclusão e injustiças influenciam na produção científica, na atuação profissional e na vivência dos sujeitos negros no mundo.

Dado o fato de vivermos em sociedades ocidentais permeadas pelo racismo e racialização dos sujeitos, este estudo possibilitou a compreensão de que as pessoas bibliotecárias negras são conscientes da raça e racismo nas experiências sociais, de trabalho e educacionais em suas vidas, como também expressam isso em suas produções científicas, ações antirracistas, inclusive propondo estratégias e novos olhares contra hegemônicos de como transformar as sociedades mais justas social e racialmente para todos.

Por isso, na atualidade, o campo biblioteconômico-informacional tem se vinculado a abordagens que remetam ao debate da diversidade étnico-racial, equidade, inclusão e justiça social nas bibliotecas e educação profissional. Ademais, o evocar de contranarrativas fomentadoras das vozes dos diversos grupos étnico-raciais e sociais são instrumentos críticos usados contra os discursos coloniais, liberais, imperialistas e de subordinação racial.[1203]

Desse modo, sob a ótica da Teoria Crítica Racial, e ancorados na metodologia decolonial – a qual revela que a vivência dos sujeitos influencia em todas as esferas de suas vidas – interpretamos as produções e fatos vivenciados para fornecer luz às reflexões de duas pessoas bibliotecárias negras do século XX, cuja biobibliografia e experiência profissional contribuíram para o desenvolvimento da Biblioteconomia e Bibliografia Negra estadunidense naquele período.

No decorrer desta análise, nos voltamos para E. J. Josey, o "Pai da Biblioteconomia Negra", e a "Mãe da Bibliografia Negra", Dorothy Burnett Porter Wesley, para entender como a raça e racismo influenciaram a vida, experiência, obras e atuação desses personagens. Embora tenham sido pessoas negras situadas no contexto estadunidense, por conta do período racial segregado e das dificuldades de acesso a direitos, esses atores se moveram para atuar em prol da justiça racial e informacional para eles, suas comunidades e aquelas outras afetadas pela opressão racial institucionalizada. Foram responsáveis por reestabelecer a esperança para pessoas negras de se conectar aos seus antepassados, a história de seu povo e aos registros existentes sobre ele. A criação de monumentos epistêmicos na forma de centros e bibliotecas são revoluções não silenciosas de que o povo negro existe, contribuiu e é merecedor de reconhecimento epistêmico, social, educacional e político por seus feitos.

A intelectualidade negra, preservada para as diversas gerações futuras em coleções, bibliotecas e museus, é arma poderosa de emancipação intelectual, cujo poder é temido por quem domina e oprime e não quer perder os privilégios imerecidamente conquistados. Além disso, nas sociedades em que o branco é norma, ele se torna invisível na raça, ao mesmo tempo em que usa dela para separar, destruir e omitir figurativa e intencionalmente o "outro" que lhe causa medo e/ou aversão.

Nosso interesse esteve em reconstruir os passos desse "outro" no campo da Biblioteconomia e Ciência da Informação do século XX, que trazido pelos caminhos do tráfico, se deparou com sociedades que o separa e o classifica com base em seu pertencimento étnico-racial e fenótipo. E mais ainda, usa dessa classificação para retirar a sua humanidade, e estabelecer critérios de feiura e "superioridade" tanto no corpo quanto no pensar e refletir sobre as coisas, a vida e o que é conhecimento, e para quê e por quê ele existe.

Via dois dos principais atores do campo biblioteconômico-informacional que ousaram enfrentar a colonização do pensamento e dos corpos negros e a negar o *status* injusto que lhes era atribuído para reconstruir outra história e experiências negras, deslocamos o olhar para analisar a raça e racimo nas sociedades. Nocivos e estruturadores das sociedades ocidentais, causam traumas históricos em povos injustiçados pelo domínio colonial e hegemônico. Mas também foram motivo para ações de reparação epistêmica, social, política e educacional de profissionais negros do campo para as populações negras e outras marginalizadas.

Não obstante, entendendo a existência da diversidade na diversidade, bibliotecários negros e negras possuem diferentes formas de se expressarem sobre o racismo, interpretá-lo e enfrentá-lo. Nossos dois atores estão em contexto geopoliticamente semelhante, mas possuem intersecções de classe social, de gênero e sexualidade que os tornam únicos em suas interpretações de como o racismo deve ser enfrentado na sociedade.

No que se refere ao recorte, temos consciência da limitação do método adotado por nossa pesquisa, o qual considerou registros informacionais (artigos, livros, capítulos, biografias, entrevistas, bibliografias, relatórios etc.) recuperados via termos de busca previamente estabelecidos no Quadro 1, que em sua maioria, estavam disponíveis de forma *online*. A indexação por termos que facilitassem a recuperação dos materiais se concretizou como uma dificuldade, haja vista o uso de termos genéricos para se referir a obras específicas da Biblioteconomia e Bibliografia Negra.

Outra delimitação ocorreu devido à pandemia da COVID-19 – cujo início foi em março de 2020 – e as restrições de acesso e protocolos de segurança adotados por bibliotecas e outras unidades de informação no período de elaboração deste estudo. Tal contexto impossibilitou a expansão da pesquisa para recuperarmos fontes informacionais em coleções e acervos físicos de instituições, cursos de graduação e pós-graduação, bibliotecas, associações, Conselhos Federal e Regionais, FEBAB, Biblioteca Nacional e Arquivo Nacional do país. O único acervo físico consultado presencialmente foi o da Biblioteca Prof.ª Etelvina Lima, localizada na Escola de Ciência da Informação, da Universidade Federal de Minas Gerais. Por conta dessa dificuldade de acesso a materiais nascidos impressos, alguns recursos informacionais foram comprados, emprestados e intercambiados por diferentes modos em que o presencial antes da pandemia, as mídias e a *web* permitiram.

Como esperançar é verbo, temos esperança de que este livro sirva de subsídio para o aprofundamento de pesquisas que evidenciem teorias, conceitos e personagens da Biblioteconomia e Bibliografia Negra Brasileira, sobretudo porque o estudo aqui apresentado traz as bases para conhecermos como se deu o histórico do movimento na área. Como nosso recorte foi estritamente na busca pela discussão crítica racial na profissão, bibliotecas e área produzida por pessoas negras bibliotecárias no período entre os séculos XIX e XX, advogamos pela necessidade de estudos da Biblioteconomia Negra dentro do contexto brasileiro e latino-americano. Há diversas pessoas bibliotecárias negras brasileiras que merecem reconhecimento e estudos aprofundados sobre suas colaborações para o desenvolvimento dos cursos de Biblioteconomia e de Ciência da Informação, pesquisas, atuação profissional, ativismo político, associativismo, criação de projetos, políticas públicas, dentre outras ações de consolidação do campo. Além disso, dentre essas pessoas bibliotecárias, houve aquelas que não só participaram do movimento social negro, mas construíram estratégias de luta pela reparação epistêmica negra, justiça racial e justiça social, e sobretudo de confronto às narrativas racistas e estruturas hegemônicas no campo biblioteconômico-informacional.

É chegado o momento de aprofundarmos na Biblioteconomia Negra no Brasil e no movimento bibliotecário negro com vistas a reconstruir a história e memória negra para as futuras gerações, mas, como em Sankofa, também podermos retornar ao passado para construirmos o futuro. É a sociedade brasileira quem poderá ser beneficiada pela reflexão crítica que leve à ação profissional e produção epistêmica no nosso contexto que retome o poder e o orgulho de sermos pessoas negras, bibliotecárias ou não.

Muitas das vezes, como já mencionado na introdução, ouvimos que não havia contribuição negra para o campo biblioteconômico-informacional antes do século XXI. Agora não há desculpa para se cometer epistemicídio nem racismo epistêmico com teóricos negros e negras da BCI. Os dados, fatos e contribuições estão aqui, e podem e devem ser apropriados por pessoas docentes, pesquisadoras e profissionais para que as injustiças deixem de ser cotidianas na vida de pessoas negras. Assim como, esperamos que as pesquisas deixem as fragilidades do discurso do ineditismo e pseudoimparcialidade para aprofundar no que realmente faça mudança significativa na população negra e outras marginalizadas da nossa sociedade.

Assim como Snow e Dunbar,[1204] é nosso desejo que a investigação aprofundada sobre raça, racismo e os instrumentos de poder racial se expanda em BCI e se desenvolva de forma a concretizar uma Teoria Crítica Racial da Informação que articule a justiça social, justiça informacional, diversidade epistêmica e o debate racial crítico. Dado o histórico da contribuição de teóricos e teóricas raciais negras na Biblioteconomia e Ciência da Informação apresentados neste estudo, não podemos ser coniventes com discursos epistemicidas, de neutralidade e opressão.

Kimberlé Crenshaw[1205] nos lembra que a TCR é "Um pé na porta fechada". Por isso, é chegado o momento de evocarmos as vozes, narrativas e epistemologias das margens e colocá-las no seu devido lugar: **no centro**.

POSFÁCIO

REPARAÇÃO EPISTÊMICA E TEORIA CRÍTICA RACIAL: O REFORÇO À LUTA ANTIRRACISTA NA CIÊNCIA DA INFORMAÇÃO E BIBLIOTECONOMIA

Márcio Ferreira da Silva[5]

A natureza articuladora e combativa, a densidade teórica, a robustez metodológica, argumentação crítica e a ancestralidade latente do início ao fim do texto, dentre inúmeros atributos, são facilmente identificados na obra que acabamos de ler. Franciéle Carneiro Garcês da Silva, no seu relato inicial em primeira pessoa e no desenvolvimento de sua pesquisa, provoca-nos, insta-nos à percepção do generoso reconhecimento ancestral, sobre sua formação enquanto pesquisadora negra e acerca das motivações que dão o tom ao arrematar um texto crítico, causando-nos sensação de pertencimento nesta obra. Reconhecemos, ao tecer breves palavras sobre a potência do manuscrito que acabamos de ler, o transbordamento para além do campo "biblioteconômico-informacional", assim designado pela autora.

Dito isso, inquestionavelmente, o livro nos impele a conhecer os processos de deslegitimação, desvalorização do conhecimento negro, consequência da longa colonização que nos demanda luta persistente e análise orientada na Teoria Crítica Racial como lente teórica sobre as causas, e, para reestabelecer o acoplamento do conhecimento científico com a diversidade de saberes negros e dos povos tradicionais.

Logo, reconheceremos na leitura dos capítulos que possibilitou elementos analíticos ao compor um fluxo de informações ao leitor para

---

[5] Docente do Departamento de Biblioteconomia na Universidade Federal do Maranhã (UFMA). Doutorado e mestrado em Ciência da Informação pela Universidade Estadual Paulista "Júlio de Mesquita Filho" (UNESP), e graduado em Biblioteconomia pela Universidade Federal de Alagoas (UFAL).

entender como o racismo opera na sociedade e nas instituições sociais e romper com a lógica de domínio do saber. Ademais, não será demérito caso o leitor situe o texto na categoria de estudos decoloniais. Marcados, sobretudo, por consequente ruptura com a lógica que aprisiona corpos, desqualifica a experiência do conhecimento negro, pois persiste na contemporaneidade uma compreensão paradigmática eurocêntrica, universal e fechada ao acesso do conhecimento plural. Tal leitura oportuniza conhecer novas vozes de pessoas bibliotecárias e pesquisadores negras/os, narrativas antes subjugadas que possibilita ao leitor novos questionamentos.

Quais as consequências da invisibilização do conhecimento e da informação da população negra? Ao lidar com essas questões na realidade e da negação do conhecimento e da existência de grupos sociais, sobretudo, na vida de pessoas negras, encontramos no texto importantes elementos para afirmar quão importante é esta obra para a formulação de análise e reflexão na quadra em que se encontra o campo biblioteconômico-informacional, como apresentado por Franciéle Garcês. Para além disso, reitero que esta obra se coaduna com a busca por referenciais produzidos para subsidiar estudos críticos no âmbito da formação de um *corpus* teórico corajoso e potencialmente conectado com outros ramos de estudos afrodiaspóricos.

Observa-se, apropriadamente, uma dimensão crítica tecida pela autora sobre a construção social do racismo, sua criação com foco no domínio de corpos negros sustentada na dinâmica do sistema capitalista e por afetar áreas e instituições. Então, como funciona essa estrutura? Sucintamente, ela dissemina a lógica da inserção do operador chamado "raça" na base social, na coexistência de uma lógica binária de raças superiores e inferiores. Dilatando ainda mais a pressão e o controle sobre práticas sociais do corpo negro em arranjos que manipulam as mentes por meio do racismo.

Centrado na descoberta sobre as consequências do apagamento do outro e nas manipulações racistas embasadas por comportamentos de igual modo, o texto de Franciéle Garcês alude a inferências que remete ao resgate epistemológico e lança luzes sobre os atravessamentos desses temas no campo biblioteconômico-informacional, no centramento à luta antirracista na cena da área da informação, cujo questionamento é sobre valores ocidentais centrados no processo civilizatório impositivo, marginalização cultural e outros mais.

Ao acrescentar relevante historiografia racial na Biblioteconomia e Ciência da Informação, conecta o leitor com a resistência e a luta de pesquisadoras e pesquisadores negras/os antirracistas do campo em estudo e notáveis ponderações às multiplicidades de abordagens possíveis em sua análise. Assim, vê-se com nitidez um manuscrito vultoso e inserido na contemporaneidade na categoria de trabalhos críticos fomentador de debate e entrecruzamentos de estudos afrodiaspóricos, original e de fôlego reflexivo do espaço social, acadêmico e político.

De que forma os recursos da formação acadêmica contribuirão à tomada de consciência antirracista? Como pensar o comprometimento político institucional contra o racismo? Obviamente, essas e outras questões saltam aos olhos na leitura do texto ao enfoque apresentado sobre a influência de movimentos negros políticos e culturais ao campo estudado e nuances motivadoras de lutas. Encontramos, por exemplo, incontroversa aderência acerca das preocupações acima ao esclarecer o *apartheid* epistêmico. Singular contribuição para reivindicação sobre os elementos afrodiaspóricos do segmento cultural e científico. Sobretudo, acerca das causas do epistemicídio dos saberes negros nesses espaços.

Acentua o debate na cena da cultura e da educação, na Biblioteconomia e instituições educacionais cada vez mais negras, por exemplo. Insere-se, assim, para o propósito ao processo formativo de pessoas brancas e negras na academia em vistas da consolidação da análise crítica sobre a naturalização do pensar peculiar e histórica ausência de componentes curriculares essencialmente comprometidos na educação antirracista.

Nesse sentido, ambientado no texto, o leitor poderá indagar-se, por exemplo: Qual a presença de docentes negros/as no Ensino Superior? Como combater o racismo neste nível educacional, quando no censo da Educação Superior de 2021 nos revela que apenas 20% desses profissionais são pardos (pretos são pouco mais de 3%)? Pensemos nas balizas racistas para distribuição de recursos públicos e no processo de seleção de professores nas universidades.

Este escrito guiou o leitor para essas e outras reflexões. Ademais, sem sobressaltos ao sublinhar elementos cruciais para esse fazer, provoca o pensar nas revisões sistêmicas de disciplinas à promoção de conhecimento sobre segmentos e temas sociais relevantes, contemporaneamente apresentados como "componentes transversais", para abordagens focadas na compreensão sobre o conhecimento produzido por negros e negras, povos indígenas e da população LGBTQIA+, dentre outros grupos sociais e temas. Dessas incursões e à integração do texto aos estudos negros, é notável a orientação à arena da luta por justiça social, constatação da presença do *apartheid* epistêmico e injustiça epistêmica, combate ao apagamento do conhecimento negro, destacados pela autora.

Percebemos noutro ângulo, que o texto conforma amplitude temática difundida em aproximação dialógica com estudos antropológicos, epistemológicos feministas e na possibilidade de ampliação na dimensão de abordagens da interseccionalidade para questionamentos reivindicatórios em pesquisas que viabilizem e visibilizem os estudos de mulheres negras. Isso decorre da forma como, sistematicamente, é adicionado ao texto o restabelecimento ao lugar próprio das pessoas negras pesquisadoras e suas respectivas contribuições e produções. O processo de apagamento de pesquisadoras(es) negras(os) e em outros campos de estudos, consiste em realidade perene, subordinado a experiências alheias às suas. Dito isso, no contexto aqui apresentado, complementa-se ao creditado, até o momento sobre este livro, o epistemicídio como prática recorrente sobre o pensamento negro, compatibilizando-se com os estudos do feminismo negro de Lélia Gonzalez, por exemplo.

Com esse propósito, há uma presença marcante de uma epistemologia feminista delineada neste trabalho enquanto uma teoria crítica. Outrossim, no mesmo ritmo, a tipologia destacada e discutidas nas teorias críticas amplia o escopo de referenciais teóricos ao leque de abordagens de grupos sociais. Permite ao leitor compreender como tem se constituído os privilégios de uns poucos em detrimento de outros por manutenção de processos normativos mantenedores da lógica racista, de validação dos conhecimentos padronizados pelo poder da branquitude.

Apreciamos, na trajetória do livro, a busca por respostas que moveram a autora ao apontar à reparação epistêmica como proposição de uma epistemologia negro-africana no centro do debate da Biblioteconomia e Ciência da Informação ancorada na Teoria Crítica Racial. Em suma, apresenta a importância de autores como Elonnie Junius Josey e Dorothy B. Porter no campo informacional e nas respectivas contribuições na atuação de pessoas bibliotecárias negras e seus estudos e práticas antirracistas.

Por certo, ao acompanharmos toda essa jornada apresentada com vigor e rigor científico, muita competência e comprometimento, fica evidente as dimensões do problema do racismo na sociedade e, de modo mais próximo, quão amplo é esse estudo para a compreensão do racismo no campo biblioteconômico informacional. Por fim, um texto de referência para além do campo de estudo ao qual o trabalho se originou.

SOBRE A AUTORA

FRANCIÉLE CARNEIRO GARCÊS-DA-SILVA

Conhecida como Franciéle Garcês, é Doutora em Ciência da Informação pela Escola de Ciência da Informação da Universidade Federal de Minas Gerais (UFMG). Professora colaboradora no Programa de Pós-Graduação em Gestão da Informação, da Universidade do Estado de Santa Catarina (PPGInfo/UDESC). Mestra em Ciência da Informação pelo Instituto Brasileiro de Informação em Ciência e Tecnologia (IBICT)/Universidade Federal do Rio de Janeiro (UFRJ). Bacharela em Biblioteconomia pela Universidade do Estado de Santa Catarina (UDESC). É idealizadora e gerente do projeto social Quilombo Intelectual, coordenadora o Selo Editorial Nyota em conjunto com Nathália Romeiro. Está coordenadora o Grupo de Trabalho Relações Étnico-raciais e Decolonialidades, vinculado à FEBAB. Compõe o quadro de integrantes do Grupo de Pesquisa Ecce Liber: Filosofia, linguagem e organização dos saberes como membro dos Satélites em Organização Ordinária dos Saberes Socialmente Oprimidos (O^2S^2.sat) e do Núcleo de Estudos sobre Performance, Patrimônio e Mediações Culturais (NEPPaMCs). É vice-líder do Núcleo de Estudos e Pesquisas sobre Recursos, Serviços e Práxis Informacionais (NERSI). Foi representante discente na Associação Nacional de Pesquisa e Pós-Graduação em Ciência da Informação (ANCIB) na Gestão Plural (2020-2022). É autora do livro *Epistemologias latino-americanas em Biblioteconomia e Ciência da Informação* (2020) e organizadora do livro *Epistemologias latino-americanas em Biblioteconomia e Ciência da Informação: bibliotecas desde Abya Yala e as sociedades e culturas do Sul* (2021), em conjunto com Natalia Duque Cardona. Organizou obras como: *Bibliotecári@s Negr@s: ação, pesquisa e atuação política* (2018), *Bibliotecári@s Negr@s: informação, educação, empoderamento e mediações* (2019); *Mulheres negras na Biblioteconomia* (2019); *Epistemologias Negras: relações raciais na Biblioteconomia* (2019); *Bibliotecári@s Negr@s:*

Pesquisas e experiências de aplicação da Lei 10.639/2003 na formação bibliotecária e nas bibliotecas (2020); *Bibliotecári@s Negr@s: perspectivas feministas, antirracistas e decoloniais em Biblioteconomia e Ciência da Informação* (2021); *O protagonismo da Mulher na Biblioteconomia e Ciência da Informação* (2018) e *O protagonismo da mulher na Arquivologia, Biblioteconomia, Museologia e Ciência da Informação* (2019), *O protagonismo da mulher na BCI: celebrando a contribuição intelectual e profissional de mulheres latino-americana* (2020) em parceria com Nathália Lima Romeiro. Temas de pesquisa: Ensino de Biblioteconomia e Ciência da Informação vinculado às questões étnico-raciais, *Black Librarianship Americana* e Biblioteconomia Negra Brasileira: fundamentos, histórico e epistemologias, Estudos Críticos da Branquitude em BCI, Epistemologias negro-africanas em BCI, Relações Étnico-Raciais e Decolonialidades, Teoria Crítica Racial em BCI, Justiça social, racial e informacional em BCI, Mulheres negras na BCI e Organização dos saberes.

CV Lattes: http://lattes.cnpq.br/2805777083019311
ORCID: https://orcid.org/0000-0002-2828-416X
E-mail: francigarces@yahoo.com.br

REFERÊNCIAS

ABDULLAHI, Ismail. **E. J. Josey**: an activist librarian. Metuchen, N.J., & London: The Scarecrow Press, Inc, 1992.

ADKINS, Denice; HUSSEY, Lisa. The library in the lives of latino college students. **Library Quarterly**, [s.l.], v. 76, n. 4, p. 456-480, 2006.

ADKINS, Denice; ESPINAL, Isabel. The Diversity Mandate. **Library Journal**, [s.l.], may 21, 2010. Disponível em: https://www.libraryjournal.com/story/the-diversity-mandate. Acesso em: 10 dez. 2022.

ADKINS, Denice; SANDY, Heather M.; DERPIC, Jorge. Information sources of Latin American immigrants in the rural Midwest in the Trump era. **The Library Quarterly**, [s.l.], v. 87, n. 3, p. 243-256, 2017. DOI: https://doi.org/10.1086/692301

ADKINS, Denice; SANDY, Heather M. Engaging Linguistically Diverse Populations: Gatekeepers in Rural and Sparsely Populated Areas of the U.S. Midwest. **The International Journal of Information, Diversity, & Inclusion**, [s.l.], v. 2, n. 1/2, p. 32-51, 2018. Disponível em: https://www.jstor.org/stable/48644838. Acesso em: 20 set. 2022.

ADLER, Melissa. The case for taxonomic reparations. **Knowlodge Organization**, [s.l.], v. 43, n. 8, p. 630-640, 2016. Disponível em: https://www.nomos-elibrary.de/10.5771/0943-7444-2016-8-630/the-case-for-taxonomic-reparations-volume-43-2016-issue-8. Acesso em: 10 out. 2020.

AGGIO, Juliana Ortegosa. **Conhecimento perceptivo segundo Aristóteles**. Dissertação (Mestrado) – Universidade de São Paulo, São Paulo, 2006. Disponível em: https://www.teses.usp.br/teses/disponiveis/8/8133/tde-10012008-114644/publico/TESE_JULIANA_ORTEGOSA_AGGIO.pdf. Acesso em: 27 ago. 2021.

AHO, Tanja; ALTER, Grit. "Just Like Me, Just Like You": Narrative Erasure as Disability Normalization in Children's Picture Books. **Journal of Literary & Cultural Disability Studies**, [s.l.], v. 12, n. 3, p. 303-319, 2018. DOI: https://doi.org/10.3828/jlcds.2018.24

AJL; TUSCHMAN, Joel. **Weine Classification Scheme and Relative Index for Judaica Libraries**. 9th ed. Teaneck, NJ: Association of Jewish Libraries, 2013. p. 1–2.

ALABI, Jaena. Racial Microaggressions in Academic Libraries: results of a Survey of Minority and Nonminority Librarians. **The Journal of Academic Librarianship**, Amsterdã, v. 41, n. 1, p. 47-53, 2015a. DOI: https://doi.org/10.1016/j.acalib.2014.10.008

ALABI, Jaena. "This Actually Happened": An Analysis of Librarians' Responses to a Survey about Racial Microaggressions. **Journal of Library Administration**, [s.l.], v. 55, n. 3, p. 179-191, 2015b. DOI: https://doi.org/10.1080/01930826.2015.1034040

ALBERTSON, Dan; Whitaker, Maryann S. A service-learning framework to support an MLIS core curriculum. **Journal of Education for Library and Information Science**, [s.l.], v. 52, n. 2, p. 152-163, 2011.

ALLEN, Theodore W. **The invention of the White race, v. 1**: Racial oppression and social control. Nova York: Verso, 1994.

ALLEN, Theodore W. **The invention of the White race, v. 2**: The origin of racial oppression in anglo-america. Nova York: Verso, 1997.

ALMEIDA, Eliene Amorim de; SILVA, Janssen Felipe da. Abya Yala Como Território Epistêmico: Pensamento Decolonial Como Perspectiva Teórica. **Revista Interritórios**, [s.l.], v. 1, n. 1, p. 42-64, 2015.

ALMEIDA, Vitória Gomes; ALVES, Ermeson Nathan Pereira; SILVA, Dávila Maria Feitosa da. Territorialização de um Epistemicídio: autoras/es brasileiras/os referenciadas/os nos Programas de Pós-Graduação em Ciência da Informação no Brasil. **Revista Folha de Rosto**, Cariri, v. 7, n. 1, p. 9-27, 2021. DOI: https://doi.org/10.46902/2021n1p9-27

ALMEIDA, Patrícia de. Shiyali Ramamrita Ranganathan: uma biografia. **Páginas A&B, Arquivos e Bibliotecas**, Portugal, n. 18, p. 99-119, 2022.

ALMEIDA, Silvio Luiz de.; BATISTA, Waleska Miguel. Teoria Crítica Racial e do Direito: aspectos da condição do negro nos Estados Unidos da América. **Quaestio Iuris**, Rio de Janeiro, v. 14, n. 3, p. 1001-1038, 2021. DOI: https://doi.org/10.12957/rqi.2021.50656

ALMEIDA, Tatiana de. **Os loci epistêmicos e o método analítico como forma de compreensão do ensino e da pesquisa em organização do conhecimento no Brasil do século XXI**. 430 f. 2019. Tese (Doutorado em Ciência da Informação) – Universidade Federal do Rio de Janeiro, Instituto Brasileiro de Informação em Ciência e Tecnologia, Rio de Janeiro, 2019.

ALMEIDA, Philippe Oliveira de. Teoria Racial Crítica. **Cerco**, Rio de Janeiro, 17 de janeiro de 2020. Disponível em: https://cercofnd.blogspot.com/2020/01/teoria-racial-critica-20192.html. Acesso em: 20 jan. 2020.

AMORIM, Igor Soares; SALES, Rodrigo. Tensões epistemológicas na Bibliografia e na Documentação: os diferentes olhares de Otlet e Ranganathan. **InCID**: Revista de Ciência da Informação e Documentação, n. 2, v. 12, p. 4-31, 2021.

ALTMAN, Abby. N.; INMAN, Arpana G.; FINE, Stephanie G.; RITTER, Hollie A.; HOWARD, Erin E. Exploration of Jewish ethnic identity. **Journal of Counseling & Development**, [s.l.], v. 88, n. 2, p. 163-173, 2010. https://doi.org/10.1002/j.1556-6678.2010.tb00005.x

AN, Sohyun. Asian Americans in American History: An AsianCrit Perspective on Asian American Inclusion in State U.S. History Curriculum Standards. **Theory & Research in Social Education**, [s.l.], v. 44, n. 2, p. 244-276, 2016. DOI: https://doi.org/10.1080/00933104.2016.1170646

ANANTACHAI, Tarida; BOOKER, Latrice; LAZZARO, Althea; PARKER, Martha. Establishing a Communal Network for Professional Advancement among Librarians of Color. *In*: HANKINS, Rebecca; JUÁREZ, Miguel. (ed.). **Where are all the librarians of color?** The experience of people of color in Academia. Sacramento: Library Juice Press, 2015. p. 31-54.

ANDERSON, Javonte. 'Soul of the Underground Railroad': David Ruggles, the man who rescued Frederick Douglass. **USA Today**, [s.l.], Sep. 2, 2021. Disponível em: https://www.usatoday.com/in-depth/news/2021/09/02/david-ruggles-first-black-bookstore-owner-antislavery-abolitionist-journalist-printer/8158701002/. Acesso em: 20 jul. 2022.

ANDERSON, Tre'vell. How Ebony and Jet magazines aim for a comeback. New CEO: 'I want my people back'. **Los Angeles Times**, Los Angeles, Jan. 19, 2021. Disponível em: https://www.latimes.com/entertainment-arts/story/2021-01-19/ebony-jet-magazine-juniorbridgeman-michele-ghee. Acesso em: 21 jun. 2022.

ANDERSON, Amelia; PHILLIPS, Abigail L. Makerspaces Designed for All: Creating Equitable and Inclusive Learning Environments in Libraries. **Proceedings of the Association for Information Science and Technology**, [s.l.], v. 58, n.1, p. 806-807, 2021. DOI: https://doi.org/10.1002/pra2.569

ANDRADE, Ricardo; RIVERA, Alexandra. Developing a Diversity-Competent Workforce: The UA Libraries' Experience. **Journal of Library Administration**, [s.l.], v. 51, n. 7-8, p. 692-727, 2011. DOI: https://doi.org/10.1080/01930826.2011.601271.

ANNAMMA, Subini. Whiteness as property: Innocence and ability in teacher education. **The Urban Review**, [s.l.], v. 47, n. 2, p. 293-316, 2015. DOI: https://doi.org/10.1007/s11256-014-0293-6

ANNAMMA, Subini; CONNOR, David J.; FERRI, Beth A. Dis/ability critical race studies (DisCrit): theorizing at the intersections of disability and race. **Journal of Race, Ethnicity, and Education**, [s.l.], v. 16, n. 1, p. 1-31, 2013. DOI: https://doi.org/10.1080/13613324.2012.730511

ANNAMMA, Subini Ancy; JACKSON, Darrell D.; MORRISON, Deb. Conceptualizing color-evasiveness: using dis/ability critical race theory to expand a color-blind racial ideology in education and society. **Race Ethnicity and Education**, [s.l.], v. 20, n. 2, p. 147-162, 2017. DOI: https://doi.org/10.1080/13613324.2016.1248837

ANNAMMA, Subini; FERRI, Beth A.; CONNOR, David J. Disability Critical Race Theory: Exploring the intersectional lineage, emergence, and potential futures of DisCrit in education. **Review of Research in Education**, [s.l.], v. 42, p. 46-71, 2018. DOI: https://doi.org/10.3102/0091732X18759041

ANNAMMA, Subini; FERRI, Beth A.; CONNOR, David J. Cultivating and expanding disability critical race theory (DisCrit). *In*: ELLIS, Katie; GARLAND-THOMSON, Rosemarie; KENT, Mike; ROBERTSON, Rachel. **Manifestos for the Future of Critical Disability Studies, Volume 1**. London: Routledge, 2019. p. 199-208.

ANNAMMA, Subini; HANDY, Tamara; MILLER, Amanda L.; JACKSON, Elizabeth. Animating discipline disparities through debilitating practices: Girls of color and inequitable classroom interactions. **Teachers College Record**, [s.l.], v. 122, n. 5, p. 1-46, 2020. DOI: https://doi.org/10.1177/016146812012200512

ANTUNES, Márcia do Nascimento Vieira; RAMOS, Luís Marcelo Alves. Conhecendo os caminhos da teoria crítica. **Revista Online da Biblioteca Prof. Joel Martins**, [s.l.], v. 2, n. 1, p. 1-36, 2000. Disponível em: http://hdl.handle.net/20.500.11959/brapci/63620. Acesso em: 06 mar. 2021.

APPLEBAUM, Barbara. Critical Whiteness Studies. *In*: NOBILT, George. (ed.). **Oxford Research Encyclopedia of Education**. USA: Oxford University Press, 2016. p. 1-23. DOI: https://doi.org/10.1093/acrefore/9780190264093.013.5

APPIAH, Kwame Anthony. **Na casa de meu pai**: a África na filosofia da cultura. Rio de Janeiro: Contraponto, 1997.

APPIAH, Kwame Anthony. Entrevista. *In*: FREITAS, Guilherme. Kwame Anthony Appiah fala sobre a representação da África no Ocidente. **O Globo**, São Paulo, 05 jan. 2013. Disponível em: https://blogs.oglobo.globo.com/prosa/post/kwame-anthony-appiah-fala-sobre-representacao-da-africa-no-ocidente-481076.html. Acesso em: 11 jan. 2021.

AQUINO, Mirian de Albuquerque. Tecnologias da informação e racismo: combatendo monstros com arma suave. *In*: SEMINÁRIOS REGIONAIS PARA CONFERÊNCIA MUNDIAL CONTRA O RACISMO, 2001, Salvador. **Anais** [...]. Brasília: Ministério da Justiça/Secretaria de Estado dos Direitos Humanos, 2001. p. 379-402.

AQUINO, Mirian de Albuquerque; SANTANA, Vanessa Alves. Entre a informação e o conhecimento, imbricam-se tensas relações para inclusão de negros na sociedade contemporânea. **Inclusão Social**, Brasília, v. 4, n. 1, p. 41-51, 2010.

AQUINO, Mirian Albuquerque; SANTANA, Sérgio Rodrigues; SILVA, Leyde Klebia Rodrigues da; SILVA JÚNIOR, Jobson Francisco. Dissonâncias e assimetrias na produção de conhecimento na UFPB: (in)visibilidade de temas sobre negros (as). **Biblionline**, João Pessoa, v. 6, n. 1, p. 110-124, 2010.

ARANHA, Maria Lúcia de Arruda; MARTINS, Maria Helena Pires. **Temas de Filosofia**. São Paulo: Moderna, 1992.

ARAÚJO, Carlos Alberto Ávila; LAGE, Danilo Francisco de Souza; SOUZA, Ráisa Mendes Fernandes; ASSIS, Romênia Aparecida. A contribuição de J. H. Shera para a Ciência da Informação no Brasil. **Revista ACB**: Biblioteconomia em Santa Catarina, Florianópolis, n. 2, v. 15, p. 71-89, 2010.

ARAÚJO, Carlos Alberto Ávila; SILVA, Jéssica Cristiane; COUTINHO, Lívia Ferreira; SOUZA, Priscila Bueno. A contribuição de F. W. Lancaster para a Ciência da Informação no Brasil. **PontodeAcesso**, Salvador, v. 3, n. 2, p. 132-146, ago. 2009.

ARAÚJO, Viviane Patricia Colloca. O conceito de currículo oculto e a formação docente. **REAe**: Revista de Estudos Aplicados em Educação, [s.l.], v. 3, n. 6, p. 29-39, jul./dez. 2018.

ARISTÓTELES. **Sobre a alma**. Lisboa: Universidade de Lisboa; Imprensa Nacional Casa da Moeda, 2010.

ARROYO-RAMIREZ, Elvia; CHOU, Rose L.; FREEDMAN, Jenna; FUJITA, Simone; OROZCO, Cynthia Mari. The Reach of a Long-Arm Stapler: Calling in Microaggressions in the LIS Field through Zine Work. **Library Trends**, Illinois, v. 67, n. 1, p. 107-130, Summer 2018. DOI: https://doi.org/10.7916/D8CG172F

ASANTE, Molefi K. **Kemet, Afrocentricity and Knowledge**. Trenton: Africa World Press, 1990.

ASANTE, Molefi Kete. **Afrocentricidade, a teoria de mudança social**. Afrocentricidade Internacional, 2014.

ASANTE, Molefi Kete. Afrocentricidade: notas sobre uma posição disciplinar. *In*: NASCIMENTO, Elisa Larkin. (org.). **Afrocentricidade**: uma abordagem epistemológica inovadora. São Paulo: Selo Negro, 2009. p. 93-110.

ASH, Adrienne. Critical Race Theory, feminism, and disability: reflections on Social Justice and Personal Identity. *In*: EMENS, Elizabeth; STEIN, Michael Ashley. (ed.). **Disability and Equality Law**. London: Routledge, 2013.

AZEVEDO, Celia Maria Marinho de. **Onda negra, medo branco**: o negro no imaginário das elites do século XIX. São Paulo: Annablume, 2004.

BÂ, Amadou Hampâté. A tradição viva. *In*: KI-ZERBO, Joseph. **História Geral da África**. São Paulo: Ática, 1982. p. 181-218.

BADLEK, Marta. **Latino students and the academic library**: a primer for action. New York: City University of New York, 2019. DOI: https://doi.org/10.1080/01639374.2022.2090039

BAGLIERI, Susan. Toward unity in school reform: What DisCrit contributes to multicultural and inclusive education. *In*: CONNOR, David J.; FERRI, Beth A; ANNAMMA, Subini. (ed.). **DisCrit**: Disability studies and critical race theory in education. New York: Teachers College Press, 2016. p. 167-181.

BAGLIERI, Susan; BEJOIAN, Lynne M.; BRODERICK, Alicia A.; CONNOR, David J.; VALLE, Jan. [Re]claiming: "inclusive education" toward cohesion in educational reform: Disability studies unravels the myth of the normal child. **Teachers College Record**, [s.l.], v. 113, n. 10, p. 2122-2154, 2011. DOI: https://doi.org/10.1177/016146811111301001

BALDWIN, James. **The price of the ticket**: collected nonfiction: 1948–1985. New York: St. Martin's/Marek, 1985.

BALDWIN, James. **The price of the ticket**: collected nonfiction: 1948–1985. Boston: Beacon Press, 2021.

BARDIN, Laurence. **Análise de conteúdo**. 3. ed. São Paulo: Edições 70, 2011.

BARNES, Brendon R. Transformative mixed methods research in South Africa: Contributions to social justice. *In*: LAHER, Sumaya; FYNN, Angelo; KRAMER, Sherianne. **Transforming Research Methods in the Social Sciences**: Case Studies from South Africa. South Africa: Wits University Press, 2019. p. 303-316.

BARKSDALE-HALL, Roland. Building Dialogic Bridges to Diversity: Are We There Yet? *In*: HANKINS, Rebecca; JUÁREZ, Miguel. (ed.). **Where are all the librarians of color?** The experience of people of color in Academia. Sacramento: Library Juice Press, 2015. p. 265-298.

BARROSO, Daniele; GOMES, Elisangela; VALERIO, Erinaldo Dias; SILVA, Franciéle Carneiro Garcês da; LIMA, Graziela S. (org.). **Epistemologias Negras**: relações raciais na Biblioteconomia. Florianópolis: Rocha Gráfica e Editora Ltda., 2019. v. 1. 312 p.

BATTLE, Thomas C. Moorland Spingarn Research Center. **The Library Quarterly**, [s.l.], v. 58, n. 2, p. 143-163, Apr. 1988.

BATTLE, Thomas C. Dorothy Louise Burnett Porter Wesley (1905–1995). *In*: DAVID, Donald. (ed.). **Dictionary of American Library Biography**. Westport, CT: Libraries Unlimited, 2003.

BATTLE, Thomas C. Dorothy Porter Wesley: preserver of Black history – Afro-American librarian. **Diverse**: Issues in Higher Education, 15 June 2007. Disponível em: https://www.diverseeducation.com/demographics/african-american/article/15083572/dorothy-porter-wesley-preserver-of-black-history-afro-american-librarian. Acesso em: 20 ago. 2022.

BEILIN, Ian. The academic Research library's White past and present. *In*: SCHLESSELMAN-TARANGO, G. (ed.). **Topographies of Whiteness**: mapping whiteness in Library and Information Science. Sacramento: Library Juice Press, 2017. p. 79-98.

BELL, Derrick. **Race, racism, and American law**. Boston: Little, Brown, 1973. 1087 p.

BELL, Derrick. **Race, Racism, and American Law**. Boston: Little, Brown, 1980a.

BELL, Derrick. "Brown v. Board of Education" and the interest-convergence dilemma. **Harvard Law Review**, [s.l.], v. 93, n. 3, p. 518-533, 1980b.

BELL, Derrick. Learning from Our Losses: Is School Desegregation Still Feasible in the 1980s? **Phi Delta Kappan**, [s.l.], v. 64, n. 8, p. 572-575, Apr. 1983.

BELL, Derrick. Racial Realism. **Connecticut Law Review**, Connecticut, v. 24, n. 2, p. 363-379, 1992.

BELL, Derrick. **Faces at the bottom of the well**. New York, NY: Basic Books, 1993.

BELL, Derrick A. Who's afraid of critical race theory? **University of Illinois law review**, n. 4, p. 893-910, 1995.

BELL, Derrick. Racism: A Major Source of Property and Wealth Inequality in America. **Indiana Law Review**, [s.l.], v. 34, n. 4, p. 1261-1272, 2001. DOI: https://doi.org/10.18060/3491

BELL, Derrick. **Race, Racism, and American law**. 6th ed. New York: Aspen Publishers, 2008. 766 p.

BELL, Derrick. **Faces at the Bottom of the Well**: The Permanence of Racism. New York, NY: Basic Books, 2018.

BELL, Derrick; EDMONDS, Erin. Students as Teachers, Teachers as Learners. **Michigan Law Review**, [s.l.], v. 91, n. 8, p. 2025-2052, 1993.

BELARDE-LEWIS, Miranda H.; Sharing the Private in Public: Indigenous Cultural Property and online media. **iConference '11**: Proceedings of the 2011, 2011. p. 16-24. DOI: https://doi.org/10.1145/1940761.1940764

BELARDE-LEWIS, Miranda H.; KOSTELECKY, Sarah R. Tribal Critical Race Theory in Zuni Pueblo Information Access in a Cautious Community. *In:* LEUNG, Sofia Y.; LOPEZ-MCKNIGHT, Jorge R. (ed.). **Knowledge Justice**: Disrupting Library and Information Studies through Critical Race Theory. Cambridge, MA: Massachusetts Institute of Technology, 2021. p. 111-128.

BENEKE, Margaret R.; CHEATHAM, Gregory A. Race talk in preschool classrooms: Academic readiness and participation during shared-book reading. **Journal of Early Childhood Literacy**, [s.l.], v. 19, 1, p. 107-133, 2019. DOI: https://doi.org/10.1177/1468798417712339

BENEKE, Margaret R.; CHEATHAM, Gregory A. Teacher candidates talking (but not talking) about dis/ability and race in preschool. **Journal of Literacy Research**, [s.l.], v. 52, n. 3, p. 245-268, 2020. DOI: https://doi.org/10.1177/1086296X20939561

BENNER, Jessica G.; OH, Jung Sun. Accessibility cyberscapes and the digital divide. **Proceedings of the American Society for Information Science and Technology**, [s.l.], v. 51, n. 1, p. 1-4, 2014. DOI: https://doi.org/10.1002/meet.2014.14505101158

BENTO, Maria Aparecida Silva. **Pactos narcísicos no racismo**: branquitude e poder nas organizações e no poder público. 2002. 169 p. Tese (Doutorado) – Universidade de São Paulo, São Paulo, 2002.

BENTO, Cida. **O pacto da branquitude**. São Paulo: Companhia das Letras, 2022.

BERGET, Gerd; MACFARLANE, Andrew. What Is Known About the Impact of Impairments on Information Seeking and Searching? **Journal of the Association for Information Science and Technology**, [s.l.], v. 71, n. 5, p. 596-611, may. 2020. DOI: https://doi.org/10.1002/asi.24256

BERMAN, Margot. **How to Organize a Jewish Library**: a source book and guide for Synagogue, School and Center Libraries. New York: Jewish Book Council, 1982.

BERMAN, Rachel; DANIEL, Beverly-Jean; Butler, Alana; MacNevin, Margaret; Royer, Natalie. Nothing, or almost nothing, to report: Early childhood educators and discursive constructions of colorblindness. **International Critical Childhood Policy Studies Journal**, [s.l.], v. 6, n. 1, p. 52-65, 2017.

BERNAL, Martin. **Black Athena**: The Afroasiatic Roots of Classical Civilization, Vol. 1: The Fabrication of Ancient Greece 1785–1985. New Brunswick, NJ: Rutgers University Press, 1987.

BERND, Zilá. **A questão da negritude**. São Paulo: Brasiliense, 1984.

BERND, Zilá. **Negritude e literatura na América Latina**. Porto Alegre: Mercado Aberto, 1987.

BERND, Zilá. **Introdução à literatura negra**. São Paulo: Brasiliense, 1988.

BERNARDINO-COSTA, Joaze; GROSFOGUEL, Ramón. Decolonialidade e perspectiva negra. **Revista Sociedade e Estado**, [s.l.], v. 31, n. 1, p. 15-24, 2016.

BERNECKER, Sven; PRITCHARD, Duncan. (ed.). **The Routledge Companion to Epistemology**. New York: Routledge, 2011.

BERRY, John D. White Privilege in Library Land. **Versed**, Chicago, special issue, p. 1-12, June 2004. Disponível em: https://alair.ala.org/bitstream/handle/11213/8002/VERSED_ANNUAL04.pdf?sequence=1&isAllowed=y. Acesso em: 20 ago. 2020.

BHAN, Esme. Dorothy Louise Burnett Porter Wesley 1905-1995. **Washington History**, [s.l.], v. 8, n. 1, p. 88-89, Spring/Summer, 1996.

BIBLO, Mary; BIBLO, HERB. E. J. Josey: The internationalist. *In*: JACKSON, Andrew P.; JEFFERSON JR., Julius; NOSAKHERE, Akilah. (ed.). **The 21st Century Black Librarians in America**: issues and challenges. Lanham: 2012. p. 243-246.

BILAL, Dania; BALDAUF, Dana Hanson; FLAHERTY, Mary Grace; MEHRA, Bharat. Children and young people with disabilities: Breaking new ground and bridging information worlds. **Proceedings of the American Society for Information Science and Technology**, [s.l.], v. 47, n. 1, p. 1-3, 2011. DOI: https://doi.org/10.1002/meet.14504701194

BILAL, Dania. The mediated information needs of children on the Autism Spectrum Disorder (ASD). *In*: PROCEEDINGS OF THE 33RD ANNUAL INTERNATIONAL ACM SIGIR CONFERENCE ON RESEARCH AND DEVELOPMENT IN INFORMATION RETRIEVAL. **Workshop on Towards Accessible Search Systems**. Geneva, Switzerland, 2010. p. 42-47.

BIOGRAPHY, Editors. **Whitney Young Jr**. (1921-1971). [s.l.], 2 abr. 2014. Disponível em: https://www.biography.com/activist/whitney-young-jr. Acesso em: 13 jan. 2023.

BISHOP, Anthony Bishop; DUVERNAY, Jina; HANKINS, Rebecca. Black Librarianship in the Times of Racial Unrest: an Ethnographic Study from Three Black Voices. *In*: BRISSETT, Alyssa; MORONTA, Diana. (ed.). **Practicing social justice in libraries**. New York: Routledge, 2023. p. 4-13.

BOBUTAKA BATEKO, Bob. **Archivistique, bibliothéconomie, documentation et légistique**: des disciplines de la bibliologie. Paris: L'Harmattan, 2015.

BONILLA-SILVA, Eduardo. **Racismo sem racistas**: o racismo da cegueira da cor e a persistência da desigualdade na América. São Paulo: Perspectiva, 2020.

BOYD, Herb. **Virginia Proctor Powell Florence, her degree in library science a first for a Black woman**. New York Amsterdam, New York, December 3, 2020. Disponível em: https://amsterdamnews.com/news/2020/12/03/virginia-proctor-powell-florence-her-degree-librar/. Acesso em: 15 ago. 2022.

BOUTTE, Gloria; BRYAN, Nathaniel. When will Black children be well? Interrupting anti-Black violence in early childhood classrooms and schools. **Contemporary Issues in Early Childhood**, [s.l.], p. 1-12, 2019. DOI: https://doi.org/10.1177/1463949119890598

BOZZETTI, Rodrigo Porto; SALDANHA, Gustavo da Silva. Jesse Shera, the wars and the Pietà: social epistemology as criticism of information ontology. **Brazilian Journal of Information Science**, v. 11, n. 2, 2017.

BLACK CAUCUS of American Library Association. **Constitution and Bylaws of the Black Caucus of the American Library Association**. [s.l.], January 21, 1970 [2017]. Disponível em: https://www.bcala.org/bylaws/. Acesso em: 15 ago. 2022.

BLACK CAUCUS of American Library Association. **2022-2023 EJ Josey Scholarship**. New York, 2023. Disponível em: https://www.bcala.org/2022-2023-e-j-josey-scholarship. Acesso em: 20 jan. 2023.

BLACK, Kimberly. Justiça social e Biblioteconomia e Ciência da Informação antirracista. **Múltiplos Olhares em Ciência da Informação**, Belo Horizonte, n. esp., p. 1-12, 2022.

BLACK, Kimberly; MEHRA, Bharat. (ed.). **Antiracist Library and Information Science**: racial justice and community. Wagon Lane, Bingley: Emerald Publishing, 2023. v. 52.

BLOCH, Joshua. The Classification of Jewish Literature in the New York Public Library. *In*: GINZBERG, Louis; BLOCH, Joshua; FREIDUS, Abraham Solomon; HASKELL, Daniel C.; Alexander Kohut Memorial Foundation. (ed.). **Studies in Jewish Bibliography and Related subjects in Memory of Abraham Solomon Freidus**. New York: Alexander Kohut Memorial Foundation, 1929. p. 50-77.

BLUMENFELD, Warren J. Christian privilege and the promotion of "secular" and not-so "secular" mainline Christianity in public schooling and in the larger society. **Equity & Excellence in Education**, [s.l.], v. 39, n. 3, p. 195-210, 2006a. DOI: https://doi.org/10.1080/10665680600788024

BLUMENFELD, Warren J. Outside/inside/between sides: An investigation of Ashkenazi Jewish perceptions of their "race". **Multicultural Perspectives**, [s.l.], v. 8, n. 3, p. 11-18, 2006b. DOI: https://doi.org/10.1207/s15327892mcp0803_3

BRAWLEY, Benjamin Griffith. **A Short History of the American Negro**. New York: Macmillan Company, 1913.

BRAYBOY, Bryan McKinley Jones. **Climbing the Ivy**: Examining the experiences of academically successful Native American Indian students in two Ivy League universities. Unpublished doctoral dissertation, University of Pennsylvania, 1999.

BRAYBOY, Bryan McKinley Jones. **Toward a Tribal Critical Theory in higher education**. Paper presented at the Association for the Study of Higher Education, Richmond, VA, November 2001.

BRAYBOY, Bryan McKinley Jones. The implementation of diversity in predominately white colleges and universities. **Journal of Black Studies**, [s.l.], v. 34, n. 1, p. 72-86, 2003.

BRAYBOY, Bryan McKinley Jones. Hiding in the Ivy: American Indian Students and visibility in elite educational settings. **Harvard Educational Review**, [s.l.], v. 74, n. 2, p. 125-152, 2004a.

BRAYBOY, Bryan McKinley Jones. **"Those Indians are taking over"**: A Tribal Critical Theory analysis of a legal challenge to Indian Education. Paper presented at the Council on Anthropology and Education Canterbury Convocation, San Francisco, November 19, 2004b.

BRAYBOY, Bryan McKinley Jones. Transformational resistance and social justice: American Indians in Ivy League Universities. **Anthropology & Education Quarterly**, [s.l.], v. 36, n. 3, p. 193-211, 2005a.

BRAYBOY, Bryan McKinley Jones. Toward a Tribal Critical Race Theory in Education. **The Urban Review**, [s.l.], v. 37, n. 5, p. 425-446, 2005b. DOI: https://doi.org/10.1007/s11256-005-0018-y

BRAYBOY, Bryan McKinley Jones. Toward a Tribal Critical Race Theory in Education. **The Urban Review**, [s.l.], v. 37, n. 5, December 2006. DOI: https://doi.org/10.1007/s11256-005-0018-y

BRAYBOY, Bryan McKinley Jones. Tidemarks and Legacies: Building on the Past and Moving to the Future. **Anthropology & Education Quarterly**, [s.l.], v. 44, n. 1, p. 1-10, 2013. DOI: https://doi.org/10.1111/aeq.12001

BRETT, Mia. **The Murdered Jewess**: Jewish Immigration and the Problem of Citizenship in the Courtroom in Late Nineteenth Century New York. Dissertation (Doctor of Philosophy) – Stony Brook University, New York, 2020a.

BRETT, Mia. "Ten Thousand Bigamists in New York": the criminalization of Jewish Immigrants using white slavery panics. **The Gotham Center for New York City History**, New York, October 27, 2020b. Disponível em: https://www.gothamcenter.org/blog/ten-thousand-bigamists-in-new-york. Acesso em: 23 maio 2022.

BRETT, Mia. Who's afraid of 'Critical Race Theory'? Jews should embrace the right's latest bogeyman. **Forward**, New York, December 07, 2020c. Disponível em: https://forward.com/opinion/459785/whos-afraid-of-critical-race-theory-why-jews-should-embrace-the-rights/. Acesso em: 23 maio 2022.

BRINKMAN, Stacy; JOHNSON, Jacqueline; SEKYERE, Kwabena; TZOC, Elías. DiVeRsItY at Miami University Libraries: Four Unique and Similar Experiences. *In*: HANKINS, Rebecca; JUÁREZ, Miguel. (ed.). **Where are all the librarians of color?** The experience of people of color in Academia. Sacramento: Library Juice Press, 2015. p. 241-264.

BRISMAN, Shimeon. **A history and guide to Judaic bibliography erroneously to Maimonides**. Cincinnati: Hebrew Union College Press; New York: Ktav, 1977.

BRITANNICA, Editors. Frankfurt School: german research group. **Encyclopedia Britannica**, Chicago, 2019b. Disponível em: https://www.britannica.com/topic/Frankfurt-School. Acesso em: 23 ago. 2021.

BRITANNICA, Edithor. Critical Theory: social and political philosophy. **Encyclopedia Britannica**, Chicago, 2019c. Disponível em: https://www.britannica.com/topic/Frankfurt-School. Acesso em: 23 ago. 2021.

BRITANNICA, Editors. Radical Reconstruction. **Encyclopedia Britannica**, June 23, 2020b. Disponível em: https://www.britannica.com/topic/Radical-Reconstruction. Acesso em: 19 jan. 2022.

BRITANNICA, Editors. Ku Klux Klan. **Encyclopedia Britannica**, June 10, 2021. Disponível em: https://www.britannica.com/topic/Ku-Klux-Klan. Acesso em: 24 jan. 2022.

BRITANNICA, Edithors. Whitney M. Young, Jr. **Encyclopedia Britannica**, Chicago, 27 Jul. 2022. Disponível em: https://www.britannica.com/biography/Whitney-M-Young-Jr. Accesso em: 13 jan. 2023.

BRITANNICA, Edithors. James Baldwin. **Encyclopedia Britannica**, Chicago, 6 Jan. 2023a. Disponível em: https://www.britannica.com/biography/James-Baldwin. Accesso em: 13 jan. 2023.

BRITANNICA, Edithors. National Urban League: American organization. **Encyclopedia Britannica**, Chicago, 15 Apr. 2023b. Disponível em: https://www.britannica.com/topic/National-Urban-League. Acesso em: 20 ago. 2023.

BRITZ, Johannes J.; PONELIS, Shana. Social justice and the international flow of knowledge with specific reference to African scholars. **Aslib Proceedings**, [s.l.], v. 64, n. 5, p. 462-477, 2012. DOI: https://doi.org/10.1108/00012531211263094

BRODKIN, Karen. How did Jews Become White Folks? *In*: GREGORY, Steve; SANJEK, Roger. **Race**. New Brunswick, NJ: Rutgers University Press, 1994. p. 79-102.

BRODKIN, Karen. **How Jews Became White Folks and What That Says About Race in America**. New Jersey: Rutgers University Press, 1998.

BROOKFIELD, Stephen D. Racializing the Discourse of Adult Education. **International Journal of Adult Vocational Education and Training**, [s.l.], v. 5, n. 4, p. 20-41, 2014. DOI: https://doi.org/10.4018/ijavet.2014100102

BRUNE, Jeffrey A.; WILSON, Daniel J. (ed.). **Disability and Passing**: Blurring the Lines of Identity. Philadelphia, PA: Temple University Press, 2013.

BOHONOS, Jeremy W. Catcalling as ritual in a masculinized workplace: Linguistic marginalization on the axis of gender, sexuality and race. *In*: **American Association for Adult and Continuing Education Annual Conference**, Myrtle Beach, SC, 2018.

BOHONOS, Jeremy W. Including critical whiteness studies in the critical human resource development family: A proposed theoretical framework. **Adult Education Quarterly**, [s.l.], v. 69, n. 4, p. 315-337, 2019a. DOI: https://doi.org/10.1177/0741713619858131

BOHONOS, Jeremy W. Masculinized radio: When injustice drives profit. *In*: **International Research Conference in the Americas**, Louisville, KY, 2019b.

BOHONOS, Jeremy W. Not funny, when Black and native lives don't matter: Racially motivated violence, killing, and genocide in masculinized White workplace discourse and humor. *In*: **International Research Conference in the Americas**, Louisville, KY, 2019c.

BOTNICK, Julie. I am sure that you know yourself that it is a very good job": The early life and Library of Dorothy Porter. **History 215j**: The Art of Biography, 2014. Disponível em: https://nkuhl.library.yale.edu/YCALStudentWork /Botnick_Porter_Paper.pdf. Acesso em: 10 ago. 2022.

BROWN, Jennifer; CLINE, Nicholae; MÉNDEZ-BRADY, Marisa. Leaning on our labor: whiteness and hierarchies of Power in LIS work. **Knowledge Justice**: Disrupting Library and Information Studies through Critical Race Theory. Cambridge, MA: Massachusetts Institute of Technology, 2021. p. 95-105.

BUDD, John. An Epistemological Foundation for Library and Information Science. **The Library Quarterly**: Information, Community, Policy, [s.l.], v. 65, n. 3, p. 295-318, Jul. 1995.

BUENAVISTA, Tracy L.; CHEN, Angela C. Intersections and crossroads: A counter-story of an undocumented Pinay college student. *In*: MUSEUS, Samuel D.; MARAMBA, Dina.; TERANISHI, Robert. (ed.). **The misrepresented minority**: New insights on Asian Americans and Pacific Islanders, and their implications for higher education. Sterling, VA: Stylus Publishing, 2013. p. 198-212.

BURKETT, Nancy; BURKETT, Randall. Obituaries—Dorothy Burnett Porter Wesley. **Proceedings of the American Antiquarian Society**, p. 32-35, 1996.

BULLARD, Julia; WATSON, Brian; PURDOME, Caitlin. Misrepresentation in the Surrogate: Author Critiques of "Indians of North America" Subject Headings. **Cataloging & Classification Quarterly**, [s.l.], v. 60, n. 6/7, p. 599-619, 2022.

BURNS-SIMPSON, Shauntee; HAYES, Nichelle M.; NDUMU, Ana; WALKER, Shaundra. (ed.). **The Black Librarian in America**: reflections, resistance, and reawakening. Lanham: Rowman & Littlefield, 2022.

BURNYEAT, Myles F. Aristotle on Understanding Knowledge. *In*: BERTI, Enrico. (ed.). **Aristotle on Science**: the posterior analytics. Padova: Editrice Antenore, 1981. p. 97-139.

CABRERA, Nolan L. Where is the Racial Theory in Critical Race Theory? A constructive criticism of the Crits. **The Review of Higher Education**, [s.l.], v. 42, n. 1, p. 209-233, Fall 2018. DOI: https://doi.org/10.1353/rhe.2018.0038

CALDERÓN, Dolores. Making Explicit the Jurisprudential Foundations of Multiculturalism: The Continuing Challenges of Colonial Education in US Schooling for Indigenous Education. *In*: KEMPF, Arlo. (ed.). **Breaching the Colonial Contract**: Explorations of Educational Purpose. Springer, Dordrecht, 2009. DOI: https://doi.org/10.1007/978-1-4020-9944-1_4

CALDERÓN, Dolores. Tribal Critical Race Theory: origins, applications, and implications. **Center for Critical Race Studies in Education at UCLA**: Research Briefs, n. 19, June 2019.

CAMPOS, Arthur Ferreira; VALÉRIO, Erinaldo Dias. Aya biblioteca: investigação para a encontrabilidade da informação étnico-racial. **Ciência da Informação em Revista**, [s.l.], v. 8, n. 2, p. 105-120, 2021.

CANDAU, Vera Maria (org.). **Educação intercultural e cotidiano escolar**. Rio de Janeiro: 7 Letras, 2006.

CANDAU, Vera Maria (org.). **Educação intercultural na América Latina**: entre concepções, tensões e propostas. Rio de Janeiro: 7 Letras, 2009.

CANDAU, Vera Maria. Diferenças culturais, interculturalidade e educação em direitos humanos. **Educação & Sociedade**, [s.l.], v. 33, n. 118, p. 235-250, 2012.

CAPPICCIE, Amy; CHADHA, Janice; LIN, Muh B.; SNYDER, Frank. Using critical race theory to analyze how Disney constructs diversity: A construct for the baccalaureate human behavior in the social environment curriculum. **Journal of Teaching in Social Work**, [s.l.], v. 32, n. 1, p. 46-61, 2012. DOI: https://doi.org/10.1080/08841233.2012.640252

CARDOSO, Cintia. **Branquitude na educação infantil**. Curitiba: Appris, 2021.

CARDOSO, Francilene do Carmo. **O negro na biblioteca**: mediação da informação para a construção da identidade negra. Curitiba: CRV, 2015. 114 p.

NÓBREGA, Nanci Gonçalves. A biblioteca pública na (re)construção da identidade negra. **Tendências da Pesquisa Brasileira em Ciência da Informação**, São Paulo, n. 1, v. 3, p. 1-23, 2010.

CARDOSO, Lourenço. **O branco "invisível"**: um estudo sobre a emergência da branquitude nas pesquisas sobre as relações raciais no Brasil (Período: 1957-2007). Dissertação (Mestrado) - Universidade de Coimbra, Coimbra, 2008.

CARDOSO, Lourenço. Branquitude acrítica e crítica: a supremacia racial e o branco anti-racista. **Revista Latinoamericana de Ciencias Sociales, Niñez y Juventud**, [s.l.], v. 8, n. 1, p. 607-630, ene./jun. 2010.

CARDOSO, Lourenço. O Branco-Objeto: o Movimento Negro situando a branquitude. **Instrumento**: Revista de Estudo e Pesquisa em Educação, Juiz de Fora, v. 13, n. 1, p. 81-94, jan./jun. 2011.

CARDOSO, Lourenço. **O branco ante a rebeldia do desejo**: um estudo sobre o pesquisador branco que possui o negro como objeto científico tradicional. Curitiba: Ed. Appris, 2020.

CARDOSO, Lourenço. **O branco ante a rebeldia do desejo**: a branquitude e o pensamento social brasileiro. *In*: ENCONTRO NACIONAL DE BIBLIOTECÁRIAS(OS) NEGRAS(OS) E ANTIRRACISTAS, 2.; ENCONTRO INTERNACIONAL DE BIBLIOTECÁRIAS(OS) NEGRAS(OS) E ANTIRRACISTAS, 1. Belo Horizonte: ECI/UFMG, 2021. [Conferência].

CARDOSO, Vanessa Florargen de A. Práticas antirracistas: biblioteca escolar como espaço de emancipação cidadã a partir das leis 10.639/03 e 11.645/08. *In*: SILVA, Franciéle Carneiro Garcês da. (org.). **Bibliotecári@s negr@s**: pesquisas e experiências de aplicação da Lei 10.639/2003 na formação bibliotecária e bibliotecas. Florianópolis: Rocha; Nyota, 2020.

CARLSON, Licia. **The Faces of Intellectual Disability**: Philosophical Reflections. Bloomington, IN: Indiana University Press, 2010.

CARNEIRO, Sueli Aparecida. **A construção do outro como não-ser como fundamento do ser**. 2005. 339 f. Tese (Doutorado) – Universidade de São Paulo, São Paulo, 2005.

CARNEIRO, Sueli. **Dispositivo de racialidade**: a construção do outro como não-ser como fundamento do ser. Rio de Janeiro: Zahar, 2023.

CARVALHO, José Jorge de. Encontro de Saberes e descolonização: para uma refundação étnica, racial e epistêmica das universidades brasileiras. *In*: BERNARDINO-COSTA, Joaze; MALDONADO-TORRES, Nelson; GROSFOGUEL, Ramon. (org.). **Decolonialidade e Pensamento Afrodiaspórico**. Belo Horizonte: Autêntica, 2018.

CASTRO, César Augusto. **História da Biblioteconomia brasileira**: perspectiva histórica. Brasília: Thesaurus, 2000.

CERQUEIRA, Fernanda de Oliveira. O pretoguês como comunidade de prática: concordância nominal e identidade racial. **Traços de Linguagem**, Cáceres, v. 4, n. 1, p. 75-88, 2020.

CERRAO, Natalia Gallo. Biblioteca escolar antirracista: manifestações de racismo e preconceito étnico-racial na literatura de cordel. **Múltiplos Olhares em Ciência da Informação**, Belo Horizonte, n. esp., p. 1-12, 2022.

CHAPPELL, Timothy. Plato. *In*: BERNECKER, Sven; PRITCHARD, Duncan. (ed.). **The Routledge Companion to Epistemology**. New York: Duncan, 2011. p. 655-664.

CHAN, Emily K.; LOTA, Jovanni; SMITH, Holly A.; BOOTH, Steven D. Discovering Librarianship: personalizing the recruitment process for under-represented students. *In*: HANKINS, Rebecca; JUÁREZ, Miguel. (ed.). **Where are all the librarians of color?** The experience of people of color in Academia. Sacramento: Library Juice Press, 2015. p. 11-30.

CHANCELLOR, Renate L. Transformational leadership: E. J. Josey and the Modern Library Profession. **Journal of History and Culture**, Pairie View, v. 1, n. 4, p. 9-29, 2011.

CHANCELLOR, Renate L. **E. J. Josey**: transformational leader of the Modern Library Profession. Lanham: Rowman & Littlefield, 2020.

CHANG, Robert S. Toward an Asian American legal scholarship: Critical race theory, post - structuralism, and narrative space. **California Law Review**, [*s.l.*], v. 81, n. 5, p. 1241-1323, 1993. DOI: https://doi.org/10.2307/3480919

CHEN, Jeannie. "Strangers from a Different Shore" Examining Archival Representations and Descriptions of the Chinese in America. **Journal of Chinese Overseas**, [*s.l.*], v. 15, n. 1, p. 106-122, 2019. DOI: https://doi.org/10.1163/17932548-12341394

CHIU, Anastasia; ETTARH, Fobazi M.; FERRETTI, Jennifer A. Not the shark, but the water: How neutrality and vocational awe intertwine to uphold white supremacy. *In*: LEUNG, Sofia Y.; LOPEZ-MCKNIGHT, Jorge R. (ed.). **Knowledge Justice**: Disrupting Library and Information Studies through Critical Race Theory. Cambridge, MA: Massachusetts Institute of Technology, 2021. p. 49-71.

CHILISA, Bagele. **Indigenous research methodologies**. London: SAGE Publications, 2012.

CHOU, Rose L.; PHO, Annie. (ed.). **Pushing the margins**: Women of color and intersectionality in LIS. Sacramento, C.A.: Library Juice, 2018.

CLARK ATLANTA UNIVESITY. **Whitney M Young Jr**. Atlanta: Whitney M. Young Jr. School of Social Work, 2023.

COADY, David. Two concepts of Epistemic Injustice. **Episteme**, [s.l.], v. 7, n. 2, p. 101-113, 2010. DOI: https://doi.org/10.3366/E1742360010000845

COATES, Ta-Nehisi. **Between the world and me**. New York: Spiegel & Grau, 2015a.

COATES, Ta-Nehisi. **Entre o mundo e eu**. Rio de Janeiro: Objetiva, 2015b.

COBB, Jelani. The Man Behind Critical Race Theory. **The New Yorker**, New York, September 13, 2021. Disponível em: https://www.newyorker.com/magazine/2021/09/20/the-man-behind-critical-race-theory. Acesso em: 10 jun. 2022.

COLE, John. Daniel Murray: A Collector's Legacy. *In:* **Library of Congress**: Collection African American Perspectives: materials selected from the rare book collection. Washington: Library of Congress, 2021.

COLLINS, Kathleen M. My mom says I'm really creative!": Dis/Ability, positioning, and resistance in multimodal instructional contexts. **Language Arts**, [s.l.], v. 88, n. 6, p. 409-418, 2011. Disponível em: https://www.jstor.org/stable/41804300. Acesso em: 10 jun. 2022.

COLLINS, Patricia Hill. **Another Kind of Public Education**: Race, Schools, the Media and Democratic Possibilities. Boston: Beacon Press, 2009.

COLOMA, Roland Sintos. Disorienting race and education: Changing paradigms on the schooling of Asian Americans and Pacific Islanders. **Race Ethnicity and Education**, [s.l.], v. 9, n. 1, p. 1-15, 2006. DOI: https://doi.org/10.1080/13613320500490606

CÓLON-AGUIRRE, Mónica. A Refocusing on the Study of the Gatekeepers Among Linguistic Minorities, the Case of Spanish Speakers in the United States: Implications for the Study of Information Behavior. **The International Journal of Information, Diversity, & Inclusion**, [s.l.], v. 6, n. 3, p. 38-51, 2022. Disponível em: https://www.jstor.org/stable/48700867. Acesso em: 12 ago. 2022.

CÓLON-AGUIRRE, Mónica; ALCALÁ, Janet Ceja. **LatinXs finding informaXion in Boston** (LatinXs buscando informaXion en Boston). IDEALS, Illinois: Illinois Library, 2019. Disponível em: https://www.ideals.illinois.edu/items/112434. Acesso em: 10 ago. 2022.

CÓLON-AGUIRRE, Mónica; ALCALÁ, Janet Ceja. Persona profiles of Latinx living in Boston: Applications for information organizations. **Proceedings of the Association for Information Science and Technology**, [s.l.], v. 57, n. 1, p. e249, 2020. DOI: https://doi.org/10.1002/pra2.249

COLUMBIÉ, Radamés Linares. Acercamiento a la Epistemología Social como proyecto teórico de la Bibliotecología. **Bibliotecas**: Anales de Investigación, Cuba, n. 1, v. 15, p. 113-120, 2019. Disponível em: https://brapci.inf.br/index.php/res/downlo ad/112095. Acesso em: 13 set. 2022.

CONNOR, David J.; FERRI, Beth A; ANNAMMA, Subini. (ed.). **DisCrit**: Disability studies and critical race theory in education. New York: Teachers College Press, 2016.

COOKE, Nicole A.; SWEENEY, Miriam E.; NOBLE, Safiya Umoja. Social Justice as Topic and Tool: An Attempt to Transform an US Curriculum and Culture. **The Library Quarterly**, [s.l.], v. 86, n. 1, Jan. 2016. DOI: https://doi.org/10.1086/684147

COOKE, Nicole A.; SPENCER, Katrina; JACOBS, Jennifer M.; MABBOTT, Cass; COLLINS, Chloe; LOYD, Rebekah M. Mapping Topographies from the Classroom: Addressing Whiteness in the LIS Curriculum. *In*: SCHLESSELMAN-TARANGO, Gina. (ed.). **Topographies of Whiteness**: mapping Whiteness in Library and Information Studies. Sacramento: Library Juice Press, 2017. p. 235-250.

COPELAND, Clayton. Library and information center accessibility: The differently-able patron's perspective. **Proceedings of the American Society for Information Science and Technology**, [s.l.], v. 46, n. 1, p. 1, 2009. DOI: https://doi.org/10.1002/meet.2009.14504603124

CRENSHAW, Kimberlé W. Race, reform, and retrenchment: Transformation and legitimation in antidiscrimination law. **Harvard Law Review**, [s.l.], v. 101, n. 7, p.1331-1387, 1988. DOI: https://doi.org/10.2307/1341398

CRENSHAW, Kimberlé. Demarginalizing the intersection of race and sex: A Black feminist critique of antidiscrimination doctrine, feminist theory and antiracist politics. **University of Chicago Legal Forum**, [s.l.], v. 140, p. 139-167, 1989.

CRENSHAW, Kimberlé; GOTANDA, Neil; PELLER, Gary; THOMAS, Kendall. (ed.). **Critical race theory**: The key writings that formed the movement. New York, NY: The New Press, 1995.

CRENSHAW, Kimberlé. Mapping the margins: intersectionality, identity politics, and violence against women of color. *In*: CRENSHAW, Kimberlé; GOTANDA, Neil; PELLER, Gary; THOMAS, Kendall. (ed.). **Critical race theory**: The key writings that formed the movement. New York, NY: The New Press, 1995. p. 357-383.

CRENSHAW, Kimberlé W. The first decade: Critical reflections, or "a foot in the closing door." **UCLA Law Review**, [s.l.], v. 49, n. 5, p. 1343-1372, 2002.

CRENSHAW, Kimberlé Williams. Twenty Years of Critical Race Theory: Looking Back to Move Forward. **Connecticut Law Review**, [s.l.], v. 43, n. 5, p. 1262-1353, July 2011.

CRENSHAW, Kimberlé W.; HARRIS, Luke Charles; HOSANG, Daniel Martinez; LIPSITZ, George. (ed.). **Seeing Race Again**: countering colorblindness across the disciplines. Oakland, California: University of California Press, 2019. p. 9.

CRESSWELL, Stephen. The las days of Jim Crow in the Southern Libraries. **Libraries & Culture**, [s.l.], v. 31, n. 3/4, p. 557-573, 1996. Disponível em: https://www.jstor.org/stable/25548457. Acesso em: 20 ago. 2022.

CROTTY, Michael. **The Foundations of Social Research**: Meaning and perspective in the research process. Crow's Nest: Allen & Unwin, 1998.

CUNHA, Murilo Bastos da. **Manual de Fontes de informação**. Brasília: Briquet de Lemos, 2010.

CURVO, Luiz Felipe Sousa. A biblioteca escolar na perspectiva da promoção da igualdade racial. **Revista Bibliomar**, São Luís, v. 20, n. 1, p. 106-130, 2021.

DABBOUR, Katherine S.; BALLARD, James David. Information literacy and US Latino college students: a cross-cultural analysis. **New Library World**, [s.l.], v. 112, n. 7/8, p. 347-364, 2011. DOI: https://doi.org/10.1108/03074801111150477

DA MATA, Diogo Xavier. **Uma Arqueologia do Discurso Biobibliográfico**: um percurso dos dicionários biográficos da renascença às plataformas biobibliográficas contemporâneas. Dissertação (Mestrado) – Instituto Brasileiro de Informação em Ciência e Tecnologia, Universidade Federal do Rio de Janeiro, Rio de Janeiro, 2020.

DA MATA, Diogo Xavier; SALDANHA, Gustavo Silva. A vida íntima das sombras: a ordem do discurso Biobibliográfico. **InCID**: Revista de Ciência da Informação e Documentação, Ribeirão Preto, v. 10, n. 2, p. 71-91, 2020.

DAMATO, Diva Barbaro. Negritude/Negritudes. *In*: **Através**. São Paulo: 1, 1983.

DANIELS, Norman. Justice, health, and healthcare. **American Journal of Bioethics**, [s.l.], v. 1, n. 2, p. 2-16, 2001. DOI: https://doi.org/10.1162/152651601300168834

DAVIS, Lennard J. (ed.). **The Disability Studies Reader**. 3rd ed. New York: Routledge, 2010.

DAVIS-KENDRICK, Kaetrena D. **The Kaleidoscopic Concern**: An Annotated Chronological Bibliography of Diversity, Recruitment, Retention, and Other Concerns Regarding African American and Ethnic Library Professionals in the United States. Chicago: Association of College and Research Libraries, 2009.

DAWSON, Alma. Celebrating African American librarians and librarianship. **Library Trends**, Illinois, v. 49, n. 1, p. 49–87, 2000.

DAY, Jaxsen R.; FLEISHMANN, Kenneth R. Serving the needs of students with disabilities: How academic librarians can collaborate with publishers and disability services offices. **Proceedings of the Association for Information Science and Technology**, [s.l.], v. 57, n. 1, p. e334, 2020. DOI: https://doi.org/10.1002/pra2.334

DE CLERCQ, Dirk; SARIDAKIS, George. Informational injustice with respect to change and negative workplace emotions. **Journal of Organizational Effectiveness**: people and performance, [s.l.], v. 2, n. 4, p. 346-369, 2015. DOI: https://doi.org/10.1108/joepp-09-2015-0033

DE LA REY, Cheryl; IPSER, Jonathan. The call for relevance: South African psychology ten years into democracy. **South African Journal of Psychology**, [s.l.], v. 34, n. 4, p. 544-552, 2004.

DELGADO BERNAL, Dolores. Critical Race Theory, LatCrit Theory, and Critical Raced-Gendered Epistemologies: Recognizing Students of Color as Holders and Creators of Knowledge. **Qualitative Inquiry**, [s.l.], v. 8, n. 1, p. 105-126, 2002.

DELGADO, Richard. When a Story Is Just a Story: Does Voice Really Matter? **Virginia Law Review**, [s.l.], v. 76, p. 95-111, 1990.

DELGADO, Richard. Enormous Anomaly? Left-Right Parallels in Recent Writing about Race. **Columbia Law Review**, [s.l.], v. 91, p. 1547-1560, 1991.

DELGADO, Richard. Critical Race Theory: an annotated bibliography. **Virginia Law Review**, [s.l.], v. 79, n. 2, p. 461-516, mar. 1993.

DELGADO, Richard. **Critical Race Theory**: the Cutting Edge. Philadelphia: Temple University Press, 1995.

DELGADO, Richard; STEFANCIC, Jean. **Critical race theory**: An introduction. New York: New York University Press, 2000. 191 p.

DELGADO, Richard; STEFANCIC, Jean. **Critical race theory**: An introduction. New York: New York University Press, 2001.

DELGADO, Richard; STEFANCIC, Jean. **Critical race theory (Third Edition)**: An introduction. New York: New York University Press, 2017.

DELGADO, Richard; STEFANCIC, Jean. **Teoria Crítica da Raça**: uma introdução. São Paulo: Editora Contracorrente, 2021.

DENISE, Anika A. **Planting Stories**: The Life of Librarian and Storyteller Pura Belpré. New York: HarperCollins, 2019.

DESCARTES, René. **Princípios da Filosofia**. Lisboa: Edições 70, 2004.

DESCARTES, René. **Meditações metafísicas**. São Paulo: Martins Fontes, 2005.

DESCARTES, René. **Meditações Metafísicas**. São Paulo: Edipro, 2018.

DEROSE, Keith. What Is Epistemology? **Blog Keith DeRose**, Yale University, 23 nov. 2005. Disponível em: https://campuspress.yale.edu/keithderose/what-is-epistemology/. Acesso em: 20 jun. 2021.

DIANGELO, Robin. Fragilidade branca. **Revista Eco-Pós**, Rio de Janeiro, v. 21, v. 3, p. 35-57, 2018. DOI: https://doi.org/10.29146/eco-pos.v21i3.22528

DIAS, Adriana Abreu Magalhães. **Os anacronautas do teutonismo virtual**: uma etnografia do neonazismo na internet. Dissertação (Mestrado) – Universidade Estadual de Campinas, Instituto de Filosofia e Ciências Humanas, Campinas, 2007.

DIOP, Cheikh Anta. **The African Origin of Civilization**: Myth or Reality. New York: L. Hill, 1974.

DIXSON, Adrienne D.; ROUSSEAU, Celia. And we are still not saved: critical race theory in education ten years later. **Race Ethnicity and Education**, [s.l.], v. 8, n. 1, p. 7-27, 2005. DOI: https://doi.org/10.1080/1361332052000340971

DIXSON, Adrienne D.; ANDERSON, Celia R. Where are we? Critical race theory in education 20 years later. **Peabody Journal of Education**, [s.l.], v. 93, p. 121-131, 2018.

DODSON, Howard. Making art at the Schomburg: Africana archives as sites of art making. **Callaloo**, [s.l.], v. 38, n. 3, p. 549-558, 2015. Disponível em: https://www.jstor.org/stable/24739394. Acesso em: 22 dez. 2021.

DOLMAGE, Jay. **Academic Ableism**: Disability and Higher Education. Ann Arbor: University of Michigan Press, 2017.

DOMINGUES, Petrônio. Movimento da Negritude: uma breve reconstrução histórica. **Mediações**: Revista de Ciências Sociais, Londrina, v. 10, n. 1, p. 25-40, jan.-jun. 2005.

DONNELL, Suzanna W. O. **Equal opportunities for Both**: Julius Rossenwald, Jim Crow and the Charleston free librarys record of service to blacks, 1931 to 1960. 2000. 57 f. Masters paper (Master of Science in Library Science) - School of Information and Library Science, University of North Carolina, North Carolina, 2000.

DOTSON, Kristie. Tracking epistemic violence, tracking practices of silencing. **Hypatia**, [s.l.], v. 26, n. 2, p. 236-257, 2011. DOI: https://doi.org/10.1111/j.1527-2001.2011.01177.x

DOTSON, Kristie. Conceptualizing epistemic oppression. **Social Epistemology**, [s.l.], v. 28, n. 2, p. 115-138, 2014. DOI: https://doi.org/10.1080/02691728.2013.782585

DOUGLASS, Frederick. American Prejudice Against Color: An Address Delivered in Cork, Ireland, October 23, 1845. Cork Examiner, 27 de outubro de 1845. *In*: BLASSINGAME, John *et al.* (ed.). **The Frederick Douglass Papers**: Series One–Speeches, Debates, and Interviews. New Haven: Yale University Press, 1979. v. 1, p. 59.

DOUGLASS, Frederick. **The meaning of the 4th of July for the negro**. Rochester: Corinthian Hall, 1852. [5th of July Speech]. Disponível em: https://rbscp.lib.rochester.edu/2945 Acesso em: 14 abr. 2022.

DOUGLASS, Frederick. The color line. **The North American Review**, [s.l.], v. 132, n. 295, p. 567-577, jun. 1881.

DOUGLASS, Frederick. **A narrativa da vida de Frederick Douglass e outros textos**. Trad. Odorico Leal. São Paulo: Penguin; Companhia das Letras, 2021.

DOUGLASS, Frederick. **A narrativa da vida de Frederick Douglass, um escravo americano**: escrita por ele mesmo. Trad. Leonardo Poglia Vida. Porto Alegre: [s.ed.], 2012.

DUARTE, Carolina Barcelos; NUNES, Georgina Helena Lima. Docência negra: educação infantil antirracista pela via da representatividade. **Revista Contemporânea de Educação**, [s.l.], v. 16, n. 37, set/dez. 2021.

DUBOIS, W. E. B. **As almas do povo negro**. São Paulo: Veneta, [1903] 2021.

DU BOIS, W. E. B. **The souls of black folk**. Chicago, IL: A.C. McClurg, 1914.

DUBOIS, W. E. B. **The Negro.** New York: Holt, 1915.

DUBOIS, W. E. B. **Black reconstruction**: an essay toward a history of the part which black folk played in the attempt to reconstruct democracy in America, 1860-1880. New York: Russel & Russel, 1935.

DU BOIS, W. E. B. **The Philadelphia Negro**: A social study. Philadelphia: University of Pennsylvania Press, 1899. (n. 14)

DUNBAR, Anthony. Introducing critical race theory to archival discourse: getting the conversation started. **Archival Science**, [s.l.], v. 6, n. 1, p. 109-129, 2006.

DUNCAN, Norman; BOWMAN, Brett. Liberating South African psychology: the legacy of racism and the pursuit of representative knowledge production. *In*: MONTERO, Maritza; C. SONN, Christopher C. (ed.). **Psychology of liberation**: theory and applications. New York, NY: Springer, 2010. p. 93-114.

DUARTE, Marisa Ele; BELARDE-LEWIS, Miranda. Imagining: Creating Spaces for Indigenous Ontologies. **Cataloging & Classification Quarterly**, v. 53, n. 5/6, p. 677-702, 2015. DOI: https://doi.org/10.1080/01639374.2015.1018396

DUBE, Luyanda. Contextualising the LIS curriculum in the Department of Information Science at Unisa through Africanisation: challenges, prospects and opportunities. **Innovation**: journal of appropriate librarianship and information work in Southern Africa, v. 2012, n. 45, p. 71-93, 2012.

DUDLEY-MARLING, Curt; LUCAS, Krista. Pathologizing the language and culture of poor children. **Language Arts**, [s.l.], v. 86, n. 5, p. 362-370, 2009. Disponível em: https://www.jstor.org/stable/41483561. Acesso em: 10 jun. 2022.

DUDLEY-MARLING, Curt; BURNS, Mary Bridget. Two perspectives on inclusion in the United States. **Global Education Review**, [s.l.], v. 1, n. 1, p. 14-31, 2014. Disponível em: https://eric.ed.gov/?id=EJ1055208. Acesso em: 10 jun. 2022.

DUMAS, Michael; ROSS, Kihana Miraya. "Be real black for me": imagining BlackCrit in Education. **Urban Education**, v. 51, n. 4, p. 415-442, 2016. DOI: https://doi.org/10.1177/0042085916628611

DUNCAN, Norman; BOWMAN, Brett. Liberating South African psychology: The legacy of racism and the pursuit of representative knowledge production. *In*: MONTERO, Maritza; C. SONN, Christopher C. (ed.). **Psychology of liberation**: Theory and Applications. New York, NY: Springer, 2010. p. 93-114.

EBONY. Personalities. **A man who goes by the books**. v. 40, n. 9, p. 126-130, July 1985.

EDDO-LODGE, Reni. **Por que não converso mais com pessoas brancas sobre raça**. Belo Horizonte: Letramento, 2019.

ENCYCLOPEDIA. Scientific theology to secular Science. **Encyclopedia Britannica**, 2021. Disponível em: https://www.britannica.com/topic/epistemology/Scientific-theology-to-secular-science. Acesso em: 15 jul. 2021.

ELAZAR, David. The making of classification scheme for libraries of Judaica. *In*: IFLA COUNCIL AND GENERAL CONFERENCE, 66., 2000, Jerusalem, Israel. **Anais** […]. Jerusalem, Israel: IFLA, 2000.

ELAZAR, David. The Making of a Classification Scheme for Libraries of Judaica. **Judaica Librarianship**, [s.l.], v. 14, n. 1, p. 15-25, 2008. DOI: https://doi.org/10.14263/2330-2976.1067.

ELAZAR, David; ELAZAR, Daniel. **A Classification System for Libraries of Judaica**. Lanham, Maryland: Rowman & Littlefield, 1997.

ELLIS, Katie; GARLAND-THOMSON, Rosemarie; KENT, Mike; ROBERTSON, Rachel. (ed.). **Manifestos for the future of Critical Disability Studies, v. 1**. London; New York: Routledge, 2019.

EREVELLES, Nirmala; MINEAR, Andrea. Unspeakable offenses: untangling race and disability in discourses of intersectionality. **Journal of Literary and Cultural Disability Studies**, [s.l.], v. 4, n. 2, p. 127-145, 2010. DOI: https://doi.org/10.3828/jlcds.2010.11

EREVELLES, Nirmala. **Disability and difference in global contexts**: enabling a transformative body politics. New York: Palgrave Macmillan, 2011.

ESPINAL, Isabel. A New Vocabulary for Inclusive Librarianship: Applying Whiteness Theory to Our Profession. *In*: CASTILLHO-SPEED, Lillian, *et al*. **The Power of Language/El poder de la palabra**: selected papers from the Second REFORMA National Conference. Englewood, CO: Libraries Unlimited, 2001. p. 131-152.

ESPINAL, Isabel. Wanted: latino librarians. **Library Journal**, New York, 1 out. 2003.

ESPINAL, Isabel. A bridge to brown: The politics of Latin@ Reading. *In*: MIRABAL, Nancy Raquel; LÁO-MONTES, Agustín. (ed.). **Technofuturos**: Critical Interventions in Latina/o Studies. Lanham, MD: Lexington Books, 2007.

ESPINAL, Isabel; SUTHERLAND, Tonia; ROH, Charlotte. A Holistic Approach for Inclusive Librarianship: Decentering Whiteness in Our Profession. **Library Trends**, Illinois, v. 67, n. 1, p. 147-162, 2018.

ESPINAL, Isabel; HATHCOCK, April M.; RIOS, María. Dewhitening Librarianship: a policy proposal for libraries. *In*: YEUNG, Sofia; LÓPES-MCNIGHT, Jorge R. (ed.). **Knowledge Justice**: Disrupting Library and Information Studies through Critical Race Theory. Cambridge: Massachusetts Institute of Technology, 2021. p. 223-240.

EVANS, Nancy J. **Disability in Higher Education**: A Social Justice Approach. San Francisco, CA: Jossey-Bass, 2017.

EZE, Emmanuel Chukwudi. (ed.). **Race and the Enlightenment**: A Reader. Cambridge, MA: Wiley Blackwell, 1997.

FANON, Franz. **Pele negra, máscaras brancas**. São Paulo: Ubu Editora, 2020.

FANTON, Marcos; MAIA, Tatiana Vargas. O significado do 4 de julho para o negro, de Frederick Douglass. **Civitas**, Porto Alegre, v. 17, n. 2, e27-e59, maio-ago. 2017. DOI: https://doi.org/10.15448/1984-7289.2017.2.28302

FENLON, Katrina; WOOD, Laura C.; DOWNIE, J. Stephen; HAN, Ruohua; KINNAMAN, Alex O. Toward accessible course content: Challenges and opportunities for libraries and information systems. **Proceedings of the Association for Information Science and Technology**, [s.l.], v. 53, n. 1, p. 1-10, 2016. DOI: https://doi.org/10.1002/pra2.2016.14505301027

FARREL, Bridget; ALABI, Jaena; WHALEY, Pambanisha; JENDA, Claudine. Addressing Psychosocial Factors with Library Mentoring. **portal**: Libraries and the Academy, [s.l.], v. 17, n. 1, p. 51-69, 2017. DOI: https://doi.org/10.1353/pla.2017.0004

FERREIRA, Aparecida de Jesus. Teoria Racial Crítica e Letramento Racial Crítico: narrativas e contranarrativas de identidade racial de professores de línguas. **Revista da ABPN**, [s.l.], v. 6, n. 14, p. 236-263, jul./out. 2014.

FERNANDES, Christina (Tina); ROBERTSON, Rachel. Bringing maternal studies into critical disability studies. *In*: ELLIS, Katie; GARLAND-THOMSON, Rosemarie; KENT, Mike; ROBERTSON, Rachel. **Manifestos for the Future of Critical Disability Studies, Volume 1**. London: Routledge, 2019. p. 38-51.

FERREIRA, Graciele D; MACHADO, Elisa C. A biblioteca pública e a promoção da cultura e identidade de remanescentes quilombolas: o projeto Pontos de Leitura Ancestralidade Africana no Brasil. *In*: ENCONTRO NACIONAL DE PESQUISA EM CIÊNCIA DA INFORMAÇÃO, 19., 2018, Marília, SP. **Anais** [...]. Marília: UNESP, 2018.

FERREIRA JR., Helio da Silva. Otlet realizador ou visionário? O que existe em um nome? **Ciência da Informação**, [s.l.], v. 35, n. 2, p. 9-16, 2006.

FERRI, Beth A.; BACON, Jessica. Beyond inclusion: Disability studies in early childhood teacher education. *In*: FENNIMORE, Beatrice S., GOODWIN, A. Lin. (ed.). **Promoting social justice for young children**. Berlin: Springer, 2011. p. 137-146. DOI: https://doi.org/10.1007/978-94-007-0570-8

FIGUEIREDO, Márcia F.; SALDANHA, Gustavo S. Paul Otlet e as imagens na ciência da informação. **Tendências da Pesquisa Brasileira em Ciência da Informação**, [s.l.], v. 11, n. 2, p. 54-63, 2018.

FINDLAY, James A. **Dorothy Porter Wesley (1905-1995)**: Afro-American Librarian and Bibliophile. Ft. Lauderdale, Florida: Broward County Library, [1957] 2001.

FISKE, Edward; LADD, Helen F. **Elusive equity education reform in post-apartheid South Africa**. Washington, D.C: Brookings Institution Press, 2004.

FLAGG, Barbara J. "Was Blind, but Now I See": White Race Consciousness and the Requirement of Discriminatory Intent. **Michigan Law Review**, [s.l.], v. 91, n. 5, p. 953-1017, 1993. DOI: https://doi.org/10.2307/1289678

FLAGG, Barbara J. The transparency phenomenon, race-neutral decision making and discriminatory intent. *In*: DELGADO, Richard; STEFANCIC, Jean. (ed.). **Critical White studies**: Looking behind the mirror. Philadelphia, PA: Temple University Press, 1997a. p. 220-226.

FLAGG, Barbara J. Transparently White subjective decisionmaking: Fashioning a legal remedy. *In*: DELGADO, Richard; STEFANCIC, Jean. (ed.). **Critical White studies**: Looking behind the mirror. Philadelphia, PA: Temple University Press, 1997b. p. 85-88.

FLAGG, Gondon. Early Sit-in Reenacted at Library 60 Years Later. **American Libraries**, [s.l.], v. 30, n. 9, p. 18, Oct. 1999.

FLEURI, Reinaldo Mathias. Desafios à Educação Intercultural no Brasil. **PerCursos**, Florianópolis, v. 2, n. 0, p. 1-14, set. 2001.

FONSECA, Edson N. da. **Introdução à Biblioteconomia**. 2. ed. Brasília: Briquet de Lemos/Livro, 2007.

FONTES, Sandra Regina; MARTINS FILHO, Lourival José. Práticas pedagógicas em educação das relações étnico-raciais nas bibliotecas escolares. *In*: SILVA, Franciéle C. Garcês da; LIMA, Graziela S. (org.). **Bibliotecári@s negr@s**: ação, pesquisa e atuação política. Florianópolis: ACB, 2018. p. 295-318.

FONTOURA, Julian Silveira Diogo de Ávila. Racismo Reverso: o Porquê da sua Não-existência. **Interritórios**: Revista de Educação Universidade Federal de Pernambuco, Caruaru, v. 7, n.13, 2021.

FORD JR., Robert B. A Pioneer in a State Library Agency: The New York Years, 1966-1986. *In*: ABDULLAHI, Ismail. **E. J. Josey**: an activist librarian. Metuchen; London: The Scarecrow Press,1992. p. 39-43.

FOX, Dory. "We are the first temple": Fact and affect in American Jews' emergent genetic narrative. **Shofar**: An Interdisciplinary Journal of Jewish Studies, [*s.l.*], v. 36, n. 1, p. 74-107, 2018. DOI: https://doi.org/10.1353/sho.2018.0003

FRANÇA, Isadora Gonçalves. Anarquismo como modo de vida e comunalismo africano. **Revista de Estudos Anarquistas e Decoloniais**, [*s.l.*], v. 1, n. 1, p. 7-23, set. 2021.

FRASER, Nancy. Recognition without Ethics? **Theory, Culture & Society**, [*s.l.*], v. 18, n. 2-3, p. 21-42, 2001. DOI: https://doi.org/10.1177/02632760122051760

FRASER, Nancy. Da redistribuição ao reconhecimento? Dilemas da justiça numa era "pós-socialista". **Cadernos de Campo**, São Paulo, v. 15, n. 14-15, p. 231-239, 2006. DOI: https://doi.org/10.11606/issn.2316-9133.v15i14-15p231-239

FREEDMAN, Jonathan. Transgressions of a model minority. **Shofar**: an Interdisciplinary Journal of Jewish Studies, [*s.l.*], v. 23, n. 4, p. 69–97, 2005. DOI: https://doi.org/10.1353/sho.2005.0147

FREITAG, Barbara. **A Teoria crítica**: ontem e hoje. 2. ed. São Paulo: Brasiliense, 1988. 184 p.

FRICKER, Miranda. **Epistemic injustice**: power and the ethics of knowing. Oxford: Oxford University Press, 2007.

FRICKER, Miranda. Epistemic justice as a condition of political freedom? **Synthese**, [s.l.], v. 190, n. 7, p. 1317-1332, may 2013.

FULTZ, Michael. Black Public Libraries in the South in the Era of De Jure Segregation. **Libraries & the Cultural Record**, [s.l.], v. 41, n. 3, p. 337-359, Summer 2006.

FURNER, Jonathan. Dewey Deracialized: A Critical Race-Theoretic Perspective. **Knowledge Organization**, [s.l.], v. 34, n. 3, p. 144-168, 2007.

GALLAGHER, Charles A. White Racial Formation: Into the Twenty-first Century. *In*: DELGADO, Richard; STEFANCIC, Jean. (ed.). **Critical White Studies**: Looking Beyond the Mirror. Philadelphia: Temple University Press, 1997. p. 6-11.

GARLAND-THOMSON, Rosemarie. (ed.). **Freakery**: Cultural Spectacles of the Extraordinary Body. New York: New York University Press, 1996.

GARLAND-THOMSON, Rosemarie. **Extraordinary bodies**: figuring physical disability in American culture and literature. New York: Columbia University Press, 1997.

GARLAND-THOMSON, Rosemarie. Shape structures story: fresh and feisty stories about disability narrative. **Narrative**, [s.l.], v. 15, n. 1, p. 113-123, 2007. DOI: https://doi.org/10.1353/nar.2007.0005.

GARLAND-THOMSON, Rosemarie. **Staring**: How We Look. New York: Oxford University Press, 2009.

GARLAND-THOMSON, Rosemarie. **Misfits**: a feminist materialist disability concept. Hypatia, [s.l.], v. 26, n. 3, p. 591-609, 2011.

GARLAND-THOMSON, Rosemarie. The case for conserving disability. **Bioethical Inquiry**, [s.l.], v. 9, p. 339-355, 2012.

GARLAND-THOMSON, Rosemarie. Disability Studies: A Field Emerged. **American Quarterly**, [s.l.], v. 65, n. 4, p. 915-926, 2013. Disponível em: https://www.jstor.org/stable/43822996. Acesso em: 20 set. 2022.

GARLAND-THOMSON, Rosemarie. Building a world with disability in it. *In*: WALDSCHMIDT, Anne; BERRESSEM, Hanjo; INGWERSEN, Moritz. **Culture–theory–disability**: encounters between disability studies and cultural studies. Bielefeld: Transcript, 2015. p. 51-62.

GARLAND-THOMSON, Rosemarie. Critical disability studies A knowledge manifesto. *In*: ELLIS, Katie; GARLAND-THOMSON, Rosemarie; KENT, Mike; ROBERTSON, Rachel. **Manifestos for the Future of Critical Disability Studies, Volume 1**. London: Routledge, 2019. p. 11-19.

GARCÊS-DA-SILVA, Franciéle Carneiro; GARCEZ, Dirnéle Carneiro; SILVA, Leyde Klébia Rodrigues da. Black librarians and racial and informational justice for the Brazilian black population. *In*: BLACK, Kimberly; MEHRA, Bharat. (ed.). **Antiracist Library and Information Science**: Racial Justice and Community. Bingley: Emerald, 2023.

GARLEN, Julie C. Interrogating innocence: "Childhood" as exclusionary social practice. **Childhood**, [s.l.], v. 26, n. 1, p. 54-67, 2019. DOI: https://doi.org/10.1177/0907568218811484

GAVRIELIDES, Theo. Bringing Race Relations into the restorative justice debate: an alternative and personalized vision of "the Other". **Journal of Black Studies**, [s.l.], v. 45, n. 3, p. 216-246, 2014. DOI: https://doi.org/10.1177/0021934714526042

GAY, Geneva. **Culturally responsive teaching**: Theory, research, and practice. New York: Teachers College Press, 2000.

GHANI, Navid. Racism. *In*: SCHAEFER, Richard T. (ed.). **Encyclopedia of race, ethnicity, and society**. London: SAGE Publications Ltda., 2008. p. 1113-1115.

GHEAUS, Anca. Basic Income, Gender Justice and the Costs of Gender-Symmetrical Lifestyles. **Basic Income Studies**, [s.l.], v. 3, n. 3, p. 1-8, dec. 2008. Disponível em: https://philarchive.org/archive/GHEBIG Acesso em: 10 jun. 2022.

GHEAUS, Anca. Gender Justice. **Journal of Ethics & Social Philosophy**, [s.l.], v. 6, n. 1, p. 1-25, jan. 2012. Disponível em: https://www.jesp.org/PDF/gender_justice_finalized.pdf. Acesso em: 20 jun. 2022.

GIBSON, Amelia N.; MARTIN III, John D. Re-situating information poverty: Information marginalization and parents of individuals with disabilities. **Journal of the Association for Information Science and Technology**, [s.l.], v. 70, n. 5, p. 476-487, 2019. DOI: https://doi.org/10.1002/asi.24128

GIBSON, Amelia N.; HUGHES-HASSELL, Sandra. We Will Not Be Silent: Amplifying Marginalized Voices in LIS Education and Research. **Library Quarterly**, [s.l.], v. 87, n. 4, p. 317-329, 2017. DOI: https://doi.org/10.1086/693488

GILLBORN, David. Who's Afraid of Critical Race Theory in Education? A Reply to Mike Cole's 'The Color-Line and the Class Struggle. **Power and Education**, [s.l.], v. 1, n. 1, p. 125-131, 2009. DOI: https://doi.org/10.2304/power.2009.1.1.12

GILLBORN, David; WARMINGTON, Paul; DEMACK, Sean. QuantCrit: education, policy, 'Big Data' and principles for a critical race theory of statistics. **Race Ethnicity and Education**, [s.l.], v. 21, n. 2, p. 158-179, 2018. DOI: https://doi.org/10.1080/13613324.2017.1377417

GILMAN, Sander L. "Were not Jews": Imagining Jewish history and Jewish bodies in contemporary multicultural literature. **Modern Judaism**, [s.l.], v. 23, n. 2, p. 126-155, 2003. DOI: https://doi.org/10.1093/mj/kjg009

GLEASON, Eliza Atkins. **The Southern Negro and the Public Library**: A Study of the Government and Administration of Public Library Service to Negroes in the South. Chicago: University of Chicago Press, 1941.

GOLDSTEIN, Eric L. **The Price of Whiteness**: Jew, race, and American identity. Princeton: Princeton University Press, 2006.

GOMES, Nilma. Apresentação. *In*: MUNANGA, Kabengele. **Negritude**: usos e sentidos. 3. ed. Belo Horizonte: Autêntica, 2012.

GOMES, Elisângela. Afrocentricidade: discutindo as relações étnico-raciais na biblioteca. **Revista ACB**: Biblioteconomia em Santa Catarina, Florianópolis, v. 21, n. 3, p. 738-752, ago./nov., 2016.

GONÇALVES, Pedro Augusto Pereira. **Crítica da razão racista**: a colonialidade do pensamento racial de Kant. 2018. 105 p. Dissertação (Mestrado) – Universidade Federal do Paraná, Setor de Ciências Humanas, Programa de Pós-Graduação em Filosofia, Curitiba, 2018.

GONÇALVES, Robson de Andrade; MUCHERONI, Marcos Luiz. O que é epistemicídio? Uma introdução ao conceito para a área da Ciência da Informação. **Liinc em Revista**, Rio de Janeiro, v. 17, n. 2, e5759, nov. 2021.

GONZALEZ, Marc; MARAMBANADZO, Saru; MARTÍNEZ, Sheila I. Vélez. Latina and Latino Critical Legal Theory: LatCrit Theory, Praxis and Community. **Revista Direito e Práxis**, Rio de Janeiro, v. 12, n. 2, p. 1316-1341, 2021. DOI: https://doi.org/10.1590/2179-8966/2021/59628

GONZALEZ, Lélia. Cultura, etnicidade e trabalho: efeitos lingüísticos e políticos da exploração da mulher. *In*: ENCONTRO NACIONAL DA LATIN AMERICAN STUDIES ASSOCIATION, 8., 1979, Pittsburgh. **Anais** [...]. Pittsburgh: LASA, 1979.

GONZALEZ, Lélia. Racismo e sexismo na cultura brasileira. **Revista Ciências Sociais Hoje**, [s.l.], p. 223-244, 1984.

GONZALEZ, Lélia. A categoria político-cultural de amefricanidade. **Tempo brasileiro**, Rio de Janeiro, n. 92/83, p. 69-82, 1988.

GONZALEZ, Lélia. **Por um feminismo afro-latino-americano**: ensaios, intervenções e diálogos Rio de Janeiro: Zahar, 2020a.

GONZALEZ, Lélia. As amefricanas do Brasil e sua militância. *In*: GONZALEZ, Lélia. **Por um feminismo afro-latino-americano**: ensaios, intervenções e diálogos. Rio de Janeiro: Zahar, 2020b. p. 246-247.

GOVER, Angela R.; HARPER, Shannon B.; LANGTON, Lynn. Anti-Asian hate crime during the COVID-19 pandemic: Exploring the reproduction of inequality. **American Journal of Criminal Justice**, [s.l.], v. 45, p. 647-667, 2020. DOI: https://doi.org/10.1007/s12103-020-09545-1

GRAÇA, Eduardo; FIGUEIREDO, Janaína. Número de células neonazistas no Brasil cresce cerca de 60% em dois anos. **Fundação Astrojildo Pereira**, Brasília, 30 out. 2021. Disponível em: https://www.fundacaoastrojildo.org.br/numero-de-celulas-neonazistas-no-brasil-cresce-cerca-de-60-em-dois-anos/. Acesso em: 10 jun. 2022.

GRACE, André P. Using queer cultural studies to transgress adult educational space. *In*: SHEARED, Vanessa; SISSEL, Peggy A. (ed.). **Making space**: Merging theory and practice in adult education. Westport, CT: Bergin & Garvey, 2001.

GRAHAM, Patterson T. **A right to read**: Segregation and civil rights in Alabama's public libraries, 1900-1965. Tuscaloosa: University of Alabama Press, 2002.

GREEN, Abigail; SULLAM, Simon Levis. **Jews, Liberalism, Antisemitism**: a global history. London: Palgrave Macmillan, 2020. DOI: https://doi.org/10.1007/978-3-030-48240-4

GREEN, David. Supporting the academic success of Hispanic students. *In*: DUKE, Linda M.; ASHER, Andrew D. (ed.). **College libraries and student culture**: What we now know. Chicago, IL: American Library Association, 2012. p. 87-108.

GREENBERG, Cheryl. Pluralism and its discontents: the case of Blacks and Jews. *In*: BIALE, David; GALCHINSKY, Michael; HESCHE, Susannah Heschel. (ed.). **Insider/outsider**: American Jews and multiculturalism. Berkeley, California: University of California Press, 1998. p. 55-87. Disponível em: https://publishing.cdlib.org/ucpressebooks/view?docId=ft5199n9tq&chunk.id=d0e1488&toc.depth=1&toc.id=d0e379&brand=ucpress. Acesso em: 20 maio 2022.

GREENBERG, Cheryl. "I'm not white – I'm Jewish": the racial politics of American Jews. *In*: SICHER, Efraim. (ed.). **Race, color, identity**: rethinking discourses about "Jews" in the twenty-first century. Berghahn Books, 2015. p. 35-55.

GRINDAL, Todd; SCHIFTER, Laura A.; SCHWARTZ, Gabriel; HEHIR, Thomas. Racial differences in special education identification and placement: Evidence across three states. **Harvard Educational Review**, [*s.l.*], v. 89, n. 4, p. 525-553, 2019. DOI: https://doi.org/10.17763/1943-5045-89.4.525

GÜEREÑA, Salvador. (ed.). **Library services to Latinos**: an anthology. Jefferson, North Carolina: MacFarland & Company, 2000.

GÜEREÑA, Salvador; ERAZO, Edward. Latinos and Librarianship. **Library Trends**, Illinois, v. 49, n. 1, p. 138-181, Summer 2000.

HACKER, Andrew. **Two nations**: Black and white, separate, hostile, unequal. New York: Ballantine, 1992.

HALL, Kim Q. (ed.). **Feminist Disability Studies**. Bloomington, IN: Indiana University Press, 2011.

HALL, Tracie D. The black body at the reference desk: Critical race theory and black librarianship. *In*: JACKSON, Andrew P.; JEFFERSON, Julius C. NOSAKHERE, Akilah S. (ed.). **The 21st-century black librarian in America:** Issues and challenges. Lanham, MD: Scarecrow Press, 2012. p. 197-202.

HAN, Keonghee Tao; LAUGHTER, Judson. (ed.). **Critical Race Theory in Teacher Education**: Informing Classroom Culture and Practice. Teachers College Press, 2019.

HANCOCK, Christine L.; CHEATHAM, Gregory A. Decision-making during early intervention home visits: From minimal to meaningful parent participation. **Journal of Research in Childhood Education**, [s.l.], v. 35, p. 68-90, 2020. DOI: https://doi.org/10.1080/02568543.2020.1782546

HANEY-LÓPEZ, Ian F. Race, Ethnicity, Erasure: The Salience of Race to LatCrit Theory. **California Law Review**, [s.l.], v. 85, n. 5, p. 1143-1211, 1997. DOI: https://doi.org/10.2307/3481058

HANKINS, Rebecca; JUÁREZ, Miguel. (ed.). **Where are all the librarians of color?** The experience of people of color in Academia. Sacramento: Library Juice Press, 2015.

HANKINS, Rebecca. Racial Realism or Foolish Optimism: An African American Muslim Woman in the Field. In: HANKINS, Rebecca; JUÁREZ, Miguel. (ed.). **Where are all the librarians of color?** The experience of people of color in Academia. Sacramento: Library Juice Press, 2015. p. 209-220.

HANSSON, Joacim. Classification Systems for Jewish Libraries and Bibliographies – Philosophy, Warrants and Relation to non-Jewish Bibliographic Practice. **Journal of Religious & Theological Information**, [preprint version], 2022. DOI: https://doi.org/10.1080/10477845.2022.2038047

HARAS, Catherine; LOPEZ, Edward; FERRY, Kristine. (Generation 1.5) Latino Students and the Library: A Case Study. **The Journal of Academic Librarianship**, v. 34, n. 5, p. 425-443, 2008. DOI: https://doi.org/10.1016/j.acalib.2008.06.004

HARTLEP, Nicholas Daniel. **Critical Race Theory**: an examination of its past, present, and future implications. Milwaukee, WI: University of Wisconsin at Milwaukee, 2009.

HARRIS, Cheryl I. Whiteness as property. **Harvard Law Review**, [s.l.], v. 106, p. 1707-1791, 1993.

HARRIS JR, Robert L. Daniel Murray and The Encyclopedia of the Colored Race. **Phylon (1960-2002)**, Atlanta, v. 37, n. 3, p. 270-282, 1976. DOI: https://doi.org/10.2307/274456

HART, Robert C. Black-White literary relations in the Harlem renaissance. **American literature**, [s.l.], v. 44, n. 4, p. 612-628, 1973. Disponível em: https://www.jstor.org/stable/2924308. Acesso em: 20 ago. 2022.

HATHCOCK, April M.; SENDAULA, Stephanie. Mapping Whiteness at the Reference Desk. *In*: SCHLESSELMAN-TARANGO, Gina. (ed.). **Topographies of Whiteness**: mapping Whiteness in Library and Information Studies. Sacramento: Library Juice Press, 2017. p. 251-260.

HAYDEL, Judith. Brown v. Louisiana (1966). **The first Amendment Encyclopedia**. Murfreesboro: Middle Tennessee State University, 2009.

HAYMAN, Robert L., LEVIT, Nancy. The constitutional ghetto. *In*: DELGADO, Richard; STEFANCIC, Jean. (ed.). **Critical White Studies**: Looking Beyond the Mirror. Philadelphia: Temple University Press, 1997. p. 239-247.

HAZARD, Anthony Q. **Postwar Anti-Racism**: The United States, UNESCO, and "Race," 1945-1968. New York: Palgrave Macmillan, 2012.

HELTON, Laura. On Decimals, Catalogs, and Racial Imaginaries of Reading. **Publications of the Modern Language Association**, [s.l.], v. 134, n. 1, p. 99-120, 2019.

HELTON, Laura E.; ZAFAR, Rafia. Arturo Alfonso Schomburg in the Twenty-first Century: an introduction. **African American Review**, [s.l.], v. 54, n. 1-2, p. 1-18, 2021. DOI: https://doi.org/10.1353/afa.2021.0000.

HISTORY.COM (ed.). Brown v. Board of Education. **History.com**, Nova York, 2009. Disponível em: https://www.history.com/topics/black-history/brown-v-board-of-education-of-topeka. Acesso em: 13 fev. 2023.

HODGES, Graham Russell Gao. **David Ruggles**: A radical black abolitionist and the underground railroad in New York City. Chapel Hill: The University of North Carolina Press, 2010.

HOLLANDER, David. Jewish Law for the Law Librarian. **Law Library Journal**, [s.l.], v. 98, n. 219, 2006. Disponível em: https://ssrn.com/abstract=1338343. Acesso em: 20 set. 2022.

HOLMES, Jennifer L. Patrons with developmental disabilities: A needs assessment survey. **New Library World**, [s.l.], v. 109, n. 11/12, p. 533-545, 2008. DOI: https://doi.org/10.1108/03074800810921340

HOLTON, Adalaine. Decolonizing History: Arthur Schomburg's Afrodiasporic Archive. **The Journal of African American History**, [s.l.], v. 92, n. 2, p. 218-238, Spring, 2007. Disponível em: https://www.jstor.org/stable/20064181. Acesso em: 20 set. 2022.

HONG, Ji Hyun. Asian Critical Race Theory as an Analytical Framework. *In*: ROULSTON, Kathy. **QualPage**, [s.l.], 21 jul. 2022. Disponível em: https://qualpage.com/2022/07/21/asian-critical-race-theory-as-an-analytical-framework/. Acesso em: 20 set. 2022.

HONMA, Todd. Trippin' Over the Color Line: the invisibility of race in Library and Information Studies. **InterActions**: UCLA Journal of Education and Information Studies, [s.l.], v. 1, n. 2, p. 1-27, 2005. DOI: https://doi.org/10.5070/D412000540

HONMA, Todd. Foreword. *In*: SCHLESSELMAN-TARANGO, G. (ed.). **Topographies of Whiteness**: mapping whiteness in Library and Information Science. Sacramento: Library Juice Press, 2017. p. ix-xiii.

HONMA, Todd. Introduction to part I. *In*: LEUNG, Sofia Y.; LOPEZ-MCKNIGHT, Jorge R. (ed.). **Knowledge Justice**: disrupting Library and Information Studies through Critical Race Theory. Cambridge, MA: Massachusetts Institute of Technology, 2021. p. 45-48.

HOOK, Joshua N.; FARRELL, Jennifer E.; DAVIS, Don E.; DEBLAERE, Cirleen; VAN TONGEREN, Daryl R.; UTSEY, Shawn O. Cultural humility and racial microaggressions in counseling. **Journal of Counseling Psychology**, [s.l.], v. 63, n. 3, p. 269-277, 2016. DOI: https://doi.org/10.1037/cou0000114

HOOKWAY, Christopher. Some varieties of epistemic injustice: Reflections on Fricker. **Episteme**, [s.l.], v. 7, n. 2, p. 151-163, 2010. DOI: https://doi.org/10.3366/E1742360010000882

HOUNTONDJI, Paulin. Remarques sur la Philosophie Africaine Contemporaine. **Diogène**, [s.l.], v. 71, p. 120-140, 1970.

HOUNTONDJI, Paulin. Le myths de la philosophie spontanee. **Cahiers philosophiques Africains**, [s.l.], n. 1, 1972.

HOUNTONDJI, Paulin. The myth of spontaneous philosophy'. **Consequence**, [s.l.], v. 1, p. 11-37, 1974.

HOUNTONDJI, Paulin. **African philosophy**: Myth and reality. Tr. H. Evans and J. Ree. London: Hutchinson, 1976a.

HOUNTONDJI, Paulin J. **Sur la "philosophie africaine"**. Paris: François Maspero, 1976b.

HOUNTONDJI, Paulin J. **Sur la «philosophie africaine», Critique de l'ethnophilosophie**. Paris: François Maspero, 1977.

HOUNTONDJI, Paulin J. **African Philosophy**: Myth and Reality. Bloomington: Indiana University Press, 1983.

HOUNTONDJI, Paulin J. Producing Knowledge in Africa Today. **African Studies Review**, [s.l.], v. 38, n. 3, p. 1-10, 1995.

HOUNTONDJI, Paulin J. **The Struggle for Meaning**: Reflections on Philosophy, Culture, and Democracy in Africa. Athens: Ohio University Center for International Studies, 2002.

HOUNTONDJI, Paulin J. Global Knowledge: Imbalances and Current Tasks. *In*: NEAVE, Guy. (org.). **Knowledge, Power and Dissent**: Critical Perspectives on Higher Education and Research in Knowledge Society. Paris: UNESCO Publishing, 2006. p. 41-60.

HOUNTONDJI, Paulin J. Conhecimento de África, conhecimento de Africanos: Duas perspectivas sobre os Estudos Africanos. **Revista Crítica de Ciências Sociais**, [s.l.], v. 80, p. 149-160, 2008.

HOUNTONDJI, Paulin J. Conhecimento de África, conhecimento de Africanos: Duas perspectivas sobre os Estudos Africanos. *In*: SANTOS, Boaventura de Sousa; MENESES, Maria Paula (org.). **Epistemologias do Sul**. Coimbra: Edições Almedina, 2009. p. 199-132.

HSIEH, Betina; YU, Judy; YEH, Cathery; AGARWAL-RANGNATH, Ruchi. Love on the Front Lines: Asian American Motherscholars Resisting Dehumanizing Contexts through Humanizing Collectivity. **Peabody Journal of Education**, [s.l.], v. 97, n. 2, p. 165-178, 2022. DOI: https://doi.org/10.1080/0161956X.2022.2055885

HYUN, Ji. Asian Critical Race Theory as an Analytical Framework. **QualPage**, [s.l.], July 21, 2022.

HUDSON, Dave James. Unpacking "Information Inequality": Toward a Critical Discourse of Global Justice in Library and Information Science. **Canadian Journal of Information and Library Science**, [s.l.], v. 36, n. 3-4, p. 69-87, 2012. DOI: https://doi.org/10.1353/ils.2012.0010

HUDSON, David J. On Dark Continents and Digital Divides: Information Inequality and the Reproduction of Racial Otherness in Library and Information Studies. **Journal of Information Ethics**, [s.l.], v. 25, n. 1, p. 62-80, 2016.

HUDSON, David James. On 'Diversity' as Anti-Racism in Library and Information Studies: A Critique. **Journal of Critical Library and Information Studies**, [s.l.], v. 1, n. 1, p. 1-36, 2017a. DOI: https://doi.org/10.24242/jclis.v1i1.6

HUDSON, David James. The whiteness of praticality. *In*: SCHLESSELMAN-TARANGO, Gina (ed.). **Topographies of Whiteness**: mapping Whiteness in Library and Information Studies. Sacramento: Library Juice Press, 2017b. p. 203-234.

HUDSON, David James. The Displays: On Anti-Racist Study and Institutional Enclosure. **up//root**: a we here publication. [s.l.], October 22, 2020. Disponível em: https://www.uproot.space/features/hudson-the-displays. Acesso em: 20 set. 2022.

HUDSON V. LEAKE COUNTY SCHOOL BOARD. **3:63-cv-03382**. District Court, S.D. Mississippi, March 7, 1963.

HUGHEY, Matthew W. Backstage discourse and the reproduction of White masculinities. **The Sociological Quarterly**, [s.l.], v. 52, n. 1, p. 132-153, 2011. DOI: https://doi.org/10.1111/j.1533-8525.2010.01196.x

HUGHES, Diane. Correlates of African American and Latino Parents' Messages to Children About Ethnicity and Race: A Comparative Study of Racial Socialization. **American Journal of Community Psychology**, [s.l.], v. 31, n. 1-2, p. 15-33, 2003. DOI: https://doi.org/10.1023/A:1023066418688

HUSSEY, Lisa. The diversity discussion: What are we saying? **Progressive Librarian**, [s.l.], v. 34/35, p. 3-10, 2010.

IGNATIEV, Noel. **How the Irish became white**. New York; London: Routledge, 1995.

IPEAFRO – Instituto de Pesquisas e Estudos Afro-Brasileiros. **Abdias Nascimento**. Rio de Janeiro, 2022. Disponível em: https://ipeafro.org.br/personalidades/abdias-nascimento/ Acesso em: 10 jun. 2022.

ISAAC, Benjamin. **The invention of Racism in Classical Antiquity**. Princenton, NJ: Princeton University Press, 2004.

ISAAC, Benjamin. Proto-racism in Graeco-Roman antiquity. **World Archaeology**, [s.l.], v. 38, n. 1, p. 32-47, 2006.

IFTIKAR, Jon S.; MUSEUS, Samuel D. An Asian critical theory (AsianCrit) framework. **Asian American students in higher education**, [s.l.], v. 31, n. 10, p. 18-29, 2013.

IFTIKAR, Jon S.; MUSEUS, Samuel D. On the utility of Asian critical (AsianCrit) theory in the field of education. **International journal of qualitative studies in education**, [s.l.], v. 31, n. 10, p. 935-949, 2018. DOI: https://doi.org/10.1080/09518398.2018.1522008

JACKSON, Sidney L.; HERLING, Eleanor B.; JOSEY, E. J. (ed.). **A Century of service**: librarianship in the United States and Canada. Chicago: American Library Association, 1976.

JACOBSON, Matthew Frye. **Whiteness of a different color**: European immigrants and the alchemy of race. Cambridge: Harvard University Press, 1998.

JACKSON, Miles M. (ed.). **A Bibliography of materials by and about Negro Americans for young readers**: final report. Atlanta, Georgia: Atlanta University, February 28, 1967. Disponível em: https://www.academia.edu/29786588/A_Bibliography_of_Materials_by_and_About_Negro_Americans_for_Young_Readers_Final_Report. Acesso em: 20 ago. 2022.

JACKSON, Miles M. **A bibliography of Negro history & culture for young readers**. Pittsburgh: Atlanta University; University of Pittsburgh Press, 1968.

JACKSON, Andrew P.; JEFFERSON, Julius C. NOSAKHERE, Akilah S. (ed.). **The 21st-century black librarian in America:** Issues and challenges. Lanham, MD: Scarecrow Press, 2012.

JAÉN GARCÍA, Luis Fernando. Metodología para realizar biobibliografías. **e-Ciencias de la Información**, Costa Rica, n. dez., p. 1-11, 2012. DOI: https://doi.org/10.15517/eci.v2i2.8485

JAMES, Catherine. E. J. JOSEY: the librarian who asked "why not". **LS 501: Introduction to Library and Information Studies**, October 17, 2015. Disponível em: https://lhrtnews.files.wordpress.com/2017/11/catherine-james-project-two-josey-star-paper.pdf. Acesso em: 20 dez. 2022.

JAPIASSU, Hilton. **Interdisciplinaridade e patologia do saber**. Rio de Janeiro: Imago, 1976.

JAY, Martin. The Jews and the Frankfurt School: Critical Theory's Analysis of Anti-Semitism. **New German Critique**, [s.l.], n. 19, p. 137, 1980. DOI: https://doi.org/10.2307/487976

JENKINS, John Philip. White Supremacy. **Encyclopedia Britannica**, [s.l.], 13 abr. 2021. Disponível em: https://www.britannica.com/topic/white-supremacy. Acesso em: 19 jan. 2021.

JESUS, Ana Carine S. de.; MORAES, Iara; MACEDO, Lais Hellen Santos. A importância da inclusão de obras de escritoras negras nos acervos das bibliotecas públicas municipais do estado de São Paulo. *In*: SILVA, Franciéle C. Garcês da; LIMA, Graziela S. (org.). **Bibliotecári@s negr@s**: ação, pesquisa e atuação política. Florianópolis: ACB, 2018. p. 319-348.

JET Maganize. **Library Pioneer Dr. E. J. Josey saluted during American Library Assn. Annual Confab**, [s.l.], v. 88, n. 10, p. 33, 17 jul. 1995.

JONES, Clara Stanton. E. J. Josey: librarian for all seasons. *In*: ABDULLAHI, Ismail. (ed.). **E. J. Josey**: an activist librarian. Metuchen, N.J: The Scarecrow Press, 1992.

JONES, Virginia Lacy. **Problems of Negro Public High School Libraries in Selected Southern Cities**. Doctored (Thesis) - University of Chicago, Chicago, 1945.

JORDAN, Casper LeRoy. African American Forerunners in Librarianship. *In*: JOSEY, E. J.; DELOACH, Marva. (ed.). **Handbook of black librarianship**. 2nd ed. Lanham: The Scarecrow Press Inc., 2000.

JORDAN, Casper LeRoy. Afro-American Forerunners in Librarianship. *In*: JOSEY, E. J.; SCHOCKLEY, Ann Allen. (ed.). **Handbook of black librarianship**. Littleton, Colorado: Libraries Unlimited, Inc., 1977. p. 24-34.

JORDAN, Casper LeRoy; JOSEY, E. J. A Chronology of Events in Black Librarianship. *In*: JOSEY; E. J.; SCHOCKLEY, Ann Allen (ed.). **Handbook of black librarianship**. Littleton, Colorado: Libraries Unlimited, 1977.

JOSEPH, Nicole M.; CROWE, Katherine M.; MACKEY, Janiece. Interrogating Whiteness in College and University Archival Spaces at Predominantly White Institutions. *In*: SCHLESSELMAN-TARANGO, Gina (ed.). **Topographies of Whiteness**: mapping Whiteness in Library and Information Studies. Sacramento: Library Juice Press, 2017. p. 55-78.

JOSEY, E. J. A College Library's Cultural Series. **Wilson Library Bulletin**, New York, v. 30, n. 10, p. 766-768, June 1956.

JOSEY, E. J. A College Library Accreditation: boom or bust. **Wilson Library Bulletin**, New York, v. 32, n. 3, p. 233-234, November 1957.

JOSEY, E. J. The College Library and the Atom. **Library Journal**, New York, v. 83, n. 9, p. 1341-1343, May 1958.

JOSEY, E. J. Savannah State. **Library Journal**, New York, v. 84, n. 21, p. 3721, December 1959.

JOSEY, E. J. The Savannah State College Library: In Retrospect and Prospect. **Savannah State College Bulletin**, Savannah, v. 14, n. 2, p. 40-51, dec. 1960.

JOSEY, E. J. College libraries are for professors too. **The Savannah State College Bulletin**, Savannah, v. 15, n. 2, p. 5-9, December 1961.

JOSEY, E. J. The College Library and the Community. **The Savannah State College**, Savannah, v. 16, n. 2, p. 61-66, December 1962.

JOSEY, E. J. Neolithic Resources in Colleges. **Library Journal**, New York, v. 88, n. 1, p. 48, 1963.

JOSEY, E. J. Enhancing and Strengthening Faculty-Library Relationships. **The Journal of Negro Education**, v. 33, n. 2, p. 191-196, 1964.

JOSEY, E. J. Giving disadvantaged negro children a reading start. **Negro History Bulletin**, [s.l.], v. 29, n. 7, p. 155-156, apr. 1966.

JOSEY, E. J. A Plea for Education Excellence. **The Quarterly Review of Higher Education Among Negroes**, [s.l.], v. 35, n. 3, p. 125-131, 1967a.

JOSEY, E. J. Feasibility of Establishing a Library-College in Predominantly Negro Colleges. **The Savannah State College Bulletin**, v. 21, n. 2, p. 45-54, 1967b.

JOSEY, E. J. **Black Librarian in America**. Metuchen, NJ: Scarecrow, 1970a.

JOSEY, E. J. A Dreamer - with a tiny spark. *In*: JOSEY, E. J. (ed.). **The Black Librarian in America**. Metuchen, NJ: Scarecrow Press, 1970b.

JOSEY, E. J. Meeting the challenge: Educating for universal library and information service. *In*: TALLMAN, Julie I.; OJIAMBO, Joseph B. (ed.). **Translating an international education to a national environment**. Metuchen, N.J., Scarecrow Press, 1990c. p. 1-11.

JOSEY, E. J. **What black librarians are saying**. Metuchen: The Scarecrow Press, 1972a.

JOSEY, E. J. Racism Charge. **American Libraries**, [s.l.], v. 3, n. 2, p. 111, Feb. 1972b.

JOSEY, E. J. Support Fauntroy's Bill. **American Libraries**, [s.l.], v. 3, n. 3, p. 221, Mar., 1972c.

JOSEY, E. J. Introduction. *In*: JOSEY, E. J. **What black librarians are saying**. Metuchen: The Scarecrow Press, 1972d.

JOSEY, E. J. Lamkin Protest. **American Libraries**, [s.l.], v. 4, n. 3, p. 128, march. 1973.

JOSEY, E. J. Scoring discrimination. **Library Journal**, New York, v. 100, n. 1, p. 3, 1975a.

JOSEY, E. J. Can library affirmative action succeed? **Library Journal**, [s.l.], v. 100, n. 1, p. 28-31, 1975b.

JOSEY, E. J. (ed.). **New Dimensions for Academic Library Service**. Metuchen, N. J.: The Scarecrow Press, 1975c.

JOSEY, E. J. Blue's "Colored Branch" a Grim Reminder. **American Libraries**, [s.l.], v. 7, n. 7, p. 441, jul./aug. 1976a.

JOSEY, E. J. Down with Discrimination. **American Libraries**, [s.l.], v. 7, n. 9, p. 566, jul./aug. 1976b.

JOSEY, E. J. New York State Academic and Research Libraries Receive Federal Grants under HEA Title II. **Bookmark**, [s.l.], v. 36, p. 26-27, 1976c.

JOSEY, E. J. The Future of the Black College Library. *In*: JOSEY, E. J.; SCHOCKLEY, Ann Allen. (ed.). **Handbook of black librarianship**. Littleton, Colorado: Libraries Unlimited, Inc., 1977a. p. 127-132.

JOSEY, E. J. Resolution on Racism & Sexism Awareness revisited. **Wilson Library Bulletin**, New York, v. 51, n. 9, p. 727-728, May 1977b.

JOSEY, E. J. Black Caucus of the American Library Association. *In*: JOSEY, E. J.; SCHOCKLEY, Ann Allen. (ed.). **Handbook of Black Librarianship**. Littleton, CO: Libraries Unlimited, 1977c.

JOSEY; E. J.; SCHOCKLEY, Ann Allen (ed.). **Handbook of Black Librarianship**. Littleton, Colorado: Libraries Unlimited, 1977.

JOSEY, E. J. (ed.). **The Information Society**: Issues and Answers. Phoenix: Oryx Press, 1978.

JOSEY, E. J. (ed.). **Libraries in the Political Process**. Phoenix: Oryx Press, 1980.

JOSEY, E. J. Library and Information Services for Cultural Minorities: A Commentary and Analysis of a Report to the National Commission on Libraries and Information Science. **Libri**, [s.l.], v. 35, n. 4, p. 320-332, 1985.

JOSEY, E. J. Introduction: Forging Coalitions for the Public Good. *In*: JOSEY, E. J. (ed.). **Libraries, coalitions & the public good**. New York; London: Neal-Schucman Publishers, 1987a. p. 1-3.

JOSEY, E. J. (ed.). **Libraries, coalitions & the public good**. New York; London: Neal-Schucman Publishers, 1987b. p. 1-3.

JOSEY, E. J. A foreword. *In*: SPELLER JR., Benjamin F. (ed.). **Educating Black Librarians**. Jefferson, North Carolina: McFarland & Company, 1991a. p. vii-xiv.

JOSEY, E. J. The Challenges of Cultural Diversity in the Recruitment of Faculty and Students from Diverse Backgrounds. **Journal of Education for Library and Information Science**, [s.l.], v. 34, n. 4 p. 302-311, Fall 1993.

JOSEY, E. J.; RATCLIFFE, T. E.; KARLSON, Marjorie. Interlibrary Loan Debate: librarian, what of the undergrad? **RQ**, [s.l.], v. 6, n. 4, p. 158-163, Summer 1967.

JOSEY, E. J. The Role of the Black Library and Information Professional in the Information Society: Myths and Realities. *In*: SPELLER JR., Benjamin F. (ed.). **Educating Black Librarians**. Jefferson, North Carolina: McFarland & Company, 1991b. p. 51-60.

JOSEY, E. J. The Challenges of Cultural Diversity in the Recruitment of Faculty and Students from Diverse Backgrounds. **Journal of Education for Library and Information Science**, [s.l.], v. 34, n. 4, p. 302-311, Fall 1993.

JOSEY, E. J. **The Black Librarian in America Revisited.** Metuchen: The Scarecrow Press, 1994.

JOSEY, E. J. Diversity: political and societal barriers. **Journal of Library Administration**, [s.l.], v. 27, n. 1, p. 191-202, 1999.

JOSEY, E. J. Black Caucus of the American Library Association: the early years. *In*: JOSEY, E. J.; DELOACH, Marva L. (ed.). **Handbook of Black librarianship**. Lanham, Maryland, and London: The Scarecrow Press, Inc., 2000a. p. 83-98.

JOSEY, E. J. Statistical Facts Pertaining to Black Librarians and Libraries. *In*: JOSEY, E. J.; DELOACH, Marva L. (ed.). **Handbook of Black librarianship**. Lanham, Maryland, and London: The Scarecrow Press, Inc., 2000b. p. 207-212.

JOSEY, E. J. Interview. *In*: To Be Black and a Librarian: Talking with E. J. Josey. **American Libraries**, [s.l.], v. 31, n. 1, p. 80-82, Jan. 2000c.

JOSEY, E. J.; DELOACH, Marva L. (ed.). **Handbook of Black librarianship**. Lanham, Maryland, and London: The Scarecrow Press, Inc., 2000d.

JOSEY, E. J.; PEEPLES JR., Kenneth. Introduction. *In*: JOSEY, E. J.; PEEPLES JR., Kenneth. (ed.). **Opportunities for minorities in librarianship**. Metuchen, N. J.: The Scarecrow Press, 1977. p. vii-ix.

JOSEY, E. J. A Foreword. *In*: SPELLER JR., Benjamin F. (ed.). **Educating Black Librarians**: papers from the 50th Anniversary Celebration of the School of Library and Information Sciences, North Carolina Central University. Jefferson, North Carolina: McFarland & Company, Inc., Publishers, 1991. p. vii-xiv.

JOSEY, E. J.; ABDULLAHI, Ismail. Why diversity in American libraries. **Library Management**, [s.l.], v. 23, n. 1/2, p. 10-16, 2002.

JUÁREZ, Miguel. Making Diversity Work in Academic Libraries. *In*: HANKINS, Rebecca; JUÁREZ, Miguel. (ed.). **Where are all the librarians of color?** The experience of people of color in Academia. Sacramento: Library Juice Press, 2015. p. 299-316.

JUVÊNCIO, Carlos Henrique. Arquitetura das ideias: Paul Otlet, o objeto, o livro e o documento. **Encontros Bibli**: Revista Eletrônica de Biblioteconomia e Ciência da Informação, Florianópolis, v. 26, p. 1-17, 2021.

KALUMBA, Kibujjo M. Sage Philosophy: Its Metodology, Results, Significance and Future. *In*: WIREDU, Kwasi (ed.). **A companion to African Philosophy**. Malden, Oxord, Victoria: Blackwell, 2004. p. 274-281.

KAPHAGAWANI, Didier N; MALHERBE, Jeanette G. African epistemology. *In*: COETZEE, Peter H.; ROUX, Abraham P. J. (ed.). **The African Philosophy Reader**. New York: Routledge, 2002. p. 219-229.

KANT, Immanuel. **Observações sobre o sentimento do belo e do sublime**: ensaio sobre as doenças mentais. Tradução de Vinicius de Figueiredo. Campinas: Papirus, 1993.

KANT, Immanuel. Of the Different Races of Man. *In*: EZE, Emmanuel Chukwudi. (ed.). **Race and the Enlightenment**: A Reader. Cambridge, MA: Wiley Blackwell, 1997.

KEHL, Renato F. Conferencia de propaganda eugênica. **Annaes de Eugenía**, [s.l.], p. 67-79, 1919.

KEHL, Renato F. **Eugenía e Medicina Social**: problemas da vida. 2. ed. Rio de Janeiro: Livraria Francisco Alves, 1923.

KELLEY, Robin D. G. 'But a local phase of a world problem': black history's global vision, 1883-1950. **The Journal of American History**, [s.l.], v. 86, n. 3, p. 1045–1077, 1999. DOI: https://doi.org/10.2307/2568605

KILOMBA, Grada. "The Mask". *In*: KILOMBA, Grada. **Plantation Memories**: episodes of everyday racism. Müster: Unsrast Verlag, 2010.

KILOMBA, Grada. A máscara. Trad. Jessica Oliveira de Jesus. **Cadernos de Literatura em Tradução**, [s.l.], n. 16, p. 171-180, 2014.

KILOMBA, Grada. **Memórias da plantação**: episódios de racismo cotidiano. Rio de Janeiro: Cobogó, 2019.

KILOMBA, Grada. Fanon, existência, ausência: Prefácio. In: FANON, Franz. **Pele negra, máscaras brancas**. São Paulo: Ubu Editora, 2020.

KING, Ryan D.; WEINER, Melissa F. Group position, collective threat, and American antisemitism. **Social Problems**, [s.l.], v. 54, n. 1, p. 47-77, 2007.

KITTAY, Eva Feder; CARLSON, Licia. (ed.). **Cognitive Disability and Its Challenge to Moral Philosophy**. Malden, MA: John Wiley & Sons, 2010.

KOIVULA, Merja; TURJA, Leena; LAAKSO, Marja-Lena. Using the Storytelling Method to Hear Children's Perspectives and Promote Their Social-Emotional Competence. **Journal of Early Intervention**, [s.l.], v. 42, n. 2, p. 163-181, 2020. DOI: https://doi.org/10.1177/1053815119880599

KOZLESKI, Elizabeth B.; STEPANIUK, Inna; PROFFITT, William. Leading through a critical lens: The application of DisCrit in framing, implementing, and improving equity driven, educational systems for all students. **Journal of Educational Administration**, [s.l.], v. 58, n. 5, p. 489-505, 2020. DOI: https://doi.org/10.1108/JEA-12-2019-0220

KNOTT, Cheryl. **Not Free, Not for All**: Public Libraries in the Age of Jim Crow. Amherst: University of Massachusetts Press, 2015.

KOSMAN, L. Aryeh. Understanding, Explanation and Insight in the Posterior Analytics. In: LEE, E. N.; MOURELOTOS, A. P. D.; RORTY, R. M. (ed.). **Exegesis and Argument**. Assen: Van Gorcum, 1973a. p. 374-392.

KOSMAN, L. Aryeh. Understanding, Explanation and Insight in the "Posterior Analytics". **Phronesis**, [s.l.], v. 18, p. 374-392, 1973b.

KREMER, S. Lillian. Contemporary Jewish American writers and the multicultural dilemma: Return of the exiled (review). **American Jewish History**, [s.l.], v. 89, n. 3, p. 318-320, 2001. DOI: https://doi.org/10.1353/ajh.2001.0045

KUMASHIRO, Kevin K. **Troubling intersections of race and sexuality**: Queer students of color and anti-oppressive education. Lanham, MD: Rowman & Littlefield, 2001.

LA ROSA, Sarah de; SIMONS, Rachel N.; ELKINS, Aaron J. Teaching with Color: Calling in White Faculty to Address Whiteness in the LIS Curriculum. **Proceedings of the Association for Information Science and Technology**, [s.l.], v. 58, n. 1, p. 703-706, 2021. DOI: https://doi.org/10.1002/pra2.535

LANDER, Edgardo. Ciências sociais: saberes coloniais e eurocêntricos. *In*: LANDER, Edgardo. (org.). **A colonialidade do saber**: eurocentrismo e ciências sociais. Perspectivas latinoamericanas. Ciudad Autónoma de Buenos Aires, Argentina: CLACSO, 2005.

LADSON-BILLINGS, Gloria. Toward a theory of culturally relevant pedagogy. **American Educational Research Journal**, v. 32, p. 465-491, 1995.

LADSON-BILLINGS, Gloria; TATE, William F. Toward a critical race theory of education. **The Teachers College Record**, [s.l.], v. 97, n. 1, p. 47-68, 1995.

LADSON-BILLINGS, Gloria. Critical Race Theory – What it is not! *In*: LYNN, Marvin; DIXSON, Adrienne D. (ed.). **Handbook of Critical race Theory in Education**. New York: Routledge, 2013. p. 34-47.

LALVANI, Priya; BACON, Jessica K. Rethinking "We Are All Special": Anti-Ableism Curricula in Early Childhood Classrooms. **Young Exceptional Children**, [s.l.], v. 22, n. 2, p. 87-100, June 2019. DOI: https://doi.org/10.1177/1096250618810706

LANGMAN, Peter F. Including Jews in multiculturalism. **Journal of Multicultural Counseling and Development**, [s.l.], v. 23, n. 4, p. 222–236, 1995. DOI: https://doi.org/10.1002/j.2161-1912.1995.tb00278.x

LAURINDO, Kariane Regina; PIZARRO, Daniella Camara. Memória e resistência: a história do Quilombo Vidal Martins. *In*: ENCONTRO NACIONAL DE BIBLIOTECÁRIAS(OS) NEGRAS(OS) E ANTIRRACISTAS, 2., 2021, Belo Horizonte. **Anais** [...]. Belo Horizonte: UFMG, 2021.

LAWSON, Steven F. Freedom Then, Freedom Now: The Historiography of the Civil Rights Movement. **The American Historical Review**, v. 96, n. 2, p. 456-471, Apr. 1991. Disponível em: https://www.jstor.org/stable/2163219. Acesso em: 10 jul. 2022.

LAZAR, Jonathan; STEIN, Michael Ashley. (ed.). **Disability, Human Rights, and Information Technology**. Philadelphia, PA: University of Pennsylvania Press, 2017.

LEE, Vicen. Like a Fish Out of Water, but Forging My Own Path. *In*: HANKINS, Rebecca; JUÁREZ, Miguel. (ed.). **Where are all the librarians of color?** The experience of people of color in Academia. Sacramento: Library Juice Press, 2015. p. 187-208.

LEE, Young J.; BODEN-ALBALA, Bernardette; LARSON, Elaine; WILCOX, Adam; BAKKEN, Suzanne. Online health information seeking behaviors of Hispanics in New York City: A community-based cross-sectional study. **Journal of Medical Internet Research**, [s.l.], v. 16, n. 7, e176, 2014. DOI: https://doi.org/10.2196/jmir.3499

LENSMIRE, Timothy J. **White Folks**: Race and Identity in Rural America. Oxfordshire, England, UK: Routledge, 2017.

LEONARDO, Zeus; BRODERICK, Alicia A. Smartness as Property: A Critical Exploration of Intersections between Whiteness and Disability Studies. **Teachers College Record**, [s.l.], v. 113, n. 10, p. 2206-2232, 2011.

LEVYA, Luis; MCNEIL, R. Taylor; BALMER, B. R.; MARSHAL, Brittany L.; KING, V. Elizabeth; ALLEY, Zander D. Black Queer Students' Counter-Stories of Invisibility in Undergraduate STEM as a White, Cisheteropatriarchal Space. **American Educational Research Journal**, [s.l.], [Online fisrt], p. 1-42, 2022. DOI: https://doi.org/10.3102/00028312221096455

LIBRARY OF CONGRESS. **Browder v. Gayle, Class Action Lawsuit**. Montgomery Bus Situation, NAACP Records, Manuscript Division, Library of Congress, December 19, 1955.

LIPSCOMB, Carolyn E. Historical notes: race and librarianship: part I. **Journal of the Medical Library Association**, [s.l.], v. 92, n. 3, p. 299-301, July 2004.

LIPSCOMB, Carolyn E. Historical notes: race and librarianship: part II. **Journal of the Medical Library Association**, [s.l.], v. 93, n. 3, p. 308-310, July 2005.

LIMA, Ana Cláudia dos Santos. Informação étnico racial: a contribuição de arquivos, bibliotecas e museus na luta antirracista. **Revista Fontes Documentais**, [s.l.], n. ed., v. 5, p. 84-86, 2022.

LIMA, Daniel Almeida; GOMES, Henriette Ferreira. Epistemologia social e filosofia da informação: um possível diálogo entre Jesse Shera e Luciano Floridi. **Biblionline**, n. 4, v. 12, p. 25-41, 2016.

LIMA, Graziela dos Santos; SILVA, Franciéle Carneiro Garcês da; COSTA, Amabile; SILVA, Andreia Sousa; SOUZA, Gisele Karine Santos de. Africanizando os acervos: política de gestão de acervos para bibliotecas especializadas na temática afro-brasileira e africana. **Revista Brasileira de Biblioteconomia e Documentação**, [s.l.], n. 3, v. 14, p. 88-103, 2018.

LIMA, Fátima. Trauma, colonialidade e a sociogenia em Frantz Fanon: os estudos da subjetividade na encruzilhada. **Arquivos Brasileiros de Psicologia**, Rio de Janeiro, v. 72, n. esp., p. 80-93, 2020. DOI: https://doi.org/10.36482/1809-5267.arbp2020v72s1p.80-93

LITTLETREE, Sandra; BELARDE-LEWIS, Miranda; DUARTE, Marisa. Centering Relationality: A Conceptual Model to Advance Indigenous Knowledge Organization Practices. **Knowledge Organization**, [s.l.], v. 47, n. 5, 2020. DOI: https://doi.org/10.5771/0943-7444-2020-5-410

LITTLETREE, Sandra; METOYEAR, Cheryl A. Knowledge Organization from an Indigenous Perspective: The Mashantucket Pequot Thesaurus of American Indian Terminology Project. **Cataloging & Classification Quarterly**, [s.l.], v. 53, n. 5, p. 640-657, 2015. DOI: https://doi.org/10.1080/01639374.2015.1010113

LIU, Amy. Critical race theory, Asian Americans, and higher education: A review of research. **InterActions**: UCLA Journal of Education and Information Studies, [s.l.], v. 5, n. 2, 2009. DOI: https://doi.org/10.5070/D452000655

LONG, Dallas. Latino students' perceptions of the academic library [Pre-print]. **Journal of Academic Librarianship**, [s.l.], v. 37, n. 6, p. 504-511, 2011.

LONG, Christopher. **Knights of the White Camellia**. Handbook of Texas, Austin, TX: Texas State Historical Association, [1952] 2020. Disponível em: https://www.tshaonline.org/handbook/entries/knights-of-the-white-camellia Acesso em: 20 jan. 2021.

LOR, Peter. Preserving, developing and promoting indigenous languages: things South African librarians can do. **Innovation**, [s.l.], v. 45, p. 28-50, 2012. Disponível em: https://repository.up.ac.za/handle/2263/40597. Acesso em: 29 dez. 2022.

LOVE, Hailey R.; BENEKE, Margaret R. Pursuing Justice-Driven Inclusive Education Research: Disability Critical Race Theory (DisCrit) in Early Childhood. **Topics in Early Childhood Special Education**, [s.l.], v. 41, n. 1, p. 31-44, 2021. DOI: https://doi.org/10.1177/027112142199083

LUBIN, Maurice A. An important figure in Black Studies: Dr. Dorothy B. Porter. **CLA Journal**, v. 16, n. 4, p. 514-518, 1973. Disponível em: https://www.jstor.org/stable/44329017. Acesso em: 10 jul. 2022.

LUGONES, María. Rumo a um feminismo descolonial. **Revista de Estudos Feministas**, Florianópolis, [s.l.], v. 22, n. 3, p. 935-952, 2014. DOI: https://doi.org/10.1590/%25x

LUJÁN, Frances Ann. Service to the Spanish-speaking. **RQ**, [s.l.], v. 12, n. 3, p. 284-285, 1973. Disponível em: https://www.jstor.org/stable/25825455. Acesso em: 10 jul. 2022.

MABBOTT, Cass. The We Need Diverse Books Campaign and Critical Race Theory: Charlemae Rollins and the Call for Diverse Children's Books. **Library Trends**, Illinois, v. 65, n. 4, p. 508-522, 2017.

MCCALLON, Mark L. E. J. Josey (20 Jan. 1924–3 July 2009). *In*: **Oxford African American Studies Center**. Oxford University Press, 2013. p. 21-23.

MACHADO, Juliana; SILVA, Rubia L.; BAUDOIN, Tanja; CARRILHO, Ulisses. (org.). **Hospedando Lélia Gonzalez (1935-1994)**. Rio de Janeiro: Escola de Artes Visuais do Parque Lage, 2019.

MACDONALD-DENNIS, Christopher. Understanding anti-semitism and its impact: A new framework for conceptualizing Jewish identity. **Equity & Excellence in Education**, [s.l.], v. 39, n. 3, p. 267-278, 2006. DOI: https://doi.org/10.1080/10665680600792794

MADDUX, William M.; GALINSKY, Adam D.; CUDDY, Amy J. C.; POLIFRONI, Mark When being a model minority is good… and bad: Realistic threat explains negativity toward Asian Americans. **Personality and Social Psychology Bulletin**, [s.l.], v. 34, n. 1, p. 74-89, 2008. DOI: https://doi.org/10.1177/0146167207309195

MACIEL, Maria Eunice de S. A eugenia no Brasil. **Anos 90**, [s.l.], v. 7, n. 11, p. 121-130, 1999.

MALONE, Cheryl Knott. Unannounced and unexpected: The desegregation of Houston Public Library in the early 1950s. **Library Trends**, Illinois, v. 55, n. 3, p. 665-674, 2007. DOI: https://doi.org/ 10.1353/lib.2007.0015

MCINTOSH, Peggy. White Privilege: Unpacking the Invisible Knapsack. **Peace and Freedom Magazine**, Philadelphia, p. 10-12, July/August, 1989.

MARCONI, Marina de Andrade; LAKATOS, Eva Maria. **Fundamentos de metodologia científica**. 8. ed. São Paulo: Atlas, 2017.

MAIZELS, Linda. On whiteness and the Jews. **Journal for the Study of Antisemitism**, [s.l.], v. 3, n. 2, p. 463-488, 2011.

MARTIMIANO, Adriana Pedrosa; RODRIGUES, Carla Queiroz. O uso do vocabulário controlado e a divulgação da literatura afro-brasileira na biblioteca escolar: experiência de duas bibliotecárias da rede municipal de educação de Belo Horizonte. *In*: SILVA, Franciéle Carneiro Garcês da. (org.). **Bibliotecári@s negr@s**: pesquisas e experiências de aplicação da Lei 10.639/2003 na formação bibliotecária e bibliotecas. Florianópolis: Rocha; Nyota, 2020.

MARTIN, Rebecca; MCCANN, Heather; MORALES, Myrna E.; WILLIAMS, Stacie M. White Screen/White Noise: Racism on the Internet. **Urban Library Journal**, [s.l.], v. 19, n. 1, p. 1-13, 2013.

MARTÍNEZ-ÁVILA, Daniel; MELLO, Mariana Rodrigues Gomes de. Teoria crítica, pedagogia crítica e competência crítica em informação: aproximações teóricas à ciência da informação. **Informação & Informação**, Londrina, v. 26, n. 4, p. 1-23, 2021. DOI: https://doi.org/10.5433/1981-8920.2021v26n4p1

MARSHAL, Albert P. Service to Afro-Americans. *In*: JACKSON, Sidney L.; HERLING, Eleanor B.; JOSEY, E. J. (ed.). **A Century of service**: librarianship in the United States and Canada. Chicago: American Library Association, 1976. p. 62-78.

MATHIESEN, Kay. Informational Justice: A Conceptual Framework for Social Justice in Library and Information Services. **Library Trends**, Illinois, v. 64, n. 2, 2015. DOI: https://doi.org/10.1353/lib.2015.0044

MATOS, Olgária C. F. **A Escola de Frankfurt**: luzes e sombras do Iluminismo. São Paulo: Moderna, 1993.

MATSUDA, Mari J.; LAWRENCE III, Charles R.; DELGADO, Richard; CRENSHAW, Kimberlè Williams. **Words that wound**: Critical Race Theory, Assaultive Speech, and the First Amendment. Boulder, CO: Westview, 1993.

MATSUDA, Mari J.; LAWRENCE III, Charles R.; DELGADO, Richard; CRENSHAW, Kimberlè Williams. **Words that wound**: Critical Race Theory, Assaultive Speech, and the First Amendment. New York: Routledge, 2018.

MBAH, Sam; IGARIWEY, I. E. **Anarquismo africano**: a história de um movimento. Rio de Janeiro: Rizoma, 2018. 145 p.

MBEMBE, Achille. As formas africanas de auto-inscrição. **Estudos Afro-Asiáticos**, [s.l.], Ano 23, n. 1, p. 171-209, 2001. DOI: https://doi.org/10.1590/S0101-546X2001000100007

MBEMBE, Achille. **Crítica da Razão Negra**. Lisboa: Antígona, 2014.

MBEMBE, Achille. **Crítica da razão negra**. São Paulo: N-1 edições, 2018.

MCCALLON, Mark L. E. J. Josey (20 jan. 1924 – 3 july 2009). *In*: **Oxford African American Studies Center**. Oxford University Press, 2013. p. 21-23.

MCCOOK, Kathleen de la Peña. (ed.). **Women of color in librarianship**: An oral history. Chicago: ALA, 1998.

MCLAREN, Peter L. White terror and oppositional agency: Towards a critical multiculturalism. *In*: SLEETER, Christine E.; MCLAREN, Peter L. (ed.). **Multicultural education, critical pedagogy, and the politics of difference**. New York, NY: State University of New York Press, 1995. (v. 4, p. 33-70)

MCRUER, Robert; MOLLOW, Anna. (ed.). **Sex and Disability**. Durham, NC: Duke University Press, 2012.

MEDEIROS, Felipe Gabriel Gomes; PRESSER, Nadi Helena. Informação e Inclusão social: perspectivas possíveis. **Ciência da Informação em Revista**, Maceió, v. 7, n. 1, p. 19-33, jan./abr. 2020. DOI: https://doi.org/10.28998/cirev.2020v7n1b

MEEKOSHA, Helen; SHUTTLEWORTH, Russell. What's so "critical" about critical disability studies? **Australian Journal of Human Rights**, [s.l.], v. 15, n. 1, p. 47-75, 2009. DOI: https://doi.org/10.1080/1323238X.2009.11910861

MEHRA, Bharat. Social Justice Design and Implementation: Innovative Pedagogies to Transform LIS Education. **Journal of Education for Library and Information Science**, [s.l.], v. 62, n. 4, p. 460-476, 2021a. DOI: https://doi.org/10.3138/jelis-62-4-2020-0094

MEHRA, Bharat. Enough Crocodile Tears! Libraries Moving Beyond Performative Antiracist Politics. **The Library Quarterly**: Information, Community, Policy, [s.l.], v. 91, n. 2, p. 137-149, 2021b. DOI: https://doi.org/10.1086/713046.

MEHRA, Bharat. Elfreda Annmary Chatman in the 21st Century: At the Intersection of Critical Theory and Social Justice Imperatives. **Journal of Critical Library and Information Studies**, [s.l.], v. 3, p. 1-40, 2021c.

MEHRA, Bharat. Operationalizing Theories and Methods to Integrate Social Justice in LIS Scholarship (Editorial). **International Journal of Information, Diversity, and Inclusion**, [s.l.], v. 5, n. 2, p. 1-8, 2021d.

MEHRA, Bharat. Introduction: Social Justice in Library and Information Science & Services. **Library Trends**, Illinois, v. 64, n. 2, p. 179-197, 2015a.

MEHRA, Bharat. Social Justice in Library and Information Science and Services. **Library trends**, Illinois, v. 64, n. 2, p. 179-197, 2015b.

MEHRA, Bharat; ALBRIGHT, Kendra S.; RIOUX, Kevin. A Practical Framework for Social Justice Research in the Information Professions. **Proceedings of the American Society for Information Science and Technology**, [s.l.], v. 43, n. 1, p. 1-10, 2007. DOI: https://doi.org/10.1002/meet.14504301275.

MELAMED, Jodi. **Represent and Destroy**: Rationalizing Violence in the New Racial Capitalism. Minneapolis: University of Minnesota Press, 2011.

MELAMED, Jodi. Racial Capitalism. **Critical Ethnic Studies**, [s.l.], v. 1, n. 1, p. 76-85, 2015. DOI: https://doi.org/10.5749/jcritethnstud.1.1.0076.

MELO, Willimys da Costa; SCHUCMAN, Lia Vainer. Mérito e mito da democracia racial: uma condição de (sobre)vivência da supremacia branca à brasileira. **Revista Espaço Acadêmico**, [s.l.], ano XXI, n. esp., 14-23, fev. 2022.

MENDES, Luciana Corts. Transformações na percepção do museu no contexto do movimento bibliográfico: as concepções de museu de Paul Otlet e Otto Neurath. **Perspectivas em Ciência da Informação**, Belo Horizonte, n. 4, v. 18, p. 185-199, 2013.

MENESES TELLO, Felipe. Bibliotecas y justicia social: el paradigma político-social de la Biblioteca Inclusiva y la Biblioteca Incluyente. **Folha de Rosto**, Cariri, v. 6, n. 3, p. 54-77, set./dez. 2020. DOI: https://doi.org/10.46902/2020n3p54-77.

MENESES TELLO, Felipe. La biblioteca pública como institución política: la correlación entre bibliotecario público y bibliotecario político. **RICI**: Revista Ibero-americana de Ciência da Informação, Brasília, v. 12, n. 3, p. 905-940, set./dez. 2019.

MENOU, Michel J. Cultura, Informação e Educação de Profissionais de Informação nos Países em Desenvolvimento. **Ciência da Informação**, Brasília, v. 25, n. 3, p. 1-10, 1996.

METOYER-DURAN, Cheryl. Information-seeking behavior of gatekeepers in ethnolinguistic communities: Overview of a taxonomy. **Library and Information Science Research**, [s.l.], v. 13, n. 4, p. 319-346, 1991.

MIGLIARINI, Valentina; ANNAMMA, Subini Ancy. Classroom and Behavior Management: (Re)conceptualization Through Disability Critical Race Theory. *In*: PAPA, Rosemary. (ed.). **Handbook on Promoting Social Justice in Education**. Springer, Cham, 2020. DOI: https://doi.org/10.1007/978-3-030-14625-2_95

MIGNOLO, Walter D. Desobediência epistêmica: a opção descolonial e o significado de identidade em política. **Cadernos de Letras da UFF**, Niterói, n. 34, p. 287-324, 2008.

MILES, Robert. Marxism versus the sociology of 'race relations'? **Ethnic and Racial Studies**, [s.l.], v. 7, n. 2, p. 217-237, 1984. DOI: https://doi.org/10.1080/01419870.1984.9993442

MILES, Robert; BROWN, Michael. **Racism**. Londres: Taylor & Francis e-Library, 2004.

MILLER, David. **Principles of social justice**. Cambridge, MA: Harvard University Press, 1999.

MILLETT-GALLANT, Ann. **The Disabled Body in Contemporary Art**. New York: Palgrave MacMillian, 2010.

MIRABAL, Nancy Raquel. Schomburg, Futurity, and the Precarious Archives of Self. **Small Axe**, [s.l.], v. 24, n. 1, p. 111-119, 2020. Disponível em: https://muse.jhu.edu/article/753227. Acesso em: 25 dez. 2021.

MIRANDA, Laisla Suelen; SANTOS, José Francisco dos. Notas sobre branquitude, privilégios e negação do racismo. **Perspectivas e Diálogos**: Revista de História Social e Práticas de Ensino, [s.l.], v. 2, n. 8, p. 120-141, jul./dez. 2021.

MISAWA, Mitsunori. Musings on controversial intersections of positionality: a Queer Crit perspective in adult and continuing education. *In*: SHEARED, Vanessa; JOHNSON-BAILEY, Juanita; COLIN III, Scipio A. J.; PETERSON, Elizabeth; BROOKFIELD, Stephen D. (ed.). **The handbook of race and adult education**: a resource for dialogue on racism. San Francisco, C.A.: Jossey-Bass, 2010a. p. 187-199.

MISAWA, Mitsunori. Social Justice Narrative Inquiry: a Queer Crit Perspective. *In*: ADULT EDUCATION RESEARCH CONFERENCE, 2012, Saratoga Springs, NY. **Conference Proceedings**. Saratoga: New Prairie Press, 2012. Disponível em: https://newprairiepress.org/aerc/2012/papers/34. Acesso em: 06 jun. 2022.

MISAWA, Mitsunori. The color of the Rainbow Path: an examination of the intersection of racist and homophobic bullying in U.S. higher education. **Canadian Journal of Educational Administration and Policy**, [s.l.], n. 173, p. 93-112, 2015. Disponível em: https://journalhosting.ucalgary.ca/index.php/cjeap/article/view/42884. Acesso em: 10 maio 2022.

MISSIATTO, Leandro Aparecido Fonseca. Memoricídio das populações negras no Brasil: atuação das políticas coloniais do esquecimento. **Revista Memória em Rede**, Pelotas, v. 13, n. 24, jan./jul. 2021. Disponível em: https://periodicos.ufpel.edu.br/ojs2/index.php/Memoria/article/view/20210/12575. Acesso em: 10 jun. 2022.

MISAWA, Mitsunori. Musings on controversial intersections of positionality: a Queer Crit perspective in adult and continuing education. *In*: SHEARED, Vanessa; JOHNSON-BAILEY, Juanita; COLIN III, Scipio A. J.; PETERSON, Elizabeth; BROOKFIELD, Stephen D. (ed.). **The handbook of race and adult education**: a resource for dialogue on racism. San Francisco, CA: Jossey-Bass, 2010a. p. 187-199.

MOELLER, Cristina M. Disability, identity, and professionalism: precarity in librarianship. **Library Trends**, Illinois, v. 67, n. 3, p. 455-470, 2019. DOI: https://doi.org/10.1353/lib.2019.0006

MONTOYA, Margaret E. Mascaras, Trenzas, y Greñas: Un/Masking the Self While Un/Braiding Latina Stories and Legal Discourse. **Chicana/o Latina/o Law Review**, [s.l.], v. 15, n. 1, 1994. DOI: https://doi.org/10.5070/C7151021046

MONTOYA, Margaret E. Foreword: The Gran Trecho That Is LatCrit. *In:* VALDES, Francisco; BENDER, Steven W Bender. **Latcrit**: From Critical Legal Theory to Academic Activism. New York: New York University Press, 2021.

MORAES, Alice Ferry. Oswaldo Cruz e o ideário de Paul Otlet e Henri La Fontaine. **Asklepion:** Informação em Saúde, [*s.l.*], n. 1, v. 1, p. 8-27, 2021.

MORALES, Myrna E.; WILLIAMS, Stacie. Moving toward Transformative Librarianship: Naming and Identifying Epistemic Supremacy. *In*: LEUNG, Sofia Y.; LÓPEZ-MCKNIGHT, Jorge R. (ed.). **Knowledge Justice**: Disrupting Library and Information Studies through Critical Race Theory. Cambridge, MA: Massachusetts Institute of Technology, 2021. p. 73-93.

MOREIRA, Adilson José. Cidadania racial. **Revista Quaestio Iuris**, Rio de Janeiro, v. 10, n. 2, p. 1052-1089, 2017. DOI: https://doi.org/10.12957/rqi.2017.22833

MOSIMA, Pius Maija. **Philosophic sagacity and intercultural philosophy**: beyond Henry Odera Oruka. Leiden: African Studies Centre Leiden (ASCL), 2016.

MOURA, Clóvis. **Sociologia do negro brasileiro**. São Paulo, SP: Ática, 1988.

MOURA, Amanda Pacini de; LARA, Marilda Lara Lopes Ginez de; LARA, Marilda Lara Lopes Ginez de. Construir o edifício documentário: concepções de Paul Otlet para uma ciência e uma técnica dos documentos. **Perspectivas em Ciência da Informação**, Belo Horizonte, v. 17, n. 4, p. 2-17, 2012.

MOURA, Maria Aparecida. Para além da fabulação colonial: racismo epistêmico, conforto ontológico e lugares de fala. *In*: SILVEIRA, Fabrício José Nascimento da; FROTA, Maria Guiomar da; MARQUES, Rodrigo Moreno. (org.). **Informação, mediação e cultura**: teorias, métodos e pesquisas. Belo Horizonte, MG: Letramento: PPGCI, 2022. p. 122-140.

MOURA, Maria Aparecida. Racismo estrutural, epistemologia da ignorância e a produtividade do discurso colonial: impactos na manutenção do acervo bibliográfico da Fundação Cultural Palmares. **Liinc em Revista**, Rio de Janeiro, v. 17, n. 2, p. e5789, 2021. DOI: https://doi.org/10.18617/liinc.v17i2.5789

MUFWENE, Salikoko. Ecologia da língua: algumas perspectivas evolutivas. **Ecolinguística**: Revista Brasileira de Ecologia e Linguagem, [*s.l.*], v. 2, n. 1, p. 21-38, 2016.

MUIR, Rebecca; THOMPSON, Kim M.; QAYYUM, Asim. Considering "atmosphere" in facilitating information seeking by people with invisible disabilities in public libraries. **Proceedings of the Association for Information Science and Technology**, [s.l.], v. 56, n. 1, p. 216-2260, 2019. DOI: https://doi.org/10.1002/pra2.17

MUNANGA, Kabengele. **Negritude**: usos e sentidos. 2. ed. São Paulo: Ática, 1988.

MUNANGA, Kabengele. Racismo: da desigualdade à intolerância. **São Paulo em perspectiva**, [s.l.], v. 4, n. 2, p. 51-54, abr./jun. 1990.

MUNANGA, Kabengele. Uma abordagem conceitual das noções de raça, racismo, identidade e etnia. *In*: SEMINÁRIO NACIONAL RELAÇÕES RACIAIS E EDUCAÇÃO-PENESB-RJ, 3., 2003. Rio de Janeiro. **Palestra** [...]. Rio de Janeiro: UFF, 2003.

MUNANGA, Kabengele. **Rediscutindo a mestiçagem no Brasil**: identidade nacional versus identidade negra. Belo Horizonte: Autêntica, 2004.

MUNANGA, Kabengele. **Negritude**: usos e sentidos. 3. ed. Belo Horizonte: Autêntica, 2012.

MURRAY, Daniel Alexander Payne. (comp.). **Preliminary list of books and pamphlets by Negro authors**: for Paris Exposition and Library of Congress. Washington, DC: U.S. Commission to the Paris Exposition, 1900.

MURRAY, Daniel Alexander Payne. **Murray's historical and biographical encyclopedia of the colored race throughout the world**: its progress and achievements from the earliest period down to the present time. Chicago: World's Cyclopedia Co., 1912.

MUSEUS, Samuel D.; IFTIKAR, Jon. **An Asian Critical Theory (AsianCrit) Framework**. New York: Asian American Students in Higher Education, 2013. Disponível em: http://works.bepress.com/samuel_museus/91/. Acesso em: 01 jan. 2023.

MUSEUS, Samuel D. **Asian American students in higher education**. New York: Routledge, 2014.

MUSEUS, Samuel D.; PARK, Julie J. The continuing significances of racism in the lives of Asian American college students. **Journal of College Student Development**, [s.l.], v. 56, p. 551-569, 2015. DOI: https://doi.org/10.1353/csd.2015.0059

NADAL, Kevin L.; WHITMAN, Lindsey S. Davis; ERAZO, Tanya; DAVIDOFF, Kristin C. Microaggressions Toward Lesbian, Gay, Bisexual, Transgender, Queer, and Genderqueer People: a review of the Literature. **The Journal of Sex Research**, [s.l.], v. 53, n. 4-5, p. 488-508, 2016. DOI: https://doi.org/10.1080/00224499.2016.1142495

NAGENBORG, Michael. Designing spheres of informational justice. **Ethics and Information Technology**, [s.l.], v. 11, n. 3, p. 175-179, 2009.

NAKANISHI, Don T. Asian/Pacific Americans and selective undergraduate admissions. **Journal of College Admissions**, [s.l.], v. 118, p. 17-26, 1988.

NASCIMENTO, Abdias do. **O genocídio do negro brasileiro**: processo de um racismo mascarado. Rio de Janeiro: Paz e Terra, 1978.

NASCIMENTO, Abdias. Reflections of an Afro-Braziliano. **Journal of Negro History**, Chicago, v. 64, n. 3, p. 274-282, Summer 1979.

NASCIMENTO, Abdias. **O Quilombismo**: documentos de uma militância panafricanista. Rio de Janeiro: Vozes, 1980.

NASCIMENTO, Abdias. **O Brasil na mira do pan-africanismo**. 2. ed. Salvador: EDUFBA: CEAO, 2002.

NASCIMENTO, Gabriel. **Racismo Linguístico**: os subterrâneos da linguagem e do racismo. Belo Horizonte: Letramento, 2019.

NASCIMENTO, Gabriel. Entre o lócus de enunciação e o lugar de fala: marcar o não-marcado e trazer o corpo de volta na linguagem. **Trabalhos em Linguística Aplicada**, Campinas, v. 60, n. 1, p. 58-68, jan./abr. 2021.

NATARAJAN, Vani. Counterstoried Spaces and Unknowns: A Queer South Asian Librarian Dreaming. *In*: LEUNG, Sofia Y.; LÓPEZ-MCKNIGHT, Jorge R. (ed.). **Knowledge Justice**: Disrupting Library and Information Studies through Critical Race Theory. Cambridge, MA: Massachusetts Institute of Technology, 2021. p. 141-157.

NATHAN, Lisa P.; PERREAULT, Amy. Indigenous Initiatives and Information Studies: Unlearning in the Classroom. **The International Journal of Information, Diversity, & Inclusion**, [s.l.], v. 2, n. 1/2, p. 67-85, 2018.

NGUYEN, Huong Tran. What role do race, ethnicity, language and gender play in the teaching profession? **Race Ethnicity and Education**, [s.l.], v. 15, n. 5, 653-681, 2012. DOI: https://doi.org/10.1080/13613324.2011.624504

NEWMAN, Richard. (ed.). **Black Access**: A Bibliography of Afro-American Bibliographies. Westport, CT: Greenwood Press, 1984.

NKULU-N'SENGHA, Mutombo. African Epistemology. *In*: ASANTE, Molefi Kete; MAZAMA, Ama. (ed.). **Encyclopedia of Black Studies**. Thousand Oaks: Sage Reference, 2005.

NOBRE, Marcos. **A teoria crítica**. São Paulo: Zahar, 2004.

NOGUEIRA, Oracy. Preconceito racial de marca e preconceito racial de origem. **Tempo Social**: revista de sociologia da USP, São Paulo, v. 19, n. 1, p. 287-308, 2006.

NORLIN, Dennis. Helping adults with mental retardation satisfy their information needs. *In*: WALLING, Linda Lucas; IRWIN, Marilyn. (ed.). **Information services for people with developmental disabilities**: The library manager's handbook. Westport, CT: Greenwood Press, 1995. p. 181-195.

NOSAKHERE, Akilah Shukura. Serving with a Sense of Purpose: A Black Woman Librarian in Rural New Mexico. *In*: HANKINS, Rebecca; JUÁREZ, Miguel. (ed.). **Where are all the librarians of color?** The experience of people of color in Academia. Sacramento: Library Juice Press, 2015. p. 161-186.

NWOSIMIRI, Ovett Kodilinye. **Epistemology in African Philosophy**: a critique african concepts of knowledge. Thesis (Doctor's degree) – University of KwaZulu Natal, Pietermaritzburg, 2019.

OCHIENG'-ODHIAMBO, Frederick. Philosophy in … Dholuo. **Philosophising in…** Sep. 17, 2021. Disponível em: https://www.philosophisingin.com/post/philosophy-in-dholuo. Acesso em: 23 ago. 2021.

OCHIENG'-ODHIAMBO, Frederick. The Evolution of Sagacity: The Three Stages of Oruka's Philosophy. **Philosophia Africana**, [s.l.], v. 5, n. 1, p. 19-32 2002. DOI: https://doi.org/10.5325/philafri.5.1.0019

OCHONU, Moses E. Looking for Race: Pigmented Pasts and Colonial Mentality in "Non Racial" Africa. *In*: ESSED, Philomena; FARQUHARSON, Karen; PILLAY, Kathryn; WHITE, Elisa Joy. (ed.). **Relating Worlds of Racism**: Dehumanisation, Belonging, and the Normativity of European Whiteness. Londres: Palgrave Macmillan, 2019. DOI: https://doi.org/10.1007/978-3-319-78990-3

OKIHIRO, Gary Y. **Margins and mainstreams**: Asians in American history and culture. Seattle, WA: University of Washington Press, 1994.

OLIVEIRA, Lorena Silva. Comunalismo africano: o anarquismo como um modo de vida. **Problemata**, [s.l.], v. 11, n. 2, p. 94-111, 2020. DOI: https://doi.org/10.7443/problemata.v11i2.53967

OLIVEIRA, Reinaldo José de. Segregação racial, territórios negros e saúde mental. **ODEERE**, [s.l.], v. 2, n. 4, p. 84-109, 2017.

OLIVEIRA, Henry Poncio Cruz de; AQUINO, Mirian Albuquerque. O conceito de informação etnicorracial na Ciência da Informação. **Liinc em revista**, Rio de Janeiro, n. 2, v. 8, p. 466-492, 2012.

OMI, Michael; WINANT, Howard. **Racial Formation in the United States**: From the 1960s a 1990s. 2nd Ed. New York: Routledge, 1994.

OMOREGBE, Joseph I. African Philosophy: Yesterday and Today. *In*: EZE, Emmanuel Chukwudi. **African Philosophy**: An Anthology. Massachusetts/Oxford, Blackwell Publishers, 1998.

ORANGE, Satia. Interview. *In*: LANDGRAF, G. Blazing Trails: pioneering african-american librarians share their stories. **American Libraries**, 2 jan. 2018. Disponível em: https://americanlibrariesmagazine.org/2018/01/02/blazing-trails/. Acesso em: 10 jan. 2020.

ORUKA, Henry Odera. (ed.). **Sage Philosophy**: indigenous thinkers and modern debate on African Philosophy. Leiden: EJ Brill, 1990.

ORUKA, Henry Odera. Four trends in current African philosophy. *In*: COETZEE, Peter H.; ROUX, Abraham P. J. (ed.). **The African Philosophy Reader**. New York: Routledge, 2002. p. 120-124.

OTLET, Paul (1868–1944). **Traité de documentation**: le livre sur le livre: théorie et pratique. Bruxelles: Editiones Mundaneum; Palais Mondial; Imp. Van Keerberghen & fils, 1934. 431 p.

OXLEY, Rebecca. iDiversity and LIS Education: Student-Based Groups Promoting Cultural Competence as a Vision for the Profession. **The Library Quarterly**, [s.l.], v. 83, n. 3, p. 236-242, 2013. DOI: https://doi.org/10.1086/670698

OYEDOLA, David A. Appiah on race and identity in the illusions of race: a rejoinder. **Filosofia Theoretica**: Journal of African Philosophy, Culture and Religions, v. 4, n. 2, Jul./dec. 2015. DOI: https://doi.org/10.4314/ft.v4i2.2

OZUMBA, Godfrey Okechukwu. **A Concise Introduction to Epistemology**. Calabar: Ebenezer Printing Press, 2001.

PAIVA, Talita de Cassia Lima; SILVA, Diana Rocha da. O papel de Jesse Hauk Shera no currículo da Biblioteconomia Brasileira. **Revista Bibliomar**, v. 21, n. 1, p. 98-123, 2022.

PAIVA, Talita de Cassia Lima; SILVA, Diana Rocha da. Jesse Shera no Brasil? contribuições para a biblioteconomia brasileira na década de 1950. **Perspectivas em Ciência da Informação**, Belo Horizonte, v. 26, n. 3, p. 179-207, 2021.

PAIVA, Talita de Cassia Lima; SILVA, Diana Rocha da. Jesse Hauk Shera em manchetes. **Ciência da Informação**, Brasília, v. 49, n. 2, p. 88-102, 2020.

PALMARES. Pan-africanismo: o conceito que mudou a história do negro no mundo contemporâneo. **Geledés**, São Paulo, 04 set. 2017.

PATTI, Nicholas. E. J. Josey 1924 — Librarian, activist, author. *In*: MABUNDA, L. Mpho. (ed.). **Contemporary Black Biography**: profiles from the international black community, v. 10. Detroit: Gale Research Inc., 1996. p. 111-115.

PATTERSON, Richard. Aristotle. *In*: BERNECKER, Sven; PRITCHARD, Duncan (ed.). **The Routledge Companion to Epistemology**. New York: Duncan, 2011.

PATIN, Beth; YOUNGMAN, Tyler. The Sankofa Intervention: Combatting the Epistemicide of Parasitic Omission Through Civil Rights Literacy in Community Information Contexts. **ALISE Proceedings**, n. esp., p. 1-8, 2022. DOI: https://doi.org/10.21900/j.alise.2022.1067

PATIN, Beth; SEBASTIAN, Melinda; YEON, Jieun; Bertolini, Danielle; GRIMM, Alexandra. Interrupting epistemicide: a practical framework for naming, identifying, and ending epistemic injustice in the information professions. **Journal of the Association for Information Science and Technology**, [s.l.], v. 72, n. 10, p. 1306-1318, 2021a. DOI: https://doi.org/10.1002/asi.24479

PATIN, Beth; OLIPHANT, Tami; ALLARD, Danielle; GRAY, LaVerne; CLARKE, Rachel Ivy; TACHEVA, Jasmina; LARSON, Kayla. At the margins of epistemology: amplifying alternative ways of knowing in Library and Information Science. **ASIS&T**: Proceedings of the Association for Information Science and Technology, [s.l.], v. 58, n. 1, p. 630-633, 2021b.

PATIN, Beth; SEBASTIAN, Melinda. Ep-i-what? Using The Force to Understand Epistemicide. **Information Matters**, [s.l.], v. 1, n. 11, 2021.

PATIN, Beth; SEBASTIAN, Melinda; YEON, Jieun; BERTOLINI, Danielle. Toward epistemic justice: an approach for conceptualizing epistemicide in the information professions. **ASIS&T**: Proceedings of the Association for Information Science and Technology, [s.l.], v. 57, n. 1, e242, 2020. DOI: https://doi.org/https://doi.org/10.1002/pra2.242

PATIN, Beth; YEON, Jieun. **Ending Epistemicide**: Amplifying Knowledge Systems in Libraries. Library Research Seminar (LRS) VII, Columbia South Carolina, October 2019.

PATIN, Beth. **Ending Epistemicide**: Amplifying Knowledge Systems in Academia. Syracuse NY: SU Inclusive Teaching Workshop, Syracuse University, August, 2019.

PAUL, Herbert J. **Library service to the Spanish-speaking in the public libraries of the San Francisco Bay Area**. San Jose: San Jose State University, 1976. Disponível em: https://files.eric.ed.gov/fulltext/ED124158.pdf. Acesso em: 20 dez. 2022.

PAWLEY, Christine. Unequal legacies: Race and multiculturalism in the LIS curriculum. **The Library Quarterly**, [s.l.], v. 76, n. 2, p. 149-168, 2006. DOI: https://doi.org/10.1086/506955

PEÑA, Leomar José Montilla. Enfoques arquivísticos na obra de Paul Otlet. **Biblios**, Peru, n. 54, p. 1-11, 2014.

PEÑA, Leomar José Montilla. O tratado de documentação de Paul Otlet: uma exposição metacientífica. **Biblios**, Peru, n. 51, p. 57-69, 2013.

PEÑA MCCOOK, Kathleen; IMMROTH, Barbara Froling. **Library Services to Youth of Hispanic Heritage**. Jefferson, NC: McFarland, 2000.

PEREA, Juan F. The Black/White Binary Paradigm of Race: The "Normal Science" of American Racial Thought. **California Law Review**, [s.l.], v. 85, n. 5, p. 1213-1258, 1997. DOI: https://doi.org/10.2307/3481059

PÉREZ HUBER, Lindsay. Using Latina/o Critical Race Theory (LatCrit) and Racist Nativism To Explore Intersectionality in the Educational Experiences of Undocumented Chicana College Students. **Educational Foundations**, [s.l.], v. 24, n. 1-2, p. 77-96, 2010.

PEREIRA, Éderson da Rosa. **Grupos neonazistas no Rio Grande do Sul:** da realidade virtual à ficção histórica. 2016. 157 f. Dissertação (Mestrado) – Universidade de Santo Amaro, São Paulo, 2016.

PETERSON, Lorna. Multiculturalism: affirmative or negative action? **Library Journal**, [s.l.], v. 120, n. 12, p. 30-33, 1995.

PETERSON, Lorna. Alternative perspectives in library and information science: Issues of race. **Journal of Education for Library and Information Science**, [s.l.], v. 37, n. 2, p. 163-174, 1996. DOI: https://doi.org/10.2307/40324271

PETERSON, Lorna. The definition of diversity. **Journal of Library Administration**, [s.l.], v. 27, n. 1-2, p. 17-26, 1999. DOI: https://doi.org/10.1300/J111v27n01_03

PETIT, Sandra Haydée. **Pretagogia**: Pertencimento, Corpo-Dança Afro ancestral e Tradição Oral. Contribuições do Legado Africano para a Implementação da Lei Nº 10.639/03. Fortaleza: EdUECE, 2015.

PILLING, Merrick Daniel. Invisible identity in the workplace: Intersectional madness and processes of disclosure at work. **Disability Studies Quarterly**, [s.l.], v. 33, n. 1, 2013. DOI: https://doi.org/10.18061/dsq.v33i1.3424

PIZARRO, Daniella Camara. **Entre o saber agir e o saber fazer**: o que professam os docentes de Biblioteconomia em Santa Catarina. 2017. 530 p. Tese (Doutorado) – Universidade Federal de Santa Catarina, Florianópolis, 2017.

POHLHAUS JR., Gaile. Relational Knowing and Epistemic Injustice: Toward a Theory of Willful Hermeneutical Ignorance. **Hyatia**, [s.l.], v. 27, n. 4, 2012.

POMPEU, Fernanda. (ed.). **Os efeitos psicossociais do racismo**. São Paulo: Imprensa Oficial do Estado de São Paulo: Instituto AMMA Psique e Negritude, 2008.

POMPEO, Michael R. **U.S. limits the people's liberation army's ability to use nonimmigrant visa programs to illicitly acquire U.S. technologies and intellectual property**. U.S. Department of State, June 1, 2020. Disponível em: https://2017-2021.state.gov/u-s-limits-the-peoples-liberation-armys-ability-to-use-nonimmigrant-visa-programs-to-illicitly-acquire-u-s-technologies-and-intellectual-property/index.html. Acesso em: 22 ago. 2022.

POPOWICH, Sam. **Confronting the Democratic Discourse of Librarianship**. Sacramento, CA: Library Juice Press, 2019.

PORTER, Dorothy B. A library on the Negro. **The American Scholar**, Cambridge, v. 7, n. 1, p. 115-117, 1938.

PORTER, Dorothy. Documentation on the Afro-American: familiar sources. **African Studies Bulletin**, New York, v. 12, p. 293-303, 1939a.

PORTER, Dorothy B. HUNTON, Margaret R.; WILLIAMS, Ethel (ed.). **A Catalogue of Books in the Moorland Foundation**. Washington DC: Howard University, Compiled Under U.S. Works Progress Administration, 1939b.

PORTER, Dorothy B. Selected References on the American Negro in World War I and World War II. **The Journal of Negro Education**, v. 12, n. 3, p. 579-584, 1943a.

PORTER, Dorothy B. David Ruggles, an Apostle of Human Rights. **The Journal of Negro History**, Chicago, v. 28, n. 1, p. 23-50, Jan., 1943b.

PORTER, Dorothy B. Early American Negro Writings: A Bibliographical Study. **The Papers of the Bibliographical Society of America**, Chicago, v. 39, n. 3, p. 192-268, 1945.

PORTER, Dorothy B. (ed.). **A Catalogue of the African Collection in the Moorland Foundation Howard University Library**. Washington, DC: Howard University Press, 1958.

PORTER, Dorothy B. The African Collection at Howard University. **African Studies Bulletin**, v. 2, n. 1, p. 293-303, 1959. DOI: https://doi.org/10.2307/522962

PORTER, Dorothy. Documentation on the Afro-American: familiar and less familiar sources. **African Studies Review**, New York, v. 12, n. 3, p. 293-303, dec. 1969.

PORTER, Dorothy. **The Negro in the United States**: a selected bibliography. Washington, D.C.: Library of Congress, 1970.

PORTER, Dorothy B. **Afro-Braziliana**: a working bibliography. Boston: G. K. Hall, 1978.

PORTER, Dorothy B. Of me and records in the history of the Negro. *In*: FINDLAY, James A. **Dorothy Porter Wesley (1905-1995)**: Afro-American Librarian and Bibliophile. Ft. Lauderdale, Florida: Broward County Library, [1957] 2001. p. 13-29.

PORTER, Dorothy. Fifty Years of Collecting. *In*: NEWMAN, Richard. (ed.). **Black Access**: A Bibliography of Afro-American Bibliographies. Westport, Connecticut: Greenwood Press, 1984. p. xii-xxvii.

PORTER, Dorothy B. Interview. *In*: SCARUPA, Harriet Jackson. The Energy-Charged Life of Dorothy Porter Wesley. **New Directions**, v. 17, n. 1, p. 1-12, 1990.

PORTO-GONÇALVES, Carlos Walter. Entre América e Abya Yala – tensões de territorialidades. **Desenvolvimento e Meio Ambiente**, [s.l.], n. 20, p. 25-30, jul./dez. 2009.

POZZATTI, Valéria Rodrigues de Oliveira; OLIVEIRA, Adriana Aparecida; POLONINI, Janaína Fernandes Guimarães; RUBIM, Rossanna dos Santos Santana. Mundaneum: o trabalho visionário de Paul Otlet e Henri La Fontaine. **Revista ACB**: Biblioteconomia em Santa Catarina, v. 19, n. 2, p. 202-209, 2014.

PRICE, Thomas R. The Color-System of Vergil. **The American Journal of Philology**, [s.l.], v. 4, n. 1, p. 1-20, 1883. DOI: https://doi.org/10.2307/287644

PRICE, Margaret. **Mad at School**: Rhetorics of Mental Disability and Academic Life. Ann Arbor, MI: University of Michigan Press, 2011.

PYATI, Ajit K. Critical theory and information studies: A Marcusean infusion. **Policy Futures in Education**, [s.l.], v. 4, n. 1, p. 83-89, 2006.

PYKE, Karen D.; JOHNSON, Denise L. Asian American women and racialized famininities: 'Doing' gender across cultural worlds. **Gender & Society**, [s.l.], v. 17, n. 1, p. 33-53, 2003. DOI: https://doi.org/10.1177/0891243202238977

QUIJANO, Aníbal. Colonialidad del poder, eurocentrismo y America Latina. *In*: LANDER, Edgardo. (org.). **La colonialidad del saber**: eurocentrismo y ciencias sociales: perspectivas latinoamericanas. Buenos Aires: CLACSO/UNESCO, 2000.

QUIJANO, Aníbal. Colonialidade do poder, eurocentrismo e América Latina. *In*: **A colonialidade do saber**: eurocentrismo e ciências sociais. Perspectivas latino-americanas. Buenos Aires: CLACSO, Consejo Latinoamericano de Ciencias Sociales, 2005.

RABAKA, Reiland. **Du Bois's Dialectics**: Black Radical Politics and the Reconstruction of Critical Social Theory. Lanham: Lexington Books, 2008.

RABAKA, Reiland. **Africana critical theory**: reconstructing the black radical tradition, from W. E. B. Du Bois and C. L. R. James to Frantz Fanon and Amilcar Cabral. Lanham: Lexington Books, 2009.

RABAKA, Reiland. **Against Epistemic Apartheid**: W. E. B. Du Bois and the Disciplinary Decadence of Sociology. Lanham, Maryland: Lexington Book, 2010.

RATTZ, Alex. Lélia Gonzalez e seu lugar na antropologia brasileira: "cumé que fica?" **Mana**, [s.l.], v. 28, n. 3, p. 1-34, 2022. DOI: https://doi.org/10.1590/1678-49442022v28n3a0202

RAYMAN, Denise. Action, not reaction: integrating the library profession. **American Library Association Archives**, University of Illinois, Illinois, 2015. Disponível em: https://www.library.illinois.edu/ala/2015/02/12/action-not-reaction-integrating-library-profession/. Acesso em: 14 mar. 2022.

REIS, Carlos Eduardo dos. A lei n. 10.639 e as diretrizes curriculares nacionais para a educação: das relações étnico raciais e o ensino de história e cultura afro-brasileira e africana e o problema do acesso à educação do negro. **Ágora**, [s.l.], v. 27, n. 55, p. 523-538, 2017.

RIBAK, Gil. "The Jew Usually Left Those Crimes to Esau": The Jewish Responses to Accusations about Jewish Criminality in New York, 1908–1913. **AJS Review**, [s.l.], 38, n. 1, p. 1-28, 2014. DOI: https://doi.org/10.1017/s0364009414000014

RICHARDSON, Roberto Jarry *et al.* **Pesquisa social**: métodos e técnicas. 3. ed. São Paulo: Atlas, 2012.

RILEY-HUFF, Debra. Acessibilidade na Web e desenho universal. **Library Technology Reports**, [s.l.], v. 38, n. 7, p. 29-35, 2012. Disponível em: https://journals.ala.org/index.php/ltr/article/viewFile/4687/5574. Acesso em: 10 dez. 2022.

RIOS, Flavia; RATTS, Alex. Tornar-se negra, intelectual e ativista: percursos de Lélia Gonzalez – Por: Flavia Rios e Alex Ratts. **Portal Geledés**, São Paulo, 3 fev. 2014. Disponível em: https://www.geledes.org.br/tornar-se-negra-intelectual-e-ativista-percursos-de-lelia-gonzalez-por-flavia-rios-e-alex-ratts/. Acesso em: 20 ago. 2022.

ROBINSON, Cedric J. **Black marxism**: the making of the Black radical tradition. London: Zed Press, 1983.

ROEDIGER, David R. **Working Toward Whiteness**: How America's Immigrants Became White: The Strange Journey from Ellis Island to the Suburbs. New York: Basic Books, 2005.

ROYSTER, Melody; SCHWIEDER, David; BRILLAT, Ava Juliano; DRIVER, Lori. Mentoring and Retention of Minority Librarians. *In*: HANKINS, Rebecca; JUÁREZ, Miguel. (ed.). **Where are all the librarians of color?** The experience of people of color in Academia. Sacramento: Library Juice Press, 2015. p. 55-70.

RUBIN, Daniel I. Still wandering: The exclusion of Jews from issues of social justice and multicultural thought. **Multicultural Perspectives**, [s.l.], v. 15, n. 4, p. 213-219, 2013. DOI: https://doi.org/10.1080/15210960.2013.844607

RUBIN, Daniel I. Whiter shade of pale: Making the case for Jewish presence in the multicultural classroom. **International Journal of Multicultural Education**, [s.l.], v. 19, n. 2, p. 131, 2017. DOI: https://doi.org/10.18251/ijme.v19i2.1415

RUBIN, Daniel I. The muddy waters of multicultural acceptance: A qualitative case study on antisemitism and the Israeli/Palestinian conflict. **Journal of Ethnic and Cultural Studies**, [s.l.], v. 5, n. 1, p. 1-15, 2018. DOI: https://doi.org/10.29333/ejecs/96

RUBIN, Daniel Ian. Hebcrit: a new dimension of critical race theory. **Social Identities**, [s.l.], v. 26, n. 4, p. 499-516, 2020. DOI: https://doi.org/10.1080/13504630.2020.1773778

RUGGLES, David. **The "Extinguisher" Extinguished! or David M. Reese, M.D. "Used Up" (pamphlet).** New York: Toussaint le Mulâtre, 1834.

RUSSELL, Emily. **Reading Prosthesis**: Disability and the Dependencies of Discourse. Ann Arbor, MI: University of Michigan Press, 2000.

SABZALIAN, Leilani; SHEAR, Sarah B.; SNYDER, Jimmy. Standardizing Indigenous erasure: A TribalCrit and QuantCrit analysis of K–12 U.S. civics and government standards. **Theory & Research in Social Education**, [s.l.], v. 49, n. 3, p. 321-359, 2021. DOI: https://doi.org/10.1080/00933104.2021.1922322

SAAD, Layla F. **Eu e a supremacia branca**: como reconhecer seu privilégio, combater o racismo e mudar o mundo. Rio de Janeiro: Rocco, 2020.

SAITO, Lorine Erika; LI, Jiangfeng. Applying an AsianCrit lens on Chinese international students: History, intersections, and Asianization during COVID -19. **Journal of Higher Education Policy and Leadership Studies**, [s.l.], v. 3, n. 1, p. 122-140, 2022. DOI: https://doi.org/10.52547/johepal.3.1.122

SALDANHA, Gustavo Silva. **Passage de Frontières**: chemins épistémologiques des Sciences de l'information et de la communication à partir de la trajectoire de Jean Meyriat et de Robert Estivals dans le contexte de la Revue de Bibliologie: schéma et schématisation (1968 – 2016). Rapport du post-doctorat sênior - Université Toulouse III Paul Sabatier, Toulouse, France, 2018.

SANDELL, Richard; DODD, Jocelyn; GARLAND-THOMSON, Rosemarie. (ed.). **Re-Presenting Disability**: Activism and Agency in the Museum. New York: Routledge, 2010.

SALES, Rodrigo de. **A presença de Kaiser no Quadro Teórico do Tratamento Temático da Informação (TTI)**. 2012. 190 f. Tese (doutorado) - Universidade Estadual Paulista Júlio de Mesquita Filho, Faculdade de Filosofia e Ciências de Marília, 2012.

SALES, Rodrigo de. Julius Otto Kaiser para os estudos de Bibliografia e Documentação. **Em Questão**, Porto Alegre, v. 25, p. 176-193, 2019.

SALES, Rodrigo; GUIMARÃES, José Augusto Chaves. A importância de Julius Kaiser para a Organização do Conhecimento: um estudo comparativo com as perspectivas de Cutter, Otlet e Ranganathan. **InCID**: Revista de Ciência da Informação e Documentação, [s.l.], v. 7 n. 1, p. 43-65, 2016.

SALES, Rodrigo; GUIMARÃES, José Augusto Chaves. O pragmatismo em Kaiser e Ranganathan e o pioneirismo na construção do método analítico-sintético. **Scire:** representación y organización del conocimiento, [s.l.], v. 20, n. 1, p. 53-64, 2014.

SALES, Rodrigo; GUIMARÃES, José Augusto Chaves. Princípios teóricos de Cutter, Kaiser e Ranganathan como elementos de interlocução na Organização do Conhecimento. **Scire**: representación y organización del conocimiento, [s.l.], v. 16, n. 2, p. 21-29, 2010.

SALLES, Tatiane Helena Borges de; FARIAS, Sálvio Juliano Peixoto. Os desafios dos professores da educação básica para inserção da cultura afro-brasileira e indígena por meio de letramento informacional em um Instituto Federal. *In*: SILVA, Franciéle Carneiro Garcês da. (org.). **Bibliotecári@s negr@s**: pesquisas e experiências de aplicação da Lei 10.639/2003 na formação bibliotecária e bibliotecas. Florianópolis: Rocha; Nyota, 2020.

SÁNCHEZ GONZÁLEZ, Lisa. Arturo Alfonso Schomburg: A Transamerican Intellectual. *In*: WALKER, Sheila. (ed.). **African Roots/American Cultures**: Africa in the Creation of the Americas. Lanham: Rowman & Littlefield, 2001. p. 139-152.

SÁNCHEZ GONZÁLEZ, Lisa. Decolonizing Schomburg. **African American Review**, [s.l.], v. 54, n. 1-2, p. 129-142, 2021. DOI: https://doi.org/10.1353/afa.2021.0007

SANTANA, Vanessa Alves; AQUINO, Mirian de Albuquerque. A responsabilidade social e ética e a inclusão de afrodescendentes em discursos de profissionais da informação em universidade pública. **Biblionline**, João Pessoa, v. 5, n. 1/2, p. 1-24, 2009.

SANTOS, Boaventura de Sousa. **Pela Mão de Alice**. São Paulo: Cortez Editora, 1995.

SANTOS, Eva Dayane Jesus dos; SANTANA, Ramon Davi; MADUREIRA, Jeã Carlo Mendes; SANTOS, Yuri Pinheiro dos. A biblioteca universitária afrocentrada: experiências da Biblioteca da Faculdade de Arquitetura da UFBA. **Revista Fontes Documentais**, Aracaju, v. 4, ed. Esp., p. 65-81, 2021.

SANTOS, José Antônio dos. Diáspora africana: paraíso perdido ou terra prometida. *In*: MACEDO, José Rivair. (org.). **Desvendando a história da África**. Porto Alegre: Editora da UFRGS, 2008.

SANTOS, Francisco Edvander Pires. Vida & obra de Ranganathan: influências e contribuições para a Biblioteconomia. **Ponto de Acesso**, n. 3, v. 6, p. 2-19, 2012.

SANTOS, José Lucas Campos Antunes dos. O Pretuguês e a internacionalização da língua e da cultura brasileira - Afinal, que língua queremos internacionalizar? **Cadernos de Linguística**, [s.l.], v. 2, n. 2, e371, 2021.

SANTOS, Paola De Marco Lopes dos. Paul Otlet: um pioneiro da organização das redes mundiais de tratamento e difusão da informação registrada. **Ciência da Informação**, Brasília, v. 36, n. 2, 2007.

SANTOS, Raimunda Fernanda dos; VALÉRIO, Erinaldo Dias. O ensino das práticas de organização e tratamento da informação étnico-racial e sobre diversidade de gênero frente à formação do(a) bibliotecário(a). **Revista Brasileira de Educação em Ciência da Informação**, [s.l.], v. 5, n. Especial, p. 14-23, 2018.

SAUNDERS, Doris. Section V – Libraries. *In*: SAUNDERS, Doris. (ed.). **The Ebony Handbook**. Chicago: Johnson Publishing Company, 1974. p. 180.

SCARUPA, Harriet Jackson. The Energy-Charged Life of Dorothy Porter Wesley. **New Directions**, [s.l.], v. 17, n. 1, p. 1-12, 1990.

SHEAR, Sarah B.; KNOWLES, Ryan T.; SODEN, Gregory J.; CASTRO, Antonio J. Manifesting Destiny: Re/presentations of Indigenous Peoples in K–12 U.S. History Standards. **Theory & Research in Social Education**, [s.l.], v. 43, n. 1, p. 68-101, 2015. DOI: https://doi.org/10.1080/00933104.2014.999849

SCHLOSSER, Lewis Z.; ALI, Saba R.; ACKERMAN, Sandra R.; DEWEY, Jane J. H. Religion, ethnicity, culture, way of life: Jews, Muslims, and multicultural counseling. **Counseling and Values**, [s.l.], v. 54, n. 1, p. 48-64, 2009. DOI: https://doi.org/10.1002/j.2161-007X.2009.tb00004.x

SCHUCMAN, Lia Vainer. **Entre o "encardido", o "branco" e o "branquíssimo"**: Raça, hierarquia e poder na construção da branquitude paulistana. Tese (Doutorado em Psicologia) – Universidade de São Paulo, São Paulo, 2012.

SCHUCMAN, Lia Vainer. **Entre o encardido o branco e o branquíssimo**: branquitude hierarquia e poder na Cidade de São Paulo. São Paulo: Annablume, 2014a. 191 p.

SCHUCMAN, Lia Vainer. Sim, nós somos racistas: estudo psicossocial da branquitude paulistana. **Psicologia & Sociedade**, [s.l.], v. 26, n. 1, p. 83-94, 2014b.

SELBY, Mike. **Freedom Libraries**: The Untold Story of Libraries for African Americans in the South. Lanham, Maryland: Rowman & Littlefield, 2019.

SENGHOR, Léopold Sédar. **Liberté I**: Négritude et Humanisme. Paris: Éditions du Seuil, 1964.

SENTEIO, Charles R.; MONTAGUE, Kaitlin E.; CAMPBELL, Bettina; CAMPBELL, Terrance R.; SEIRGEMAN, Samantha. Enhancing racial equity in LIS research by increasing representation of BIPOC. **Education for Information**, [s.l.], v. 37, n. 2, p. 247-256, 2021. DOI: https://doi.org/10.3233/efi-211530

SILVA, Geranilde Costa e. **Pretagogia**: construindo um referencial teórico-metodológico de matriz africana para a formação de professores/as. 2013. 243 f. Tese (Doutorado) – Universidade Federal do Ceará, Programa de Pós-Graduação em Educação Brasileira, Fortaleza (CE), 2013.

SILVA, Andreia Sousa; LIMA, Graziela dos Santos. Construindo a visibilidade da cultura negra: ações socieducativas para combater o racismo nos espaços informacionais. **Revista ACB**: Biblioteconomia em Santa Catarina, Florianópolis, v. 24, n. 2, p. 333-344, 2019.

SILVA, Ana Claudia Emídio da; BERNARDINO, Maria Cleide Rodrigues; SILVA, Joselina. História e cultura afro-brasileira: um olhar sobre a lei 10639/2003 nas bibliotecas escolares. **Biblioteca Escolar em Revista**, [s.l.], v. 2, n. 2, p. 1-16, 2014. DOI: https://doi.org/10.11606/issn.2238-5894.berev.2014.106595

SILVA, Caio Nepomuceno da. **A raiz genocida do sistema prisional brasileiro:** Necropolítica como categoria analítica para compreender o sistema punitivo. Trabalho de Conclusão de Curso (Graduação) – Universidade Federal de Pernambuco, Recife, 2019.

SILVA, Dávila Maria Feitosa da; MUCCILLO, Marcela de Oliveira; LIMA, Izabel de França; AZEVEDO NETTO, Carlos Xavier. Práticas informacionais e relações étnico-raciais. **Revista Folha de Rosto**, Cariri, v. 8, n. 1, p. 104-120, 2022.

SILVA, Dávila Maria Feitosa da; FERREIRA, Rodolfo Gabriel Santana. O uso do podcast na disseminação de informações étnico-raciais. **Revista Folha de Rosto**, Cariri, v. 5, n. Especial, p. 109-117, 2019.

SILVA, Franciéle Carneiro Garcês da. **A inserção da temática Africana e Afro-brasileira no ensino de Biblioteconomia da Universidade do Estado de Santa Catarina**. 2016. 164 f. Trabalho de Conclusão de Curso (Graduação) – Universidade do Estado de Santa Catarina, Florianópolis, 2016.

SILVA, Franciéle Carneiro Garcês da. **Representações Sociais acerca das Culturas Africana e Afro-Brasileira na Educação em Biblioteconomia no Brasil**. 2019. 521 f. Dissertação (Mestrado em Ciência da Informação) – Universidade Federal do Rio de Janeiro/Instituto Brasileiro de Informação em Ciência e Tecnologia, Rio de Janeiro, 2019a.

SILVA, Franciéle Carneiro Garcês da. A inserção das temáticas africana e afro-brasileira e o ensino de Biblioteconomia: avaliação em Instituição de Ensino Superior de Santa Catarina. **Revista Brasileira de Biblioteconomia e Documentação** (Online), São Paulo, v. 15, p. 144-182, 2019b.

SILVA, Franciéle Carneiro Garcês da. (org.). **Mulheres negras na Biblioteconomia**. Florianópolis, SC: Rocha Gráfica e Editora; Selo Nyota, 2019c. 340p.

SILVA, Franciéle Carneiro Garcês da. Colonialidade do saber e dependência epistêmica na biblioteconomia: reflexões necessárias. *In*: DUQUE-CARDONA, Natalia; SILVA, Franciéle Carneiro Garcês da. **Epistemologias Latino-americanas em Biblioteconomia e Ciência da Informação**: contribuições da Colômbia e do Brasil. Florianópolis: Rocha; Nyota, 2020a.

SILVA, Franciéle Carneiro Garcês da. (org.). **Bibliotecári@s negr@s**: pesquisas e experiências de aplicação da Lei 10.639/2003 na formação bibliotecária e bibliotecas. Florianópolis: Rocha; Nyota, 2020b.

SILVA, Franciéle Carneiro Garcês da. (org.). **Bibliotecári@s negr@s**: perspectivas feministas, antirracistas e decoloniais em Biblioteconomia e Ciência da Informação. Florianópolis: Rocha, Selo Nyota, 2021.

SILVA, Franciéle Carneiro Garcês da. Dorothy Porter Wesley e a organização do conhecimento: um olhar a partir da Teoria Crítica Racial Duboisiana. *In*: ALMEIDA, Tatiana; SILVEIRA, Naira; SALDANHA, Gustavo Silva. (org.). **Teorias Críticas em Organização do Conhecimento**. Rio de Janeiro: IBICT, 2022. p. 73-90.

SILVA, Franciéle Carneiro Garcês da; PIZARRO, Daniela Câmara; SALDANHA, Gustavo Silva. As temáticas africana e afro-brasileira em biblioteconomia e ciência da informação. **Tendências da Pesquisa em Ciência da Informação**, [s.l.], v. 10, p. 1-21, 2017.

SILVA, Franciéle Carneiro Garcês da; SALDANHA, Gustavo Silva. As culturas africanas e afrodescendentes em Biblioteconomia & Ciência da Informação no Brasil: Epistemologia Histórica, pensamento crítico e meio social. *In*: SPUDEIT, Daniela F. A. de O.; PEREIRA, Danielle B.; LOBÃO, Irajayna de S. L.; DAVID, Jéssica G. (org.). **Formação e atuação política na Biblioteconomia**. São Paulo: ABECIN Editora, 2018.

SILVA, Franciéle Carneiro Garcês da; SALDANHA, Gustavo Silva. Biblioteconomia Negra Brasileira: caminhos, lutas e transformação. **Tendências da Pesquisa Brasileira em Ciência da Informação**, [s.l.], v. 12, n. 2, p. 1-24, 2019.

SILVA, Franciéle Carneiro Garcês da; GARCEZ, Dirnéle Carneiro. Isabel Espinal e suas contribuições para a Biblioteconomia e Ciência da informação (BCI). *In*: SILVA, Franciéle Carneiro Garcês da; ROMEIRO, Nathália Lima. (org.). **O protagonismo da Mulher na Biblioteconomia e Ciência da Informação**: celebrando a contribuição intelectual e profissional de mulheres latino-americanas. Florianópolis: Rocha, 2020. p. 129-152.

SILVA, Franciéle Carneiro Garcês da; GARCEZ, Dirnéle Carneiro; FEVRIER, Priscila Rufino; SANTOS, Raquel Mascarenhas dos; MELO FILHO, Edilson Targino. Pessoas bibliotecárias negras nas páginas da *Ebony Magazine*: movimentos pelos direitos civis, dessegregação racial e acesso à biblioteca. *In*: ENCONTRO NACIONAL DE PESQUISA EM CIÊNCIA DA INFORMAÇÃO, 21., 2021, Rio de Janeiro. **Anais** [...]. Rio de Janeiro: IBICT-UFRJ, 2021a.

SILVA, Franciéle Carneiro Garcês da; GARCEZ, Dirnéle Carneiro; FEVRIER, Priscila Rufino; SANTOS, Raquel Mascarenhas dos; MELO FILHO, Edilson Targino. Pessoas bibliotecárias negras nas páginas da *Ebony Magazine*: movimentos pelos direitos civis, dessegregação racial e acesso à biblioteca. *In*: SILVA, Franciéle Carneiro Garcês da. (org.). **Bibliotecári@s negr@s**: perspectivas feministas, antirracistas e decoloniais em Biblioteconomia e Ciência da Informação. Florianópolis: Rocha, Selo Nyota, 2021b. p. 95-118.

SILVA, Franciéle Carneiro Garcês da; GARCEZ, Dirnéle Carneiro; SALES, Rodrigo de; SALDANHA, Gustavo Silva. Dorothy Porter Wesley e a Organização do Conhecimento Negro na Coleção Especial Moorland-Spingarn Research Center. **Liinc em Revista**, Rio de Janeiro, v. 17, p. 1-23, 2021c.

SILVA, Franciéle Carneiro Garcês da; GARCEZ, Dirnéle Carneiro; PIZARRO, Daniella Camara. Dorothy Porter Wesley e a classificação para os Estudos Negros, Africanos e da Diáspora. *In*: ENCONTRO NACIONAL DE PESQUISA EM CIÊNCIA DA INFORMAÇÃO, 21., 2021, Rio de Janeiro. **Anais** [...]. Rio de Janeiro: IBICT-UFRJ, 2021a.

SILVA, Franciéle Carneiro Garcês da; GARCEZ, Dirnéle Carneiro; PIZARRO, Daniella Camara. Dorothy Porter Wesley e a classificação para os estudos negros, africanos e da diáspora. *In*: SILVA, Franciéle Carneiro Garcês da (org.). **Bibliotecári@s negr@s**: Perspectivas feministas, antirracistas e decoloniais em Biblioteconomia e Ciência da Informação. Florianópolis: Rocha; Selo Nyota, 2021b. p. 21-42.

SILVA, Franciéle Carneiro Garcês da; FIDELES, Lindiwe Sophia Oliveira. Quilombo Intelectual, informação étnico-racial científica e a valorização intelectual da população negra. **Informação@Profissões**, [*s.l.*], n. 3, v. 10, p. 34-50, 2021.

SILVA, Franciéle Carneiro Garcês da; PIZARRO, Daniela Câmara. O ensino de história da África em Cursos de Biblioteconomia brasileiros. **Revista Brasileira de Educação em Ciência da Informação**, São Paulo, v. 9, p. 1-36, 2022.

SILVA, Franciéle Carneiro Garcês da Silva; GARCEZ, Dirnéle Carneiro; PIZARRO, Daniella Camara. Cartografias da Supremacia Racial e da Branquitude na Biblioteconomia e Ciência da Informação. *In*: ENCONTRO NACIONAL DE PESQUISA EM CIÊNCIA DA INFORMAÇÃO, 22., 2022, Porto Alegre. **Anais** [...]. Porto Alegre: UFRGS, 2022.

SILVA, Franciéle Carneiro Garcês da; SILVA, Rubens Alves da. Da Ausência à Evidência: Notas teórico-críticas sobre o Princípio da Ausência, Epistemicídio e Reparação Epistêmica em bibliotecas e Biblioteconomia. **INCID**: Revista de Documentação e Ciência da Informação, Ribeirão Preto, v. 13, p. 47-72, 2022.

SILVA, Franciéle Carneiro Garcês da; GARCEZ, Dirnéle Carneiro; SILVA, Rubens Alves da. Conhecimento das margens: da injustiça epistêmica à valorização do conhecimento negro em Biblioteconomia e Ciência da Informação. **Revista ACB**: Biblioteconomia em Santa Catarina, Florianópolis, v. 27, p. 1-19, 2022.

SILVA, Franciéle Carneiro Garcês da; GARCEZ, Dirnéle Carneiro; ARAUJO, Diná M. Pereira; VIEIRA, Gabriel M. A contribuição de pessoas bibliófilas e bibliógrafas negras dos séculos XIX e XX para construção de uma bibliografia negra. *In*: A ARTE DA BIBLIOGRAFIA: BIBLIOGRAFIA E JUSTIÇA SOCIAL, 8., 2021, São Carlos. **Anais** [...]. São Carlos: UFSCar, 2021a. p. 1-8.

SILVA, Franciéle Carneiro Garcês da; GARCEZ, Dirnéle Carneiro; VIEIRA, Gabriel de; FEVRIER, Priscila Rufino; ROMEIRO, Nathália Lima; ALVES, Ana Paula Meneses. Microagressões raciais, poder e privilégio nas bibliotecas: uma análise dos discursos no *The Microaggressions Project* e *Microaggressions in Librarianship*. **Revista Folha de Rosto**, Cariri, v. 9, n. 1, 2023a (no prelo).

SILVA, Franciéle Carneiro Garcês da; GARCEZ, Dirnéle Carneiro; ARAUJO, Diná Marques Pereira; FEVRIER, Priscila Rufino; VIEIRA, Gabriel de Melo. A contribuição de pessoas bibliófilas e bibliógrafas negras dos séculos XIX e XX para construção de uma Bibliografia Negra. **Ciência da Informação**, Brasília, v. 52, n. 1, 2022. (no prelo).

SILVA, Franciéle Carneiro Garcês da; GARCEZ, Dirnéle Carneiro; SALES, Rodrigo de; SILVA, Rubens Alves da. Arturo Schomburg e sua contribuição para a Biblioteconomia Negra: das coleções negras ao Schomburg Center for Research in Black Culture. **Palabra clave**, La Plata, v. 12, p. 1-11, 2023.

SILVA JÚNIOR, Jobson Francisco da. **Identidade negra e mediações da informação étnico-racial em blogs de funk**. Florianópolis: Rocha; Selo Nyota, 2022.

SILVA, Leyde Klebia Rodrigues da; AQUINO, Mirian Albuquerque. Bamidelê: por uma sociologia da informação étnico-racial na organização das mulheres negras da Paraíba. **Pesquisa Brasileira em Ciência da Informação e Biblioteconomia**, [*s.l.*], v. 8, n. 1, 2013.

SILVA, Leyde Klébia Rodrigues da. **Feminismo negro e epistemologia social**: trajetórias de vida de pesquisadoras negras em Biblioteconomia e Ciência da Informação. 2020. 249 p. Tese (Doutorado) - Universidade Federal do Rio de Janeiro, Instituto Brasileiro de Informação em Ciência e Tecnologia, Rio de Janeiro, 2020.

SILVA, Leyde Klébia Rodrigues da; SALDANHA, Gustavo Silva. Epistemologia Social Feminista Negra (EPISFEN). **Tendências da Pesquisa Brasileira em Ciência da Informação**, [*s.l.*], v. 14, p. 1-21, 2021.

SILVA, Rafael Pereira da. Trauma Cultural e sofrimento social: do banzo às conseqüências psíquicas do racismo para o negro. *In*: SIMPÓSIO NACIONAL DE HISTÓRIA, 29., 2017, Brasília. **Anais** [...]. Brasília: UnB, 2017.

SILVA, Quedma Ramos da; VALÉRIO, Erinaldo Dias. A biblioteca escolar na luta cona o racismo. *In*: SILVA, Franciéle C. Garcês da, LIMA, Graziela S. (org.). **Bibliotecári@s Negr@s**: informação, educação, empoderamento e mediações. Florianópolis, SC: Rocha Gráfica e Editora, 2019. p. 183-198.

SILVA, Rubens Alves da. Diversidade epistêmica: encontro de saberes no PPGCI. *In*: SILVEIRA, Fabrício José Nascimento da; FROTA, Maria Guiomar da; MARQUES, Rodrigo Moreno. (org.). **Informação, mediação e cultura**: teorias, métodos e pesquisas. Belo Horizonte, MG: Letramento: PPGCI, 2022. p. 141-165.

SILVA, Marcio Ferreira da. **A questão da representação das religiões de matriz africana na CDD**: uma análise crítica da umbanda. 2018. 220 f. Tese (Doutorado) – Universidade Estadual Paulista, Marília, 2018.

SILVA JÚNIOR, Jobson F. da. **Identidade negra e mediações da informação (étnico-racial) em blogs de funk**. 2019. 238 f. Tese (Doutorado em Ciência da Informação) – Escola de Comunicação, Universidade Federal do Rio de Janeiro; Instituto Brasileiro de Informação em Ciência e Tecnologia, Rio de Janeiro, 2019.

SIMS-WOOD, Janet. **Dorothy Porter at Howard University**: Building a Legacy of Black History. Charleston, SC: The History Press, 2014.

SMITH, Martha. Global Information Justice: Rights, Responsibilities, and Caring Connections. **Library Trends**, Illinois, v. 49, n. 3, p. 519-537, 2001.

SINCLAIR, Stéfan; ROCKWELL, Geoffrey. **Voyant Tools**, [s.l.], 2022.

SINGER, Miriam J. A hidden minority amidst white privilege. **Multicultural Perspectives**, [s.l.], v. 10, n. 1, p. 47-51, 2008. DOI: https://doi.org/10.1080/15210960701869637

SINNETTE, Elinor Des Verney. **Arthur Alfonso Schomburg**: Black Bibliophile & Collector. Detroit: Wayne State University Press, 1989.

SIQUEIRA, Thiago Giordano de Souza. Ação cultural de mediação de leitura em comunidades ribeirinhas no estado do amazonas: relato de experiência da expedição barco biblioteca. **Revista Brasileira de Biblioteconomia e Documentação**, [s.l.], v. 15, p. 68-83, 2019. Disponível em: http://hdl.handle.net/20.500.11959/brapci/109918. Acesso em: 26 set. 2021.

SILVÉRIO, Valter R. **Raça e racismo na virada do milênio**: os novos contornos da racialização. 1999. 172 p. Tese (Doutorado) - Universidade Estadual de Campinas, Instituto de Filosofia e Ciencias Humanas, Campinas, SP, 1999.

SHOHAM, Snunith. Libraries and Librarianship in Israel. **IFLA Journal**, [s.l.], v. 26, n. 3, p. 165-215, 2000.

SMITH, Linda Tuhiwai. **A descolonizar las metodologias**: investigación y pueblos indígenas. Santiago: Lom ediciones, 2016.

SNOWDEN, Frank M. **Blacks in Antiquity**: Ethiopians in Greco-Roman Experience. London: Harvard University Press, 1971.

SPELLER JR., Benjamin F. (ed.). **Educating Black Librarians**. Jefferson, North Carolina: McFarland & Company, 1991.

STAGE, Frances K. Answering critical questions using quantitative data. **New Directions for Institutional Research**, [s.l.], n. 133, p. 5-16, 2007. DOI: https://doi.org/10.1002/ir.200

SKINNER, Asheley Cockrell; SLIFKIN, Rebecca T. Rural/urban differences in barriers to and burdens of care for children with special health care needs. **Journal of Rural Health**, [s.l.], v. 23, p. 150-157, 2007. DOI: https://doi.org/10.1111/j.1748-0361.2007.00082.x

SLEETER, Christine E.; DELGADO BERNAL, Dolores. Critical Pedagogy, Critical Race Theory, and Antiracist Education: Their Implications for Multicultural Education. *In*: BANKS, James; BANKS, Cherry A. (ed.). **Multicultural Education**: Issues and Perspectives. Hoboken, NJ: Wiley, 2004. p. 240-258.

SOARES, Jorge Coelho. Apresentação à edição brasileira. *In*: WIGGERSHAUS, Rolf. **A Escola de Frankfurt**: história, desenvolvimento teórico, significação política. Rio de Janeiro: DIFEL, 2002. p. 9-11.

SOLÓRZANO, Daniel G.; YOSSO, Tara J. Critical race and LatCrit theory and method: counter-storytelling. **Qualitative Studies in Education**, [s.l.], v. 14, n. 4, p. 47-495, 2001. DOI: https://doi.org/10.1080/09518390110063365

SOLÓRZANO, Daniel G.; YOSSO, Tara. A critical race counterstory of race, racism, and affirmative action. **Equity and Excellence in Education**, [s.l.], v. 35, n. 2, p. 155-168, 2002.

SOUSA, Maria Antonia de; ALBUQUERQUE, Maria Elisabeth Baltar Carneiro de. Informação étnico-racial: proposta de glossário sob a égide da Semântica Discursiva. **Pesquisa Brasileira em Ciência da Informação e Biblioteconomia**, [s.l.], n. 1, v. 10, 2015a.

SOUSA, Maria Antonia de; ALBUQUERQUE, Maria Elisabeth Baltar Carneiro de. Informação étnico-racial. **Tendências da Pesquisa Brasileira em Ciência da Informação**, São Paulo, v. 8, n. 2, 2015b.

SOUZA, M. Christina S. JOSEY, E.J., ed. The information society; issues and answers. London, Mansell, 1978. 152 p. (Neali Schuman Professional Books). **Revista Brasileira de Biblioteconomia e Documentação**, v. 12, n. 1/2, p. 127-136, jan./jun. 1979.

SOUZA, Francisco das Chagas de. **A Biblioteconomia no Brasil**: profissão e educação. Florianópolis: ACB, 1997.

SOUZA, Francisco das Chagas de. A formação acadêmica de bibliotecários e cientistas da informação e sua visibilidade, identidade e reconhecimento social no Brasil. **Informação & Sociedade**, João Pessoa, v. 16, n. 1, p. 23-34, jan./jun. 2006.

SOUZA, Francisco das Chagas de. **O ensino da Biblioteconomia no contexto brasileiro**: século XX. 2. ed. Florianópolis: Ed. da UFSC, 2009.

SNOW, Karen; DUNBAR, Anthony W. Advancing the Relationship between Critical Cataloging and Critical Race Theory. **Cataloging & Classification Quarterly**, v. 60, n. 6-7, p. 646-674, 2022. DOI: https://doi.org/10.1080/01639374.2022.2089936

STRAUS, Joseph N. **Extraordinary Measures**: Disability in Music. New York: Oxford University Press, 2011.

SUE, Derald Wing; CAPODILUPO, Christina M.; TORINO, Gina C.; BUCCERI, Jennifer M.; HOLDER, Aisha M. B.; NADAL, Kevin L.; ESQUILIN, Marta. Racial microaggressions in everyday life. **American Psychologist**, [s.l.], v. 62, n. 4, p. 271-286, May-June 2007.

SUE, Derald Wing. Whiteness and Ethnocentric Monoculturalism: Making the "Invisible" Visible. **American Psychologist**, [s.l.], v. 59, n. 8, p. 761-769, 2004. DOI: https://doi.org/10.1037/0003-066x.59.8.761

SUE, Derald Wing. Microaggressions, Marginality, and Oppression: an introduction. *In*: SUE, Derald Wing. (ed.). **Microaggressions and marginality**: manifestation, dynamics, and impact. Hoboken, New Jersey: John Wiley & Sons, Inc., 2010a.

SUE, Derald Wing. (ed.). **Microaggressions and marginality**: manifestation, dynamics, and impact. Hoboken, New Jersey: John Wiley & Sons, Inc., 2010b.

SUE, Derald Wing. **Microaggressions in everyday life**: race, gender, and sexual orientation. Hoboken, New Jersey: John Wiley & Sons, 2010c.

SUE, Derald Wing. Taxonomy of Microaggressions. *In*: SUE, Derald Wing. **Microaggressions in everyday life**: race, gender, and sexual orientation. Hoboken, New Jersey: John Wiley & Sons, 2010d. p. 21-42.

SUE, Derald Wing. **Overcoming our racism**: the journey to liberation. San Francisco, CA: Jossey-Bass, 2003.

STEUP, Mathias. Epistemology. **Stanford Encyclopedia of Philosophy**, Stanford, dec. 14, 2005. Disponível em: https://plato.stanford.edu/archives/win2011/entries/epistemology/. Acesso em: 20 ago. 2021.

STEUP, Mathias. Epistemologia. **Investigação Filosófica**, [s.l.], v. E2, artigo digital 3, 2012.

STEUP, Mathias; NETA, Ram. Epistemology. **Stanford Encyclopedia of Philosophy**, Stanford University, 2020. Disponível em: https://plato.stanford.edu/entries/epistemology/. Acesso em: 25 ago. 2021.

SWEATT V. PAINTER. (n.d.). **Oyez**, 2022. Disponível em: https://www.oyez.org/cases/1940-1955/339us629 Acesso em: 20 ago. 2022.

STROLL, Avrum; MARTINICH, A. P. The history of epistemology. **Encyclopedia Britannica**, [s.l.], 2021b. Disponível em: https://www.britannica.com/topic/epistemology. Acesso em: 20 jan. 2021.

SUTTON, Allison M. Bridging the gap in early library education history for African Americans: The negro teacher-librarian training program (1936–1939). **Journal of Negro Education**, [s.l.], v. 74, n. 2, p. 138-150, 2005.

TAKAKI, Ronald. **Strangers from a different shore**: a history of Asian Americans. Boston, MA: Little: Brown, 1998.

TAKAGI, Dana Y. **The retreat from race**: Asian-American admissions and racial politics. New Brunswick, NJ: Rutgers University Press, 1992.

TANUS, Gustavo; TANUS, Gabrielle Francinne de Souza Carvalho. Onde estão os autores e autoras negras? A literatura afro-brasileira nos acervos das bibliotecas públicas brasileiras. **Diacrítica**, [s.l.], v. 34, n. 2, p. 249-263, 2020. DOI: https://doi.org/10.21814/diacritica.528

TANUS, Gabrielle Francinne de S. C; TANUS, Gustavo; OLIVEIRA, Flávia Figueiredo; ALVES, Geísa Pereira; SANTIAGO, Magaly Alexandre; GOMES, Marcus Victor Siqueira Josuá; SILVA, Silvana Souza da; OLIVEIRA, Solange Gomes Toscano. A literatura afro-brasileira no Sistema Estadual de Bibliotecas Públicas da Bahia. **Revista Brasileira de Biblioteconomia e Documentação**, [s.l.], v. 16, p. 1-24, 2020.

TATUM, Beverly Daniel. Talking about Race, Learning about Racism: The Application of Racial Identity Development Theory in the Classroom. **Harvard Educational Review**, [s.l.], v. 62, p. 1-24, 1992.

TAYLOR, Elizabeth Dowling. **The Original Black Elite**: Daniel Murray and the Story of a Forgotten Era. New York: HarperCollins Publishers Inc., 2017.

TERANISHI, Robert T. African American college choice post-affirmative action: The role of information and perceptions of opportunity. *In*: **Annual Meeting for the American Educational Research Association**. New Orleans, LA., 2000.

TERANISHI, Robert T. The myth of the super minority: Misconceptions about Asian Americans. **College Board Review**, [s.l.], v. 195, n. 2, p. 17-21, 2002a.

TERANISHI, Robert T. Asian Pacific Americans and Critical Race Theory: An Examination of School Racial Climate. **Equity & Excellence in Education**, [s.l.], v. 35, n. 2, p. 144-154, 2002b. DOI: https://doi.org/10.1080/713845281

TITCHKOSKY, Tanya. **The Question of Access**: Disability, Space, Meaning. Toronto: University of Toronto Press, 2011.

TEMPELS, Placid. **Bantu Philosophy**. Paris: Présence Africaine, 1969.

THE BRITISH MUSEUM. **Constantin François Chasseboeuf, Comte de Volney**. London, 2021. Disponível em: https://www.britishmuseum.org/collection/term/BIOG151529. Acesso em: 11 jan. 2021.

THOMAS, Lucille. E. J. Josey, the 101st President of the American Library Association. In: ABDULLAHI, Ismail. **E. J. Josey**: an activist librarian. Metuchen; London: The Scarecrow Press, 1992. p. 21-26.

TORRES-HARDING, Susan; TURNER, Tasha. Assessing Racial Microaggression Distress in a Diverse Sample. **Evaluation & the Health Professions**, [s.l.], v. 38, n. 4, p. 464-490, 2014. DOI: https://doi.org/10.1177/0163278714550860

TRAPP, Rafael Petry. Dorothy Porter e a constituição de um campo bibliográfico sobre o negro no Brasil e nos Estados Unidos (1943-1978). **Topoi**, Rio de Janeiro, v. 21, n. 45, p. 639-656, set./dez. 2020.

TRUNCELLITO, David A. Epistemology. **The Internet Encyclopedia of Philosophy (IEP)**, [s.l.], 2009. Disponível em: https://iep.utm.edu/epistemo/. Acesso em: 10 jun. 2021.

TSRI, Kwesi. Africans are not black: why the use of the term "black" for Africans should be abandoned. **African Identities**, [s.l.], v. 14, n. 2, p. 147-160, 2015. DOI: https://doi.org/10.1080/14725843.2015.1113120

TSRI, Kwesi. Africans are not black: why the use of the term "black" for Africans should be abandoned. **African Identities**, [s.l.], v. 14, n. 2, p. 147-160, 2016a.

TSRI, Kwesi. **Africans Are Not Black**: the case for conceptual liberation. Abingon, Oxon: Routledge, 2016b.

TUCKER, John M. **Untold stories**: civil rights, libraries, and Black Librarianship. Illinois: University of Illinois, 1998. 224 p.

TZOC GONZALÉZ, Marc; MATAMBANADZO, Sarudzayi M.; VELEZ MARTINEZ, Sheila I. Latina and Latino Critical Legal Theory: LatCrit Theory, Praxis and Community. **Revista Direito e Práxis**, Rio de Janeiro, v. 12, n.2, p. 1316-1343, 2021.

UDEFI, Amaechi. The Rationale for an African Epistemology: a critical examination of the Igbo views on knowledge, belief, and justification. **Canadian Social Science**, [s.l.], v. 10, n. 3, p. 108-117, 2018.

UDENSI, Julie N. Extent of postgraduate students and lecturers use of Africana resources in Nigerian university libraries. **Journal of Information and Knowledge Management**, [s.l.], v. 2, n. 1, p. 1-11, 2011. Disponível em: https://www.ajol.info/index.php/iijikm/article/view/144576. Acesso em: 12 dez. 2022.

UROFSKY, Melvin I. Jim Crow Law. **Encyclopedia Britannica**, Feb. 12, 2021. Disponível em: https://www.britannica.com/event/Jim-Crow-law. Acesso em: 19 jan. 2021;

URZUA, Roberto; COTERA, Martha P; STUPP, Emma Gonzalez. (ed.). **Library services to Mexican Americans**: Policies, practices and prospects. Las Cruces, New Mexico: New Mexico State University, 1978. Disponível em: https://files.eric.ed.gov/fulltext/ED151110.pdf. Acesso em: 10 dez. 2022.

UZELAC, Costance P. Dorothy Porter Wesley (1905-1995). **BlackPast**, [s.l.], 2010. Disponível em: https://www.blackpast.org/african-american-history/dorothy-porter-wesley-1905-1995/. Acesso em: 20 dez. 2022.

VALÉRIO, Erinaldo Dias; BERNARDINO, Maria Cleide Rodrigues; SILVA, Joselina. A produção científica sobre os (as) negros nos ENANCIBs sob um olhar cientométrico. **Informação & Sociedade**: Estudos, João Pessoa, v. 22, n. 2, p. 151-169, 2012.

VALÉRIO, Erinaldo Dias; SILVA, Dávila Maria Feitosa da. Discutindo as relações raciais: os trabalhos de conclusão de curso em biblioteconomia da Universidade Federal do Cariri – UFCA. **Revista Brasileira de Educação em Ciência da Informação**, [s.l.], v. 4, p. 132-145, 2017.

VALÉRIO, Erinaldo Dias; SANTOS, Raimunda Fernanda. O ensino das práticas de organização e tratamento da informação étnico-racial e sobre diversidade de gênero frente à formação do (a) bibliotecário (a). **Convergência em Ciência da Informação**, [s.l.], v. 1, n. 2, p. 210-217, 2018. DOI: https://doi.org/10.33467/conci.v1i2.10278

VALÉRIO, Erinaldo Dias; CAMPOS, Arthur Ferreira. Educação antirracista no ensino da biblioteconomia. **Revista Folha de Rosto**, [s.l.], v. 5, n. Especial, p. 118-126, 2019.

VALDÉS, Francisco. Foreword: Under Construction. LatCrit Consciousness, Community, and Theory. **California Law Review**, [s.l.], v. 85, n. 5, p. 1087-1142, 1997. DOI: https://doi.org/10.2307/3481057

VALDÉS, Francisco; BENDER, Steven W Bender. **Latcrit**: From Critical Legal Theory to Academic Activism. New York: New York University Press, 2021.

VALDÉS, Vanessa K. The Afterlives of Arturo Alfonso Schomburg. **Small Axe**, [s.l.], v. 61, n. 3, p. 142-151, 2020. DOI: https://doi.org/10.1215/07990537-8190686

VARGAS, João H. Costa. Racismo não dá conta: antinegritude, a dinâmica ontológica e social definidora da modernidade. **Em Pauta**, Rio de Janeiro, n. 45, v. 18, p. 16-26, 2020.

VASCONCELOS, Corina Fátima Costa. **Pedagogia da Identidade**: interculturalidade e formação de professores. 2016. 330 f. Tese (Doutorado em Educação) – Universidade Federal do Amazonas, Manaus, 2016.

VASCONCELOS, Francisco Antonio de. Filosofia ubuntu. **Logeion**: filosofia da informação, Rio de Janeiro, v. 3, n. 2, p. 100-112, 2017. DOI: https://doi.org/10.21728/logeion.2017v3n2.p100-112.

VÁZQUEZ, Sujei Lugo. The Development of US Children's Librarianship and Challenging White Dominant Narratives. *In*: LEUNG, Sofia Y.; LÓPEZ-MCKNIGHT, Jorge R. (ed.). **Knowledge Justice**: Disrupting Library and Information Studies through Critical Race Theory. Cambridge, MA: Massachusetts Institute of Technology, 2021. p. 177-195.

VELEZ, LaTesha; VILLA-NICHOLAS, Melissa. Mapping Race and Racism in U.S. Library History Literature, 1997–2015. **Library Trends**, Illinois, v. 65, n. 4, p. 126, 2017. DOI: https://doi.org/10.1353/lib.2017.0017

VERJEE, Begum. Critical Race Feminism: A Transformative Vision for Service-Learning Engagement. **Journal of Community Engagement and Scholarship**, [s.l.], v. 5, n. 1, p. 57-69, 2012. DOI: https://doi.org/10.54656/FBBT3737

VIANNA, Márcia Milton; MARQUES JÚNIOR, Alaôr Messias. Fontes biográficas. *In*: CAMPELLO, Bernardete Santos; CALDEIRA, Paulo da Terra. (org.). **Introdução às fontes de informação**. Belo Horizonte: Autêntica, 2005. p. 43-52.

VIEIRA, Sara da Cruz; VALÉRIO, Erinaldo Dias. Mapeando o acervo bibliográfico para uma agenda antirracista. *In*: SILVA, Franciéle Carneiro Garcês da. (org.). **Bibliotecári@s negr@s**: pesquisas e experiências de aplicação da Lei 10.639/2003 na formação bibliotecária e bibliotecas. Florianópolis: Rocha; Nyota, 2020.

VIEIRA, Keitty Rodrigues; LUCAS, Elaine Rosangela de Oliveira. Jesse Shera e sua contribuição para o campo da Biblioteconomia e Ciência da Informação. **Encontros Bibli**: Revista Eletrônica de Biblioteconomia e Ciência da Informação, Florianópolis, v. 23, n. 51, p. 17-30, 2018.

VIEIRA, Keitty Rodrigues; LUCAS, Elaine Rosangela de Oliveira; ARAUJO, Andre Vieira de Freitas. Jesse Shera: entre citações e bibliografia. Revista ACB: Biblioteconomia em Santa Catarina, Florianópolis, v. 22, n. 2, p. 208-226, 2017.

VILLA-NICHOLAS, Melissa. Teaching intersectionality: Pedagogical approaches for lasting impact. **Education for information**, [s.l.], v. 34, n. 2, p. 121-133, 2018. DOI: https://doi.org/10.3233/efi-180191

VOLTAIRE. **Essai sur les moeurs et l'esprit des nations**. Paris: Garnier, 1963.

WAITOLLER, Federico R.; ANNAMMA, Subini Ancy. Taking a Spatial Turn in Inclusive Education: Seeking Justice at the Intersections of Multiple Markers of Difference. *In*: HUGHES, Marie Tejero; TALBOTT, Elizabeth. (ed.). **The Wiley Handbook of Diversity in Special Education**. Wiley-Blackwell, 2017. p. 23-44. DOI: https://doi.org/10.1002/9781118768778.ch2

WAKEMAN, John. Talking points. **Wilson Library Bulletin**, [s.l.], v. 36, n. 1, September 1961.

WALLING, Linda Lucas; IRWIN, Marilyn. (ed.). **Information services for people with developmental disabilities**: The library manager's handbook. Westport, CT: Greenwood Press, 1995. p. 181-195.

WALKER, Billie E. Daniel Alexander Payne Murray (1852-1925): Forgotten librarian, bibliographer, and historian. **Libraries & Culture**, Austin, v. 40, n. 1, p. 25-37, 2005.

WALKER, Shaundra. Critical Race Theory and Recruitment, Retention and Promotion of a Librarian of Color: A Counter-Story. *In*: HANKINS, Rebecca; JUÁREZ, Miguel. (ed.). **Where are all the librarians of color?** The experience of people of color in Academia. Sacramento: Library Juice Press, 2015. p. 135-160.

WARNER, Jody Nyasha. Moving Beyond Whiteness in North American Academic Libraries. **Libri**, [s.l.], v. 51, n. 3, p. 167-172, 2001. DOI: https://doi.org/10.1515/LIBR.2001.167

WARREN, Kellee E. We Need These Bodies, But Not Their Knowledge: Black Women in the Archival Science Professions and Their Connection to the Archives of Enslaved Black Women in the French Antilles. **Library Trends**, Illinois, v. 64, n. 4, p. 776-794, 2016. DOI: https://doi.org/10.1353/lib.2016.0012

WATSON, Megan. White feminism and distributions of power in academic libraries. *In*: SCHLESSELMAN-TARANGO, Gina. (ed.). **Topographies of Whiteness**: mapping Whiteness in Library and Information Studies. Sacramento: Library Juice Press, 2017. p. 143-174.

WEBSTER, Kelly; DOYLE, Ann. Don't class me in antiquities!: giving voice to Native American materials. *In*: ROBERTO, R. K. (ed.). **Radical Cataloging**: Essays at the Front. Jefferson, NC: Greenwood, 2008. p. 189-197.

WEINE, Mae. **Weine Classification System for Judaica Libraries**. 6 ed. New York: Association of Jewish Libraries, 1996.

WEINBERG, Bella Hass. Judaica Classification Schemes for Synagogue and School Libraries: a structural analysis. **Judaica Librarianship**, New York, v. 1, n. 1, p. 26-30, 1983.

WEINBERG, Bella Hass. The Cataloging of Jewish Liturgy by the Library of Congress. **Judaica Librarianship**, [*s.l.*], v. 73, n. 4, p. 365-372, 1985.

WEINBERG, Bella Hass. The Hidden Classification in Library of Congress Subject Headings for Judaica. **Library Resources & Technical Services**, [*s.l.*], v. 37, n. 4, p. 369-380, 1993.

WEINBERG, Bella Hass. The earliest Hebrew citation indexes. **Journal of the American Society for Information Science**, [*s.l.*], v. 48, n. 4, p. 318-330, 1997. DOI: https://doi.org/10.1002/(sici)1097-4571(199704)48:4<318::aid-asi5>3.0.co;2-z

WELSING, Frances Cress. The Cress Theory of Color-Confrontation. **The Black Scholar**, [*s.l.*], v. 5, n. 8, p. 32-40, 1974. DOI: https://doi.org/10.1080/00064246.1974.1143141

WERTHEIM, Samantha Shapses. Can we become friends? Students' cross-racial interaction in post-apartheid South African higher education. **Journal of Student Affairs in Africa**, [*s.l.*], v. 2, n. 1, p. 35-54, 2014. DOI: https://doi.org/10.14426/jsaa.v2i1.48

WEST, Cornel. Foreword. *In*: CRENSHAW, Kimberlé; GOTANDA, Neil; PELLER, Gary; THOMAS, Kendall. (ed.). **Critical Race Theory**: The Key Writings that formed the Movement. New York, The New Press, 1995. p. xi-xii

WHITMIRE, Ethelene. Cultural diversity and undergraduates' academic library use. **The Journal of Academic Librarianship**, [s.l.], v. 29, n. 3, p. 148-61, 2003. DOI: https://doi.org/10.1016/S0099-1333(03)00019-3

WHITMIRE, Ethelene. **Regina Anderson Andrews**: Harlem Renaissance Librarian. Urbana, Chicago, Springfield: University of Illinois Press, 2014.

WIEGAND, Wayne A. American library history literature, 1947–1997: Theoretical perspectives? **Libraries & Culture**, [s.l.], v. 35, n. 1, p. 4-34, 2000.

WIEGAND, Wayne A. "Any Ideas?": The American Library Association and the Desegregation of Public Libraries in the American South. **Libraries: Culture, History, and Society**, [s.l.], v. 1, n. 1, p. 1-22, 2017a.

WIEGAND, Wayne A. Falling short of their profession's needs: education and research in Library & Information Studies. **Journal of Education for Library and Information Science**, [s.l.], v. 58, n. 1, p. 39-43, January 2017b. DOI: https://doi.org/10.12783/issn.2328-2967/58/1/4

WIEGAND, Wayne A.; WIEGAND, Shirley A. **The desegregation of public libraries in the Jim Crow South**: civil rights and local activism. Baton Rouge: Louisiana State University Press, 2018.

WIGGERSHAUS, Rolf. **A Escola de Frankfurt**: história, desenvolvimento teórico, significação política. Rio de Janeiro: DIFEL, 2002. 742 p.

WILKINS, David E.; STARK, Heidi K. **American Indian Politics, and the American Political System**. Lanham: Rowman & Littlefield, 2018.

WILEY, Terrence G; LUKES, Marguerite. English-only and standard English ideologies in the U.S. **TESOL Quarterly**, [s.l.], v. 30, n. 3, p. 511-535, 1996.

WILLIAMS, Peter; HENNING, Christian. Effect of web page menu orientation on retrieving information by people with learning disabilities. **Journal of the Association for Information Science and Technology**, [s.l.], v. 66, n. 4, p. 674-683, 2015. DOI: https://doi.org/10.1002/asi.23214

WING, Adrien Katherine. (ed.). **Critical Race Feminism**: a reader. 2nd ed. New York: New York Press, 2003.

WORK, Monroe N. (ed.). **Negro Year Book**: an annual encyclopedia of the Negro 1914-1915. Alabama: The Negro Year Book Publishing Company, Tuskegee Institute ,1915.

WORK, Monroe N. (ed.). **A Bibliography of the Negro in Africa and America**. New York: The H. W. Wilson Company, 1928.

WIREDU, Kwasi. **Philosophy and an African Culture**. Cambridge: Cambridge University Press, 1980.

WIREDU, Kwasi. The concept of truth in the Akan language. *In*: BODUNRIN, P. O. (ed.). **Philosophy in Africa**: tends and perfectives. Ile-Ife Nigeria: University of Ife Press, 1998.

WISE, Tim J. **White Like Me**: Reflections on Race from a Privileged Son. Berkeley, CA: Soft Skull Press, distributed by Publishers Group West, 2008.

YOON, Kyunghye; NEWBERRY, Tara; HULSCHER, Laura; DOLS, Rachel. Call for library websites with a separate information architecture for visually impaired users. **Proceedings of the American Society for Information Science and Technology**, [s.l.], v. 50, n. 1, p. 1-3, 2013. DOI: https://doi.org/10.1002/meet.14505001100

YOON, Haeny S.; TEMPLETON, Tran Nguyen. The Practice of Listening to Children: The Challenges of Hearing Children Out in an Adult-Regulated World. **Harvard Educational Review**, [s.l.], v. 89, n. 1, p. 55-84, Spring 2019. DOI: https://doi.org/10.17763/1943-5045-89.1.55

YOUNG JR., Whitney M. "To be Equal", **Journal and Guia of Norfolk**, 10 de junho de 1967.

YOSSO, Tara J.; SOLÓRZANO, Daniel. Conceptualizing a Critical Race Theory in Sociology. *In*: ROMERO, Mary; MARGOLIS, Eric. (ed.). **The Blackwell Companion to Social Inequalities**. Nova Jersey, EUA: Blackwell Publishing Ltd., 2005.

YOSSO, Tara J. Whose Culture Has Capital: A Critical Race Theory Discussion of Community Cultural Wealth. *In*: DIXSON, Adrienne D.; ANDESON, Celia K.; DONNOR, Jamel. (ed.). **Critical Race Theory in Education**: All God's Children Got a Song. New York: Taylor & Francis, 2006.

YU, Biyang; GERIDO, Lynette; HE, Zhe. Exploring text classification of social support in online health communities for people who are D/deaf and hard of hearing. **Proceedings of the Association for Information Science and Technology**, [*s.l.*], v. 54, n. 1, p. 840-841, 2017. DOI: https://doi.org/10.1002/pra2.2017.14505401179.

YUSUF, Rukayat Abimbola; AWOYEMI, Olubunmi O.; ADEMODI, Dickson T. Diversity, inclusion and equity: making a case for the underserved and vulnerable in the Nigerian society. **Lagos Journal of Library and Information Science**, [*s.l.*], v. 11, n. 1-2, 2022.

XAVIER, Giovana. **Brancas de almas negras?** beleza, racialização e cosmética na imprensa negra pós-emancipação (EUA, 1890-1930). 2012. 424 p. Tese (doutorado) – Unicamp, IFCH, Campinas, SP, 2012.

XIE, Iris; BABU, Rakesh; LEE, Hyun Seung; WANG, Shengang; LEE, Tae Hee. Orientation tactics and associated factors in the digital library environment: Comparison between blind and sighted users. **Journal of the Association for Information Science and Technology**, [*s.l.*], v. 72, n. 8, p. 995-1010, 2021. DOI: https://doi.org/10.1002/asi.24469

ZUBERI, Tukufu. Sociology and the African Diaspora Experience. *In*: GORDON, Lewis R.; GORDON, Jane Anna. (ed.). **A Companion to African-American Studies**. Malden, MA: Blackwell Publishing, 2006. p. 246-264.

ZUBERI, Tukufu; BONILLA-SILVA, Eduardo. **White Logic, White Methods**: Racism and Methodology. Washington, DC: Rowman & Littlefield Publishers, 2008. 416 p.

ZUBERI, Tukufu. Teoria Crítica da Raça e da sociedade nos Estados Unidos. **Cadernos do CEAS**, [*s.l.*], n. 238, p. 464-487, 2016.

APÊNDICES

GLOSSÁRIO TEMÁTICO

A

Abya Yala – significa "terra madura", "terra em florescimento", "terra viva" na língua falada pelo povo Kuna. É um termo de caráter político atribuído pelos povos originários ancestrais do continente latino-americano.[1206]

Afrodiaspórica – deslocamento (forçado ou não) de grupos ou pessoas de África para outros lugares do globo.

Afrocentrado – Cujo centro está o pensamento, filosofia, cosmogonia e/ou cosmovisão africana.

Afrocentricidade – Epistemologia africana estabelecida por Molefi Kete Asante para rejeitar a centralidade do pensamento ocidental.

Afro-brasileiro – pessoa descendente de africanos nascida no Brasil.

Afrodescendente – descendente de africanos.

Alterocídio – a construção do "outro" como dessemelhante e ameaçador, segundo o filósofo Achille Mbembe. Esse alterocídio pode ser aplicado com políticas de extermínio simbólico, literal e epistêmico.

Amefricanos/as - termo se refere à "nomeação de todos os descendentes dos africanos que não só foram trazidos pelo tráfico negreiro, como daqueles que chegaram à América antes de seu "descobrimento" por Colombo" (GONZALEZ, 2020, p. 246).

Antirracista – Desconstrução do racismo pela ação.

Antinegro – Contra a pessoa negra e africana de pele escura.

Antijudaico – Contra pessoa de origem judia.

***Apartheid* epistêmico** – que se refere à segregação intelectual de conhecimentos oriundos de grupos étnico-raciais historicamente excluídos.

AsianCrit – chamada de *Asian American Critical Race Studies*, é um ramo teórico que une a TCR e os Estudos Jurídicos Críticos para (re)pensar estruturas analíticas teóricas e metodológicas examinando a supremacia racial branca, o racismo e suas ramificações na vida de pessoas e comunidades de origem asiática nos Estados Unidos

Autóctone – que ou quem é natural da região ou país em que habita e descendente de grupos étnico-raciais estiveram ali por gerações.

Autoridade epistêmica – considerado uma autoridade em determinado assunto ou área do conhecimento.

B

Banto – etnologicamente se refere aos indivíduos do povo Bantu.

BlackCrit – também conhecida como *Black Critical Theory*, visa expandir aquilo que a TCR, como uma teoria geral do racismo e da raça não consegue, especialmente na capacidade de interrogar as especificidades de ser uma pessoa negra em sociedades racializadas. As reflexões se voltam para pensar como a anti-negritude, diferentemente da supremacia racial branca, informa e facilita a ideologia racista e a prática institucional.

Branquitude – se refere à identidade étnico-racial branca construída com base em privilégios, invisibilidade racial das pessoas brancas e vantagens atribuídas pelo pacto narcísico entre elas.

Brancocêntrica – cujo centro está o branco, neste caso, a pessoa e o grupo étnico-racial branco.

Biobibliografia – coleta de informações sobre a vida pessoal, profissional e acadêmica de um sujeito que, por sua trajetória profissional, obteve destaque em sua área de conhecimento.

C

Centralidade da Raça – onde a raça está no centro das estruturas sociais, ações, pensamento e falas.

Colonização – processo de tomada dos territórios pelos colonizadores.

Colonizados – Povos que moram em colônias.

Colonialidade – fenômeno histórico e cultural nascido durante o processo de colonização.

Comunalismo – suporte à prática de vida comunal.
Contra-narrativas – Narrativas de sujeitos às margens que rebatem aquelas criadas pelo grupo dominante.
Conhecimento procedimental – conhecimento criado via procedimentos.
Conhecimento proposicional – conhecimento criado via proposições.
Cosmovisão – forma como as pessoas veem, se expressam e entendem o mundo.
Critical Race Feminism (CRF) – ver FemCrit.

D

Daltonismo racial – o daltonismo racial ou racismo daltônico se referem à insistência de negarem o pertencimento étnico-racial de si e dos outros, por entender que a raça não influencia na vivência e experiência das pessoas.
Decolonial – exterminar o poder do colonizador e do colonialismo.
Degradação histórica – ação de destruição, desmantelamento e desestruturação da história.
Democracia racial – ideologia de nega o racismo inferindo que todos são iguais em liberdade, direitos e oportunidades.
Dependência epistêmica – depender dos conhecimentos produzidos pelo norte global para embasar teorias, conceitos e ideias.
Desobediência epistêmica – produzir, interpretar e refletir sobre conhecimentos e partir de lógicas não-hegemônicas.
Diáspora – à dispersão de povos ao redor do mundo.
Diáspora africana – aos movimentos de deslocamento (forçado ou não) para ingresso ou saída de povos africanos de África.
DisCrit – se refere à *Disability Critical Race Theory* (DisCrit) ou Teoria Crítica Racial da Deficiência é uma estrutura teórica interseccional ancorada em sete princípios, os quais auxiliam no exame de como as construções sociais de raça e habilidade sustentam noções de normalidade ou desenvolvimento típico em crianças, jovens, adultos e idosos nas sociedades.
Diversidade epistêmica – diversidade de conhecimentos de diversos povos.

Diversidade étnica – diversidade de pessoas de diferentes grupos étnico-raciais.

Dispositivos de poder – instrumentos utilizados para controle e dominação de grupos politicamente minoritários.

Dispositivos de racialidade – instrumentos utilizados para hierarquizar sujeitos e grupos étnico-raciais.

Dominação intelectual – domínio do pensamento e reflexão.

E

Economicismo – analisa os fenômenos sociais pela lente da teoria econômica.

Eurocristã – União de Europa com cristã.

Eurocentrismo – Europa ao centro.

Étnico-racial – Termo usado para se referir a grupos étnicos, como os indígenas, e racializados, como os negros.

Escravidão – prática social em que os sujeitos de origem africana eram tornados propriedade dos colonizadores para domínio e exploração gratuita da força de trabalho.

Escravistas – aqueles que escravizam pessoas.

Escravizados – aqueles sujeitos que foram subjugados pelo processo de escravidão.

Escravidão branca – prática em que pessoas brancas que foram escravizadas.

Estudos Jurídicos Críticos – também conhecido por Critical Legal Studies (CLS), se referem a um conjunto de ações iniciadas quando um grupo de ativistas, advogados, acadêmicos do Direito para analisar de forma crítica a interseção de raça e lei, compreender como a lei afetava sujeitos e grupos de contextos culturais e sociais específicos, além de buscar identificar como o litígio do movimento pelos direitos civis não conseguiu alcançar melhorias raciais significativas na sociedade.

Epistemicídio – silenciamento, aniquilação, desvalorização, expropriação de um sistema de conhecimento.

Epistemologia – Teoria do conhecimento.

Epistemologia negra – Teoria do conhecimento reflexionada por pessoas negras.

Epistemologia Africanas – Teoria do conhecimento reflexionada por pessoas africanas.

Epistemologia ocidental – teoria em que busca pelo conhecimento pelo entendimento de como os graus de confiança se restringem racionalmente por conta das evidências, e quais as formas das evidências e restrições são racionalmente afetadas pelos interesses dos sujeitos

Epistemologias negro-africanas – reflexões teórico-práticas produzidas por pessoas negras, africanas e da diáspora africana – nesta tese, em Biblioteconomia e Ciência da Informação (BCI) –, as quais são contranarrativas decoloniais às perspectivas hegemônicas, colonialistas e racializadoras. Essas epistemologias são produzidas por pessoas negras, africanas e da diáspora que colocam a raça no centro do debate no campo e discutem, pesquisam e dialogam sobre os fenômenos a ela vinculados

Estudos Críticos Judaicos – ver HebCrit.

Evasão da cor (*color-evasiveness*) – um termo alternativo ao daltonismo racial, que se refere à negação da cor de uma pessoa ou sua pertença étnico-racial com vistas a negar a influência da raça na vivência de pessoas negras e outras racializadas.

F

FemCrit – *Critical Race Feminism* (CRF ou FemCrit) ou Feminismo Racial Crítico foi criado na academia jurídica no final do século XX para elucidar as preocupações legais de grupos de mulheres, pessoas pobres e outras pertencentes às minorias políticas étnico-raciais

Feminismo negro – se refere ao movimento histórico de mulheres negras na luta contra opressão de gênero e práticas racistas.

Feministas – mulheres que lutam contra a opressão de gênero e pela igualdade de direitos entre homens e mulheres.

Filosofia africana – filosofia africana é uma filosofia feita por africanos.

Filosofia hegeliana – filosofia de Hegel.

Filosofia da Sagacidade – criada por Henry Oruka, filósofo que a definiu como o corpo de pensamentos expressos por pessoas sábias em qualquer comunidade.

Filosofia nacionalista-ideológica – parte do princípio de que para existir uma filosofia africana, esta precisa ser concebida com base em uma teoria social para independência e criação de uma ordem social humanista

Filosofia profissional – se refere a produções e debates de professores ou estudantes de filosofia em África.

Fom – grupo étnico-linguístico localizado na África Ocidental entre Benim e Togo.

Fula – grupo étnico de África.

G

Genocídio – morte e extermínio de povos e grupos étnico-raciais.

Genealogia – estuda a origem, composição e dispersão de grupos familiares.

Grupos marginalizados – grupos excluídos das sociedades.

H

Hebcrit – *Jewish Critical Studies* (HebCrit) ou Estudos Críticos Judaicos é uma nova estrutura teórica que permite pensar uma maneira de abordar a complicada posição que muitos judeus americanos convivem diariamente

Hierarquia racial – hierarquia criada com base no pertencimento étnico-racial de um sujeito ou povo.

I

Ideologia da supremacia branca – ideologia racista baseada na crença de que há superioridade racial, psicológica, física e moral do grupo étnico-racial branco sobre outros grupos étnico-raciais. Ver também supremacia branca.

Identidade étnico-racial – como a pessoa se percebe pertencente a um grupo étnico-racial e constrói costumes, valores e crenças balizados por esse povo.

Interseccionalidade – é a interconexão entre dois ou mais demarcadores sociais que definem uma pessoa.

Injustiça informacional – quando uma pessoa, grupo ou povo não tem acesso justo à informação e bens epistêmicos relevante para sua transformação social e de suas realidades.

Injustiça social – Ocorre quando uma pessoa ou grupo trata outra pessoa ou grupo dentro de uma sociedade de forma injusta, resultando em desvantagens para esse indivíduo ou grupo.

Injustiça epistêmica – um mal feito a alguém especificamente em sua capacidade de conhecedor, conforme indica Miranda Fricker.

Injustiça testemunhal – se vincula ao baixo nível de credibilidade atribuído por quem recebe a informação a uma pessoa denunciante de um preconceito, assédio ou violência

Injustiça hermenêutica – se refere à lacuna de recursos que impossibilitam uma pessoa interpretar as experiências sociais vividas, inclusive quando sofre alguma violência, restrição de direitos etc.

Inferioridade epistêmica – considerar que uma pessoa ou grupo é inferior na capacidade de produzir conhecimento.

Insurgência epistêmicas – quando grupos colocados em lugar de subordinado epistemicamente constroem narrativas, epistemologias e agenciam seus saberes ancestrais.

J

Justiça distributiva – compartilhamento equitativo de recursos informacionais, benefícios, bens e responsabilidades com os sujeitos de uma sociedade.

Justiça epistêmica – reconhecer os sujeitos e grupos na sua capacidade de conhecedor.

Justiça informacional – teoria que considera as pessoas como fontes de informação, sujeitos informacionais e buscadoras de informação, segundo Kay Mathiesen.

Justiça participatória – enfoca na comunicação de diversos pontos de vista oriundos de pessoas, grupos e comunidades distintos, os quais devem ser considerados e incluídos em tomadas de decisão e discussões.

Justiça restaurativa – no campo do Direito, se refere a adoção de medidas não-punitivas e penais quando alguma pessoa comete um crime.

Justiça racial – reparação de injustiças epistêmicas e sociais contra povos negros e outros racializados.

Justiça de reconhecimento – reconhecer e representar a contribuição (epistêmica, social, educacional etc.) de diversas populações não-brancas, comunidades e sujeitos de forma justa retratando os aspectos históricos, sociais, educacionais, políticos *sobre* e a *partir* dessas populações.

Justiça social – além de um campo de estudos da BCI, se refere ao tratamento recebido que se pressupõe ser equitativo e justo, conforme nos informa Barat Mehra.

K
Nada consta.

L
LatCrit – conhecida também como *Latino Critical Race Studies*, possui como propósito examinar criticamente as estruturas que perpetuam a posição subordinada das pessoas latinas, e enfatizar a identidade latina revelando as maneiras como pessoas latinas vivenciam a raça, classe, gênero, sexualidade e deficiência, ao mesmo tempo em que reconhece suas experiências com imigração, língua, cultura e etnia

Lócus epistêmico – lugar social e epistêmico que informa de quem e de onde parte uma discussão, reflexão ou ideia.

M
Mestiço – Pessoa de origem inter-racial diversa.

Meritocracia – ideologia que defende que se a pessoa se esforçar muito receberá o que merece, seja em estudos, trabalho, posição social, entre outros.

Metarraça – ver mestiço.

Metodologias decoloniais – considera que as experiências de vida, momentos históricos, sociais e profissionais forjaram as pessoas, suas crenças, atitudes e pensamento.

Mundivisão – se refere à visão crítica do mundo, conforme Platão.

Mulato – termo pejorativo utilizado na escravidão para definir uma pessoa de origem étnico-racial diversa.

Mulherismo – se refere ao movimento surgido a partir da década de 1980, nos Estados Unidos, como uma resposta ao feminismo branco predominante da época, o qual invalidava as opressões interseccionais enfrentadas pelas mulheres negras. Este movimento busca promover a igualdade e justiça social para todas as mulheres, mas com uma ênfase especial nas experiências e lutas das mulheres negras. Como elementos característicos, o mulherismo valoriza a sororidade (solidariedade entre mulheres), a autoafirmação, a autonomia e o reconhecimento da diversidade de experiências e identidades das mulheres. Além disso, o movimento busca desafiar a supremacia branca e patriarcal, defendendo a importância da igualdade racial e de gênero. Uma de suas principais teóricas é Alice Walker e sua obra *In Search of Our Mothers' Gardens*.[1207]

N

Nazismo – ideologia fascista e nazista que despreza formas democráticas de construção social, assim como utiliza do racismo científico para destilar ódio contra pessoas negras, LBGTQIA+, mulheres, indígenas, entre outros.

Não-brancos – pessoas racializadas em sociedades ocidentais, como negros, indígenas, árabes, entre outros.

Neocoloniais – novas formas de colonização.

Necropolítica – uso do poder para determinar quem vive e quem morre em sociedades capitalistas, conforme o teórico Achille Mbembe.

Neutralidade profissional – ideologia que se refere a não tomar um lado em uma discussão, debate ou partido, mesmo que um desses lados seja injusto.

Neutralidade epistêmica – ideologia que diz ser racional e não deixar ser influenciado por escolhas políticas ao escrever um texto, refletir sobre um determinado assunto ou tomar alguma decisão, ou até mesmo, fazer ciência.

O
Ontológicas – engloba tudo que diz respeito à Ontologia.

P
Pan-africanismo – surgido entre o século XIX e XX é um movimento teórico e político de luta contra a opressão, exploração e subordinação aplicada a pessoas africanas e descendentes.
Paternalista – adepto do paternalismo.
Paradigma do Outro – demarca quem é o "Eu" e quem é o "Outro" dentro das relações sociais entre negros e brancos.
Privilégios raciais – vantagens raciais, simbólicas e materiais obtidas por ser pertencimento étnico-racial hegemônico branco.
Pretuguês – se refere à africanização da língua portuguesa.
Proto-racismo – se refere a protótipos raciais presentes nas atitudes societárias da Antiguidade que carregam as marcas dos padrões, estereótipos e preconceitos do que compreendemos como racismo na modernidade, conforme os teóricos Benjamin Isaac e Kwesi Tsri.
Princípio da ausência – princípio que torna ausente aquilo que, de fato, existe, segundo nos indica Grada Kilomba.
Privilégio racial branco – ver privilégios raciais.
Pseudocientíficas – se dizem científicas, mas são falácias.

Q
QuantCrit – recente dimensão chamada de *Quantitative Critical Race Theory* que trabalha *com* e *contra* números ao se envolver com estatísticas como um aspecto totalmente social de como raça e racismo são constantemente reconfigurados e legitimados nas sociedades ocidentais.
QueerCrit – também conhecida como *Queer Critical Theory*, examina a raça e a orientação sexual como fatores que impactam na vivência dos sujeitos, assim, para que a justiça social seja atingida é necessário que haja não só conscientização, mas um compromisso com o combate ao racismo e LGBTQIAfobia.

Quilombola – pessoa ou grupo que vive em quilombos.
Quilombismo – Teoria de Abdias do Nascimento, que advoga pelo aquilombamento de pessoas negras para manutenção de sua memória, ancestralidade, integridade cultural, cosmovisão e racionalidade africana apesar das circunstâncias históricas e dinâmicas de poder que acabam por invisibilizar as construções de saber e luta individuais e coletivas dos povos negro e africano.

R
Raça – Ideologia criada por pseudocientistas da natureza que foi apropriada pelo imaginário social para hierarquizar grupos em grupos étnico-raciais superiores e inferiores.
Racismo – se refere a uma forma sistemática de discriminação que possui a raça como fundamento e se manifesta por meio de práticas racistas promotoras de desvantagens para grupos e indivíduos racializados como inferiores.
Racializadas – pessoas que são percebidas por meio da hierarquização racial.
Reparação epistêmica – consiste na recuperação, organização, disponibilização e acesso de conhecimentos científicos e literários oriundos de grupos étnico-raciais negros, indígenas e outros colocados em lugares de subordinação epistêmica dentro das sociedades.

S
Self – significa "eu".
Segregacionista – pessoa ou sistema social utiliza a raça para separar grupos étnico-raciais uns dos outros.
Segregação intelectual – separação de conhecimentos negros, indígenas e outros não hegemônicos daqueles que são produzidos por pessoas brancas dentro da universidade, biblioteca, ensino e outras esferas.
Supremacia branca – ver ideologia da supremacia branca.

T
Tecnicista – centrado na técnica.
Teologia – estudo da religião.

Teoria Crítica – Reflexão embasada no pensamento crítico.

Teóricos críticos – intelectuais e/ou pesquisadores que utilizam do pensamento crítico para analisar cientificamente um fenômeno na sociedade. Esse nome também pode se referir à vertente da Teoria Crítica advinda de intelectuais que seguiam a vertente da Escola de Frankfurt, Alemanha.

Teoria Crítica Racial – Advinda de movimento de teóricos críticos negros e negras do Direito e outras áreas como a Biblioteconomia, Ciência da Informação, Educação.

Teoria platônica – teoria advinda do filósofo Platão.

Teoria da Convergência de Interesses – que permite ou restringe os direitos civis desses povos colocados à margem das sociedades, conforme o interesse do grupo racial dominante.

TribalCrit – também conhecida como *Tribal Critical Race Theory*, aborda a relação entre indígenas americanos e o governo federal estadunidense visando a compreensão da liminaridade dos indígenas americanos, como grupos e indivíduos raciais, jurídicos e políticos

U

Unívoca – Que se refere a um único significado, interpretação, inequívoco.

Universalista – Que se assume como universal.

V

Violência intelectual – ver *violência epistêmica*.

Violência epistêmica – ato de depreciar, invisibilizar e rechaçar a capacidade de uma pessoa produzir conhecimento.

Vulnerabilidade informacional – pessoa, grupo ou comunidade em situação vulnerável por estar sem acesso justo à informação relevante e ficar suscetível a ser manipulada pelo discurso hegemônico.

W

WhiteCrit – nascida nos anos 1990, *Critical Whiteness Studies* (WhiteCrit ou CWS) – conhecidos como Estudos Críticos da Branquitude (ECB) no

Brasil – compõe um campo de estudos que coloca a identidade étnico-racial branca sob investigação em diversas esferas das sociedades, buscando revelar as estruturas e os instrumentos reprodutores do privilégio racial branco e da supremacia branca, tendo como compromisso o rompimento do racismo e suas ramificações.

Wolof – se refere à língua falada em alguns países de África e a um povo étnico denominado Wolof (ou Uolofe, ou Uólofe ou Jalofo).[1208]

X, Y, Z
Nada consta.

BIOBIBLIOGRAFIA E BIBLIOGRAFIA DE ELONNIE JUNIUS JOSEY

BIOBIBLIOGRAFIA

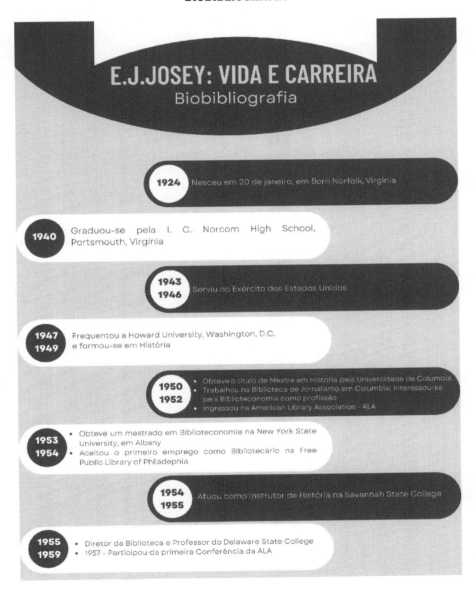

E.J.JOSEY: VIDA E CARREIRA
Biobibliografia
(continuação)

1959 - 1966
- Retornou ao estado de Savannah como Diretor da Biblioteca
- Na Biblioteca da Savannah State University, Josey estabeleceu a Série de Palestras da Biblioteca, o Grupo de Discussão de Grandes Livros, os Programas da Semana Nacional da Biblioteca e desenvolveu o Student NAACP Student Chapter.

1960 Adesão como membro negada à Associação de Bibliotecas da Geórgia

1969 - 1970
- Integrante do Comitê de Nomeação da ALA, reuniu bibliotecários negros no ALA Midwinter (1970) para discutir a necessidade candidatos negros e brancos para concorrer ao Conselho da ALA em 1971. Resultou a formação da BCALA
- 1970 - Criou a Black Caucus da ALA; Eleito para o Conselho da ALA
- Publicou o livro The Black Librarian in America (O Bibliotecário Negro na América)

1972 - 1975
- Publicou What Black Librarians Are Saying/O que bibliotecários negros estão dizendo
- Recebeu o grau honorário de Doutor em Letras Humanas pela Shaw University
- Publicou New Dimensions for Academic Library Service/Novas dimensões para o serviço de biblioteca

1979 Recebeu o Prêmio ALA Black Caucus por Serviços à Biblioteconomia

1980 Recebeu o Prêmio Joseph W. Lippincott por seus serviços na ALA e pela defesa na erradicação da discriminação racial em bibliotecas, serviços e associações profissionais. Por evocar, como fundador do Black Caucus na ALA, nova força, unidade, propósito e esperança a membros de grupos étnico-raciais e sociais da profissão.

1981
- Eleito vice-presidente da filial de Albany, Nova York, da NAACP
- Liderou a oposição ao apartheid sul-africano liderando protestos (em Albany) com artistas que se apresentaram na África do Sul.
- Recebeu um prêmio de ex-alunos por contribuições da Escola de Biblioteconomia e Ciência da Informação da State University of New York

1980 - 1984
- Recebeu o Prêmio por Reconhecido Serviço, pela Library Association da City University of New York
- 1983 - Eleito Presidente da ALA. Foi segundo negro e primeiro homem afro-americano a chefiar a Associação, assumindo a presidência em junho de 1984 com o tema "Forjando Coalizões para o Bem Público"

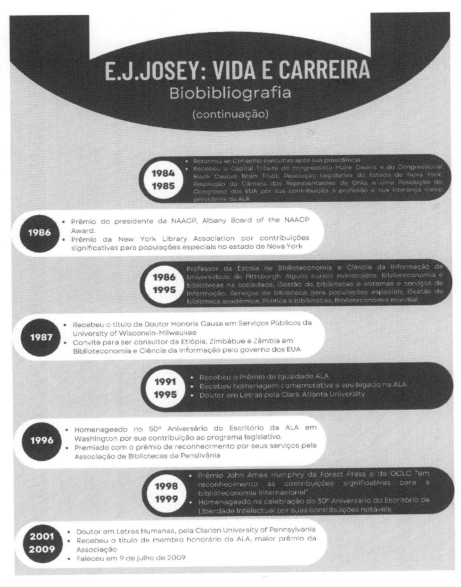

Fonte: CHANCELLOR, Renate L. Transformational leadership: E. J. Josey and the Modern Library Profession. **Journal of History and Culture**, Pairie View, v. 1, n. 4, p. 9-29, 2011; CHANCELLOR, Renate L. **E. J. Josey**: transformational leader of the Modern Library Profession. Lanham: Rowman & Littefield, 2020; ABDULLAHI, Ismail. (ed.). **E. J. Josey**: an activist librarian. Metuchen, N.J., & London: The Scarecrow Press, Inc, 1992.

BIOGRAFIA

AUTORIA DE E. J. JOSEY[1209]

LIVROS E CAPÍTULOS		
ANO	**ID**	**REFERÊNCIA**
1968	1	JOSEY, E. J. Two 3R's Pilot Programs: NYSILL and Facts. *In*: Proceedings of the Conference on School-Public Relations. New York City: State Education Department, February 8-9, 1968-1969.
1970	2	JOSEY, E. J. (ed.). Black Librarian in America. Metuchen, NJ: Scarecrow Press, 1970.
1970	3	JOSEY, E. J. (ed.). The Black Librarian in America. 2. ed. Metuchen, N.J.: Scarecrow, 1970.
1972	4	JOSEY, E. J. (ed.). What Black Librarians are saying. Metuchen, N. J.: The Scarecrow Press, Inc., 1972.
1975	5	JOSEY, E. J. (ed.). New dimensions for Academic Library Service. Metuchen, N. J.: The Scarecrow Press, Inc., 1975.
1976	6	JACKSON, Sidney L.; HERLING, Eleanor B.; JOSEY, E. J. (ed.). A Century of Service: Librarianship in the United States and Canada. Chicago: American Library Association, 1976.
1976	7	JOSEY, E. J. Minority Groups, Library Services for. *In*: KENT, Allen; DAILY, Jay E. et al. (ed.). Encyclopedia of Library and Information Science. New York: Marcel Dekker, 1976.
1976	8	JOSEY, E. J. Social Responsibilities. *In*: ALA Yearbook. Chicago: ALA, 1976. p. 322-324
1977	9	JOSEY, E. J.; SHOCKLEY, Ann Allen. (ed.). Handbook of Black Librarianship. Littleton: Libraries Unlimited, Inc., 1977.
1977	10	JOSEY, E. J.; PEEPLES JR., Kenneth E. (ed.). Opportunities for Minorities in Librarianship. Metuchen, N. J.: Scarecrow Press, 1977.
1977	11	JOSEY, E. J. Black Caucus of the American Library Association. *In*: Handbook of Black Librarianship. Littleton, CO: Libraries Unlimited, 1977. p. 66-77.

ANO	ID	LIVROS E CAPÍTULOS REFERÊNCIA
1977	12	JOSEY, E. J.; SHOCKLEY, Ann A. Black Librarians as Creative Writers. *In*: JOSEY, E. J.; SHOCKLEY, Ann A. (ed.). Handbook of Black Librarianship. Littleton, CO: Libraries Unlimited, 1977. p. 160-166.
1977	13	JOSEY, E. J.; JORDAN, Casper L. A Chronology of Events in Black Librarianship. *In*: JOSEY, E. J.; SHOCKLEY, Ann A. (ed.). Handbook of Black Librarianship. Littleton, CO: Libraries Unlimited, 1977. p. 15-24.
1977	14	JOSEY, E. J. Future of the Black College Library. *In*: JOSEY, E. J.; SHOCKLEY, Ann A. (ed.). Handbook of Black Librarianship. Libraries Unlimited, 1977. p. 127-133.
1977	15	JOSEY, E. J. Social Responsibilities. *In*: ALA Yearbook. Chicago: ALA, 1977. p. 303-307
1978	16	JOSEY, E. J. (ed.). The Information Society: Issues and Answers. Phoenix, Arizona: Oryx Press, 1978.
1987	17	JOSEY, E. J. (ed.). Libraries, Coalitions, and the Public Good. New York: Neal-Schucman Publishers, 1987.
1978	18	JOSEY, E. J. Social Responsibilities. *In*: ALA Yearbook. Chicago: ALA, 1978. p. 290-295
1978	19	JOSEY, E. J. Continuing Education and the NYLA Membership. New York: New York Library Association, 1978. ERIC ED 171 281.
1980	20	JOSEY, E. J. Revisiting the Past, Reclaiming the Present, and Shaping the Future. *In*: PHINAZEE, Annette L. (ed.). The Black Librarians in the Southeast. Durham: North Carolina Central University, 1980.
1980	21	JOSEY, E. J. Social Responsibilities. *In*: ALA Yearbook. Chicago: ALA, 1979. 1980. p. 262-267.
1980	22	JOSEY, E. J. (ed.). Libraries in the Political Process. Phoenix, AZ: Oryx Press, 1980.
1980	23	JOSEY, E. J. Racism and Sexism in Library Organization Structure. *In*: CHEN, Ching-chih (ed.). Library Management Without Bias. Greenwich, CT: Jai Press, 1980.
1981	24	JOSEY, E. J. Social Responsibilities. *In*: ALA Yearbook. Chicago: ALA, 1981. p. 272-277.
1982	25	JOSEY, E. J. Faculty Rank for Librarians. *In*: Retrospect and Prospect. Urban Academic Librarian, v. 1, p. 31-40, Winter 1981/1982.

\multicolumn{3}{c	}{**LIVROS E CAPÍTULOS**}
ANO	**ID**	**REFERÊNCIA**
1983	26	JOSEY, E. J. With M. L. DeLoach. Discrimination and Affirmative Action: Concerns for Black Librarians and Library Workers. *In*: Librarians' Affirmative Action Handbook, edited by John H. Harvey and Elizabeth N. Dickinson. Metuchen, NJ: Scare-crow Press, pp. 177-99, 1983.
1983	27	JOSEY, E. J. Edited with Marva L. DeLoach. Ethnic Collections in Libraries. New York: Neal-Schuman, 1983.
1983	28	JOSEY, E. J. HEA Title II Funds Awarded to College and University Libraries in 1982. *In*: New York State Agency Libraries. Albany: New York State Library, 1983. ERIC ED 238 441.
1983	29	JOSEY, E. J. Social Responsibilities. ALA Yearbook 253-8. Chicago: ALA, 1983.
1984	30	JOSEY, E. J. In Perspective. *In*: The Regents and Library Service. Albany: New York State Library, 1984. ERIC ED 252 225.
1984	31	JOSEY, E. J. Library and Information Services for Cultural Minorities: A Commentary and Analysis of a Report to the National Commission on Libraries and Information Science. *In*: IFLA General Conference, 1984. Round Table on Ethnic and Linguistic Minorities. Papers. The Hague, Netherlands: International Federation of Library Associations. ERIC ED 259 734, 1984.
1984	32	JOSEY, E. J. The Regents and the Development of a Statewide Library Policy and Program, 1905-1950. *In*: The Regents and Library Services. Albany: New York State Library. ERIC ED 252 225, 1984.
1984	33	JOSEY, E. J. Social Responsibilities. *In*: The ALA Yearbook of Library and Information Services, vol. 9. Chicago: ALA, pp. 266-9, 1984.
1985	34	JOSEY, E. J. Funding for College and University Libraries Under HEA Title II in 1984. In: Outreach Library Services (Survey of New York State Public Libraries), ed. B. J. Fahey and D. G. Campbell. Oshkosh: University of Wisconsin. ERIC, ED 264 869, 1985.
1985	35	JOSEY, E. J. In Perspective. In Young Adult Library Services (Survey of articles in Spring 1985 issue of The Bookbook). Albany: New York State Library. ERIC, ED 266 793, 1985.

\multicolumn{3}{	c	}{LIVROS E CAPÍTULOS}
ANO	ID	REFERÊNCIA
1985	36	JOSEY, E. J. American Library Association. Library and Book Trade Information, 30th ed. New York: Bowker. p. 187- 192, 1985.
1986	37	JOSEY, E. J. Outreach Library Services. Albany: New York State Library, 1985. ERIC ED 264 860, 1986.
1986	38	JOSEY, E. J. Eliza Atkins Gleason. *In*: ALA World Encyclopedia of Library and Information Services. Chicago: ALA, 1986. p. 313-314.
1986	39	JOSEY, E. J. Introduction in Shubert, J. F. College and University Libraries. Albany: New York State Library. ERIC, ED 287 479, 1986.
1986	40	JOSEY, E. J. With Others. Hearing on Libraries. Hearing Before the Subcommittee on Postsecondary Education of the Committee on Education and Labor, House of Representatives Ninety-Ninth Congress. Second Session. Washington, DC: Government Printing Office. ERIC ED 277 392, 1986.
1987	41	JOSEY, E. J. The Civil Rights Movement and American Librarianship: the opening round in Activism in American Librarianship, 1962- 1973. Westport, CT: Greenwood Press, 1987. p. 3-20.
1987	42	JOSEY, E. J. With Joseph F. Shubert. The New York State Library and Libraries in New York State. Albany: New York State Library, ERIC ED 304 156, 1987.
1988	43	JOSEY, E. J. Review of First Pacific Conference: New Information Technology for Library and Information Professionals. June 16-18, 1987, Bangkok: Proceedings. Library Times International, July 1988.
1989	44	JOSEY, E. J. US-U.S.S.R. Seminar on Access to Library Resources through Technology and Preservation. *In*: The Bowker Annual Library and Book Trade Almanac, 1989-90. New York: Bowker. 1989. p. 186-187.
1990	45	JOSEY, E. J.; SHEARER, Kenneth D. (ed.). Politics and the support of libraries. New York: Neal-Schucman Publishers, 1990.
1990	46	JOSEY, E. J. Meeting the Challenge: Educating for Universal Library and Information Service. *In*: TALLMAN, J.; OJIAMBO, J. (ed.). Translating an International Education to National Environment. Metuchen, NJ. Scarecrow Press, 1990

LIVROS E CAPÍTULOS		
ANO	**ID**	**REFERÊNCIA**
1991	47	JOSEY, E. J. Politics and the Support of Libraries. New York: Neal-Schuman Publishers, 1990. (with Kenneth D. Shearer) 1991.
1991	48	JOSEY, E. J. A Foreword. *In*: SPELLER JR., Benjamin F. (ed.). Educating Black Librarians: papers from the 50th Anniversary Celebration of the School of Library and Information Sciences, North Carolina Central University. Jefferson, North Carolina: McFarland & Company, Inc., Publishers, 1991. p. vii-xiv.
1991	49	JOSEY, E. J. Clara Jones: Leader and Librarian. *In*: Notable Black American Women, ed. by Jessie Carney Smith. Detroit, MI: Gale Research, 1991.
1991	50	JOSEY, E. J. Preface. *In*: The Directory of Ethnic Professionals in LIS. Winter Park, FL: Four-G Publishers, 1991.
1991	51	JOSEY, E. J. The Role of the Black Library and Information Professional in the Information Society: Myths and Realities. *In*: Educating the Black Librarian, ed. by Benjamin F. Speller, Jr. Jefferson, NC: McFarland, 1991.
2000	52	JOSEY, E. J.; DELOACH, Marva L. (ed.). Handbook of Black Librarianship. Lanham, MD: Scarecrow Press, 2000.

ARTIGOS

ANO	ID	REFERÊNCIA
1956	53	JOSEY, E. J. College Library's Cultural Series. Wilson Library Bulletin, New York, v. 30, p. 767-768, 1955-1956.
1957	54	JOSEY, E. J. College Library Accreditarion: boom or burst. Wilson Library Bulletin, New York, v. 32, p. 233-234, 1957.
1958	55	JOSEY, E. J. College Library and the Atom. Library Journal, New York, v. 83, p. 1341-1343, 1958.
1958	56	JOSEY, E. J. Your Stake in the College Library. Echo: Delaware State College Alumni Magazine, Dover, v. 1, p. 4-7, June 1958.
1958	57	JOSEY, E. J. Reading: A Clear and Present Danger. Education, v. 78, p. 82-84, 1957- 1958.

ANO	ID	REFERÊNCIA
1959	58	JOSEY, E. J. Encouraging Reading by Incoming Freshmen. Library Journal, New York, v. 84, p. 2571-2573, 1959.
	59	JOSEY, E. J. Savannah State. Library Journal, New York, v. 84, p. 3721-3722, 1959.
1960	60	JOSEY, E. J. College Library and Reading. Education, [s.l.], v. 80, p. 421-425, 1960.
	61	JOSEY, E. J. Conquering Intellectual Provincialism through Reading. Quarterly Review of Higher Education Among Negroes, [s.l.], v. 28, p. 28-33, jan. 1960.
	62	JOSEY, E. J. Library of three comprehensive high schools. Negro Education Review, [s.l.], v. 11, p. 105-114, 1960.
	63	JOSEY, E. J. Savannah State College Library: in retrospect and prospect. Savannah State College Bulletin, [s.l.], v. 14, p. 40-51, 1960 – 1961.
1961	64	JOSEY, E. J. Assembly Program Publicizes School Library Standards. School Activities, [s.l.], v. 32, p. 150-151, 1961.
	65	JOSEY, E. J. College Libraries are for professors too. Savannah State College Bulletin, [s.l.], v. 15, p. 5-9, 1961.
	66	JOSEY, E. J. Negro Youth and Libraries. Negro History Bulletin, [s.l.], v. 24, p. 166-167, 1961.
1962	67	JOSEY, E. J. College Libraries and the Community. Savannah State College Bulletin, [s.l.], v. 16, p. 61-66, 1962.
	68	JOSEY, E. J. Role of the College Library Staff in Instruction in Use of the Library. College and Research Libraries, [s.l.], v. 23, p. 492-498, 1962.
1962	69	JOSEY, E. J. Absent Professors, Library Journal, v. 87, p. 173-5, 1962.
1963	70	JOSEY, E. J. College Library and Your College Education. Quarterly Review of Higher Education Among Negroes, [s.l.], v. 31, p. 9-13, 1963.
	71	JOSEY, E. J. Libraries and Emancipation Centennial. Negro History Bulletin, [s.l.], v. 26, p. 219-221, 1963.
	72	JOSEY, E. J. Neolithic Resources in Colleges. Library Journal, New York, v. 88, p. 48, 1963.

ANO	ID	REFERÊNCIA
1963	73	JOSEY, E. J. Use of Libraries: Key to Negro Progress. Negro History Bulletin, v. 25, p. 161-3, 1962-1963.
1963	74	JOSEY, E. J. Negro College Libraries and ACRL Standards, Library Journal, v. 28, p. 2989-96, 1963.
1964	75	JOSEY, E. J. Neolithic Resources in Colleges, Library Journal, v. 88, n. 48. 1963- 1964.
1964	76	JOSEY, E. J. College Librarian views the Library of Congress and the Library Service Branch. Savannah State College Bulletin, [s.l.], v. 18, p. 30-33, 1964.
1964	77	JOSEY, E. J. Enhancing and Strengthening Faculty-Library Relationships. Journal of Negro Education, [s.l.], v. 33, p. 191-196, 1964.
1964	78	JOSEY, E. J. Library use at Savannah State: a symposium. Savannah State College Bulletin, [s.l.], v. 18, p. 121-139, 1964.
1964	79	JOSEY, E. J. Negro College Library and its disadvantaged students. Quarterly Review of Higher Education among Negroes, [s.l.], v. 32, p. 189-191, 1964.
1964	80	JOSEY, E. J. Reading and the disadvantaged. Negro History Bulletin, [s.l.], v. 28, p. 158-159, 1964.
1964	81	JOSEY, E. J. Reading Negro Youth's Quest for Certainty. Negro History Bulletin, [s.l.], v. 27, p. 158-159, 1964.
1965	82	JOSEY, E. J. A new Clarification of an Old Problem: Book Selection for College Libraries. Choice, v. 2, p. 9-13, mar. 1965.
1965	83	JOSEY, E. J. Desegregation and Library Education. Savannah State College Faculty Research Bulletin, [s.l.], v. 18, p. 72-77, dec. 1965.
1965	84	JOSEY, E. J. In defense of academy freedom. Wilson Library Bulletin, New York, v. 40, p. 173-175, 1965.
1965	85	JOSEY, E. J. Mouthful of civil rights and an empty stomach, survey of negro professional librarians employed by Southern Public Libraries. Library Journal, New York, v. 90, p. 202-205, 1965.
1965	86	JOSEY, E. J. Negro Students, reading and the great society. Quarterly Review of Higher Education Among Negroes, [s.l.], v. 33, p. 197-202, 1965.
1965	87	JOSEY, E. J. Reading and the Disadvantaged, Negro History Bulletin, v. 28, p. 156-7, 1965.

ANO	ID	REFERÊNCIA
1966	88	JOSEY, E. J. Giving disadvantaged negro children a reading start. Negro History Bulletin, [s.l.], v. 29, n. 7, p. 155-156, apr. 1966.
	89	JOSEY, E. J. Librarian Trustee. Library Journal, New York, v. 91, p. 2438-2439, 1966.
	90	JOSEY, E. J. [Review of] Conference on the Role of the Library in Improving Education in the South. Role of the Library in improving education in the south. In: BROOKS, Hallie B. (ed.). Atlanta University School of Library Service. Library Journal, New York, v. 91, p. 1202-1203, 1966.
	91	JOSEY, E. J. The Role of the Negro Librarian in the Great Society. Quarterly Review of Higher Education Among Negroes, [s.l.], v. 34, p. 46-51, jan. 1966.
	92	JOSEY, E. J. The Librarian-Trustee. Library Journal, New York, v. 91, p. 2438-2439, may. 1966.
	93	JOSEY, E. J. School Libraries enhance Extracurricular Activities. School Activities, [s.l.], v. 37, p. 2438-2439, 1966.
	94	JOSEY, E. J. Watts: A Tragedy of Errors[1210]. Faculty Research Edition, Savannah State College Faculty Research Bulletin, Savannah, v. 20, n. 2, p. 153-158, dec. 1966.
1967	95	JOSEY, E. J. With others. Community Use of Academic Libraries: a Symposium, College and Research Libraries, v. 28, p. 184-202, 1967.
	96	JOSEY, E. J. Interlibrary Loans for the Undergraduate: a Necessity, RQ Summer, p. 158-61. 1967
	97	JOSEY, E. J. Implications for College Libraries. College and Research Libraries, v. 28, p. 198-202, 1967.
	98	JOSEY, E. J. Reading Is What's Happening. Negro History Bulletin, v. 30, p. 14-17, May 1967.
	99	JOSEY, E. J. Regional Developments in the 3R's Program. Bookmark, v. 2, p. 19-24, 1967.
	100	JOSEY, E. J. Survey of Texas Southern University Library. Houston, Tx. p. 20-21, 1967.

ANO	ID	REFERÊNCIA
		JOSEY, E. J. A Plea for Education Excellence. The Quarterly Review of Higher Education Among Negroes, v. 35, n. 3, p. 125-131, 1967a.
	101	JOSEY, E. J. Feasibility of Establishing a Library College in Predominantly Negro Colleges. The Savannah State College Bulletin, v. 21, n. 2, p. 45-54, 1967b.
		JOSEY, E. J.; RATCLIFFE, T. E.; KARLSON, Marjorie. Interlibrary Loan Debate: librarian, what of the undergrad? RQ, v. 6, n. 4, p. 158-163, Summer 1967.
1968	102	JOSEY, E. J. 3R's Special Project Grants. Bookmark, v. 28, p. 16-18, 1968.
	103	JOSEY, E. J. Feasibility of Establishing a Library College in Predominantly Negro Colleges. Library College Journal, p. 27-37, 1968.
	104	JOSEY, E. J. Role of the College Library in the 3R's System. Bookmark, v. 28, p. 9-15, 1968.
	105	JOSEY, E. J. Summary of the A.D. Little Study: The 3R's Program: Meeting Industry's Information Needs. Bookmark, v. 27, p. 155-8, 1968.
	106	JOSEY, E. J. System Development of Reference and Research Library Service in New York State: The 3R's. British Columbia Library Quarterly, [s.l.], v. 31, p. 3-21, 1968.
1969	107	JOSEY, E. J. Black Aspirations, White Racism, and Libraries. Wilson Library Bulletin v. 44, p. 97-8, 1969.
	108	JOSEY, E. J. The College of Library in New York's 3R System. College and Research Libraries, v. 30, p. 32-8, 1969.
	109	JOSEY, E. J. Community Use of Academic Libraries. Library Trends, Illinois, v. 18, p. 66-74, 1969.
	110	JOSEY, E. J. Edward Christopher Williams: A Librarian's Librarian. Journal of Library History, v. 4, p. 106-22, 1969.
	111	JOSEY, E. J. Future of the Black College Library. Library Journal, v. 94, p. 3019-22, 1969.
	112	JOSEY, E. J. Review of Shaffer, D. E. Maturity of Librarianship. Journal of Education for Librarianship, v. 9, p. 275-7, 1969.

ANO	ID	REFERÊNCIA
1970	113	JOSEY, E. J. 4th Annual Congress of Trustees of the Reference and Research Library Resources Systems. Bookmark, v. 29, p. 373-4, 1970.
	114	JOSEY, E. J. With others. Community Use of Junior College Libraries: A Symposium. College and Research Libraries, v. 31, p. 185-198, 1970.
	115	JOSEY, E. J.; BLAKE, F. M. Education of the Academic Librarian. Library Journal, v. 95, p. 125-30, 1970.
	116	JOSEY, E. J. Summary of the Reference and Research Library Resources Systems Progress Reports. Bookmark, v. 29, p. 192-4, 1970.
	117	JOSEY, E. J. Summary of the Reference and Research Library Resources Systems Progress Reports. Bookmark, v. 29, p. 294-8. 1970 – 1971.
1971	118	JOSEY, E. J. Coding Segregation: the Case for ALA Action. School Library Journal, v. 18, p. 40-1, 1971.
	119	JOSEY, E. J. College and University Libraries Receive Federal Funds under HEA Title II. Bookmark, v. 31, p. 57, 1971.
	120	JOSEY, E. J. Faculty Status for Librarians. Library Journal, v. 96, p. 1333-6, 1971.
	121	JOSEY, E. J. Fifth Annual Congress of Trustees of the Reference and Research Library Resources Systems, Bookmark, v. 30, p. 314-16, 1971.
	122	JOSEY, E. J. Role of the Academic Library in Serving the Disadvantaged Student. Library Trends, Illinois, v. 20, p. 432-44, 1971.
	123	JOSEY, E. J. Statement of the IFC Report. School Library Journal, v. 18, p. 26-9, 1971.
	124	JOSEY, E. J. Summary of the Reference and Research Library Resources Systems Progress Reports. Bookmark, v. 3, p. 178-83, 1971.
	125	JOSEY, E. J. Summary of the Reference and Research Library Resources Systems Reports. Bookmark, v. 30, p. 286-90, 1971.
	126	JOSEY, E. J. Toward a Solution of Faculty Status for College and University Librarians. Bookmark, v. 30, p. 214-18, 1971.

ANO	ID	REFERÊNCIA
1972	127	JOSEY, E. J. College and University Libraries Receive Federal Funds Under HEA Title II. Bookmark, v. 32, n. 60, 1972.
	128	JOSEY, E. J. Full Faculty Status This Century: The Report of a Survey of New York State Academic Librarians. Library Journal, v. 97, p. 984-9, 1972.
	129	JOSEY, E. J. *with replies by* K. Doms and J. F. Shubert, "Letters." American Libraries, v. 3, p. 111-2, 1972.
	130	JOSEY, E. J. Libraries, Reading and the Liberation of Black People. Library Scene, v. 1, p. 4-7, 1972.
	131	JOSEY, E. J. Racism Charge (letter to K. Doms). American Libraries, v. 3, p. 111, 1972.
	132	JOSEY, E. J. Summary of the Reference and Research Library Resources Systems Progress Reports: July-Oct. 1971. Bookmark, v. 31, p. 118-20, 1972.
	133	JOSEY, E. J. Summary of the Reference and Research Library Resources Systems Progress Reports: Oct.-Dec. 1971, Bookmark, v. 31, p. 148-52, 1972.
1973	134	JOSEY, E. J. Federal Grants to College and University Libraries in New York State under HEA Title II. Bookmark, v. 33, p. 55-6, 1973.
	135	JOSEY, E. J. Lamkin Protest (letter). American Libraries, v. 4, p. 128, 1973.
	136	JOSEY, E. J. Reply to D. K. Berninghausen. Library Journal, v. 98, p. 32-3, 1973.
	137	JOSEY, E. J. Research Library Users and Library Networks: 6th Annual Congress of Trustees of the Reference and Research Library Resources Systems. Bookmark, v. 32, p. 182-6, 1973.
	138	JOSEY, E. J. Review Article by S. Berman. Synergy, v. 41 p. 31-5, 1973.
	139	JOSEY, E. J. Review by N. Lederer. College and Research Libraries, v. 34, p. 315-16, 1973.
	140	JOSEY, E. J. Summary of the Reference and Research Library Resources Systems Progress Reports: July-Oct. 1972. Bookmark, v. 32, p. 87-90, 1972-1973.

ANO	ID	REFERÊNCIA
	141	JOSEY, E. J. Summary of the Reference and Research Library Resources. Systems Progress Reports: Oct. 1-Dec. 31, 1972. Bookmark, v. 32, p. 146-52, 1973.
	142	JOSEY, E. J. User Satisfaction: Contributions of the 3R's Program as Reflected in Anecdotal Reports. Bookmark, v. 32, p. 114-18, 1973.
	143	JOSEY, E. J. What Black Librarians Are Saying. Book Review by Rosalind K. Goddard. Black Scholar, v. 5, p. 56-7, 1973.
1974	144	JOSEY, E. J. Josey on Lampkin (letter in reply to Lampkin pleads quality). Library Journal, v. 99, p. 3157, 1974.
	145	JOSEY, E. J. Midwinter: ALA's Crisis (letter in reply to J. N. Berry). Library Journal v. 99, p. 1245, 1974.
	146	JOSEY, E. J. New York State College, University and Research Libraries Receive Federal Grants under HEA Title II. Bookmark, v. 34, p. 20-2, 1974.
	147	JOSEY, E. J. Summary of the Reference and Research Library Resources Systems Progress Reports: July 1-Oct. 1, 1973. Bookmark, v. 33, p. 115-19, 1974.
1975	148	JOSEY, E. J. Affirmative Action for Blacks and Other Minority Librarians. Negro History Bulletin, v. 38, p. 423-7, 1975.
	149	JOSEY, E. J. Can Library Affirmative Action Succeed? The Black Caucus of ALA Surveys Minority Librarians in 22 Leading Libraries. Library Journal, v. 100, p. 28-31, 1975.
	150	JOSEY, E. J. College, University and Research Libraries Receive Federal Grants under HEA Title II. Bookmark, v. 34, p. 175-7, 1975.
	151	JOSEY, E. J. Comment (letters). Library Journal, v. 100, p. 347, 1975.
	152	JOSEY, E. J. Comment (letters). Library Journal, v. 100, p. 1167, 1975.
	153	JOSEY, E. J. Rejoinder. Library Journal, v. 100, p. 611, 1975.
	154	JOSEY, E. J. Review by J. P. Lang. College and Research Libraries, v. 36, p. 426-7, 1975.
	155	JOSEY, E. J. Scoring Discrimination letter in reply to Discrimination Score: Libraries Look Good. Library Journal, v. 100, p. 3, 1975.

ANO	ID	REFERÊNCIA
1976	156	JOSEY, E. J. Blue's Colored Branch' a Grim Reminder (letter in reply to J. Wilkins). American Libraries, v. 7, p. 441, 1976.
	157	JOSEY, E. J. Comment (Letters). Library Journal, v. 101, p. 293, 1976.
	158	JOSEY, E. J. New York State Academic and Research Libraries Receive Federal Grants under HEA Title II. Bookmark, v. 36, p. 26-7, 1976.
	159	JOSEY, E. J. Review by J. R. Haak. Journal of Academic Librarianship, v. 1, p. 54, 1976.
	160	JOSEY, E. J. State Library Agencies. Essential Building Blocks. Maktaba, v. 3, n. 2, p.110-131, 1976.
1977	161	JOSEY, E. J. Faculty Status Is Here to Stay (reply to H. W. Axford). Journal of Academic Librarianship, v. 2, p. 282-3, 1977.
	162	JOSEY, E. J. Libraries and the Liberation of Black Folk. North Carolina Libraries, v. 35, p. 3-9, 1977.
	163	JOSEY, E. J. Louise Giles: A Tribute. Wilson Library Bulletin, v. 51, p. 633, 1977.
	164	JOSEY, E. J. Resolution on Racism and Sexism Awareness Revisited. Wilson Library Bulletin, v. 51, p. 727-8, 1977.
	165	JOSEY, E. J. Comments in H. William Axford. The Three Faces of Eve: or the Identity of Academic Librarianship; a Symposium. Journal of Academic Librarianship, v. 2, p. 276-85, 1977.
1978	166	JOSEY, E. J. College and University Libraries and HEA Title II Fund. Bookmark, v. 37, p. 68-9, 1978.
	167	JOSEY, E. J. Continuing Education and the NYLA Membership. NYLA Bulletin, v. 26, p. 1, 1978.
	168	JOSEY, E. J. New York Academic Libraries Receive Funds from HEA Title II, FY 1978. Bookmark, v. 38, p. 50-2, 1978.
1979	169	JOSEY, E. J. New York College and University Libraries Received HEA Tide II Funds. Bookmark, v. 38, p. 283-4, 1979.
1980	170	JOSEY, E. J. College and University Libraries and HEA Tide II Funds. Bookmark, v. 39, p. 61-2, 1980.

ANO	ID	REFERÊNCIA
1981	171	JOSEY, E. J. Public Library Construction Needs Assessment: The New York Perspective (address given at the LAMA Architecture for Public Libraries Committee program at San Francisco, 1981). Bookmare, v. 10, p. 66–70, 1981.
1982	172	JOSEY, E. J. College and University Libraries Receive HEA Title II Funds. Bookmark, v. 40, p. 189-90, 1982.
1983	173	JOSEY, E. J. Forum: The Worth of Librarians: Value Proven, Just Rewards Coming (edired remarks delivered at the 1983 Arkansas Library Association Conference). Arkansas Libraries, v. 40, p. 7-10, 1983.
1983	174	JOSEY, E. J. HEA Tide II Funds Awarded to College and University Libraries in 1982. Bookmark, v. 41, p. 182-3, 1983.
1983	175	JOSEY, E. J. Using Grass Roots Organization to Support Library Service. Public Libraries, v. 22, p. 14-16, 1983.
1984	176	JOSEY, E. J. College and University Library Receive HEA Tide II Funds in 1983. Bookmark, v. 42, p. 124-5, 1984.
1984	177	JOSEY, E. J. Forging Coalitions for the Public Good: Excerpts from the Inaugural Address of the 101st President of the American Library Association. Library Journal, v. 109, p. 1393, 1984.
1984	178	JOSEY, E. J. Edited, "Library Service to the Aging. The Bookmark, v. 42. Special Issue, 1984.
1984	179	JOSEY, E. J. The Regents and the Development of a Statewide Library Policy and Program, 1905-1950. Bookmark, v. 42, p. 147- 52.
1984	180	JOSEY, E. J. The Role of the Trustees in Helping Eradicate Illiteracy (presentation to the seventh annual Library Trustee's Institute, Albany, 1984). Bookmark, v. 43, p. 41-3, 1984.
1985	181	JOSEY, E. J. Concerns on Access to Information. North Carolina Libraries, v. 43, p. 203-204, 1985.
1985	182	JOSEY, E. J. Forging Coalitions for the Public Good (inaugural address of the ALA president, 1984). *In*: Library Lit. 15-The Best of 1984. Metuchen, NJ: Scarecrow Press, 1985. p. 1-9.
1985	183	JOSEY, E. J. Funding for College and University Libraries Under HEA Title II in 1984. Bookmark, v. 43, p. 97-8, 1985.

ANO	ID	REFERÊNCIA
	184	JOSEY, E. J. Greetings: Concerns on Access to Information (remarks delivered at the 1985 biennial conference of the North Carolina Library Association). North Carolina Libraries, v. 43, p. 203-4, 1985.
	185	JOSEY, E. J. Library and Information Services for Cultural Minorities: A Commentary and Analysis of a Report to the National Commission on Libraries and Information Science. Libri, v. 35, p. 320-32, 1985.
1986	186	JOSEY, E. J. Paying for Library Information and the Public's Right to Know. Collection Building, v. 8, p. 40-2, 1986.
	187	JOSEY, E. J. School Libraries (special issue). Bookmark, v. 44, p. 138-76, 1986.
	188	JOSEY, E. J. College and University Libraries. The Bookmark, v. 45, Special Issue, 1986.
1987	189	JOSEY, E. J. Edited. Bibliographic Instruction. The Bookmark, v. 46, Special Issue, 1987.
	190	JOSEY, E. J. Librarian for the Library of Congress. Library Journal, v. 112, p. 26-7, 1987.
	191	JOSEY, E. J. With DeLoach, M. L. Library Services to Black Americans: In Retrospect and Prospect. Ethnic Forum: Journal of Ethnic Studies and Ethnic Bibliographies, v. 7, p. 17-35, 1987.
	192	JOSEY, E. J. With Joseph F. Shubert. The New York State Library and Libraries in New York State. Bookmark, v. 45, 1987.
	193	JOSEY, E. J. The Right to Information Access (delivered at the 1986 Annual Library Trustees Institute. Albany, NY. Sept. 13, 1986). Bookmark, v. 45, p. 263-6, 1987 – 1988.
1988	194	JOSEY, E. J. Political Dimensions of International Librarianship (presented at the 1986 LACUNY Institute). Urban Academic Librarianship, v. 6, p. 1-16, 1988.
1989	195	JOSEY, E. J. Edited. Library and Information Education for the Information Society. The Bookmark, v. 48. Special Issue, 1989.
	196	JOSEY, E. J. Minority Representation in Library and Information Science Programs, The Bookmark, v. 48, p.54-57, 1989.

ANO	ID	REFERÊNCIA
	197	JOSEY, E. J. SRRT: Twenty Years Later, Social Responsibilities Round Table Newsletter, n. 92, p. 3-4, 1989.
1991	198	JOSEY, E. J. Education for Library Services to Cultural Minorities in North America, Journal of Multicultural Librarianship S. p. 104-111, 1991.
	199	JOSEY, E. J. Education for Library Services to Cultural Minorities. Education Libraries, v. 14, p. 16-22, 1991.
	200	JOSEY, E. J. Recruitment of International Students: The Pittsburgh Model. Journal of Education for Library and Information Science, v. 32, (Fall/Winter), p. 216-221, 1991.
	201	JOSEY, E. J. Reflections on the 1991 IFLA Conference: Eyewitness to the Soviet Coup. Bulletin of the American Society for Information Science, 1991, v. 18, p. 2-3, 1991.
1999	202	JOSEY, E. J. Diversity: Political and Societal Barriers. Journal of Library Administration, [s.l.], v. 27, n. 1, p. 191-202, 1999. DOI: https://doi.org/10.1080/01930826.1999.12113182
2002	203	JOSEY, E. J. Diversity in libraries. Virginia Libraries, v. 48, n. 1, 2002. DOI: http://doi.org/10.21061/valib.v48i1.847

ARTIGOS SOBRE JOSEY

ANO	ARTIGOS
1963	Negro Librarian Appointed to Savannah P. L. Board. Library Journal, v.88, p. 537 p.
1964	Two Stars from Georgia: Reflections on the ALA Conference in St. Louis. Library Journal, v. 89, p. 2919-2921, 1964 – 1967.
1967	Awarded the 1967 Savannah State College Library Award. Library Journal v.92, p.1571.
1968	E. J. Josey has been promoted to the position of chief of the Bureau of academic and research libraries at the New York state library. Bookmark, v. 28, p. 28, 1968.

ANO	ARTIGOS
1971	CLINTON, M. Review of Black Librarian in America. Canadian Library Journal, v. 28 July, p. 313. 1971
	JACKSON, S. L "Review of Black Librarian in America. The Journal of Education for Librarianship, v.12, p.60-1, 1971.
	JONES, C. S. Review of Black Librarian in America. Library Quarterly, [s.l.], v. 41, p. 265-7, 1971.
	MCCOY, E. F. Review of Black Librarian in America. Library Journal, v. 96, n.15, p. 937, 1971.
	CLINTON, M. Review of Black Librarian in America. Canadian Library Journal v. 28, p. 313, 1971.
	JACKSON, S. L. Review of Black Librarian in America. The Journal of Education for Librarianship, v.12, p. 60-1, 1971.
	JONES, C. S. Review of Black Librarian in America. Library Quarterly, [s.l.], v. 41, p. 265-7, 1971.
	ROBINSON, H. Review of Black Librarian in America. College and Research Libraries, v. 32, p. 322, 1971 – 1972.
1972	Comment by G. LeMay (letter). Library Journal, v. 97, p. 227-8, 1972.
1973	E. J. Josey, first librarian ever to be awarded an honorary degree by Shaw University, Raleigh, NC. Received the Doctor of humane letters. Wilson Library Bulletin, v. 48, p. 292, 1973.
1974	E.J. Josey has been awarded the Doctor of humane letters by Shaw University. Library Journal, v. 99, p. 331, 1974 – 1975.
1980	ALA Award Winners: Joseph W. Lippincott Award. American Libraries, v. 11, p. 345, 1980.
1982	Candidates Named for ALA President. Wilson Library Bulletin, v. 57, p. 281, 1982.
1983	MCCORMICK, E. E. J. Josey devoted to people-oriented issues. American Libraries v. 14, p. 90, 1983.
	E. J. Josey has been chosen president-elect of the American Library Association. Catholic Library World, v. 55, p. 103, 1983.

ANO	ARTIGOS
1984	NELSON, M. G. Advertisements for ourselves (presidential remarks of E. J. Josey). Wilson Library Bulletin, v. 59, p. 4, 1984.
	Biographical sketch. *In*: The ALA yearbook of library and information services, v. 9. American Library Association, p. 17, 1984.
	Forge coalitions to win public support, says Josey (at ALA inaugural banquet). American Libraries, v. 15, p. 519, 1984.
	BERRY, J. N. Josey challenge (Josey's inspiring address at his inauguration as president of the American Library Association). Library Journal, v. 109, p. 1266, 1984.
1985	Cadre to build coalitions. Library Journal, v. 110, p. 19-22, 1985.
	Funding for college and university libraries under HEA Tide II in 1985. Bookmark, v. 44, p. 64-6, 1985.
	KLEIN, Gillian. Libraries and race: post-conference seminar. Community Librarian, v. 2, p. 22-1, 1985.
	A man who goes by the books. Ebony, v. 40, p. 126, 128. 130, 1985.
	Funding for college and university libraries under HEA Tide II in 1985. Bookmark, v. 44, p. 64-6, 1985.
	KLEIN, Gillian, Libraries and race: post-conference seminar. Community Librarian, v. 2, p. 22-1, 1985.
2015	JAMES, Catherine. E. J. JOSEY: the librarian who asked "why not". LS 501: Introduction to Library and Information Studies, October 17, 2015. Disponível em: https://lhrtnews.files.wordpress.com/2017/11/catherine-james-project-two-josey-star-paper.pdf Acesso em: 20 dez. 2022.

ANO	LIVROS E TEXTOS
1969	BERRY, John N. (ed.). Directory of Library Consultants. New York: Bowker, 1969.
1970	ASH, Lee. (ed.). A Biographical Directory of Librarians in the United States and Canada. 5th ed. Chicago: ALA, 1970
1972	Contemporary Authors. v. 29-32. Detroit, MI: Gale Research, 311, 1972.
	Race Tension Seething in Library of Congress. Jet, 13 July, 1972.
1973	1.000 Successful Blacks. The Ebony Success Library, v. 1. Chicago: Johnson Publishing, 1973.

ANO	LIVROS E TEXTOS
1974	Living Black American Authors: A Biographical Directory. A. A. Shockley and S. P. Chandler, New York: Bowker 1973, 1974
1975	Who's Who in Government. 2nd ed. Chicago: Marquis Who's Who, 1975.
	Who's Who in the East. Chicago: Marquis Who's Who, 1975.
1977	ALA Yearbook. Chicago: ALA 1976, pp. 115, 258-9. 1977
	ALA Yearbook. Chicago: ALA, p. 266, 314, 1977.
	Selected Black American Authors: An Illustrated Bio- Bibliography. J. A. Page, Boston: G. K. Hall 1977.
	Who's Who in Government. 3rd ed. Chicago: Marquis Who's Who, 1977.
	Who's Who in the East. Chicago: Marquis Who's Who, 1977.
1978	ALA Yearbook. Chicago: ALA, p. 108, 226, 1978.
	Community Leaders and Noteworthy Americans. Raleigh, NC: American Biographical Institute, p. 317, 1978.
	Contemporary Authors, v. 29-32. Detroit: Gale Research. Co., 1978.
	Who's Whbe in the World. 1978-79 2nd ed. Chicago: Marquis Who's Who, 1978.
1979	Who's Who in the East. Chicago: Marquis Who's Who, 1979.
1981	Encyclopedia of Black America. Edited by W. Augustus Law and Virgil A. Clift. New York: McGraw-Hill, p. 480, 1981.
1982	ALA Yearbook. Chicago: ALA, p. 70-1, 340, 1982.
1983	Who's Who in Library and Information Services. Joel M. Lee, editor in chief. Chicago: ALA, 1982, pp. 249-50. 1983
	ALA Yearbook. Chicago: ALA, p. 217, 1983.
	Josey wins presidency in '85 ALA election. School Library Journal, v. 29, p. 11, 1983.
	Who's Who in the East. Chicago: Marquis Who's Who. 19th ed., p. 8459.
	Librarians group elect E. J. Josey to top post. **Jet**, v. 64, p. 23, 1983.
1984	ALA Yearbook. Chicago: ALA, p. 17, 48-9, 82, 269, 1984.
1985	ALA Yearbook. Chicago: ALA, p. 72, 158, 188, 264, 294, 1985.
	Pearson, L. R. War! Owens and Josey lead battle for fed programs and access," American Libraries 16 1985): 278-9 254. Who's Who Among Black Americans. 4th ed. Lake Forest, IL. Educational Communications. 1985

ANO	LIVROS E TEXTOS
1986	ALA Yearbook. Chicago: ALA, p. 88, 136, 162, 1986.
	Who's Who Among Black Americans. 5th ed. Lake Forest, IL: Educational Communications, 1986. p. 369.
1987	Jordan, Ida Kay, "Fighter for equal opportunity pays visit to his native town, Virginia Pilot, p. 29-31.
	ALA Yearbook. Chicago: ALA, p. 86, 1987.
1988	Director of Library & Information Professionals, vol I. West Woodbridge, CT: Research Publications, p. 618, 1988.
	Who's Who in America. 1988-89, vol. 1. Wilmette, IL: Marquis Who's Who, 1988, p. 1606.
1989	ALA Yearbook. Chicago: ALA. p. 131, 1989.
	Who's Who in the World. 1989-90. Wilmette, IL: Marquis Who's Who, 1989. 9th ed., p. 576, 1989.
1990	Who's Who Among Black Americans, 1990-91. 6th ed. Detroit, MI: Gale Research, p. 722, 1990.
	Who's Who in America, 1990-91. 46th ed. v. 1. Wilmette, IL Marquis Who's Who, p. 1697. 1990.
1991	Directory of Ethnic Professionals in LIS (Library and Information Science), comp. by George C. Grant. Winterpark, FL: Four-G Publishers, 1991.
	Who's Who in the World. 1991-92. Wilmette, IL: Marquis Who's Who, 10th ed. p. 538, 1991.
1996	Patti, Nicholas. E. J. Josey 1924— Librarian, activist, author. *In*: MABUNDA, L. Mpho. (ed.). Contemporary Black Biography: profiles from the international black community, v. 10. Detroit: Gale Research Inc., 1996. p. 111-115.
2012	Biblo, Mary; Biblo, Herb. E. J. Josey: The internationalist. *In*: JACKSON, Andrew P.; JEFFERSON JR., Julius; NOSAKHERE, Akilah. (ed.). The 21st-Century Black Librarians in America: issues and challenges. Lanham: 2012. p. 243-246.
2013	Mccallon, Mark L. E. J. Josey (20 jan. 1924 – 3 july 2009). *In*: Oxford African American Studies Center. Oxford University Press, 2013. p. 21-23.

ANO	LIVROS E TEXTOS
2015	James, Catherine. E. J. JOSEY: the librarian who asked "why not". LS 501: Introduction to Library and Information Studies, October 17, 2015. Disponível em: https://lhrtnews.files.wordpress.com/2017/11/catherine-james-project-two-josey-star-paper.pdf Acesso em: 20 dez. 2022.
2020	Chancellor, Renate L. E. J. Josey: Transformational Leader of the Modern Library Profession. Lanham: Rowman & Littlefield Publishers, 2020.

BIBLIOGRAFIA E BIOBIBLIOGRAFIA DE DOROTHY PORTER WESLEY

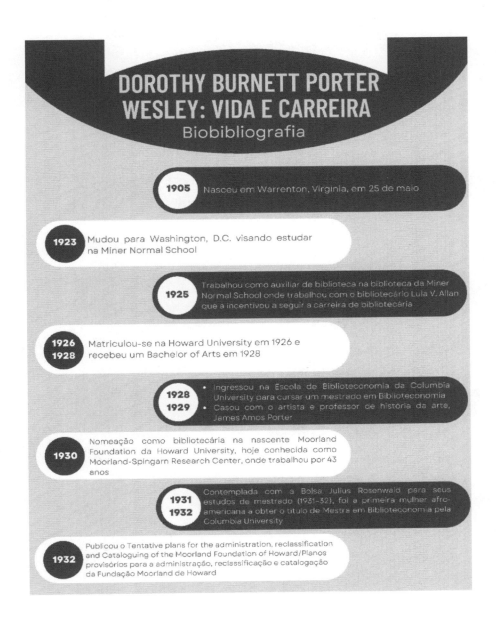

DOROTHY BURNETT PORTER WESLEY: VIDA E CARREIRA
Biobibliografia
(continuação)

1936 / 1938 — Publicou Library Sources for the Study of Negro Life and History/Fontes para o estudo da vida e história negra e A library on the Negro/Uma biblioteca no Negro, respectivamente

1939
- Nasceu sua única filha, Constance Porter Uzelac (1939-2012)
- Publicou o Catalogue of Books in the Moorland Foundation/Catálogo de livros na Fundação Moorland e Documentation on the Afro-American: Familiar Sources/Documentação sobre o afro-americano: fontes familiares

1944 / 1945
- Recebeu a bolsa Julius Rosenwald para pesquisa em literatura latino-americana
- Publicou seu livro North American Negro Poets: A Bibliographical Checklist of Their Writings, 1760-1944/Poetas negros norte-americanos: uma lista de controle bibliográfico de seus escritos, 1760-1944

1945 / 1958
- Publicou a bibliografia Early American Negro Writing: A Bibliographical Study/Primeiros Escritos Negros Americanos: um estudo bibliográfico
- Publicou A catalogue of the African Collection in the Moorland Foundation Howard University Library/Um catálogo da Coleção Africana na Biblioteca da Universidade Moorland Foundation Howard

1962 / 1964
- Publicou A Bibliographical Checklist of American Negro Writers about Africa/Uma lista de controle bibliográfico de escritores negros americanos sobre a África
- Atuou como consultora da Fundação Ford para a Biblioteca Nacional em Lagos, Nigéria (1962-64), e participou do 1º Congresso Internacional de Africanistas em Acra, Gana

1968 / 1969
- Recebeu, em 2 de agosto de 1968, o D.C. Chapter of the National Barristers Wives por excepcionais serviços na área de relações humanas
- Publicou o Negro Protest Pamphlets/Panfletos do protesto negro

1971 — Recebeu o título de Doutora Honorária em Letras, pela Susquehanna University, Selinsgrove, Pensilvânia

1972 — Recebeu o Prêmio de Distintos Serviços pela Black Caucus of the American Library Association

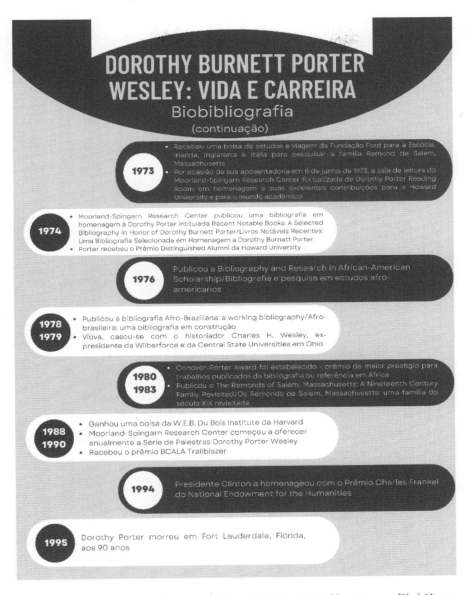

Fonte: SIMS-WOOD, Janet. **Dorothy Porter at Howard University**: Building a Legacy of Black History. Charleston, SC: The History Press, 2014; BATTLE, Thomas C. Dorothy Louise Burnett Porter Wesley (1905–1995). *In*: DAVID, Donald. (ed.). **Dictionary of American Library Biography**. Westport, CT: Libraries Unlimited, 2003; BATTLE, Thomas C. Dorothy Porter Wesley: preserver of Black history – Afro-American librarian. **Diverse**: Issues in Higher Education, 15 June 2007.

AUTORIA DE DOROTHY PORTER WESLEY

\multicolumn{3}{c}{LIVROS E BIBLIOGRAFIAS}
ANO	ID	REFERÊNCIA
1932	1	PORTER, Dorothy B. Annual Report for the Moorland-Foundation. Washington, D.C.: Howard University, 1932.
1939	2	PORTER, Dorothy B. HUNTON, Margaret R.; WILLIAMS, Ethel (ed.). A Catalogue of Books in the Moorland Foundation. Washington DC: Howard University, Compiled Under U.S. Works Progress Administration, 1939.
1945	3	PORTER, Dorothy B.; SCHOMBURG, Arthur A. (ed.). North American Negro Poets: A Bibliographical Checklist of Their Writings, 1760–1944. Hattiesburg, MS: Book Farm, 1945.
1946	4	PORTER, Dorothy B. (comp.). Howard University Masters' Thesis Submitted in Partial Fulfillment of the Requirements for a master's degree at Howard University, 1918–1945. Washington, D.C.: Howard University Graduate School, 1946.
1958	5	PORTER, Dorothy B. (ed.). A Catalogue of the African Collection in the Moorland Foundation, Howard University Library. Washington, D.C.: Howard University Press, 1958.
1963	6	PORTER, Dorothy B.; ELLIS, Ethel M. (comp.). Journal of Negro Education: Index to Volumes 1–31, 1932–1962. Washington, D.C.: Howard University Press, 1963.
1965	7	PORTER, Dorothy B. Howard University: a selected list of references. Washington, D. C.: Howard University Library, 1965. 9 p.
1967	8	PORTER, Dorothy B. (comp.). The Negro in American Cities: A Selected Annotated Bibliography. Washington, D.C.: Howard University Library, 1967.
1969	9	PORTER, Dorothy B. (comp.). Working Bibliography on the Negro in the United States. Ann Arbor, MI: Xerox, University Microfilms, 1969.
1969	10	PORTER, Dorothy B. (ed.). Negro Protest Pamphlets: A Compendium. New York: Arno Press, 1969.
1970	11	PORTER, Dorothy B. (ed.). The Negro in the United States: A Selected Bibliography. Washington, DC: Library of Congress, 1970.

LIVROS E BIBLIOGRAFIAS		
ANO	**ID**	**REFERÊNCIA**
1978	12	PORTER, Dorothy B. Afro-Braziliana: A Working Bibliography. Boston: G.K. Hall, 1978.
1993	13	WESLEY, Dorothy Porter. Integration versus separatism: William Cooper Nell's Role in the Struggle for Equility. Bloomington: Indiana University Press, 1993. 237 p.
1995	14	PORTER, Dorothy B. Early Negro Writing, 1760–1837. Boston: Beacon Press, 1971. Reprint, Baltimore, MD: Black Classic Press, 1995.

TEXTOS BIOGRÁFICOS		
ANO	**ID**	**REFERÊNCIA**
1935	15	PORTER, Dorothy B. Daniel Jackson Sanders. *In*: MALONE, Dumas (ed.). Dictionary of American Biography. New York: Charles Scribner's Sons, 1935. p. 308-332.
1936	16	PORTER, Dorothy B. Harriet Tubman. *In*: MALONE, Dumas (ed.). Dictionary of American Biography. New York: Charles Scribner's Sons, 1936. p. 10-27.
1982	17	PORTER, Dorothy B. David Ruggles. *In*: LOGAN, Rayford W.; WINSTON, Michael R. (ed.). Dictionary of American Negro Biography. New York: W.W. Norton, 1982. p. 536–538.
	18	PORTER, Dorothy B. Charles Lenox Remond. *In*: LOGAN, Rayford W.; WINSTON, Michael R. (ed.). Dictionary of American Negro Biography. New York: W.W. Norton, 1982. p. 520–522.
	19	PORTER, Dorothy B. Edward Christopher Williams. *In*: LOGAN, Rayford W.; WINSTON, Michael R. (ed.). Dictionary of American Negro Biography. New York: W.W. Norton, 1982. p. 655–656.
	20	PORTER, Dorothy B. Henry Proctor Slaughter. *In*: LOGAN, Rayford W.; WINSTON, Michael R. (ed.). Dictionary of American Negro Biography. New York: W.W. Norton, 1982. p. 558–559.
	21	PORTER, Dorothy B. Joshua Brown Smith. *In*: LOGAN, Rayford W.; WINSTON, Michael R. (ed.). Dictionary of American Negro Biography. New York: W.W. Norton, 1982. p. 565–566.

\multicolumn{3}{c}{**TEXTOS BIOGRÁFICOS**}
ANO	**ID**	**REFERÊNCIA**
	22	PORTER, Dorothy B. Maria Louise Baldwin. *In*: LOGAN, Rayford W.; WINSTON, Michael R. (ed.). Dictionary of American Negro Biography. New York: W.W. Norton, 1982. p. 21–22.
	23	PORTER, Dorothy B. Mary Edmonia Lewis. *In*: LOGAN, Rayford W.; WINSTON, Michael R. (ed.). Dictionary of American Negro Biography. New York: W.W. Norton, 1982. p. 393–395.
	24	PORTER, Dorothy B. Monroe Nathan Work. *In*: LOGAN, Rayford W.; WINSTON, Michael R. (ed.). Dictionary of American Negro Biography. New York: W.W. Norton, 1982. p. 667–668.
	25	PORTER, Dorothy B. Patrick Henry Reason. *In*: LOGAN, Rayford W.; WINSTON, Michael R. (ed.). Dictionary of American Negro Biography. New York: W.W. Norton, 1982. p. 517–519.
	26	PORTER, Dorothy B. Pauline E. Hopkins. *In*: LOGAN, Rayford W.; WINSTON, Michael R. (ed.). Dictionary of American Negro Biography. New York: W.W. Norton, 1982. p. 325–326.
	27	PORTER, Dorothy B. Sarah Parker Remond. *In*: LOGAN, Rayford W.; WINSTON, Michael R. (ed.). Dictionary of American Negro Biography. New York: W.W. Norton, 1982. p. 522–523.

\multicolumn{3}{c}{**CAPÍTULOS DE LIVROS**}
ANO	**ID**	**REFERÊNCIA**
1954	28	PORTER, Dorothy B. The Water Cure—David Ruggles. *In*: The Northampton Book: Chapters from 300 Years in the Life of a New England Town, 1654–1954. Northampton: Northampton, Massachusetts Tercentenary History Committee, 1954. 121–26.
1958	29	PORTER, Dorothy B. A Bibliographical Checklist of American Negro Writers about Africa. *In*: Africa Seen by American Negroes. Paris: Prèsence Africaine, 1958. p. 79–99.
1967	30	PORTER, Dorothy B. Africana at Howard University. *In*: DUIGNON, Peter (ed.). Handbook of American Resources for African Studies. Stanford, C.A: Stanford University, Hoover Institution on War, Revolution and Peace, 1967. p. 33–39.

CAPÍTULOS DE LIVROS		
ANO	ID	REFERÊNCIA
	31	PORTER, Dorothy B. The Librarian and the Scholar: A Working Partnership. *In*: Proceedings of the Institute on Materials by and About the American Negro. Atlanta, GA: Atlanta University School of Librarianship, 1967. 71–80.
1984	32	PORTER, Dorothy B. Fifty Years of Collecting. *In*: NEWMAN, Richard (ed.). Black Access: A Bibliography of Afro-American Bibliographies. Westport, CT: Greenwood Press, 1984. p. xvii–xxviii.
1990	33	WESLEY, Dorothy B. Porter. Black Antiquarians and Bibliophiles Revisited, with a Glance at Today's Lovers of Books and Memorabilia. *In*: SINETTE, Elinor Des Verney; COATES, Paul; BATTLE, Thomas C. (ed.). Black Bibliophiles and Collectors: Preservers of Black History. Washington, D.C.: Howard University Press, 1990. p. 3–20.
	34	WESLEY, Dorothy Porter. Foreword. *In*: Catalogue of the Charles L. Blockson Afro-American Collection: A Unit of the Temple University Libraries. Philadelphia: Temple University Press, 1990.
2001	35	WESLEY, Dorothy B. Porter. Of men and records in the history of the negro. *In*: FINDLAY, James A. Dorothy Porter Wesley (1905-1995): Afro-American Librarian and Bibliophilie. An exhibition. Ft. Lauderdale, Florida: Broward County Library, 2001. p. 13-30.

ARTIGOS		
ANO	ID	REFERÊNCIA
1936	36	PORTER, Dorothy B. Library Sources for the Study of Negro Life and History. Journal of Negro Education, v. 5, p. 232–244, April 1936.
	37	PORTER, Dorothy Burnett. The Organized Educational Activities of Negro Literacy Societies, 1828-1846. The Journal of Negro Education, v. 5, p. 555-576, October 1936.
1937	37	PORTER, Dorothy B. Books with Negro Characters for Children. National Educational Outlook Among Negroes, v. 1, p. 33–36, December 1937.

ANO	ID	ARTIGOS
		REFERÊNCIA
1938	38	PORTER, Dorothy B. A library on the Negro. American Scholar, v. 7, p. 115-116, 1938.
1939	39	PORTER, Dorothy B. Early Manuscript Letters Written by Negroes. Journal of Negro History, v. 24, p. 199–210, April 1939.
	40	PORTER, Dorothy Burnett. Documentation on the Afro-American: familiar sources. African Studies Bulletin, v. 12, p. 293-303, April, 1939.
1942	45	PORTER, Dorothy B. The Preservation of University Documents: With Special Reference to Negro Colleges and Universities. The Journal of Negro Education, v. 11, n. 4, p. 527-528, Oct., 1942.
1943	46	PORTER, Dorothy Burnett. David Ruggles: na apostle of Human Rights. The Journal of Negro History, v. 28, n. 1, p. 23-50, January 1943.
1944	47	PORTER, Dorothy Burnett. Negro Women in Our Wars. Negro History Bulletin, v. 7, p. 195-215, June 1944.
1952	48	PORTER, Dorothy Burnett. Maria Louise Baldwin, 1865-1922. The Journal of Negro Education, v. 21, p. 94-96, winter 1952.
	49	PORTER, Dorothy Burnett. The Negro in the Brazilian Abolition Movement. The Journal of Negro History, v. 37, p. 54-80, January 1952.
1954	50	PORTER, Dorothy B. Annual Report for the Moorland-Foundation. Washington, D.C.: Howard University, 1954.
1958	51	PORTER, Dorothy B.; LEFFAL, Dolores C. Bibliography. The Journal of Negro Education, v. 27, n. 4, p. 505-518, Autumn, 1958.
1959	52	PORTER, Dorothy B. The African Collection at Howard University. African Studies Bulletin, v. 2, n. 1, p. 17-21, Jan. 1959.
	53	PORTER, Dorothy B.; LEFFAL, Dolores C. Bibliography. The Journal of Negro Education, v. 28, n. 2, p. 154-162, Spring 1959.
1960	54	PORTER, Dorothy B. The Anti-Slavery Movement in Northampton. Negro History Bulletin, v. 24, p. 33–34, November 1960.
	55	PORTER, Dorothy B.; LEFFAL, Dolores C. Bibliography. The Journal of Negro Education, v. 29, n. 2, p. 168-180, Spring, 1960.

ARTIGOS		
ANO	ID	REFERÊNCIA
	56	PORTER, Dorothy B. Research Centers and Sources for the Study of African History. Journal of Human Relations, v. 8, p. 54–63, 1960.
1961	57	PORTER, Dorothy B. Bibliography. The Journal of Negro Education, v. 30, n. 1, p. 49-63, Winter, 1961.
	58	PORTER, Dorothy B. Bibliography. The Journal of Negro Education, v. 30, n. 2, p. 127-137, Spring, 1961.
	59	PORTER, Dorothy B.; LEFFAL, Dolores C. Bibliography. The Journal of Negro Education, v. 30, n. 4, p. 416-425, Autumn, 1961.
1962	60	PORTER, Dorothy B. Fiction by African Authors: A Preliminary Checklist. African Studies Bulletin, v. 5, p. 54–60, May 1962.
	61	PORTER, Dorothy B.; LEFFAL, Dolores C. Bibliography. The Journal of Negro Education, v. 31, n. 4, p. 488-502, Autumn, 1962.
	62	PORTER, Dorothy B.; STEPHENS, Chidnand. Bibliography. The Journal of Negro Education, v. 31, n. 2, p. 164-170, Spring, 1962.
1963	63	PORTER, Dorothy B.; WHITMIRE, Georgia E. Bibliography. The Journal of Negro Education, v. 32, n. 3, p. 258-275, Summer, 1963.
	64	PORTER, Dorothy B. First International Congress of Africanists. The Journal of Negro Education, v. 32, n. 2, p.198-204, Spring, 1963.
	65	PORTER, Dorothy B.; GREGORY, Robin. Bibliography. The Journal of Negro Education, v. 32, n. 1, p. 63-73, Winter, 1963.
1966	66	PORTER, Dorothy B. African and Caribbean Creative Writing: A Bibliographic Survey. African Forum, v. 1, p. 107–111, Spring 1966.
1969	67	PORTER, Dorothy B. Documentation on the Afro-American: Familiar and Less Familiar Sources. African Studies Review, v. 12, n. 3, p. 293-303, December 1969.
1973	68	PORTER, Dorothy B. Family Records: A Major Resource for Documenting the Black Experience in New England. Old Time New England, v. 63, p. 69–72, Winter 1973.
	69	PORTER, Dorothy B. The Black Role During the Era of the Revolution: A Little-Known Chapter of Afro-American History Is the Subject of a Show at the Smithsonian's National Portrait Gallery. Smithsonian, v. 4, p. 52-57, August 1973.

ARTIGOS		
ANO	**ID**	**REFERÊNCIA**
1976	70	PORTER, Dorothy B. Bibliography and Research in African-American Scholarship. Journal of Academic Librarianship, v. 2, p. 77–81, May 1976.
1985	71	PORTER, Dorothy B. The Remonds of Salem, Massachusetts: A Nineteenth-Century family revisited. American Antiquarian Society, p. 259-295, 1985.
1990	72	PORTER, Dorothy B. How Soon Is Now? Public Health And The BMJ. BMJ: British Medical Journal, v. 301, n. 6754, p. 738-740, Oct. 1990.
1995	73	PORTER, Dorothy Burnett. Sarah Parker Remond: abolitionist and physician. The Journal of Negro History, v. 20, p. 287-293, July 1995.

RESENHAS		
ANO	**ID**	**REFERÊNCIA**
1930	74	PORTER, Dorothy B. Review of Black Venus by André Salmon. Opportunity, v. 8, p. 185–186, June 1930.
1933	75	PORTER, Dorothy B. Review of Classified Catalogue of Collections of Anti-Slavery Propaganda in Oberlin College Library by F. Hubbard. Opportunity, v. 11, p. 57–59, February 1933.
1934	76	PORTER, Dorothy B. Review of Stars Fell on Alabama by Carl Carmer. The Journal of Negro Education, v. 3, n. 4, p. 632-634, Oct., 1934.
1934	77	PORTER, Dorothy B. Review of A Bibliography of Negro Migration by Frank Ross. The Journal of Negro Education, v. 3, n. 4, p. 634-635, Oct. 1934.
1937	78	PORTER, Dorothy B. Review of County Library Service in the South: A Study of the Rosenwald County Library Demonstration by Louis R. Wilson and Edward A. Wright. Journal of Negro Education, v. 6, p. 78–81, January 1937.
1937	79	PORTER, Dorothy B. Review of Sad-Faced Boy by Arna Bontemps. Negro History Bulletin, v. 1, p. 8, December 1937.

\multicolumn{3}{c	}{**RESENHAS**}
ANO	**ID**	**REFERÊNCIA**
1938	80	PORTER, Dorothy B. Review of A Guide to the National Capital. The Journal of Negro Education, v. 7, n. 2, p. 190-192, Apr. 1938.
	81	PORTER, Dorothy B. A Guide to the National Capital. Review of Washington, City and Capital by the Works Progress Administration. Journal of Negro Education, v. 7, p. 190–192, April 1938.
1940	82	PORTER, Dorothy B. Review of The First Negro Medical Society: A History of the Medico-Chirurgical Society of the District of Columbia, 1884–1939 by William M. Cobb. Journal of Negro Education, v. 9, p. 213–215, April 1940.
1941	83	PORTER, Dorothy B. Review of A Library on the Negro. The Journal of Negro Education, v. 10, n. 2, p. 264-266, Apr., 1941.
1942	84	PORTER, Dorothy B. Review of The Southern Negro and the Public Library by Eliza A. Gleason. Social Forces, v. 20, p. 512–513, May 1942.
1944	85	PORTER, Dorothy B. An American Heroine. Review of Harriet Tubman by Earl Conrad. Journal of Negro Education, v. 13, p. 91–93, Winter 1944.
1946	86	PORTER, Dorothy B. Fiction by Negro Authors. Review of A Century of Fiction by American Negroes, 1853–1952 by Maxwell Whitemen. Journal of Negro Education, v. 25, p. 146, Spring 1956.
1947	87	PORTER, Dorothy B. Journey to Accompong. Review of Katherine Dunham's Journey to Accompong by Katherine Dunham. Journal of Negro Education, v. 16, p. 201–202, Spring 1947.
	88	PORTER, Dorothy B. The Negro in the Americas. Review of Slave and Citizen: The Negro in the Americas by Frank Tannenbaum. Journal of Negro Education, v. 16, p. 199–201, Spring 1947.
1958	89	PORTER, Dorothy B. Drum, A South African Periodical. Review of Drum: The Newspaper That Won the Heart of Africa by Anthony Sampson. Journal of Negro Education, v. 27, p. 164–166, Spring 1958.

SOBRE DOROTHY PORTER WESLEY

LIVROS E ENCICLOPÉDIAS

ANO	OBRA
1990	SINNETTE, Elinor Des Verney; COATES, W. Paul; BATTLE, Thomas C. (ed.). Black Bibliophiles and Collectors: preservers of Black History. Washington, D. C.: Howard University Press, 1990. 236 p.
1993	HINE, Darlene Clark, *et al.* (ed.). Black Women in America: an historical encyclopedia. Brooklyn, N.Y.:Carlson Publishing Co., 1993. 236 p. (2 volumes)
1994	BRITTON, Helen H. Dorothy Porter Wesley: A Bibliographic Profile. *In*: American Black Women in the Arts and Social Sciences: A Bibliographical Survey, by Ora Williams. Metchuen, NJ: Scarecrow, 1994. p. 20–23.
1996	HILDRENBRAND, Suzanne. (ed.). Reclaiming the American Past: writing the Women In. Ablex Publishing Corp., 1996. BRITTON, Helen H. Dorothy Porter Wesley: A Bibliographer, Curator, and Scholar. *In*: HILDRENBRAND, Suzanne. (ed.). Reclaiming the American Library Past: Writing in the Women. Norwood, NJ: Ablex Publishing Corporation, 1996. p. 163–186.
2001	FINDLAY, James A. Dorothy Porter Wesley (1905-1995): Afro-American Librarian and Bibliophilie. An exhibition. Ft. Lauderdale, Florida: Broward County Library, 2001.
2014	SIMS-WOOD, Janet. Dorothy Porter at Howard University: Building a Legacy of Black History. Charleston, SC: The History Press, 2014. BOTNICK, Julie. "I Am Sure That You Know Yourself That It Is a Very Good Job": The Early Life and Library of Dorothy Porter." Student paper. New Haven, CT: Yale University, 2014.

CAPÍTULOS DE LIVRO

ANO	OBRA
1980	CAMPBELL, Dorothy Wilson. Curators of African American Collections. *In*: PHINAZEE, Annette L. (ed.). The Black Librarian in the Southeast: Reminiscences, Activities, Challenges. Durham: NCCU School of Library Science, 1980. p. 185-186

ANO	OBRA
1996	BRITTON, Helen H. Dorothy Porter Wesley: a bio-bibliographic profile. *In*: American Black Women in the Arts and Social Sciences: a Bibliographic Survey. 3rd ed. Metuchen, New Jersey: Greenwood Press, 1996.
1999	ESCAMILLA, Brian. Dorothy Porter Wesley 1905-1995: librarian, writer. *In*: PHELPS, Shirelle. (ed.). Contemporary Black Biography: profiles from the International Black Community, volume 19. Detroit: Gale, 1999. p. 219-221.
2003	BATTLE, Thomas C. Dorothy Louise Burnett Porter Wesley (1905–1995). *In*: DAVID, Donald. (ed.). Dictionary of American Library Biography. Westport, CT: Libraries Unlimited, 2003.
2003	MOSES, Sibyl E. Dorothy Louise Burnett Porter Wesley. *In*: African American Women Writers in New Jersey, 1836-2000: A Biographical Dictionary and Bibliographical Guide. New Brunswick, NJ: Rutgers UP, 2003. p. 198-207.
2010	UZELAC, Constance Porter. Dorothy Porter Wesley (1905-1995). Black Past, January 20, 2010.

ARTIGOS

ANO	ARTIGO
1974	LUBIN, Maurice A. Une Importante Figure Des Black Studies: Dorothy B. Porter. Présence Africaine, n. 91, p. 132–137, 1974. phttp://www.jstor.org/stable/24349819.
1990	JEFFERSON, Karen L. Dorothy Porter Wesley: A Lifelong Commitment to the Preservation of Black History. *In*: ASALH Conference. Chicago, Illinois, October, 1990. (Unpublished paper)[1211]
	SCARUPA, Harriet Jackson. The Energy-Charged Life of Dorothy Porter Wesley. New Directions, v. 17, n. 1, article 3, 1990.
1995	MADISON, Avril J.; WESLEY, Dorothy Porter. Dorothy Burnett Porter Wesley: Enterprising Steward of Black Culture. The Public Historian, v. 17, p. 15-40, Winter, 1995.

	WEEKS, Linton. The Undimmed Light of Black History: Dorothy Porter, Collecting Forgotten Memories. Washington Post, November 15, 1995, C1.
1996	BATTLE, Thomas C. Dorothy Porter Wesley: preserver of Black History. Black in Higher Education, v. 12, p. 22-23, January 1996.
2000	DAWSON, Alma. Celebrating African American Librarians and Librarianship. Library Trends, v. 49, p. 49–87, Summer 2000.
2007	BATTLE, Thomas C. Dorothy Porter Wesley: preserver of Black history – Afro-American librarian. Diverse: Issues in Higher Education, 15 June 2007.

NOTAS

Prefácio 1 - Reflexões sobre o uso desta obra no ensino, pesquisa, extensão e prática profissional na área de Biblioteconomia e Ciência em Informação (BCI).

1. Acesso via Portal de Periódicos Capes para instituições vinculadas. Para mais informações sobre a ferramenta acesse: www.webofsciencegroup.com
2. BRASIL. Ministério da Educação. Conselho Nacional de Educação. Câmara Superior de Educação. Parecer nº 492, de 03 de abril de 2001. Diretrizes Curriculares Nacionais dos cursos de Filosofia, História, Geografia, Serviço Social, Comunicação Social, Ciências Sociais, Letras, Biblioteconomia, Arquivologia e Museologia. **Diário Oficial da União**: seção 1, Brasília, p. 50, 09 jul. 2001. p. 33
3. SILVA, Rubens Alves da. Diversidade epistêmica: encontro de saberes no PPGCI. *In*: SILVEIRA, Fabrício José Nascimento da; FROTA, Maria Guiomar da; MARQUES, Rodrigo Moreno. (org.). **Informação, mediação e cultura**: teorias, métodos e pesquisas. Belo Horizonte, MG: Letramento: PPGCI, 2022. p. 141-165. p. 141.
4. MENDONÇA, Érika de Sousa; GOMINHO, Amilson de Carvalho; MELO, Ana Letícia Cordeiro de. Inclusão de pessoas negras e de saberes afrodiaspóricos em Universidades brasileiras: a diversidade epistêmica como estratégia. **Práxis Educativa**, v. 17, e19393, 2022. DOI: https://doi.org/10.5212/PraxEduc.v.17.19393.085
5. QUIJANO, A. Colonialidade do poder, eurocentrismo e América Latina. *In*: LANDER, E. **A colonialidade do saber**: eurocentrismo e Ciências Sociais. Perspectivas latino-americanas. Buenos Aires: CLACSO, 2005; MIGNOLO, W. **Desobediencia epistémica**: retórica de la modernidad, lógica de la colonialidad y gramática de la descolonialidad. Buenos Aires: Ediciones del Signo, 2010; BERNARDINO-COSTA, J.; GROSFOGUEL, R. Decolonialidade e perspectiva negra. **Sociedade e Estado**, Brasília, v. 33, n. 1, p. 15-24, abr. 2016.
6. SILVA, Franciéle Carneiro Garcês da. **Representações Sociais acerca das Culturas Africana e Afro-Brasileira na Educação em Biblioteconomia no Brasil**. 2019. 521 f. Dissertação (Mestrado em Ciência da Informação) – Universidade Federal do Rio de Janeiro/Instituto Brasileiro de Informação em Ciência e Tecnologia, Rio de Janeiro, 2019.
7. SILVA, Marcos Fabrício Lopes da. Educação e letramento racial. **Boletim**, Belo Horizonte, n. 2081, ano 46, 18 nov. 2019.
8. SILVA, Marcos Fabrício Lopes da. *Educação e letramento racial*.
9. FERREIRA, Aparecida de Jesus. **Narrativas autobiográficas de professoras/es de línguas na universidade**: letramento racial crítico e teoria racial crítica. Narrativas autobiográficas de identidades sociais de raça, gênero, sexualidade e classe em Estudos da Linguagem. Campinas: Pontes, 2015. p. 127-160. p. 138.

10 FERREIRA, Aparecida de Jesus. Letramento Racial Crítico: falta representatividade negra em materiais didáticos e na mídia. [Entrevista cedida a] Cássio Murilo Lourenço Gomes. **Uniletras**, Ponta Grossa, v. 41, n. 1, p. 123-127, jan/jun. 2019.

Prefácio 2 - Praxiologia crítico-racial para Exuar a epistemologia biblioteconômico-informacional: uma escola de pensamento em sua matriz revolucionária 60 anos após a Grande Marcha De Washington ou, ainda, Café com Josephine Baker e Elza Soares na Urca

11 Citado por Franciéle Garcês, na página 63 deste livro.
12 GARCÊS-DA-SILVA, Franciéle Carneiro. **Biblioteconomia Negra**: das epistemologias negro-africanas à teoria crítica racial. Rio de Janeiro: Editora Malê, 2023. p. 65.
13 GARCÊS-DA-SILVA, Franciéle Carneiro. *Biblioteconomia Negra*, p. 50.
14 Citado por Franciéle Garcês, na página 51 deste livro.
15 GARCÊS-DA-SILVA, Franciéle Carneiro Garcês da. *Biblioteconomia Negra*.
16 Citado por Franciéle Garcês, na página 239 deste livro.
17 Citado na página 241, embasado em: SILVA, Franciéle Carneiro Garcês da. *Representações Sociais acerca das Culturas Africana e Afro-Brasileira na Educação em Biblioteconomia no Brasil*.
18 Relato está apresentado no texto deste livro.
19 PINTO, Tania Regina. **Primeiros negros**. Disponível em: https://primeirosnegros.com/. Acesso em: 03 abr. 2023.
20 PINTO, Tania Regina. *Primeiros negros*.
21 MATTHEUS, Dasha. **The Activism of Josephine Baker**. [*s.l.*], 26 fev. 2018. Disponível em: https://info.umkc.edu/womenc/2018/02/26/the-activism-of-josephine-baker/. Acesso em: 04 abr. 2023.
22 GARCÊS-DA-SILVA, Franciéle Carneiro. *Biblioteconomia negra*, p. 200.
23 GARCÊS-DA-SILVA, Franciéle Carneiro. *Biblioteconomia negra*, p. 53.
24 GARCÊS-DA-SILVA, Franciéle Carneiro. Chegada ao Rio [Correspondência por correio eletrônico]. 02 mar. 2017.
25 GARCÊS-DA-SILVA, Franciéle Carneiro. *Biblioteconomia negra*.
26 CARNEIRO, Aparecida Sueli. A construção do outro como não-ser como fundamento do ser. 2005. Tese (Doutorado) – Universidade de São Paulo, São Paulo, 2005. p. 97.
27 GARCÊS-DA-SILVA, Franciéle Carneiro. *Biblioteconomia negra*, p. 157.
28 GARCÊS-DA-SILVA, Franciéle Carneiro. *Biblioteconomia negra*, p. 54.

Apresentação: Ai, palavras, ai, palavras, que estranha potência, a vossa! [...] sois o sonho e sois a audácia

29 MEIRELES, Cecília. **Obra Poética**. 2. ed. Rio de Janeiro: Aguilar Editora, 1967, p. 560-561.

30 SONTAG, Susan. Sob o signo de saturno. *In*: SONTAG, Susan. **Sob o signo de saturno**. Porto Alegre: L&PM Editores, 1986. p. 85-103.
31 SAID, Edward W. Representações do intelectual. *In*: SAID, Edward W. **Representações do intelectual**: as Conferências Reith de 1993. São Paulo: Companhia das Letras, 2005.
32 SAID, Edward W. *Representações do intelectual*, p. 25.
33 SAID, Edward W. *Representações do intelectual*.
34 SAID, Edward W. *Representações do intelectual*.
35 SILVA, Franciéle Carneiro Garcês da. *Biblioteconomia negra*, p. 57.
36 No texto Escavando e recordando, Walter Benjamin (1995, p. 239) defende que "Quem pretende se aproximar do seu próprio passado soterrado deve agir como um homem que escava".
37 GARCÊS-DA-SILVA, Franciéle Carneiro. *Biblioteconomia negra*, p. 326.
38 SAID, Edward W. *Representações do intelectual*.
39 Referência ao trabalho de Sueli Carneiro (2023), para quem a racialidade pode ser definida como: "uma noção produtora de um campo ontológico, um campo epistemológico e um campo de poder conformando, portanto, saberes, poderes e modos de subjetivação cuja articulação constitui um dispositivo de poder" (CARNEIRO, 2023, p. 44), os quais acenam para a complexidade dos elementos que estão englobados e articulam as questões raciais no Brasil. CARNEIRO, Sueli. **Dispositivo de racialidade**: a construção do outro como não ser como fundamento do ser. São Paulo: Companhia das Letras, 2023.
40 GARCÊS-DA-SILVA, Franciéle Carneiro. *Biblioteconomia negra*, p. 364.
41 HOOKS, Bell. Intelectuais negras. **Revista Estudos Feministas**, ano 3, 2º sem. 1995, p. 464-478. p. 474.
42 SAID, Edward W. Falar a verdade ao poder. *In*: SAID, Edward W. **Representações do intelectual**: as Conferências Reith de 1993. São Paulo: Companhia das Letras, 2005. p. 89-104. p. 104.

Introdução em primeira pessoa: uma caminhada em busca de reflexões críticas

43 A tese da qual esse livro deriva foi construída durante o governo de Jair Bolsonaro. Além de ter sido um governo que venceu por intermédio de disseminação de notícias falsas e desinformação, o governo de Bolsonaro foi representado pelo desmonte e negacionismo da ciência – especialmente no momento pandêmico, com a tardia compra de vacinas devido a negociações para ganho pessoal do presidente além da propaganda contra a vacinação da população e incentivo ao uso da cloroquina para combate à COVID –, aumento do genocídio negro e de casos de racismo, retrocesso nas políticas públicas elaboradas nos governos anteriores em prol de populações marginalizadas.
44 MEHRA, Bharat; ALBRIGHT, Kendra S.; RIOUX, Kevin. A Practical Framework for Social Justice Research in the Information Professions. **Proceedings of the American Society for Information Science and Technology**, [*s.l.*], v. 43, n. 1, p. 1-10, 2007. DOI: https://doi.

org/10.1002/meet.14504301275; MATHIESEN, Kay. Informational Justice: A Conceptual Framework for Social Justice in Library and Information Services. **Library Trends**, Illinois, v. 64, n. 2, 2015. DOI: https://doi.org/10.1353/lib.2015.0044; SILVA, Franciéle Carneiro Garcês da; GARCEZ, Dirnéle Carneiro; SALES, Rodrigo de; SALDANHA, Gustavo Silva. Dorothy Porter Wesley e a Organização do Conhecimento Negro na Coleção Especial Moorland-Spingarn Research Center. **Liinc em Revista**, Rio de Janeiro, v. 17, p. 1-23, 2021c.

45 MIGNOLO, Walter D. Desobediência epistêmica: a opção descolonial e o significado de identidade em política. **Cadernos de Letras da UFF**, Niterói, n. 34, p. 287-324, 2008.

46 SILVA, Franciéle Carneiro Garcês da. **A inserção da temática Africana e Afro-brasileira no ensino de Biblioteconomia da Universidade do Estado de Santa Catarina**. 2016. 164 f. Trabalho de Conclusão de Curso (Graduação) – Universidade do Estado de Santa Catarina, Florianópolis, 2016.

47 SILVA, Franciéle Carneiro Garcês da. **Representações Sociais acerca das Culturas Africana e Afro-Brasileira na Educação em Biblioteconomia no Brasil**. 2019. 521 f. Dissertação (Mestrado em Ciência da Informação) – Universidade Federal do Rio de Janeiro/Instituto Brasileiro de Informação em Ciência e Tecnologia, Rio de Janeiro, 2019a.

48 Nesta pesquisa, no contexto em que pesquisamos, os estudos são demarcados pela *Library and Information Science* (LIS), por isso, adotamos Biblioteconomia e Ciência da Informação (BCI) como um campo do conhecimento que entrelaça ambas as áreas dos estudos informacionais.

49 Quando nos referimos ao termo "branco", entendemos não só como um grupo étnico-racial, mas também a uma estrutura de poder que promove os privilégios raciais, materiais, simbólicos e imateriais condicionados a quanto mais a pertença racial do sujeito se assemelha ao ideal da brancura europeia e norte-americana.

50 QUIJANO, Aníbal. Colonialidad del poder, eurocentrismo y America Latina. *In*: LANDER, Edgardo. (org.). **La colonialidad del saber**: eurocentrismo y ciencias sociales: perspectivas latinoamericanas. Buenos Aires: CLACSO/UNESCO, 2000; LANDER, Edgardo. Ciências sociais: saberes coloniais e eurocêntricos. *In*: LANDER, Edgardo. (org.). **A colonialidade do saber**: eurocentrismo e ciências sociais. Perspectivas latinoamericanas. Ciudad Autónoma de Buenos Aires, Argentina: CLACSO, 2005; LUGONES, María. Rumo a um feminismo descolonial. **Revista de Estudos Feministas**, Florianópolis, [*s.l.*], v. 22, n. 3, p. 935-952, 2014. DOI: https://doi.org/10.1590/%25x; BERNARDINO-COSTA, Joaze; GROSFOGUEL, Ramón. Decolonialidade e perspectiva negra. **Revista Sociedade e Estado**, [*s.l.*], v. 31, n. 1, p. 15-24, 2016.

51 SILVA, Franciéle Carneiro Garcês da. Colonialidade do saber e dependência epistêmica na biblioteconomia: reflexões necessárias. *In*: DUQUE-CARDONA, Natalia; SILVA, Franciéle Carneiro Garcês da. **Epistemologias Latino-americanas em Biblioteconomia e Ciência da Informação**: contribuições da Colômbia e do Brasil. Florianópolis: Rocha; Nyota, 2020.

52 SANTOS, Boaventura de Sousa. **Pela Mão de Alice**. São Paulo: Cortez Editora,

1995; CARNEIRO, Sueli Aparecida. **A construção do outro como não-ser como fundamento do ser**. 2005. 339 f. Tese (Doutorado) – Universidade de São Paulo, São Paulo, 2005; CARNEIRO, Sueli. **Dispositivo de racialidade**: a construção do outro como não-ser como fundamento do ser. Rio de Janeiro: Zahar, 2023.

53   MISSIATTO, Leandro Aparecido Fonseca. Memoricídio das populações negras no Brasil: atuação das políticas coloniais do esquecimento. **Revista Memória em Rede**, Pelotas, v. 13, n. 24, jan./jul. 2021.

54   RABAKA, Reiland. **Against Epistemic Apartheid**: W. E. B. Du Bois and the Disciplinary Decadence of Sociology. Lanham, Maryland: Lexington Book, 2010.

55   RABAKA, Reiland. *Against Epistemic Apartheid*.

56   FRICKER, Miranda. **Epistemic injustice**: power and the ethics of knowing. Oxford: Oxford University Press, 2007; COADY, David. Two concepts of Epistemic Injustice. **Episteme**, [s.l.], v. 7, n. 2, p. 101-113, 2010. DOI: https://doi.org/10.3366/E1742360010000845; POHLHAUS JR., Gaile. Relational Knowing and Epistemic Injustice: Towward a Theory of Willful Hermeneutical Ignorance. **Hyatia**, [s.l.], v. 27, n. 4, 2012.

57   Latino aqui inclui grupos étnico-raciais e culturais de língua espanhola como chicanos (americanos mexicanos), porto-riquenhos, colombianos, salvadorenhos, uruguaios, argentinos e guatemaltecos. Importante destacar que, nos Estados Unidos, a pessoa brasileira também é classificada étnico-racialmente como latina, mesmo quando é lida racialmente como branca no Brasil.

58   Pessoas de cor é como são chamadas pessoas pertencentes aos grupos étnico-raciais diferentes do branco americano nos Estados Unidos. Assim, podem ser pessoas negras, asiáticas, indígenas, orientais, entre outros pertencimentos.

59   Tradução: Justiça do Conhecimento: Interrompendo os Estudos Biblioteconômicos e da Informação por meio da Teoria Crítica da Raça. LEUNG, Sofia Y.; LOPEZ-MCKNIGHT, Jorge R. (ed.). **Knowledge Justice**: disrupting Library and Information Studies through Critical Race Theory. Cambridge, MA: Massachusetts Institute of Technology, 2021.

60   BEILIN, Ian. The academic Research library's White past and presente. *In*: SCHLESSELMAN-TARANGO, G. (ed.). **Topographies of Whiteness**: mapping whiteness in Library and Information Science. Sacramento: Library Juice Press, 2017. p. 79-98; HONMA, Todd. Foreword. *In*: SCHLESSELMAN-TARANGO, G. (ed.). **Topographies of Whiteness**: mapping whiteness in Library and Information Science. Sacramento: Library Juice Press, 2017. p. ix-xiii.

61   Em inglês, o termo é *color-blindness*, que foi traduzido por teóricos raciais brasileiros como daltonismo racial. Embora nós tenhamos reserva com o termo "daltonismo" por conta de uma concepção que pode ser capacitista, iremos manter por já ser consenso entre estudiosos do campo da TCR e, dessa forma, aparecer em várias passagens da literatura científica aqui evocada. BONILLA-SILVA, Eduardo. **Racismo sem racistas**: o racismo da cegueira da cor e a persistência da desigualdade na América. São Paulo: Perspectiva, 2020.

62 Evasão da cor (*color-evasiveness*) é um termo alternativo ao daltonismo racial. ANNAMMA, Subini Ancy; JACKSON, Darrell D.; MORRISON, Deb. Conceptualizing color-evasiveness: using dis/ability critical race theory to expand a color-blind racial ideology in education and society. **Race Ethnicity and Education**, [*s.l.*], v. 20, n. 2, p. 147-162, 2017. DOI: https://doi.org/10.1080/13613324.2016.1248837
63 HONMA, Todd. *Foreword*.
64 MIGNOLO, Walter D. *Desobediência epistêmica*.
65 CARDOSO, Lourenço. **O branco ante a rebeldia do desejo**: a branquitude e o pensamento social brasileiro. *In*: ENCONTRO NACIONAL DE BIBLIOTECÁRIAS(OS) NEGRAS(OS) E ANTIRRACISTAS, 2.; ENCONTRO INTERNACIONAL DE BIBLIOTECÁRIAS(OS) NEGRAS(OS) E ANTIRRACISTAS, 1. Belo Horizonte: ECI/UFMG, 2021. [Conferência].
66 Para maiores informações, acessar: https://decada-afro-onu.org/. Acesso em: 20 ago. 2021.
67 Informações sobre o GT RERAD/FEBAB estão disponíveis em: https://www.acoesfebab.com/etnico. Acesso em: 22 ago. 2021.
68 Maiores informações sobre o GT 12, consultar o *link*: https://ancib.org/coordenacoes-e-ementas-de-gt/. Acesso em: 23 ago. 2021.
69 SILVA, Franciéle Carneiro Garcês da. *Colonialidade do saber e dependência epistêmica na biblioteconomia*.
70 RABAKA, Reiland. *Against Epistemic Apartheid*.
71 CARVALHO, José Jorge de. Encontro de Saberes e descolonização: para uma refundação étnica, racial e epistêmica das universidades brasileiras. *In*: BERNARDINO-COSTA, Joaze; MALDONADO-TORRES, Nelson; GROSFOGUEL, Ramon. (org.). **Decolonialidade e Pensamento Afrodiaspórico**. Belo Horizonte: Autêntica, 2018; SILVA, Rubens Alves da. Diversidade epistêmica: encontro de saberes no PPGCI. *In*: SILVEIRA, Fabrício José Nascimento da; FROTA, Maria Guiomar da; MARQUES, Rodrigo Moreno. (org.). **Informação, mediação e cultura**: teorias, métodos e pesquisas. Belo Horizonte, MG: Letramento: PPGCI, 2022. p. 141-165; SILVA, Franciéle Carneiro Garcês da; GARCEZ, Dirnéle Carneiro; SILVA, Rubens Alves da. Conhecimento das margens: da injustiça epistêmica à valorização do conhecimento negro em Biblioteconomia e Ciência da Informação. **Revista ACB**: Biblioteconomia em Santa Catarina, Florianópolis, v. 27, p. 1-19, 2022.
72 MATHIESEN, Kay. *Informational Justice*.
73 BLACK, Kimberly. Justiça social e Biblioteconomia e Ciência da Informação antirracista. **Múltiplos Olhares em Ciência da Informação**, Belo Horizonte, n. esp., p. 1-12, 2022; SENTEIO, Charles R.; MONTAGUE, Kaitlin E.; CAMPBELL, Bettina; CAMPBELL, Terrance R.; SEIRGEMAN, Samantha. Enhancing racial equity in LIS research by increasing representation of BIPOC. **Education for Information**, [*s.l.*], v. 37, n. 2, p. 247-256, 2021. DOI: https://doi.org/10.3233/efi-211530
74 MEHRA, Bharat; ALBRIGHT, Kendra S.; RIOUX, Kevin. *A Practical Framework for Social Justice*

Research in the Information Professions; MEHRA, Bharat. Introduction: Social Justice in Library and Information Science & Services. **Library Trends**, Illinois, v. 64, n. 2, p. 179-197, 2015a; MEHRA, Bharat. Social Justice in Library and Information Science and Services. **Library trends**, Illinois, v. 64, n. 2, p. 179-197, 2015b; COOKE, Nicole A.; SWEENEY, Miriam E.; NOBLE, Safiya Umoja. Social Justice as Topic and Tool: An Attempt to Transform an US Curriculum and Culture. **The Library Quarterly**, [s.l.], v. 86, n. 1, Jan. 2016. DOI: https://doi.org/10.1086/684147; MEHRA, Bharat. Social Justice Design and Implementation: Innovative Pedagogies to Transform LIS Education. **Journal of Education for Library and Information Science**, [s.l.], v. 62, n. 4, p. 460-476, 2021a. DOI: https://doi.org/10.3138/jelis-62-4-2020-0094; MEHRA, Bharat. Enough Crocodile Tears! Libraries Moving Beyond Performative Antiracist Politics. **The Library Quarterly**: Information, Community, Policy, [s.l.], v. 91, n. 2, p. 137-149, 2021b. DOI: https://doi.org/10.1086/713046; MEHRA, Bharat. Elfreda Annmary Chatman in the 21st Century: At the Intersection of Critical Theory and Social Justice Imperatives. **Journal of Critical Library and Information Studies**, [s.l.], v. 3, p. 1-40, 2021c; MEHRA, Bharat. Operationalizing Theories and Methods to Integrate Social Justice in LIS Scholarship (Editorial). **International Journal of Information, Diversity, and Inclusion**, [s.l.], v. 5, n. 2, p. 1-8, 2021d.

75 GAVRIELIDES, Theo. Bringing Race Relations into the restorative justice debate: an alternative and personalized vision of "the Other". **Journal of Black Studies**, [s.l.], v. 45, n. 3, p. 216-246, 2014. DOI: https://doi.org/10.1177/0021934714526042

76 GHEAUS, Anca. Basic Income, Gender Justice and the Costs of Gender-Symmetrical Lifestyles. **Basic Income Studies**, [s.l.], v. 3, n. 3, p. 1-8, dec. 2008; GHEAUS, Anca. Gender Justice. **Journal of Ethics & Social Philosophy**, [s.l.], v. 6, n. 1, p. 1-25, jan. 2012.

77 BONILLA-SILVA, Eduardo. *Racismo sem racistas*.

78 MIRANDA, Laisla Suelen; SANTOS, José Francisco dos. Notas sobre branquitude, privilégios e negação do racismo. **Perspectivas e Diálogos**: Revista de História Social e Práticas de Ensino, [s.l.], v. 2, n. 8, p. 120-141, jul./dez. 2021.

79 SMITH, Linda Tuhiwai. **A descolonizar las metodologias**: investigación y pueblos indígenas. Santiago: Lom ediciones, 2016.

80 Um tipo de grão pertencente ao grupo de cereais.

81 SMITH, Linda Tuhiwai. *A descolonizar las metodologias*. p. 19.

82 CHILISA, Bagele. **Indigenous research methodologies**. London: SAGE Publications, 2012.

83 BARNES, Brendon R. Transformative mixed methods research in South Africa: Contributions to social justice. *In*: LAHER, Sumaya; FYNN, Angelo; KRAMER, Sherianne. **Transforming Research Methods in the Social Sciences**: Case Studies from South Africa. South Africa: Wits University Press, 2019. p. 303-316.

84 DUNCAN, Norman; BOWMAN, Brett. Liberating South African psychology: the legacy of racism and the pursuit of representative knowledge production. *In*: MONTERO, Maritza; C.

SONN, Christopher C. (ed.). **Psychology of liberation**: theory and applications. New York, NY: Springer, 2010. p. 93-114.

85   DE LA REY, Cheryl; IPSER, Jonathan. The call for relevance: South African psychology ten years into democracy. **South African Journal of Psychology**, [s.l.], v. 34, n. 4, p. 544-552, 2004.

86   DANIELS, Norman. Justice, health, and healthcare. **American Journal of Bioethics**, [s.l.], v. 1, n. 2, p. 2-16, 2001. DOI: https://doi.org/10.1162/152651601300168834

87   BARNES, Brendon R. *Transformative mixed methods research in South Africa.*

88   CHILISA, Bagele. *Indigenous research methodologies.*

89   DA MATA, Diogo Xavier. **Uma Arqueologia do Discurso Biobibliográfico**: um percurso dos dicionários biográficos da renascença às plataformas biobibliográficas contemporâneas. Dissertação (Mestrado) – Instituto Brasileiro de Informação em Ciência e Tecnologia, Universidade Federal do Rio de Janeiro, Rio de Janeiro, 2020; DA MATA, Diogo Xavier; SALDANHA, Gustavo Silva. A vida íntima das sombras: a ordem do discurso Biobibliográfico. **InCID**: Revista de Ciência da Informação e Documentação, Ribeirão Preto, v. 10, n. 2, p. 71-91, 2020; JAÉN GARCÍA, Luis Fernando. Metodología para realizar biobibliografías. **e-Ciencias de la Información**, Costa Rica, n. dez., p. 1-11, 2012. DOI: https://doi.org/10.15517/eci.v2i2.8485

90   Conforme Roberto Jarry Richardson e colaboradores (2012, p. 66), estudos exploratórios são realizados "quando não se tem informação sobre determinado tema e se deseja conhecer o fenômeno". No caso da referida pesquisa, não há (até então) informações suficientes para compreendermos as epistemologias negro-africanas em BCI elaboradas por bibliotecários negros e interpretadas sob a ótica da Teoria Crítica Racial.

91   VIANNA, Márcia Milton; MARQUES JÚNIOR, Alaôr Messias. Fontes biográficas. *In*: CAMPELLO, Bernardete Santos; CALDEIRA, Paulo da Terra (org.). **Introdução às fontes de informação**. Belo Horizonte: Autêntica, 2005. p. 43-52.

92   VIANNA, Márcia Milton; MARQUES JÚNIOR, Alaôr Messias. *Fontes biográficas*; CUNHA, Murilo Bastos da. **Manual de Fontes de informação**. Brasília: Briquet de Lemos, 2010.

93   VIANNA, Márcia Milton; MARQUES JÚNIOR, Alaôr Messias. *Fontes biográficas*.

94   JAÉN GARCÍA, Luis Fernando. *Metodología para realizar biobibliografías.*

95   JAÉN GARCÍA, Luis Fernando. *Metodología para realizar biobibliografías.*

96   JAÉN GARCÍA, Luis Fernando. *Metodología para realizar biobibliografías.*

97   MARCONI, Marina de Andrade; LAKATOS, Eva Maria. **Fundamentos de metodologia científica**. 8. ed. São Paulo: Atlas, 2017.

98   MARCONI, Marina de Andrade; LAKATOS, Eva Maria. *Fundamentos de metodologia científica.*

99   MARCONI, Marina de Andrade; LAKATOS, Eva Maria. *Fundamentos de metodologia científica.*

100 MARCONI, Marina de Andrade; LAKATOS, Eva Maria. *Fundamentos de metodologia científica.*

101 BARDIN, Laurence. **Análise de conteúdo**. 3. ed. São Paulo: Edições 70, 2011.

Capítulo 1 - Genealogias das ausências: do princípio da ausência às epistemologias negro-africanas no campo biblioteconômico-informacional

102 KILOMBA, Grada. Fanon, existência, ausência: Prefácio. *In*: FANON, Franz. **Pele negra, máscaras brancas**. São Paulo: Ubu Editora, 2020. p. 12, grifo da autora.

103 KILOMBA, Grada. *Fanon, existência, ausência.*

104 CARDOSO, Lourenço. Branquitude acrítica e crítica: a supremacia racial e o branco anti-racista. **Revista Latinoamericana de Ciencias Sociales, Niñez y Juventud**, [s.l.], v. 8, n. 1, p. 607-630, ene./jun. 2010, p. 611; CARDOSO, Lourenço. O Branco-Objeto: o Movimento Negro situando a branquitude. **Instrumento**: Revista de Estudo e Pesquisa em Educação, Juiz de Fora, v. 13, n. 1, p. 81-94, jan./jun. 2011.

105 NASCIMENTO, Gabriel. Entre o lócus de enunciação e o lugar de fala: marcar o não-marcado e trazer o corpo de volta na linguagem. **Trabalhos em Linguística Aplicada**, Campinas, v. 60, n. 1, p. 58-68, jan./abr. 2021.

106 KILOMBA, Grada. *Fanon, existência, ausência.*

107 KILOMBA, Grada. *Fanon, existência, ausência.*

108 RABAKA, Reiland. *Against Epistemic Apartheid.*

109 SANTOS, Boaventura de Sousa. *Pela Mão de Alice*; CARNEIRO, Sueli Aparecida. *A construção do outro como não-ser como fundamento do ser*; CARNEIRO, Sueli. *Dispositivo de racialidade.*

110 RABAKA, Reiland. *Against Epistemic Apartheid.*

111 FRICKER, Miranda. *Epistemic injustice.*

112 AQUINO, Mirian de Albuquerque. Tecnologias da informação e racismo: combatendo monstros com arma suave. *In*: SEMINÁRIOS REGIONAIS PARA CONFERÊNCIA MUNDIAL CONTRA O RACISMO, 2001, Salvador. **Anais** [...]. Brasília: Ministério da Justiça/Secretaria de Estado dos Direitos Humanos, 2001. p. 379-402.

113 AQUINO, Mirian de Albuquerque. *Tecnologias da informação e racismo.*

114 MILES, Robert; BROWN, Michael. **Racism**. Londres: Taylor & Francis e-Library, 2004. p. 84.

As traduções apresentadas no trabalho são de autoria própria. As exceções a essa regra estão demarcadas na lista de referências, com menção aos tradutores das obras no corpo das referências e/ou com informações específicas nas chamadas de citação.

115 DELGADO, Richard; STEFANCIC, Jean. **Teoria Crítica da Raça**: uma introdução. São Paulo: Editora Contracorrente, 2021. p. 33.

116 Tradução: Enciclopédia de raça, etnia e sociedade.

117 GHANI, Navid. Racism. *In*: SCHAEFER, Richard T. (ed.). **Encyclopedia of race, ethnicity, and society**. London: SAGE Publications Ltda., 2008. p. 1113-1115.

118 MUNANGA, Kabengele. Racismo: da desigualdade à intolerância. **São Paulo em perspectiva**, [s.l.], v. 4, n. 2, p. 51-54, abr./jun. 1990; MUNANGA, Kabengele. **Rediscutindo a mestiçagem no Brasil**: identidade nacional versus identidade negra. Belo Horizonte:

Autêntica, 2004; COATES, Ta-Nehisi. **Between the world and me**. New York: Spiegel & Grau, 2015a; COATES, Ta-Nehisi. **Entre o mundo e eu**. Rio de Janeiro: Objetiva, 2015b.

119   CARDOSO, Lourenço. *Branquitude acrítica e crítica.*

120   HONMA, Todd. Trippin' Over the Color Line: the invisibility of race in Library and Information Studies. **InterActions**: UCLA Journal of Education and Information Studies, [s.l.], v. 1, n. 2, p. 1-27, 2005. DOI: https://doi.org/10.5070/D412000540; HONMA, Todd. Foreword; HONMA, Todd. Introduction to part I. *In*: LEUNG, Sofia Y.; LOPEZ-MCKNIGHT, Jorge R. (ed.). **Knowledge Justice**: disrupting Library and Information Studies through Critical Race Theory. Cambridge, MA: Massachusetts Institute of Technology, 2021. p. 45-48.

121   HONMA, Todd. *Trippin' Over the Color Line*; BONILLA-SILVA, Eduardo. *Racismo sem racistas.*

122   HONMA, Todd. *Trippin' Over the Color Line.*

123   POPOWICH, Sam. **Confronting the Democratic Discourse of Librarianship**. Sacramento, CA: Library Juice Press, 2019.

124   POPOWICH, Sam. *Confronting the Democratic Discourse of Librarianship.*

125   POPOWICH, Sam. *Confronting the Democratic Discourse of Librarianship.*

126   CHIU, Anastasia; ETTARH, Fobazi M.; FERRETTI, Jennifer A. Not the shark, but the water: How neutrality and vocational awe intertwine to uphold white supremacy. *In*: LEUNG, Sofia Y.; LOPEZ-MCKNIGHT, Jorge R. (ed.). **Knowledge Justice**: Disrupting Library and Information Studies through Critical Race Theory. Cambridge, MA: Massachusetts Institute of Technology, 2021. p. 49-71.

127   CHIU, Anastasia; ETTARH, Fobazi M.; FERRETTI, Jennifer A. *Not the shark, but the water.*

128   CHIU, Anastasia; ETTARH, Fobazi M.; FERRETTI, Jennifer A. *Not the shark, but the water.* p. 49.

129   CHIU, Anastasia; ETTARH, Fobazi M.; FERRETTI, Jennifer A. *Not the shark, but the water.*

130   CHIU, Anastasia; ETTARH, Fobazi M.; FERRETTI, Jennifer A. *Not the shark, but the water.*

131   FRICKER, Miranda. *Epistemic Injustice*; FRICKER, Miranda. Epistemic justice as a condition of political freedom? **Synthese**, [s.l.], v. 190, n. 7, p. 1317-1332, may 2013.

132   KILOMBA, Grada. *Fanon, existência, ausência.*

133   MEHRA, Bharat; ALBRIGHT, Kendra S.; RIOUX, Kevin. *A Practical Framework for Social Justice Research in the Information Professions*; MEHRA, Bharat. *Introduction*; MEHRA, Bharat. *Social Justice in Library and Information Science and Services*; CHIU, Anastasia; ETTARH, Fobazi M.; FERRETTI, Jennifer A. *Not the shark, but the water.*

134   POMPEU, Fernanda. (ed.). **Os efeitos psicossociais do racismo**. São Paulo: Imprensa Oficial do Estado de São Paulo: Instituto AMMA Psique e Negritude, 2008; OLIVEIRA, Reinaldo José de. Segregação racial, territórios negros e saúde mental. **ODEERE**, [s.l.], v. 2, n. 4, p. 84-109, 2017; SILVA, Rafael Pereira da. Trauma Cultural e sofrimento social: do banzo às conseqüências psíquicas do racismo para o negro. *In*: SIMPÓSIO NACIONAL DE HISTÓRIA, 29., 2017, Brasília. **Anais** [...]. Brasília: UnB, 2017; LIMA, Fátima. Trauma, colonialidade e a sociogenia em Frantz Fanon: os estudos da subjetividade na encruzilhada.

Arquivos Brasileiros de Psicologia, Rio de Janeiro, v. 72, n. esp., p. 80-93, 2020. DOI: https://doi.org/10.36482/1809-5267.arbp2020v72s1p.80-93

135 CARNEIRO, Sueli. *A construção do outro como não-ser como fundamento do ser*; CARNEIRO, Sueli. *Dispositivo de racialidade*.

136 KEHL, Renato F. Conferencia de propaganda eugênica. **Annaes de Eugenía**, [s.l.], p. 67-79, 1919; KEHL, Renato F. **Eugenía e Medicina Social**: problemas da vida. 2. ed. Rio de Janeiro: Livraria Francisco Alves, 1923; MACIEL, Maria Eunice de S. A eugenia no Brasil. **Anos 90**, [s.l.], v. 7, n. 11, p. 121-130, 1999.

137 SCHUCMAN, Lia Vainer. **Entre o "encardido", o "branco" e o "branquíssimo"**: Raça, hierarquia e poder na construção da branquitude paulistana. Tese (Doutorado em Psicologia) – Universidade de São Paulo, São Paulo, 2012; SCHUCMAN, Lia Vainer. **Entre o encardido o branco e o branquíssimo**: branquitude hierarquia e poder na Cidade de São Paulo. São Paulo: Annablume, 2014a. 191 p. SCHUCMAN, Lia Vainer. Sim, nós somos racistas: estudo psicossocial da branquitude paulistana. **Psicologia & Sociedade**, [s.l.], v. 26, n. 1, p. 83-94, 2014b.

138 CARVALHO, José Jorge de. *Encontro de Saberes e descolonização*.

139 FLEURI, Reinaldo Mathias. Desafios à Educação Intercultural no Brasil. **PerCursos**, Florianópolis, v. 2, n. 0, p. 1-14, set. 2001; CANDAU, Vera Maria. (org.). **Educação intercultural e cotidiano escolar**. Rio de Janeiro: 7 Letras, 2006; CANDAU, Vera Maria. (org.). **Educação intercultural na América Latina**: entre concepções, tensões e propostas. Rio de Janeiro: 7 Letras, 2009; CANDAU, Vera Maria. Diferenças culturais, interculturalidade e educação em direitos humanos. **Educação & Sociedade**, [s.l.], v. 33, n. 118, p. 235-250, 2012.

140 CARVALHO, José Jorge de. *Encontro de Saberes e descolonização*.

141 DE CLERCQ, Dirk; SARIDAKIS, George. Informational injustice with respect to change and negative workplace emotions. **Journal of Organizational Effectiveness**: people and performance, [s.l.], v. 2, n. 4, p. 346-369, 2015. DOI: https://doi.org/10.1108/joepp-09-2015-0033

142 FRICKER, Miranda. *Epistemic injustice*; FRICKER, Miranda. *Epistemic justice as a condition of political freedom?*

143 CARVALHO, José Jorge de. *Encontro de Saberes e descolonização*. p. 272.

144 SILVA, Ana Claudia Emídio da; BERNARDINO, Maria Cleide Rodrigues; SILVA, Joselina. História e cultura afro-brasileira: um olhar sobre a lei 10639/2003 nas bibliotecas escolares. **Biblioteca Escolar em Revista**, [s.l.], v. 2, n. 2, p. 1-16, 2014. DOI: https://doi.org/10.11606/issn.2238-5894.berev.2014.106595; CURVO, Luiz Felipe Sousa. A biblioteca escolar na perspectiva da promoção da igualdade racial. **Revista Bibliomar**, São Luís, v. 20, n. 1, p. 106-130, 2021.

145 CARDOSO, Francilene do Carmo. **O negro na biblioteca**: mediação da informação para a construção da identidade negra. Curitiba: CRV, 2015. 114 p.; CARDOSO, Francilene do

Carmo; NÓBREGA, Nanci Gonçalves. A biblioteca pública na (re) construção da identidade negra. **Tendências da Pesquisa Brasileira em Ciência da Informação**, São Paulo, n. 1, v. 3, p. 1-23, 2010; FERREIRA, Graciele D; MACHADO, Elisa C. A biblioteca pública e a promoção da cultura e identidade de remanescentes quilombolas: o projeto Pontos de Leitura Ancestralidade Africana no Brasil. *In*: ENCONTRO NACIONAL DE PESQUISA EM CIÊNCIA DA INFORMAÇÃO, 19., 2018, Marília, SP. **Anais** [...]. Marília: UNESP, 2018.

146   REIS, Carlos Eduardo dos. A lei n. 10.639 e as diretrizes curriculares nacionais para a educação: das relações étnico raciais e o ensino de história e cultura afro-brasileira e africana e o problema do acesso à educação do negro. Ágora, [s.l.], v. 27, n. 55, p. 523-538, 2017.

147   SILVA, Franciéle Carneiro Garcês da. *A inserção da temática Africana e Afro-brasileira no ensino de Biblioteconomia*; SILVA, Franciéle Carneiro Garcês da; PIZARRO, Daniela Câmara; SALDANHA, Gustavo Silva. As temáticas africana e afro-brasileira em biblioteconomia e ciência da informação. **Tendências da Pesquisa em Ciência da Informação**, [s.l.], v. 10, p. 1-21, 2017; SILVA, Franciéle Carneiro Garcês da. *Representações Sociais acerca das Culturas Africana e Afro-Brasileira na Educação em Biblioteconomia no Brasil*; SILVA, Franciéle Carneiro Garcês da; PIZARRO, Daniela Câmara. O ensino de história da África em Cursos de Biblioteconomia brasileiros. **Revista Brasileira de Educação em Ciência da Informação**, São Paulo, v. 9, p. 1-36, 2022; VALÉRIO, Erinaldo Dias; CAMPOS, Arthur Ferreira. Educação Antirracista no Ensino da Biblioteconomia. **Revista Folha de Rosto**, Cariri, v. 5, n. Especial, p. 118-126, 2019.

148   SANTANA, Vanessa Alves; AQUINO, Mirian de Albuquerque. A responsabilidade social e ética e a inclusão de afrodescendentes em discursos de profissionais da informação em universidade pública. **Biblionline**, João Pessoa, v. 5, n. 1/2, p. 1-24, 2009.

149   SILVA, Andreia Sousa; LIMA, Graziela dos Santos. Construindo a visibilidade da cultura negra: ações socieducativas para combater o racismo nos espaços informacionais. **Revista ACB**: Biblioteconomia em Santa Catarina, Florianópolis, v. 24, n. 2, p. 333-344, 2019; CERRAO, Natalia Gallo. Biblioteca escolar antirracista: manifestações de racismo e preconceito étnico-racial na literatura de cordel. **Múltiplos Olhares em Ciência da Informação**, Belo Horizonte, n. esp., p. 1-12, 2022.

150   AQUINO, Mirian de Albuquerque; SANTANA, Vanessa Alves. Entre a informação e o conhecimento, imbricam-se tensas relações para inclusão de negros na sociedade contemporânea. **Inclusão Social**, Brasília, v. 4, n. 1, p. 41-51, 2010.

151   VALÉRIO; BERNARDINO; SILVA, 2012 VALÉRIO, Erinaldo Dias; BERNARDINO, Maria Cleide Rodrigues; SILVA, Joselina. A produção científica sobre os (as) negros nos ENANCIBs sob um olhar cientométrico. **Informação & Sociedade**: Estudos, João Pessoa, v. 22, n. 2, p. 151-169, 2012; AQUINO, Mirian Albuquerque; SANTANA, Sérgio Rodrigues; SILVA, Leyde Klebia Rodrigues da; SILVA JÚNIOR, Jobson Francisco. Dissonâncias e assimetrias na produção de conhecimento na UFPB: (in)visibilidade de temas sobre negros (as). **Biblionline**, João Pessoa, v. 6, n. 1, p. 110-124, 2010.

152 LIMA, Graziela dos Santos; SILVA, Franciéle Carneiro Garcês da; COSTA, Amabile; SILVA, Andreia Sousa; SOUZA, Gisele Karine Santos de. Africanizando os acervos: política de gestão de acervos para bibliotecas especializadas na temática afro-brasileira e africana. **Revista Brasileira de Biblioteconomia e Documentação**, [s.l.], n. 3, v. 14, p. 88-103, 2018.

153 VASCONCELOS, Francisco Antonio de. Filosofia ubuntu. **Logeion**: filosofia da informação, Rio de Janeiro, v. 3, n. 2, p. 100-112, 2017. DOI: https://doi.org/10.21728/logeion.2017v3n2.p100-112.

154 CAMPOS, Arthur Ferreira; VALÉRIO, Erinaldo Dias. Aya biblioteca: investigação para a encontrabilidade da informação étnico-racial. **Ciência da Informação em Revista**, [s.l.], v. 8, n. 2, p. 105-120, 2021; OLIVEIRA, Henry Poncio Cruz de; AQUINO, Mirian Albuquerque. O conceito de informação etnicorracial na Ciência da Informação. **Liinc em revista**, Rio de Janeiro, n. 2, v. 8, p. 466-492, 2012; LIMA, Ana Cláudia dos Santos. Informação étnico racial: a contribuição de arquivos, bibliotecas e museus na luta antirracista. **Revista Fontes Documentais**, [s.l.], n. ed., v. 5, p. 84-86, 2022; SILVA, Leyde Klebia Rodrigues da; AQUINO, Mirian Albuquerque. Bamidelê: por uma sociologia da informação étnico-racial na organização das mulheres negras da Paraíba. **Pesquisa Brasileira em Ciência da Informação e Biblioteconomia**, [s.l.], v. 8, n. 1, 2013; SILVA, Dávila Maria Feitosa da; MUCCILLO, Marcela de Oliveira; LIMA, Izabel de França; AZEVEDO NETTO, Carlos Xavier. Práticas informacionais e relações étnico-raciais. **Revista Folha de Rosto**, Cariri, v. 8, n. 1, p. 104-120, 2022; SILVA, Dávila Maria Feitosa da; FERREIRA, Rodolfo Gabriel Santana. O uso do podcast na disseminação de informações étnico-raciais. **Revista Folha de Rosto**, Cariri, v. 5, n. Especial, p. 109-117, 2019; SILVA, Franciéle Carneiro Garcês da; FIDELES, Lindiwe Sophia Oliveira. Quilombo Intelectual, informação étnico-racial científica e a valorização intelectual da população negra. **Informação@Profissões**, [s.l.], n. 3, v. 10, p. 34-50, 2021; SOUSA, Maria Antonia de; ALBUQUERQUE, Maria Elisabeth Baltar Carneiro de. Informação étnico-racial: proposta de glossário sob a égide da Semântica Discursiva. **Pesquisa Brasileira em Ciência da Informação e Biblioteconomia**, [s.l.], v. 10, n. 1, 2015a; SOUSA, Maria Antonia de; ALBUQUERQUE, Maria Elisabeth Baltar Carneiro de. **Tendências da Pesquisa Brasileira em Ciência da Informação**, São Paulo, v. 8, n. 2, 2015b; SILVA JÚNIOR, Jobson Francisco da. **Identidade negra e mediações da informação étnico-racial em blogs de funk**. Rocha; Selo Nyota, 2022.

155 ALMEIDA, Vitória Gomes; ALVES, Ermeson Nathan Pereira; SILVA, Dávila Maria Feitosa da. Territorialização de um Epistemicídio: autoras/es brasileiras/os referenciadas/os nos Programas de Pós-Graduação em Ciência da Informação no Brasil. **Revista Folha de Rosto**, Cariri, v. 7, n. 1, p. 9-27, 2021. DOI: https://doi.org/10.46902/2021n1p9-27; GONÇALVES, Robson de Andrade; MUCHERONI, Marcos Luiz. O que é epistemicídio? Uma introdução ao conceito para a área da Ciência da Informação. **Liinc em Revista**, Rio de Janeiro, v. 17, n. 2, e5759, nov. 2021; SILVA, Franciéle Carneiro Garcês da; SILVA, Rubens Alves da. Da Ausência à Evidência: Notas teórico-críticas sobre o Princípio da Ausência, Epistemicídio e

Reparação Epistêmica em bibliotecas e Biblioteconomia. **INCID**: Revista de Documentação e Ciência da Informação, Ribeirão Preto, v. 13, p. 47-72, 2022; SILVA, Franciéle Carneiro Garcês da; GARCEZ, Dirnéle Carneiro; SILVA, Rubens Alves da. *Conhecimento das margens*.

156 MOURA, Maria Aparecida. Para além da fabulação colonial: racismo epistêmico, conforto ontológico e lugares de fala. *In*: SILVEIRA, Fabrício José Nascimento da; FROTA, Maria Guiomar da; MARQUES, Rodrigo Moreno (org.). **Informação, mediação e cultura**: teorias, métodos e pesquisas. Belo Horizonte, MG: Letramento: PPGCI, 2022. p. 122-140; MOURA, Maria Aparecida. Racismo estrutural, epistemologia da ignorância e a produtividade do discurso colonial: impactos na manutenção do acervo bibliográfico da Fundação Cultural Palmares. **Liinc em Revista**, Rio de Janeiro, v. 17, n. 2, p. e5789, 2021. DOI: https://doi.org/10.18617/liinc.v17i2.5789

157 SANTOS, Boaventura de Sousa. *Pela Mão de Alice*; CARNEIRO, Sueli Aparecida. *A construção do outro como não-ser como fundamento do ser*; CARNEIRO, Sueli. *Dispositivo de racialidade*; QUIJANO, Aníbal. *Colonialidad del poder, eurocentrismo y America Latina*.

158 MILLER, David. **Principles of social justice**. Cambridge, MA: Harvard University Press, 1999; MEHRA, Bharat. *Introduction*; MEHRA, Bharat. *Social Justice in Library and Information Science and Services*; SILVA, Franciéle Carneiro Garcês da. *Colonialidade do saber e dependência epistêmica na biblioteconomia*.

159 PYATI, Ajit K. Critical theory and information studies: A Marcusean infusion. **Policy Futures in Education**, [s.l.], v. 4, n. 1, p. 83-89, 2006.

160 CARDOSO, Francilene do Carmo. *O negro na biblioteca*.

161 CARDOSO, Francilene do Carmo. *O negro na biblioteca*; TANUS, Gustavo; TANUS, Gabrielle Francinne de Souza Carvalho. Onde estão os autores e autoras negras? A literatura afro-brasileira nos acervos das bibliotecas públicas brasileiras. **Diacrítica**, [s.l.], v. 34, n. 2, p. 249-263, 2020. DOI: https://doi.org/10.21814/diacritica.528

162 SANTOS, Boaventura de Sousa. *Pela Mão de Alice*; CARNEIRO, Sueli Aparecida. *A construção do outro como não-ser como fundamento do ser*; CARNEIRO, Sueli. *Dispositivo de racialidade*.

163 CARDOSO, Francilene do Carmo. *O negro na biblioteca*.

164 CARVALHO, José Jorge de. *Encontro de Saberes e descolonização*; SILVA, Rubens Alves da. *Diversidade epistêmica*.

165 TANUS, Gustavo; TANUS, Gabrielle Francinne de Souza Carvalho. *Onde estão os autores e autoras negras?*

166 TANUS, Gabrielle Francinne de S. C; TANUS, Gustavo; OLIVEIRA, Flávia Figueiredo; ALVES, Geísa Pereira; SANTIAGO, Magaly Alexandre; GOMES, Marcus Victor Siqueira Josuá; SILVA, Silvana Souza da; OLIVEIRA, Solange Gomes Toscano. A literatura afro-brasileira no Sistema Estadual de Bibliotecas Públicas da Bahia. **Revista Brasileira de Biblioteconomia e Documentação**, [s.l.], v. 16, p. 1-24, 2020.

167 JESUS, Ana Carine S. de.; MORAES, Iara; MACEDO, Lais Hellen Santos. A importância da inclusão de obras de escritoras negras nos acervos das bibliotecas públicas municipais do estado

de São Paulo. *In*: SILVA, Franciéle C. Garcês da; LIMA, Graziela S. (org.). **Bibliotecári@s negr@s**: ação, pesquisa e atuação política. Florianópolis: ACB, 2018. p. 319-348.

168 JESUS, Ana Carine S. de.; MORAES, Iara; MACEDO, Lais Hellen Santos. A importância da inclusão de obras de escritoras negras nos acervos.

169 FONTES, Sandra Regina; MARTINS FILHO, Lourival José. Práticas pedagógicas em educação das relações étnico-raciais nas bibliotecas escolares. *In*: SILVA, Franciéle C. Garcês da; LIMA, Graziela S. (org.). **Bibliotecári@s negr@s**: ação, pesquisa e atuação política. Florianópolis: ACB, 2018. p. 295-318.

170 SILVA, Quedma Ramos da; VALÉRIO, Erinaldo Dias. A biblioteca escolar na luta cona o racismo. *In*: SILVA, Franciéle C. Garcês da, LIMA, Graziela S. (org.). **Bibliotecári@s Negr@s**: informação, educação, empoderamento e mediações. Florianópolis, SC: Rocha Gráfica e Editora, 2019. p. 183-198.

171 SILVA, Franciéle Carneiro Garcês da. *A inserção da temática Africana e Afro-brasileira no ensino de Biblioteconomia*; SILVA, Franciéle Carneiro Garcês da. *Representações Sociais acerca das Culturas Africana e Afro-Brasileira na Educação em Biblioteconomia no Brasil*.

172 SILVA, Franciéle Carneiro Garcês da; PIZARRO, Daniela Câmara; SALDANHA, Gustavo Silva. *As temáticas africana e afro-brasileira em biblioteconomia e ciência da informação*.

173 SANTOS, Raimunda Fernanda dos; VALÉRIO, Erinaldo Dias. O ensino das práticas de organização e tratamento da informação étnico-racial e sobre diversidade de gênero frente à formação do(a) bibliotecário(a). **Revista Brasileira de Educação em Ciência da Informação**, [s.l.], v. 5, n. Especial, p. 14-23, 2018.

174 SILVA, Franciéle Carneiro Garcês da; SALDANHA, Gustavo Silva. As culturas africanas e afrodescendentes em Biblioteconomia & Ciência da Informação no Brasil: Epistemologia Histórica, pensamento crítico e meio social. *In*: SPUDEIT, Daniela F. A. de O.; PEREIRA, Danielle B.; LOBÃO, Irajayna de S. L.; DAVID, Jéssica G. (org.). **Formação e atuação política na Biblioteconomia**. São Paulo: ABECIN Editora, 2018.

175 VALÉRIO, Erinaldo Dias; CAMPOS, Arthur Ferreira. *Educação antirracista no ensino da biblioteconomia*.

176 VALÉRIO, Erinaldo Dias; SANTOS, Raimunda Fernanda. O ensino das práticas de organização e tratamento da informação étnico-racial e sobre diversidade de gênero frente à formação do (a) bibliotecário (a). **Convergência em Ciência da Informação**, [s.l.], v. 1, n. 2, p. 210-217, 2018. DOI: https://doi.org/10.33467/conci.v1i2.10278

177 FRICKER, Miranda. *Epistemic injustice*. p. 1.

178 FRICKER, Miranda. *Epistemic injustice*.

179 FRICKER, Miranda. *Epistemic Injustice*; FRICKER, Miranda. *Epistemic justice as a condition of political freedom?*

180 FRICKER, Miranda. *Epistemic Injustice*; FRICKER, Miranda. *Epistemic justice as a condition of political freedom?*

181 Para além dos já conhecidos estudos sobre Epistemologia Social no campo biblioteconômico-

informacional desenvolvidos por Solange Mostafa, Francisco das Chagas de Souza, Nanci Oddone, Antonio García Gutiérrez, Jesse Shera, entre outros teóricos, algumas pesquisas em Biblioteconomia e Ciência da Informação enfocam a Epistemologia Social vinculada a debates étnico-raciais e interseccionalidades de classe, gênero e sexualidade. Podemos indicar como material de leitura, a tese de Leyde Klébia Rodrigues da Silva (2020) intitulada *Feminismo negro e epistemologia social: trajetórias de vida de pesquisadoras negras em Biblioteconomia e Ciência da Informação* e o artigo Epistemologia social feminista negra (EPISFEN), de Leyde Klébia Rodrigues da Silva e Gustavo Silva Saldanha (2022). Em seu capítulo intitulado *Sem e cem teorias críticas em ciência da informação: Autorretrato da teoria social e o método da crítica nos estudos informacionais, uma bibliografia benjaminiana aberta*, Gustavo Silva Saldanha (2019, p. 232) reúne mais de 100 abordagens, correntes, círculos e escolas que revelam "as potencialidades em curso de desenvolvimento contínuo via epistemologia histórica da teoria crítica na, para e da Ciência da Informação".

182 RABAKA, Reiland. *Against Epistemic Apartheid.*
183 RABAKA, Reiland. *Against Epistemic Apartheid.*
184 ALMEIDA, Tatiana de. **Os loci epistêmicos e o método analítico como forma de compreensão do ensino e da pesquisa em organização do conhecimento no Brasil do século XXI**. 430 f. 2019. Tese (Doutorado em Ciência da Informação) – Universidade Federal do Rio de Janeiro, Instituto Brasileiro de Informação em Ciência e Tecnologia, Rio de Janeiro, 2019.
185 SILVA, Franciéle Carneiro Garcês da. *Representações Sociais acerca das Culturas Africana e Afro-Brasileira na Educação em Biblioteconomia no Brasil*; SILVA, Franciéle Carneiro Garcês da. A inserção das temáticas africana e afro-brasileira e o ensino de Biblioteconomia: avaliação em Instituição de Ensino Superior de Santa Catarina. **Revista Brasileira de Biblioteconomia e Documentação** (Online), São Paulo, v. 15, p. 144-182, 2019; SILVA, Franciéle Carneiro Garcês da. *Colonialidade do saber e dependência epistêmica na biblioteconomia.*
186 SILVA, Franciéle Carneiro Garcês da. *Representações Sociais acerca das Culturas Africana e Afro-Brasileira na Educação em Biblioteconomia no Brasil*; SILVA, Franciéle Carneiro Garcês da. *A inserção das temáticas africana e afro-brasileira e o ensino de Biblioteconomia*; SILVA, Franciéle Carneiro Garcês da. *Colonialidade do saber e dependência epistêmica na biblioteconomia.*
187 ARAÚJO, Viviane Patricia Colloca. O conceito de currículo oculto e a formação docente. **REAe**: Revista de Estudos Aplicados em Educação, [s.l.], v. 3, n. 6, p. 29-39, jul./dez. 2018.
188 HONMA, Todd. *Trippin' Over the Color Line.*
189 MEDEIROS, Felipe Gabriel Gomes; PRESSER, Nadi Helena. Informação e Inclusão social: perspectivas possíveis. **Ciência da Informação em Revista**, Maceió, v. 7, n. 1, p. 19-33, jan./abr. 2020. DOI: https://doi.org/10.28998/cirev.2020v7n1b
190 FRICKER, Miranda. *Epistemic justice as a condition of political freedom?*
191 FRASER, Nancy. Da redistribuição ao reconhecimento? Dilemas da justiça numa era "pós-socialista". **Cadernos de Campo**, São Paulo, v. 15, n. 14-15, p. 231-239, 2006. DOI: https://

doi.org/10.11606/issn.2316-9133.v15i14-15p231-239; MEHRA, Bharat; ALBRIGHT, Kendra S.; RIOUX, Kevin. *A Practical Framework for Social Justice Research in the Information Professions*; MATHIESEN, Kay. *Informational Justice*; MEHRA, Bharat. *Introduction*; MEHRA, Bharat. *Social Justice in Library and Information Science and Services.*

192 ADLER, Melissa. The case for taxonomic reparations. **Knowlodge Organization**, [s.l.], v. 43, n. 8, p. 630-640, 2016.

193 BRITZ, Johannes J.; PONELIS, Shana. Social justice and the international flow of knowledge with specific reference to African scholars. **Aslib Proceedings**, [s.l.], v. 64, n. 5, p. 462-477, 2012. DOI: https://doi.org/10.1108/00012531211263094

194 FRASER, Nancy. Recognition without Ethics? **Theory, Culture & Society**, [s.l.], v. 18, n. 2-3, p. 21-42, 2001. DOI: https://doi.org/10.1177/02632760122051760

195 MATHIESEN, Kay. *Informational Justice*.

Capítulo 2 - Epistemologias negro-africanas: um caminho para reparação epistêmica em BCI

196 Dentro do campo biblioteconômico-informacional, citamos alguns dos estudos como: GONÇALVES, Jussemar Weiss. Platão: o conceito e a moralidade comum. **Biblos**: Revista do Instituto de Ciências Humanas e da Informação, v. 20, p. 157-164, 2007; MEDEIROS, Paulo de Tarso Cabral. Aquém do ser, além do falso (em torno do problema da linguagem em Platão). **Informação & Sociedade**: Estudos, v. 4, n. 1, p. 22-33, 1994; MENEZES, Vinícios Souza de. A mulher como informe: uma maculatura desclassificada na tipografia do informar. **Liinc em revista**, v. 14, n. 2, p. 136-151, 2018; MOREIRA, Vania. A caverna de Platão contra o cidadão multidimensional indígena: necropolítica e cidadania no processo de independência (1808-1831). **Acervo**: Revista do Arquivo Nacional, v. 34, n. 2, p. 1-26, 2021; MOSTAFA, Solange Puntel; CRUZ, Denise Viuniski da Nova. A importância do empirismo inglês para as linguagens documentárias. **DataGramaZero**, v. 11, n. 2, 2010a; MOSTAFA, Solange Puntel. Um banho de empirismo: de Hume/Deleuze ao empirismo radical de Bruno Latour. **InCID**: Revista de Ciência da Informação e Documentação, v. 1, n. 1, p. 161-181, 2010b; SALDANHA, Gustavo Silva. O imperativo mimético: a filosofia da informação e o caminho da quinta imitação. **DataGramaZero**, v. 13, n. 5, 2012.

197 Os principais textos em português: PLATÃO. **Teeteto e Crátilo**. Belém: Editora da UFPA, 1988; PLATÃO. **Timeu e Crítias**. Coimbra: Universidade de Coimbra, 2011; PLATÃO. **A República**. Brasília: Editora Kiron, 2012; PLATÃO. **O mito da carverna**. São Paulo: Edipro, 2019.

198 Textos em português: ARISTÓTELES. **Retórica**. São Paulo: Edipro, 2019; ARISTÓTELES. **Poética**. Lisboa: Fundação Calouste Gulbenkian, 2004; ARISTÓTELES. **De Anima**. São Paulo: Editora 34, 2006.

199 Textos em português: DESCARTES, René. **Princípios da Filosofia**. Coimbra: Edições

70, 1997; DESCARTES, René. **Meditações metafísicas**. São Paulo: Martins Fontes, 2005; DESCARTES, René. **Discurso do Método**. Porto Alegre: L&PM Editores, 2013.

200 STEUP, Mathias. Epistemologia. **Investigação Filosófica**, [*s.l.*], v. E2, artigo digital 3, 2012. p. 1.

201 TRUNCELLITO, David A. Epistemology. **The Internet Encyclopedia of Philosophy (IEP)**, [*S.l.*], 2009. Disponível em: https://iep.utm.edu/epistemo/. Acesso em: 10 jun. 2021; CHAPPELL, Timothy. Plato. *In*: BERNECKER, Sven; PRITCHARD, Duncan. (ed.). **The Routledge Companion to Epistemology**. New York: Duncan, 2011. p. 655-664; STEUP, Mathias; NETA, Ram. Epistemology. **Stanford Encyclopedia of Philosophy**, Stanford University, 2020. Disponível em: https://plato.stanford.edu/entries/epistemology/. Acesso em: 25 ago. 2021.

202 STEUP, Mathias; NETA, Ram. *Epistemology*.

203 CHAPPELL, Timothy. *Plato*.

204 Para aprofundamento da obra, ler: DESCARTES, René. **Discourse on Method and the Meditations on First Philosophy**. Indianapolis: Hackett Publishing Company, 1641; DESCARTES, René. **A Discourse on Method**. London: J M Dent & Sons Limited, 1949; DESCARTES, René. **Meditations on First Philosophy**. Indianapolis: Hackett Publishing Company, 1979; DESCARTES, René. **Discourse on Method and Meditations on First philosophy**. Indianapolis: Hackett Publishing Company, 1980.

205 Para entendimento da obra do autor, leia: LOCKE, John. **An Essay Concerning Human Understanding**. London: John Beecroft, 1947; LOCKE, John. **An Essay Concerning Human Understanding**. London: J. M. Dent, 1995.

206 Para aprofundamento da obra e entendimento dos conceitos, fazer a leitura de: HUME, David, 1739. **A Treatise on Human Nature**. Oxford: Oxford University Press, 1739; HUME, David. **An Enquiry Concerning Human Understanding**. Indianapolis: Hackett, 1751.

207 Para entendimento da obra do autor, leia: CHISHOHM, Roderick M. **The Foundations of Knowing**. Minneapolis: University of Minnesota Press, 1982; CHISHOHM, Roderick M. **Theory of Knowledge**. 3. ed. New Jersey: Prentice-Hall, 1989.

208 Como leitura da obra, sugerimos: AYER, Alfred Jules. **Problem of Knowledge**. London: Macmillan & Co Ltd, 1956.

209 Para entendimento da obra do autor, leia: DANCY, Jonathan. **An Introduction to Contemporary Epistemology**. Oxford: Blackwell Ltd., 1985; DANCY, Jonathan; SOSA, Ernest; STEUP, Matthias. (ed.). **A Companion to Epistemology**. London: Blackwell, 1992.

210 Indicamos os textos: ZAGZEBSKI, Linda. The Inescapability of Gettier Problems. **Philosophical Quarterly**, v. 44, n. 174, 1994; ZAGZEBSKI, Linda. What is Knowledge? *In*: GRECO, John; SOSA, Ernest. (ed.). **The Blackwell Guide to Epistemology**. Oxford: Blackwell, 1999. p. 92-116.

211 Ver os textos: GOLDMAN, Alvin. "What is Justified Belief?" *In*: PAPPAS, G. (ed.). **Justification and Knowledge**. Dordrecht: D. Reidel, 1979; GOLDMAN, Alvin. The

Internalist Conception of Justification. *In*: **Midwest Studies in Philosophy, Vol. 5, Studies in Epistemology**. Minneapolis: University of Minnesota Press, 1980.

212 Ler: BONJOUR, Laurence. Externalist Theories of Empirical Knowledge. **Midwest Studies in Philosophy**, v. 5, p. 53-73, 1980; BONJOUR, Laurence. **The Structure of Empirical Knowledge**. Cambridge, MA: Harvard University Press, 1985; BONJOUR, Laurence. Internalism and Externalism. *In*: MOSER, P. K. (ed.). **The Oxford Handbook of Epistemology.** Oxford: Oxford University Press, 2002. p. 234-263

213 Dentre as obras de Matthias Steup, indicamos: STEUP, Mathhias. **An Introduction to Contemporary Epistemology**. Upper Saddle River, NJ: Prentice Hall, 1996; STEUP, Mathhias. A Defense of Internalism. *In*: POJMAN, L. (ed.). **The Theory of Knowledge**: Classical and Contemporary Readings. Belmont, CA: Wadsworth Publishing Company, 1999.

214 Para entendimento da obra do autor, leia: GRECO, John. Justification is not Internal. *In*: STEUP, Mathias; SOSA, Ernest (ed.). **Contemporary Debates in Epistemology.** Malden, MA: Blackwell Publishing Ltd, 2005. p. 257-269.

215 NWOSIMIRI, Ovett Kodilinye. **Epistemology in African Philosophy**: a critique african concepts of knowledge. Thesis (Doctor's degree) – University of KwaZulu Natal, Pietermaritzburg, 2019.

216 AEC significa "antes da Era Comum".

217 STROLL, Avrum; MARTINICH, A. P. The history of epistemology. **Encyclopedia Britannica**, [*s.l.*], 2021b.

218 CHAPPELL, Timothy. *Plato*; STROLL, Avrum; MARTINICH, A. P. *The history of epistemology*.

219 CHAPPELL, Timothy. *Plato*. p. 661.

220 STROLL, Avrum; MARTINICH, A. P. *The history of epistemology*.

221 Para entender melhor sobre a alegoria, recomendo a leitura da obra *A República: livro VII*, de Platão. A obra está disponível em: http://classics.mit.edu/Plato/republic.8.vii.html. Acesso em: 20 jan. 2021.

222 AGGIO, Juliana Ortegosa. **Conhecimento perceptivo segundo Aristóteles**. Dissertação (Mestrado) – Universidade de São Paulo, São Paulo, 2006. p. 40.

223 STEUP, Mathias; NETA, Ram. *Epistemology*.

224 ARISTÓTELES. **Sobre a alma**. Lisboa: Universidade de Lisboa; Imprensa Nacional Casa da Moeda, 2010. p. 31.

225 STROLL, Avrum; MARTINICH, A. P. *The history of epistemology*.

226 PATTERSON, Richard. Aristotle. *In*: BERNECKER, Sven; PRITCHARD, Duncan (ed.). **The Routledge Companion to Epistemology**. New York: Duncan, 2011.

227 AGGIO, Juliana Ortegosa. *Conhecimento perceptivo segundo Aristóteles*. p. 15.

228 AGGIO, Juliana Ortegosa. *Conhecimento perceptivo segundo Aristóteles*.

229 PATTERSON, Richard. *Aristotle*.

230 PATTERSON, Richard. *Aristotle*; STROLL, Avrum; MARTINICH, A. P. *The history of epistemology*.

231 STROLL, Avrum; MARTINICH, A. P. *The history of epistemology*.
232 KOSMAN, L. Aryeh. Understanding, Explanation and Insight in the Posterior Analytics. *In*: LEE, Edward N.; MOURELOTOS, Alexander P. D.; RORTY, Richard M. (ed.). **Exegesis and Argument**. Assen: Van Gorcum, 1973a. p. 374-392; KOSMAN, L. Aryeh. Understanding, Explanation and Insight in the "Posterior Analytics". **Phronesis**, [*s.l.*], v. 18, p. 374-392, 1973b; BURNYEAT, Myles F. Aristotle on Understanding Knowledge. *In*: BERTI, Enrico. (ed.). **Aristotle on Science**: the posterior analytics. Padova: Editrice Antenore, 1981. p. 97-139; PATTERSON, Richard. *Aristotle*.
233 Na concepção cristã.
234 ENCYCLOPEDIA. Scientific theology to secular Science. **Encyclopedia Britannica**, 2021.
235 STROLL, Avrum; MARTINICH, A. P. *The history of epistemology*.
236 STROLL, Avrum; MARTINICH, A. P. *The history of epistemology*.
237 STEUP, Mathias; NETA, Ram. *Epistemology*.
238 DESCARTES, René. **Meditações metafísicas**. São Paulo: Martins Fontes, 2005.
239 DESCARTES, René. **Princípios da Filosofia**. Lisboa: Edições 70, 2004. p. 15.
240 TRUNCELLITO, David A. *Epistemology*.
241 TRUNCELLITO, David A. *Epistemology*.
242 STEUP, Mathias; NETA, Ram. *Epistemology*.
243 Embora não seja de interesse aprofundar no campo da epistemologia ocidental, entendemos como educativo identificar para quem lê a que se refere o termo *sucesso cognitivo*. Nas palavras de Steup e Neta (2020, s.p.): "*Os sucessos cognitivos podem diferir uns dos outros em virtude de qualificarem diferentes tipos de coisas. Por exemplo, um sucesso cognitivo – como o de fazer uma descoberta – pode ser o sucesso de uma pessoa (por exemplo, Marie Curie), ou de um laboratório (Los Alamos), ou de um povo (os Hopi), ou mesmo, talvez, de um fragmento psicológico de uma pessoa (o inconsciente). Mas alguns tipos de sucesso cognitivo — como o de ter cultivado com sucesso um paladar altamente discriminador, digamos — pode ser o sucesso de uma pessoa, e talvez até de um povo, mas não pode ser o sucesso de um laboratório ou de um fragmento psicológico. E outros tipos de sucesso cognitivo – como o de ser conclusivamente estabelecido por todas as evidências disponíveis – podem ser o sucesso de uma teoria, mas não pode ser o sucesso de uma pessoa – ou como o de ser epistemicamente frutífero – pode ser o sucesso de um programa de pesquisa, ou de uma estratégia de prova particular, mas não de uma teoria. De fato, há uma vasta gama de coisas, abrangendo diferentes categorias metafísicas, que podem desfrutar de um ou outro tipo de sucesso cognitivo: podemos avaliar o sucesso cognitivo de um estado mental (como o de acreditar em uma proposição particular) ou de um ato (como o de tirar uma conclusão específica), ou de um procedimento (como um procedimento específico para revisar os graus de confiança em resposta a evidências, ou um procedimento específico para adquirir novas evidências), ou de uma relação (como a relação matemática entre a função de credibilidade de um agente em um estado probatório e sua função de crédito em outro estado probatório, ou a relação de confiança entre uma pessoa e outra).*"
244 STEUP, Mathias; NETA, Ram. *Epistemology*.

245 Quando nos referimos ao termo "branco", entendemos não só como um grupo étnico-racial, mas também a uma estrutura de poder que promove os privilégios raciais, materiais e imateriais condicionados a quanto mais pela pertença racial do sujeito se assemelha ao ideal da brancura europeia e norte-americana.

246 ISAAC, Benjamin. **The invention of Racism in Classical Antiquity**. Princenton, NJ: Princeton University Press, 2004.

247 Tradução: A Invenção do Racismo na Antiguidade Clássica.

248 ISAAC, Benjamin. *The invention of Racism in Classical Antiquity*; TSRI, Kwesi. Africans are not black: why the use of the term "black" for Africans should be abandoned. **African Identities**, [s.l.], v. 14, n. 2, p. 147-160, 2016a; TSRI, Kwesi. **Africans Are Not Black**: the case for conceptual liberation. Abingon, Oxon: Routledge, 2016b.

249 ISAAC, Benjamin. Proto-racism in Graeco-Roman antiquity. **World Archaeology**, [s.l.], v. 38, n. 1, p. 32-47, 2006.

250 ISAAC, Benjamin. *Proto-racism in Graeco-Roman antiquity*. p. 32.

251 ISAAC, Benjamin. *The invention of Racism in Classical Antiquity*; ISAAC, Benjamin. *Proto-racism in Graeco-Roman antiquity*.

252 ISAAC, Benjamin. *The invention of Racism in Classical Antiquity*; ISAAC, Benjamin. *Proto-racism in Graeco-Roman antiquity*.

253 ISAAC, Benjamin. *Proto-racism in Graeco-Roman antiquity*. p. 35.

254 Passagem que Isaac (2006, p. 35) cita de Aristóteles para demonstrar o determinismo ambiental como proto-racismo é: "Os povos dos países frios em geral, e particularmente os da Europa, são cheios de espírito, mas deficientes em habilidade e inteligência; e é por isso que eles continuam relativamente livres, mas não alcançam nenhum desenvolvimento político e não mostram capacidade de governar os outros. Os povos da Ásia são dotados de habilidade e inteligência, mas são deficientes em espírito; e por isso continuam a ser povos de súditos e escravos. Os gregos, de posição geográfica intermediária, unem as qualidades de ambos os conjuntos de povos. Eles possuem tanto espírito quanto inteligência: uma qualidade os faz continuar livres; a outra permite-lhes atingir o desenvolvimento político das alturas e mostrar a capacidade de governar todos os outros povos – se ao menos conseguissem alcançar a unidade política. (Aristotle, *Politica* 1327b. trans. Ernest Barker; on ethnocentricism: Romm 1992: 46–48, 54f)"

255 ISAAC, Benjamin. *Proto-racism in Graeco-Roman antiquity*. p. 36.

256 Isaac escreveu "Black" em inglês.

257 ISAAC, Benjamin. *Proto-racism in Graeco-Roman antiquity*. p. 36.

258 ISAAC, Benjamin. *Proto-racism in Graeco-Roman antiquity*.

259 ISAAC, Benjamin. *Proto-racism in Graeco-Roman antiquity*. p. 38.

260 ISAAC, Benjamin. *Proto-racism in Graeco-Roman antiquity*.

261 ISAAC, Benjamin. *The invention of Racism in Classical Antiquity*; ISAAC, Benjamin. *Proto-racism in Graeco-Roman antiquity*.

262 GONÇALVES, Pedro Augusto Pereira. **Crítica da razão racista**: a colonialidade do

pensamento racial de Kant. 2018. 105 p. Dissertação (Mestrado) – Universidade Federal do Paraná, Setor de Ciências Humanas, Programa de Pós-Graduação em Filosofia, Curitiba, 2018. p. 15.

263   KANT, Immanuel. **Observações sobre o sentimento do belo e do sublime**: ensaio sobre as doenças mentais. Tradução de Vinicius de Figueiredo. Campinas: Papirus, 1993.

264   KANT, Immanuel. *Observações sobre o sentimento do belo e do sublime.* p. 75-76, grifo nosso.

265   Tradução: Das Diferentes Raças do Homem.

266   KANT, Immanuel. Of the Different Races of Man. *In*: EZE, Emmanuel Chukwudi. (ed.). **Race and the Enlightenment**: A Reader. Cambridge, MA: Wiley Blackwell, 1997. p. 35, grifo nosso.

267   KANT, Immanuel. *Of the Different Races of Man.* p. 57; CRENSHAW, Kimberlé W.; HARRIS, Luke Charles; HOSANG, Daniel Martinez; LIPSITZ, George. (ed.). **Seeing Race Again**: countering colorblindness across the disciplines. Oakland, California: University of California Press, 2019. p. 9.

268   EZE, Emmanuel Chukwudi. (ed.). **Race and the Enlightenment**: A Reader. Cambridge, MA: Wiley Blackwell, 1997; CRENSHAW, Kimberlé W.; HARRIS, Luke Charles; HOSANG, Daniel Martinez; LIPSITZ, George. (ed.). *Seeing Race Again*.

269   Racismo antinegro se refere ao racismo contra pessoas negras e africanas de pele escura. Existe racismo contra outros povos existiu no racismo contra judeus e orientais, entre outros. No entanto, o racismo antinegro não exime que pessoas judias e orientais sejam racistas com negros e africanos.

270   Em francês: "Les nègres ne sont que les instruments des Européens" (VOLTAIRE, 1963, p. 131). VOLTAIRE. **Essai sur les moeurs et l'esprit des nations**. Paris: Garnier, 1963.

271   Passagem completa em francês: "Au milieu de ces combats que les vainqueurs livraient entre eux, ils découvrirent les mines du Potosi, que les Péruviens mêmes avaient ignorées. Ce n'est point exagérer de dire que la terre de ce canton était toute d'argent: elle est encore aujourd'hui très loin d'être épuisée. Les Péruviens travaillèrent à ces mines pour les Espagnols comme pour les vrais propriétaires. Bientôt après on joignit à ces esclaves des nègres qu'on achetait en Afrique, et qu'on transportait au Pérou comme des animaux destinés au service des hommes." (VOLTAIRE, 1963, p. 113). VOLTAIRE. *Essai sur les moeurs et l'esprit des nations.*

272   APPIAH, Kwame Anthony. **Na casa de meu pai**: a África na filosofia da cultura. Rio de Janeiro: Contraponto, 1997. p. 21.

273   APPIAH, Kwame Anthony. *Na casa de meu pai.*

274   APPIAH, Kwame Anthony. *Na casa de meu pai*; APPIAH, Kwame Anthony. Entrevista. *In*: FREITAS, Guilherme. Kwame Anthony Appiah fala sobre a representação da África no Ocidente. **O Globo**, São Paulo, 05 jan. 2013.

275   MBEMBE, Achille. As formas africanas de auto-inscrição. **Estudos Afro-Asiáticos**, [*s.l.*], Ano 23, n. 1, p. 171-209, 2001. DOI: https://doi.org/10.1590/S0101-546X2001000100007

276   MBEMBE, Achille. *As formas africanas de auto-inscrição.*

277 MBEMBE, Achille. *As formas africanas de auto-inscrição*.
278 Relembramos o fato de que somente em 2003 foram tornadas obrigatórias as disciplinas sobre História da África e Afro-brasileira nos currículos escolares brasileiros por intermédio da Lei n.º 10.639/2003.
279 Tradução: Filosofia africana: ontem e hoje.
280 OMOREGBE, Joseph I. African Philosophy: Yesterday and Today. *In*: EZE, Emmanuel Chukwudi. **African Philosophy**: An Anthology. Massachusetts/Oxford, Blacwell Publishers, 1998.
281 OMOREGBE, Joseph I. *African Philosophy*.
282 Tradução Renato Nogueira Jr. OMOREGBE, Joseph I. *African Philosophy*. p. 3.
283 Para os filósofos ocidentais, para ser considerada filosofia, a atividade reflexiva deve ser embasada em argumentação e clarificação do pensamento ocidental.
284 OMOREGBE, Joseph I. *African Philosophy*.
285 Tradução: Sobre a "Filosofia Africana".
286 HOUNTONDJI, Paulin J. **Sur la «philosophie africaine», Critique de l'ethnophilosophie**. Paris: François Maspero, 1977. p. 11.
287 HOUNTONDJI, Paulin J. *Sur la «philosophie africaine»*.
288 OMOREGBE, Joseph I. *African Philosophy*.
289 WIREDU, Kwasi. **Philosophy and an African Culture**. Cambridge: Cambridge University Press, 1980.
290 *Link* da imagem: https://www.casafrica.es/sites/default/files/styles/person/public/contents/person/picture/cheikh_anta_diop_0.jpg?itok=i3an4Zvb. Acesso em: 13 jan. 2021.
291 Utilizei versão traduzida pelo Núcleo de Estudos Afro-brasileiros da Universidade Federal do Amapá (UNIFAP) disponível em: https://www2.unifap.br/neab/files/2018/05/Dr.-Cheikh-Anta-Diop-A-Origem-Africana-da-Civiliza%C3%A7%C3%A3o-ptbr-completo.pdf. Acesso em: 11 jan. 2021.
292 HERÓDOTO citado por DIOP, Cheikh Anta. **The African Origin of Civilization**: Myth or Reality. New York: L. Hill, 1974. p. [69].
293 Nome completo é Count Constantin de Volney (1957-1820). Foi filósofo, historiador, político, escritor e deputado francês tornado Conde por Napoleão em 1808. Informação retirada de: THE BRITISH MUSEUM. **Constantin François Chasseboeuf, Comte de Volney**. London, 2021. Disponível em: https://www.britishmuseum.org/collection/term/BIOG151529. Acesso em: 11 jan. 2021.
294 VOLNEY, Constantin. **Voyages en Syrie et en Egypte**. Paris, 1787. v. I, p. 74-77 citado por DIOP, Cheikh Anta. *The African Origin of Civilization*. p. [69-70], grifos nossos.
295 M'BOKOLO, Elikia. **África Negra**: história e civilizações. Salvador: EDUFBA; São Paulo: Casa das Áfricas, 2011. 754 p.
296 OCHIENG'-ODHIAMBO, Frederick. The Evolution of Sagacity: The Three Stages of

Oruka's Philosophy. **Philosophia Africana**, [s.l.], v. 5, n. 1, p. 19-32 2002. DOI: https://doi.org/10.5325/philafri.5.1.0019

297 Disponível em: https://cdn.face2faceafrica.com/www/wp-content/uploads/2018/11/oruka.jpg. Acesso em: 23 jun. 2021.

298 Tradução: Quatro tendências na Filosofia Africana atual

299 ORUKA, Henry Odera. Four trends in current African philosophy. *In*: COETZEE, Peter H.; ROUX, Abraham P. J. (ed.). **The African Philosophy Reader**. New York: Routledge, 2002. p. 120-124.

300 SENGHOR, Léopold Sédar. **Liberté I**: Négritude et Humanisme. Paris: Éditions du Seuil, 1964. p. 74.

301 ORUKA, Henry Odera. *Four trends in current African philosophy*.

302 ORUKA, Henry Odera. *Four trends in current African philosophy*.

303 ORUKA, Henry Odera. *Four trends in current African philosophy*.

304 ORUKA, Henry Odera. *Four trends in current African philosophy*.

305 HOUNTONDJI, Paulin. Le myths de la philosophie spontanee. **Cahiers philosophiques Africains**, [s.l.], n. 1, 1972; HOUNTONDJI, Paulin. The myth of spontaneous philosophy'. **Consequence**, [s.l.], v. 1, p. 11-37, 1974; HOUNTONDJI, Paulin. **African philosophy**: Myth and reality. Tr. H. Evans and J. Ree. London: Hutchinson, 1976a; HOUNTONDJI, Paulin J. **Sur la "philosophie africaine"**. Paris: François Maspero, 1976b; HOUNTONDJI, Paulin J. **The Struggle for Meaning**: Reflections on Philosophy, Culture, and Democracy in Africa. Athens: Ohio University Center for International Studies, 2002.

306 HOUNTONDJI, Paulin J. *The Struggle for Meaning*. p. 73.

307 ORUKA, Henry Odera. *Four trends in current African philosophy*.

308 ORUKA, Henry Odera. (ed.). **Sage Philosophy**: indigenous thinkers and modern debate on African Philosophy. Leiden: EJ Brill, 1990.

309 ORUKA, Henry Odera. (ed.). *Sage Philosophy*; KALUMBA, Kibujjo M. Sage Philosophy: Its Methodology, Results, Significance and Future. *In*: WIREDU, Kwasi. (ed.). **A companion to African Philosophy**. Malden, Oxord, Victoria: Blackwell, 2004. p. 274-281; MOSIMA, Pius Maija. **Philosophic sagacity and intercultural philosophy**: beyond Henry Odera Oruka. Leiden: African Studies Centre Leiden (ASCL), 2016; OCHIENG'-ODHIAMBO, Frederick. Philosophy in ... Dholuo. **Philosophising in...** Sep. 17, 2021.

310 MOSIMA, Pius Maija. *Philosophic sagacity and intercultural philosophy*.

311 ORUKA, Henry Odera. (ed.). *Sage Philosophy*; MOSIMA, Pius Maija. *Philosophic sagacity and intercultural philosophy*.

312 Para compreender melhor sobre esse movimento, indico: MBAH, Sam; IGARIWEY, I. E. **Anarquismo africano**: a história de um movimento. Rio de Janeiro: Rizoma, 2018. 145 p.; FRANÇA, Isadora Gonçalves. Anarquismo como modo de vida e comunalismo africano. **Revista de Estudos Anarquistas e Decoloniais**, v. 1, n. 1, p. 7-23, set. 2021; OLIVEIRA,

Lorena Silva. Comunalismo africano: o anarquismo como um modo de vida. **Problemata**, [*s. l.*], v. 11, n. 2, p. 94-111, 2020. DOI: https://doi.org/10.7443/problemata.v11i2.53967

313   HOUNTONDJI, Paulin J. Conhecimento de África, conhecimento de Africanos: Duas perspectivas sobre os Estudos Africanos. **Revista Crítica de Ciências Sociais**, [*s.l.*], v. 80, p. 149-160, 2008.

314   Imagem retirada de: https://apdit.africa/wp-content/uploads/2020/06/002.jpg. Acesso em: 23 jun. 2021.

315   TEMPELS, Placid. **Bantu Philosophy**. Paris: Présence Africaine, 1969.

316   ORUKA, Henry Odera (ed.). *Sage Philosophy*.

317   HOUNTONDJI, Paulin. *Le myths de la philosophie spontanee*; HOUNTONDJI, Paulin J. *Conhecimento de África, conhecimento de Africanos*.

318   Tradução: Filosofia africana, mito e realidade. HOUNTONDJI, Paulin J. **African Philosophy**: Myth and Reality. Bloomington: Indiana University Press, 1983.

319   HOUNTONDJI, Paulin J. Producing Knowledge in Africa Today. **African Studies Review**, [*s.l.*], v. 38, n. 3, p. 1-10, 1995; HOUNTONDJI, Paulin J. *The Struggle for Meaning*; HOUNTONDJI, Paulin J. Global Knowledge: Imbalances and Current Tasks. *In*: NEAVE, Guy. (org.). **Knowledge, Power and Dissent**: Critical Perspectives on Higher Education and Research in Knowledge Society. Paris: UNESCO Publishing, 2006. p. 41-60; HOUNTONDJI, Paulin J. *Conhecimento de África, conhecimento de Africanos*.

320   HOUNTONDJI, Paulin J. *Conhecimento de África, conhecimento de Africanos*. p. 158.

321   HOUNTONDJI, Paulin J. *Producing Knowledge in Africa Today*; HOUNTONDJI, Paulin J. *Conhecimento de África, conhecimento de Africanos*.

322   Ver: ASANTE, Molefi K. **Kemet, Afrocentricity and Knowledge**. Trenton: Africa World Press, 1990.

323   Ver: **As máximas de Máximas de Ptah Hotep**. Disponível em: https://pt.calameo.com/read/005505615bf2e3ca20a18. Acesso em: 10 jul. 2021.

324   Ver: **A Instrução de Amenemope**, por Jonas Otávio Bilda (2021). Disponível em: https://www.amazon.es/Instru%C3%A7%C3%A3o-Amenemope-Portuguese-Jonas-Ot%C3%A1vio-ebook/dp/B09KMHK2S3. Acesso em: 10 jul. 2021.

325   Ver: **Hatäta or "Treatise" of Zera Yacob**. Disponível em: http://static1.1.sqspcdn.com/static/f/1011404/28063809/1548176831647/Zera_Yacob.pdf?token=dRRgTZRbFepl6YhTTYA99L2pYyQ%3D. Acesso em: 10 jul. 2021.

326   Ver: WIREDU, Kwasi. The concept of truth in the Akan language. *In*: BODUNRIN, P. O. (ed.). **Philosophy in Africa**: tends and perfectives. Ile-Ife Nigeria: University of Ife Press, 1998; NKULU-N'SENGHA, Mutombo. *African Epistemology*.

327   Tradução para uso didático por Marcos Rodrigues. KAPHAGAWANI, Didier N; MALHERBE, Jeanette G. African epistemology. *In*: COETZEE, Peter H.; ROUX, Abraham P. J. (ed.). **The African Philosophy Reader**. New York: Routledge, 2002. p. 219-229.

328   ORUKA, Henry Odera. (ed.). *Sage Philosophy*.

329 KAPHAGAWANI, Didier N; MALHERBE, Jeanette G. *African epistemology*. p. 2.
330 NWOSIMIRI, Ovett Kodilinye. *Epistemology in African Philosophy*.
331 KAPHAGAWANI, Didier N; MALHERBE, Jeanette G. *African epistemology*.
332 OZUMBA, Godfrey Okechukwu. **A Concise Introduction to Epistemology**. Calabar: Ebenezar Printing Press, 2001. p. 15.
333 NWOSIMIRI, Ovett Kodilinye. *Epistemology in African Philosophy*.
334 NKULU-N'SENGHA, Mutombo. African Epistemology. *In*: ASANTE, Molefi Kete; MAZAMA, Ama (ed.). **Encyclopedia of Black Studies**. Thousand Oaks: Sage Reference, 2005.
335 KAPHAGAWANI, Didier N; MALHERBE, Jeanette G. *African epistemology*; UDEFI, Amaechi. The Rationale for an African Epistemology: a critical examination of the Igbo views on knowledge, belief, and justification. **Canadian Social Science**, [s.l.], v. 10, n. 3, p. 108-117, 2018.
336 KAPHAGAWANI, Didier N; MALHERBE, Jeanette G. *African epistemology*.
337 KAPHAGAWANI, Didier N; MALHERBE, Jeanette G. *African epistemology*; UDEFI, Amaechi. *The Rationale for an African Epistemology*.
338 KAPHAGAWANI, Didier N; MALHERBE, Jeanette G. *African epistemology*.
339 NKULU-N'SENGHA, Mutombo. *African Epistemology*; UDEFI, Amaechi. *The Rationale for an African Epistemology*.
340 GONZALEZ, Lélia. Racismo e sexismo na cultura brasileira. **Revista Ciências Sociais Hoje**, [s.l.], p. 223-244, 1984. p. 233, grifo da autora.
341 MELO, Willimys da Costa; SCHUCMAN, Lia Vainer. Mérito e mito da democracia racial: uma condição de (sobre)vivência da supremacia branca à brasileira. **Revista Espaço Acadêmico**, [s.l.], ano XXI, n. esp., 14-23, fev. 2022.
342 BENTO, Cida. **O pacto da branquitude**. São Paulo: Companhia das Letras, 2022.
343 MUNANGA, Kabengele. **Negritude**: usos e sentidos. 3. ed. Belo Horizonte: Autêntica, 2012.
344 DUARTE, Carolina Barcelos; NUNES, Georgina Helena Lima. Docência negra: educação infantil antirracista pela via da representatividade. **Revista Contemporânea de Educação**, [s.l.], v. 16, n. 37, set/dez. 2021.
345 CARDOSO, Cintia. **Branquitude na educação infantil**. Curitiba: Appris, 2021.
346 GOMES, Nilma. Apresentação. *In*: MUNANGA, Kabengele. **Negritude**: usos e sentidos. 3. ed. Belo Horizonte: Autêntica, 2012.
347 MACHADO, Juliana; SILVA, Rubia L.; BAUDOIN, Tanja; CARRILHO, Ulisses (org.). **Hospedando Lélia Gonzalez (1935-1994)**. Rio de Janeiro: Escola de Artes Visuais do Parque Lage, 2019; RATTZ, Alex. Lélia Gonzalez e seu lugar na antropologia brasileira: "cumé que fica?" **Mana**, [s.l.], v. 28, n. 3, p. 1-34, 2022. DOI: https://doi.org/10.1590/1678-49442022v28n3a0202
348 Disponível em: https://www.facebook.com/leliagonzalezvive/photos/ 100517178961344. Acesso em: 23 jan. 2022.

349 RIOS, Flavia; RATTS, Alex. Tornar-se negra, intelectual e ativista: percursos de Lélia Gonzalez – Por: Flavia Rios e Alex Ratts. **Portal Geledés**, São Paulo, 3 fev. 2014.
350 GONZALEZ, Lélia. **Por um feminismo afro-latino-americano**: ensaios, intervenções e diálogos Rio de Janeiro: Zahar, 2020a; GONZALEZ, Lélia. As amefricanas do Brasil e sua militância. *In*: GONZALEZ, Lélia. **Por um feminismo afro-latino-americano**: ensaios, intervenções e diálogos. Rio de Janeiro: Zahar, 2020b. p. 246-247; RATTZ, Alex. Lélia Gonzalez e seu lugar na antropologia brasileira.
351 GONZALEZ, Lélia. *As amefricanas do Brasil e sua militância*. p. 246.
352 GONZALEZ, Lélia. A categoria político-cultural de amefricanidade. **Tempo brasileiro**, Rio de Janeiro, n. 92/83, p. 69-82, 1988.
353 Conforme definição, termo amefricanas/amefricanos se refere à "nomeação de todos os descendentes dos africanos que não só foram trazidos pelo tráfico negreiro, como daqueles que chegaram à América antes de seu "descobrimento" por Colombo" (GONZALEZ, 2020b, p. 246). GONZALEZ, Lélia. *As amefricanas do Brasil e sua militância*, p. 246.
354 Indicação de leitura: LISBOA, Armando de Melo. De América a Abya Yala - Semiótica da descolonização. **Revista Educação Pública**, Cuiabá, v. 23, n. 53/2, p. 501-531, maio/ago. 2014; NASCIMENTO, Mirthis Elizabeth Costa do. **As Vozes Insurgentes da América Latina/Abya Yala**: intelectuais indígenas na contemporaneidade, o mapa da questão (1970-2018). 2020. 180 f. Dissertação (Mestrado) - Universidade Federal do Rio Grande do Norte, Natal, 2020.
355 PORTO-GONÇALVES, Carlos Walter. Entre América e Abya Yala – tensões de territorialidades. **Desenvolvimento e Meio Ambiente**, [*s.l.*], n. 20, p. 25-30, jul./dez. 2009; ALMEIDA, Eliene Amorim de; SILVA, Janssen Felipe da. Abya Yala Como Território Epistêmico: Pensamento Decolonial Como Perspectiva Teórica. **Revista Interritórios**, [*s.l.*], v. 1, n. 1, p. 42-64, 2015.
356 GONZALEZ, Lélia. *A categoria político-cultural de amefricanidade*.
357 MBEMBE, Achille. **Crítica da razão negra**. São Paulo: N-1 edições, 2018.
358 GONZALEZ, Lélia. *A categoria político-cultural de amefricanidade*.
359 GONZALEZ, Lélia. Cultura, etnicidade e trabalho: efeitos lingüísticos e políticos da exploração da mulher. *In*: ENCONTRO NACIONAL DA LATIN AMERICAN STUDIES ASSOCIATION, 8., 1979, Pittsburgh. **Anais** [...]. Pittsburgh: LASA, 1979.
360 GONZALEZ, Lélia. *Racismo e sexismo na cultura brasileira*. p. 223.
361 FANON, Franz. **Pele negra, máscaras brancas**. São Paulo: Ubu Editora, 2020.
362 DAMATO, Diva Barbaro. Negritude/Negritudes. *In*: **Através**. São Paulo: 1, 1983.
363 BERND, Zilá. **A questão da negritude**. São Paulo: Brasiliense, 1984; BERND, Zilá. **Negritude e literatura na América Latina**. Porto Alegre: Mercado Aberto, 1987; BERND, Zilá. **Introdução à literatura negra**. São Paulo: Brasiliense, 1988.
364 MUNANGA, Kabengele. **Negritude**: usos e sentidos. 2. ed. São Paulo: Ática, 1988; MUNANGA, Kabengele. *Negritude*.

365 DOMINGUES, Petrônio. Movimento da Negritude: uma breve reconstrução histórica. **Mediações**: Revista de Ciências Sociais, Londrina, v. 10, n. 1, p. 25-40, jan.-jun. 2005.
366 MUNANGA, Kabengele. *Negritude*.
367 ASANTE, Molefi Kete. Afrocentricidade: notas sobre uma posição disciplinar. *In*: NASCIMENTO, Elisa Larkin. (org.). **Afrocentricidade**: uma abordagem epistemológica inovadora. São Paulo: Selo Negro, 2009. p. 93-110; ASANTE, Molefi Kete. **Afrocentricidade, a teoria de mudança social**. Afrocentricidade Internacional, 2014.
368 GOMES, Elisângela. Afrocentricidade: discutindo as relações étnico-raciais na biblioteca. **Revista ACB**: Biblioteconomia em Santa Catarina, Florianópolis, v. 21, n. 3, p. 738-752, ago./nov., 2016.
369 ASANTE, Molefi Kete. *Afrocentricidade*.
370 GOMES, Elisângela. *Afrocentricidade*. p. 740.
371 GOMES, Elisângela. *Afrocentricidade*.
372 SANTOS, Eva Dayane Jesus dos; SANTANA, Ramon Davi; MADUREIRA, Jeã Carlo Mendes; SANTOS, Yuri Pinheiro dos. A biblioteca universitária afrocentrada: experiências da Biblioteca da Faculdade de Arquitetura da UFBA. **Revista Fontes Documentais**, Aracaju, v. 4, ed. Esp., p. 65-81, 2021.
373 O Pan-africanismo pode ser entendido como uma ideologia que teve origem a partir de um sentimento de solidariedade e consciência de uma origem comum entre os negros que viviam no Caribe e nos Estados Unidos, ambos lutando contra a violenta segregação racial. Durante a segunda metade do século XIX, essa solidariedade foi fortalecida e se propôs a união de todos os povos africanos como forma de aumentar a influência do continente no contexto internacional (PALMARES, 2017).
374 IPEAFRO – Instituto de Pesquisas e Estudos Afro-Brasileiros. **Abdias Nascimento**. Rio de Janeiro, 2022.
375 NASCIMENTO, Abdias do. **O genocídio do negro brasileiro**: processo de um racismo mascarado. Rio de Janeiro: Paz e Terra, 1978.
376 MBEMBE, Achille. **Crítica da Razão Negra**. Lisboa: Antígona, 2014; MBEMBE, Achille. *Crítica da razão negra*.
377 NASCIMENTO, Abdias. **O Quilombismo**: documentos de uma militância panafricanista. Rio de Janeiro: Vozes, 1980.
378 CARNEIRO, Sueli Aparecida. *A construção do outro como não-ser como fundamento do ser*.
379 CARNEIRO, Sueli. *Dispositivo de racialidade*.
380 NOGUEIRA, Oracy. Preconceito racial de marca e preconceito racial de origem. **Tempo Social**: revista de sociologia da USP, São Paulo, v. 19, n. 1, p. 287-308, 2006.
381 CARNEIRO, Sueli Aparecida. *A construção do outro como não-ser como fundamento do ser*; CARNEIRO, Sueli. *Dispositivo de racialidade*; PATIN, Beth; SEBASTIAN, Melinda; YEON, Jieun; BERTOLINI, Danielle. Toward epistemic justice: an approach for conceptualizing epistemicide in the information professions. **ASIS&T**: Proceedings of the Association for

Information Science and Technology, [s.l.], v. 57, n. 1, e242, 2020. DOI: https://doi.org/ https://doi.org/10.1002/pra2.242

382 Alterocídio se refere à constituição do outro "*não como semelhante a si mesmo*, mas como objecto intrinsecamente ameaçador, do qual é preciso proteger-se, desfazer-se, ou que, simplesmente, é preciso destruir" (MBEMBE, 2014, p. 26). MBEMBE, Achille. *Crítica da razão negra*.

383 CARNEIRO, Sueli Aparecida. *A construção do outro como não-ser como fundamento do ser*; CARNEIRO, Sueli. *Dispositivo de racialidade*.

384 CARNEIRO, Sueli Aparecida. *A construção do outro como não-ser como fundamento do ser*; CARNEIRO, Sueli. *Dispositivo de racialidade*; FRICKER, Miranda. *Epistemic Injustice*.

385 CARNEIRO, Sueli Aparecida. *A construção do outro como não-ser como fundamento do ser*; CARNEIRO, Sueli. *Dispositivo de racialidade*.

386 WELSING, Frances Cress. The Cress Theory of Color-Confrontation. **The Black Scholar**, [s.l.], v. 5, n. 8, p. 32-40, 1974. DOI: https://doi.org/10.1080/00064246.1974.1143141

387 Ver: ASANTE, Molefi. **L'Afrocentricité**. Traduction Ama Mazama. Paris: Editions Menaibuc, 2003. ASANTE, Molefi K. Afrocentricidade: notas sobre uma posição disciplinar. *In*: NASCIMENTO, Elisa L. (org.). **Afrocentricidade**: uma abordagem epistemológica inovadora. São Paulo: Selo Negro, 2009; MUCALE, Ergimino Pedro. **Afrocentricidade**: complexidade e liberdade. Maputo (Moçambique): Paulinas, 2013.

Capítulo 3 - Teoria Crítica Racial como lente teórica para os estudos biblioteconômico-informacionais

388 Conforme o Professor de Direito da Universidade Federal do Rio de Janeiro, Philippe Oliveira de Almeida (2020, s.p.), a Teoria Crítica Racial em sentido lato "diz respeito a todo e qualquer sistema conceitual que se proponha a explicitar as ideologias hegemônicas que subjazem às relações raciais".

389 A acepção estrita da Teoria Crítica Racial se refere ao movimento intelectual que surgiu nos Estados Unidos na década de 1980 (ALMEIDA, 2020).

390 JAPIASSU, Hilton. **Interdisciplinaridade e patologia do saber**. Rio de Janeiro: Imago, 1976.

391 BRITANNICA, Edithor. Critical Theory: social and political philosophy. **Encyclopedia Britannica**, Chicago, 2019c; RABAKA, Reiland. **Africana critical theory**: reconstructing the black radical tradition, from W. E. B. Du Bois and C. L. R. James to Frantz Fanon and Amilcar Cabral. Lanham: Lexington Books, 2009.

392 Tradução: Instituto de Pesquisa Social.

393 NOBRE, Marcos. **A teoria crítica**. São Paulo: Zahar, 2004.

394 NOBRE, Marcos. *A teoria crítica*. p. 21.

395 NOBRE, Marcos. *A teoria crítica*.

396 FREITAG, Barbara. **A Teoria crítica**: ontem e hoje. 2. Ed. São Paulo: Brasiliense, 1988. 184 p.; ANTUNES, Márcia do Nascimento Vieira; RAMOS, Luís Marcelo Alves. Conhecendo os caminhos da teoria crítica. **Revista Online da Biblioteca Prof. Joel Martins**, [s.l.], v. 2, n. 1, p. 1-36, 2000.

397 ANTUNES, Márcia do Nascimento Vieira; RAMOS, Luís Marcelo Alves. *Conhecendo os caminhos da teoria crítica*; WIGGERSHAUS, Rolf. **A Escola de Frankfurt**: história, desenvolvimento teórico, significação política. Rio de Janeiro: DIFEL, 2002. 742 p.; BRITANNICA, Edithors. **Frankfurt School**: german research group. Encyclopedia Britannica, Chicago, 2019b; MARTÍNEZ-ÁVILA, Daniel; MELLO, Mariana Rodrigues Gomes de. Teoria crítica, pedagogia crítica e competência crítica em informação: aproximações teóricas à ciência da informação. **Informação & Informação**, Londrina, v. 26, n. 4, p. 1-23, 2021. DOI: https://doi.org/10.5433/1981-8920.2021v26n4p1

398 NOBRE, Marcos. *A teoria crítica*; BRITANNICA, Edithors. *Frankfurt School*.

399 SOARES, Jorge Coelho. Apresentação à edição brasileira. *In*: WIGGERSHAUS, Rolf. **A Escola de Frankfurt**: história, desenvolvimento teórico, significação política. Rio de Janeiro: DIFEL, 2002. p. 9-11.

400 MATOS, Olgária C. F. **A Escola de Frankfurt**: luzes e sombras do Iluminismo. São Paulo: Moderna, 1993. p. 8.

401 Como a História, Direito, Literatura, Ciências Sociais e, inclusive, a Biblioteconomia e Ciência da Informação.

402 NOBRE, Marcos. *A teoria crítica*.

403 RABAKA, Reiland. **Du Bois's Dialectics**: Black Radical Politics and the Reconstruction of Critical Social Theory. Lanham: Lexington Books, 2008. n. p.

404 RABAKA, Reiland. *Du Bois's Dialectics*.

405 ROBINSON, Cedric J. **Black marxism**: the making of the Black radical tradition. London: Zed Press, 1983.

406 Observe que aqui estamos nos referindo aos teóricos e teóricas negras e da diáspora africana, mas poderíamos nos referir a outros grupos, tais como as mulheres, haja vista o escasso registro de mulheres como teóricas críticas oriundas da Escola de Frankfurt.

407 RABAKA, Reiland. *Africana critical theory*.

408 RABAKA, Reiland. *Du Bois's Dialectics*.

409 RABAKA, Reiland. *Du Bois's Dialectics*; RABAKA, Reiland. *Africana critical theory*.

410 DUBOIS, W. E. B. **As almas do povo negro**. São Paulo: Veneta, [1903] 2021.

411 BONILLA-SILVA, Eduardo. *Racismo sem racistas*.

412 YOSSO, Tara J.; SOLÓRZANO, Daniel. Conceptualizing a Critical Race Theory in Sociology. In: ROMERO, Mary; MARGOLIS, Eric. (ed.). **The Blackwell Companion to Social Inequalities**. Nova Jersey, EUA: Blackwell Publishing Ltd., 2005.

413 MOREIRA, Adilson José. Cidadania racial. **Revista Quaestio Iuris**, Rio de Janeiro, v. 10, n. 2, p. 1052-1089, 2017. DOI: https://doi.org/10.12957/rqi.2017.22833; ALMEIDA, Silvio

Luiz de.; BATISTA, Waleska Miguel. Teoria Crítica Racial e do Direito: aspectos da condição do negro nos Estados Unidos da América. **Quaestio Iuris**, Rio de Janeiro, v. 14, n. 3, p. 1001-1038, 2021. DOI: https://doi.org/10.12957/rqi.2021.50656

414 MATSUDA, Mari J.; LAWRENCE III, Charles R.; DELGADO, Richard; CRENSHAW, Kimberlè Williams. **Words that wound**: Critical Race Theory, Assaultive Speech, and the First Amendment. Boulder, CO: Westview, 1993; MATSUDA, Mari J.; LAWRENCE III, Charles R.; DELGADO, Richard; CRENSHAW, Kimberlè Williams. **Words that wound**: Critical Race Theory, Assaultive Speech, and the First Amendment. New York: Routledge, 2018; LIU, Amy. Critical race theory, Asian Americans, and higher education: A review of research. **InterActions**: UCLA Journal of Education and Information Studies, v. 5, n. 2, 2009. DOI: https://doi.org/10.5070/D452000655; RUBIN, Daniel Ian. Hebcrit: a new dimension of critical race theory. **Social Identities**, [s.l.], v. 26, n. 4, p. 499-516, 2020. DOI: https://doi.org/10.1080/13504630.2020.1773778

415 RABAKA, Reiland. *Africana critical theory*.; DELGADO, Richard; STEFANCIC, Jean. **Critical race theory**: an introduction. New York: New York University Press, 2000. 191 p.; DELGADO, Richard; STEFANCIC, Jean. **Critical race theory**: an introduction. New York: New York University Press, 2001; ZUBERI, Tukufu. Sociology and the African Diaspora Experience. *In*: GORDON, Lewis R.; GORDON, Jane A. (ed.). **A Companion to African-American Studies**. Malden, MA: Blackwell Publishing, 2006. p. 246-264; ZUBERI, Tukufu. Teoria Crítica da Raça e da sociedade nos Estados Unidos. **Cadernos do CEAS**, [s.l.], n. 238, p. 464-487, 2016; HARTLEP, Nicholas Daniel. **Critical Race Theory**: an examination of its past, present, and future implications. Milwaukee, WI: University of Wisconsin at Milwaukee, 2009.

416 DELGADO, Richard; STEFANCIC, Jean. **Critical race theory (Third Edition):** An introduction. New York: New York University Press, 2017.

417 DIXSON, Adrienne D.; ROUSSEAU, Celia. And we are still not saved: critical race theory in education ten years later. **Race Ethnicity and Education**, v. 8, n. 1, p. 7-27, 2005. DOI: https://doi.org/10.1080/1361332052000340971; MISAWA, Mitsunori. Musings on controversial intersections of positionality: a Queer Crit perspective in adult and continuing education. *In*: SHEARED, Vanessa; JOHNSON-BAILEY, Juanita; COLIN III, Scipio A. J.; PETERSON, Elizabeth; BROOKFIELD, Stephen D. (ed.). **The handbook of race and adult education**: a resource for dialogue on racism. San Francisco, C.A.: Jossey-Bass, 2010. p. 187-199.

418 ZUBERI, Tukufu. *Teoria Crítica da Raça e da sociedade nos Estados Unidos*.

419 BELL, Derrick; EDMONDS, Erin. Students as Teachers, Teachers as Learners. **Michigan Law Review**, [s.l.], v. 91, n. 8, p. 2025-2052, 1993.

420 MATSUDA, Mari J.; LAWRENCE III, Charles R.; DELGADO, Richard; CRENSHAW, Kimberlè Williams. *Words that wound*; COBB, Jelani. The Man Behind Critical Race Theory. **The New Yorker**, New York, September 13, 2021.

421 Brown *versus* Conselho de Educação de Topeka foi um caso histórico da Suprema Corte ocorrido em 1954, no qual os juízes decidiram por unanimidade que a segregação racial de crianças em escolas públicas era inconstitucional. Se tornou uma das pedras angulares do movimento dos direitos civis e ajudou a estabelecer o precedente de que a educação "separados, mas iguais" e outros serviços não eram, de fato, iguais. HISTORY.COM (ed.). Brown v. Board of Education. **History.com**, Nova York, 2009.

422 Hudson *versus* Conselho Escolar do Condado de Leake. Foi um caso de disputa trabalhista da autora da denúncia, Charlotte Hudson, uma mulher afro-americana, professora de educação especial na *Carthage Elementary School no Leake County School District* ("LCSD"). No final do ano letivo de 2006-2007, Hudson se candidatou ao cargo vago de Supervisor de Educação Especial no LCSD, mas o cargo não foi oferecido a ela. A ré Melanie Hartley, superintendente do LCSD, inicialmente ofereceu o cargo a Thomas G. Beard, um homem branco, mas o conselho escolar não aprovou sua contratação. A réu Hartley então recomendou Vickie Doty, uma mulher branca, que o conselho escolar aprovou. Hudson alegou que nenhum dos candidatos estava qualificado para o cargo. HUDSON V. LEAKE COUNTY SCHOOL BOARD. **3:63-cv-03382**. District Court, S.D. Mississippi, March 7, 1963.

423 O caso de Aurelia S. Browder *versus* William A. Gayle possuiu como objetivo testar a constitucionalidade de ambos os estatutos do Estado do Alabama e as portarias da cidade de Montgomery que exigiam a segregação entre pessoas brancas e negras nos ônibus da Montgomery City Lines, Inc., transportadora comum de passageiros da referida Cidade e de sua jurisdição policial. Em 13 de dezembro de 1955, o secretário de campo estadual da NAACP, WC Patton, reuniu-se com o presidente da filial de Montgomery, Robert L. Matthews, Rosa Parks, Martin Luther King Jr. e Fred Gray para discutir o boicote aos ônibus. Rosa autorizou a NAACP a processar seu caso. Gray, o conselheiro-chefe da *Montgomery Improvement Association*, concordou em representá-la, com aconselhamento de Thurgood Marshall, Robert L. Carter e Clifford Durr. Em 1º de fevereiro de 1956, Gray entrou com uma ação federal, *Browder v. Gayle*, em nome de cinco queixosas: Aurelia Browder, Susie McDonald, Jeanetta Reese, Claudette Colvin e Mary Louise Smith. Ao final, ele omitiu Rosa Parks devido a um detalhe técnico que poderia prejudicar o processo. LIBRARY OF CONGRESS. **Browder v. Gayle, Class Action Lawsuit**. Montgomery Bus Situation, NAACP Records, Manuscript Division, Library of Congress, December 19, 1955.

424 No caso Heman Marion Sweatt *versus* Theophilis Shickel Painter, Sweatt apresentou um pedido de admissão para o período de fevereiro de 1946 na Faculdade de Direito da Universidade do Texas, que na época era uma universidade totalmente branca. Embora tenha atendido todos os requisitos para ingresso, seu pedido foi rejeitado apenas porque ele era negro devido à Constituição do Texas. Sweatt entrou com um processo contra a universidade, argumentando que a escola de direito segregada que a universidade oferecia não era "separada, mas igual" à escola de direito para brancos, e que ele deveria ter o direito de estudar na mesma escola que os estudantes brancos. O caso foi levado à Suprema Corte dos Estados Unidos em 1950, e a

Corte decidiú unanimemente em favor de Sweatt, declarando que a escola de direito segregada oferecida pela Universidade do Texas não era igual em qualidade à escola de direito para brancos e que Sweatt tinha o direito de se matricular na escola de direito da universidade. Fonte: SWEATT V. PAINTER. (n.d.). **Oyez**, [*s.l.*], 2022. Disponível em: https://www.oyez.org/cases/1940-1955/339us629. Acesso em: 20 ago. 2022.

425 COBB, Jelani. *The Man Behind Critical Race Theory*.
426 Tradução: Quem tem medo da Teoria Crítica Racial?
427 BELL, Derrick A. Who's afraid of critical race theory? **University of Illinois law review**, n. 4, p.893-910, 1995. p. 893.
428 BELL, Derrick A. *Who's afraid of critical race theory?*
429 BELL, Derrick A. *Who's afraid of critical race theory?*
430 Tradução: Raça, racismo e Legislação Americana.
431 BELL, Derrick. **Race, racism, and American law**. Boston: Little, Brown, 1973. 1087 p.
432 COBB, Jelani. *The Man Behind Critical Race Theory*.
433 Tradução: Raça, Racismo e Legislação americana.
434 MATSUDA, Mari J.; LAWRENCE III, Charles R.; DELGADO, Richard; CRENSHAW, Kimberlè Williams. **Words that wound.**
435 MATSUDA, Mari J.; LAWRENCE III, Charles R.; DELGADO, Richard; CRENSHAW, Kimberlè Williams. *Words that wound*.
436 ZUBERI, Tukufu. *Teoria Crítica da Raça e da sociedade nos Estados Unidos*.
437 HARTLEP, Nicholas Daniel. *Critical Race Theory*.
438 CRENSHAW, Kimberlé W. *The first decade*. p. 1351.
439 ZUBERI, Tukufu. *Teoria Crítica da Raça e da sociedade nos Estados Unidos*.
440 HARTLEP, Nicholas Daniel. *Critical Race Theory*.
441 Tradução: Brown versus Conselho de Educação.
442 Charles Pierce (1970) – professor de Harvard e psiquiatra – cunhou o termo micro agressão visando descrever as expressões sutis e cotidianas de racismo. As micro agressões raciais são manifestações cotidianas do racismo em um nível interpessoal ou ambiental, em que as crenças preconceituosas do perpetrador se manifestam consciente ou inconscientemente em seus estilos de comunicação ou comportamentos em relação a uma pessoa negra ou não-branca. TORRES-HARDING, Susan; TURNER, Tasha. Assessing Racial Microaggression Distress in a Diverse Sample. **Evaluation & the Health Professions**, [*s.l.*], v. 38, n. 4, p. 464-490, 2014. DOI: https://doi.org/10.1177/0163278714550860; SUE, Derald Wing; CAPODILUPO, Christina M.; TORINO, Gina C.; BUCCERI, Jennifer M.; HOLDER, Aisha M. B.; NADAL, Kevin L.; ESQUILIN, Marta. Racial microaggressions in everyday life. **American Psychologist**, [*s.l.*], v. 62, n. 4, p. 271-286, May-June 2007; SUE, Derald Wing. Microaggressions, Marginality, and Oppression: an introduction. *In*: SUE, Derald Wing. (ed.). **Microaggressions and marginality**: manifestation, dynamics, and impact. Hoboken, New Jersey: John Wiley & Sons, Inc., 2010a; SUE, Derald Wing. (ed.). **Microaggressions**

and marginality: manifestation, dynamics, and impact. Hoboken, New Jersey: John Wiley & Sons, Inc., 2010b; SUE, Derald Wing. **Microaggressions in everyday life**: race, gender, and sexual orientation. Hoboken, New Jersey: John Wiley & Sons, 2010c; SILVA, Franciéle Carneiro Garcês da; GARCEZ, Dirnéle Carneiro; VIEIRA, Gabriel de; FEVRIER, Priscila Rufino; ROMEIRO, Nathália Lima; ALVES, Ana Paula Meneses. Microagressões raciais, poder e privilégio nas bibliotecas: uma análise dos discursos no The Microaggressions Project e Microaggressions in Librarianship. **Revista Folha de Rosto**, Cariri, v. 9, n. 1, 2023a. (no prelo).

443   LADSON-BILLINGS, Gloria.; TATE, William F. Toward a critical race theory of education. **The Teachers College Record**, [s.l.], v. 97, n. 1, p. 47-68, 1995; CABRERA, Nolan L. Where is the Racial Theory in Critical Race Theory? A constructive criticism of the Crits. **The Review of Higher Education**, [s.l.], v. 42, n. 1, p. 209-233, Fall 2018. DOI: https://doi.org/10.1353/rhe.2018.0038

444   MATSUDA, Mari J.; LAWRENCE III, Charles R.; DELGADO, Richard; CRENSHAW, Kimberlè Williams. *Words that wound*; MISAWA, Mitsunori. Social Justice Narrative Inquiry: a Queer Crit Perspective. *In*: ADULT EDUCATION RESEARCH CONFERENCE, 2012, Saratoga Springs, NY. **Conference Proceedings**. Saratoga: New Prairie Pess, 2012.

445   DELGADO, Richard; STEFANCIC, Jean. *Critical race theory*; HARTLEP, Nicholas Daniel. *Critical Race Theory*.

446   CRENSHAW, Kimberlé. Mapping the Margins: Intersectionality, Identity Politics, and Violence against Women of Color. **Stanford Law Review**, [s.l.], v. 43, n. 6, p. 1241-1299, Jul. 1991; DELGADO, Richard; STEFANCIC, Jean. *Critical race theory*; DELGADO, Richard; STEFANCIC, Jean. *Critical race theory (Third Edition)*; HARTLEP, Nicholas Daniel. *Critical Race Theory*; DUMAS, Michael; ROSS, Kihana Miraya. "Be real black for me": imagining BlackCrit in Education. **Urban Education**, v. 51, n. 4, p. 415-442, 2016. DOI: https://doi.org/10.1177/0042085916628611

447   BELL, Derrick. **Race, Racism, and American Law**. Boston: Little, Brown, 1980a; BELL, Derrick. "Brown v. Board of Education" and the interest-convergence dilemma. **Harvard Law Review**, [s.l.], v. 93, n. 3, p. 518-533, 1980b.

448   DELGADO, Richard. **Critical Race Theory**: the Cutting Edge. Philadelphia: Temple University Press, 1995; DELGADO, Richard; STEFANCIC, Jean. *Critical race theory*; HARTLEP, Nicholas Daniel. *Critical Race Theory*.

449   BELL, Derrick. Racial Realism. **Connecticut Law Review**, Connecticut, v. 24, n. 2, p. 363-379, 1992; BELL, Derrick. **Faces at the bottom of the well**. New York, NY: Basic Books, 1993; DELGADO, Richard. *Critical Race Theory*: the Cutting Edge; DELGADO, Richard; STEFANCIC, Jean. *Critical race theory*; GILLBORN, David. Who's Afraid of Critical Race Theory in Education? A Reply to Mike Cole's 'The Color-Line and the Class Struggle. **Power and Education**, [s.l.], v. 1, n. 1, p. 125-131, 2009. DOI: https://doi.org/10.2304/

power.2009.1.1.12; MATSUDA, Mari J.; LAWRENCE III, Charles R.; DELGADO, Richard; CRENSHAW, Kimberlè Williams. *Words that wound.*

450 WING, Adrien Katherine. (ed.). **Critical Race Feminism**: a reader. 2nd ed. New York: New York Press, 2003.

451 WING, Adrien Katherine. (ed.). *Critical Race Feminism.*

452 KILOMBA, Grada. "The Mask". *In*: KILOMBA, Grada. **Plantation Memories**: episodes of everyday racism. Müster: Unsrast Verlag, 2010.

453 Tradução: Desmarginalizando a interseção entre raça e sexo: uma crítica feminista negra à doutrina antidiscriminatória, teoria feminista e política antirracista.

454 CRENSHAW, Kimberlé. Demarginalizing the intersection of race and sex: A Black feminist critique of antidiscrimination doctrine, feminist theory and antiracist politics. **University of Chicago Legal Forum**, [s.l.], v. 140, p. 139-167, 1989; CRENSHAW, Kimberlé; GOTANDA, Neil; PELLER, Gary; THOMAS, Kendall. (ed.). **Critical race theory**: The key writings that formed the movement. New York, NY: The New Press, 1995.

455 CRENSHAW, Kimberlé. *Demarginalizing the intersection of race and sex.*

456 CRENSHAW, Kimberlé. *Demarginalizing the intersection of race and sex.*

457 CRENSHAW, Kimberlé. Documento para o encontro de especialistas em aspectos da discriminação racial relativos ao gênero. **Estudos feministas**, Florianópolis, v. 10, n. 1, p. 171-188, 2002.

458 WING, Adrien Katherine. (ed.). *Critical Race Feminism;* VERJEE, Begum. Critical Race Feminism: A Transformative Vision for Service-Learning Engagement. **Journal of Community Engagement and Scholarship**, [s.l.], v. 5, n. 1, p. 57-69, 2012. DOI: https://doi.org/10.54656/FBBT3737

459 WING, Adrien Katherine. (ed.). *Critical Race Feminism.*

460 Tradução: O negro da Filadélfia.

461 Tradução: As almas do povo negro.

462 Tradução: A educação do Negro antes de 1861.

463 Tradução: A deseducação do Negro.

464 LADSON-BILLINGS, Gloria; TATE, William F. *Toward a critical race theory of education.*

465 DUMAS, Michael; ROSS, Kihana Miraya. *"Be real black for me";* LADSON-BILLINGS, Gloria; TATE, William F. *Toward a critical race theory of education.*

466 DUMAS, Michael; ROSS, Kihana Miraya. *"Be real black for me";* JOHNSON, Stevie "Dr. View". **Curriculum of the Mind**: A Blackcrit, Narrative Inquiry, Hip-Hop Album on Anti-Blackness & Freedom for Black Male Collegians at Historically White Institutions. 2019. 255 f. Dissertation (Ph.D. in Philosophy) – University of Oklahoma, Norman, 2019; LADSON-BILLINGS, Gloria.; TATE, William F. *Toward a critical race theory of education;* MCLAREN, Peter L. White terror and oppositional agency: Towards a critical multiculturalism. *In*: SLEETER, Christine E.; MCLAREN, Peter L. (ed.). **Multicultural education, critical pedagogy, and the politics of difference**. New York, NY: State University of New York

Press, 1995. (v. 4, p. 33-70); MELAMED, Jodi. **Represent and Destroy**: Rationalizing Violence in the New Racial Capitalism. Minneapolis: University of Minnesota Press, 2011.

467 DUMAS, Michael; ROSS, Kihana Miraya. *"Be real black for me"*.

468 DUMAS, Michael; ROSS, Kihana Miraya. *"Be real black for me"*; GORDON, Lewis. (ed.). **Existence in Black**: An Anthology of Black Existential Philosophy. New York: Routledge, 1997; JOHNSON, Stevie "Dr. View". *Curriculum of the Mind*; LADSON-BILLINGS, Gloria.; TATE, William F. *Toward a critical race theory of education*; WILDERSON, Frank B. **Red, White & Black**. Durham: Duke University Press, 2010.

469 BELL, Derrick. *Faces at the bottom of the well*; DELGADO, Richard. *Critical Race Theory: the Cutting Edge*; DUMAS, Michael; ROSS, Kihana Miraya. *"Be real black for me"*; JOHNSON, Stevie "Dr. View". *Curriculum of the Mind*; LADSON-BILLINGS, Gloria.; TATE, William F. *Toward a critical race theory of education*.

470 Em grande medida, o identificador "latino" personifica o colono e colonizador espanhol que dominou e explorou diversas populações (indígena, africana etc.) por ele considerada como outra, que resultou numa diversidade étnico-racial de ascendência hispânica de povos não-brancos. As pessoas brasileiras também são consideradas como latinas em contextos europeus e estadunidense. MONTOYA, Margaret E. Foreword: The Gran Trecho That Is LatCrit. *In*: VALDES, Francisco; BENDER, Steven W Bender. **Latcrit**: From Critical Legal Theory to Academic Activism. New York: New York University Press, 2021.

471 PEREA, Juan F. The Black/White Binary Paradigm of Race: The "Normal Science" of American Racial Thought. **California Law Review**, [s.l.], v. 85, n. 5, p. 1213-1258, 1997. DOI: https://doi.org/10.2307/3481059

472 Tradução: Raça, etnia, apagamento: a relevância da raça para a teoria LatCrit.

473 HANEY-LÓPEZ, Ian F. Race, Ethnicity, Erasure: The Salience of Race to LatCrit Theory. **California Law Review**, [s.l.], v. 85, n. 5, p. 1143-1211, 1997. DOI: https://doi.org/10.2307/3481058

474 Em alguns estados como o Texas, havia banheiros separados para pessoas negras e brancas, mas o mesmo destinado às pessoas negras possuía a mensagem (*Hombres aquí*), que indica aos homens mexicanos ou latinos que devem usar o mesmo banheiro que pessoas negras.

475 HANEY-LÓPEZ, *Ian F. Race, Ethnicity, Erasure*.

476 TZOC GONZALÉZ, Marc; MATAMBANADZO, Sarudzayi M.; VELEZ MARTINEZ, Sheila I. Latina and Latino Critical Legal Theory: LatCrit Theory, Praxis and Community. **Revista Direito e Práxis**, Rio de Janeiro, v. 12, n. 2, p. 1316-1343, 2021.

477 VALDÉS, Francisco. Foreword: Under Construction. LatCrit Consciousness, Community, and Theory. **California Law Review**, [s.l.], v. 85, n. 5, p. 1087-1142, 1997. DOI: https://doi.org/10.2307/3481057

478 PEREA, Juan F. *The Black/White Binary Paradigm of Race*; PÉREZ HUBER, Lindsay. Using Latina/o Critical Race Theory (LatCrit) and Racist Nativism to Explore Intersectionality in

the Educational Experiences of Undocumented Chicana College Students. **Educational Foundations**, [s.l.], v. 24, n. 1-2, p. 77-96, 2010.

479 VALDÉS, Francisco. *Foreword*; TZOC GONZALÉZ, Marc; MATAMBANADZO, Sarudzayi M.; VELEZ MARTINEZ, Sheila I. *Latina and Latino Critical Legal Theory*.

480 VALDÉS, Francisco. *Foreword*; GUAJARDO, Andrea D.; ROBLES-SCHRADER, Grisel M.; APONTE-SOTO, Lisa; NEUBAUER, Leah C. LatCrit Theory as a Framework for Social Justice Evaluation: Considerations for Evaluation and Evaluators. **New Directions for Evaluation**, [s.l.], v. 2020, n. 166, p. 65-75, 2020.

481 VALDÉS, Francisco. *Foreword*; MONTOYA, Margaret E. Foreword: The Gran Trecho That Is LatCrit. *In*: VALDES, Francisco; BENDER, Steven W Bender. **Latcrit**: From Critical Legal Theory to Academic Activism. New York: New York University Press, 2021; VALDES, Francisco; BENDER, Steven W Bender. **Latcrit**: From Critical Legal Theory to Academic Activism. New York: New York University Press, 2021.

482 O nativismo racista é um dos conceitos enfocado nas pesquisas em LatCrit por buscar compreender como a racialização histórica de pessoas negras, latinas, asiáticas, indígenas e outras não-brancas moldaram experiências contemporâneas de pessoas imigrantes latinas. O nativismo racista é definido como a atribuição de valores a diferenças reais ou imaginárias para justificar a superioridade do nativo, que é percebido como branco, sobre o não-nativo, que são percebidos como pessoas e imigrantes negras, latinas, indígenas, asiáticas, entre outras, e assim defendem o direito do nativo ao domínio sobre esses últimos. PÉREZ HUBER, Lindsay. *Using Latina/o Critical Race Theory (LatCrit) and Racist Nativism*.

483 PÉREZ HUBER, Lindsay. *Using Latina/o Critical Race Theory (LatCrit) and Racist Nativism*.

484 OKIHIRO, Gary Y. **Margins and mainstreams**: Asians in American history and culture. Seattle, WA: University of Washington Press, 1994; TAKAKI, Ronald. **Strangers from a different shore**: a history of Asian Americans. Boston, MA: Little: Brown, 1998; COLOMA, Roland Sintos. Disorienting race and education: Changing paradigms on the schooling of Asian Americans and Pacific Islanders. **Race Ethnicity and Education**, [s.l.], v. 9, n. 1, p. 1-15, 2006. DOI: https://doi.org/10.1080/13613320500490606; SAITO, Lorine Erika; LI, Jiangfeng. Applying an AsianCrit lens on Chinese international students: History, intersections, and Asianization during COVID-19. **Journal of Higher Education Policy and Leadership Studies**, [s.l.], v. 3, n. 1, p. 122-140, 2022. DOI: https://doi.org/10.52547/johepal.3.1.122

485 MUSEUS, Samuel D. **Asian American students in higher education**. New York: Routledge, 2014; WILEY, Terrence G; LUKES, Marguerite. English-only and standard English ideologies in the U.S. **TESOL Quarterly**, [s.l.], v. 30, n. 3, p. 511-535, 1996; LADSON-BILLINGS, Gloria.; TATE, William F. *Toward a critical race theory of education*; GAY, Geneva. **Culturally responsive teaching**: Theory, research, and practice. New York: Teachers College Press, 2000; COLOMA, Roland Sintos. *Disorienting race and education*; NGUYEN, Huong Tran. What role do race, ethnicity, language and gender play in the teaching profession?

Race Ethnicity and Education, [s.l.], v. 15, n. 5, 653-681, 2012. DOI: https://doi.org/10.1080/13613324.2011.624504

486 COLOMA, Roland Sintos. *Disorienting race and education*.

487 Tradução: Amor na linha de frente: mães estudiosas asiático-americanas resistindo a contextos desumanizadores por meio da humanização da coletividade.

488 HSIEH, Betina; YU, Judy; YEH, Cathery; AGARWAL-RANGNATH, Ruchi. Love on the Front Lines: Asian American Motherscholars Resisting Dehumanizing Contexts through Humanizing Collectivity. **Peabody Journal of Education**, [s.l.], v. 97, n. 2, p. 165-178, 2022. DOI: https://doi.org/10.1080/0161956X.2022.2055885

489 GOVER, Angela R.; HARPER, Shannon B.; LANGTON, Lynn. Anti-Asian hate crime during the COVID-19 pandemic: Exploring the reproduction of inequality. **American Journal of Criminal Justice**, [s.l.], v. 45, p. 647-667, 2020. DOI: https://doi.org/10.1007/s12103-020-09545-1; HSIEH, Betina; YU, Judy; YEH, Cathery; AGARWAL-RANGNATH, Ruchi. *Love on the Front Lines*.

490 HACKER, Andrew. **Two nations**: Black and white, separate, hostile, unequal. New York: Ballantine, 1992; TAKAGI, Dana Y. **The retreat from race**: Asian-American admissions and racial politics. New Brunswick, NJ: Rutgers University Press, 1992; NAKANISHI, Don T. Asian/Pacific Americans and selective undergraduate admissions. **Journal of College Admissions**, [s.l.], v. 118, p. 17-26, 1988; TERANISHI, Robert T. African American college choice post-affirmative action: The role of information and perceptions of opportunity. *In*: **Annual Meeting for the American Educational Research Association**. New Orleans, LA., 2000; TERANISHI, Robert T. The myth of the super minority: Misconceptions about Asian Americans. **College Board Review**, [s.l.], v. 195, n. 2, p. 17-21, 2002a; TERANISHI, Robert T. Asian Pacific Americans and Critical Race Theory: An Examination of School Racial Climate. **Equity & Excellence in Education**, [s.l.], v. 35, n. 2, p. 144-154, 2002b. DOI: https://doi.org/10.1080/713845281

491 IFTIKAR, Jon S.; MUSEUS, Samuel D. On the utility of Asian critical (AsianCrit) theory in the field of education. **International journal of qualitative studies in education**, [s.l.], v. 31, n. 10, p. 935-949, 2018. DOI: https://doi.org/10.1080/09518398.2018.1522008

492 PYKE, Karen D.; JOHNSON, Denise L. Asian American women and racialized femininities: 'Doing' gender across cultural worlds. **Gender & Society**, [s.l.], v. 17, n. 1, p. 33-53, 2003. DOI: https://doi.org/10.1177/0891243202238977; NGUYEN, Huong Tran. *What role do race, ethnicity, language*.

493 IFTIKAR, Jon S.; MUSEUS, Samuel D. *On the utility of Asian critical (AsianCrit)*; MUSEUS, Samuel D.; IFTIKAR, Jon. **An Asian Critical Theory (AsianCrit) Framework**. New York: Asian American Students in Higher Education, 2013.

494 CHANG, Robert S. Toward an Asian American legal scholarship: Critical race theory, post-structuralism, and narrative space. **California Law Review**, [s.l.], v. 81, n. 5, p. 1241-1323,

1993. DOI: https://doi.org/10.2307/3480919; IFTIKAR, Jon S.; MUSEUS, Samuel D. *On the utility of Asian critical (AsianCrit)*.

495 MUSEUS, Samuel D.; IFTIKAR, Jon. *An Asian Critical Theory (AsianCrit) Framework*; AN, Sohyun. Asian Americans in American History: An AsianCrit Perspective on Asian American Inclusion in State U.S. History Curriculum Standards. **Theory & Research in Social Education**, [s.l.], v. 44, n. 2, p. 244-276, 2016. DOI: https://doi.org/10.1080/00933104.2016.1170646; HAN, Keonghee Tao; LAUGHTER, Judson. (ed.). **Critical Race Theory in Teacher Education**: Informing Classroom Culture and Practice. Teachers College Press, 2019; POMPEO, Michael R. **U.S. limits the people's liberation army's ability to use nonimmigrant visa programs to illicitly acquire U.S. technologies and intellectual property**. U.S. Department of State, June 1, 2020; HSIEH, Betina; YU, Judy; YEH, Cathery; AGARWAL-RANGNATH, Ruchi. *Love on the Front Lines*; SAITO, Lorine Erika; LI, Jiangfeng. *Applying an AsianCrit lens on Chinese international students*.

496 HYUN, Ji. Asian Critical Race Theory as an Analytical Framework. **QualPage**, [s.l.], July 21, 2022.

497 HYUN, Ji. *Asian Critical Race Theory as an Analytical Framework*.

498 IFTIKAR, Jon S.; MUSEUS, Samuel D. *On the utility of Asian critical (AsianCrit)*; SAITO, Lorine Erika; LI, Jiangfeng. *Applying an AsianCrit lens on Chinese international students*; AN, Sohyun. *Asian Americans in American History*.

499 AN, Sohyun. *Asian Americans in American History*; HAN, Keonghee Tao; LAUGHTER, Judson. (ed.). *Critical Race Theory in Teacher Education*; SAITO, Lorine Erika; LI, Jiangfeng. *Applying an AsianCrit lens on Chinese international students*; IFTIKAR, Jon S.; MUSEUS, Samuel D. *On the utility of Asian critical (AsianCrit)*.

500 HYUN, Ji. *Asian Critical Race Theory as an Analytical Framework*.

501 HYUN, Ji. *Asian Critical Race Theory as an Analytical Framework*.

502 BRAYBOY, Bryan McKinley Jones. Toward a Tribal Critical Race Theory in Education. **The Urban Review**, [s.l.], v. 37, n. 5, December 2006. DOI: https://doi.org/10.1007/s11256-005-0018-y

503 BRAYBOY, Bryan McKinley Jones. **Climbing the Ivy**: Examining the experiences of academically successful Native American Indian students in two Ivy League universities. Unpublished doctoral dissertation, University of Pennsylvania, 1999; BRAYBOY, Bryan McKinley Jones. **Toward a Tribal Critical Theory in higher education**. Paper presented at the Association for the Study of Higher Education, Richmond, VA, November 2001; BRAYBOY, Bryan McKinley Jones. The implementation of diversity in predominately white colleges and universities. **Journal of Black Studies**, [s.l.], v. 34, n. 1, p. 72–86, 2003; BRAYBOY, Bryan McKinley Jones. Hiding in the Ivy: American Indian Students and visibility in elite educational settings. **Harvard Educational Review**, [s.l.], v. 74, n. 2, p. 125-152, 2004a; BRAYBOY, Bryan McKinley Jones. "Those Indians are taking over": A Tribal Critical Theory analysis of a legal challenge to Indian Education. Paper presented at the Council on

Anthropology and Education Canterbury Convocation, San Francisco, November 19, 2004b; BRAYBOY, Bryan McKinley Jones. Transformational resistance and social justice: American Indians in Ivy League Universities. **Anthropology & Education Quarterly**, [s.l.], v. 36, n. 3, p. 193-211, 2005a; BRAYBOY, Bryan McKinley Jones. Toward a Tribal Critical Race Theory in Education. **The Urban Review**, [s.l.], v. 37, n. 5, p. 425-446, 2005b. DOI: https://doi.org/10.1007/s11256-005-0018-y; BRAYBOY, Bryan McKinley Jones. *Toward a Tribal Critical Race Theory in Education*; BRAYBOY, Bryan McKinley Jones. Tidemarks and Legacies: Building on the Past and Moving to the Future. **Anthropology & Education Quarterly**, [s.l.], v. 44, n. 1, p. 1-10, 2013. DOI: https://doi.org/10.1111/aeq.12001

504 BRAYBOY, Bryan McKinley Jones. *Transformational resistance and social justice*; BRAYBOY, Bryan McKinley Jones. *Toward a Tribal Critical Race Theory in Education*; BRAYBOY, Bryan McKinley Jones. *Toward a Tribal Critical Race Theory in Education*; BRAYBOY, Bryan McKinley Jones. *Tidemarks and Legacies*.

505 BRAYBOY, Bryan McKinley Jones. *Climbing the Ivy*; BRAYBOY, Bryan McKinley Jones. *Toward a Tribal Critical Theory in higher education*; BRAYBOY, Bryan McKinley Jones. *The implementation of diversity in predominately white colleges and universities*; BRAYBOY, Bryan McKinley Jones. *Hiding in the Ivy*; BRAYBOY, Bryan McKinley Jones. *"Those Indians are taking over"*; BRAYBOY, Bryan McKinley Jones. *Transformational resistance and social justice*; BRAYBOY, Bryan McKinley Jones. *Toward a Tribal Critical Race Theory in Education*; BRAYBOY, Bryan McKinley Jones. *Toward a Tribal Critical Race Theory in Education*; BRAYBOY, Bryan McKinley Jones. *Tidemarks and Legacies*.

506 BRAYBOY, Bryan McKinley Jones. *Transformational resistance and social justice*; BRAYBOY, Bryan McKinley Jones. *Toward a Tribal Critical Race Theory in Education*; CALDERÓN, Dolores. Making Explicit the Jurisprudential Foundations of Multiculturalism: The Continuing Challenges of Colonial Education in US Schooling for Indigenous Education. *In*: KEMPF, Arlo. (ed.). **Breaching the Colonial Contract**: Explorations of Educational Purpose. Springer, Dordrecht, 2009. DOI: https://doi.org/10.1007/978-1-4020-9944-1_4; SHEAR, Sarah B.; KNOWLES, Ryan T.; SODEN, Gregory J.; CASTRO, Antonio J. Manifesting Destiny: Re/presentations of Indigenous Peoples in K–12 U.S. History Standards. **Theory & Research in Social Education**, [s.l.], v. 43, n. 1, p. 68-101, 2015. DOI: https://doi.org/10.1080/00933104.2014.999849; WILKINS, David E.; STARK, Heidi K. **American Indian Politics, and the American Political System**. Lanham: Rowman & Littlefield, 2018.

507 BRAYBOY, Bryan McKinley Jones. *Toward a Tribal Critical Race Theory in Education*.
508 BRAYBOY, Bryan McKinley Jones. *Toward a Tribal Critical Race Theory in Education*.
509 BRAYBOY, Bryan McKinley Jones. *Climbing the Ivy*; BRAYBOY, Bryan McKinley Jones. *Toward a Tribal Critical Theory in higher education*; BRAYBOY, Bryan McKinley Jones. *The implementation of diversity in predominately white colleges and universities*; BRAYBOY, Bryan McKinley Jones. *Hiding in the Ivy*; BRAYBOY, Bryan McKinley Jones. *"Those Indians are taking over"*; BRAYBOY, Bryan McKinley Jones. *Transformational resistance and social justice*; BRAYBOY, Bryan McKinley

Jones. *Toward a Tribal Critical Race Theory in Education*; BRAYBOY, Bryan McKinley Jones. *Toward a Tribal Critical Race Theory in Education*; BRAYBOY, Bryan McKinley Jones. *Tidemarks and Legacies*.

510 CROTTY, Michael. **The Foundations of Social Research**: Meaning and perspective in the research process. Crow's Nest: Allen & Unwin, 1998; MISAWA, Mitsunori. Musings on controversial intersections of positionality: a Queer Crit perspective in adult and continuing education. *In*: SHEARED, Vanessa; JOHNSON-BAILEY, Juanita; COLIN III, Scipio A. J.; PETERSON, Elizabeth; BROOKFIELD, Stephen D. (ed.). **The handbook of race and adult education**: a resource for dialogue on racism. San Francisco, C.A.: Jossey-Bass, 2010. p. 187-199; MISAWA, Mitsunori. Social Justice Narrative Inquiry: a Queer Crit Perspective. *In*: ADULT EDUCATION RESEARCH CONFERENCE, 2012, Saratoga Springs, NY. **Conference Proceedings**. Saratoga: New Prairie Pess, 2012; LADSON-BILLINGS, Gloria. Toward a theory of culturally relevant pedagogy. **American Educational Research Journal**, v. 32, p. 465-491, 1995; LADSON-BILLINGS, Gloria. Racialized discourses and ethnic epistemologies. *In*: DENZIN, N. K.; LINCOLN, Y. S. (ed.). **The SAGE handbook of qualitative research**. 2nd ed. Thousand Oaks, CA: SAGE Publications, 2000. p. 257-277.

511 VALDÉS, Francisco. *Foreword*; DELGADO, Richard; STEFANCIC, Jean. *Critical race theory*; MISAWA, Mitsunori. *Musings on controversial intersections of positionality*; MISAWA, Mitsunori. *Social Justice Narrative Inquiry*.

512 MISAWA, Mitsunori. *Social Justice Narrative Inquiry*.

513 MISAWA, Mitsunori. *Musings on controversial intersections of positionality*; MISAWA, Mitsunori. *Social Justice Narrative Inquiry*.

514 MISAWA, Mitsunori. *Musings on controversial intersections of positionality*; MISAWA, Mitsunori. *Social Justice Narrative Inquiry*; GRACE, André P. Using queer cultural studies to transgress adult educational space. *In*: SHEARED, Vanessa; SISSEL, Peggy A. (ed.). **Making space**: Merging theory and practice in adult education. Westport, CT: Bergin & Garvey, 2001.

515 HANEY-LÓPEZ, Ian F. *Race, Ethnicity, Erasure*; MISAWA, Mitsunori. *Musings on controversial intersections of positionality*; MISAWA, Mitsunori. *Social Justice Narrative Inquiry*; MISAWA, Mitsunori. Political aspects of the intersection of sexual orientation and race in higher education in the United States: A queer scholar of color's perspective. **Journal of Curriculum and Pedagogy**, [s.l.], v. 4, n. 2, p. 78-83, 2007.

516 MISAWA, Mitsunori. *Musings on controversial intersections of positionality*; MISAWA, Mitsunori. *Social Justice Narrative Inquiry*; MISAWA, Mitsunori. *Political aspects of the intersection of sexual orientation and race*.

517 MISAWA, Mitsunori. *Musings on controversial intersections of positionality*; MISAWA, Mitsunori. *Social Justice Narrative Inquiry*; MISAWA, Mitsunori. *Political aspects of the intersection of sexual orientation and race*.

518 MISAWA, Mitsunori. *Musings on controversial intersections of positionality*; MISAWA, Mitsunori.

Social Justice Narrative Inquiry; MISAWA, Mitsunori. *Political aspects of the intersection of sexual orientation and race*.

519   MISAWA, Mitsunori. *Musings on controversial intersections of positionality*; MISAWA, Mitsunori. *Social Justice Narrative Inquiry*; MISAWA, Mitsunori. *Political aspects of the intersection of sexual orientation and race*.

520   MISAWA, Mitsunori. *Musings on controversial intersections of positionality*; MISAWA, Mitsunori. *Social Justice Narrative Inquiry*; MISAWA, Mitsunori. *Political aspects of the intersection of sexual orientation and race*.

521   Tradução: Hebcrit: uma nova dimensão da teoria crítica da raça. RUBIN, Daniel Ian. *Hebcrit: a new dimension of critical race theory*.

522   Tradução: A luta judaica no século 21. RUBIN, Daniel Ian. **The Jewish Struggle in the 21st Century.** Leiden, The Netherlands: Koninklijke Brill NV, 2021.

523   BRETT, Mia. Who's afraid of 'Critical Race Theory'? Jews should embrace the right's latest bogeyman. **Forward**, New York, December 07, 2020c.

524   RUBIN, Daniel Ian. *Hebcrit: a new dimension of critical race theory*; RUBIN, Daniel Ian. *The Jewish Struggle in the 21st Century*.

525   RUBIN, Daniel Ian. *Hebcrit: a new dimension of critical race theory*; RUBIN, Daniel Ian. *The Jewish Struggle in the 21st Century*.

526   MACDONALD-DENNIS, Christopher. Understanding anti-semitism and its impact: A new framework for conceptualizing Jewish identity. **Equity & Excellence in Education**, [s.l.], v. 39, n. 3, p. 267-278, 2006. DOI: https://doi.org/10.1080/10665680600792794; SCHLOSSER, Lewis Z.; ALI, Saba R.; ACKERMAN, Sandra R.; DEWEY, Jane J. H. Religion, ethnicity, culture, way of life: Jews, Muslims, and multicultural counseling. **Counseling and Values**, [s.l.], v. 54, n. 1, p. 48-64, 2009. DOI: https://doi.org/10.1002/j.2161-007X.2009.tb00004.x; RUBIN, Daniel I. Still wandering: The exclusion of Jews from issues of social justice and multicultural thought. **Multicultural Perspectives**, [s.l.], v. 15, n. 4, p. 213–219, 2013. DOI: https://doi.org/10.1080/15210960.2013.844607; RUBIN, Daniel I. Whiter shade of pale: Making the case for Jewish presence in the multicultural classroom. **International Journal of Multicultural Education**, [s.l.], v. 19, n. 2, p. 131, 2017. DOI: https://doi.org/10.18251/ijme.v19i2.1415; RUBIN, Daniel I. The muddy waters of multicultural acceptance: A qualitative case study on antisemitism and the Israeli/Palestinian conflict. **Journal of Ethnic and Cultural Studies**, [s.l.], v. 5, n. 1, p. 1-15, 2018. DOI: https://doi.org/10.29333/ejecs/96; RUBIN, Daniel Ian. *Hebcrit: a new dimension of critical race theory*; RUBIN, Daniel Ian. *The Jewish Struggle in the 21st Century*.

527   KREMER, S. Lillian. Contemporary Jewish American writers and the multicultural dilemma: Return of the exiled (review). **American Jewish History**, [s.l.], v. 89, n. 3, p. 318-320, 2001. DOI: https://doi.org/10.1353/ajh.2001.0045; RUBIN, Daniel Ian. *Hebcrit: a new dimension of critical race theory*; RUBIN, Daniel Ian. *The Jewish Struggle in the 21st Century*.

528   FREEDMAN, Jonathan. Transgressions of a model minority. **Shofar**: an Interdisciplinary

Journal of Jewish Studies, [s.l.], v. 23, n. 4, p. 69-97, 2005. DOI: https://doi.org/10.1353/sho.2005.0147; ALTMAN, Abby. N.; INMAN, Arpana G.; FINE, Stephanie G.; RITTER, Hollie A.; HOWARD, Erin E. Exploration of Jewish ethnic identity. **Journal of Counseling & Development**, [s.l.], v. 88, n. 2, p. 163-173, 2010. https://doi.org/10.1002/j.1556-6678.2010.tb00005.x; RUBIN, Daniel Ian. *Hebcrit: a new dimension of critical race theory*; RUBIN, Daniel Ian. *The Jewish Struggle in the 21st Century*.

529 Aqui é importante reforçar que existem judeus que são de outros pertencimentos étnico-raciais, como negros, por exemplo.

530 JAY, Martin. The Jews and the Frankfurt School: Critical Theory's Analysis of Anti-Semitism. **New German Critique**, [s.l.], n. 19, p. 137, 1980. DOI: https://doi.org/10.2307/487976; BRODKIN, Karen. How did Jews Become White Folks? *In*: GREGORY, Steve; SANJEK, Roger. **Race**. New Brunswick, N.J.: Rutgers University Press, 1994. p. 79-102; BRODKIN, Karen. **How Jews Became White Folks and What That Says About Race in America**. New Jersey: Rutgers University Press, 1998; LANGMAN, Peter F. Including Jews in multiculturalism. **Journal of Multicultural Counseling and Development**, [s.l.], v. 23, n. 4, p. 222-236, 1995. DOI: https://doi.org/10.1002/j.2161-1912.1995.tb00278.x; GREENBERG, Cheryl. Pluralism and its discontents: the case of Blacks and Jews. *In*: BIALE, David; GALCHINSKY, Michael; HESCHE, Susannah Heschel. (ed.). **Insider/outsider**: American Jews and multiculturalism. Berkeley, California: University of California Press, 1998. p. 55-87; GREENBERG, Cheryl. "I'm not white – I'm Jewish": the racial politics of American Jews. *In*: SICHER, Efraim. (ed.). **Race, color, identity**: rethinking discourses about "Jews" in the twenty-first century. Berghahn Books, 2015. p. 35-55; GILMAN, Sander L. "Were not Jews": Imagining Jewish history and Jewish bodies in contemporary multicultural literature. **Modern Judaism**, [s.l.], v. 23, n. 2, p. 126-155, 2003. DOI: https://doi.org/10.1093/mj/kjg009; FREEDMAN, Jonathan. *Transgressions of a model minority*; BLUMENFELD, Warren J. Christian privilege and the promotion of "secular" and not-so "secular" mainline Christianity in public schooling and in the larger society. **Equity & Excellence in Education**, [s.l.], v. 39, n. 3, p. 195-210, 2006a. DOI: https://doi.org/10.1080/10665680600788024; BLUMENFELD, Warren J. Outside/inside/between sides: An investigation of Ashkenazi Jewish perceptions of their "race". **Multicultural Perspectives**, [s.l.], v. 8, n. 3, p. 11-18, 2006b. DOI: https://doi.org/10.1207/s15327892mcp0803_3; MACDONALD-DENNIS, Christopher. *Understanding anti-semitism and its impact*; KING, Ryan D.; WEINER, Melissa F. Group position, collective threat, and American antisemitism. **Social Problems**, [s.l.], v. 54, n. 1, p. 47-77, 2007; MADDUX, William M.; GALINSKY, Adam D.; CUDDY, Amy J. C.; POLIFRONI, Mark When being a model minority is good... and bad: Realistic threat explains negativity toward Asian Americans. **Personality and Social Psychology Bulletin**, [s.l.], v. 34, n. 1, p. 74-89, 2008. DOI: https://doi.org/10.1177/0146167207309195; SINGER, Miriam J. A hidden minority amidst white privilege. **Multicultural Perspectives**, [s.l.], v. 10, n. 1, p. 47-51, 2008. DOI: https://doi.org/10.1080/15210960701869637; MAIZELS, Linda. On whiteness

and the Jews. **Journal for the Study of Antisemitism**, [s.l.], v. 3, n. 2, p. 463-488, 2011; RUBIN, Daniel Ian. *Hebcrit: a new dimension of critical race theory*; RUBIN, Daniel Ian. *The Jewish Struggle in the 21st Century*; FOX, Dory. "We are the first temple": Fact and affect in American Jews' emergent genetic narrative. **Shofar**: An Interdisciplinary Journal of Jewish Studies, [s.l.], v. 36, n. 1, p. 74-107, 2018. DOI: https://doi.org/10.1353/sho.2018.0003; GREEN, Abigail; SULLAM, Simon Levis. **Jews, Liberalism, Antisemitism**: a global history. London: Palgrave Macmillan, 2020. DOI: https://doi.org/10.1007/978-3-030-48240-4

531 BRETT, Mia. **The Murdered Jewess**: Jewish Immigration and the Problem of Citizenship in the Courtroom in Late Nineteenth Century New York. Dissertation (Doctor of Philosophy) – Stony Brook University, New York, 2020a.

532 Tradução: A judia assassinada: imigração judaica e o problema da cidadania no tribunal no final do século XIX em Nova York.

533 Brett indica que os Estudos Críticos da Branquitude como disciplina inclui explicitamente os judeus na análise das formas como a raça é construída nos Estados Unidos. Alguns autores entendem que há exclusão de imigrantes judeus na cultura branca dominante na história norte-americana. Além disso, durante o período segregacionista, os adeptos da supremacia racial branca usavam os símbolos da suástica e bandeiras confederadas. JACOBSON, Matthew Frye. **Whiteness of a different color**: European immigrants and the alchemy of race. Cambridge: Harvard University Press, 1998; GOLDSTEIN, Eric L. **The Price of Whiteness**: Jew, race, and American identity. Princeton: Princeton University Press, 2006; BRETT, Mia. Who's afraid of 'Critical Race Theory'? Jews should embrace the right's latest bogeyman. **Forward**, New York, December 07, 2020c.

534 A autora usa o termo em inglês: *"white slavery"*.

535 RIBAK, Gil. "The Jew Usually Left Those Crimes to Esau": The Jewish Responses to Accusations about Jewish Criminality in New York, 1908–1913. **AJS Review**, [s.l.], 38, n. 1, p. 1-28, 2014. DOI: https://doi.org/10.1017/s0364009414000014; BRETT, Mia. *The Murdered Jewess*; BRETT, Mia. "Ten Thousand Bigamists in New York": the criminalization of Jewish Immigrants using white slavery panics. **The Gotham Center for New York City History**, New York, October 27, 2020b.

536 A título de informação, podemos citar os filmes "Taken" [Busca Implacável] (2008) e *Caged no More* [Prisioneiras nunca mais] (2016) como exemplos de escravidão branca, prostituição e tráfico humano. Além disso, há criação de um discurso entre pessoa branca pura e outra racializadas. As sinopses e *trailers* podem ser vistos em: https://www.adorocinema.com/filmes/filme-126169/ e https://filmestipo.com/film/23784-prisioneiras-nunca-mais, respectivamente.

537 BRETT, Mia. *The Murdered Jewess*; BRETT, Mia. *"Ten Thousand Bigamists in New York"*; BRETT, Mia. *Who's afraid of 'Critical Race Theory'?*

538 Rosemarie Garland-Thomson (2019, p. 13, grifo da autora) infere que as variações humanas consideradas como deficiência "são interrupções ou desvios de um roteiro padrão de forma,

função, comportamento ou percepção humana que, no pensamento contemporâneo, chamamos de *normal*. A deficiência ocorre quando a forma e a função dos corpos entram em conflito com a forma e o material do mundo".

539 GARLAND-THOMSON, Rosemarie. Disability Studies: A Field Emerged. **American Quarterly**, [s.l.], v. 65, n. 4, p. 915-926, 2013; GARLAND-THOMSON, Rosemarie. Critical disability studies: A knowledge manifesto. *In*: ELLIS, Katie; GARLAND-THOMSON, Rosemarie; KENT, Mike; ROBERTSON, Rachel. **Manifestos for the Future of Critical Disability Studies, Volume 1**. London: Routledge, 2019. p. 11-19.

540 GARLAND-THOMSON, Rosemarie. *Critical disability studies: A knowledge manifesto*. p. 12-13.

541 TITCHKOSKY, Tanya. **The Question of Access**: Disability, Space, Meaning. Toronto: University of Toronto Press, 2011; EVANS, Nancy J. **Disability in Higher Education**: A Social Justice Approach. San Francisco, CA: Jossey-Bass, 2017. GARLAND-THOMSON, Rosemarie. *Critical disability studies: A knowledge manifesto*.

542 GARLAND-THOMSON, Rosemarie. Disability Studies: A Field Emerged; GARLAND-THOMSON, Rosemarie. *Critical disability studies: A knowledge manifesto*.

543 GARLAND-THOMSON, Rosemarie. *Critical disability studies: A knowledge manifesto*. p. 12.

544 GARLAND-THOMSON, Rosemarie. *Critical disability studies: A knowledge manifesto*.

545 NORLIN, Dennis. Helping adults with mental retardation satisfy their information needs. *In*: WALLING, Linda Lucas; IRWIN, Marilyn (ed.). **Information services for people with developmental disabilities**: The library manager's handbook. Westport, CT: Greenwood Press, 1995. p. 181-195; SKINNER, Asheley Cockrell; SLIFKIN, Rebecca T. Rural/urban differences in barriers to and burdens of care for children with special health care needs. **Journal of Rural Health**, [s.l.], v. 23, p. 150–157, 2007; HOLMES, Jennifer L. Patrons with developmental disabilities: A needs assessment survey. **New Library World**, [s.l.], v. 109, n. 11/12, p. 533-545, 2008; BILAL, Dania. The mediated information needs of children on the Autism Spectrum Disorder (ASD). *In*: PROCEEDINGS OF THE 33RD ANNUAL INTERNATIONAL ACM SIGIR CONFERENCE ON RESEARCH AND DEVELOPMENT IN INFORMATION RETRIEVAL. **Workshop on Towards Accessible Search Systems**. Geneva, Switzerland, 2010. p. 42-47; CARLSON, Licia. **The Faces of Intellectual Disability**: Philosophical Reflections. Bloomington, IN: Indiana University Press, 2010; DAVIS, Lennard J. (ed.). **The Disability Studies Reader**. 3rd ed. New York: Routledge, 2010; ELLIS, Katie; GARLAND-THOMSON, Rosemarie; KENT, Mike; ROBERTSON, Rachel. (ed.). **Manifestos for the future of Critical Disability Studies, v. 1**. London; New York: Routledge, 2019; GARLAND-THOMSON, Rosemarie. (ed.). **Freakery**: Cultural Spectacles of the Extraordinary Body. New York: New York University Press, 1996; GARLAND-THOMSON, Rosemarie. **Extraordinary bodies**: figuring physical disability in American culture and literature. New York: Columbia University Press, 1997; GARLAND-THOMSON, Rosemarie. Shape structures story: fresh and feisty stories about disability narrative. **Narrative**, [s.l.], v. 15, n. 1, p. 113-123, 2007; GARLAND-

THOMSON, Rosemarie. **Staring**: How We Look. New York: Oxford University Press, 2009; GARLAND-THOMSON, Rosemarie. **Misfits**: a feminist materialist disability concept. Hypatia, [s.l.], v. 26, n. 3, p. 591-609, 2011; GARLAND-THOMSON, Rosemarie. The case for conserving disability. **Bioethical Inquiry**, [s.l.], v. 9, p. 339–355, 2012; **GARLAND-THOMSON, Rosemarie**. *Disability Studies: A Field Emerged*; GARLAND-THOMSON, Rosemarie. Building a world with disability in it. *In*: WALDSCHMIDT, Anne; BERRESSEM, Hanjo; INGWERSEN, Moritz. **Culture–theory–disability**: encounters between disability studies and cultural studies. Bielefeld: Transcript, 2015. p. 51–62; KITTAY, Eva Feder; CARLSON, Licia. (ed.). **Cognitive Disability and Its Challenge to Moral Philosophy**. Malden, MA: John Wiley & Sons, 2010; MILLETT-GALLANT, Ann. **The Disabled Body in Contemporary Art**. New York: Palgrave MacMillian, 2010; SANDELL, Richard; DODD, Jocelyn; GARLAND-THOMSON, Rosemarie. (ed.). **Re-Presenting Disability**: Activism and Agency in the Museum. New York: Routledge, 2010; EREVELLES, Nirmala. **Disability and difference in global contexts**: enabling a transformative body politics. New York: Palgrave Macmillan, 2011; HALL, Kim Q. (ed.). **Feminist Disability Studies**. Bloomington, IN: Indiana University Press, 2011; PRICE, Margaret. **Mad at School**: Rhetorics of Mental Disability and Academic Life. Ann Arbor, MI: University of Michigan Press, 2011; RUSSELL, Emily. **Reading Prosthesis**: Disability and the Dependencies of Discourse. Ann Arbor, MI: University of Michigan Press, 2000; STRAUS, Joseph N. **Extraordinary Measures**: Disability in Music. New York: Oxford University Press, 2011; MCRUER, Robert; MOLLOW, Anna. (ed.). **Sex and Disability**. Durham, NC: Duke University Press, 2012; BRUNE, Jeffrey A.; WILSON, Daniel J. (ed.). **Disability and Passing**: Blurring the Lines of Identity. Philadelphia, PA: Temple University Press, 2013; PILLING, Merrick Daniel. Invisible identity in the workplace: Intersectional madness and processes of disclosure at work. **Disability Studies Quarterly**, [s.l.], v. 33, n. 1, 2013; DOLMAGE, Jay. **Academic Ableism**: Disability and Higher Education. Ann Arbor: University of Michigan Press, 2017; LAZAR, Jonathan; STEIN, Michael Ashley. (ed.). **Disability, Human Rights, and Information Technology**. Philadelphia, PA: University of Pennsylvania Press, 2017.

546 ANNAMMA, Subini; CONNOR, David J.; FERRI, Beth A. Dis/ability critical race studies (DisCrit): theorizing at the intersections of disability and race. **Journal of Race, Ethnicity, and Education**, [s.l.], v. 16, n. 1, p. 1-31, 2013; ANNAMMA, Subini; FERRI, Beth A.; CONNOR, David J. Disability Critical Race Theory: Exploring the intersectional lineage, emergence, and potential futures of DisCrit in education. **Review of Research in Education**, [s.l.], v. 42, p. 46-71, 2018; LOVE, Hailey R.; BENEKE, Margaret R. Pursuing Justice-Driven Inclusive Education Research: Disability Critical Race Theory (DisCrit) in Early Childhood. **Topics in Early Childhood Special Education**, [s.l.], v. 41, n. 1, p. 31-44, 2021.

547 BAGLIERI, Susan. Toward unity in school reform: What DisCrit contributes to multicultural and inclusive education. *In*: CONNOR, David J.; FERRI, Beth A; ANNAMMA, Subini. (ed.).

DisCrit: Disability studies and critical race theory in education. New York: Teachers College Press, 2016. p. 167-181; WAITOLLER, Federico R.; ANNAMMA, Subini Ancy. Taking a Spatial Turn in Inclusive Education: Seeking Justice at the Intersections of Multiple Markers of Difference. *In*: HUGHES, Marie Tejero; TALBOTT, Elizabeth. (ed.). **The Wiley Handbook of Diversity in Special Education**. Wiley-Blackwell, 2017. p. 23-44; KOZLESKI, Elizabeth B.; STEPANIUK, Inna; PROFFITT, William. Leading through a critical lens: The application of DisCrit in framing, implementing, and improving equity driven, educational systems for all students. **Journal of Educational Administration**, [s.l.], v. 58, n. 5, p. 489-505, 2020; LOVE, Hailey R.; BENEKE, Margaret R. *Pursuing Justice-Driven Inclusive Education Research*.

548 EREVELLES, Nirmala; MINEAR, Andrea. Unspeakable offenses: untangling race and disability in discourses of intersectionality. **Journal of Literary and Cultural Disability Studies**, [s.l.], v. 4, n. 2, p. 127-145, 2010; ANNAMMA, Subini; CONNOR, David J.; FERRI, Beth A. *Dis/ability critical race studies (DisCrit)*.

549 Tradução: Cultivando e expandindo a teoria racial crítica da deficiência (DisCrit). ANNAMMA, Subini; CONNOR, David J.; FERRI, Beth A. *Dis/ability critical race studies (DisCrit)*.

550 CONNOR, David J.; FERRI, Beth A; ANNAMMA, Subini. (ed.). **DisCrit**: Disability studies and critical race theory in education. New York: Teachers College Press, 2016; ANNAMMA, Subini; CONNOR, David J.; FERRI, Beth A. *Dis/ability critical race studies (DisCrit)*; ANNAMMA, Subini; FERRI, Beth A.; CONNOR, David J. Cultivating and expanding disability critical race theory (DisCrit). *In*: ELLIS, Katie; GARLAND-THOMSON, Rosemarie; KENT, Mike; ROBERTSON, Rachel. **Manifestos for the Future of Critical Disability Studies, Volume 1**. London: Routledge, 2019. p. 199-208; ANNAMMA, Subini. Whiteness as property: Innocence and ability in teacher education. **The Urban Review**, [s.l.], v. 47, n. 2, p. 293–316, 2015.

551 ANNAMMA, Subini; FERRI, Beth A.; CONNOR, David J. *Cultivating and expanding disability critical race theory (DisCrit)*.

552 Tradução: "Assim como eu, assim como você": Apagamento Narrativo como Normalização da Deficiência em Livros Ilustrados Infantis.

553 AHO, Tanja; ALTER, Grit. "Just Like Me, Just Like You": Narrative Erasure as Disability Normalization in Children's Picture Books. **Journal of Literary & Cultural Disability Studies**, [s.l.], v. 12, n. 3, p. 303-319, 2018.

554 Tradução: Perseguindo a Pesquisa de Educação Inclusiva Orientada pela Justiça: Teoria Racial Crítica da Deficiência (DisCrit) na Primeira Infância.

555 LOVE, Hailey R.; BENEKE, Margaret R. *Pursuing Justice-Driven Inclusive Education Research*.

556 BERMAN, Rachel; DANIEL, Beverly-Jean; Butler, Alana; MacNevin, Margaret; Royer, Natalie. Nothing, or almost nothing, to report: Early childhood educators and discursive constructions of colorblindness. **International Critical Childhood Policy Studies Journal**, [s.l.], v. 6, n. 1, p. 52-65, 2017; GARLEN, Julie C. Interrogating innocence: "Childhood" as exclusionary social practice. **Childhood**, [s.l.], v. 26, n. 1, p. 54-67, 2019; LALVANI, Priya; BACON, Jessica

K. Rethinking "We Are All Special": Anti-Ableism Curricula in Early Childhood Classrooms. **Young Exceptional Children**, [s.l.], v. 22, n. 2, p. 87-100, June 2019; BENEKE, Margaret R.; CHEATHAM, Gregory A. Race talk in preschool classrooms: Academic readiness and participation during shared-book reading. **Journal of Early Childhood Literacy**, [s.l.], v. 19, 1, p. 107-133, 2019; HANCOCK, Christine L.; CHEATHAM, Gregory A. Decision-making during early intervention home visits: From minimal to meaningful parent participation. **Journal of Research in Childhood Education**, [s.l.], v. 35, p. 68-90, 2020; LOVE, Hailey R.; BENEKE, Margaret R. *Pursuing Justice-Driven Inclusive Education Research*.

557 BAGLIERI, Susan; BEJOIAN, Lynne M.; BRODERICK, Alicia A.; CONNOR, David J.; VALLE, Jan. [Re]claiming: "inclusive education" toward cohesion in educational reform: Disability studies unravels the myth of the normal child. **Teachers College Record**, [s.l.], v. 113, n. 10, p. 2122-2154, 2011; WAITOLLER, Federico R.; ANNAMMA, Subini Ancy. *Taking a Spatial Turn in Inclusive Education*; ANNAMMA, Subini; HANDY, Tamara; MILLER, Amanda L.; JACKSON, Elizabeth. Animating discipline disparities through debilitating practices: Girls of color and inequitable classroom interactions. **Teachers College Record**, [s.l.], v. 122, n. 5, p. 1-46, 2020; LOVE, Hailey R.; BENEKE, Margaret R. *Pursuing Justice-Driven Inclusive Education Research*.

558 FERRI, Beth A.; BACON, Jessica. Beyond inclusion: Disability studies in early childhood teacher education. *In*: FENNIMORE, Beatrice S., GOODWIN, A. Lin. (ed.). **Promoting social justice for young children**. Berlin: Springer, 2011. p. 137-146; DUDLEY-MARLING, Curt; BURNS, Mary Bridget. Two perspectives on inclusion in the United States. **Global Education Review**, [s.l.], v. 1, n. 1, p. 14-31, 2014; GRINDAL, Todd; SCHIFTER, Laura A.; SCHWARTZ, Gabriel; HEHIR, Thomas. Racial differences in special education identification and placement: Evidence across three states. **Harvard Educational Review**, [s.l.], v. 89, n. 4, p. 525-553, 2019; LOVE, Hailey R.; BENEKE, Margaret R. *Pursuing Justice-Driven Inclusive Education Research*.

559 DUDLEY-MARLING, Curt; LUCAS, Krista. Pathologizing the language and culture of poor children. **Language Arts**, [s.l.], v. 86, n. 5, p. 362–370, 2009; YOON, Haeny S.; TEMPLETON, Tran Nguyen. The Practice of Listening to Children: The Challenges of Hearing Children Out in an Adult-Regulated World. **Harvard Educational Review**, [s.l.], v. 89, n. 1, p. 55-84, Spring 2019; KOIVULA, Merja; TURJA, Leena; LAAKSO, Marja-Lena. Using the Storytelling Method to Hear Children's Perspectives and Promote Their Social-Emotional Competence. **Journal of Early Intervention**, [s.l.], v. 42, n. 2, p. 163-181, 2020; LOVE, Hailey R.; BENEKE, Margaret R. *Pursuing Justice-Driven Inclusive Education Research*.

560 FERRI, Beth A.; BACON, Jessica. *Beyond inclusion*; LADSON-BILLINGS, Gloria. Critical Race Theory – What it is not! *In*: LYNN, Marvin; DIXSON, Adrienne D. (ed.). **Handbook of Critical race Theory in Education**. New York: Routledge, 2013. p. 34-47; LOVE, Hailey R.; BENEKE, Margaret R. *Pursuing Justice-Driven Inclusive Education Research*.

561 HARRIS, Cheryl I. Whiteness as property. **Harvard Law Review**, [s.l.], v. 106, p. 1707-1791, 1993.

562 HARRIS, Cheryl I. *Whiteness as property*; SUE, Derald Wing. Microaggressions, Marginality, and Oppression: an introduction; SUE, Derald Wing. (ed.). *Microaggressions and marginality: manifestation, dynamics, and impact*; SUE, Derald Wing. *Microaggressions in everyday life*; LEONARDO, Zeus; BRODERICK, Alicia A. Smartness as Property: A Critical Exploration of Intersections between Whiteness and Disability Studies. **Teachers College Record**, [s.l.], v. 113, n. 10, p. 2206-2232, 2011; ANNAMMA, Subini. *Whiteness as property*; BENEKE, Margaret R.; CHEATHAM, Gregory A. *Race talk in preschool classrooms*; BENEKE, Margaret R.; CHEATHAM, Gregory A. Teacher candidates talking (but not talking) about dis/ability and race in preschool. **Journal of Literacy Research**, [s.l.], v. 52, n. 3, p. 245-268, 2020; MIGLIARINI, Valentina; ANNAMMA, Subini Ancy. Classroom and Behavior Management: (Re)conceptualization Through Disability Critical Race Theory. *In*: PAPA, Rosemary (ed.). **Handbook on Promoting Social Justice in Education**. Springer, Cham, 2020; LOVE, Hailey R.; BENEKE, Margaret R. *Pursuing Justice-Driven Inclusive Education Research*; SILVA, Franciéle Carneiro Garcês da Silva; GARCEZ, Dirnéle Carneiro; PIZARRO, Daniella Camara. Cartografias da Supremacia Racial e da Branquitude na Biblioteconomia e Ciência da Informação. *In*: ENCONTRO NACIONAL DE PESQUISA EM CIÊNCIA DA INFORMAÇÃO, 22., 2022, Porto Alegre. **Anais** [...]. Porto Alegre: UFRGS, 2022.

563 COLLINS, Kathleen M. My mom says I'm really creative!": Dis/Ability, positioning, and resistance in multimodal instructional contexts. **Language Arts**, [s.l.], v. 88, n. 6, p. 409-418, 2011; ANNAMMA, Subini; HANDY, Tamara; MILLER, Amanda L.; JACKSON, Elizabeth. *Animating discipline disparities through debilitating practices*; MIGLIARINI, Valentina; ANNAMMA, Subini Ancy. *Classroom and Behavior Management*; LOVE, Hailey R.; BENEKE, Margaret R. *Pursuing Justice-Driven Inclusive Education Research*.

564 JENKINS, John Philip. White Supremacy. **Encyclopedia Britannica**, [s.l.], 13 abr. 2021; SILVA, Franciéle Carneiro Garcês da Silva; GARCEZ, Dirnéle Carneiro; PIZARRO, Daniella Camara. *Cartografias da Supremacia Racial e da Branquitude*.

565 SAAD, Layla F. **Eu e a supremacia branca**: como reconhecer seu privilégio, combater o racismo e mudar o mundo. Rio de Janeiro: Rocco, 2020.

566 BONILLA-SILVA, Eduardo. *Racismo sem racistas*.

567 FLAGG, Barbara J. "Was Blind, but Now I See": White Race Consciousness and the Requirement of Discriminatory Intent. **Michigan Law Review**, [s.l.], v. 91, n. 5, p. 953-1017, 1993; FLAGG, Barbara J. The transparency phenomenon, race-neutral decision making and discriminatory intent. *In*: DELGADO, Richard; STEFANCIC, Jean. (ed.). **Critical White studies**: Looking behind the mirror. Philadelphia, PA: Temple University Press, 1997a. p. 220-226; FLAGG, Barbara J. Transparently White subjective decisionmaking: Fashioning a legal remedy. *In*: DELGADO, Richard; STEFANCIC, Jean. (ed.). **Critical White studies**: Looking behind the mirror. Philadelphia, PA: Temple University Press, 1997b. p. 85-88;

FLAGG, Gondon. Early Sit-in Reenacted at Library 60 Years Later. **American Libraries**, [*s.l.*], v. 30, n. 9, p. 18, Oct. 1999.

568   Tradução: A invenção da raça branca. ALLEN, Theodore W. **The invention of the White race, v. 1**: Racial oppression and social control. Nova York: Verso, 1994; ALLEN, Theodore W. **The invention of the White race, v. 2**: The origin of racial oppression in anglo-america. Nova York: Verso, 1997.

569   ALLEN, Theodore W. *The invention of the White race, v. 1*; ALLEN, Theodore W. *The invention of the White race, v. 2*; SCHUCMAN, Lia Vainer. *Entre o encardido o branco e o branquíssimo*; SCHUCMAN, Lia Vainer. *Sim, nós somos racistas*; SILVA, Franciéle Carneiro Garcês da Silva; GARCEZ, Dirnéle Carneiro; PIZARRO, Daniella Camara. *Cartografias da Supremacia Racial e da Branquitude*.

570   Tradução: Privilégio Branco: Desempacotando a Mochila Invisível. MCINTOSH, Peggy. White Privilege: Unpacking the Invisible Knapsack. **Peace and Freedom Magazine**, Philadelphia, p. 10-12, July/August 1989.

571   MCINTOSH, Peggy. *White Privilege*. s.p.

572   MCINTOSH, Peggy. *White Privilege*.

573   ROBINSON, Cedric J. *Black marxism*.

574   SILVA, Franciéle Carneiro Garcês da Silva; GARCEZ, Dirnéle Carneiro; PIZARRO, Daniella Camara. *Cartografias da Supremacia Racial e da Branquitude*.

575   APPLEBAUM, Barbara. Critical Whiteness Studies. *In*: NOBILT, George. (ed.). **Oxford Research Encyclopedia of Education**. USA: Oxford University Press, 2016. p. 1-23; SILVA, Franciéle Carneiro Garcês da Silva; GARCEZ, Dirnéle Carneiro; PIZARRO, Daniella Camara. *Cartografias da Supremacia Racial e da Branquitude*.

576   CARDOSO, Lourenço. *O branco ante a rebeldia do desejo, online*, grifo do autor.

577   BENTO, Cida. *O pacto da branquitude*; BENTO, Maria Aparecida Silva. **Pactos narcísicos no racismo**: branquitude e poder nas organizações e no poder público. 2002. 169 p. Tese (Doutorado) – Universidade de São Paulo, São Paulo, 2002; CARDOSO, Lourenço. **O branco "invisível"**: um estudo sobre a emergência da branquitude nas pesquisas sobre as relações raciais no Brasil (Período: 1957- 2007). Dissertação (Mestrado) - Universidade de Coimbra, Coimbra, 2008; SCHUCMAN, Lia Vainer. Entre o "encardido", o "branco" e o "branquíssimo"; SILVA, Franciéle Carneiro Garcês da Silva; GARCEZ, Dirnéle Carneiro; PIZARRO, Daniella Camara. *Cartografias da Supremacia Racial e da Branquitude*.

578   BALDWIN, James. **The price of the ticket**: collected nonfiction: 1948–1985. New York: St. Martin's/Marek, 1985; IGNATIEV, Noel. **How the Irish became white**. New York; London: Routledge, 1995; DU BOIS, W. E. B. **The Philadelphia Negro**: A social study. Philadelphia: University of Pennsylvania Press, 1899. (n. 14); ROEDIGER, David R. **Working Toward Whiteness**: How America's Immigrants Became White: The Strange Journey from Ellis Island to the Suburbs. New York: Basic Books, 2005; BOHONOS, Jeremy W. Including

critical whiteness studies in the critical human resource development family: A proposed theoretical framework. **Adult Education Quarterly**, [s.l.], v. 69, n. 4, p. 315-337, 2019a.

579   DIANGELO, Robin. Fragilidade branca. **Revista Eco-Pós**, Rio de Janeiro, v. 21, v. 3, p. 35-57, 2018.

580   GALLAGHER, Charles A. White Racial Formation: Into the Twenty-first Century. *In*: DELGADO, Richard; STEFANCIC, Jean. (ed.). **Critical White Studies**: Looking Beyond the Mirror. Philadelphia: Temple University Press, 1997. p. 6-11; SUE, Derald Wing; CAPODILUPO, Christina M.; TORINO, Gina C.; BUCCERI, Jennifer M.; HOLDER, Aisha M. B.; NADAL, Kevin L.; ESQUILIN, Marta. *Racial microaggressions in everyday life*; SUE, Derald Wing. *Microaggressions, Marginality, and Oppression*; SUE, Derald Wing. (ed.). *Microaggressions and marginality*; NADAL, Kevin L.; WHITMAN, Lindsey S. Davis; ERAZO, Tanya; DAVIDOFF, Kristin C. Microaggressions Toward Lesbian, Gay, Bisexual, Transgender, Queer, and Genderqueer People: a review of the Literature. **The Journal of Sex Research**, [s.l.], v. 53, n. 4-5, p. 488-508, 2016; BOHONOS, Jeremy W. *Including critical whiteness studies*.

581   BENTO, Cida. *O pacto da branquitude*.

582   LENSMIRE, Timothy J. **White Folks**: Race and Identity in Rural America. Oxfordshire, England, UK: Routledge, 2017; DIANGELO, Robin. *Fragilidade branca*; BOHONOS, Jeremy W. *Including critical whiteness studies*; BOHONOS, Jeremy W. Masculinized radio: When injustice drives profit. *In*: **International Research Conference in the Americas**, Louisville, KY, 2019b; BOHONOS, Jeremy W. Not funny, when Black and native lives don't matter: Racially motivated violence, killing, and genocide in masculinized White workplace discourse and humor. *In*: **International Research Conference in the Americas**, Louisville, KY, 2019c.

583   DIANGELO, Robin. *Fragilidade branca*; BOHONOS, Jeremy W. *Including critical whiteness studies*; BONILLA-SILVA, Eduardo. *Racismo sem racistas*; ANNAMMA, Subini Ancy; JACKSON, Darrell D.; MORRISON, Deb. *Conceptualizing color-evasiveness*.

584   HAYMAN, Robert L., LEVIT, Nancy. The constitutional ghetto. *In*: DELGADO, Richard; STEFANCIC, Jean. (ed.). **Critical White Studies**: Looking Beyond the Mirror. Philadelphia: Temple University Press, 1997. p. 239-247; SUE, Derald Wing; CAPODILUPO, Christina M.; TORINO, Gina C.; BUCCERI, Jennifer M.; HOLDER, Aisha M. B.; NADAL, Kevin L.; ESQUILIN, Marta. *Racial microaggressions in everyday life*; SUE, Derald Wing. *Microaggressions, Marginality, and Oppression*; SUE, Derald Wing. (ed.). *Microaggressions and marginality*; SUE, Derald Wing. *Microaggressions in everyday life*; HUGHEY, Matthew W. Backstage discourse and the reproduction of White masculinities. **The Sociological Quarterly**, [s.l.], v. 52, n. 1, p. 132-153, 2011; BROOKFIELD, Stephen D. Racializing the Discourse of Adult Education. **International Journal of Adult Vocational Education and Training**, [s.l.], v. 5, n. 4, p. 20-41, 2014; BOHONOS, Jeremy W. *Including critical whiteness studies in the critical human resource development family*.

585   MCINTOSH, Peggy. *White Privilege*; APPLEBAUM, Barbara. *Critical Whiteness Studies*;

DIANGELO, Robin. *Fragilidade branca*; BOHONOS, Jeremy W. *Including critical whiteness studies in the critical human resource development family*; SILVA, Franciéle Carneiro Garcês da. *Colonialidade do saber e dependência epistêmica na Biblioteconomia*; SILVA, Franciéle Carneiro Garcês da Silva; GARCEZ, Dirnéle Carneiro; PIZARRO, Daniella Camara. *Cartografias da Supremacia Racial e da Branquitude na Biblioteconomia e Ciência da Informação*.

586 Respectivamente, os conceitos estão em: HUGHES, Diane. Correlates of African American and Latino Parents' Messages to Children About Ethnicity and Race: A Comparative Study of Racial Socialization. **American Journal of Community Psychology**, [s.l.], v. 31, n. 1-2, p. 15-33, 2003; e BONILLA-SILVA, Eduardo. *Racismo sem racistas*.

587 DIAS, Adriana Abreu Magalhães. **Os anacronautas do teutonismo virtual**: uma etnografia do neonazismo na internet. Dissertação (Mestrado) – Universidade Estadual de Campinas, Instituto de Filosofia e Ciências Humanas, Campinas, 2007; WISE, Tim J. **White Like Me**: Reflections on Race from a Privileged Son. Berkeley, CA: Soft Skull Press, distributed by Publishers Group West, 2008; PEREIRA, Éderson da Rosa. **Grupos neonazistas no Rio Grande do Sul:** da realidade virtual à ficção histórica. 2016. 157 f. Dissertação (Mestrado) – Universidade de Santo Amaro, São Paulo, 2016; BOHONOS, Jeremy W. *Including critical whiteness studies in the critical human resource development Family*; GRAÇA, Eduardo; FIGUEIREDO, Janaína. Número de células neonazistas no Brasil cresce cerca de 60% em dois anos. **Fundação Astrojildo Pereira**, Brasília, 30 out. 2021.

588 MCINTOSH, Peggy. *White Privilege*; DIANGELO, Robin. *Fragilidade branca*; BOHONOS, Jeremy W. *Including critical whiteness studies in the critical human resource development family*.

589 Tradução: QuantCrit: educação, política, 'Big Data' e princípios para uma teoria crítica da estatística racial. GILLBORN, David; WARMINGTON, Paul; DEMACK, Sean. QuantCrit: education, policy, 'Big Data' and principles for a critical race theory of statistics. **Race Ethnicity and Education**, [s.l.], v. 21, n. 2, p. 158-179, 2018.

590 GILLBORN, David; WARMINGTON, Paul; DEMACK, Sean. *QuantCrit*.
591 GILLBORN, David; WARMINGTON, Paul; DEMACK, Sean. *QuantCrit*. p. 169.
592 GILLBORN, David; WARMINGTON, Paul; DEMACK, Sean. *QuantCrit*.
593 GILLBORN, David; WARMINGTON, Paul; DEMACK, Sean. *QuantCrit*.
594 GILLBORN, David; WARMINGTON, Paul; DEMACK, Sean. *QuantCrit*.
595 GILLBORN, David; WARMINGTON, Paul; DEMACK, Sean. *QuantCrit*. p. 173.
596 GILLBORN, David; WARMINGTON, Paul; DEMACK, Sean. *QuantCrit*.
597 DELGADO, Richard; STEFANCIC, Jean. *Critical race theory*; DELGADO, Richard; STEFANCIC, Jean. *Critical race theory (Third Edition)*; CAPPICCIE, Amy; CHADHA, Janice; LIN, Muh B.; SNYDER, Frank. Using critical race theory to analyze how Disney constructs diversity: A construct for the baccalaureate human behavior in the social environment curriculum. **Journal of Teaching in Social Work**, [s.l.], v. 32, n. 1, p. 46-61, 2012. DOI: https://doi.org/10.1080/08841233.2012.640252; MABBOTT, Cass. The We Need Diverse

Books Campaign and Critical Race Theory: Charlemae Rollins and the Call for Diverse Children's Books. Library Trends, Illinois, v. 65, n. 4, p. 508-522, 2017.

598 LITTLETREE, Sandra; METOYEAR, Cheryl A. Knowledge Organization from an Indigenous Perspective: The Mashantucket Pequot Thesaurus of American Indian Terminology Project. **Cataloging & Classification Quarterly**, [s.l.], v. 53, n. 5, p. 640-657, 2015. DOI: https://doi.org/10.1080/01639374.2015.1010113

599 BELARDE-LEWIS, Miranda H.; KOSTELECKY, Sarah R. Tribal Critical Race Theory in Zuni Pueblo Information Access in a Cautious Community. *In*: LEUNG, Sofia Y.; LOPEZ-MCKNIGHT, Jorge R. (ed.). **Knowledge Justice: Disrupting Library and Information Studies through Critical Race Theory**. Cambridge, MA: Massachusetts Institute of Technology, 2021. p. 111-128.

600 BELARDE-LEWIS, Miranda H.; KOSTELECKY, Sarah R. *Tribal Critical Race Theory in Zuni Pueblo Information Access in a Cautious Community*.

601 NATHAN, Lisa P.; PERREAULT, Amy. Indigenous Initiatives and Information Studies: Unlearning in the Classroom. **The International Journal of Information, Diversity, & Inclusion**, [s.l.], v. 2, n. 1/2, p. 67-85, 2018.

602 WEBSTER, Kelly; DOYLE, Ann. Don't class me in antiquities! giving voice to Native American materials. *In*: ROBERTO, R. K. (ed.). **Radical Cataloging: Essays at the Front**. Jefferson, NC: Greenwood, 2008. p. 189-197.

603 LITTLETREE, Sandra; BELARDE-LEWIS, Miranda; DUARTE, Marisa. Centering Relationality: A Conceptual Model to Advance Indigenous Knowledge Organization Practices. **Knowledge Organization**, [s.l.], v. 47, n. 5, 2020. DOI: https://doi.org/10.5771/0943-7444-2020-5-410

604 DUARTE, Marisa Ele; BELARDE-LEWIS, Miranda. Imagining: Creating Spaces for Indigenous Ontologies. **Cataloging & Classification Quarterly**, [s.l.], v. 53, n. 5/6, p. 677-702, 2015. DOI: https://doi.org/10.1080/01639374.2015.1018396

605 BELARDE-LEWIS, Miranda H.; KOSTELECKY, Sarah R. *Tribal Critical Race Theory in Zuni Pueblo Information Access in a Cautious Community*.

606 FURNER, Jonathan. Dewey Deracialized: A Critical Race-Theoretic Perspective. **Knowledge Organization**, [s.l.], v. 34, n. 3, p. 144-168, 2007; BULLARD, Julia; WATSON, Brian; PURDOME, Caitlin. Misrepresentation in the Surrogate: Author Critiques of "Indians of North America" Subject Headings. **Cataloging & Classification Quarterly**, [s.l.], v. 60, n. 6/7, p. 599-619, 2022; SNOW, Karen; DUNBAR, Anthony W. *Advancing the Relationship between Critical Cataloging and Critical Race Theory*.

607 BELARDE-LEWIS, Miranda H.; KOSTELECKY, Sarah R. *Tribal Critical Race Theory in Zuni Pueblo Information Access in a Cautious Community*.

608 CHEN, Jeannie. "Strangers from a Different Shore" Examining Archival Representations and Descriptions of the Chinese in America. **Journal of Chinese Overseas**, [s.l.], v. 15, n. 1, p. 106-122, 2019. DOI: https://doi.org/10.1163/17932548-12341394

609 LEE, Vicen. Like a Fish Out of Water but Forging My Own Path. *In*: HANKINS, Rebecca; JUÁREZ, Miguel. (ed.). **Where are all the librarians of color?** The experience of people of color in Academia. Sacramento: Library Juice Press, 2015. p. 187-208.

610 WARREN, Kellee E. We Need These Bodies, But Not Their Knowledge: Black Women in the Archival Science Professions and Their Connection to the Archives of Enslaved Black Women in the French Antilles. **Library Trends**, Illinois, v. 64, n. 4, p. 776-794, 2016. DOI: https://doi.org/10.1353/lib.2016.0012

611 WARREN, Kellee E. *We Need These Bodies, But Not Their Knowledge*; DUNBAR, Anthony. Introducing critical race theory to archival discourse: getting the conversation started. **Archival Science**, [s.l.], v. 6, n. 1, p.109-129, 2006.

612 HOLLANDER, David. Jewish Law for the Law Librarian. **Law Library Journal**, [s.l.], v. 98, n. 219, 2006.

613 SHOHAM, Snunith. Libraries and Librarianship in Israel. **IFLA Journal**, [s.l.], v. 26, n. 3, p. 165-215, 2000.

614 BLOCH, Joshua. The Classification of Jewish Literature in the New York Public Library. *In*: GINZBERG, Louis; BLOCH, Joshua; FREIDUS, Abraham Solomon; HASKELL, Daniel C.; Alexander Kohut Memorial Foundation. (ed.). **Studies in Jewish Bibliography and Related subjects in Memory of Abraham Solomon Freidus**. New York: Alexander Kohut Memorial Foundation, 1929. p. 50-77; BRISMAN, Shimeon. **A history and guide to Judaic bibliography erroneously to Maimonides**. Cincinnati: Hebrew Union College Press; New York: Ktav, 1977; WEINBERG, Bella Hass. Judaica Classification Schemes for Synagogue and School Libraries: a structural analysis. **Judaica Librarianship**, New York, v. 1, n. 1, p. 26-30, 1983; WEINBERG, Bella Hass. The Cataloging of Jewish Liturgy by the Library of Congress. **Judaica Librarianship**, [s.l.], v. 73, n. 4, p. 365-372, 1985; WEINBERG, Bella Hass. The Hidden Classification in Library of Congress Subject Headings for Judaica. **Library Resources & Technical Services**, [s.l.], v. 37, n. 4, p. 369-380, 1993; WEINBERG, Bella Hass. The earliest Hebrew citation indexes. **Journal of the American Society for Information Science**, [s.l.], v. 48, n. 4, p. 318-330, 1997; WEINE, Mae. **Weine Classification System for Judaica Libraries**. 6 ed. New York: Association of Jewish Libraries, 1996; ELAZAR, David; ELAZAR, Daniel. **A Classification System for Libraries of Judaica**. Lanham, Maryland: Rowman & Littlefield, 1997; ELAZAR, David. The making of classification scheme for libraries of Judaica. *In*: IFLA COUNCIL AND GENERAL CONFERENCE, 66., 2000, Jerusalem, Israel. **Anais** [...]. Jerusalem, Israel: IFLA, 2000; ELAZAR, David. The Making of a Classification Scheme for Libraries of Judaica. **Judaica Librarianship**, [s.l.], v. 14, n. 1, p. 15-25, 2008. DOI: https://doi.org/10.14263/2330-2976.1067; AJL; TUSCHMAN, Joel. **Weine Classification Scheme and Relative Index for Judaica Libraries**. 9th ed. Teaneck, NJ: Association of Jewish Libraries, 2013. p. 1–2; HANSSON, Joacim. Classification Systems for Jewish Libraries and Bibliographies – Philosophy, Warrants and Relation to non-Jewish

Bibliographic Practice. **Journal of Religious & Theological Information**, [preprint version], 2022. DOI: https://doi.org/10.1080/10477845.2022.2038047

615 BERMAN, Margot. **How to Organize a Jewish Library**: a source book and guide for Synagogue, School and Center Libraries. New York: Jewish Book Council, 1982.

616 ANANTACHAI, Tarida; BOOKER, Latrice; LAZZARO, Althea; PARKER, Martha. Establishing a Communal Network for Professional Advancement among Librarians of Color. *In*: HANKINS, Rebecca; JUÁREZ, Miguel. (ed.). **Where are all the librarians of color?** The experience of people of color in Academia. Sacramento: Library Juice Press, 2015. p. 31-54; CHAN, Emily K.; LOTA, Jovanni; SMITH, Holly A.; BOOTH, Steven D. Discovering Librarianship: personalizing the recruitment process for under-represented students. *In*: HANKINS, Rebecca; JUÁREZ, Miguel. (ed.). **Where are all the librarians of color?** The experience of people of color in Academia. Sacramento: Library Juice Press, 2015. p. 11-30; FLAGG, Gondon. Early Sit-in Reenacted at Library 60 Years Later. **American Libraries**, [s.l.], v. 30, n. 9, p. 18, Oct. 1999; JOSEY, E. J. **Black Librarian in America**. Metuchen, NJ: Scarecrow, 1970; JOSEY, E. J. **What black librarians are saying**. Metuchen: The Scarecrow Press, 1972; HANKINS, Rebecca. Racial Realism or Foolish Optimism: An African American Muslim Woman in the Field. *In*: HANKINS, Rebecca; JUÁREZ, Miguel. (ed.). **Where are all the librarians of color?** The experience of people of color in Academia. Sacramento: Library Juice Press, 2015. p. 209-220; HANKINS, Rebecca; JUÁREZ, Miguel. (ed.). **Where are all the librarians of color?** The experience of people of color in Academia. Sacramento: Library Juice Press, 2015; LIPSCOMB, Carolyn E. Historical notes: race and librarianship: part I. **Journal of the Medical Library Association**, [s.l.], v. 92, n. 3, p. 299-301, July 2004; CRESSWELL, Stephen. The las days of Jim Crow in the Southern Libraries. **Libraries & Culture**, [s.l.], v. 31, n. 3/4, p. 557-573, 1996; LIPSCOMB, Carolyn E. Historical notes: race and librarianship: part II. **Journal of the Medical Library Association**, [s.l.], v. 93, n. 3, p. 308-310, July 2005; NOSAKHERE, Akilah Shukura. Serving with a Sense of Purpose: A Black Woman Librarian in Rural New Mexico. *In*: HANKINS, Rebecca; JUÁREZ, Miguel. (ed.). **Where are all the librarians of color?** The experience of people of color in Academia. Sacramento: Library Juice Press, 2015. p. 161-186; ROYSTER, Melody; SCHWIEDER, David; BRILLAT, Ava Juliano; DRIVER, Lori. Mentoring and Retention of Minority Librarians. *In*: HANKINS, Rebecca; JUÁREZ, Miguel. (ed.). **Where are all the librarians of color?** The experience of people of color in Academia. Sacramento: Library Juice Press, 2015. p. 55-70; WALKER, Shaundra. Critical Race Theory and Recruitment, Retention and Promotion of a Librarian of Color: A Counter-Story. *In*: HANKINS, Rebecca; JUÁREZ, Miguel. (ed.). **Where are all the librarians of color?** The experience of people of color in Academia. Sacramento: Library Juice Press, 2015. p. 135-160.

617 BARKSDALE-HALL, Roland. Building Dialogic Bridges to Diversity: Are We There Yet? *In*: HANKINS, Rebecca; JUÁREZ, Miguel. (ed.). **Where are all the librarians of color?** The experience of people of color in Academia. Sacramento: Library Juice Press, 2015. p. 265-298;

BRINKMAN, Stacy; JOHNSON, Jacqueline; SEKYERE, Kwabena; TZOC, Elías. DiVeRsItY at Miami University Libraries: Four Unique and Similar Experiences. *In*: HANKINS, Rebecca; JUÁREZ, Miguel. (ed.). **Where are all the librarians of color?** The experience of people of color in Academia. Sacramento: Library Juice Press, 2015. p. 241-264.

618 DELGADO BERNAL, Dolores. Critical Race Theory, LatCrit Theory, and Critical Raced-Gendered Epistemologies: Recognizing Students of Color as Holders and Creators of Knowledge. **Qualitative Inquiry**, [s.l.], v. 8, n. 1, p. 105-126, 2002.

619 YOSSO, Tara J. Whose Culture Has Capital: A Critical Race Theory Discussion of Community Cultural Wealth. *In*: DIXSON, Adrienne D.; ANDESON, Celia K.; DONNOR, Jamel. (ed.). **Critical Race Theory in Education**: All God's Children Got a Song. New York: Taylor & Francis, 2006; GIBSON, Amelia N.; HUGHES-HASSELL, Sandra. We Will Not Be Silent: Amplifying Marginalized Voices in LIS Education and Research. **Library Quarterly**, [s.l.], v. 87, n. 4, p. 317-329, 2017. DOI: https://doi.org/10.1086/693488

620 DAWSON, Alma. Celebrating African American librarians and librarianship. **Library Trends**, Illinois, v. 49, n. 1, p. 49–87, 2000.

621 FULTZ, Michael. Black Public Libraries in the South in the Era of De Jure Segregation. **Libraries & the Cultural Record**, [s.l.], v. 41, n. 3, p. 337-359, Summer 2006.

622 GRAHAM, Patterson T. **A right to read**: Segregation and civil rights in Alabama's public libraries, 1900-1965. Tuscaloosa: University of Alabama Press, 2002.

623 KNOTT, Cheryl. **Not Free, Not for All**: Public Libraries in the Age of Jim Crow. Amherst: University of Massachusetts Press, 2015.

624 MCCOOK, Kathleen de la Peña. (ed.). **Women of color in librarianship**: An oral history. Chicago: ALA, 1998.

625 VELEZ, LaTesha; VILLA-NICHOLAS, Melissa. Mapping Race and Racism in U.S. Library History Literature, 1997–2015. **Library Trends**, Illinois, v. 65, n. 4, p. 1-26, 2017. DOI: https://doi.org/10.1353/lib.2017.0017

626 TUCKER, John M. **Untold stories**: civil rights, libraries, and Black Librarianship. Illinois: University of Illinois, 1998. 224 p.

627 WIEGAND, Wayne A. American library history literature, 1947–1997: Theoretical perspectives? **Libraries & Culture**, [s.l.], v. 35, n. 1, p. 4-34, 2000; WIEGAND, Wayne A. "Any Ideas?": The American Library Association and the Desegregation of Public Libraries in the American South. **Libraries**: Culture, History, and Society, [s.l.], v. 1, n. 1, p. 1-22, 2017.

628 COOKE, Nicole A.; SWEENEY, Miriam E.; NOBLE, Safiya Umoja. *Social Justice as Topic and Tool*; GIBSON, Amelia N.; HUGHES-HASSELL, Sandra. *We Will Not Be Silent*.

629 BLACK, Kimberly. *Justiça social e Biblioteconomia e Ciência da Informação antirracista*; BLACK, Kimberly; MEHRA, Bharat. (ed.). **Antiracist Library and Information Science**: racial justice and community. Wagon Lane, Bingley: Emerald Publishing, 2023.

630 DONNELL, Suzanna W. O. *Equal opportunities for Both*; FULTZ, Michael. *Black Public Libraries in the South in the Era of de Jure Segregation*; GRAHAM, Patterson T. *A right to read*;

JONES, Virginia Lacy. **Problems of Negro Public High School Libraries in Selected Southern Cities**. Doctored (Thesis) - University of Chicago, 1945; KNOTT, Cheryl. *Not Free, Not for All*; MALONE, Cheryl Knott. Unannounced and unexpected: The desegregation of Houston Public Library in the early 1950s. **Library Trends**, Illinois, v. 55, n. 3, p. 665-674, 2007. DOI: https://doi.org/ 10.1353/lib.2007.0015; SAUNDERS, Doris. Section V – Libraries. *In*: SAUNDERS, Doris. (ed.). **The Ebony Handbook**. Chicago: Johnson Publishing Company, 1974. p. 180; WIEGAND, Wayne A. *"Any Ideas?"*; WIEGAND, Wayne A.; WIEGAND, Shirley A. **The desegregation of public libraries in the Jim Crow South**. Baton Rouge: Louisiana State University Press, 2018.

631 HUDSON, Dave James. Unpacking "Information Inequality": Toward a Critical Discourse of Global Justice in Library and Information Science. **Canadian Journal of Information and Library Science**, [s.l.], v. 36, n. 3-4, p. 69-87, 2012. DOI: https://doi.org/10.1353/ils.2012.0010

632 VILLA-NICHOLAS, Melissa. Teaching intersectionality: Pedagogical approaches for lasting impact. **Education for information**, [s.l.], v. 34, n. 2, p. 121-133, 2018. DOI: https://doi.org/10.3233/efi-180191

633 ALABI, Jaena. Racial Microaggressions in Academic Libraries: results of a Survey of Minority and Nonminority Librarians. **The Journal of Academic Librarianship**, Amsterdã, v. 41, n. 1, p. 47-53, 2015a. DOI: https://doi.org/10.1016/j.acalib.2014.10.008; ALABI, Jaena. "This Actually Happened": An Analysis of Librarians' Responses to a Survey about Racial Microaggressions. **Journal of Library Administration**, [s.l.], v. 55, n. 3, p. 179-191, 2015b. DOI: https://doi.org/10.1080/01930826.2015.1034040; HOOK, Joshua N.; FARRELL, Jennifer E.; DAVIS, Don E.; DEBLAERE, Cirleen; VAN TONGEREN, Daryl R.; UTSEY, Shawn O. Cultural humility and racial microaggressions in counseling. **Journal of Counseling Psychology**, [s.l.], v. 63, n. 3, p. 269-277, 2016. DOI: https://doi.org/10.1037/cou0000114

634 PATIN, Beth; SEBASTIAN, Melinda; YEON, Jieun; Bertolini, Danielle; GRIMM, Alexandra. Interrupting epistemicide: a practical framework for naming, identifying, and ending epistemic injustice in the information professions. **Journal of the Association for Information Science and Technology**, [s.l.], v. 72, n. 10, p. 1306-1318, 2021a. DOI: https://doi.org/10.1002/asi.24479; PATIN, Beth; OLIPHANT, Tami; ALLARD, Danielle; GRAY, LaVerne; CLARKE, Rachel Ivy; TACHEVA, Jasmina; LARSON, Kayla. At the margins of epistemology: amplifying alternative ways of knowing in Library and Information Science. **ASIS&T**: Proceedings of the Association for Information Science and Technology, [s.l.], v. 58, n. 1, p. 630-633, 2021b; PATIN, Beth; SEBASTIAN, Melinda. Ep-i-what? Using The Force to Understand Epistemicide. **Information Matters**, [s.l.], v. 1, n. 11, [s.p.], 2021. https://informationmatters.org/2021/11/ep-i-whatusing-the-force-to-understand-epistemicide/; PATIN, Beth; SEBASTIAN, Melinda; YEON, Jieun; BERTOLINI, Danielle. *Toward epistemic justice*; PATIN, Beth; YEON, Jieun. **Ending Epistemicide**: Amplifying Knowledge Systems

in Libraries. Library Research Seminar (LRS) VII, Columbia South Carolina, October 2019; PATIN, Beth; YOUNGMAN, Tyler. The Sankofa Intervention: Combatting the Epistemicide of Parasitic Omission Through Civil Rights Literacy in Community Information Contexts. **ALISE Proceedings**, n. esp., p. 1-8, 2022. DOI: https://doi.org/10.21900/j.alise.2022.1067

635 MARTIN, Rebecca; MCCANN, Heather; MORALES, Myrna E.; WILLIAMS, Stacie M. White Screen/White Noise: Racism on the Internet. **Urban Library Journal**, [s.l.], v. 19, n. 1, p. 1-13, 2013.

636 DAVIS-KENDRICK, Kaetrena D. **The Kaleidoscopic Concern**: An Annotated Chronological Bibliography of Diversity, Recruitment, Retention, and Other Concerns Regarding African American and Ethnic Library Professionals in the United States. Chicago: Association of College and Research Libraries, 2009; JOSEY, E. J.; ABDULLAHI, Ismail. Why diversity in American libraries. **Library Management**, [s.l.], v. 23, n. 1/2, p. 10-16, 2002; HUSSEY, Lisa. The diversity discussion: What are we saying? **Progressive Librarian**, [s.l.], v. 34/35, p. 3-10, 2010; ANDRADE, Ricardo; RIVERA, Alexandra. Developing a Diversity-Competent Workforce: The UA Libraries' Experience. **Journal of Library Administration**, [s.l.], v. 51, n. 7-8, p. 692-727, 2011. DOI: https://doi.org/10.1080/01930826.2011.601271; OXLEY, Rebecca. iDiversity and LIS Education: Student-Based Groups Promoting Cultural Competence as a Vision for the Profession. **The Library Quarterly**, [s.l.], v. 83, n. 3, p. 236-242, 2013. DOI: https://doi.org/10.1086/670698; HUDSON, David James. On 'Diversity' as Anti-Racism in Library and Information Studies: A Critique. **Journal of Critical Library and Information Studies**, [s.l.], v. 1, n. 1, p. 1-36, 2017a. DOI: https://doi.org/10.24242/jclis.v1i1.6; HUDSON, David James. The whiteness of praticality. *In*: SCHLESSELMAN-TARANGO, Gina. (ed.). **Topographies of Whiteness**: mapping Whiteness in Library and Information Studies. Sacramento: Library Juice Press, 2017b. p. 203-234.

637 PATIN, Beth; SEBASTIAN, Melinda; YEON, Jieun; Bertolini, Danielle; GRIMM, Alexandra. Interrupting epistemicide; PATIN, Beth; SEBASTIAN, Melinda. *Ep-i-what?*; PATIN, Beth; SEBASTIAN, Melinda; YEON, Jieun; BERTOLINI, Danielle. *Toward epistemic justice*; PATIN, Beth; YEON, Jieun. *Ending Epistemicide*; PATIN, Beth; YOUNGMAN, Tyler. *The Sankofa Intervention*; SILVA, Franciéle Carneiro Garcês da; GARCEZ, Dirnéle Carneiro; SILVA, Rubens Alves da. *Conhecimento das margens*.

638 PATIN, Beth; SEBASTIAN, Melinda; YEON, Jieun; Bertolini, Danielle; GRIMM, Alexandra. Interrupting epistemicide; PATIN, Beth; SEBASTIAN, Melinda. *Ep-i-what?*; PATIN, Beth; SEBASTIAN, Melinda; YEON, Jieun; BERTOLINI, Danielle. *Toward epistemic justice*; PATIN, Beth; YEON, Jieun. *Ending Epistemicide*.

639 FRICKER, Miranda. *Epistemic Injustice*.

640 FRICKER, Miranda. *Epistemic Injustice*; HOOKWAY, Christopher. Some varieties of epistemic injustice: Reflections on Fricker. **Episteme**, [s.l.], v. 7, n. 2, p. 151-163, 2010. DOI: https://doi.org/10.3366/E1742360010000882; DOTSON, Kristie. Conceptualizing epistemic oppression. **Social Epistemology**, [s.l.], v. 28, n. 2, p. 115-138, 2014. DOI: https://doi.or

g/10.1080/02691728.2013.782585; PATIN, Beth; SEBASTIAN, Melinda; YEON, Jieun; BERTOLINI, Danielle. *Toward epistemic justice*; PATIN, Beth. *Ending Epistemicide*; PATIN, Beth; YEON, Jieun. *Ending Epistemicide*; PATIN, Beth; YOUNGMAN, Tyler. *The Sankofa Intervention*; PATIN, Beth; SEBASTIAN, Melinda; YEON, Jieun; Bertolini, Danielle; GRIMM, Alexandra. Interrupting epistemicide; SILVA, Franciéle Carneiro Garcês da; GARCEZ, Dirnéle Carneiro; SILVA, Rubens Alves da. *Conhecimento das margens*.

641 Tradução: Comitê de Recrutamento de Bibliotecários Mexicanos Americanos.

642 Tradução: REFORMA: Associação Nacional para a Promoção de Bibliotecas e Serviços de Informação para Latinos e de Língua Espanhola.

643 ESPINAL, Isabel. Wanted: Latino librarians. **Library journal**, New York, 1 out. 2003.

644 GÜEREÑA, Salvador; ERAZO, Edward. Latinos and Librarianship. **Library Trends**, Illinois, v. 49, n. 1, p. 138-181, Summer 2000.

645 Tradução: Procurados: Bibliotecários Latinos. ESPINAL, Isabel. *Wanted: latino librarians*.

646 ESPINAL, Isabel. *Wanted: latino librarians*.

647 ESPINAL, Isabel. *Wanted: latino librarians*.

648 ADKINS, Denice; HUSSEY, Lisa. The library in the lives of Latino college students. **Library Quarterly**, [s.l.], v. 76, n. 4, p. 456-480, 2006.

649 LONG, Dallas. Latino students' perceptions of the academic library [Pre-print]. **Journal of Academic Librarianship**, [s.l.], v. 37, n. 6, p. 504-511, 2011.

650 ESPINAL, Isabel. *Wanted: latino librarians*; ADKINS, Denice; HUSSEY, Lisa. The library in the lives of Latino college students; ADKINS, Denice; ESPINAL, Isabel. The Diversity Mandate. **Library Journal**, [s.l.], may 21, 2010; BEILIN, Ian. *The academic Research library's White past and presente*; SILVA, Franciéle Carneiro Garcês da; GARCEZ, Dirnéle Carneiro. Isabel Espinal e suas contribuições para a Biblioteconomia e Ciência da informação (BCI). *In*: SILVA, Franciéle Carneiro Garcês da; ROMEIRO, Nathália Lima. (org.). **O protagonismo da Mulher na Biblioteconomia e Ciência da Informação**: celebrando a contribuição intelectual e profissional de mulheres latino-americanas. Florianópolis: Rocha, 2020. p. 129-152. (Selo Nyota)

651 Tradução: O Mandato da Diversidade. ADKINS, Denice; ESPINAL, Isabel. *The Diversity Mandate*.

652 HUDSON, David J. On Dark Continents and Digital Divides: Information Inequality and the Reproduction of Racial Otherness in Library and Information Studies. **Journal of Information Ethics**, [s.l.], v. 25, n. 1, p. 62-80, 2016.

653 HALL, Tracie D. The black body at the reference desk: Critical race theory and black librarianship. *In*: JACKSON, Andrew P.; JEFFERSON, Julius C. NOSAKHERE, Akilah S. (ed.). **The 21st-century black librarian in America:** Issues and challenges. Lanham, MD: Scarecrow Press, 2012. p. 197-202.

654 HONMA, Todd. *Trippin' Over the Color Line*.

655 HUSSEY, Lisa. *The diversity discussion*.

656 PAWLEY, Christine. Unequal legacies: Race and multiculturalism in the LIS curriculum. **The Library Quarterly**, [s.l.], v. 76, n. 2, p. 149-168, 2006. DOI: https://doi.org/10.1086/506955

657 PETERSON, Lorna. Multiculturalism: affirmative or negative action? **Library Journal**, [s.l.], v. 120, n. 12, p. 30-33, 1995; PETERSON, Lorna. Alternative perspectives in library and information science: Issues of race. **Journal of Education for Library and Information Science**, [s.l.], v. 37, n. 2, p. 163-174, 1996. DOI: https://doi.org/10.2307/40324271; PETERSON, Lorna. The definition of diversity. **Journal of Library Administration**, [s.l.], v. 27, n. 1-2, p. 17-26, 1999. DOI: https://doi.org/10.1300/J111v27n01_03

658 PAWLEY, Christine. *Unequal legacies*; HUDSON, David J. *On Dark Continents and Digital Divides.*

659 HONMA, Todd. *Trippin' Over the Color Line.*

660 HUDSON, David James. The Displays: On Anti-Racist Study and Institutional Enclosure. **up//root**: a we here publication. [S.l.], October 22, 2020.

661 HAZARD, Anthony Q. **Postwar Anti-Racism**: The United States, UNESCO, and "Race," 1945-1968. New York: Palgrave Macmillan, 2012; MELAMED, Jodi. **Represent and Destroy**: Rationalizing Violence in the New Racial Capitalism. Minneapolis: University of Minnesota Press, 2011; HUDSON, Dave James. *Unpacking "Information Inequality"*; HUDSON, David James. *The Displays*; MELAMED, Jodi. Racial Capitalism. **Critical Ethnic Studies**, [s.l.], v. 1, n. 1, p. 76–85, 2015. DOI: https://doi.org/10.5749/jcritethnstud.1.1.0076; ROBINSON, Cedric J. *Black Marxism.*

662 MABBOTT, Cass. *The We Need Diverse Books Campaign and Critical Race Theory.*

663 Tradução: Nós precisamos de livros diversos.

664 LUJÁN, Frances Ann. Service to the Spanish-speaking. **RQ**, [s.l.], v. 12, n. 3, p. 284-285, 1973; PAUL, Herbert J. **Library service to the Spanish-speaking in the public libraries of the San Francisco Bay Area**. San Jose: San Jose State University, 1976; URZUA, Roberto; COTERA, Martha P; STUPP, Emma Gonzalez. (ed.). **Library services to Mexican Americans**: Policies, practices and prospects. Las Cruces, New Mexico: New Mexico State University, 1978; GÜEREÑA, Salvador. (ed.). **Library services to Latinos**: an anthology. Jefferson, North Carolina: MacFarland & Company, 2000; PEÑA MCCOOK, Kathleen; IMMROTH, Barbara Froling. **Library Services to Youth of Hispanic Heritage**. Jefferson, NC: McFarland, 2000.

665 WHITMIRE, Ethelene. Cultural diversity and undergraduates' academic library use. **The Journal of Academic Librarianship**, v. 29, n. 3, p. 148-61, 2003. DOI: https://doi.org/10.1016/S0099-1333(03)00019-3; DABBOUR, Katherine S.; BALLARD, James David. Information literacy and US Latino college students: a cross-cultural analysis. **New Library World**, [s.l.], v. 112, n. 7/8, p. 347-364, 2011. DOI: https://doi.org/10.1108/03074801111150477; CÓLON-AGUIRRE, Mónica; ALCALÁ, Janet Ceja. **LatinXs finding informaXion in Boston** (LatinXs buscando informaXion en Boston). IDEALS, Illinois: Illinois Library, 2019; CÓLON-AGUIRRE, Mónica; ALCALÁ, Janet

Ceja. Persona profiles of Latinx living in Boston: Applications for information organizations. **Proceedings of the Association for Information Science and Technology**, [s.l.], v. 57, n. 1, p. e249, 2020. DOI: https://doi.org/10.1002/pra2.249; CÓLON-AGUIRRE, Mónica. A Refocusing on the Study of the Gatekeepers Among Linguistic Minorities, the Case of Spanish Speakers in the United States: Implications for the Study of Information Behavior. **The International Journal of Information, Diversity, & Inclusion**, [s.l.], v. 6, n. 3, p. 38-51, 2022.

666 METOYER-DURAN, Cheryl. Information-seeking behavior of gatekeepers in ethnolinguistic communities: Overview of a taxonomy. **Library and Information Science Research**, [s.l.], v. 13, n. 4, p. 319-346, 1991; ADKINS, Denice; SANDY, Heather M. Engaging Linguistically Diverse Populations: Gatekeepers in Rural and Sparsely Populated Areas of the U.S. Midwest. **The International Journal of Information, Diversity, & Inclusion**, [s.l.], v. 2, n. 1/2, p. 32-51, 2018.

667 LEE, Young J.; BODEN-ALBALA, Bernardette; LARSON, Elaine; WILCOX, Adam; BAKKEN, Suzanne. Online health information seeking behaviors of Hispanics in New York City: A community-based cross-sectional study. **Journal of Medical Internet Research**, [s.l.], v. 16, n. 7, e176, 2014. DOI: https://doi.org/10.2196/jmir.3499

668 HARAS, Catherine; LOPEZ, Edward; FERRY, Kristine. (Generation 1.5) Latino Students and the Library: A Case Study. **The Journal of Academic Librarianship**, [s.l.], v. 34, n. 5, p. 425-443, 2008. DOI: https://doi.org/10.1016/j.acalib.2008.06.004; LONG, Dallas. Latino students' perceptions of the academic library; GREEN, David. Supporting the academic success of Hispanic students. In: DUKE, Linda M.; ASHER, Andrew D. (ed.). **College libraries and student culture**: What we now know. Chicago, IL: American Library Association, 2012. p. 87-108; BADLEK, Marta. **Latino students and the academic library**: a primer for action. New York: City University of New York, 2019. DOI: https://doi.org/10.1080/01639374.2022.2090039

669 ADKINS, Denice; SANDY, Heather M.; DERPIC, Jorge. Information sources of Latin American immigrants in the rural Midwest in the Trump era. **The Library Quarterly**, [s.l.], v. 87, n. 3, p. 243-256, 2017. DOI: https://doi.org/10.1086/692301

670 HARRIS, Cheryl I. Whiteness as property. **Harvard Law Review**, [s.l.], v. 106, p. 1707-1791, 1993; SUE, Derald Wing. *Microaggressions, Marginality, and Oppression: an introduction*; SUE, Derald Wing. (ed.). *Microaggressions and marginality*; SUE, Derald Wing. *Microaggressions in everyday life: race, gender, and sexual orientation*; SUE, Derald Wing. Taxonomy of Microaggressions. In: SUE, Derald Wing. **Microaggressions in everyday life**: race, gender, and sexual orientation. Hoboken, New Jersey: John Wiley & Sons, 2010d. p. 21-42; LEONARDO, Zeus; BRODERICK, Alicia A. Smartness as Property: A Critical Exploration of Intersections between Whiteness and Disability Studies. **Teachers College Record**, [s.l.], v. 113, n. 10, p. 2206-2232, 2011; ANNAMMA, Subini. Whiteness as property: Innocence and ability in teacher education. **The Urban Review**, [s.l.], v. 47, n. 2, p. 293–316, 2015.

DOI: https://doi.org/10.1007/s11256-014-0293-6; BENEKE, Margaret R.; CHEATHAM, Gregory A. Race talk in preschool classrooms: Academic readiness and participation during shared-book reading. **Journal of Early Childhood Literacy**, [s.l.], v. 19, 1, p. 107-133, 2019. DOI: https://doi.org/10.1177/1468798417712339; BENEKE, Margaret R.; CHEATHAM, Gregory A. Teacher candidates talking (but not talking) about dis/ability and race in preschool. **Journal of Literacy Research**, [s.l.], v. 52, n. 3, p. 245-268, 2020. DOI: https://doi.org/10.1177/1086296X20939561; MIGLIARINI, Valentina; ANNAMMA, Subini Ancy. Classroom and Behavior Management: (Re)conceptualization Through Disability Critical Race Theory. *In*: PAPA, Rosemary. (ed.). **Handbook on Promoting Social Justice in Education**. Springer, Cham, 2020. https://doi.org/10.1007/978-3-030-14625-2_95; LOVE, Hailey R.; BENEKE, Margaret R. Pursuing Justice-Driven Inclusive Education Research: Disability Critical Race Theory (DisCrit) in Early Childhood. **Topics in Early Childhood Special Education**, [s.l.], v. 41, n. 1, p. 31-44, 2021. DOI: https://doi.org/10.1177/027112142199083; SILVA, Franciéle Carneiro Garcês da Silva; GARCEZ, Dirnéle Carneiro; PIZARRO, Daniella Camara. *Cartografias da Supremacia Racial e da Branquitude na Biblioteconomia e Ciência da Informação.*

671 BERMAN, Rachel; DANIEL, Beverly-Jean; Butler, Alana; MacNevin, Margaret; Royer, Natalie. Nothing, or almost nothing, to report: Early childhood educators and discursive constructions of colorblindness. **International Critical Childhood Policy Studies Journal**, [s.l.], v. 6, n. 1, p. 52-65, 2017; GARLEN, Julie C. Interrogating innocence: "Childhood" as exclusionary social practice. **Childhood**, [s.l.], v. 26, n. 1, p. 54-67, 2019. DOI: https://doi.org/10.1177/0907568218811484; LALVANI, Priya; BACON, Jessica K. Rethinking "We Are All Special": Anti-Ableism Curricula in Early Childhood Classrooms. **Young Exceptional Children**, [s.l.], v. 22, n. 2, p. 87-100, June 2019. DOI: https://doi.org/10.1177/1096250618810706; BENEKE, Margaret R.; CHEATHAM, Gregory A. Race talk in preschool classrooms; HANCOCK, Christine L.; CHEATHAM, Gregory A. Decision-making during early intervention home visits: From minimal to meaningful parent participation. **Journal of Research in Childhood Education**, [s.l.], v. 35, p. 68-90, 2020. DOI: https://doi.org/10.1080/02568543.2020.1782546; LOVE, Hailey R.; BENEKE, Margaret R. *Pursuing Justice-Driven Inclusive Education Research.*

672 BAGLIERI, Susan; BEJOIAN, Lynne M.; BRODERICK, Alicia A.; CONNOR, David J.; VALLE, Jan. [Re]claiming: "inclusive education" toward cohesion in educational reform: Disability studies unravels the myth of the normal child. **Teachers College Record**, [s.l.], v. 113, n. 10, p. 2122-2154, 2011. DOI: https://doi.org/10.1177/016146811111301001; WAITOLLER, Federico R.; ANNAMMA, Subini Ancy. Taking a Spatial Turn in Inclusive Education: Seeking Justice at the Intersections of Multiple Markers of Difference. *In*: HUGHES, Marie Tejero; TALBOTT, Elizabeth. (ed.). **The Wiley Handbook of Diversity in Special Education**. Wiley-Blackwell, 2017. p. 23-44. DOI: https://doi.org/10.1002/9781118768778.ch2; ANNAMMA, Subini; HANDY, Tamara; MILLER, Amanda L.; JACKSON, Elizabeth.

Animating discipline disparities through debilitating practices: Girls of color and inequitable classroom interactions. **Teachers College Record**, [s.l.], v. 122, n. 5, p. 1-46, 2020. DOI: https://doi.org/10.1177/016146812012200512; LOVE, Hailey R.; BENEKE, Margaret R. *Pursuing Justice-Driven Inclusive Education Research.*

673 ANDERSON, Amelia; PHILLIPS, Abigail L. Makerspaces Designed for All: Creating Equitable and Inclusive Learning Environments in Libraries. **Proceedings of the Association for Information Science and Technology**, [s.l.], v. 58, n.1 p. 806-807, 2021. DOI: https://doi.org/10.1002/pra2.569

674 YOON, Kyunghye; NEWBERRY, Tara; HULSCHER, Laura; DOLS, Rachel. Call for library websites with a separate information architecture for visually impaired users. **Proceedings of the American Society for Information Science and Technology**, [s.l.], v. 50, n. 1, p. 1-3, 2013. DOI: https://doi.org/10.1002/meet.14505001100; XIE, Iris; BABU, Rakesh; LEE, Hyun Seung; WANG, Shengang; LEE, Tae Hee. Orientation tactics and associated factors in the digital library environment: Comparison between blind and sighted users. **Journal of the Association for Information Science and Technology**, [s.l.], v. 72, n. 8, p. 995-1010, 2021. DOI: https://doi.org/10.1002/asi.24469

675 MUIR, Rebecca; THOMPSON, Kim M.; QAYYUM, Asim. Considering "atmosphere" in facilitating information seeking by people with invisible disabilities in public libraries. **Proceedings of the Association for Information Science and Technology**, [s.l.], v. 56, n. 1, p. 216-2260, 2019. DOI: https://doi.org/10.1002/pra2.17

676 GIBSON, Amelia N.; MARTIN III, John D. Re-situating information poverty: Information marginalization and parents of individuals with disabilities. **Journal of the Association for Information Science and Technology**, [s.l.], v. 70, n. 5 p. 476-487, 2019. DOI: https://doi.org/10.1002/asi.24128

677 BILAL, Dania; BALDAUF, Dana Hanson; FLAHERTY, Mary Grace; MEHRA, Bharat. Children and young people with disabilities: Breaking new ground and bridging information worlds. **Proceedings of the American Society for Information Science and Technology**, [s.l.], v. 47, n. 1, p. 1-3, 2011. DOI: https://doi.org/10.1002/meet.14504701194

678 WILLIAMS, Peter; HENNING, Christian. Effect of web page menu orientation on retrieving information by people with learning disabilities. **Journal of the Association for Information Science and Technology**, [s.l.], v. 66, n. 4, p. 674-683, 2015. DOI: https://doi.org/10.1002/asi.23214

679 FENLON, Katrina; WOOD, Laura C.; DOWNIE, J. Stephen; HAN, Ruohua; KINNAMAN, Alex O. Toward accessible course content: Challenges and opportunities for libraries and information systems. **Proceedings of the Association for Information Science and Technology**, [s.l.], v. 53, n. 1, p. 1-10, 2016. DOI: https://doi.org/10.1002/pra2.2016.14505301027

680 YU, Biyang; GERIDO, Lynette; HE, Zhe. Exploring text classification of social support in online health communities for people who are D/deaf and hard of hearing. **Proceedings of the**

Association for Information Science and Technology, [s.l.], v. 54, n. 1, p. 840-841, 2017. DOI: https://doi.org/10.1002/pra2.2017.14505401179.

681   BENNER, Jessica G.; OH, Jung Sun. Accessibility cyberscapes and the digital divide. **Proceedings of the American Society for Information Science and Technology**, [s.l.], v. 51, n. 1, p. 1-4, 2014. DOI: https://doi.org/10.1002/meet.2014.14505101158

682   RILEY-HUFF, Debra. Acessibilidade na Web e desenho universal. **Library Technology Reports**, [s.l.], v. 38, n. 7, p. 29-35, 2012. Disponível em: https://journals.ala.org/index.php/ltr/article/viewFile/4687/5574 Acesso em: 10 dez. 2022.

683   COPELAND, Clayton. Library and information center accessibility: The Differently-able patron's perspective. **Proceedings of the American Society for Information Science and Technology**, [s.l.], v. 46, n. 1, p. 1, 2009. DOI: https://doi.org/10.1002/meet.2009.14504603124

684   BERGET, Gerd; MACFARLANE, Andrew. What Is Known About the Impact of Impairments on Information Seeking and Searching? **Journal of the Association for Information Science and Technology**, [s.l.], v. 71, n. 5, p. 596-611, may. 2020. DOI: https://doi.org/10.1002/asi.24256

685   WALLING, Linda Lucas; IRWIN, Marilyn. (ed.). **Information services for people with developmental disabilities**: The library manager's handbook. Westport, CT: Greenwood Press, 1995. p. 181-195.

686   DUDLEY-MARLING, Curt; LUCAS, Krista. Pathologizing the language and culture of poor children. **Language Arts**, [s.l.], v. 86, n. 5, p. 362-370, 2009; YOON, Haeny S.; TEMPLETON, Tran Nguyen. The Practice of Listening to Children: The Challenges of Hearing Children Out in an Adult-Regulated World. **Harvard Educational Review**, [s.l.], v. 89, n. 1, p. 55-84, Spring 2019. DOI: https://doi.org/10.17763/1943-5045-89.1.55; KOIVULA, Merja; TURJA, Leena; LAAKSO, Marja-Lena. Using the Storytelling Method to Hear Children's Perspectives and Promote Their Social-Emotional Competence. **Journal of Early Intervention**, [s.l.], v. 42, n. 2, p. 163-181, 2020. DOI: https://doi.org/10.1177/1053815119880599; LOVE, Hailey R.; BENEKE, Margaret R. *Pursuing Justice-Driven Inclusive Education Research*.

687   FRICKER, Miranda. *Epistemic injustice*.

688   PATIN, Beth; SEBASTIAN, Melinda. *Ep-i-what?*

689   MOELLER, Cristina M. Disability, identity, and professionalism: precarity in librarianship. **Library Trends**, Illinois, v. 67, n. 3, p. 455-470, 2019. DOI: https://doi.org/10.1353/lib.2019.0006

690   FERRI, Beth A.; BACON, Jessica. Beyond inclusion: Disability studies in early childhood teacher education. *In*: FENNIMORE, Beatrice S., GOODWIN, A. Lin. (ed.). **Promoting social justice for young children**. Berlin: Springer, 2011. p. 137-146. DOI: https://doi.org/10.1007/978-94-007-0570-8; DUDLEY-MARLING, Curt; BURNS, Mary Bridget. Two perspectives on inclusion in the United States. **Global Education Review**, [s.l.], v. 1, n. 1, p. 14-31, 2014; GRINDAL, Todd; SCHIFTER, Laura A.; SCHWARTZ, Gabriel; HEHIR,

Thomas. Racial differences in special education identification and placement: Evidence across three states. **Harvard Educational Review**, [s.l.], v. 89, n. 4, p. 525-553, 2019. DOI: https://doi.org/10.17763/1943-5045-89.4.525; LOVE, Hailey R.; BENEKE, Margaret R. *Pursuing Justice-Driven Inclusive Education Research*.

691 FERRI, Beth A.; BACON, Jessica. *Beyond inclusion*; LOVE, Hailey R.; BENEKE, Margaret R. *Pursuing Justice-Driven Inclusive Education Research*.

692 HONMA, Todd. *Trippin' Over the Color Line*; HONMA, Todd. *Introduction to part I*; HUDSON, David J. *On Dark Continents and Digital Divides*; HUDSON, David James. *On 'Diversity' as Anti-Racism in Library and Information Studies*; HUDSON, David James. *The whiteness of practicality*; HUDSON, David James. *The Displays*; BEILIN, Ian. *The academic Research library's White past and present*.

693 Tradução: Um novo vocabulário para biblioteconomia inclusiva: aplicando a teoria da branquitude à nossa profissão.

694 ESPINAL, Isabel. A New Vocabulary for Inclusive Librarianship: Applying Whiteness Theory to Our Profession. *In*: CASTILLHO-SPEED, Lillian, *et al*. **The Power of Language/El poder de la palabra**: selected papers from the Second REFORMA National Conference. Englewood, CO: Libraries Unlimited, 2001. p. 131-152.

695 ESPINAL, Isabel. *A New Vocabulary for Inclusive Librarianship*, p. 132-133.

696 ESPINAL, Isabel. *A New Vocabulary for Inclusive Librarianship*.

697 ESPINAL, Isabel. *A New Vocabulary for Inclusive Librarianship*, p. 134.

698 ESPINAL, Isabel. *A New Vocabulary for Inclusive Librarianship*, p. 133.

699 ESPINAL, Isabel. *A New Vocabulary for Inclusive Librarianship*; SILVA, Franciéle Carneiro Garcês da; GARCEZ, Dirnéle Carneiro. *Isabel Espinal e suas contribuições para a Biblioteconomia e Ciência da informação (BCI)*; ESPINAL, Isabel; HATHCOCK, April M.; RIOS, María. Dewhitening Librarianship: a policy proposal for libraries. *In*: YEUNG, Sofia; LÓPES-MCNIGHT, Jorge R. (ed.). **Knowledge Justice**: Disrupting Library and Information Studies through Critical Race Theory. Cambridge: Massachusetts Institute of Technology, 2021. p. 223-240.

700 Tradução: Indo além da branquitude nas bibliotecas acadêmicas norte-americanas.

701 WARNER, Jody Nyasha. Moving Beyond Whiteness in North American Academic Libraries. **Libri**, [s.l.], v. 51, n. 3, p. 167-172, 2001. DOI: https://doi.org/10.1515/LIBR.2001.167

702 WARNER, Jody Nyasha. *Moving Beyond Whiteness in North American Academic Libraries*; SILVA, Franciéle Carneiro Garcês da; GARCEZ, Dirnéle Carneiro. *Isabel Espinal e suas contribuições para a Biblioteconomia e Ciência da informação (BCI)*.

703 BERRY, John D. White Privilege in Library Land. **Versed**, Chicago, special issue, p. 1-12, June 2004.

704 BERRY, John D. *White Privilege in Library Land*, p. 1.

705 CRENSHAW, Kimberlé W. *The first decade*.

706 ZUBERI, Tukufu; BONILLA-SILVA, Eduardo. White Logic, White Methods: Racism and Methodology. Washington, DC: Rowman & Littlefield Publishers, 2008; DIXSON, Adrienne

D.; ANDERSON, Celia R. Where are we? Critical race theory in education 20 years later. **Peabody Journal of Education**, [s.l.], v. 93, p. 121-131, 2018.

707 FERREIRA, Aparecida de Jesus. Teoria Racial Crítica e Letramento Racial Crítico: narrativas e contranarrativas de identidade racial de professores de línguas. **Revista da ABPN**, [s.l.], v. 6, n. 14, p. 236-263, jul./out. 2014.

708 BOHONOS, Jeremy W. Catcalling as ritual in a masculinized workplace: Linguistic marginalization on the axis of gender, sexuality and race. *In*: **American Association for Adult and Continuing Education Annual Conference**, Myrtle Beach, SC, 2018; BOHONOS, Jeremy W. Including critical whiteness studies in the critical human resource development family: A proposed theoretical framework. **Adult Education Quarterly**, [s.l.], v. 69, n. 4, p. 315-337, 2019a. DOI: doi.org/10.1177/0741713619858131; BONILLA-SILVA, Eduardo. *Racismo sem racistas*.

709 Tradução: Topografias da branquitude: mapeando a branquitude na Biblioteconomia e na Ciência da Informação.

710 JOSEPH, Nicole M.; CROWE, Katherine M.; MACKEY, Janiece. Interrogating Whiteness in College and University Archival Spaces at Predominantly White Institutions. *In*: SCHLESSELMAN-TARANGO, Gina (ed.). **Topographies of Whiteness**: mapping Whiteness in Library and Information Studies. Sacramento: Library Juice Press, 2017. p. 55-78.

711 WATSON, Megan. White feminism and distributions of power in academic libraries. *In*: SCHLESSELMAN-TARANGO, Gina (ed.). **Topographies of Whiteness**: mapping Whiteness in Library and Information Studies. Sacramento: Library Juice Press, 2017. p. 143-174.

712 COOKE, Nicole A.; SPENCER, Katrina; JACOBS, Jennifer M.; MABBOTT, Cass; COLLINS, Chloe; LOYD, Rebekah M. Mapping Topographies from the Classroom: Addressing Whiteness in the LIS Curriculum. *In*: SCHLESSELMAN-TARANGO, Gina (ed.). **Topographies of Whiteness**: mapping Whiteness in Library and Information Studies. Sacramento: Library Juice Press, 2017. p. 235-250.

713 HATHCOCK, April M; SENDAULA, Stephanie. Mapping Whiteness at the Reference Desk. *In*: SCHLESSELMAN-TARANGO, Gina (ed.). **Topographies of Whiteness**: mapping Whiteness in Library and Information Studies. Sacramento: Library Juice Press, 2017. p. 251-260.

714 SILVA, Franciéle Carneiro Garcês da Silva; GARCEZ, Dirnéle Carneiro; PIZARRO, Daniella Camara. *Cartografias da Supremacia Racial e da Branquitude na Biblioteconomia e Ciência da Informação (BCI)*.

715 BOHONOS, Jeremy W. *Including critical whiteness studies in the critical human resource development family*.

716 HONMA, Todd. *Trippin' Over the Color Line*.

717 BUDD, John. An Epistemological Foundation for Library and Information Science. **The Library Quarterly**: Information, Community, Policy, [s.l.], v. 65, n. 3, p. 295-318, Jul. 1995.

718 HONMA, Todd. *Trippin' Over the Color Line.*
719 HONMA, Todd. *Trippin' Over the Color Line.*
720 HONMA, Todd. *Trippin' Over the Color Line.*
721 Justiça do Conhecimento: Interrompendo os Estudos Biblioteconômicos e da Informação através da Teoria Crítica da Raça.
722 HONMA, Todd. *Introduction to part I.*
723 HONMA, Todd. *Introduction to part I.*
724 BROWN, Jennifer; CLINE, Nicholae; MÉNDEZ-BRADY, Marisa. Leaning on our labor: whiteness and hierarchies of Power in LIS work. *In*: **Knowledge Justice**: Disrupting Library and Information Studies through Critical Race Theory. Cambridge, MA: Massachusetts Institute of Technology, 2021. p. 95-110; CHIU, Anastasia; ETTARH, Fobazi M.; FERRETTI, Jennifer A. *Not the shark, but the water.*
725 MORALES, Myrna E.; WILLIAMS, Stacie. Moving toward Transformative Librarianship: Naming and Identifying Epistemic Supremacy. *In*: LEUNG, Sofia Y.; LÓPEZ-MCKNIGHT, Jorge R. (ed.). **Knowledge Justice**: Disrupting Library and Information Studies through Critical Race Theory. Cambridge, MA: Massachusetts Institute of Technology, 2021. p. 73-93.
726 NATARAJAN, Vani. Counterstoried Spaces and Unknowns: A Queer South Asian Librarian Dreaming. *In*: LEUNG, Sofia Y.; LÓPEZ-MCKNIGHT, Jorge R. (ed.). **Knowledge Justice**: Disrupting Library and Information Studies through Critical Race Theory. Cambridge, MA: Massachusetts Institute of Technology, 2021. p. 141-157; VÁZQUEZ, Sujei Lugo. The Development of US Children's Librarianship and Challenging White Dominant Narratives. *In*: LEUNG, Sofia Y.; LÓPEZ-MCKNIGHT, Jorge R. (ed.). **Knowledge Justice**: Disrupting Library and Information Studies through Critical Race Theory. Cambridge, MA: Massachusetts Institute of Technology, 2021. p. 177-195.
727 ESPINAL, Isabel; HATHCOCK, April M.; RIOS, María. *Dewhitening Librarianship: a policy proposal for libraries.*
728 VÁZQUEZ, Sujei Lugo. *The Development of US Children's Librarianship and Challenging White Dominant Narratives.*
729 VÁZQUEZ, Sujei Lugo. *The Development of US Children's Librarianship and Challenging White Dominant Narratives.*
730 COLLINS, Patricia Hill. **Another Kind of Public Education**: Race, Schools, the Media and Democratic Possibilities. Boston: Beacon Press, 2009; VÁZQUEZ, Sujei Lugo. *The Development of US Children's Librarianship and Challenging White Dominant Narratives.*
731 COLLINS, Patricia Hill. *Another Kind of Public Education*; VÁZQUEZ, Sujei Lugo. *The Development of US Children's Librarianship and Challenging White Dominant Narratives.*
732 COLLINS, Patricia Hill. *Another Kind of Public Education*; VÁZQUEZ, Sujei Lugo. *The Development of US Children's Librarianship and Challenging White Dominant Narratives.*
733 WEST, Cornel. Foreword. *In*: CRENSHAW, Kimberlé; GOTANDA, Neil; PELLER, Gary; THOMAS, Kendall. (ed.). **Critical Race Theory**: The Key Writings that formed the

Movement. New York, The New Press, 1995. p. xi-xii; SLEETER, Christine E.; DELGADO BERNAL, Dolores. Critical Pedagogy, Critical Race Theory, and Antiracist Education: Their Implications for Multicultural Education. *In*: BANKS, James; BANKS, Cherry A. (ed.). **Multicultural Education**: Issues and Perspectives. Hoboken, NJ: Wiley, 2004. p. 240-258; LADSON-BILLINGS, Gloria. Critical Race Theory – What it is not! *In*: LYNN, Marvin; DIXSON, Adrienne D. (ed.). **Handbook of Critical race Theory in Education**. New York: Routledge, 2013. p. 34-47.
734 DELGADO, Richard. **Critical Race Theory**: the Cutting Edge. Philadelphia: Temple University Press, 1995.

Capítulo 4 - Pessoas bibliotecárias negras enquanto teóricas críticas raciais: evocando a centralidade da raça e do racismo em BCI

735 Referência ao título do livro de Tsi (2016b).
736 Tradução: Cruzando Fronteiras: Caminhos Epistemológicos em Ciências da Informação e da Comunicação da Trajetória de Jean Meyriat e Robert Estivals no contexto da *Revue de Bibliologie: schéma et schématisation*. SALDANHA, Gustavo Silva. *Passage de Frontières*.
737 Tradução: Revista de Bibliologia: esquemas e esquematização.
738 Tradução: Bibliotecas argelinas sob o domínio colonial francês: análise e interpretação de acordo com a teoria da bibliologia política.
739 Tradução: Reflexões bibliológicas sobre as bibliotecas do período colonial belga.
740 Tradução: A bibliografia colonial francesa de Madagascar.
741 SALDANHA, Gustavo Silva. **Passage de Frontières**: chemins épistémologiques des Sciences de l'information et de la communication à partir de la trajectoire de Jean Meyriat et de Robert Estivals dans le contexte de la Revue de Bibliologie: schéma et schématisation (1968 – 2016). Rapport du post-doctorat sênior - Université Toulouse III Paul Sabatier, Toulouse, France, 2018.
742 SALDANHA, Gustavo Silva. *Passage de Frontières*.
743 Recuperamos: ALLAHOUM, Rabah. L'état du livre dans les pays du Tiers-Monde. **Revue d'Information Scientifique et Technique**, [s.l.], v. 2, n. 1, 1992.
744 Recuperamos: DAHMANE, Madjid. Problematique de la theorie et de la methodologie systemiques appliquees a la documentation. **Revue d'Information Scientifique et Technique**, [s.l.], v. 1, n. 1, 1991; DAHMANE, Madjid. Problematique de l'endogeneite sociale des nouvelles technologies de communication. **Revue d'Information Scientifique et Technique**, [s.l.], v. 1, n. 2, 1992; DAHMANE, Madjid. La taxinomie des sciences de l'information entre les paradigmes classiques et l'evolution actuelle: quels enseignements? **Revue d'Information Scientifique et Technique**, [s.l.], v. 7, n. 1, 1997; DAHMANE, Madjid; YAHIAOUI, Zahir. Contribution to the evaluation of university libraries by the

conspectus methodology: case study of the university library of Bejaia. **Revue d'Information Scientifique et Technique**, [s.l.], v. 15, n. 1-2, 2005; ALIOUALI, Nadia; DAHMANE, Madjid. La préservation des documents numériques: Enjeux et stratégies. **Revue d'Information Scientifique et Technique**, v. 17, n. 1-2, 2007.

745   Recuperamos: ABDOUN, Abdelkrim. L'evaluation de l'I.S.T.: aspects quantitatifs et qualitatifs. Revue d'Information Scientifique et Technique, v. 2, n. 1, 1992; ABDOUN, Abdelkrim. La Lexicometrie Documentaire: Contribution a l'utilisation des Techniques Documentaires comme Methodologie d'Etude en Sciences Sociales. **Revue d'Information Scientifique et Technique**, v. 1, n. 2, 1992.

746   Recuperamos: ARAB, Abdelhamid. La bibliométrie: historie d'une discipline métrique. Revue d'Information Scientifique et Technique, v. 2, n. 1, 1992; ARAB, Abdelhamid. Techniques et lois bibliométriques. Revue d'Information Scientifique et Technique, v. 4, n. 1, 1994.

747   Recuperamos: AKBAL, Mehenni. Reflexion sur la problematique et la methodologie de l'evolution des Systemes d'Information Scientifique Formalisees (S.I.S.F) en Algerie. **Revue d'Information Scientifique et Technique**, v. 1, n. 1, 1991; AKBAL, Mehenni. Problématique génerate du contentieux archivistique Algéro-Français. **Revue d'Information Scientifique et Technique**, v. 2, n. 1, 1992; AKBAL, Mehenni. Formalisation de la chaine documentaire. Revue d'Information Scientifique et Technique, v. 2, n. 2, 1992; AKBAL, Mehenni. A propos d'une Strategie de Diffusion de l'Information Archivistique. **Revue d'Information Scientifique et Technique**, v. 1, n. 2, 1992; AKBAL, Mehenni. Elément pour une rupture épistémolofique en documentation. **Revue d'Information Scientifique et Technique**, v. 3, n. 1, 1993.

748   *Fazemos aqui uma ressalva*: dos 49 materiais recuperados, não encontrarmos a discussão da TCR em BCI, apesar de que durante nossa análise do corpus recuperado, nos deparamos com alguns estudos em outras áreas do conhecimento como Educação, Filosofia, Teologia, Saúde e Direito em África, sobretudo quando debatem o contexto racial da África do Sul. Reforçamos, assim que a ausência percebida foi dentro do campo biblioteconômico-informacional africano, enfoque de nossa pesquisa.

749   LOR, Peter. Preserving, developing and promoting indigenous languages: things South African librarians can do. **Innovation**, [s.l.], v. 45, p. 28-50, 2012.

750   DUBE, Luyanda. Contextualising the LIS curriculum in the Department of Information Science at Unisa through Africanisation: challenges, prospects and opportunities. **Innovation**: journal of appropriate librarianship and information work in Southern Africa, v. 2012, n. 45, p. 71-93, 2012.

751   YUSUF, Rukayat Abimbola; AWOYEMI, Olubunmi O.; ADEMODI, Dickson T. Diversity, inclusion and equity: making a case for the underserved and vulnerable in the Nigerian society. **Lagos Journal of Library and Information Science**, [s.l.], v. 11, n. 1-2, 2022.

752   UDENSI, Julie N. Extent of postgraduate students and lecturers use of Africana resources in

Nigerian university libraries. **Journal of Information and Knowledge Management**, [s.l.], v. 2, n. 1, p. 1-11, 2011.

753 Com exceção da África do Sul, país em que foi estabelecido um regime de segregação entre brancos e africanos por quatro décadas (1948-1994). Há uma luta para inclusão de pessoas não brancas (africanos, indianos, asiáticos e as pessoas que unem todos esses pertencimentos) dentro da sociedade sul-africana após a história de opressão institucional e legalizada ocorrida no período do *apartheid* naquele país. A ideologia do apartheid foi transmitida por gerações e ainda influencia no modo em que pessoas negras são tratadas por africâners e brancos ingleses. Aqui, é importante lembrar que, com relação ao tema da linguagem e categorização racial, existe uma hierarquia social histórica na África do Sul, já que esse país possui uma história racial única com categorizações raciais distintas construídas pelo governo sul-africano. As categorias utilizadas para se referir a grupos étnico-raciais na África do Sul são branco inglês; Afrikaners (anteriormente os colonos holandeses); de cor (aqueles com descendentes africanos e europeus, bem como malaios, indonésios e indo-chineses); indígenas; e africanos. Com a estrutura mantida desde o apartheid, há benefícios para os afrikaners e o branco inglês devido aos privilégios da branquitude. FISKE, Edward; LADD, Helen F. Elusive equity education reform in post-apartheid South Africa. Washington, D.C: Brookings Institution Press, 2004; WERTHEIM, Samantha Shapses. Can we become friends? Students' cross-racial interaction in post-apartheid South African higher education. **Journal of Student Affairs in Africa**, [s.l.], v. 2, n. 1, p. 35-54, 2014. DOI: https://doi.org/10.14426/jsaa.v2i1.48

754 OYEDOLA, David A. Appiah on race and identity in the illusions of race: a rejoinder. **Filosofia Theoretica**: Journal of African Philosophy, Culture and Religions, v. 4, n. 2, Jul./dec. 2015. DOI: https://doi.org/10.4314/ft.v4i2.2

755 TSRI, Kwesi. Africans are not black: why the use of the term "black" for Africans should be abandoned. **African Identities**, [s.l.], v. 14, n. 2, p. 147-160, 2015; TSRI, Kwesi. *Africans are not black*; TSRI, Kwesi. *Africans Are Not Black: the case*.

756 Tsri (2016a, 2016b) adota o termo em inglês "black", mas sua discussão não se refere somente à cor preta, mas sim a ser politicamente uma pessoa negra. Assim, como nossa discussão se refere principalmente à questão política, manteremos o termo negro para relacionar também às discussões no Brasil.

757 TSRI, Kwesi. *Africans are not black*; TSRI, Kwesi. *Africans Are Not Black: the case*.

758 Tipo único de racismo que aplica o conceito negro e seus simbolismos negativos aos africanos. TSRI, Kwesi. *Africans are not black*; TSRI, Kwesi. *Africans Are Not Black: the case*.

759 PRICE, Thomas R. The Color-System of Vergil. **The American Journal of Philology**, [s.l.], v. 4, n. 1, p. 1-20, 1883. DOI: https://doi.org/10.2307/287644; TSRI, Kwesi. *Africans are not black*; TSRI, Kwesi. *Africans Are Not Black: the case*.

760 Cabelos parecidos com lã. TSRI, Kwesi. *Africans are not black*; TSRI, Kwesi. *Africans Are Not Black: the case*.

761 TSRI, Kwesi. *Africans are not black*; TSRI, Kwesi. *Africans Are Not Black: the case*; SNOWDEN,

Frank M. **Blacks in Antiquity**: Ethiopians in Greco-Roman Experience. London: Harvard University Press, 1971; BERNAL, Martin. **Black Athena**: The Afroasiatic Roots of Classical Civilization, Vol. 1: The Fabrication of Ancient Greece 1785–1985. New Brunswick, NJ: Rutgers University Press, 1987.

762 TSRI, Kwesi. *Africans are not black*; TSRI, Kwesi. *Africans Are Not Black: the case.*

763 TSRI, Kwesi. *Africans are not black*; TSRI, Kwesi. *Africans Are Not Black: the case.*

764 TSRI, Kwesi. *Africans are not black*; TSRI, Kwesi. *Africans Are Not Black: the case.*

765 SOUZA, Francisco das Chagas de. **O ensino da Biblioteconomia no contexto brasileiro**: século XX. 2. ed. Florianópolis: Ed. da UFSC, 2009; PIZARRO, Daniella Camara. **Entre o saber agir e o saber fazer**: o que professam os docentes de Biblioteconomia em Santa Catarina. 2017. 530 p. Tese (Doutorado) – Universidade Federal de Santa Catarina, Florianópolis, 2017.

766 SOUZA, Francisco das Chagas de. *O ensino da Biblioteconomia no contexto brasileiro*; PIZARRO, Daniella Camara. *Entre o saber agir e o saber fazer.*

767 CASTRO, César Augusto. **História da Biblioteconomia brasileira**: perspectiva histórica. Brasília: Thesaurus, 2000; FONSECA, Edson N. da. **Introdução à Biblioteconomia**. 2. ed. Brasília: Briquet de Lemos/Livro, 2007; SOUZA, Francisco das Chagas de. **A Biblioteconomia no Brasil**: profissão e educação. Florianópolis: ACB, 1997; SOUZA, Francisco das Chagas de. A formação acadêmica de bibliotecários e cientistas da informação e sua visibilidade, identidade e reconhecimento social no Brasil. **Informação & Sociedade**, João Pessoa, v. 16, n. 1, p. 23-34, jan./jun. 2006; PIZARRO, Daniella Camara. *Entre o saber agir e o saber fazer.*

768 Sugestão de leitura para entender a síntese da discussão racial no século XX: SILVA, Rubens Alves da. Diversidade epistêmica: encontro de saberes no PPGCI. *In*: SILVEIRA, Fabrício José Nascimento da; FROTA, Maria Guiomar da; MARQUES, Rodrigo Moreno. (org.). **Informação, mediação e cultura**: teorias, métodos e pesquisas. Belo Horizonte, MG: Letramento: PPGCI, 2022. p. 141-165.

769 SILVA, Franciéle Carneiro Garcês da. *Representações Sociais acerca das Culturas Africana e Afro-Brasileira.*

770 PORTER, Dorothy B. Of me and records in the history of the Negro. *In*: FINDLAY, James A. **Dorothy Porter Wesley (1905-1995)**: Afro-American Librarian and Bibliophile. Ft. Lauderdale, Florida: Broward County Library, [1957] 2001. p. 13-29.

771 SANTOS, José Antônio dos. Diáspora africana: paraíso perdido ou terra prometida. *In*: MACEDO, José Rivair. (org.). **Desvendando a história da África**. Porto Alegre: Editora da UFRGS, 2008.

772 SANTOS, José Antônio dos. *Diáspora africana.*

773 OMI, Michael; WINANT, Howard. **Racial Formation in the United States**: From the 1960s a 1990s. 2nd ed. New York: Routledge, 1994. p. 56.

774 OMI, Michael; WINANT, Howard. *Racial Formation in the United States*; WERTHEIM, Samantha Shapses. *Can we become friends?*

775 SILVÉRIO, Valter R. **Raça e racismo na virada do milênio**: os novos contornos da racialização. 1999. 172 p. Tese (Doutorado) - Universidade Estadual de Campinas, Instituto de Filosofia e Ciências Humanas, Campinas, SP, 1999; MUNANGA, Kabengele. Uma abordagem conceitual das noções de raça, racismo, identidade e etnia. *In*: SEMINÁRIO NACIONAL RELAÇÕES RACIAIS E EDUCAÇÃO-PENESB-RJ, 3., 2003. Rio de Janeiro. **Palestra** [...], Rio de Janeiro: UFF, 2003.

776 Estados Unidos da América só aboliram a escravidão de africanos em 1863 com o Ato de Emancipação assinado pelo presidente Abraham Lincoln. SILVA, Franciéle Carneiro Garcês da. *Representações Sociais acerca das Culturas Africana e Afro-Brasileira*.

777 Reconstrução Radical, também chamada de Reconstrução do Congresso, foi o processo e período de Reconstrução durante o qual os Republicanos Radicais no Congresso dos EUA tomaram o controle da Reconstrução do Pres. Andrew Johnson e aprovaram os Atos de Reconstrução de 1867-1868, que enviaram tropas federais ao Sul para supervisionar o estabelecimento de governos estaduais mais democráticos. O Congresso também promulgou legislação e alterou a Constituição para garantir os direitos civis dos libertos e dos afro-americanos em geral. BRITANNICA, Editors. Radical Reconstruction. **Encyclopedia Britannica**, June 23, 2020b.

778 DONNELL, Suzanna W. O. **Equal opportunities for Both**: Julius Rossenwald, Jim Crow and the Charleston free librarys record of service to blacks, 1931 to 1960. 2000. 57 f. Masters paper (Master of Science in Library Science) - School of Information and Library Science, University of North Carolina, North Carolina, 2000; XAVIER, Giovana. **Brancas de almas negras?** beleza, racialização e cosmética na imprensa negra pós-emancipação (EUA, 1890-1930). 2012. 424 p. Tese (doutorado) – Unicamp, IFCH, Campinas, SP, 2012; WIEGAND, Wayne A.; WIEGAND, Shirley A. *The desegregation of public libraries in the Jim Crow South: civil rights and local activism;* BRITANNICA, Editors. Radical Reconstruction. **Encyclopedia Britannica**, June 23, 2020b; LONG, Christopher. **Knights of the White Camellia**. Handbook of Texas, Austin, TX: Texas State Historical Association, [1952] 2020; BRITANNICA, Edithors. Whitney M. Young, Jr. **Encyclopedia Britannica**, Chicago, 27 Jul. 2022c. Disponível em: https://www.britannica.com/biography/Whitney-M-Young-Jr. Acesso em: 13 jan. 2023; JENKINS, John Philip. White Supremacy. **Encyclopedia Britannica**, [*s.l.*], 13 abr. 2021. Disponível em: https://www.britannica.com/topic/white-supremacy. Acesso em: 19 jan. 2021; SILVA, Franciéle Carneiro Garcês da; GARCEZ, Dirnéle Carneiro; PIZARRO, Daniella Camara. Dorothy Porter Wesley e a classificação para os Estudos Negros, Africanos e da Diáspora. *In*: ENCONTRO NACIONAL DE PESQUISA EM CIÊNCIA DA INFORMAÇÃO, 21., 2021, Rio de Janeiro. **Anais** [...]. Rio de Janeiro: IBICT-UFRJ, 2021a; SILVA, Franciéle Carneiro Garcês da; GARCEZ, Dirnéle Carneiro; PIZARRO, Daniella Camara. Dorothy Porter Wesley e a classificação para os estudos negros, africanos

e da diáspora. *In*: SILVA, Franciéle Carneiro Garcês da. (org.). **Bibliotecári@s negr@s**: Perspectivas feministas, antirracistas e decoloniais em Biblioteconomia e Ciência da Informação. Florianópolis: Rocha; Selo Nyota, 2021b. p. 21-42; UROFSKY, Melvin I. Jim Crow Law. **Encyclopedia Britannica**, Feb 12, 2021. Disponível em: https://www.britannica.com/event/Jim-Crow-law. Acesso em: 19 jan. 2021; SILVA, Franciéle Carneiro Garcês da Silva; GARCEZ, Dirnéle Carneiro; PIZARRO, Daniella Camara. Cartografias da Supremacia Racial e da Branquitude na Biblioteconomia e Ciência da Informação. *In*: ENCONTRO NACIONAL DE PESQUISA EM CIÊNCIA DA INFORMAÇÃO, 22., 2022, Porto Alegre. **Anais** [...]. Porto Alegre: UFRGS, 2022.

779   LAWSON, Steven F. Freedom Then, Freedom Now: The Historiography of the Civil Rights Movement. **The American Historical Review**, [*s.l.*], v. 96, n. 2, p. 456-471, Apr. 1991. Disponível em: https://www.jstor.org/stable/2163219. Acesso em: 10 jul. 2022.

780   LAWSON, Steven F. *Freedom Then, Freedom Now*.

781   Conferência dos Bibliotecários Americanos.

782   JOSEY, E. J. A foreword. *In*: SPELLER JR., Benjamin F. (ed.). **Educating Black Librarians**. Jefferson, North Carolina: McFarland & Company, 1991a. p. vii-xiv.

783   JOSEY, E. J. *A foreword*.

784   Tradução: Universidade da Carolina do Sul.

785   JOSEY, E. J. *A foreword*.

786   Tradução: Lista Preliminar de Livros e Panfletos de Autores Negros para a Exposição de Paris e Biblioteca do Congresso Americano. MURRAY, Daniel Alexander Payne (comp.). **Preliminary list of books and pamphlets by Negro authors**: for Paris Exposition and Library of Congress. Washington, D.C.: U.S. Commission to the Paris Exposition, 1900.

787   Tradução: Biblioteca do Congresso Americano. JOSEY, E. J. *A foreword*.

788   Tradução: Enciclopédia Histórica e Biográfica de Murray sobre a raça de cor em todo o mundo. MURRAY, Daniel Alexander Payne. **Murray's historical and biographical encyclopedia of the colored race throughout the world**: its progress and achievements from the earliest period down to the present time. Chicago: World's Cyclopedia Co., 1912.

789   HARRIS JR, Robert L. Daniel Murray and The Encyclopedia of the Colored Race. **Phylon (1960-2002)**, Atlanta, v. 37, n. 3, p. 270-282, 1976. DOI: https://doi.org/10.2307/274456. Acesso em: 10 Jan. 2022; COLE, John. Daniel Murray: A Collector's Legacy. *In*: **Library of Congress**: Collection African American Perspectives: materials selected from the rare book collection. Washington: Library of Congress, 2021; WALKER, Billie E. Daniel Alexander Payne Murray (1852-1925): Forgotten librarian, bibliographer, and historian. **Libraries & Culture**, Austin, v. 40, n. 1, p. 25-37, 2005.

790   JOSEY, E. J. *A foreword*.

791   Tradução: Escola de Biblioteconomia da *Western Reserve University*.

792   Tradução: Escola de Biblioteconomia do Estado de Nova Yorque.

793   Tradução: Universidade da Reserva Ocidental.

794 JOSEY, E. J. *A foreword.*; JORDAN, Casper LeRoy. African American Forerunners in Librarianship. *In*: JOSEY, E. J.; DELOACH, Marva. (ed.). **Handbook of black librarianship**. 2nd ed. Lanham: The Scarecrow Press Inc., 2000.

795 Atualmente se chama Escola de Biblioteconomia e Ciência da Informação da Universidade de Pittsburgh.

796 JOSEY, E. J. *A foreword*; BOYD, Herb. **Virginia Proctor Powell Florence, her degree in library science a first for a Black woman**. New York Amsterdam, New York, December 3, 2020. Disponível em: https://amsterdamnews.com/news/2020/12/03/virginia-proctor-powell-florence-her-degree-librar/. Acesso em: 15 ago. 2022.

797 Tradução: Fundo Julius Rosenwald.

798 JOSEY, E. J. *A foreword.*

799 Tradução: Escola de Biblioteconomia do Instituto Hampton.

800 Tradução: Conselho Geral de Educação.

801 JOSEY, E. J. *A foreword*; JORDAN, Casper LeRoy. Afro-American Forerunners in Librarianship. *In*: JOSEY, E. J.; SCHOCKLEY, Ann Allen. (ed.). **Handbook of black librarianship**. Littleton, Colorado: Libraries Unlimited, Inc., 1977. p. 24-34; SILVA, Franciéle Carneiro Garcês da; SALDANHA, Gustavo Silva. *As culturas africanas e afrodescendentes em Biblioteconomia & Ciência da Informação no Brasil.*

802 FULTZ, Michael. *Black Public Libraries in the South in the Era of De Jure Segregation.*

803 FULTZ, Michael. *Black Public Libraries in the South in the Era of De Jure Segregation.*

804 WIEGAND, Wayne A.; WIEGAND, Shirley A. *The desegregation of public libraries in the Jim Crow South.*

805 DONNELL, Suzanna W. O. *Equal opportunities for Both*; WIEGAND, Wayne A.; WIEGAND, Shirley A. *The desegregation of public libraries in the Jim Crow South;* SILVA, Franciéle Carneiro Garcês da; GARCEZ, Dirnéle Carneiro; FEVRIER, Priscila Rufino; SANTOS, Raquel Mascarenhas dos; MELO FILHO, Edilson Targino. Pessoas bibliotecárias negras nas páginas da *Ebony Magazine*: movimentos pelos direitos civis, dessegregação racial e acesso à biblioteca. *In*: ENCONTRO NACIONAL DE PESQUISA EM CIÊNCIA DA INFORMAÇÃO, 21., 2021, Rio de Janeiro. **Anais** [...]. Rio de Janeiro: IBICT-UFRJ, 2021a; SILVA, Franciéle Carneiro Garcês da; GARCEZ, Dirnéle Carneiro; FEVRIER, Priscila Rufino; SANTOS, Raquel Mascarenhas dos; MELO FILHO, Edilson Targino. Pessoas bibliotecárias negras nas páginas da *Ebony Magazine*: movimentos pelos direitos civis, dessegregação racial e acesso à biblioteca. *In*: SILVA, Franciéle Carneiro Garcês da. (org.). **Bibliotecári@s negr@s**: perspectivas feministas, antirracistas e decoloniais em Biblioteconomia e Ciência da Informação. Florianópolis: Rocha, Selo Nyota, 2021b. p. 95-118.

806 JONES, Virginia Lacy. *Problems of Negro Public High School Libraries in Selected Southern Cities*; FULTZ, Michael. *Black Public Libraries in the South in the Era of De Jure Segregation.*

807 SAUNDERS, Doris. *Section V – Libraries*; SILVA, Franciéle Carneiro Garcês da; GARCEZ,

Dirnéle Carneiro; FEVRIER, Priscila Rufino; SANTOS, Raquel Mascarenhas dos; MELO FILHO, Edilson Targino. *Pessoas bibliotecárias negras nas páginas da Ebony Magazine*.

808 Tradução: Não é gratuito, não é para todos: bibliotecas públicas na era da Jim Crow. KNOTT, Cheryl. *Not Free, Not for All*.

809 FULTZ, Michael. *Black Public Libraries in the South in the Era of De Jure Segregation*; KNOTT, Cheryl. *Not Free, Not for All*; SILVA, Franciéle Carneiro Garcês da; GARCEZ, Dirnéle Carneiro; FEVRIER, Priscila Rufino; SANTOS, Raquel Mascarenhas dos; MELO FILHO, Edilson Targino. Pessoas bibliotecárias negras nas páginas da *Ebony Magazine*.

810 FULTZ, Michael. *Black Public Libraries in the South in the Era of De Jure Segregation*.

811 WIEGAND, Wayne A.; WIEGAND, Shirley A. *The desegregation of public libraries in the Jim Crow South*.

812 DONNELL, Suzanna W. O. *Equal opportunities for Both*, não paginado.

813 SAUNDERS, Doris. *Section V – Libraries*; KNOTT, Cheryl. *Not Free, Not for All*; SILVA, Franciéle Carneiro Garcês da; GARCEZ, Dirnéle Carneiro; FEVRIER, Priscila Rufino; SANTOS, Raquel Mascarenhas dos; MELO FILHO, Edilson Targino. Pessoas bibliotecárias negras nas páginas da *Ebony Magazine*.

814 JORDAN, Casper LeRoy; JOSEY, E. J. A Chronology of Events in Black Librarianship. *In*: JOSEY; E. J.; SCHOCKLEY, Ann Allen (ed.). **Handbook of black librarianship**. Littleton, Colorado: Libraries Unlimited, 1977; JORDAN, Casper LeRoy. *Afro-American Forerunners in Librarianship*; WIEGAND, Wayne A. *"Any Ideas?"*; WIEGAND, Wayne A. Falling short of their profession's needs: education and research in Library & Information Studies. **Journal of Education for Library and Information Science**, [*s.l.*], v. 58, n. 1, p. 39-43, January 2017. DOI: https://doi.org/10.12783/issn.2328-2967/58/1/4

815 JORDAN, Casper LeRoy; JOSEY, E. J. *A Chronology of Events in Black Librarianship*; JORDAN, Casper LeRoy. *Afro-American Forerunners in Librarianship*; WIEGAND, Wayne A. *"Any Ideas?"*; ORANGE, Satia. Interview. *In*: LANDGRAF, G. Blazing Trails: pioneering african-american librarians share their stories. **American Libraries**, 2 jan. 2018; SILVA, Franciéle Carneiro Garcês da. *Representações Sociais acerca das Culturas Africana e Afro-Brasileira na Educação em Biblioteconomia no Brasil*; SILVA, Franciéle Carneiro Garcês da; GARCEZ, Dirnéle Carneiro; FEVRIER, Priscila Rufino; SANTOS, Raquel Mascarenhas dos; MELO FILHO, Edilson Targino. *Pessoas bibliotecárias negras nas páginas da Ebony Magazine*.

816 LIPSCOMB, Carolyn E. *Historical notes*.

817 JOSEY, E. J.; JORDAN, Casper L. *A Chronology of Events in Black Librarianship*; JORDAN, Casper LeRoy. *Afro-American Forerunners in Librarianship*; WIEGAND, Wayne A. Falling short of their profession's needs; WIEGAND, Wayne A. *"Any Ideas?"*; ORANGE, Satia. *Interview*; SILVA, Franciéle Carneiro Garcês da. *Representações Sociais acerca das Culturas Africana e Afro-Brasileira na Educação em Biblioteconomia no Brasil*; SILVA, Franciéle Carneiro Garcês da; GARCEZ, Dirnéle Carneiro; FEVRIER, Priscila Rufino; SANTOS, Raquel Mascarenhas dos; MELO FILHO, Edilson Targino. *Pessoas bibliotecárias negras nas páginas da Ebony Magazine*.

818 SAUNDERS, Doris. Section V – Libraries; SILVA, Franciéle Carneiro Garcês da; GARCEZ, Dirnéle Carneiro; FEVRIER, Priscila Rufino; SANTOS, Raquel Mascarenhas dos; MELO FILHO, Edilson Targino. *Pessoas bibliotecárias negras nas páginas da Ebony Magazine*.

819 SAUNDERS, Doris. Section V – Libraries; SILVA, Franciéle Carneiro Garcês da; GARCEZ, Dirnéle Carneiro; FEVRIER, Priscila Rufino; SANTOS, Raquel Mascarenhas dos; MELO FILHO, Edilson Targino. *Pessoas bibliotecárias negras nas páginas da Ebony Magazine*.

820 SILVA, Franciéle Carneiro Garcês da; GARCEZ, Dirnéle Carneiro; VIEIRA, Gabriel de; FEVRIER, Priscila Rufino; ROMEIRO, Nathália Lima; ALVES, Ana Paula Meneses. Microagressões raciais, poder e privilégio nas bibliotecas: uma análise dos discursos no The Microaggressions Project e Microaggressions in Librarianship. **Revista Folha de Rosto**, Cariri, v. 9, n. 1, 2023a (no prelo).

821 Tradução: Uma Breve História do Negro Americano. BRAWLEY, Benjamin Griffith. **A Short History of the American Negro**. New York: Macmillan Company, 1913.

822 Tradução: O Negro. DUBOIS, W. E. B. **The Negro**. New York: Holt, 1915.

823 Tradução: Reconstrução negra na América, 1860-1880. DUBOIS, W. E. B. **Black reconstruction**: an essay toward a history of the part which black folk played in the attempt to reconstruct democracy in America, 1860-1880. New York: Russel & Russel, 1935.

824 Tradução: O negro do sul e a biblioteca pública. GLEASON, Eliza Atkins. **The Southern Negro and the Public Library**: A Study of the Government and Administration of Public Library Service to Negroes in the South. Chicago: University of Chicago Press, 1941.

825 Tradução: O bibliotecário negro na América. JOSEY, E. J. **The Black Librarian in America**. Metuchen: The Scarecrow Press, 1970.

826 Tradução: O bibliotecário negro na América revisitado. JOSEY, E. J. **The Black Librarian in America Revisited**. Metuchen: The Scarecrow Press, 1994.

827 Tradução: O que bibliotecários negros estão dizendo. JOSEY, E. J. **What black librarians are saying**. Metuchen: The Scarecrow Press, 1972.

828 Tradução: O manual da Biblioteconomia Negra. JOSEY; E. J.; SCHOCKLEY, Ann Allen (ed.). **Handbook of Black Librarianship**. Littleton, Colorado: Libraries Unlimited, 1977; JOSEY, E. J.; DELOACH, Marva L. (ed.). **Handbook of Black librarianship**. Lanham, Maryland, and London: The Scarecrow Press, Inc., 2000d.

829 Tradução: Educando Bibliotecários negros. SPELLER JR., Benjamin F. (ed.). **Educating Black Librarians**. Jefferson, North Carolina: McFarland & Company, 1991.

830 Tradução: Histórias não contadas: direitos civis, bibliotecas e Biblioteconomia Negra. TUCKER, John M. *Untold stories*.

831 Tradução: Livro Anual Negro: uma enciclopédia anual do Negro. WORK, Monroe N. (ed.). **Negro Year Book**: an annual encyclopedia of the Negro 1914-1915. Alabama: The Negro Year Book Publishing Company, Tuskegee Institute ,1915.

832 Tradução: Uma bibliografia do negro na África e na América. WORK, Monroe N. (ed.). **A**

Bibliography of the Negro in Africa and America. New York: The H. W. Wilson Company, 1928.

833 Tradução: Bibliografia de materiais de e sobre negros americanos para jovens leitores. JACKSON, Miles M. et al. (ed.). **A Bibliography of materials by and about Negro Americans for young readers**: final report. Atlanta, Georgia: Atlanta University, February 28, 1967; JACKSON, Miles M. **A bibliography of Negro history & culture for young readers**. Pittsburgh: Atlanta University; University of Pittsburgh Press, 1968.

834 Tradução: Primeiras escritas americanas negras: um estudo bibliográfico. PORTER, Dorothy B. **Early American Negro Writings**: A Bibliographical Study. The Papers of the Bibliographical Society of America, Chicago, v. 39, n. 3, p. 192-268, 1945.

835 Tradução: O negro nos Estados Unidos. PORTER, Dorothy. **The Negro in the United States**. Washington, D.C.: Library of Congress, 1970.

836 Tradução: Afro-Braziliana: uma bibliografia em construção. PORTER, Dorothy B. **Afro-Braziliana**: a working bibliography. Boston: G. K. Hall, 1978.

837 SILVA, Franciéle Carneiro Garcês da; GARCEZ, Dirnéle Carneiro; ARAUJO, Diná M. Pereira; VIEIRA, Gabriel M. A contribuição de pessoas bibliófilas e bibliógrafas negras dos séculos XIX e XX para construção de uma bibliografia negra. *In*: A ARTE DA BIBLIOGRAFIA: BIBLIOGRAFIA E JUSTIÇA SOCIAL, 8., 2021, São Carlos. **Anais** [...]. São Carlos: UFSCar, 2021a. p. 1-8; SILVA, Franciéle Carneiro Garcês da. Dorothy Porter Wesley e a organização do conhecimento: um olhar a partir da Teoria Crítica Racial Duboisiana. *In*: ALMEIDA, Tatiana; SILVEIRA, Naira; SALDANHA, Gustavo Silva. (org.). **Teorias Críticas em Organização do Conhecimento**. Rio de Janeiro: IBICT, 2022. p. 73-90.

838 SILVA, Franciéle Carneiro Garcês da. *Representações Sociais acerca das Culturas Africana e Afro-Brasileira na Educação em Biblioteconomia no Brasil*, p. 107.

839 SILVA, Franciéle Carneiro Garcês da. *Representações Sociais acerca das Culturas Africana e Afro-Brasileira na Educação em Biblioteconomia no Brasil*.

840 MEHRA, Bharat. *Introduction: Social Justice in Library and Information Science & Services*; MEHRA, Bharat. *Social Justice in Library and Information Science and Services*.

841 SENTEIO, Charles R.; MONTAGUE, Kaitlin E.; CAMPBELL, Bettina; CAMPBELL, Terrance R.; SEIRGEMAN, Samantha. *Enhancing racial equity in LIS research by increasing representation of BIPOC*; BLACK, Kimberly. *Justiça social e Biblioteconomia e Ciência da Informação antirracista*.

842 MATHIESEN, Kay. *Informational Justice*; SMITH, Martha. Global Information Justice: Rights, Responsibilities, and Caring Connections. **Library Trends**, Illinois, v. 49, n. 3, p. 519-537, 2001; NAGENBORG, Michael. Designing spheres of informational justice. **Ethics and Information Technology**, [s.l.], v. 11, n. 3, p. 175-179, 2009.

843 MEHRA, Bharat. *Introduction: Social Justice in Library and Information Science & Services*; MEHRA, Bharat. *Social Justice in Library and Information Science and Services*.

844 MATHIESEN, Kay. *Informational Justice*.

845 SILVA, Franciéle Carneiro Garcês da. *Representações Sociais acerca das Culturas Africana e Afro-Brasileira na Educação em Biblioteconomia no Brasil*; SILVA, Franciéle Carneiro Garcês da; SALDANHA, Gustavo Silva. Biblioteconomia Negra Brasileira: caminhos, lutas e transformação. **Tendências da Pesquisa Brasileira em Ciência da Informação**, [s.l.], v. 12, n. 2, p. 1-24, 2019.

846 JOSEY, E. J. *What black librarians are saying*.

847 Primeira obra considerada pertencente à Biblioteconomia Negra Estadunidense é *An enquiry concerning the intellectual and moral faculties, and literature of negroes; followed with an account of the life and works of fifteen negroes & mulattoes*, de Henri Grégoire (1810). Tradução do título: Uma investigação sobre as faculdades intelectuais e morais e a literatura dos negros; seguido com um relato da vida e obras de quinze negros e mulatos. JOSEY, E. J.; JORDAN, Casper L. *A Chronology of Events in Black Librarianship*.

848 Os historiadores dos direitos civis costumam se referir aos anos de 1954 a 1968 como a "Segunda Reconstrução". WIEGAND, Wayne A.; WIEGAND, Shirley A. *The desegregation of public libraries in the Jim Crow South*.

849 Tradução: Centro de Pesquisa Moorland-Spingarn. Para saber mais, acessar: https://dh.howard.edu/msrc/. Acesso em: 20 dez. 2022.

850 Tradução: Museu de História Afro-Americana Ruby e Calvin Fletcher. Para conhecer, acesse: https://www.ctvisit.com/listings/ruby-calvin-fletcher-african-american-history-museum Acesso em: 20 dez. 2022.

851 Tradução: Centro de Recursos Negros. Conheça pelo link: https://brc.ucsd.edu/ Acesso em: 20 dez. 2022.

852 Tradução: Centro Schomburg de Pesquisa em Cultura Negra. Para conhecer, acesse: https://www.nypl.org/locations/schomburg. Acesso em: 20 dez. 2022.

853 SILVA, Franciéle Carneiro Garcês da; GARCEZ, Dirnéle Carneiro; SALES, Rodrigo de; SILVA, Rubens Alves da. Arturo Schomburg e sua contribuição para a Biblioteconomia Negra: das coleções negras ao Schomburg Center for Research in Black Culture. **Palabra clave**, La Plata, v. 12, p. 1-11, 2023.

854 SILVA, Franciéle Carneiro Garcês da. *Representações Sociais acerca das Culturas Africana e Afro-Brasileira na Educação em Biblioteconomia no Brasil*; SILVA, Franciéle Carneiro Garcês da; SALDANHA, Gustavo Silva. *Biblioteconomia Negra Brasileira*.

855 Tradução: O bibliotecário negro do século 21 na América: questões e desafios. JACKSON, Andrew P.; JEFFERSON, Julius C. NOSAKHERE, Akilah S. (ed.). **The 21st-century black librarian in America:** Issues and challenges. Lanham, MD: Scarecrow Press, 2012.

856 Tradução: Regina Anderson Andrews, bibliotecária do Harlem Renaissance. WHITMIRE, Ethelene. **Regina Anderson Andrews**: Harlem Renaissance Librarian. Urbana, Chicago, Springfield: University of Illinois Press, 2014.

857 Tradução: A Elite Negra Original: Daniel Murray e a História de Uma Era Esquecida. TAYLOR,

Elizabeth Dowling. **The Original Black Elite**: Daniel Murray and the Story of a Forgotten Era. New York: HarperCollins Publishers Inc., 2017.

858 Tradução: Empurrando as margens: mulheres de cor e interseccionalidade na LIS. CHOU, Rose L.; PHO, Annie. (ed.). **Pushing the margins**: Women of color and intersectionality in LIS. Sacramento, C.A.: Library Juice, 2018.

859 Tradução: Bibliotecas da liberdade: a história não contada das bibliotecas para afro-americanos no sul. SELBY, Mike. **Freedom Libraries**: The Untold Story of Libraries for African Americans in the South. Lanham, Maryland: Rowman & Littlefield, 2019.

860 Tradução: Plantando histórias: a vida da bibliotecária e contadora de histórias Pura Belpre. DENISE, Anika A. **Planting Stories**: The Life of Librarian and Storyteller Pura Belpré. New York: HarperCollins, 2019.

861 CARDOSO, Francilene do Carmo. *O negro na biblioteca*.

862 SILVA, Franciéle Carneiro Garcês da. (org.). **Mulheres negras na Biblioteconomia**. Florianópolis, SC: Rocha Gráfica e Editora; Selo Nyota, 2019. 340p.

863 BARROSO, Daniele; GOMES, Elisangela; VALERIO, Erinaldo Dias; SILVA, Franciéle Carneiro Garcês da; LIMA, Graziela S. (org.). **Epistemologias Negras: relações raciais na Biblioteconomia**. Florianópolis: Rocha Gráfica e Editora Ltda., 2019. v. 1. 312 p.

864 SILVA, Franciéle Carneiro Garcês da; LIMA, Graziela S. (org.). **Bibliotecári@s negr@s**: ação, pesquisa e atuação política. Florianópolis: ACB, 2018. v. 1.

865 SILVA, Franciéle Carneiro Garcês da; LIMA, Graziela S. (org.). **Bibliotecári@s Negr@s**: informação, educação, empoderamento e mediações. Florianópolis, SC: Rocha Gráfica e Editora, 2019. v. 2.

866 SILVA, Franciéle Carneiro Garcês da. (org.). **Bibliotecári@s negr@s**: pesquisas e experiências de aplicação da Lei 10.639/2003 na formação bibliotecária e bibliotecas. Florianópolis: Rocha; Nyota, 2020. v. 3.

867 SILVA, Franciéle Carneiro Garcês da. (org.). **Bibliotecári@s negr@s**: perspectivas feministas, antirracistas e decoloniais em Biblioteconomia e Ciência da Informação. Florianópolis: Rocha, Selo Nyota, 2021. v. 4.

868 Tradução: Bibliotecário negro na América: reflexões, resistência e despertar. BURNS-SIMPSON, Shauntee; HAYES, Nichelle M.; NDUMU, Ana; WALKER, Shaundra. (ed.). **The Black Librarian in America**: reflections, resistance, and reawakening. Lanham: Rowman & Littlefield, 2022.

869 BLACK, Kimberly; MEHRA, Bharat (org.). *Antiracist Library and Information Science*.

870 A informação do próximo lançamento do *The Handbook of Black Librarianship Third Edition* está disponível em: https://connect.ala.org/discussion/callfor-chaptersubmissionsthe-handbook-of-black-librarianship-third-edition-reminder.

871 JOSEY, E. J. Interview. *In*: To Be Black and a Librarian: Talking with E. J. Josey. **American Libraries**, New York, v. 31, n. 1, p. 80-82, jan. 2000c. p. 82.

872 CHANCELLOR, Renate L. Transformational leadership: E. J. Josey and the Modern

Library Profession. **Journal of History and Culture**, Pairie View, v. 1, n. 4, p. 9-29, 2011; CHANCELLOR, Renate L. **E. J. Josey**: transformational leader of the Modern Library Profession. Lanham: Rowman & Littlefield, 2020.

873   JOSEY, E. J. Black Caucus of the American Library Association: the early years. *In*: JOSEY, E. J.; DELOACH, Marva L. (ed.). **Handbook of Black librarianship**. Lanham, Maryland, and London: The Scarecrow Press, Inc., 2000a. p. 83-98; JOSEY, E. J. Statistical Facts Pertaining to Black Librarians and Libraries. *In*: JOSEY, E. J.; DELOACH, Marva L. (ed.). **Handbook of Black librarianship**. Lanham, Maryland, and London: The Scarecrow Press, Inc., 2000b. p. 207-212; JOSEY, E. J. Interview. *In*: To Be Black and a Librarian: Talking with E. J. Josey. **American Libraries**, [*s.l.*], v. 31, n. 1, p. 80-82, Jan. 2000c.

874   PATTI, Nicholas. E. J. Josey 1924 — Librarian, activist, author. *In*: MABUNDA, L. Mpho. (ed.). **Contemporary Black Biography**: profiles from the international black community, v. 10. Detroit: Gale Research Inc., 1996. p. 111-115; MCCALLON, Mark L. E. J. Josey (20 jan. 1924 – 3 july 2009). *In*: **Oxford African American Studies Center**. Oxford University Press, 2013. p. 21-23; CHANCELLOR, Renate L. *Transformational leadership*; CHANCELLOR, Renate L. *E. J. Josey*.

875   PATTI, Nicholas. *E. J. Josey 1924*; MCCALLON, Mark L. *E. J. Josey (20 jan. 1924 – 3 july 2009)*; CHANCELLOR, Renate L. *Transformational leadership*; CHANCELLOR, Renate L. *E. J. Josey*.

876   JONES, Clara Stanton. E. J. Josey: librarian for all seasons. *In*: ABDULLAHI, Ismail. (ed.). **E. J. Josey**: an activist librarian. Metuchen, N.J: The Scarecrow Press, 1992; PATTI, Nicholas. *E. J. Josey 1924*; MCCALLON, Mark L. *E. J. Josey (20 jan. 1924 – 3 july 2009)*; CHANCELLOR, Renate L. *Transformational leadership*; CHANCELLOR, Renate L. *E. J. Josey*.

877   Tradução: Biblioteca Central da Biblioteca Livre da Filadélfia.

878   Tradução: Faculdade Estadual de Delaware.

879   Tradução: Faculdade Estadual de Savannah.

880   JONES, Clara Stanton. *E. J. Josey*; PATTI, Nicholas. *E. J. Josey 1924*; MCCALLON, Mark L. *E. J. Josey (20 jan. 1924 – 3 july 2009)*; CHANCELLOR, Renate L. *Transformational leadership*; CHANCELLOR, Renate L. *E. J. Josey*.

881   Tradução: Associação de Bibliotecas Americanas.

882   Tradução: Associação de Bibliotecas da Geórgia.

883   Tradução: Associação Nacional para o Avanço das Pessoas de Cor (NAACP)

884   Tradução: Grupo de Discussão de Grandes Livros.

885   JONES, Clara Stanton. *E. J. Josey*; PATTI, Nicholas. *E. J. Josey 1924*; MCCALLON, Mark L. *E. J. Josey (20 jan. 1924 – 3 july 2009)*; CHANCELLOR, Renate L. *Transformational leadership*; CHANCELLOR, Renate L. *E. J. Josey*.

886   Tradução: Escritório de Bibliotecas Acadêmicas e de Pesquisa.

887   JONES, Clara Stanton. *E. J. Josey*; PATTI, Nicholas. *E. J. Josey 1924*; MCCALLON, Mark L. *E. J. Josey (20 jan. 1924 – 3 july 2009)*; CHANCELLOR, Renate L. *Transformational leadership*; CHANCELLOR, Renate L. *E. J. Josey*.

888 Criada em 1945 pelo jornalista e editor afro-americano, John H. Johnson, a Ebony Magazine é uma revista mensal voltada para o público negro dos Estados Unidos. Na história norte-americana, foi a primeira revista negra a ganhar circulação nacional. ANDERSON, Tre'vell. How Ebony and Jet magazines aim for a comeback. New CEO: 'I want my people back'. **Los Angeles Times**, Los Angeles, jan. 19, 2021; SILVA, Franciéle Carneiro Garcês da; GARCEZ, Dirnéle Carneiro; FEVRIER, Priscila Rufino; SANTOS, Raquel Mascarenhas dos; MELO FILHO, Edilson Targino. *Pessoas bibliotecárias negras nas páginas da Ebony Magazine.*

889 Tradução: Um homem que segue os livros.

890 FORD JR., Robert B. A Pioneer in a State Library Agency: The New York Years, 1966-1986. *In*: ABDULLAHI, Ismail. **E. J. Josey**: an activist librarian. Metuchen; London: The Scarecrow Press, 1992. p. 39-43.

891 EBONY. Personalities. **A man who goes by the books**. v. 40, n. 9, p. 126-130, July 1985; SILVA, Franciéle Carneiro Garcês da; GARCEZ, Dirnéle Carneiro; FEVRIER, Priscila Rufino; SANTOS, Raquel Mascarenhas dos; MELO FILHO, Edilson Targino. *Pessoas bibliotecárias negras nas páginas da Ebony Magazine.*

892 EBONY. Personalities. *A man who goes by the books*; SILVA, Franciéle Carneiro Garcês da; GARCEZ, Dirnéle Carneiro; FEVRIER, Priscila Rufino; SANTOS, Raquel Mascarenhas dos; MELO FILHO, Edilson Targino. *Pessoas bibliotecárias negras nas páginas da Ebony Magazine.*

893 JET Maganize. **Library Pioneer Dr. E. J. Josey saluted during American Library Assn. Annual Confab**, v. 88, n. 10, p. 33, 17 jul. 1995.

894 E. J. Josey entrevistado em JET Maganize. *Library Pioneer Dr. E. J. Josey saluted during American Library Assn. Annual Confab.*, não paginado.

895 Tradução: Bibliotecário negro na América.

896 JONES, Clara Stanton. *E. J. Josey*; PATTI, Nicholas. *E. J. Josey 1924*; MCCALLON, Mark L. *E. J. Josey (20 jan. 1924 – 3 july 2009)*; CHANCELLOR, Renate L. *Transformational leadership*; CHANCELLOR, Renate L. *E. J. Josey.*

897 JOSEY, E. J. The Future of the Black College Library. *In*: JOSEY, E. J.; SCHOCKLEY, Ann Allen. (ed.). **Handbook of black librarianship**. Littleton, Colorado: Libraries Unlimited, Inc., 1977. p. 127-132; JONES, Clara Stanton. *E. J. Josey*; PATTI, Nicholas. *E. J. Josey 1924*; MCCALLON, Mark L. *E. J. Josey (20 jan. 1924 – 3 july 2009)*; CHANCELLOR, Renate L. *Transformational leadership*; CHANCELLOR, Renate L. *E. J. Josey.*

898 JOSEY, E. J. *The Future of the Black College Library*; JONES, Clara Stanton. *E. J. Josey*; PATTI, Nicholas. *E. J. Josey 1924*; MCCALLON, Mark L. *E. J. Josey (20 jan. 1924 – 3 july 2009)*; CHANCELLOR, Renate L. *Transformational leadership*; CHANCELLOR, Renate L. *E. J. Josey.*

899 JOSEY, E. J. A dreamer – with a tiny spark. *In*: JOSEY, E. J. (ed.). **The Black Librarian in America**. Metuchen, N. J.: Scarecrow Press, 1970. p. 317.

900 JONES, Clara Stanton. *E. J. Josey.*

901 JONES, Clara Stanton. *E. J. Josey.*

902 JONES, Clara Stanton. *E. J. Josey.*

903 Tradução: E. J. Josey, o 101º Presidente da *American Library Association*. THOMAS, Lucille. E. J. Josey, the 101st President of the American Library Association. *In*: ABDULLAHI, Ismail. **E. J. Josey**: an activist librarian. Metuchen; London: The Scarecrow Press, 1992. p. 21-26.

904 E. J. Josey não foi o primeiro presidente da história da ALA, antes dele, a bibliotecária Clara Stanton Jones tinha sido eleita.

905 O Objetivo do Programa era reafirmar a responsabilidade do setor público pelo apoio a instituições como bibliotecas, escolas e outras agências e combater uma filosofia atual de considerar informações como propriedade do setor privado (FORGING COALITIONS... *in* THOMAS, 1992).

906 THOMAS, Lucille. *E. J. Josey, the 101st President of the American Library Association*.

907 THOMAS, Lucille. *E. J. Josey, the 101st President of the American Library Association*.

908 THOMAS, Lucille. *E. J. Josey, the 101st President of the American Library Association*.

909 THOMAS, Lucille. *E. J. Josey, the 101st President of the American Library Association*.

910 THOMAS, Lucille. *E. J. Josey, the 101st President of the American Library Association*.

911 THOMAS, Lucille. *E. J. Josey, the 101st President of the American Library Association*.

912 JOSEY, E. J. *The Future of the Black College Library*; PATTI, Nicholas. *E. J. Josey 1924*; MCCALLON, Mark L. *E. J. Josey (20 jan. 1924 – 3 july 2009)*; CHANCELLOR, Renate L. *Transformational leadership*; CHANCELLOR, Renate L. *E. J. Josey*.

913 Tradução: Convenção Negra do Congresso Americano.

914 CHANCELLOR, Renate L. *Transformational leadership*; CHANCELLOR, Renate L. *E. J. Josey*.

915 JOSEY, E. J. *The Future of the Black College Library*; CHANCELLOR, Renate L. *Transformational leadership*; CHANCELLOR, Renate L. *E. J. Josey*.

916 BLACK CAUCUS of American Library Association. **Constitution and Bylaws of the Black Caucus of the American Library Association**. [*S.l.*], January 21, 1970 [2017].

917 JOSEY, E. J. *The Future of the Black College Library*; CHANCELLOR, Renate L. *Transformational leadership*; CHANCELLOR, Renate L. *E. J. Josey*.

918 JOSEY, E. J. *Black Caucus of the American Library Association*, p. 69.

919 BLACK CAUCUS of American Library Association. *Constitution and Bylaws of the Black Caucus of the American Library Association*.

920 Tradução: REFORMA: Associação Nacional para a Promoção de Bibliotecas e Serviços de Informação para Latinos e de Língua Espanhola.

921 Tradução: Associação de Bibliotecários Americanos Chineses.

922 Tradução Associação de Bibliotecários Americanos Indianos.

923 Tradução: Associação de Bibliotecários Asiáticos/Pacífico.

924 CHANCELLOR, Renate L. *Transformational leadership*; CHANCELLOR, Renate L. *E. J. Josey*; BLACK CAUCUS of American Library Association. **2022-2023 EJ Josey Scholarship**. New York, 2023.

925 CHANCELLOR, Renate L. *Transformational leadership*; CHANCELLOR, Renate L. *E. J. Josey*; THOMAS, Lucille. *E. J. Josey, the 101st President of the American Library Association*.

926 Por ativismo de Josey, o Conselho da ALA aprovou resolução que censurava o apoio de pessoas bibliotecárias a serviços e materiais oferecidos por instituições racistas vinculadas à ALA.
927 CHANCELLOR, Renate L. *Transformational leadership*; CHANCELLOR, Renate L. *E. J. Josey*.
928 JOSEY, E. J. A College Library's Cultural Series. **Wilson Library Bulletin**, New York, v. 30, n. 10, June 1956.
929 JOSEY, E. J. *A College Library's Cultural Series*, p. 768.
930 JOSEY, E. J. *A College Library's Cultural Series*.
931 JOSEY, E. J. College Library Accreditation: Boom or Bust. **Wilson Library Bulletin**, New York, v. 32, n. 3, November 1957.
932 JOSEY, E. J. *College Library Accreditation: Boom or Bust*.
933 Tradução: Universidades e faculdades historicamente negras.
934 JOSEY, E. J. Savannah State. **Library Journal**, New York, v. 84, n. 21, p. 3721, December 1959.
935 CHANCELLOR, Renate L. *E. J. Josey*.
936 Tradução: Biblioteca do *Savannah State College*: em retrospecto e em perspectiva.
937 JOSEY, E. J. The Savannah State College Library: In Retrospect and Prospect. **Savannah State College Bulletin**, Savannah, v. 14, n. 2, p. 40-51, dec. 1960.
938 Houve mudança no nome da faculdade após o ano de 1950.
939 JOSEY, E. J. *The Savannah State College Library*.
940 JOSEY, E. J. *The Savannah State College Library*.
941 Tradução: Bibliotecas universitárias também são para professores.
942 JOSEY, E. J. College libraries are for professors too. **The Savannah State College Bulletin**, Savannah, v. 15, n. 2, p. 5-9, December 1961.
943 JOSEY, E. J. *College libraries are for professors too*, p. 5.
944 JOSEY, E. J. *College libraries are for professors too*.
945 JOSEY, E. J. *College libraries are for professors too*.
946 JOSEY, E. J. *College libraries are for professors too*.
947 JOSEY, E. J. *College libraries are for professors too*.
948 JOSEY, E. J. Neolithic Resources in Colleges. **Library Journal**, New York, v. 88, n. 1, p. 48, 1963.
949 JOSEY, E. J.; RATCLIFFE, T. E.; KARLSON, Marjorie. Interlibrary Loan Debate: librarian, what of the undergrad? **RQ**, [s.l.], v. 6, n. 4, p. 158-163, Summer 1967.
950 Tradução: Recursos neolíticos em faculdades. JOSEY, E. J. *Neolithic Resources in Colleges*.
951 JOSEY, E. J. *Neolithic Resources in Colleges*.
952 Tradutor: A Biblioteca da Faculdade e a Comunidade. JOSEY, E. J. The College Library and the Community. **The Savannah State College**, Savannah, v. 16, n. 2, p. 61-66, December 1962.
953 JOSEY, E. J. *The College Library and the Community*.
954 JOSEY, E. J. *The College Library and the Community*.
955 JOSEY, E. J. *The College Library and the Community*.

956 JOSEY, E. J. *The College Library and the Community*.
957 JOSEY, E. J. *The College Library and the Community*.
958 JONES, Clara Stanton. *E. J. Josey*.
959 Tradução: Dando às crianças negras desfavorecidas um começo de leitura.
960 JOSEY, E. J. Giving disadvantaged negro children a reading start. **Negro History Bulletin**, [s.l.], v. 29, n. 7, p. 155-156, Apr. 1966.
961 JOSEY, E. J. *Giving disadvantaged negro children a reading start*.
962 JOSEY, E. J. *Giving disadvantaged negro children a reading start*.
963 Tradução: Um apelo à excelência educacional. JOSEY, E. J. A Plea for Education Excellence. **The Quarterly Review of Higher Education Among Negroes**, [s.l.], v. 35, n. 3, p. 125-131, 1967a.
964 JOSEY, E. J. *A Plea for Education Excellence*.
965 JOSEY, E. J. *A Plea for Education Excellence*.
966 JOSEY, E. J. *A Plea for Education Excellence*.
967 JOSEY, E. J. *A Plea for Education Excellence*.
968 JOSEY, E. J. *College libraries are for professors too*, p. 8.
969 JOSEY, E. J. *A Plea for Education Excellence*.
970 JOSEY, E. J. *A Plea for Education Excellence*.
971 JOSEY, E. J. *A Plea for Education Excellence*, p. 128
972 JOSEY, E. J. *A Plea for Education Excellence*.
973 Tradução: Viabilidade de estabelecer uma faculdade de biblioteconomia em faculdades predominantemente negras. JOSEY, E. J. Feasibility of Establishing a Library-College in Predominantly Negro Colleges. **The Savannah State College Bulletin**, v. 21, n. 2, p. 45-54, 1967b.
974 SINCLAIR, Stéfan; ROCKWELL, Geoffrey. **Voyant Tools**, [s.l.], 2022.
975 JOSEY, E. J. Lamkin Protest. **American Libraries**, [s.l.], v. 4, n. 3, p. 128, marc. 1973.
976 Tradução: Departamento de Saúde, Educação e Bem-estar dos Estados Unidos.
977 Para conhecer um pouco mais sobre esse bibliotecário, indico: HOBSON, Mercia. Remembering Restonian Burton 'Burt' E. Lamkin: A leader who, with a smile, created other Leaders. The Connection to your community, July 20, 2021. Disponível em: http://www.connectionnewspapers.com/news/2021/jul/30/remembering-restonian-burton-burt-e-lamkin/. Acesso em: 1 dez. 2022.
978 Tradução: Escritório de Bibliotecas e Recursos de Aprendizagem do Escritório de Educação dos EUA.
979 JOSEY, E. J. *Lamkin Protest*, p. 128, grifo nosso.
980 Respeitando os dados coletados, mantivemos os termos no idioma original. Em sequência, os termos são: biblioteca, preto/negro, bibliotecas, americano, bibliotecários, informação, minorias, diversidade, minoria, racismo, raça, discriminação, negro e racista.
981 JOSEY, E. J. *Lamkin Protest*, p. 128, grifo nosso.

982 JOSEY, E. J. *Lamkin Protest*, p. 128, grifo nosso.
983 JOSEY, E. J. Racism Charge. **American Libraries**, [s.l.], v. 3, n. 2, p. 111, Feb. 1972b.
984 Aqui o autor se refere a racismo cometido por pessoas brancas e, entendemos também, pela estrutura supremacista branca que havia na época nos EUA.
985 JOSEY, E. J. *Racism Charge*.
986 Tradução: Abaixo a discriminação! JOSEY, E. J. Down with Discrimination. **American Libraries**, [s.l.], v. 7, n. 9, p. 566, jul./aug. 1976b.
987 JOSEY, E. J. *Down with Discrimination*.
988 Tradução: O que bibliotecários negros estão dizendo. JOSEY, E. J. *What black librarians are saying*.
989 JOSEY, E. J. *What black librarians are saying*.
990 JOSEY, E. J. *What black librarians are saying*; JOSEY, E. J. Blue's "Colored Branch" a Grim Reminder. **American Libraries**, v. 7, n. 7, p. 441, Jul./Aug., 1976.
991 JOSEY, E. J. Support Fauntroy's Bill. **American Libraries**, [s.l.], v. 3, n. 3, p. 221, Mar., 1972c.
992 Tradução: Resolução sobre racismo e conscientização revisitada. JOSEY, E. J. Resolution on Racism & Sexism Awareness revisited. **Wilson Library Bulletin**, New York, v. 51, n. 9, p. 727-728, May 1977b.
993 Tradução: Resolução de conscientização sobre racismo e sexismo.
994 Tradução: Declaração de Direitos da Biblioteca.
995 JOSEY, E. J. *Resolution on Racism & Sexism Awareness revisited*, p. 727.
996 JOSEY, E. J. Diversity: political and societal barriers. **Journal of Library Administration**, [s.l.], v. 27, n. 1, p. 191-202, 1999.
997 BONILLA-SILVA, Eduardo. *Racismo sem racistas*; JOSEY, E. J. *Diversity*: political and societal barriers.
998 AZEVEDO, Celia Maria Marinho de. **Onde negra, medo branco**: o negro no imaginário das elites do século XIX. São Paulo: Annablume, 2004.
999 O excerto do texto de Julian Silveira Diogo de Ávila Fontoura elucida de forma direta essa falácia do racismo reverso: "No cenário da política ultraconservadora na reinvindicação da pauta dos valores e costumes, a negação da existência do racismo tem se popularizado entre os sujeitos (negros e não-negros) resultou na popularização de uma expressão que representa uma leitura histórica e social desacertada sobre o fenômeno do racismo, constituindo-se como um evidente equívoco interpretativo: o racismo reverso. A expressão falaciosa busca promover um entendimento equivalente do racismo não apenas na sua negação, mas sim na sua inversão, colocando os sujeitos não-negros como alvo de ataques, discriminações e preconceitos tendo por base a cor de sua pele" (p. 58). FONTOURA, Julian Silveira Diogo de Ávila. Racismo Reverso: o Porquê da sua Não-existência. **Interritórios**: Revista de Educação Universidade Federal de Pernambuco, Caruaru, v. 7, n. 13, 2021.
1000 CARNEIRO, Sueli Aparecida. *A construção do outro como não-ser como fundamento do ser*; CARNEIRO, Sueli. *Dispositivo de racialidade*; PATIN, Beth. *Ending Epistemicide*; PATIN, Beth;

SEBASTIAN, Melinda. *Ep-i-what?*; PATIN, Beth; SEBASTIAN, Melinda; YEON, Jieun; Bertolini, Danielle; GRIMM, Alexandra. *Interrupting epistemicide*; MOURA, Maria Aparecida. *Para além da fabulação colonial*.

1001 JOSEY, E. J. *Diversity: political and societal barriers*; BONILLA-SILVA, Eduardo. *Racismo sem racistas*.

1002 BONILLA-SILVA, Eduardo. *Racismo sem racistas*; LONG, Christopher. **Knights of the White Camellia**. Handbook of Texas, Austin, TX: Texas State Historical Association, [1952] 2020; BRITANNICA, Editors. Ku Klux Klan. **Encyclopedia Britannica**, June 10, 2021; SILVA, Franciéle Carneiro Garcês da; GARCEZ, Dirnéle Carneiro; FEVRIER, Priscila Rufino; SANTOS, Raquel Mascarenhas dos; MELO FILHO, Edilson Targino. *Pessoas bibliotecárias negras nas páginas da Ebony Magazine*.

1003 JOSEY, E. J. *Diversity: political and societal barriers*.

1004 JOSEY, E. J. *Black Caucus of the American Library Association*.

1005 JOSEY, E. J. *Black Caucus of the American Library Association*.

1006 Tradução: Diversidade: barreiras sociais e políticas. JOSEY, E. J. *Diversity: political and societal barriers*.

1007 Tradução: Por que diversidade nas bibliotecas americanas. JOSEY, E. J.; ABDULLAHI, Ismail. *Why diversity in American libraries*.

1008 JOSEY, E. J. *The Black Librarian in America Revisited*; JOSEY, E. J. *Diversity: political and societal barriers*.

1009 JOSEY, E. J. *Diversity: political and societal barriers*; JOSEY, E. J.; ABDULLAHI, Ismail. *Why diversity in American libraries*.

1010 JOSEY, E. J. *Diversity: political and societal barriers*.

1011 SUE, Derald Wing; CAPODILUPO, Christina M.; TORINO, Gina C.; BUCCERI, Jennifer M.; HOLDER, Aisha M. B.; NADAL, Kevin L.; ESQUILIN, Marta. Racial microaggressions in everyday life.

1012 SUE, Derald Wing. *Microaggressions, Marginality, and Oppression: an introduction*; SUE, Derald Wing. (ed.). *Microaggressions and marginality*.

1013 FRICKER, Miranda. *Epistemic injustice*.

1014 PATIN, Beth; SEBASTIAN, Melinda; YEON, Jieun; BERTOLINI, Danielle. *Toward epistemic justice*.

1015 BONILLA-SILVA, Eduardo. *Racismo sem racistas*; JOSEY, E. J.; ABDULLAHI, Ismail. *Why diversity in American libraries*.

1016 Tradução: Comissão de Oportunidades Iguais de Emprego.

1017 Tradução: Políticas de Ação Afirmativa.

1018 JOSEY, E. J. *The Black Librarian in America Revisited*.

1019 Tradução: Educando Bibliotecários negros. SPELLER JR., Benjamin F. (ed.). *Educating Black Librarians*.

1020 SPELLER JR., Benjamin F. (ed.). *Educating Black Librarians*.

1021 Tradução: Bibliotecário negro na América. JOSEY, E. J. *The Black Librarian in America*.

1022 Tradução: Bibliotecário negro na América revisitado. JOSEY, E. J. *The Black Librarian in America Revisited*.

1023 JOSEY, E. J. *Diversity: political and societal barriers*.

1024 JOSEY, E. J. *Diversity: political and societal barriers*.

1025 JOSEY, E. J. *Diversity: political and societal barriers*.

1026 JOSEY, E. J. *Diversity: political and societal barriers*.

1027 Tradução: O que é o 4 de julho para o escravizado? DOUGLASS, Frederick. **The meaning of the 4th of July for the negro**. Rochester: Corinthian Hall, 1852. [5th of July Speech].

1028 Tradução: Sociedade Antiescravidão das Mulheres de Rochester.

1029 DOUGLASS, Frederick. The meaning of the 4th of July for the negro; DOUGLASS, Frederick. **A narrativa da vida de Frederick Douglass e outros textos**. Trad. Odorico Leal. São Paulo: Penguin; Companhia das Letras, 2021; FANTON, Marcos; MAIA, Tatiana Vargas. O significado do 4 de julho para o negro, de Frederick Douglass. **Civitas**, Porto Alegre, v. 17, n. 2, e27-e59, maio-ago. 2017.

1030 DOUGLASS, Frederick. *A narrativa da vida de Frederick Douglass e outros textos*, p. 171.

1031 Tradução: Preconceito americano contra a cor: um discurso proferido em Cork.

1032 Tradução: O escravo heroico.

1033 Tradução: A linha de cor.

1034 Tradução: Emenda dos Direitos Iguais.

1035 JONES, Clara Stanton. *E. J. Josey: librarian for all seasons*.

1036 WAKEMAN, John. Talking points. **Wilson Library Bulletin**, [s.l.], v. 36, n. 1, September 1961; JONES, Clara Stanton. *E. J. Josey: librarian for all seasons*; RAYMAN, Denise. Action, not reaction: integrating the library profession. **American Library Association Archives**, University of Illinois, Illinois, 2015.

1037 WAKEMAN, John. *Talking points*.

1038 Tradução: Associação Nacional para o Avanço das Pessoas de Cor.

1039 KILOMBA, Grada. *Fanon, existência, ausência: Prefácio*.

1040 Tradução: Capela Brown da Igreja Episcopal Metodista Africana de Ypsilanti: uma breve história.

1041 Tradução: O "verdadeiro McCoy" de Ypsilanti.

1042 Tradução: Almas não conquistadas: a história do afro-americano em Ypsilanti.

1043 Tradução: Os lendários 4 cavaleiros da Igreja Episcopal Metodista Africana (A Igreja da Libertação).

1044 Tradução: O preço do bilhete.

1045 JOSEY, E. J. *Diversity: political and societal barriers*.

1046 Tradução: Quarto de Giovanni.

1047 Tradução: Outro país.

1048 Tradução: Ninguém conhece meu nome.

1049 Tradução: Blues para senhor Charlie.
1050 BRITANNICA, Edithors. James Baldwin. **Encyclopedia Britannica**, Chicago, 6 Jan. 2023.
1051 CHANCELLOR, Renate L. *Transformational leadership*; CHANCELLOR, Renate L. *E. J. Josey*; THOMAS, Lucille. *E. J. Josey, the 101st President of the American Library Association.*
1052 Tradução: Para ser igual.
1053 JOSEY, E. J. Feasibility of Establishing a Library-College in Predominantly Negro Colleges. **The Savannah State College Bulletin**, v. 21, n. 2, p. 45-54, 1967b.
1054 JOSEY, E. J. *Feasibility of Establishing a Library-College in Predominantly Negro Colleges.*
1055 Agência americana de serviços fundada com o objetivo de eliminar a segregação e discriminação racial e ajudar afro-americanos e outras minorias políticas a participarem de todas as fases da vida americana. No final do século XX, mais de 110 grupos afiliados locais estavam ativos nos Estados Unidos, cuja sede é na cidade de Nova York. BRITANNICA, Edithors. National Urban League: American organization. **Encyclopedia Britannica,** Chicago, 15 Apr. 2023b.
1056 BIOGRAPHY, Editors. **Whitney Young Jr**. (1921-1971). [*S.l.*], 2 abr. 2014; BRITANNICA, Edithors. *Whitney M. Young, Jr.*; CLARK ATLANTA UNIVESITY. **Whitney M Young Jr**. Atlanta: Whitney M. Young Jr. School of Social Work, 2023.
1057 CHANCELLOR, Renate L. *Transformational leadership*; CHANCELLOR, Renate L. *E. J. Josey*; THOMAS, Lucille. *E. J. Josey, the 101st President of the American Library Association.*
1058 Nesta obra, iremos citar como Dorothy Porter ou Porter, como a bibliotecária era mais conhecida.
1059 Tradução: Associação Nacional para o Avanço das Pessoas de Cor (NAACP).
1060 FINDLAY, James A. **Dorothy Porter Wesley (1905-1995)**: Afro-American Librarian and Bibliophile. Ft. Lauderdale, Florida: Broward County Library, [1957] 2001; BATTLE, Thomas C. Dorothy Porter Wesley: preserver of Black history – Afro-American librarian. **Diverse**: Issues in Higher Education, 15 June 2007; SIMS-WOOD, Janet. **Dorothy Porter at Howard University**: Building a Legacy of Black History. Charleston, SC: The History Press, 2014.
1061 FINDLAY, James A. *Dorothy Porter Wesley (1905-1995)*; BATTLE, Thomas C. *Dorothy Porter Wesley*; SIMS-WOOD, Janet. *Dorothy Porter at Howard University*.
1062 Tradução: Associação de Tenis de Nova York.
1063 BATTLE, Thomas C. *Dorothy Porter Wesley*; SIMS-WOOD, Janet. *Dorothy Porter at Howard University*.
1064 SIMS-WOOD, Janet. *Dorothy Porter at Howard University*.
1065 PORTER, Dorothy. Fifty Years of Collecting. *In*: NEWMAN, Richard. (ed.). **Black Access**: A Bibliography of Afro-American Bibliographies. Westport, Connecticut: Greewood Press, 1984. p. xii-xxvii; SIMS-WOOD, Janet. *Dorothy Porter at Howard University*.
1066 SIMS-WOOD, Janet. *Dorothy Porter at Howard University*.
1067 Mais tarde foi chamada de *Miner Teacher College*, e posteriormente foi unida à *University of the District of Columbia* (PORTER, 1986).

1068 FINDLAY, James A. *Dorothy Porter Wesley (1905-1995)*; BATTLE, Thomas C. *Dorothy Porter Wesley*; BOTNICK, Julie. *"I am sure that you know yourself that it is a very good job": The early life and Library of Dorothy Porter*. **History 215j**: The Art of Biography, 2014; SIMS-WOOD, Janet. *Dorothy Porter at Howard University*.

1069 PORTER, Dorothy. *Fifty Years of Collecting*, p. xiv.

1070 Uma curiosidade é que Melvil Dewey foi quem abriu a primeira escola de biblioteconomia dos Estados Unidos em 1887 no *Columbia College*, atual *Columbia University*. Posteriormente, ele mudou a escola para Nova York, onde passou a ser conhecida como *New York State Library School*. SIMS-WOOD, Janet. *Dorothy Porter at Howard University*; BOTNICK, Julie. *"I am sure that you know yourself that it is a very good job"*.

1071 PORTER, Dorothy. *Fifty Years of Collecting*; FINDLAY, James A. *Dorothy Porter Wesley (1905-1995)*; BATTLE, Thomas C. *Dorothy Porter Wesley*; UZELAC, Costance P. *Dorothy Porter Wesley (1905-1995)*. **BlackPast**, [S.l.], 2010; BOTNICK, Julie. *"I am sure that you know yourself that it is a very good job"*; SIMS-WOOD, Janet. *Dorothy Porter at Howard University*.

1072 Tradução: Impressões de Escritores Negros Americanos.

1073 PORTER, Dorothy B. *Early American Negro Writings*; PORTER, Dorothy. *Fifty Years of Collecting*.

1074 Tradução: Associação Americana de Bibliotecas, uma Sociedade Bibliográfica da América.

1075 FINDLAY, James A. *Dorothy Porter Wesley (1905-1995)*.

1076 FINDLAY, James A. *Dorothy Porter Wesley (1905-1995)*; BATTLE, Thomas C. *Dorothy Porter Wesley*; UZELAC, Costance P. *Dorothy Porter Wesley (1905-1995)*; BOTNICK, Julie. *"I am sure that you know yourself that it is a very good job"*; SIMS-WOOD, Janet. *Dorothy Porter at Howard University*.

1077 BATTLE, Thomas C. *Dorothy Porter Wesley*; UZELAC, Costance P. *Dorothy Porter Wesley (1905-1995)*; BOTNICK, Julie. *"I am sure that you know yourself that it is a very good job"*; SIMS-WOOD, Janet. *Dorothy Porter at Howard University*.

1078 Atual *Moorland-Spingarn Research Center*.

1079 SIMS-WOOD, Janet. *Dorothy Porter at Howard University*.

1080 Tradução: A Fundação Moorland: Uma Biblioteca da Vida Negra.

1081 BATTLE, Thomas C. *Dorothy Porter Wesley*; UZELAC, Costance P. *Dorothy Porter Wesley (1905-1995)*; BOTNICK, Julie. *"I am sure that you know yourself that it is a very good job"*; SIMS-WOOD, Janet. *Dorothy Porter at Howard University*.

1082 PORTER, Dorothy. *Fifty Years of Collecting*, p. xii.

1083 SIMS-WOOD, Janet. *Dorothy Porter at Howard University*.

1084 PORTER, Dorothy. *Fifty Years of Collecting*; FINDLAY, James A. *Dorothy Porter Wesley (1905-1995)*; BATTLE, Thomas C. *Dorothy Porter Wesley*; UZELAC, Costance P. *Dorothy Porter Wesley (1905-1995)*; BOTNICK, Julie. *"I am sure that you know yourself that it is a very good job"*; SIMS-WOOD, Janet. *Dorothy Porter at Howard University*.

1085 SIMS-WOOD, Janet. *Dorothy Porter at Howard University*.

1086 FINDLAY, James A. *Dorothy Porter Wesley (1905-1995)*.

1087 Tradução: O Jornal da Educação Negra.
1088 BURKETT, Nancy; BURKETT, Randall. Obituaries—Dorothy Burnett Porter Wesley. **Proceedings of the American Antiquarian Society**, p. 32-35, 1996; SIMS-WOOD, Janet. *Dorothy Porter at Howard University.*
1089 SIMS-WOOD, Janet. *Dorothy Porter at Howard University.*
1090 PORTER, Dorothy B. The African Collection at Howard University. **African Studies Bulletin**, v. 2, n. 1, p. 293-303, 1959. DOI: https://doi.org/10.2307/522962; LUBIN, Maurice A. An important figure in Black Studies: Dr. Dorothy B. Porter. CLA Journal, v. 16, n. 4, p. 514-518, 1973; SIMS-WOOD, Janet. *Dorothy Porter at Howard University*; HELTON, Laura. On Decimals, Catalogs, and Racial Imaginaries of Reading. **Publications of the Modern Language Association**, [s.l.], v. 134, n. 1, p. 99-120, 2019.
1091 PORTER, Dorothy. *Fifty Years of Collecting*; SCARUPA, Harriet Jackson. The Energy-Charged Life of Dorothy Porter Wesley. **New Directions**, [s.l.], v. 17, n. 1, p. 1-12, 1990; KELLEY, Robin D. G. 'But a local phase of a world problem': black history's global vision, 1883-1950. **The Journal of American History**, [s.l.], v. 86, n. 3, p. 1045–1077, 1999. DOI: https://doi.org/10.2307/2568605; HELTON, Laura. *On Decimals, Catalogs, and Racial Imaginaries of Reading*; SILVA, Franciéle Carneiro Garcês da; GARCEZ, Dirnéle Carneiro; SALES, Rodrigo de; SALDANHA, Gustavo Silva. *Dorothy Porter Wesley e a Organização do Conhecimento Negro*; SILVA, Franciéle Carneiro Garcês da. *Dorothy Porter Wesley e a organização do conhecimento*; SILVA, Franciéle Carneiro Garcês da; GARCEZ, Dirnéle Carneiro; PIZARRO, Daniella Camara. *Dorothy Porter Wesley e a classificação para os Estudos Negros, Africanos e da Diáspora.*
1092 SCARUPA, Harriet Jackson. *The Energy-Charged Life of Dorothy Porter Wesley*; SILVA, Franciéle Carneiro Garcês da; GARCEZ, Dirnéle Carneiro; SALES, Rodrigo de; SALDANHA, Gustavo Silva. *Dorothy Porter Wesley e a Organização do Conhecimento Negro*; SILVA, Franciéle Carneiro Garcês da. *Dorothy Porter Wesley e a organização do conhecimento*; SILVA, Franciéle Carneiro Garcês da; GARCEZ, Dirnéle Carneiro; PIZARRO, Daniella Camara. *Dorothy Porter Wesley e a classificação para os Estudos Negros, Africanos e da Diáspora.*
1093 PORTER, Dorothy B. Interview. *In*: SCARUPA, Harriet Jackson. The Energy-Charged Life of Dorothy Porter Wesley. **New Directions**, v. 17, n. 1, p. 1-12, 1990.
1094 PORTER, Dorothy B. *Interview*, p. 3.
1095 A responsável era Jennie Dorcas Fellows, cujo sobrenome foi alterado para Dorkas.
1096 Tradução: Esquema provisório de classificação suplementar.
1097 SCARUPA, Harriet Jackson. *The Energy-Charged Life of Dorothy Porter Wesley*; SILVA, Franciéle Carneiro Garcês da; GARCEZ, Dirnéle Carneiro; SALES, Rodrigo de; SALDANHA, Gustavo Silva. *Dorothy Porter Wesley e a Organização do Conhecimento Negro*; SILVA, Franciéle Carneiro Garcês da. *Dorothy Porter Wesley e a organização do conhecimento*; SILVA, Franciéle Carneiro Garcês da; GARCEZ, Dirnéle Carneiro; PIZARRO, Daniella Camara. *Dorothy Porter Wesley e a classificação para os Estudos Negros, Africanos e da Diáspora.*

1098 Tradução: Planos provisórios para a administração, reclassificação e catalogação da Fundação Moorland de Howard.

1099 Tradução: Catálogo de livros na Fundação Moorland.

1100 Tradução: Um catálogo da Coleção Africana na Biblioteca da Fundação Moorland.

1101 Não vamos nos ater em esmiuçar esses materiais, pois já realizamos alguns estudos sobre Dorothy Porter que enfocam essa parte do debate de sua carreira. Para maior explanação, sugerimos os estudos de Silva (2021), Silva, Garcez e Pizarro (2021a, 2021b) e Silva *et al.* (2021c).

1102 SILVA, Franciéle Carneiro Garcês da; GARCEZ, Dirnéle Carneiro; PIZARRO, Daniella Camara. *Dorothy Porter Wesley e a classificação para os Estudos Negros, Africanos e da Diáspora.*

1103 RABAKA, Reiland. *Against Epistemic Apartheid.*

1104 SILVA, Franciéle Carneiro Garcês da; GARCEZ, Dirnéle Carneiro; SILVA, Rubens Alves da. *Conhecimento das margens.*

1105 SILVA, Franciéle Carneiro Garcês da; GARCEZ, Dirnéle Carneiro; SALES, Rodrigo de; SALDANHA, Gustavo Silva. *Dorothy Porter Wesley e a Organização do Conhecimento Negro*; SILVA, Franciéle Carneiro Garcês da. *Dorothy Porter Wesley e a organização do conhecimento*; SILVA, Franciéle Carneiro Garcês da; GARCEZ, Dirnéle Carneiro; PIZARRO, Daniella Camara. *Dorothy Porter Wesley e a classificação para os Estudos Negros, Africanos e da Diáspora.*

1106 SINCLAIR, Stéfan; ROCKWELL, Geoffrey. *Voyant Tools.*

1107 NEWMAN, Richard (ed.). **Black Access**: A Bibliography of Afro-American Bibliographies. Westport, CT: Greenwood Press, 1984; PORTER, Dorothy. *Fifty Years of Collecting.*

1108 Na sequência, os termos escritos em inglês são: negro, sociedade, biblioteca, coleção, livros, escravidão, africano, negros, negro/preto, branco, abolição, abolicionista, raça e informação.

1109 PORTER, Dorothy B. *Early American Negro Writings.*

1110 Tradução: Uma biblioteca do Negro. PORTER, Dorothy B. A library on the Negro. **The American Scholar**, Cambridge, v. 7, n. 1, p. 115-117, 1938.

1111 PORTER, Dorothy B. *A library on the Negro*, p. 115.

1112 PORTER, Dorothy B. *A library on the Negro*; PORTER, Dorothy B. *The African Collection at Howard University*; PORTER, Dorothy. Documentation on the Afro-American: familiar and less familiar sources. **African Studies Review**, New York, v. 12, n. 3, p. 293-303, dec. 1969; SILVA, Franciéle Carneiro Garcês da; GARCEZ, Dirnéle Carneiro; SALES, Rodrigo de; SALDANHA, Gustavo Silva. *Dorothy Porter Wesley e a Organização do Conhecimento Negro*; SILVA, Franciéle Carneiro Garcês da. *Dorothy Porter Wesley e a organização do conhecimento*; SILVA, Franciéle Carneiro Garcês da; GARCEZ, Dirnéle Carneiro; PIZARRO, Daniella Camara. *Dorothy Porter Wesley e a classificação para os Estudos Negros, Africanos e da Diáspora.*

1113 PORTER, Dorothy B. *A library on the Negro*, p. 117.

1114 Tradução: Referências selecionadas sobre o negro americano na Primeira Guerra Mundial e na Segunda Guerra Mundial.

1115 PORTER, Dorothy B. Selected References on the American Negro in World War I and World War II. **The Journal of Negro Education**, v. 12, n. 3, p. 579-584, 1943a.
1116 PORTER, Dorothy B. *Of me and records in the history of the Negro*.
1117 Tradução: Primeiros Escritos Negros Americanos: Um Estudo Bibliográfico.
1118 PORTER, Dorothy B. *Early American Negro Writings*.
1119 PORTER, Dorothy B. *Early American Negro Writings*.
1120 PORTER, Dorothy B. *Early American Negro Writings*.
1121 PORTER, Dorothy B. *Early American Negro Writings*.
1122 PORTER, Dorothy B. *Early American Negro Writings*.
1123 PORTER, Dorothy B. *Early American Negro Writings*.
1124 PORTER, Dorothy B. *Early American Negro Writings*.
1125 PORTER, Dorothy B. *Of me and records in the history of the Negro*.
1126 PORTER, Dorothy B. *Early American Negro Writings*.
1127 PORTER, Dorothy B. *Of me and records in the history of the Negro*, p. 13.
1128 PORTER, Dorothy B. *Of me and records in the history of the Negro*.
1129 Tradução: Dos Homens e Registros da História do Negro.
1130 PORTER, Dorothy B. *Of me and records in the history of the Negro*.
1131 PORTER, Dorothy B. *Of me and records in the history of the Negro*.
1132 PORTER, Dorothy B. *A library on the Negro*; PORTER, Dorothy B. *Of me and records in the history of the Negro*.
1133 PORTER, Dorothy. *The Negro in the United States*.
1134 PORTER, Dorothy. *The Negro in the United States*.
1135 PORTER, Dorothy. *The Negro in the United States*.
1136 PORTER, Dorothy B. *Afro-Braziliana: a working bibliography*.
1137 PORTER, Dorothy B. *Afro-Braziliana: a working bibliography*, p. ix.
1138 PORTER, Dorothy B. *Afro-Braziliana: a working bibliography*, p. ix.
1139 TRAPP, Rafael Petry. Dorothy Porter e a constituição de um campo bibliográfico sobre o negro no Brasil e nos Estados Unidos (1943-1978). **Topoi**, Rio de Janeiro, v. 21, n. 45, p. 639-656, set./dez. 2020.
1140 PORTER, Dorothy B. *Afro-Braziliana: a working bibliography*; TRAPP, Rafael Petry. *Dorothy Porter e a constituição de um campo bibliográfico sobre o negro no Brasil e nos Estados Unidos (1943-1978)*.
1141 PORTER, Dorothy B. *Afro-Braziliana: a working bibliography*.
1142 PORTER, Dorothy B. *Afro-Braziliana: a working bibliography*.
1143 Por doação do pesquisador Rafael Trapp, que teve acesso à Coleção Dorothy Porter Wesley Papers, 1896-2003, da *Beinecke Rare Book & Manuscript Library*, da Universidade de Yale, nós tivemos acesso a uma carta de Abdias Nascimento enviada para Dorothy Porter em 17 de maio de 1979 em que o autor envia o artigo sobre a *Afro-Braziliana*, conforme pedido da autora. Traduzido para o português a carta diz: *Prezada Sra. Porter, Em anexo, por fim, está o*

artigo que você me pediu sobre o Afro-Braziliana. Por favor, perdoe minha longa demora. Tenho tantos compromissos que, embora as ideias estivessem amadurecendo na minha cabeça há meses, simplesmente não tive a chance de colocá-las no papel e depois, é claro, traduzidas. Espero que ainda seja útil, apesar de seu atraso. Estou enviando uma cópia, também, para o Dr. Foster do Journal of Negro History. Não sei se esse é o tipo de artigo que interessa à Revista. Se não, talvez eu possa providenciar a publicação em outro lugar. Acho indispensável que a comunidade negra conheça a bibliografia e sua importante contribuição para os recursos disponíveis para a erudição negra independente. No final deste mês estou indo passar o verão no Brasil, e volto em setembro. Se você precisar entrar em contato comigo, precisa ser imediatamente. Com os melhores cumprimentos, Abdias do Nascimento.

1144 Tradução: Reflexões de um afro-brasileiro.
1145 PORTER, Dorothy B. *Afro-Braziliana: a working bibliography*.
1146 O termo usado por Porter à época foi mulato, mas para esta obra nós atualizamos o termo para pessoa inter-racial, haja vista que estamos no século XXI, e termos pejorativos devem ser desencorajados em seu uso na atualidade. Mantivemos, no entanto, os termos usados pela autora quando fazemos citações diretas de sua obra.
1147 NASCIMENTO, Abdias. Reflections of an Afro-Braziliano. **Journal of Negro History**, Chicago, v. 64, n. 3, p. 274-282, Summer 1979; TRAPP, Rafael Petry. *Dorothy Porter e a constituição de um campo bibliográfico sobre o negro no Brasil e nos Estados Unidos (1943-1978)*.
1148 NASCIMENTO, Abdias. *Reflections of an Afro-Braziliano*.
1149 NASCIMENTO, Abdias. *Reflections of an Afro-Braziliano*.
1150 PORTER, Dorothy B. *Afro-Braziliana: a working bibliography*.
1151 NASCIMENTO, Abdias. *Reflections of an Afro-Braziliano*.
1152 Tradução: Uma lista de controle bibliográfico de escritores negros americanos sobre a África.
1153 Tradução: Poetas negros norte-americanos: uma lista bibliográfica de seus escritos, 1760-1944.
1154 Tradução: Bibliografia e pesquisa em estudos afro-americanos.
1155 Tradução: Primeiras escritas negras, 1760-1837.
1156 PORTER, Dorothy B. *Early American Negro Writings*.
1157 PORTER, Dorothy B. *Early American Negro Writings*.
1158 Tradução: David Ruggles, um apóstolo dos direitos humanos. PORTER, Dorothy B. David Ruggles, an Apostle of Human Rights. **The Journal of Negro History**, Chicago, v. 28, n. 1, p. 23-50, Jan. 1943.
1159 Tradução: O Jornal da História Negra.
1160 PORTER, Dorothy B. *David Ruggles, an Apostle of Human Rights*; PORTER, Dorothy B. *Early American Negro Writings*; PORTER, Dorothy B. *Of me and records in the history of the Negro*; HODGES, Graham Russell Gao. **David Ruggles**: A radical black abolitionist and the underground railroad in New York City. Chapel Hill: The University of North Carolina Press, 2010; ANDERSON, Javonte. 'Soul of the Underground Railroad': David Ruggles, the man who rescued Frederick Douglass. **USA Today**, [*s.l.*], Sep. 2, 2021.
1161 Tradução: O "Extintor" Extinguido! ou David M. Reese, M.D. "Usado para cima".

1162 PORTER, Dorothy B. *David Ruggles, an Apostle of Human Rights.*
1163 Tradução: O espelho da Liberdade.
1164 PORTER, Dorothy B. *David Ruggles, an Apostle of Human Rights*; PORTER, Dorothy B. *Early American Negro Writings.*
1165 Tradução: Poetas negros norte-americanos: Uma Lista de Verificação Bibliográfica de seus Escritos, 1760-1944.
1166 PORTER, Dorothy. *Fifty Years of Collecting*, p. xvii.
1167 Tradução: Centro Schomburg para Pesquisa em Cultura Negra.
1168 SINNETTE, Elinor Des Verney. **Arthur Alfonso Schomburg**: Black Bibliophile & Collector. Detroit: Wayne State University Press, 1989; HOLTON, Adalaine. Decolonizing History: Arthur Schomburg's Afrodiasporic Archive. **The Journal of African American History**, [s.l.], v. 92, n. 2, p. 218-238, Spring, 2007; DODSON, Howard. Making art at the Schomburg: Africana archives as sites of art making. **Callaloo**, [s.l.], v. 38, n. 3, p. 549-558, 2015; VALDÉS, Vanessa K. The Afterlives of Arturo Alfonso Schomburg. **Small Axe**, [s.l.], v. 61, n. 3, p. 142-151, 2020. DOI: https://doi.org/10.1215/07990537-8190686; HELTON, Laura E.; ZAFAR, Rafia. Arturo Alfonso Schomburg in the Twenty-first Century: an introduction. **African American Review**, [s.l.], v. 54, n. 1-2, p. 1-18, 2021. DOI: https://doi.org/10.1353/afa.2021.0000; SÁNCHEZ GONZÁLEZ, Lisa. Decolonizing Schomburg. **African American Review**, [s.l.], v. 54, n. 1-2, p. 129-142, 2021. DOI: https://doi.org/10.1353/afa.2021.0007; SILVA, Franciéle Carneiro Garcês da; GARCEZ, Dirnéle Carneiro; SALES, Rodrigo de; SILVA, Rubens Alves da. *Arturo Schomburg e sua contribuição para a Biblioteconomia Negra.*
1169 HOLTON, Adalaine. *Decolonizing History*, p. 218.
1170 VALDÉS, Vanessa K. *The Afterlives of Arturo Alfonso Schomburg*; SILVA, Franciéle Carneiro Garcês da; GARCEZ, Dirnéle Carneiro; SALES, Rodrigo de; SILVA, Rubens Alves da. *Arturo Schomburg e sua contribuição para a Biblioteconomia Negra.*
HOLTON, Adalaine. *Decolonizing History*, p. 218.
1171 HART, Robert C. Black-White literary relations in the Harlem renaissance. **American literature**, [s.l.], v. 44, n. 4, p. 612-628, 1973.
1172 DODSON, Howard. *Making art at the Schomburg*; ZAFAR, Rafia. *Arturo Alfonso Schomburg in the Twenty-first Century*; MIRABAL, Nancy Raquel. Schomburg, Futurity, and the Precarious Archives of Self. **Small Axe**, [s.l.], v. 24, n. 1, p. 111-119, 2020; PORTER, Dorothy. *Fifty Years of Collecting*; SÁNCHEZ GONZÁLEZ, Lisa. *Decolonizing Schomburg*; VALDÉS, Vanessa K. *The Afterlives of Arturo Alfonso Schomburg*; SILVA, Franciéle Carneiro Garcês da; GARCEZ, Dirnéle Carneiro; SALES, Rodrigo de; SILVA, Rubens Alves da. *Arturo Schomburg e sua contribuição para a Biblioteconomia Negra.*
1173 HOLTON, Adalaine. *Decolonizing History*, p. 220.
1174 SÁNCHEZ GONZÁLEZ, Lisa. Arturo Alfonso Schomburg: A Transamerican Intellectual. *In*: WALKER, Sheila (ed.). **African Roots/American Cultures**: Africa in the Creation of the

Americas. Lanham: Rowman & Littlefield, 2001. p. 139-152; HOLTON, Adalaine. *Decolonizing History*, SILVA, Franciéle Carneiro Garcês da; GARCEZ, Dirnéle Carneiro; SALES, Rodrigo de; SILVA, Rubens Alves da. *Arturo Schomburg e sua contribuição para a Biblioteconomia Negra*.

1175 JOSEY, E. J. *Interview. In*: To Be Black and a Librarian.
1176 JOSEY, E. J. *Interview*. In: To Be Black and a Librarian, p. 82.

Capítulo 5 - O (Des)Encontro de dois mundos: Epistemicídio e princípio da ausência aplicado aos estudos de E. J. Josey e Dorothy Porter no Brasil

1177 Nesses, o retorno foi pela Editora Josey-Bass.
1178 QUADRELLI, Thereza Diácoli; COSTA, Maria Amélia Rocha. Bibliotecas Especializadas: levantamento bibliográfico 2. **Revista Brasileira de Biblioteconomia e Documentação**, v. 11, n. 3/4, p. 245-253, jul./dez. 1978.
1179 QUADRELLI, Thereza Diácoli. Bibliotecas universitárias: Levantamento bibliográfico 2. **Revista Brasileira de Biblioteconomia e Documentação**, v. 11, n.1/2, p. 119-124, jan./jun. 1978.
1180 SOUZA, M. Christina S. Resenha. JOSEY, E. J. (ed.). **The Information Society**: issues and answers. London, Mansell, 1978. 152 p.
1181 Tradução: A Sociedade da Informação: questões e respostas. JOSEY, E. J. (ed.). **The Information Society**: Issues and Answers. Phoenix: Oryx Press, 1978.
1182 Tradução: As bibliotecas no processo político. JOSEY, E. J. (ed.). **Libraries in the Political Process**. Phoenix: Oryx Press, 1980, citado em: MENESES TELLO, Felipe. La biblioteca pública como institución política: la correlación entre bibliotecario público y bibliotecario político. **RICI**: Revista Ibero-americana de Ciência da Informação, Brasília, v. 12, n. 3, p. 905-940, set./dez. 2019.
1183 Tradução: O bibliotecário negro na América. JOSEY, E. J. *The Black Librarian in America*, citado em: MENESES TELLO, Felipe. Bibliotecas y justicia social: el paradigma político-social de la Biblioteca Inclusiva y la Biblioteca Incluyente. **Folha de Rosto**, Cariri, v. 6, n. 3, p. 54-77, set./dez. 2020. DOI: https://doi.org/10.46902/2020n3p54-77.
1184 JOSEY, E. J. Meeting the challenge: Educating for universal library and information service. *In*: TALLMAN, Julie I.; OJIAMBO, Joseph B. (ed.). **Translating an international education to a national environment**. Metuchen, N.J., Scarecrow Press, 1990c. p. 1-11, citado em: MENOU, Michel J. Cultura, Informação e Educação de Profissionais de Informação nos Países em Desenvolvimento. **Ciência da Informação**, Brasília, v. 25, n. 3, p. 1-10, 1996.
1185 SILVA, Franciéle Carneiro Garcês da; SALDANHA, Gustavo Silva. *Biblioteconomia Negra Brasileira*.
1186 SILVA, Franciéle Carneiro Garcês da; GARCEZ, Dirnéle Carneiro; SALES, Rodrigo de; SALDANHA, Gustavo Silva. *Dorothy Porter Wesley e a Organização do Conhecimento Negro*.

1187 PEÑA, Leomar José Montilla. Enfoques arquivísticos na obra de Paul Otlet. **Biblios**, Peru, n. 54, p. 1-11, 2014; PEÑA, Leomar José Montilla. O tratado de documentação de Paul Otlet: uma exposição metacientífica. **Biblios**, Peru, n. 51, p. 57-69, 2013; FIGUEIREDO, Márcia F.; SALDANHA, Gustavo S. Paul Otlet e as imagens na ciência da informação. **Tendências da Pesquisa Brasileira em Ciência da Informação**, [s.l.], v. 11, n. 2, p. 54-63, 2018; JUVÊNCIO, Carlos Henrique. Arquitetura das ideias: Paul Otlet, o objeto, o livro e o documento. **Encontros Bibli**: Revista Eletrônica de Biblioteconomia e Ciência da Informação, Florianópolis, v. 26, p. 1-17, 2021; MENDES, Luciana Corts. Transformações na percepção do museu no contexto do movimento bibliográfico: as concepções de museu de Paul Otlet e Otto Neurath. **Perspectivas em Ciência da Informação**, Belo Horizonte, n. 4, v. 18, p. 185-199, 2013; MORAES, Alice Ferry. Oswaldo Cruz e o ideário de Paul Otlet e Henri La Fontaine. **Asklepion:** Informação em Saúde, [s.l.], n. 1, v. 1, p. 8-27, 2021; MOURA, Amanda Pacini de; LARA, Marilda Lara Lopes Ginez de; LARA, Marilda Lara Lopes Ginez de. Construir o edifício documentário: concepções de Paul Otlet para uma ciência e uma técnica dos documentos. **Perspectivas em Ciência da Informação**, Belo Horizonte, v. 17, n. 4, p. 2-17, 2012; POZZATTI, Valéria Rodrigues de Oliveira; OLIVEIRA, Adriana Aparecida; POLONINI, Janaína Fernandes Guimarães; RUBIM, Rossanna dos Santos Santana. Mundaneum: o trabalho visionário de Paul Otlet e Henri La Fontaine. **Revista ACB**: Biblioteconomia em Santa Catarina, n. 2, v. 19, p. 202-209, 2014; SANTOS, Paola De Marco Lopes dos. **Paul Otlet**: um pioneiro da organização das redes mundiais de tratamento e difusão da informação registrada. Ciência da Informação, Brasília, v. 36, n. 2, 2007.

1188 SALES, Rodrigo de. **A presença de Kaiser no Quadro Teórico do Tratamento Temático da Informação (TTI)**. 2012. 190 f. Tese (doutorado) - Universidade Estadual Paulista Júlio de Mesquita Filho, Faculdade de Filosofia e Ciências de Marília, 2012; SALES, Rodrigo de. Julius Otto Kaiser para os estudos de Bibliografia e Documentação. **Em Questão**, Porto Alegre, v. 25, p. 176-193, 2019; SALES, Rodrigo; GUIMARÃES, José Augusto Chaves. A importância de Julius Kaiser para a Organização do Conhecimento: um estudo comparativo com as perspectivas de Cutter, Otlet e Ranganathan. **InCID**: Revista de Ciência da Informação e Documentação, [s.l.], v. 7 n. 1, p. 43-65, 2016; SALES, Rodrigo; GUIMARÃES, José Augusto Chaves. O pragmatismo em Kaiser e Ranganathan e o pioneirismo na construção do método analítico-sintético. **Scire:** representación y organización del conocimiento, [s.l.], v. 20, n. 1, p. 53-64, 2014; SALES, Rodrigo; GUIMARÃES, José Augusto Chaves. Princípios teóricos de Cutter, Kaiser e Ranganathan como elementos de interlocução na Organização do Conhecimento. **Scire**: representación y organización del conocimiento, [s.l.], v. 16, n. 2, p. 21-29, 2010.

1189 ARAÚJO, Carlos Alberto Ávila; SILVA, Jéssica Cristiane; COUTINHO, Lívia Ferreira; SOUZA, Priscila Bueno. A contribuição de F. W. Lancaster para a Ciência da Informação no Brasil. **Ponto de Acesso**, Salvador, v. 3, n. 2, p. 132 -146, ago. 2009. p. 145.

1190 ARAÚJO, Carlos Alberto Ávila; LAGE, Danilo Francisco de Souza; SOUZA, Ráisa Mendes Fernandes; ASSIS, Romênia Aparecida. A contribuição de J. H. Shera para a Ciência da

Informação no Brasil. **Revista ACB**: Biblioteconomia em Santa Catarina, Florianópolis, n. 2, v. 15, p. 71-89, 2010; VIEIRA, Keitty Rodrigues; LUCAS, Elaine Rosangela de Oliveira. Jesse Shera e sua contribuição para o campo da Biblioteconomia e Ciência da Informação. **Encontros Bibli**: Revista Eletrônica de Biblioteconomia e Ciência da Informação, Florianópolis, v. 23, n. 51, p. 17-30, 2018.

1191 PAIVA, Talita de Cassia Lima; SILVA, Diana Rocha da. O papel de Jesse Hauk Shera no currículo da Biblioteconomia Brasileira. **Revista Bibliomar**, n. 1, v. 21, p. 98-123, 2022.

1192 PAIVA, Talita de Cassia Lima; SILVA, Diana Rocha da. Jesse Shera no Brasil? contribuições para a biblioteconomia brasileira na década de 1950. **Perspectivas em Ciência da Informação**, Belo Horizonte, v. 26, n. 3, p. 179-207, 2021.

1193 PAIVA, Talita de Cassia Lima; SILVA, Diana Rocha da. Jesse Hauk Shera em manchetes. **Ciência da Informação**, Brasília, v. 49, n. 2, p. 88-102, 2020.

1194 VIEIRA, Keitty Rodrigues; LUCAS, Elaine Rosangela de Oliveira; ARAUJO, Andre Vieira de Freitas. Jesse Shera: entre citações e bibliografia. **Revista ACB**: Biblioteconomia em Santa Catarina, Florianópolis, v. 22, n. 2, p. 208-226, 2017.

1195 BOZZETTI, Rodrigo Porto; SALDANHA, Gustavo da Silva. Jesse Shera, the wars and the Pietà: social epistemology as criticism of information ontology. **Brazilian Journal of Information Science**, v. 11, n. 2, 2017; COLUMBIÉ, Radamés Linares. Acercamiento a la Epistemología Social como proyecto teórico de la Bibliotecología. **Bibliotecas**: Anales de Investigación, Cuba, n. 1, v. 15, p. 113-120, 2019; LIMA, Daniel Almeida; GOMES, Henriette Ferreira. Epistemologia social e filosofia da informação: um possível diálogo entre Jesse Shera e Luciano Floridi. **Biblionline**, n. 4, v. 12, p. 25-41, 2016.

1196 Tradução: Novas Dimensões para o Serviço de Biblioteca Acadêmica. JOSEY, E. J. (ed.). **New Dimensions for Academic Library Service**. Metuchen, NJ: The Scarecrow Press, 1975c.

1197 Tradução: Um século de serviços. JACKSON, Sidney L.; HERLING, Eleanor B.; JOSEY, E. J. (ed.). **A Century of service**: librarianship in the United States and Canada. Chicago: American Library Association, 1976.

1198 Tradução: A Sociedade da Informação: questões e respostas. JOSEY, E. J. (ed.). *The Information Society*.

1199 Tradução: Bibliotecas no processo político. JOSEY, E. J. (ed.). *Libraries in the Political Process*.

1200 Tradução: Bibliotecas, coalizões e o bem público. JOSEY, E. J. (ed.). **Libraries, coalitions & the public good**. New York; London: Neal-Schucman Publishers, 1987b.

1201 ALMEIDA, Patrícia de. Shiyali Ramamrita Ranganathan: uma biografia. **Páginas A&B, Arquivos e Bibliotecas**, Portugal, n. 18, p. 99-119, 2022; SANTOS, Francisco Edvander Pires. Vida & obra de Ranganathan: influências e contribuições para a Biblioteconomia. **Ponto de Acesso**, n. 3, v. 6, p. 2-19, 2012.

1202 SILVA, Franciéle Carneiro Garcês da. *Representações Sociais acerca das Culturas Africana e Afro-Brasileira na Educação em Biblioteconomia no Brasil*.

Considerações finais

1203 ESPINAL, Isabel; HATHCOCK, April M.; RIOS, María. *Dewhitening Librarianship: a policy proposal for libraries*; LA ROSA, Sarah de; SIMONS, Rachel N.; ELKINS, Aaron J. Teaching with Color: Calling in White Faculty to Address Whiteness in the LIS Curriculum. **Proceedings of the Association for Information Science and Technology**, [*s.l.*], v. 58, n. 1, p. 703-706, 2021. DOI: https://doi.org/10.1002/pra2.535

1204 SNOW, Karen; DUNBAR, Anthony W. Advancing the Relationship between Critical Cataloging and Critical Race Theory. **Cataloging & Classification Quarterly**, v. 60, n. 6-7, p. 646-674, 2022. DOI: https://doi.org/10.1080/01639374.2022.2089936

1205 CRENSHAW, Kimberlé W. The first decade: Critical reflections, or "a foot in the closing door." **UCLA Law Review**, [*s.l.*], v. 49, n. 5, p. 1343-1372, 2002.

1206 Texto embasado na Enciclopédia Latino-Americana disponível no link: http://latinoamericana.wiki.br/verbetes/a/abya-yala. Acesso em: 20 maio 2022.

1207 Tradução: Procurando os Jardins de Nossas Mães.

1208 Para saber mais, ler o *Glossário de Palavras em Wolof: Wolof-Português & Português-Wolof*, de William Zimmermann (2015).

1209 A bibliografia aqui disponibilizada foi elaborada com inicialmente com base no trabalho de Abdullahi (1992), e posteriormente, complementada com as buscas realizadas pela pesquisadora em bases de dados e bibliotecas digitais e físicas.

1210 Encontrei como Elonnie J. Josey.

1211 Informação obtida do texto: MADISON, Avril Johnson; WESLEY, Dorothy Porter. Dorothy Burnett Porter Wesley: Enterprising Steward of Black Culture. **The Public Historian**, v. 17, n. 1, p. 15-40, Winter, 1995.

Esta obra foi composta em Arno pro light 13, para a Editora Malê e impressa na gráfica Trio, no Rio de Janeiro, em agosto de 2024.